# Gör-det-själv handbok
# för BMW 3- & 5-Serier

A K Legg LAE MIMI och Larry Warren

## Modeller som behandlas

*(3263-264-10AY4/1948-5AC5)*

**Serie 3 (E30)**
316 (83 till 88), 316i (88 till 91), 318i (83 till 91), 320i (87 till 91), 325i (87 till 91).
*Behandlar större mekaniska funktioner för kombi och cabriolet i denna serie, dock ej sufflettmekanismen*

**Serie 5 (E28)**
518 (81 till 85), 518i (85 till 88), 525i (81 till 88), 528i (81 till 88), 535i (85 till 88), M535i (85 till 88)

**Serie 5 (E34)**
518i (90 till 91), 520i (88 till 91), 525i (88 till 91), 530i (88 till 91), 535i (88 till 91)

**Motorer som tas upp**
1596 cc, 1766 cc, 1795 cc, 1990 cc, 2494 cc, 2788 cc, 2986 cc & 3430 cc

*Behandlar ej diesel, dohc eller V8 motorer eller fyrhjulsdrivna modeller*



En bok i **Haynes Serie Gör-det-själv handböcker**



ISBN **978 1 78521 488 2**

**British Library Cataloguing in Publication Data**
En katalogpost för denna bok finns tillgänglig från British Library.

**J H Haynes & Co. Ltd.**
**Haynes North America, Inc**

**www.haynes.com**

## Ansvarsfriskrivning

Det finns risker i samband med fordonsreparationer. Förmågan att utföra reparationer beror på individuell skicklighet, erfarenhet och lämpliga verktyg. Enskilda personer bör handla med vederbörlig omsorg samt inse och ta på sig risken som utförandet av bilreparationer medför.

Syftet med den här handboken är att tillhandahålla omfattande, användbar och lättillgänglig information om fordonsreparationer för att hjälpa dig få ut mesta möjliga av ditt fordon. Den här handboken kan dock inte ersätta en professionell certifierad tekniker eller mekaniker. Det finns risker i samband med fordonsreparationer.

Den här reparationshandboken är framtagen av en tredje part och är inte kopplad till någon enskild fordonstillverkare. Om det finns några tveksamheter eller avvikelser mellan den här handboken och ägarhandboken eller fabriksservicehandboken, se fabriksservicehandboken eller ta hjälp av en professionell certifierad tekniker eller mekaniker.

Även om vi har utarbetat denna handbok med stor omsorg och alla ansträngningar har gjorts för att se till att informationen i denna handbok är korrekt, kan varken utgivaren eller författaren ta ansvar för förlust, materiella skador eller personskador som orsakats av eventuell felaktig eller utelämnad information.

# Innehåll

## ATT LEVA MED DIN BMW



## Reparationer vid vägkanten



## RUTINUNDERHÅLL

# Innehåll

## REPARATION OCH RENOVERING

### Motor och sammanhörande system



### Kraftöverföring



### Bromsar



### Fjädring



### Kaross



### Kopplingsscheman



## REFERENS



### Register

# Presentation av BMW serie 3 och 5

Serie 3 typ E30 började säljas 1983 och fanns i produktion fram till april 1991 då den ersattes av typ E36 (som inte tas upp i denna handbok). Cabriolet och kombiversioner introducerades 1988 och dessa modeller fortsatte i E30-form fram till 1993.

Serie 5 typ E28 introducerades 1981 och ersattes 1988 av den modifierade typ E34. Kombiversionen av E34 introducerades 1991. Genomgående kallas i denna handbok E28 för "gamla karossen" och E34 för "nya karossen".

De modeller som tas upp i denna handbok är utrustade med fyr- eller sexcylindriga radmotorer. Tidiga versioner av 316 och 518 var försedda med förgasare men samtliga övriga modeller har bränsleinsprutning. Växellådorna är femväxlade manuella eller tre- eller fyrstegs automatväxellådor. Växellådan är monterad på motorns baksida och kraften överförs till en helt oberoende bakaxel via en tvådelad kardanaxel. Slutväxeln är fastbultad på bakre monteringsramens tvärbalk och driver bakhjulen via drivaxlar försedda med inre och yttre drivknutar av CV-typ.

Framfjädringen består av MacPherson fjäderben där en stötdämpar/spiralfjäderenhet utgör den övre fjädringslänken. Bakvagnens fjädring består av antingen fjäderben med utvändig spiralfjäder och invändig stötdämpare eller separata spiralfjädrar och stötdämpare beroende på modell.

Framhjulsbromsarna är skivbromsar och bakhjulsbromsarna är trum- eller skivbromsar beroende på modell. Bromsservo är standard på samtliga modeller. Vissa senare modeller har även låsningsfria bromsar (ABS).

Alla modeller är tillverkade med snäva toleranser och lever upp till BMW:s rykte för kvalitetsarbete. Även om många av modellerna i denna handbok kan verka komplexa till en början ska de inte ge hemmamekaniker några problem.

## Med stort tack till följande

Vi riktar ett stort tack till Champion Spark Plug, som försett oss med illustrationerna som visar tändstiftens skick. Vi tackar även Sykes-Pickavant Limited, som tillhandahållit en del verkstadsutrustning samt alla de i Sparkford som hjälpt till vid framställandet av denna handbok. Tekniska skribenter som bidragit till projektet inkluderar Robert Maddox, Mark Ryan och Mike Stubblefield.

**BMW 320i Sedan (E30)**

BMW 325i Touring (E30)

BMW 325i Cabriolet (E30)

BMW 518i (E28)

BMW 535i (E34)

Att arbeta på din bil kan vara farligt. Den här sidan visar potentiella risker och faror och har som mål att göra dig uppmärksam på och medveten om vikten av säkerhet i ditt arbete.

# Allmänna faror

### Skållning

• Ta aldrig av kylarens eller expansionskärlets lock när motorn är het.

• Motorolja, automatväxellådsolja och styrservovätska kan också vara farligt varma om motorn just varit igång.

### Brännskador

• Var försiktig så att du inte bränner dig på avgassystem och motor. Bromsskivor och -trummor kan också vara heta efter körning.

### Lyftning av fordon

• Vid arbete nära eller under ett lyft fordon, använd alltid extra stöd i form av pallbockar eller använd ramper. ***Arbeta aldrig under en bil som endast stöds av en domkraft.***

• När muttrar eller skruvar med högt åtdragningsmoment skall lossas eller dras, bör man lossa dem något innan bilen lyfts och göra den slutliga åtdragningen när bilens hjul åter står på marken.

### Brand och brännskador

• Bränsle är mycket brandfarligt och bränsleångor är explosiva.

• Spill inte bränsle på en het motor.

• Rök inte och använd inte öppen låga i närheten av en bil under arbete. Undvik också gnistbildning (elektrisk eller från verktyg).

• Bensinångor är tyngre än luft och man bör därför inte arbeta med bränslesystemet med fordonet över en smörjgrop.

• En vanlig brandorsak är kortslutning i eller överbelastning av det elektriska systemet. Var försiktig vid reparationer eller ändringar.

• Ha alltid en brandsläckare till hands, av den typ som är lämplig för bränder i bränsle- och elsystem.

### Elektriska stötar

• Högspänningen i tändsystemet kan vara farlig, i synnerhet för personer med hjärtbesvär eller pacemaker. Arbeta inte med eller i närheten av tändsystemet när motorn går, eller när tändningen är på.

• Nätspänning är också farlig. Se till att all nätansluten utrustning är jordad. Man bör skydda sig genom att använda jordfelsbrytare.

### Giftiga gaser och ångor

• Avgaser är giftiga. De innehåller koloxid vilket kan vara ytterst farligt vid inandning. Låt aldrig motorn vara igång i ett trångt utrymme, t ex i ett garage, med stängda dörrar.

• Även bensin och vissa lösnings- och rengöringsmedel avger giftiga ångor.

### Giftiga och irriterande ämnen

• Undvik hudkontakt med batterisyra, bränsle, smörjmedel och vätskor, speciellt frostskyddsvätska och bromsvätska. Sug aldrig upp dem med munnen. Om någon av dessa ämnen sväljs eller kommer in i ögonen, kontakta läkare.

• Långvarig kontakt med använd motorolja kan orsaka hudcancer. Bär alltid handskar eller använd en skyddande kräm. Byt oljeindränkta kläder och förvara inte oljiga trasor i fickorna.

• Luftkonditioneringens kylmedel omvandlas till giftig gas om den exponeras för öppen låga (inklusive cigaretter). Det kan också orsaka brännskador vid hudkontakt.

### Asbest

• Asbestdamm kan ge upphov till cancer vid inandning, eller om man sväljer det. Asbest kan finnas i packningar och i kopplings- och bromsbelägg. Vid hantering av sådana detaljer är det säkrast att alltid behandla dem som om de innehöll asbest.

# Speciella faror

### Flourvätesyra

• Denna extremt frätande syra bildas när vissa typer av syntetiskt gummi i t ex O-ringar, tätningar och bränsleslangar utsätts för temperaturer över 400 °C. Gummit omvandlas till en sotig eller kladdig substans som innehåller syran. *När syran väl bildats är den farlig i flera år. Om den kommer i kontakt med huden kan det vara tvunget att amputera den utsatta kroppsdelen.*

• Vid arbete med ett fordon, eller delar från ett fordon, som varit utsatt för brand, bär alltid skyddshandskar och kassera dem på ett säkert sätt efteråt.

### Batteriet

• Batterier innehåller svavelsyra som angriper kläder, ögon och hud. Var försiktig vid påfyllning eller transport av batteriet.

• Den vätgas som batteriet avger är mycket explosiv. Se till att inte orsaka gnistor eller använda öppen låga i närheten av batteriet. Var försiktig vid anslutning av batteriladdare eller startkablar.

### Airbag/krockkudde

• Airbags kan orsaka skada om de utlöses av misstag. Var försiktig vid demontering av ratt och/eller instrumentbräda. Det kan finnas särskilda föreskrifter för förvaring av airbags.

### Dieselinsprutning

• Insprutningspumpar för dieselmotorer arbetar med mycket högt tryck. Var försiktig vid arbeten på insprutningsmunstycken och bränsleledningar.

***Varning: Exponera aldrig händer eller annan del av kroppen för insprutarstråle; bränslet kan tränga igenom huden med ödesdigra följder***

# Kom ihåg...

### ATT

• Använda skyddsglasögon vid arbete med borrmaskiner, slipmaskiner etc, samt vid arbete under bilen.

• Använda handskar eller skyddskräm för att skydda händerna.

• Om du arbetar ensam med bilen, se till att någon regelbundet kontrollerar att allt står väl till.

• Se till att inte löst sittande kläder eller långt hår kommer i vägen för rörliga delar.

• Ta av ringar, armbandsur etc innan du börjar arbeta på ett fordon - speciellt med elsystemet.

• Försäkra dig om att lyftanordningar och domkraft klarar av den tyngd de utsätts för.

### ATT INTE

• Ensam försöka lyfta för tunga delar - ta hjälp av någon.

• Ha för bråttom eller ta osäkra genvägar.

• Använda dåliga verktyg eller verktyg som inte passar. De kan slinta och orsaka skador.

• Låta verktyg och delar ligga så att någon riskerar att snava över dem. Torka upp olje- och bränslespill omgående.

• Låta barn eller husdjur leka nära en bil under arbetets gång.

# Stöldskyddssystem för radio/kassettbandspelare

## Allmän information

Vissa modeller har en ljudanläggning försedd med ett stöldskydd som gör anläggningen oanvändbar om den stjäls. Om strömmen till ljudanläggningen bryts fungerar anläggningen inte igen, även om strömmen omedelbart kopplas in igen. Om din bil har detta stöldskydd ska du inte lossa batteripoler eller lyfta ut radion annat än om du har det individuella kodnummer som behövs för att aktivera radion.

Se den ägarhandbok som medföljer bilen för mer komplett information om detta system.

## Upplåsning

**1** Slå på radion. Ordet "CODE" ska visas i textrutan.

**2** Använd radions knappar för förinställda stationer och ange den femsiffriga koden. Om du gör ett misstag när du skriver in koden, fortsätt femsiffersekvensen ändå. Om du hör ett pip ska du omedelbart avbryta och börja om på nytt.

**Observera:** *Du får tre försök att ange korrekt kod. Om rätt kod inte anges inom tre försök måste du vänta en timme med påslagen radio innan du kan göra nya försök.*

**5** När korrekt kod angetts ska ordet "CODE" försvinna från textrutan och radion börja spela (du måste dock välja en station).

**6** Om du tappat bort koden måste du ta kontakt med serviceavdelningen hos en BMW-återförsäljare.

# Instrumentpanelens textdisplay

På vissa senare modeller sålda utanför Sverige kan ett urkopplade av batteriet leda till att instrumentpanelens språk återgår till tyska (gäller inte på svensksålda modeller som har tyska som standardspråk). Om du vill byta språk, gör enligt följande. Stäng alla dörrar och slå på tändningen (starta dock inte motorn) och tryck på nollställningen av trippmätaren till dess att panelen visar önskat språk. Det finns 8 att välja på. Om du önskar att förbigå ett speciellt val, släpp knappen och tryck ned den igen - detta gör att panelen övergår till nästa språk. När önskat språk visas, fortsätt hålla knappen nedtryckt till dess att panelen visar "I.O. Version 2.0". Fortsätt hålla nere knappen till dess att den visar "H.P. Version 3.4" och släpp upp knappen.

# Lyftning, hjulbyte och bogsering

## Lyftning och hjulbyte

Den medföljande domkraften ska bara användas då hjulbyte vid vägkanten erfordras, om inte också pallbockar används.

***Varning: Kryp eller arbeta aldrig under bilen eller starta motorn när den endast är stödd på domkraft.***

Vid hjulbyte ska bilen stå på jämn mark, med handbromsen hårt åtdragen och hjulen klossade. Lägg in backen (manuell växellåda) eller Park (automatväxellåda). Demontera navkapseln där så behövs. Lossa hjulbultarna ett halvt varv, lämna dem på plats tills dess att vilen lyfts från marken.

Placera domkraften under sidan på bilen, så att den hakar i domkraftsfästet (precis bakom framhjulet eller framför bakhjulet). Vrid domkraftens handtag medurs tills hjulet lyfter från marken. Skruva ur bultarna, lyft bort hjulet och sätt dit reservhjulet.

Sätt i hjulbultarna och dra åt dem för hand. Sänk bilen genom att vrida domkraftens handtag moturs. Ta bort domkraften och dra åt bultarna i diagonal ordning enligt åtdragningsmoment angivet i specifikationerna i kapitel 1. Om du inte har en momentnyckel, låt en BMW-verkstad eller däckspecialist kontrollera åtdragningsmomentet så snart som möjligt. Montera navkapseln.

## Bogsering

Bilar med manuell växellåda kan vid behov bogseras med alla fyra hjulen på marken. Bilar med automatväxellåda kan endast bogseras med alla fyra hjulen på marken så länge hastigheten inte överstiger 30 km/tim och sträckan inte är längre än 20 km, i annat fall kan växellådan skadas. Oavsett typ av växellåda är det att föredra att bilen boseras med de drivande (bakre) hjulen lyfta från marken.

Använd ordentlig bogseringsutrustning, speciellt utformad för ändamålet, och den ska anslutas till de därför avsedda bogseringsöglorna fram eller bak, inte till stötfångarna eller stötfångarfästena.

Säkerheten är viktig vid bogsering. Handbromsen får inte vara åtdragen, växellådan skall vara i neutralläge. Tändningen skall vara påslagen så att rattlåset är öppet och blinkers och bromsljus fungerar. Kom ihåg att det kommer att krävas större bromsbedaltryck än normalt eftersom bromsservon bara är aktiv när motorn är igång. På bilar med styrservo kommer också större rattkraft att krävas.

***Start med startkablar löser ditt problem för stunden, men det är viktigt att ta reda på vad som orsakar batteriets urladdning. Det finns tre möjligheter:***

***1** Batteriet har laddats ur efter ett flertal startförsök, eller för att lysen har lämnats på.*

***2** Laddningssystemet fungerar inte tillfredsställande (generatorns drivrem slak eller av, generatorns länkage eller generatorn själv defekt).*

***3** Batteriet är defekt (utslitet eller låg elektrolytnivå).*

# Starthjälp

När en bil startas med hjälp av ett laddningsbatteri, observera följande:

- ✔ Innan det fulladdade batteriet ansluts, slå av tändningen.
- ✔ Se till att all elektrisk utrustning (lysen, värme, vindrutetorkare etc.) är avslagen.
- ✔ Observera eventuella speciella föreskrifter som är tryckta på batteriet.
- ✔ Kontrollera att laddningsbatteriet har samma spänning som det urladdade batteriet i bilen.
- ✔ Om batteriet startas med startkablar från batteriet i en annan bil, får bilarna INTE VIDRÖRA varandra.
- ✔ Växellådan ska vara i neutralläge (PARK för automatväxellåda).

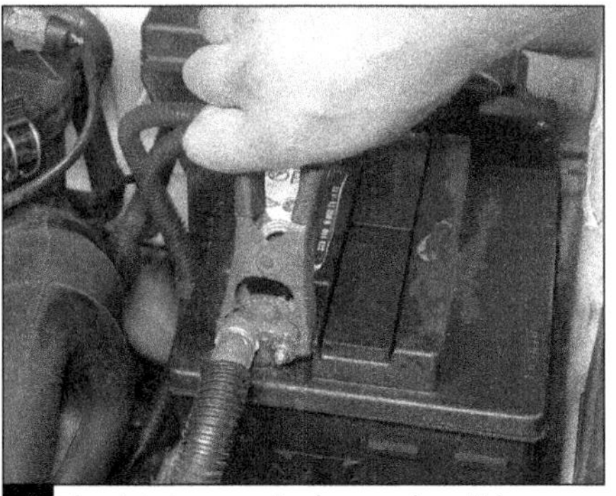

**1** Anslut den ena änden av den röda startkabeln till den positiva (+) polen på det urladdade batteriet.

**2** Anslut den andra änden av den röda startkabeln till den positiva (+) polen på det fulladdade batteriet.

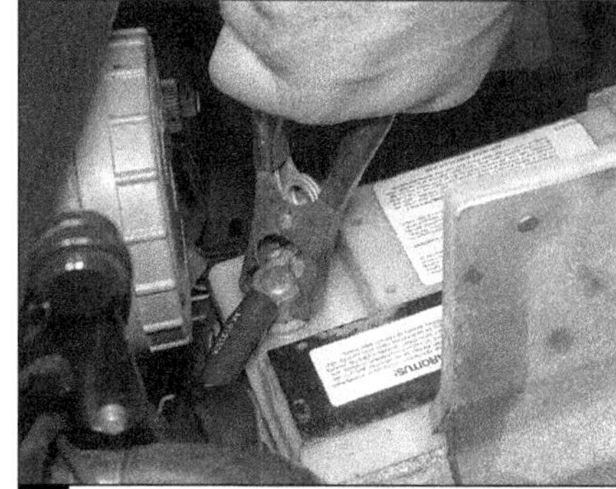

**3** Anslut den ena änden av den svarta startkabeln till den negativa (-) polen på det fulladdade batteriet.

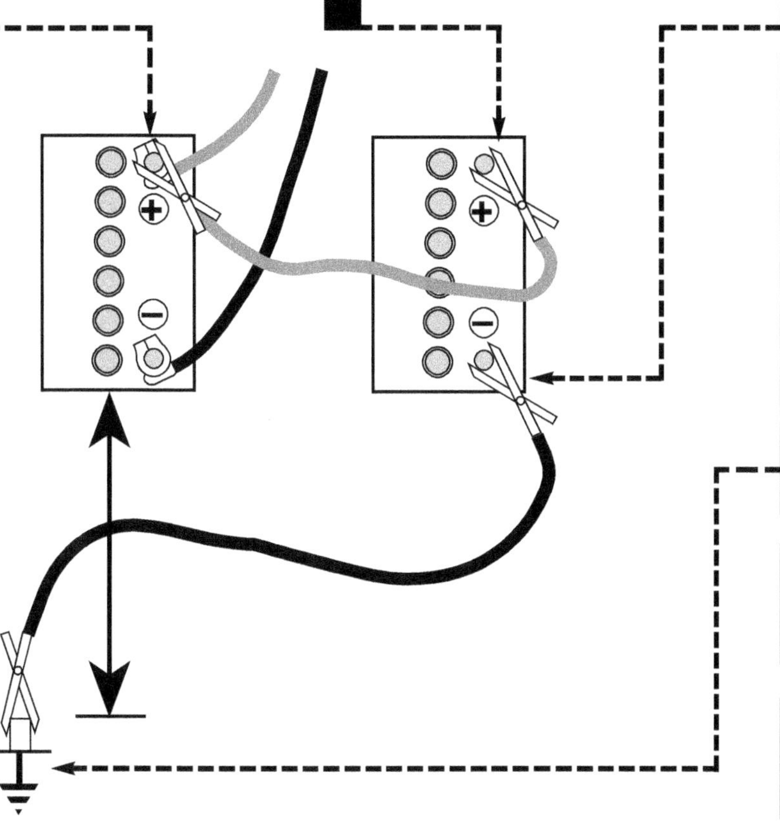


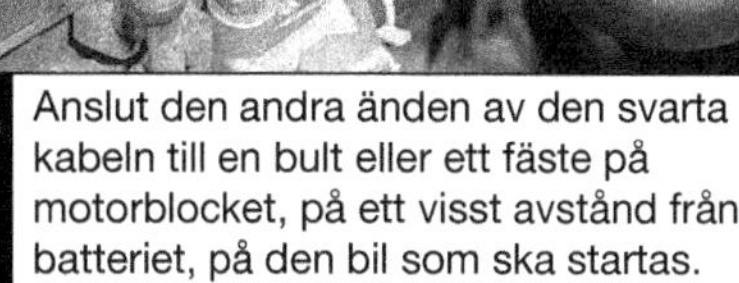

**4** Anslut den andra änden av den svarta kabeln till en bult eller ett fäste på motorblocket, på ett visst avstånd från batteriet, på den bil som ska startas.

**5** Se till att startkablarna inte kommer i kontakt med fläkten, drivremmarna eller andra rörliga delar av motorn.

**6** Starta motorn med laddningsbatteriet och låt den gå på tomgång. Slå på lysen, bakrutevärme och värmefläktsmotor och koppla sedan loss startkablarna i omvänd ordning mot anslutning. Slå sedan av lysen etc.

## Att hitta läckor

Pölar på garagegolvet eller uppfarten, eller märkbar fukt under motorhuven eller bilen antyder att det finns en läcka som behöver åtgärdas. Det kan ibland vara svårt att avgöra var läckan finns, speciellt om motorrummet redan är mycket smutsigt. Läckande olja eller annan vätska kan blåsas bakåt av luft som passerar under bilen, vilket ger en felaktig antydan om var läckan finns.

***Varning: De flesta oljor och vätskor som förekommer i en bil är giftiga. Byt nedsmutsad klädsel och tvätta av huden utan dröjsmål.***

***Lukten av en läckande vätska kan ge en ledtråd till vad som läcker. Vissa vätskor har en distinkt färg. Det kan vara till hjälp att tvätta bilen ordentligt och parkera den på rent papper över natten. Kom ihåg att vissa läckor kanske endast förekommer när motorn går.***

### *Oljesumpen*

Motorolja kan läcka från avtappnings-pluggen. . .

### *Oljefiltret*

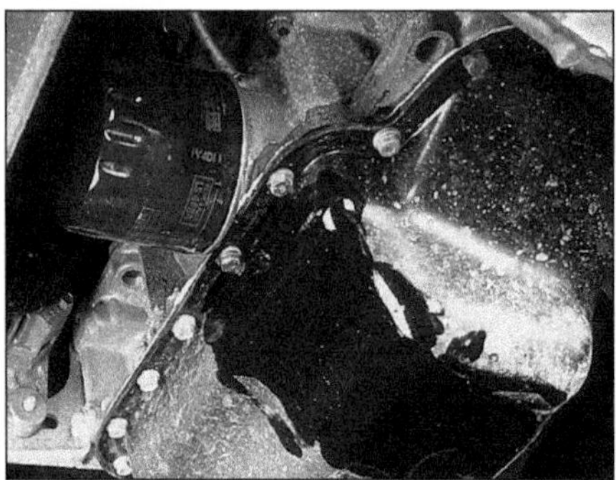

. . . eller från oljefiltrets infästning i motorn.

### *Växellådsolja*

Olja kan läcka vid tätningarna i vardera änden på växellådan.

### *Frostskydd*

Frostskyddsvätska lämnar ofta kristalliserade avlagringar liknande dessa.

### *Bromsolja*

Ett läckage vid ett hjul är nästan helt säkert bromsolja.

### *Servostyrningsolja*

Olja till servostyrningen kan läcka från röranslutningarna till kuggstången.

# Kapitel 1
# Rutinunderhåll och service

## Innehåll



## Svårighetsgrader

| | | | | |
|---|---|---|---|---|
| **Enkelt,** passar novisen med lite erfarenhet  | **Ganska enkelt,** passar nybörjaren med viss erfarenhet  | **Ganska svårt,** passar kompetent hemmamekaniker  | **Svårt,** passar hemmamekaniker med erfarenhet  | **Mycket svårt,** för professionell mekaniker  |

## Specifikationer

### Motor

Oljefilter
- M10-motorer ... Champion C121
- M20-motorer ... Champion C160
- M30-motorer
  - Serie 3 ... Champion C160
  - Serie 5 ... Champion X115
- M40-motorer ... Champion X120

Ventilspel (insug och avgas)
- M10-motorer
  - Kall ... 0,20 mm
  - Varm ... 0,25 mm
- M20-motorer
  - Kall ... 0,25 mm
  - Varm ... 0,30 mm
- M30-motorer
  - Kall ... 0,30 mm
  - Varm ... 0,35 mm
- M40-motorer ... Hydraulisk justering

### Kylsystem

Frostskyddsblandning ... 40% frostskydd/60% vatten

## Bränslesystem

| | |
|---|---|
| Tomgångsvarvtal | |
| Serie 3, E30 | |
| 316 med M10/B18 motor | 850 ± 50 rpm |
| 316i med M40/B16 motor | 800 ± 40 rpm |
| 318i med M10/B18 motor (manuell växellåda) | 850 ± 50 rpm |
| 318i med M10/B18 motor (automatväxellåda) | 750 ± 50 rpm |
| 318i med M40/B18 motor | 800 ± 40 rpm |
| 320i med M20/B20 motor (L-Jetronic) | 800 ± 50 rpm |
| 320i med M20/B20 motor (Motronic) | 760 ± 40 rpm |
| 325i med M20/B25 motor | 760 ± 40 rpm |
| Serie 5, E28 ("gamla karossen") | |
| 518 och 518i med M10/B18 motor | 800 ± 50 rpm |
| Alla andra modeller | 850 ± 50 rpm |
| Serie 5, E34 ("nya karossen") | |
| 518i med M40/B18 motor | 800 ± 40 rpm |
| 520i med M20/B20M motor | 760 ± 40 rpm |
| 525i med M20/B25M motor | 760 ± 40 rpm |
| 530i med M30/B30M motor | 800 ± 50 rpm |
| 535i med M30/B35M motor | 850 ± 50 rpm |
| CO% vid 3000 rpm | |
| Serie 3, E30 | |
| 316 med M10/B18 motor | 0,5 till 1,0 |
| 316i och 318i med M40/B16 motor | 0,7 ± 0,5 |
| 318i med M10/B18 motor | 1,0 maximum |
| 320i med M20/B20 motor (L-Jetronic) | 1,0 ± 0,5 |
| 320i med M20/B20 motor (Motronic) | 0,7 ± 0,5 |
| 325i med M20/B25 motor | 1,0 ± 0,5 |
| Serie 5, E28 ("gamla karossen") | |
| 518 och 518i med M10/B18 motor | 1,0 maximum |
| 525i med M30/B25 motor | 1,0 ± 0,5 |
| 528i med M30/B28 motor | 1,5 maximum |
| 535i med M30/B34 motor | 0,3 till 1,5 |
| M535i med M30/B34 motor | 0,3 till 1,5 |
| Serie 5, E34 ("nya karossen") | |
| Samtliga modeller | 0,7 ± 0,5 |
| Luftfilter | |
| M10-motorer | Champion W155 (runt) eller U504 (fyrkantigt) |
| M20-motorer | Champion U504 eller U527 |
| M30-motorer | Champion U504 eller U527 |
| M40-motorer | Champion U527 |
| Bränslefilter (alla motorer med bränsleinsprutning) | Champion L206 |

## Tändsystem

| | |
|---|---|
| Tändstift | |
| M10, M20 och M30-motorer | Champion N9YCC |
| M40-motorer | Champion C9YCC |
| Elektrodavstånd* | 0,8 mm |
| Tändkablar | Champion-typ finns ej tillgänglig |

** Angett elektrodavstånd är det som rekommenderas av Champion för de ovan angivna tändstiften. Om tändstift av annat fabrikat används, se tillverkarens rekommendationer för elektrodavstånd.*

## Bromsar

| | |
|---|---|
| Bromsklosstjocklek (minimum) | 2,0 mm |
| Bromsbackstjocklek (minimum) | 2,0 mm |

## Torkarblad

| | |
|---|---|
| Vindruta | |
| Serie 3 | Champion X-5103 |
| Serie 3 passagerarsidan från 1991 | Champion X-5103 (20 tum) eller Champion X-5303 (21 tum) |
| Serie 5, E28 ("gamla karossen") | Champion X-4503 |
| Serie 5, E34 ("nya karossen") | Champion-typ ej tillgänglig |
| Baklucka | |
| Serie 3 | Champion X-4503 |
| Serie 5 | Champion-typ ej tillgänglig |

## Däcktryck (kalla) – bar

| | Fram | Bak |
|---|---|---|
| Serie 3, E30 | | |
| 316 | 1,9 (28) | 2,1 (30) |
| 316i | | |
| Sedan | 2,0 (29) | 2,1 (30) |
| Kombi | 2,0 (29) | 2,2 (32) |
| 318i | 1,8 (26) | 1,9 (28) |
| 320i | 1,9 (28) | 2,0 (29) |
| 325i | 2,2 (32) | 2,3 (33) |
| Serie 5, E28 ("gamla karossen") | | |
| 518 och 518i | 2,0 (29) | 2,0 (29) |
| 525i och 528i | 2,2 (32) | 2,2 (32) |
| 535i och M535i | 2,3 (33) | 2,5 (36) |
| Serie 5, E34 ("nya karossen") | | |
| 518i | 2,0 (29) | 2,0 (29) |
| 520i | 2,1 (31) | 2,1 (31) |
| 525i, 530i och 535i | 2,0 (29) | 2,3 (33) |

## Åtdragningsmoment

| | Nm |
|---|---|
| Automatväxellådans sumpbultar | |
| 3-stegs | 8 till 9 |
| 4-stegs | 5 till 7 |
| Tändstift | |
| M10-motorer | 20 till 30 |
| Utom M10-motorer | 30 till 33 |
| Syresensor (lambdasond) | 30 till 33 |
| Hjulbultar | 100 |

## Smörjmedel och vätskor

| Komponent eller system | Smörjmedelstyp/specifikation |
|---|---|
| **Motor** | Multigrade motorolja, viskositet SAE 10W/40 till 20W/50, enligt API SG |
| **Kylsystem** | Etylenglykolbaserat frostskyddsmedel med korrosionsskydd |
| **Manuell växellåda*** | Växellådsolja, viskositet SAE 80 enligt API-GL4, eller single-grade mineralbaserad motorolja, viskositet SAE 20, 30 eller 40 enligt API-SG |
| **Automatväxellåda** | Dexron II typ ATF |
| **Slutväxel** | BMW-godkänd hypoid växellådsolja, viskositet SAE 90** |
| **Hydraulik för bromsar och koppling** | Hydraulisk bromsolja enligt SAE J 1703 eller DOT 4 |
| **Servostyrning** | Dexron II typ ATF |

** E34 520i & 525i med luftkonditionering, E34 530i & 535i - Dexron II typ ATF)*
*** Endast tillgänglig i grossistförpackning, se din BMW-verkstad*

## Volymer*

| | |
|---|---|
| Motorolja | |
| M10-motorer | 4,0 liter |
| M20-motorer | 4,3 liter |
| M30-motorer | 5,8 liter |
| M40-motorer | 4,0 liter |
| Kylsystem | |
| M10-motorer | 7,0 liter |
| M20-motorer | 10,5 liter |
| M30-motorer | 12,0 liter |
| M40-motorer | 7,0 liter |
| Bränsletank | |
| Serie 3, E30 | |
| Sedan | 55 liter (tidig modell), 64 liter (sen modell) |
| Kombi | 63 liter (tidig modell), 70 liter (sen modell) |
| Serie 5 | |
| E28 ("gamla karossen") | 70 liter |
| E34 ("nya karossen") | 81 liter |

| | |
|---|---|
| Manuell växellåda | |
| ZF | 1,2 liter |
| Getrag | 1,0 till 1,5 liter |
| Automatväxellåda (påfyllning) | |
| 3-stegs | 2,0 liter |
| 4-stegs | 3,0 liter |
| Slutväxeln (dränering och påfyllning) | |
| Serie 3, E30 | 0,9 liter |
| Serie 5, E28 ("gamla karossen") | 0,9 liter |
| Serie 5, E34 ("nya karossen") | 1,7 liter |

**Samtliga volymer ungefärliga*

# Underhållsschema

Underhållsschemat i denna handbok gäller under förutsättning att du själv, inte försäljaren, utför arbetet. Även om angivna intervaller är baserade på fabrikens rekommendationer har de flesta kortats av för att garantera att exempelvis smörjmedel och vätskor kontrolleras/byts med sådana intervaller som är fördelaktiga för maximal livslängd på motor och drivlina. De individuella ägare som har ett intresse av att hålla bilen i konstant toppskick och med tanke på framtida andrahandsvärde bör utföra vissa servicearbeten oftare än vad som rekommenderas i följande schema. Vi uppmuntrar sådana ägarinitiativ.

När bilen är ny ska den inledningsvis få service av en fabriksauktoriserad serviceverkstad så att fabriksgarantin gäller. I många fall är den inledande underhållskontrollen kostnadsfri för ägaren (kontrollera med säljarens serviceavdelning om mer information önskas).

## Var 400 km eller varje vecka, vilket som kommer först

- ☐ Kontrollera motorns oljenivå (avsnitt 4)
- ☐ Kontrollera kylvätskenivån (avsnitt 4)
- ☐ Kontrollera bromsoljenivån (avsnitt 4)
- ☐ Kontrollera kopplingsoljenivån (avsnitt 4)
- ☐ Kontrollera spolarvätskans nivå (avsnitt 4)
- ☐ Kontrollera däck och lufttryck (avsnitt 5)

## Var 10 000 km eller 6 månader, vilket som kommer först

*Alla ovanstående poster plus:*

- ☐ Byte av motorolja och oljefilter (avsnitt 6)
- ☐ Kontrollera oljenivån i servostyrningen (avsnitt 7)
- ☐ Kontrollera däcken, skifta dem vid behov (avsnitt 9)
- ☐ Kontrollera oljenivån i automatväxellådan (avsnitt 8)
- ☐ Kontrollera slangarna under motorhuven (avsnitt 10)
- ☐ Kontrollera/justera drivremmarna (avsnitt 11)
- ☐ Kontrollera motorns tomgångsvarvtal och CO-halt (avsnitt 12)

## Var 20 000 km eller 12 månader, vilket som kommer först

*Alla ovanstående poster plus:*

- ☐ Kontrollera/underhåll batteriet (avsnitt 13)
- ☐ Kontrollera tändstiften (avsnitt 14)
- ☐ Kontrollera/byt tändkablar, fördelarlock och rotor (avsnitt 15)
- ☐ Kontrollera/fyll på den manuell växellådans olja (avsnitt 16)
- ☐ Kontrollera oljenivån i differentialen (avsnitt 17)
- ☐ Kontrollera ventilspel och justera vid behov - ej tillämpligt på M40-motorer (avsnitt 18)
- ☐ Kontrollera och smörj trottellänkaget (avsnitt 19)
- ☐ Byt luftfilter (avsnitt 20)
- ☐ Kontrollera bränslesystemet (avsnitt 21)
- ☐ Inspektera kylsystemet (avsnitt 22)
- ☐ Inspektera avgassystemet (avsnitt 23)
- ☐ Inspektera delarna i styrningen och fjädringen (avsnitt 24)
- ☐ Kontrollera drivaxlarnas damasker (avsnitt 25)
- ☐ Inspektera bromsarna (avsnitt 26)
- ☐ Inspektera/byt vindrutetorkarbladen (avsnitt 27)

## Var 40 000 km eller 24 månader, vilket som kommer först

Alla ovanstående poster plus:

- ☐ Byt olja och filter i automatväxellådan (avsnitt 28)
- ☐ Dränera, spola ur och fyll på kylsystemet (avsnitt 29)
- ☐ Byt tändstift (avsnitt 14)
- ☐ Kontrollera/byt tändkablarna (avsnitt 15)
- ☐ Byt bränslefilter (avsnitt 30)
- ☐ Byt olja i den manuell växellådan (avsnitt 31)
- ☐ Byt olja i differentialen (avsnitt 32)
- ☐ Kontrollera i förekommande fall avdunstningssystemet (avsnitt 33)
- ☐ Släck serviceindikatorlamporna (avsnitt 34)
- ☐ Byt bromsolja genom avluftning (se kapitel 9)
- ☐ Kontrollera handbromsens funktion (se kapitel 9)

## Var 50 000 km

- ☐ Byt kamrem (avsnitt 35)

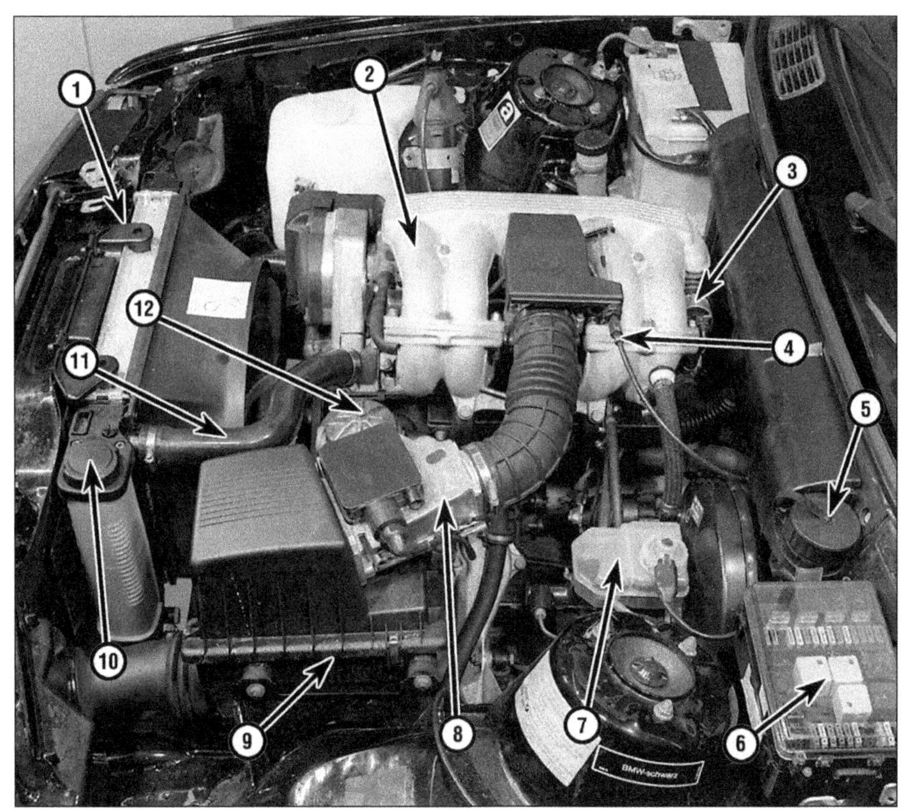


**Under motorhuven på en 318i (1988)**

1 *Kylare*
2 *Insugsrör*
3 *Ventil för tomgångens reglering*
4 *Gasvajer*
5 *Kontakt för diagnostik/släckande av serviceindikatorlampor*
6 *Låda för säkringar och reläer*
7 *Behållare för bromsolja*
8 *Luftflödesmätare*
9 *Luftrenare*
10 *Kylarlock*
11 *Övre kylarslang*
12 *Oljefilterhus*

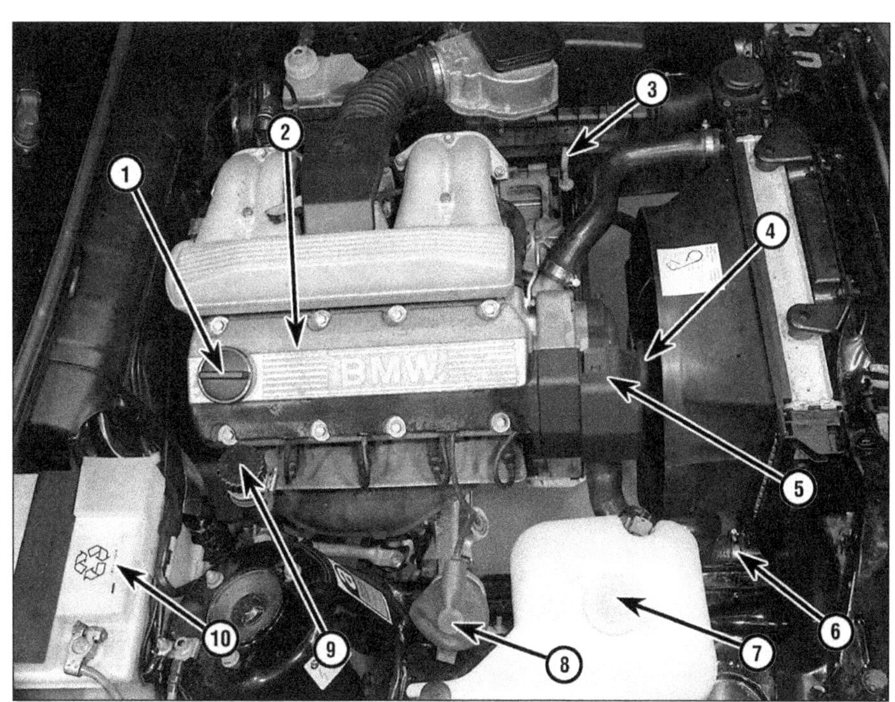


**Under motorhuven på en 318i (1988)**

1 *Oljepåfyllningslock*
2 *Ventilkåpa*
3 *Motoroljans mätsticka*
4 *Kylfläkt med viskös koppling*
5 *Fördelarlock*
6 *Nedre kylarslang*
7 *Vindrutespolningens behållare*
8 *Tändspole*
9 *Den hydrauliska kopplingens oljebehållare*
10 *Batteri*

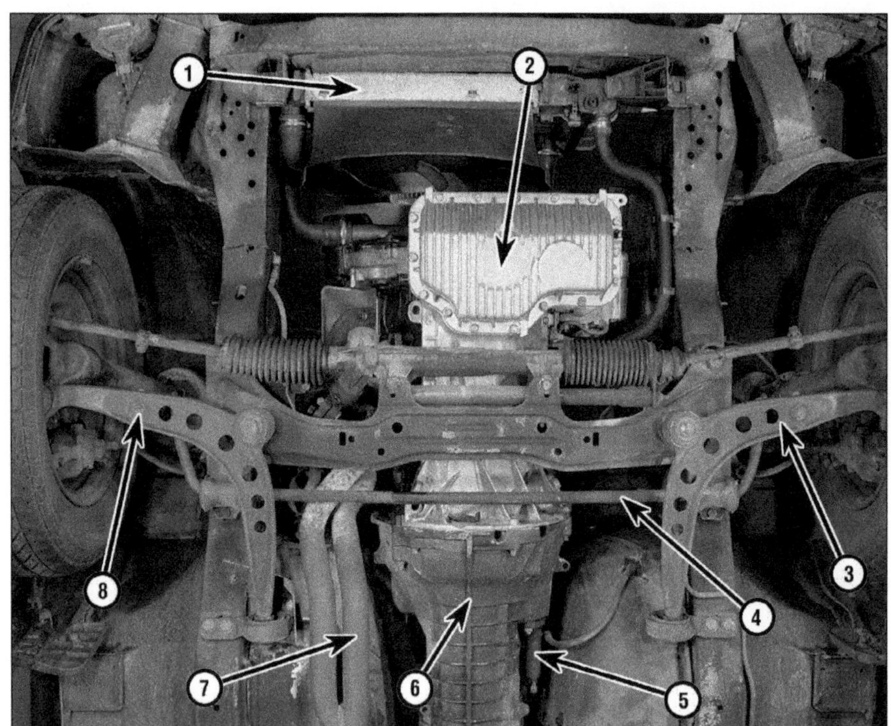

**Framvagn sedd underifrån på en 318i (1988)**

1 *Kylare*
2 *Motoroljans dräneringsplugg*
3 *Främre bärarm (vänster sida)*
4 *Främre krängningshämmare*
5 *Kopplingens slavcylinder*
6 *Växellåda*
7 *Nedåtgående avgasrör*
8 *Främre bärarm (höger sida)*

**Bakvagn sedd underifrån**

1 *Avgassystem*
2 *Differentialens nivå/påfyllningsplugg*
3 *Drivaxeldamask*
4 *Bränsletankens påfyllningsrör*
5 *Differentialens dräneringsplugg*
6 *Bakhjulsbroms*
7 *Bakre stötdämpare*

## 1 Inledning

Detta kapitel är framtaget för att hjälpa hemmamekaniker att underhålla sitt fordon så att det ger trafiksäkerhet, driftsekonomi, lång livslängd och maximala prestanda. Detta kapitel innehåller ett huvudschema för service som följs av avsnitt som tar upp varje specifik post på schemat. Visuella kontroller, justeringar, byte av delar och andra viktiga poster tas upp. Studera de medföljande bilderna av motorrummet och fordonets fram- respektive bakvagn där de olika delarnas placering visas. Underhåll av fordonet i enlighet med detta schema för tid/distans och följande avsnitt ger ett planerat serviceschema som ska resultera i en lång och pålitlig tjänstgöringstid för fordonet. Detta är ett heltäckande schema vilket innebär att service av vissa poster, men inte andra, vid angivna mellanrum inte kommer att ge ett lika bra resultat

## 2 Rutinunderhåll

När du arbetar med fordonet kommer du att upptäcka att många av procedurerna kan – och ska – grupperas tillsammans tack vare det specifika arbete som utförs eller tack vare att två annars obesläktade arbeten är varandra fysiskt närbelägna. Om till exempel fordonet av någon orsak lyfts upp ska avgassystemet och bränsleledningarna alltid kontrolleras samtidigt som fjädring och styrning inspekteras. När hjulen demonteras för annat arbete är det klokt att passa på att kontrollera bromsarna när hjulen ändå är avtagna. Till sist, anta att du behöver låna en momentnyckel. Även om du bara behöver den för att dra ett tändstift kan du lika väl passa på att kontrollera åtdragningsmomentet på så många andra kritiska muttrar och bultar som du har tid med.

Första steget i underhållsprogrammet är att du förbereder dig själv innan arbetet påbörjas. Läs igenom samtliga avsnitt som tar upp det arbete som ska utföras, gör upp en lista över och skaffa de delar och verktyg som behövs för arbetet i fråga. Om du misstänker att du kommer att stöta på problem, rådfråga en yrkesmekaniker eller mer erfaren hemmamekaniker.

## 3 Finjustering av motorn – allmän information

Termen "finjustering" används i denna handbok som ett begrepp för en kombination av olika åtgärder, inte för en specifik procedur.

Om fordonet underhålls helt enligt schemat sedan nytt och täta regelbundna kontroller av vätskenivåer och föremål som utsätts för stort slitage utförs, i enlighet med vad som rekommenderas i denna handbok, kommer motorn att hållas i relativt bra och arbetsdugligt skick vilket minimerar behovet av ytterligare arbete.

Det är möjligt att motorn ibland kommer att gå orent på grund av brist på regelbunden service. Detta är än mer troligt om det gäller ett begagnat fordon, som inte fått tät och regelbunden service. I sådana fall kan extra finjustering, som ligger utanför det ordinarie serviceschemat, komma att behöva utföras.

Första steget i varje finjustering eller diagnos av en motor som går illa är ett kompressionsprov. Ett kompressionsprov (se kapitel 2B) ger värdefulla upplysningar om det generella skicket på de inre huvuddelarna. Ett sådant prov kan användas som en beslutsbas vad gäller omfattningen på det arbete som ska utföras. Om ett kompressionsprov till exempel indikerar att motorns insida är mycket sliten, kommer inte normal finjustering att förbättra motorns prestanda och skulle vara ett slöseri med tid och pengar. I och med att det är så viktigt ska kompressionsprovet utföras med rätt utrustning av en person som har tillräckligt med kunskaper för att använda denna utrustning korrekt.

Följande arbetsmoment är de som ofta krävs för att förbättra prestanda på en motor som går allmänt illa.

### Mindre finjusteringar

*Kontrollera alla motorrelaterade vätskor (avsnitt 4)*

Kontrollera alla slangar under motorhuven (avsnitt 10)

Kontrollera och justera drivremmarna (avsnitt 11)

Rengör, inspektera och testa batteriet (avsnitt 13)

Ta ur tändstiften (avsnitt 14)

Inspektera tändkablar, fördelarlock och rotor (avsnitt 15)

Kontrollera luftfiltret (avsnitt 20)

Kontrollera kylsystemet (avsnitt 22)

### Större finjusteringar

*Samtliga ovanstående plus . . .*

Kontrollera tändsystemet (se kapitel 5)

Kontrollera laddningen (se kapitel 5)

Kontrollera bränslesystemet (se kapitel 4)

Byt tändkablar, fördelarlock och rotor (avsnitt 15)

# Veckokontroller

## 4 Kontroll av vätskenivåer

**Observera:** *Följande är de vätskenivåkontroller som ska utföras varje 400 km eller vecka. Ytterligare nivåkontrollsintervaller kan finnas i de specifika beskrivningar som följer. Oavsett kontrollintervaller, var alltid uppmärksam på vätskeläckage under bilen, dessa kan indikera fel som måste korrigeras omedelbart.*

**1** Vätskorna är en viktig del i systemen för smörjning, kylning, bromsar och vindrutespolning. I och med att dessa vätskor gradvis förbrukas och/eller förorenas under normal körning måste de periodvis fyllas på. Se *"Smörjmedel och vätskor"* i början av detta kapitel innan någon vätska fylls på.

**Observera:** *Bilen måste stå på plan mark när vätskenivåerna kontrolleras.*

### Motorolja

**2** Motoroljan kontrolleras med en mätsticka som finns placerad på sidan av motorn (se bilder av motorrummet i detta kapitel för den exakta placeringen). Mätstickan går, via ett rör, ned i motorns oljesump.

**3** Motoroljan ska kontrolleras innan bilen körs eller åtminstone 15 minuter efter det att motorn stannat.

***Om oljenivån kontrolleras omedelbart efter det att bilen körts kommer en del av oljan att finnas kvar i motorns övre delar vilket ger en felaktig avläsning av oljenivån.***

**4** Dra ut mätstickan ur röret och torka av den med en ren trasa eller pappershandduk. Stick in den rena stickan hela vägen i röret och dra ut den igen. Studera oljan på mätstickans ände. På sin högsta punkt ska den vara mellan de två hacken eller märkena **(se bild)**.

**5** En liter olja höjer nivån från det nedre till det övre märket på mätstickan. Låt inte nivån sjunka under det nedre märket eftersom detta kan orsaka oljebrist som kan leda till motorskador. Omvänt, för mycket olja (påfyllning

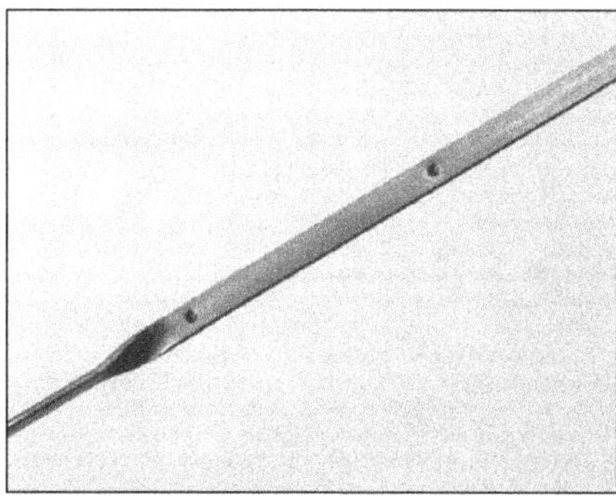

**4.4 Oljenivån ska hållas mellan de två märkena, helst närmare det övre – om inte, fyll på så att nivån kommer till det övre märket**

**4.6a Det gängade oljepåfyllningslocket är placerat på ventilkåpan – se alltid till att rengöra området runt det innan locket skruvas av**

**4.6b Påfyllning av motorolja**

**4.9a På vissa modeller är expansionskärlet monterat på kylaren – se till att nivån i detta är nära märket "FULL" (vid pilen)**

över det övre märket) kan orsaka oljeförorenade tändstift, oljeläckor eller sprängda packboxar.

**6** Fyll på olja genom att skruva av påfyllningslocket på ventilkåpan **(se bilder)**. Efter påfyllning av olja, vänta några minuter så att nivån hinner stabiliseras och dra ut mätstickan och kontrollera nivån igen. Fyll på mer om det behövs och skruva sedan på locket igen för hand.

**7** Kontroll av oljenivån är ett viktigt moment i det förebyggande underhållet. En konsekvent låg oljenivå indikerar läckage genom skadade packboxar eller packningar eller förbränning (internt läckage förbi slitna kolvringar eller ventilstyrningar). Studera även oljans skick. Om den är mjölkig eller innehåller vattendroppar kan det vara frågan om en blåst topplockspackning eller en spricka i block eller topp. Motorn måste då repareras omedelbart. Varje gång du kontrollerar oljenivån ska du dra tummen och pekfingret utmed mätstickan innan du torkar av oljan. Om du ser små partiklar av smuts eller metall på mätstickan ska oljan bytas (se avsnitt 6).

## Kylvätska

***Varning: Låt inte frostskyddsmedel komma i kontakt med huden eller lackerade ytor på fordonet. Skölj omedelbart undan eventuellt spill med stora mängder vatten. Frostskyddsmedel är mycket giftigt att förtära. Låt aldrig frostskyddsmedel finnas i ett öppet kärl eller i en pöl på uppfarten eller garagegolvet. Barn och husdjur attraheras av den söta lukten och kan dricka av det. Kontrollera vad lokala myndigheter anger om sluthantering av förbrukat frostskydd. Det kan finnas lokala uppsamlingsstationer så att det kan sluthanteras på ett säkert sätt.***

**8** Alla bilar i denna handbok har ett slutet trycksatt kylsystem. På de flesta modeller finns ett vitt expansionskärl av plast i motorrummet. Detta är anslutet till kylaren med en slang. I takt med att motorn värms upp under arbete fyller den av värmen expanderande kylvätskan upp expansionskärlet. När motorn svalnar sugs kylvätskan automatiskt tillbaka in i kylsystemet så att rätt nivå upprätthålls.

**9** Kylvätskans nivå i expansionskärlet **(se bilder)** ska regelbundet kontrolleras. Fyll på en blandning med 40% etylenglykolbaserat frostskyddsmedel och 60% vatten **(se bild).**

***Varning: Skruva inte upp expansionskärlets lock eller kylarlocket för nivåkontroll annat än när motorn är helt kall! Nivån i expansionskärlet varierar med motorns temperatur. När motorn är kall ska nivån vara över märket "LOW" i kärlet. När motorn värmts upp ska den vara vid eller nära märket "FULL". Om inte, låt motorn kallna och skruva upp locket till expansionskärlet.***

**10** Kör bilen och kontrollera kylvätskenivån. Om bara en liten mängd kylvätska behöver fyllas på för att uppnå rätt nivå kan rent vatten användas. Men upprepade påfyllningar av vatten späder snabbt ut frostskyddet. Bibehåll korrekt frostskyddsblandning genom att alltid fylla upp kylvätskenivån med korrekt blandning.

**11** Om kylvätskenivån konstant sjunker måste det finnas en läcka i systemet. Inspektera kylare, slangar, lock, pluggar och vattenpumpen (se avsnitt 29). Om inga läckor kan spåras, låt en BMW-verkstad tryckprova locken till expansionskärlet och kylaren.

**12** Om du måste skruva av locket, vänta till dess att motorn är helt kall och linda sedan en tjock trasa runt locket och vrid detta till första stoppet. Om kylvätska eller ånga släpps ut ska motorn få mer tid att kallna innan locket skruvas av.

**13** Kontrollera även skicket på kylvätskan. Den ska vara relativt klar. Om den är brun eller rostfärgad ska systemet dräneras, spolas ur och fyllas på med ny vätska. Även om kyl-

**4.9b På andra modeller finns expansionskärlet på sidan i motorrummet – skruva av locket och fyll på kylvätska**

**4.9c På vissa modeller i serie 5 är expansionskärlet placerat på torpedplåten**

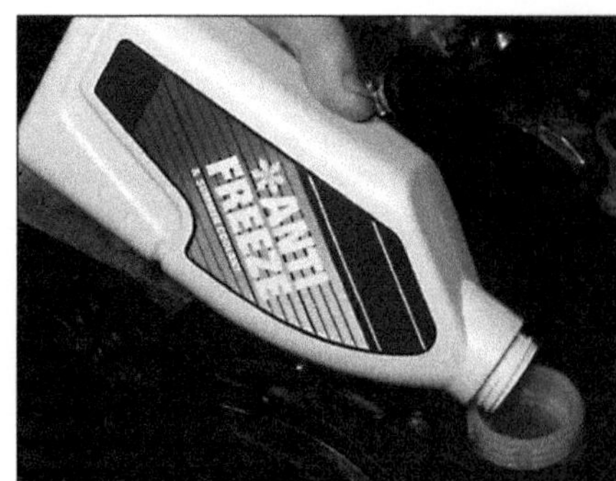

**4.9d Fyll på frostskyddsblandning**

4.15 Fyll på hydraulolja i kopplingens behållare

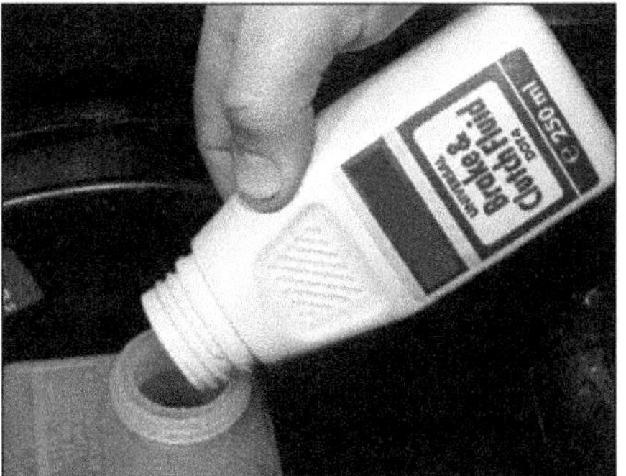
4.16 Bromsoljan ska hållas över märket "MIN" på den genomskinliga behållaren – skruva upp locket och fyll på olja

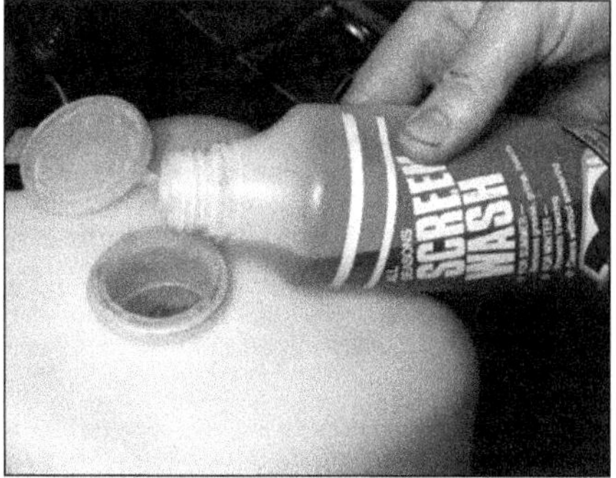
4.22 Vindrutespolningens behållare är på de flesta modeller placerad i det främre högra hörnet av motorrummet

vätskan ser ut att vara normal måste den bytas med angivna mellanrum i och med att korrosionsskyddet slits ut.

## Broms- och kopplingsolja

***Varning: Bromsolja kan skada ögon och lackerade ytor så var ytterst försiktig vid hanteringen. Använd inte bromsolja som stått en längre tid i ett öppet kärl eller är mer än ett år gammal i och med att den absorberar fukt från luften vilket kan orsaka farlig förlust av bromseffekt. Använd endast specificerad typ av bromsolja. Blandning av olika typer (som exempelvis DOT 3 eller 4 och DOT 5) kan orsaka att bromsarna upphör att fungera.***

**14** Bromsarnas huvudcylinder är placerad i motorrummets bakre vänstra hörn. Oljebehållaren till kopplingen (på modeller med manuell växellåda) är placerad på höger sida.

**15** Kontrollera kopplingens oljenivå genom att studera den i den genomskinliga behållaren. Nivån ska vara vid eller nära den ingjutna ansatsen i behållaren. Om nivån är låg, öppna locket på behållaren och fyll på med specificerad olja **(se bild)**.

**16** Kontrollera bromsoljans nivå genom att studera den genomskinliga behållaren på huvudcylindern **(se bild)**. Nivån ska vara mellan linjerna för "MAX" och "MIN" på behållaren. Om nivån är låg, torka först rent på behållaren och locket med en ren trasa så att systemet inte förorenas när locket skruvas upp. Fyll på med rekommenderad bromsolja, men fyll inte på för mycket.

**17** När locket skruvats upp, kontrollera om huvudcylinderns behållare är förorenad. Om det finns rostavlagringar, smutspartiklar eller vattendroppar ska systemet dräneras och fylla på med ny olja.

**18** När nivån fyllts upp till den rätta, se till att locket skruvas på ordentligt så att läckage och/eller föroreningar förhindras.

**19** Oljenivån i huvudcylindern sjunker något i och med att bromsklossarna slits. Det finns inget behov att kompensera för detta så länge som nivån ligger över linjen "MIN". Nivån stiger igen när nya klossar monteras. En mycket låg nivå kan indikera slitna bromsklossar. Kontrollera slitaget på dessa (se avsnitt 26).

**20** Om bromsoljans nivå konstant sjunker ska hela systemet omedelbart kontrolleras med avseende på läckage. Undersök samtliga bromsledningar, slangar och anslutningar liksom oken, hjulcylindrarna och huvudcylindern (se avsnitt 26).

**21** Om du vid kontroll av vätskenivåerna finner att endera eller både broms- och kopplingsoljans behållare är tomma eller nästan tomma måste hydrauliksystemen kontrolleras vad gäller läckage och avluftas (se kapitlen 8 och 9).

## Vindrutespolarvätska

**22** Vätska till vindrutespolningen finns i en plastbehållare i motorrummet **(se bild)**.

**23** I mildare klimat kan rent vatten användas i behållaren, men den ska bara vara fylld till två tredjedelar så att det finns plats för expansion om det fryser på. I kallare klimat ska frostskydd för spolarvätska användas, den finns hos alla biltillbehörsbutiker, så att fryspunkten sjunker. Frostskyddet finns i koncentrerad eller utspädd form. Om du köper koncentrerat frostskydd, blanda då ut det med vatten enligt tillverkarens instruktioner på behållaren.

***Varning: Använd inte frostskydd avsett för kylsystem - det skadar lacken.***

## 5 Kontroll av däck och lufttryck

**1** Regelbunden inspektion av däcken kan bespara dig obehaget av att bli stående med en punktering. Det kan även ge dig viktig information om möjliga problem i styrning och fjädring innan större skador hinner uppstå.

**2** Däcken är försedda med slitagevarningsband som uppträder när mönsterdjupet sjunker till 1,6 mm, då däcken är att betrakta som utslitna. De flesta experter rekommenderar dock att däck med mönsterdjup understigande 2 mm ska bytas. Däcksslitaget kan mätas med ett enkelt och billigt verktyg kallat mönsterdjupsmätare **(se bild)**.

**3** Lägg märke till onormalt däcksslitage **(se bild på nästa sida)**. Oregelbundna slitagemönster som gropar, platta punkter och större slitage på ena sidan indikerar problem med framvagnsinställningen och/eller hjulbalanseringen. Om något av detta upptäcks, ta bilen till en däcksverkstad för korrigering av problemet.

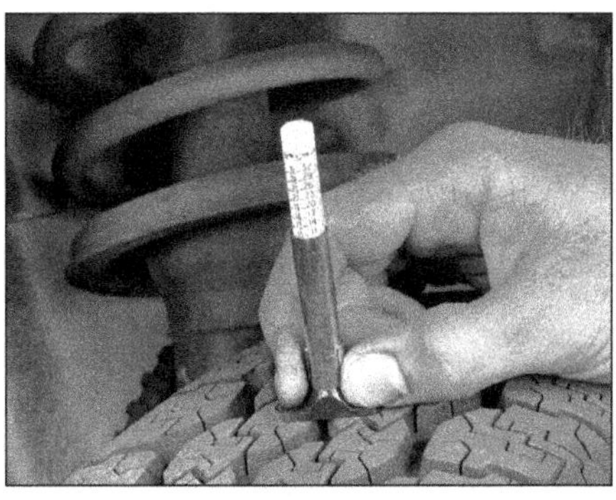
5.2 Använd en mönsterdjupsmätare till att kontrollera däckslitaget - de finns att köpa billigt i biltillbehörsbutiker och på bensinstationer

5.4a Om en pyspunktering misstänks, kontrollera först att ventilen är tät

**4** Leta noggrant efter skärskador, punkteringar och inbäddade spikar. I vissa fall när en spik trängt in kan däcket fortfarande behålla trycket en kort tid, eller läcka luft i ett mycket långsamt tempo. Om en pyspunktering kvarstår, kontrollera då att ventilskaftet är tätt **(se bild).** Undersök mönstret och leta efter föremål som bäddats in, eller efter en tidigare lagning som kan ha börjat läcka. Om punktering misstänks kan den enkelt verifieras genom att en tvållösning sprutas på punkteringen **(se bild).** Tvållösningen bubblar om det finns en läcka. Såvida inte hålet är ovanligt stort kan en däckverkstad vanligen laga däcket.

**5** Inspektera däckens insidor med stor noggrannhet. Om de visar tecken på bromsoljeläckage ska bromsarna omedelbart undersökas.

**6** Korrekt tryck i däcken ökar livslängden på dem, förbättrar bränsleekonomin och förbättrar köregenskaperna. Därför är en däcktrycksmätare ett mycket viktigt verktyg.

**7** Kontrollera alltid lufttrycket med kalla däck (d.v.s. innan bilen körs). Kontroll av varma däck visar ett högre tryck i och med värmeexpansion. Under inga som helst omständigheter ska luft släppas ur varma däck eftersom detta leder till att trycket blir för lågt när däcken är kalla.

**5.4b Om ventilen är tät, lyft på bilen och spruta tvålvatten på däckmönstret medan hjulet sakta vrids – ett läckage orsakar små bubblor**

**HAYNES TIPS** *Förvara en tillförlitlig tryckmätare i handskfacket. De tryckmätare som finns monterade på ventilerna på bensinstationernas luftslangar är ofta mindre exakta.*

**8** Skruva loss ventilhuven som sticker ut från fälgen eller navkapseln och tryck fast lufttrycksmätaren ordentligt på ventilskaftet **(se bild).** Notera värdet och jämför med rekommenderat tryck i specifikationerna i början av detta kapitel. Se till att skruva på ventilhuven så att inte smuts och fukt kommer in i själva ventilen. Kontrollera alla fyra däcken och fyll vid behov på tillräckligt med luft så att de uppnår rekommenderat tryck.

**5.8 Förläng däckens livslängd genom att kontrollera lufttrycket i dem minst en gång i veckan med en tillförlitlig tryckmätare (glöm inte reservdäcket)**

**9** Glöm inte att hålla reservdäcket vid rätt lufttryck.

## Däckslitage

### Kantslitage

**För lågt lufttryck (slitage på båda sidorna)**
För lågt lufttryck orsakar överhettning av däcket i och med att det ger efter för mycket och mönstret inte ligger rätt på vägbanan vilket minskar väggreppet och ökar slitaget, för att inte tala om risken för däckexplosion på grund av värmeuppbyggnaden.
*Kontrollera och justera lufttrycket.*
**Fel camber (slitage på ena sidan)**
*Reparera eller byt delar i fjädringen*
**Hård kurvtaging**
*Minska farten!*

### Slitage i mitten

**För högt lufttryck**
För högt tryck i däcken leder till snabbt slitage av mönstret i mitten av däcken, minskat väggrepp och stötigare gång samt risk för stötskador i däckstommen.
*Kontrollera och justera lufttrycket.*

*Om du ibland måste höja trycket till det som specificeras för tunga laster eller långa sträckor med hög fart ska du inte glömma att sänka trycket till normal nivå efteråt.*

### Ojämnt slitage

Framdäcken kan slitas ojämnt som ett resultat av felaktig hjulinställning. De flesta däcksverkstäder kan för en rimlig summa kontrollera och justera hjulinställningen.
**Fel camber eller caster**
*Reparera eller byt delar i fjädringen*
**Defekt fjädring**
*Reparera eller byt delar i fjädringen*
**Obalanserade hjul**
*Balanser hjulen*
**Fel toe-inställning**
*Justera framhjulsinställningen*
**Observera:** *Fransig kant på mönstret, ett typexempel på toe-slitage, kontrolleras bäst genom att man känner med handen över däcket.*

# Var 10 000 km eller 6 månader, vilket som kommer först

## 6 Byte av motorolja och filter

***Varning: Längre tids hudkontakt med begagnad motorolja är riskabel. Använd skyddskräm och handskar. Byt omedelbart kläder om du spillt mycket olja på dig.***

HAYNES TiPS ***Regelbundna oljebyten är det viktigaste förebyggande underhåll som en hemmamekaniker kan utföra. I takt med att oljan åldras blir den förtunnad och förorenad vilket leder till förtida motorslitage.***

**1** Se till att du har alla de verktyg som behövs innan du påbörjar arbetet **(se bild).** Du bör även se till att ha gott om trasor eller gamla tidningar tillgängliga för att torka upp eventuellt spill.

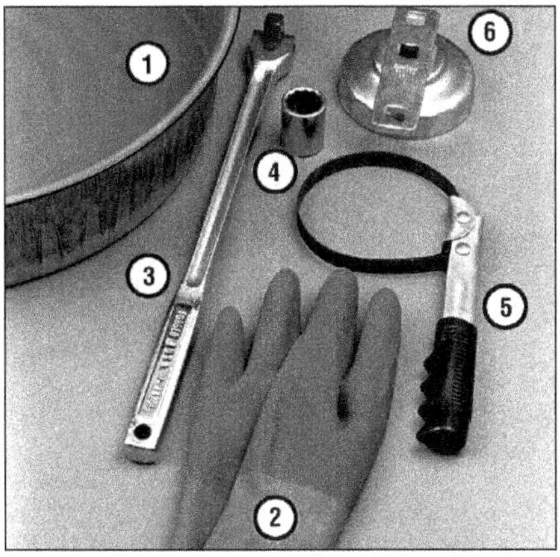


**6.1 Dessa verktyg krävs vid byte av motorns olja och oljefilter**

*1* ***Dräneringskärl*** *– Bör vara tämligen grunt men brett för att undvika spill.*
*2* ***Gummihandskar*** *– När oljeplugg och filter skruvas ur kommer du att få olja på händerna (handskarna förhindrar brännskador).*
*3* ***Spärrskaft*** *– Ibland sitter oljepluggen hårt och då behövs ett långt spärrskaft för att lossa den. En ringnyckel i rätt storlek kan ibland fungera lika bra.*
*4* ***Hylsa*** *– för användning med spärrskaftet (måste vara i rätt storlek för pluggen – sexkantshylsa är att föredra).*
*5* ***Filternyckel*** *– Detta är en metallbandsnyckel som kräver fritt utrymme runt filtret för att vara effektiv. Detta verktyg behövs inte på alla motorer.*
*6* ***Filternyckel*** *– Denna typ passar på botten av filtret och kan vridas med ett spärrskaft (olika storlekar finns för olika filtertyper). Detta verktyg behövs inte på alla motorer.*

**2** Starta motorn och varmkör den till normal arbetstemperatur – olja och slam rinner mycket lättare om temperaturen är hög. Om ny olja, filter eller verktyg behövs, åk med bilen och hämta dessa så blir motoroljan samtidigt varm.

**3** Parkera på en plan yta och stäng av motorn när den är uppvärmd. Skruva loss oljepåfyllningslocket från ventilkåpan.

**4** Oljepluggen och filtret är mer lättåtkomliga om bilen lyfts upp, körs upp på en ramp eller ställs på pallbockar.

***Varning: ARBETA INTE under en bil som endast är stöttad med domkraft av hydraulisk eller skruvtyp – använd alltid pallbockar!***

**5** Om det är första gången du byter olja på bilen, kryp under den och leta upp oljepluggen och oljefiltret. Lägg märke till att vissa motorer har oljefiltret placerat på motorns övre vänstra sida. Avgassystemet är hett medan du arbetar, så lägg märke till hur det är draget så att du kan undvika att beröra det.

**6** Var försiktig så att du inte berör heta delar av avgassystemet och placera ett dräneringskärl under oljepluggen på motorns undersida.

**7** Torka rent runt pluggen och skruva ur den **(se bild).** Det är klokt att använda en gummihandske när du skruvar ur de sista varven på pluggen, så att du slipper skållas av het olja. Håll pluggen mot gängorna när du skruvar ut den och dra sedan snabbt undan den från hålet. Detta tar undanarmen från den heta oljan och minskar dessutom risken att tappa ned pluggen i dräneringskärlet.

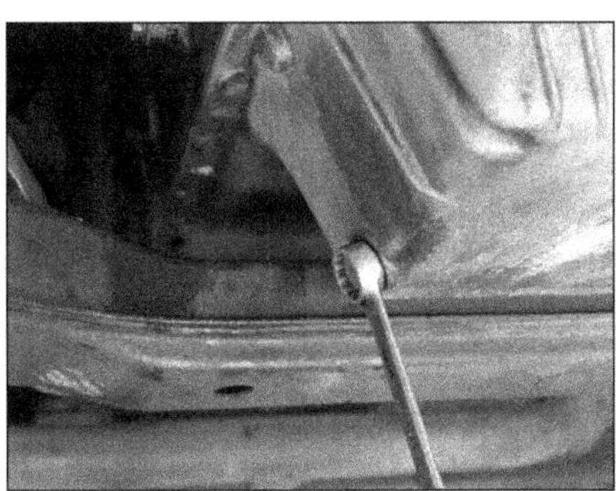

**6.7 Använd en ringnyckel för att skruva ur oljepluggen**

**6.16 Smörj filtrets o-ring med ren motorolja innan filtret monteras på motorn**

**8** Det kan bli nödvändigt att flytta något på dräneringskärlet när oljeflödet saktar in till ett droppande. Se efter om den gamla oljan visar spår av metallpartiklar som kan vara en tidig varning på motorslitage.

**9** När all olja tappats ur, torka av oljepluggen med en ren trasa. Små metallpartiklar på pluggen kommer omedelbart att förorena den nya oljan.

**10** Skriva in oljepluggen ordentligt. Använd en ny bricka vid behov.

**11** Ställ dräneringskärlet under oljefiltret.

### *Oljefilter av kanistertyp*

**12** Lossa filtret genom att vrida det motsols med en filternyckel. Vilken standard filternyckel som helst duger.

**13** Ibland sitter filtret så hårt åtskruvat att det är svårt att lossa. I så fall går det bra att trycka en metallstång eller stor skruvmejsel genom filtret och använda den som handtag för att vrida på filtret. Var beredd på att olja sprutar ut ur filtret när det punkteras.

**14** När filtret väl lossats, skruva ur det för hand från blocket. I det ögonblick filtret släpper från gängen ska det vridas så att den öppna änden kommer överst, så att inte oljan i filtret spills ut.

**15** Använd en ren trasa och torka av monteringsytan på blocket. Se även till att inte rester av den gamla o-ringen sitter kvar på blocket. Om så är fallet kan det skrapas bort.

**16** Jämför det gamla filtret med det nya, så att du är säker på att de är av samma typ. Smörj in det nya filtrets o-ring med lite färsk motorolja och skruva in det på plats **(se bild).** För hård åtdragning av filtret skadar o-ringen så använd inte en filternyckel. De flesta filtertillverkare rekommenderar att filtret endast ska dras för hand. Normalt ska de dras åt tre kvarts varv efter det att o-ringen kommer i

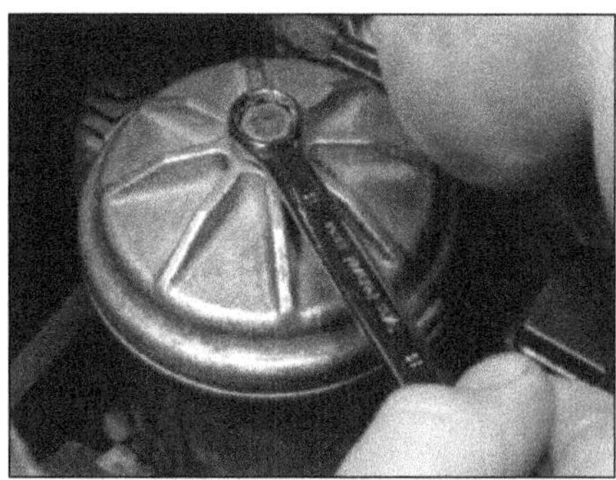

**6.17a Skruva ur bulten . . .**

6.17b . . . lyft av locket . . .

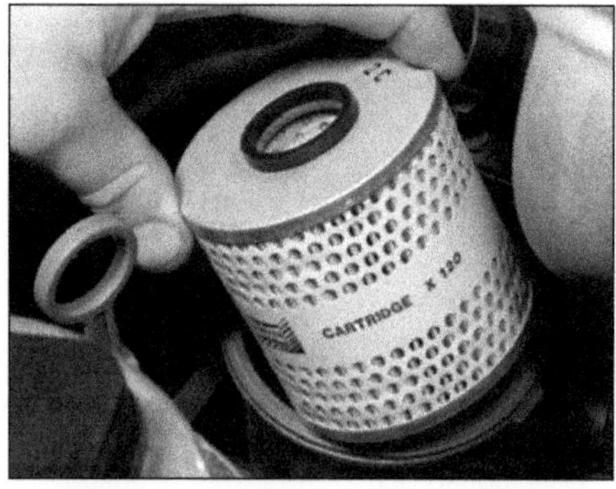

6.17c . . . och lyft ut filterpatronen

6.19 Byt o-ring i locket vid behov

kontaktmed blocket men se till att följa filtertillverkarens rekommendationer på filtret eller förpackningen.

### *Oljefilter av patrontyp*

**17** Vissa modeller har ett oljefilter av patrontyp. Skruva ur bulten, ta bort locket och lyft ut filtret **(se bilder)**.

**18** Jämför den nya patronen med den gamla och kontrollera att de är av samma typ och sänk ned patronen i filterhuset.

**19** Använd en ren trasa och torka av monteringsytorna på huset och locket. Byt o-ringen av gummi vid behov **(se bild)**. Smörj o-ringen med ren olja och montera locket. Skruva fast bulten ordentligt.

### *Samtliga modeller*

**20** Ta bort alla verktyg och allt material från bilens undersida, se till att inte spilla olja från dräneringskärlet och sänk sedan ned bilen på marken.

**21** Fyll på ny olja i motorn genom oljepåfyllningshålet i ventilkåpan. Använd tratt så att inte olja spills ut på motorn. Häll angiven mängd färsk olja i motorn. Vänta några minuter så att den hinner rinna ned i sumpen och kontrollera nivån med mätstickan (se avsnitt 4 vid behov). Om oljenivån är korrekt ska locket skruvas på.

**22** Starta motorn och låt den gå i ungefär en minut. Oljetryckslampan kan ta ett par sekunder på sig att slockna medan det nya filtret fylls med olja, rusa inte motorn medan lampan är tänd. När motorn går, titta under bilen och kontrollera att den inte läcker olja från oljepluggen eller filtret. Om endera läcker, stoppa motorn och dra åt pluggen eller filtret lite.

**23** Vänta några minuter och kontrollera sedan åter oljenivån. Fyll på vid behov.

**24** Var extra uppmärksam på oljeläckage och oljenivå under de första dagarna efter ett oljebyte.

25 Den gamla, urtappade, motoroljan kan inte återanvändas i sitt nuvarande skick och ska kasseras. Oljeåtervinningscentraler och vissa bensinstationer tar emot oljan som kan återanvändas efter speciell behandling. När oljan svalnat ska de flyttas över i en behållare för transport till sluthanteringen.

**Observera:** *Det är både farligt och olagligt att hälla ut olja i avloppet. Kommunens upplysningskontor kan tala om var uttjänt olja kan tas om hand.*

## 7 Kontroll av servostyrningens oljenivå

**1** Kontrollera oljenivån i styrservon med jämna mellanrum för att undvika problem med styrningen som exempelvis skador på pumpen. Gör enligt följande.

***Varning: Håll inte ratten mot endera stoppet (fullt rattutslag åt vänster eller höger) i mer än 5 sekunder. Om du gör det kan servopumpen skadas.***

**2** På vissa modeller finns servostyrningens behållare på vänster sida av motorrummet och har ett skruvlock med inbyggd mätsticka **(se illustration)**. Andra modeller har en hydraulisk servostyrning som har en gemensam oljebehållare med bromssystemet som då finns placerad i motorrummets bakre högra hörn.

**3** Parkera bilen på plan mark och dra åt handbromsen.

**4** För modeller med mätsticka gäller att motorn ska varmköras till normal arbetstemperatur. Låt motorn gå på tomgång och ge fulla rattutslag ett flertal gånger så att eventuell luft i systemet tvingas ut. Stäng av motorn, vrid locket motsols, torka av mätstickan och skruva på locket igen. Skruva sedan loss locket och studera oljenivån. Den måste vara mellan de två strecken **(se bild)**.

**5** För modeller med gemensam behållare gäller att bromspedalen ska pumpas ned ett tiotal gånger eller till dess att den är stum. Skruva ur muttern och lyft på locket. Kontrollera att oljenivån är inom 6,0 mm från behållarens överkant.

**6** Fyll på små mängder till dess att nivån är korrekt **(se bild)**.

7.2 Oljebehållaren till servostyrningen (vid pilen) finns placerad på vänster sida i motorrummet

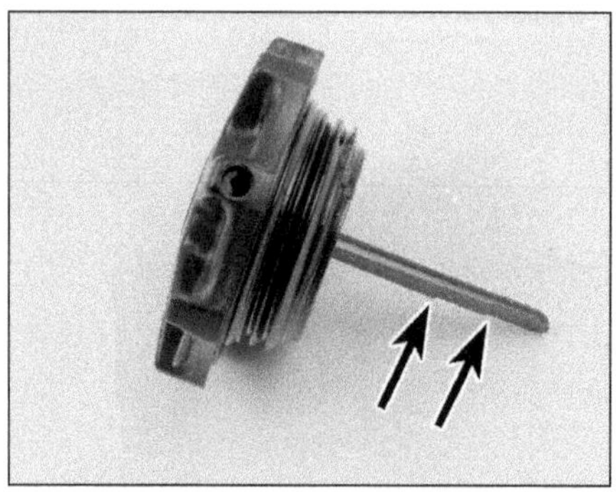

7.4 Nivån i servostyrningens oljebehållare ska hållas mellan de två pilarna nära den övre ansatsen på mätstickan

7.6 Påfyllning av olja i servostyrningens oljebehållare

8.5 Mätstickan till automatväxellådan finns nära torpedplåten på vänster sida i motorrummet

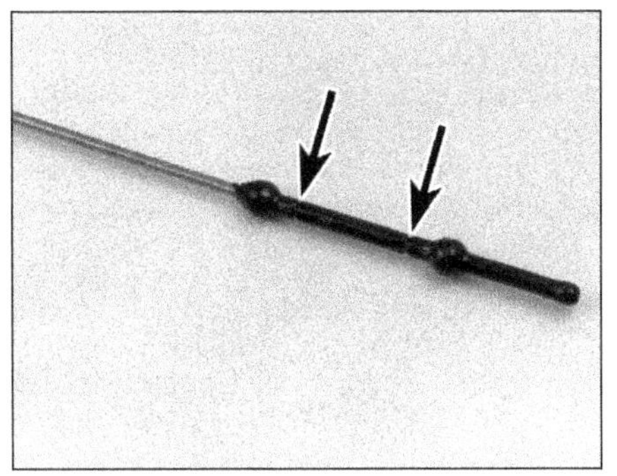
8.6 När oljan är het ska nivån vara mellan de två hacken på mätstickan, helst närmare det övre

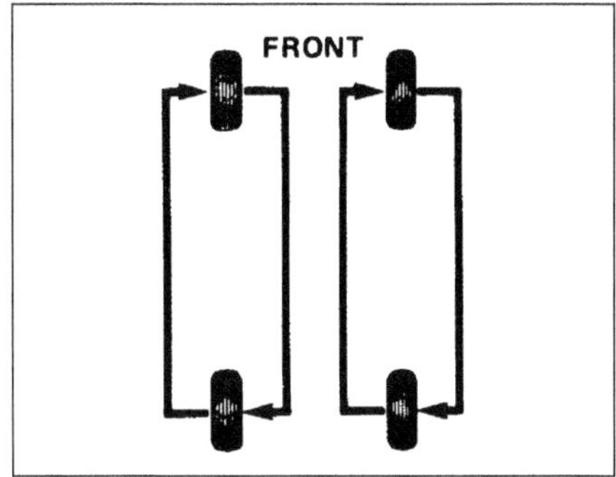

9.2 Mönster för skiftning av däck

***Varning: Fyll inte på för mycket. Om detta sker av misstag, sug då upp överskottet med en ren spruta. Sätt tillbaka locket.***

**7** Om regelbunden påfyllning behövs, kontrollera att slangar och anslutningar i servosystemet inte läcker (se avsnitt 10).

**8** Kontrollera drivremmens skick och spänning (se avsnitt 11).

## 8 Kontroll av oljenivå i automatväxellåda

***Varning: Bruk av annan växellådsolja än den som anges i specifikationerna kan resultera i att växellådan fungerar inkorrekt eller havererar.***

**1** Automatväxellådans oljenivå ska underhållas noggrant. Låg nivå kan leda till att den slirar eller förlorar drivkraft, medan för hög nivå kan orsaka skumbildning och vätskeförlust. Bägge tillstånden kan skada växellådan.

**2** I och med att växellådsoljan expanderar när den värms upp ska nivån endast kontrolleras när den håller normal arbetstemperatur. Om bilen nyss körts över 30 km kan växellådan betraktas som varmkörd. Du kan även kontrollera oljenivån med kall växellåda. Detta förutsatt att bilen inte körts de senaste fem timmarna och att växellådsoljan håller ungefär normal rumstemperatur (20°C), vilket gör att växellådan kan betraktas som kall. Oljenivån kontrolleras dock normalt sett med varm växellåda eftersom detta ger ett mer exakt resultat.

***Varning: Om bilen nyligen körts under en lång tid med hög fart eller i stadstrafik, varmt väder eller om den dragit en släpvagn, kan inte en korrekt nivåavläsning göras. I sådana fall ska växellådan få svalna i cirka 30 minuter.***

**3** Parkera bilen på plan mark omedelbart efter körning, dra åt handbromsen och låt motorn gå på tomgång. Tryck sedan ned bromspedalen och för växelväljaren genom samtliga lägen – börja och sluta i P-läget.

**4** Automatväxellådans mätsticksrör finns i det bakre vänstra hörnet i motorrummet.

**5** Låt motorn gå på tomgång och dra ut mätstickan ur röret **(se bild)**, torka av den med en ren trasa och tryck in den hela vägen i röret igen och dra ut den och studera oljenivån.

**6** Nivån ska vara mellan de två märkena **(se bild).** Om nivån är låg, fyll på med specificerad olja genom mätstickans rör – använd en ren tratt, helst försedd med en fin sil, så att spill förhindras.

***Varning: Var noga med att inte få in smuts i växellådan vid påfyllning.***

**7** Fyll bara på så mycket att växellådan får rätt nivå. Cirka en halv liter höjer nivån från nedre till övre strecket när oljan är varm, så fyll bara på lite i taget och kontrollera nivån till dess att den är korrekt.

**8** Kontrollera samtidigt skicket på växellådsoljan. Om den är svart eller mörkt rödbrun eller luktar bränd ska den bytas (se avsnitt 28). Om du är tveksam om skicket, köp lite färsk olja och jämför färg och lukt.

## 9 Skiftande av däck

**1** Däcken kan skiftas med angivna mellanrum eller när ojämnt slitage upptäcks. Men kom ihåg att om skiftningen verkligen leder till jämnt däckslitage måste du byta alla fyra däcken samtidigt. När bilen ändå är upplyft och hjulen är avtagna, passa då på att kontrollera bromsarna (se avsnitt 26). **Observera:** *Även om du inte skiftar däckens platser, kontrollera åtminstone hjulbultarnas åtdragningsmoment.*

**2** Det rekommenderas att däcken skiftas i ett visst mönster **(se bild)** så att rotationsriktningen förblir densamma.

**3** Se informationen i *"Lyftning, hjulbyte och bogsering"* i början av denna handbok för en beskrivning av lyftning och hjulbyte.

**4** Bilen måste lyftas på en lyft eller ställas på pallbockar för att alla fyra hjulen ska lyftas från marken. Kontrollera att bilen är säkert stöttad!

**5** När däcken skiftat platser, kontrollera och justera vid behov lufttrycket i dem och försäkra dig om att hjulbultarna är dragna till angivet moment.

## 10 Slangar under motorhuven – kontroll och byte

***Varning: Slangarna till luftkonditioneringen måste tas bort av återförsäljarens serviceavdelning eller av specialister på luftkonditioneringsaggregat som har specialutrustning för sänkning av trycket i systemet. Ta aldrig bort delar av luftkonditioneringsaggregat eller slangar till dessa innan dess att trycket i systemet sänkts.***

### Allmänt

**1** Höga temperaturer under motorhuven kan leda till att slangar av gummi och plast i de olika systemen försämras. Leta med jämna mellanrum efter sprickor, lösa klamrar, materialförhårdning och läckor.

**2** Information som är specifik för kylsystemet finns i avsnitt 22, bromsarna tas upp i avsnitt 26.

**3** De flesta (men inte alla) slangar är säkrade med klamrar. Där klamrar används, kontrollera att de inte tappat spänsten och därmed orsakar läckor. Om klamrar saknas, kontrollera att slangen inte utvidgats och/eller hårdnat där den är dragen över anslutningen eftersom även detta orsakar läckage.

### Vakuumslangar

**4** Det är ganska vanligt att vakuumslangar, speciellt de i avgasreningssystemet är färgkodade eller märkta med ingjutna färgränder. Olika system kräver slangar med olika väggtjocklekar, kollapstolerans och temperaturtolerans. Vid montering av nya slangar, se till att de är av samma material som de gamla.

**5** Ofta är det enda effektiva sättet att kontrollera en slang att helt ta ut den ur bilen. Om mer än en slang tas bort, se då till att märka dem så att de sedan kan monteras på sina rätta platser.

**6** Vid kontroll av vakuumslangar, se då till att inkludera eventuella T-kopplingar av plast i kontrollen. Kontrollera att anslutningarna inte har sprickor som kan orsaka läckor.

**7** Ett stycke vakuumslang kan användas som stetoskop för att hitta vakuumläckor. Håll ena slangänden mot örat och för den andra runt slangar och anslutningar och lyssna efter det karakteristiska väsandet av en vakuumläcka.

***Varning: När du testar med ett vakuumslangstetoskop ska du vara försiktig så att det inte kommer i kontakt med rörliga motordelar som drivremmar, kylarfläkt och annat.***

## Bränsleledningar

***Varning: Det finns vissa skyddsföreskrifter som måste följas vid arbete med eller inspektion av bränslesystemets delar. Arbeta i ett väl ventilerat utrymme och låt inte nakna lågor (t ex cigaretter) eller nakna glödlampor finnas nära arbetsområdet. Torka omedelbart upp spill och förvara inte bränsledränkta trasor där de kan antändas. Om du spiller bränsle på huden ska det omedelbart tvättas bort med tvål och vatten. Vid utförande av arbete med bränslesystem ska alltid skyddsglasögon användas. Ha en brandsläckare till hands.***

**8** Bränsleledningarna är vanligen under tryck vilket innebär att du måste vara beredd på att fånga upp spill om någon bränsleledning lossas.

***Varning: På bilar med bränsleinsprutning måste trycket släppas ut ur systemet innan arbete utförs på bränsleledningarna. Se kapitel 4 för detaljer.***

**9** Kontrollera bränsleledningar av gummi vad gäller tecken på nedbrytning och skavning. Kontrollera speciellt noga vad gäller sprickor kring de delar där ledningen kröks och just före kopplingar som exempelvis där ledningarna går in i och ut ur bränslepumpen eller bränslefiltret.

**10** Använd endast bränsleledningar av hög kvalitet. Du ska under inga som helst omständigheter använda oförstärkt vakuumslang, klar plastslang eller vattenslang som bränsleledning.

**11** Fjäderklämmor används vanligtvis på bränsleledningar. Dessa förlorar med tiden sin elasticitet och kan även töjas vid borttagandet. När du byter bränsleledningar ska du byta ut fjäderklämmorna mot slangklämmor av skruvtyp.

## Metallrör

**12** Sektioner av metallrör används ofta som bränsleledning mellan bränslepumpen och insprutningen. Kontrollera noggrant att röret inte böjts eller klämts och att inga sprickor finns i metallen.

**13** Om en metallsektion av bränsleledningen måste bytas ut ska endast sömlöst stålrör användas eftersom rör av koppar eller aluminium inte har den styrka som krävs för att stå emot normala motorvibrationer.

**14** Kontrollera bromsledningarna av metall där de går in i huvudcylindern och bromsfördelningen eller ABS-systemet (om befintligt). Se till att de inte visar upp tecken på sprickor och att de är fast åtdragna. Varje tecken på läckage av bromsolja kräver en omedelbar och komplett inspektion av bromssystemet.

## Servostyrningens slangar

**15** Kontrollera att inte slangarna i servostyrningen läcker, har lösa anslutningar eller slitna klamrar. Dra åt lösa anslutningar. Slitna klamrar och läckande slangar ska bytas.

# 11 Drivrem - kontroll, justering och byte

## Kontrollera

**1** Drivremmarna, ibland kallade V-remmar eller fläktremmar, finns på motorns framsida och spelar en viktig roll i fordonets arbete. I och med deras funktion och material har de en begränsad livslängd och ska därför inspekteras och justeras med jämna mellanrum så att större motorskador undviks.

**2** Antalet drivremmar i en bil varierar med monterade tillbehör. Drivremmar används till att driva generatorn, servostyrningens pump, vattenpumpen och luftkonditioneringens kompressor. Beroende på hur remskivorna arrangeras kan en rem driva fler än en av dessa komponenter.

**3** Stäng av motorn, öppna motorhuven och leta upp de olika remmarna i motorns främre ände. Känn med fingrarna (och lys vid behov med ficklampa) på remmarna och leta efter sprickor och separeringar av de olika lagren. Leta även efter fransning och glasering som ger remmen en skinande yta **(se illustration).** Inspektera bägge sidorna på remmarna. Detta innebär att du måste vrida på dem så att du kan kontrollera undersidan.

**4** Spänningen i en rem kontrolleras med ett fast tumtryck och en uppmätning av hur mycket remmen trycks in. Mät med linjal **(se illustration).** En bra tumregel är att remmen ska tryckas in ca 6 mm om avståndet mellan remskivornas centra är mellan 180 och 280 mm. Om avståndet är mellan 300 och 400 mm bör intrycket vara ca 13 mm.

## Justering

**5** Om justering av remspänningen krävs, antingen för att spänna eller slacka den, utförs detta genom att flytta det remdrivna tillbehöret i sitt fäste. (I de fall en rem driver mer än ett aggregat flyttas normalt bara ett av dem vid justeringen.)

**6** Samtliga aggregat har en justerbult och en pivåbult. Båda bultarna måste lossas en smula så att aggregatet kan flyttas. På vissa justeras drivremmen med en justerbult efter det att en låsbult lossats **(se bild).**

**7** När de två bultarna lossats ska aggregatet flyttas från motorn om remmen ska spännas och mot motorn om den ska slackas. Håll aggregatet på plats och kontrollera remspänningen. Om den är korrekt dra åt bultarna så att de håller grepp och kontrollera spänningen

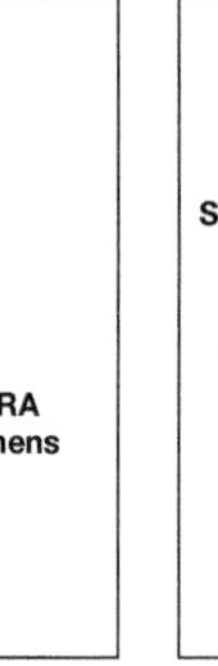


**11.3 Några av de mer vanligt förekommande problemen med drivremmar (kontrollera remmarna mycket noga så att haverier undviks)**

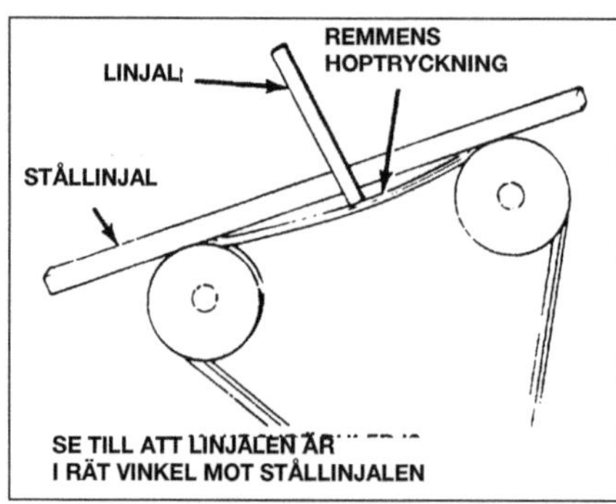


**11.4 Uppmätning av drivremmens hoptryckning med stållinjal och linjal**

**11.6 Lossa muttern i den andra änden av justerbulten (vid pilen) och vrid på bulten för att öka eller minska drivremmens spänning**

12.3 Justerskruv för tomgången på förgasare 2B4 (förgasaren demonterad)

igen. Om den fortfarande är korrekt, dra åt bultarna ordentligt.

**8** Det visar sig ofta vara nödvändigt att använda någon form av hävstång för att flytta aggregatet när drivremmens spänning justeras. Om så är fallet, var mycket försiktig så att varken aggregatet eller den del som du bryter mot skadas.

### Byte

**9** Byt en drivrem genom att följa instruktionerna för justering, men ta av remmen från remskivorna.

**10** I vissa fall kommer du att bli tvungen att demontera mer än en rem beroende på hur de löper framför motorn. I och med detta och det faktum att remmar tenderar att haverera samtidigt är det klokt att byta alla remmar tillsammans. Märk varje rem och den remskivefåra den hör hemma i så att alla nya remmar kommer på sina rätta platser.

**11** Det är en god idé att ta med de gamla remmarna vid inköp av nya så att de direkt kan jämföras vad gäller längd, bredd och konstruktion.

**12** Kontrollera spänningen på nya remmar efter 500 km körning.

## 12 Kontroll och justering av tomgångsvarv och CO-halt

**Observera:** *Motorn ska hålla normal arbetstemperatur med korrekt tändinställning och korrekta ventilspel (i de fall de är justerbara). Luftfiltret ska vara i gott skick och samtliga strömförbrukare (inklusive luftkonditioneringen) ska vara avslagna.*

### Förgasare

**1** Anslut en varvräknare och en CO-mätare till motorn.

**2** Starta motorn och låt den gå på tomgång.

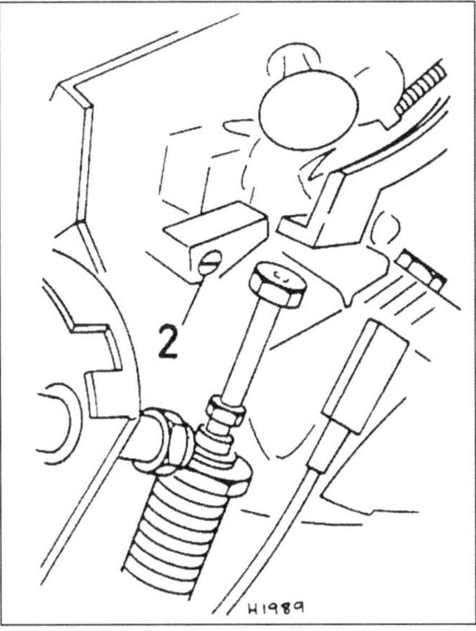


12.5 Justerskruv för blandningen (2) på förgasare 2B4

**3** Kontrollera att tomgångsvarvtalet är enligt specifikationerna. Justering av tomgångsvarvtalet är bara möjlig med förgasare 2B4. Vrid på förgasarens tomgångsjusteringsskruv till dess att motorn har rätt tomgångsvarvtal **(se bild).**

**4** Om tomgångsvarvtalet på förgasaren 2BE och samtliga elektriska ledningar till förgasaren är i gott skick går det att koppla in ett motstånd i styrkretsen. Detta ska utföras av en BMW-verkstad.

**5** Kontrollera att CO-halten är den som anges i specifikationerna. Om inte, vrid på justeringsskruven för blandningen till dess att halten är den korrekta **(se bild).**

### L-Jetronic

**6** Anslut en varvräknare och en CO-mätare till motorn. BMW:s mekaniker använder ett speciellt testinstrument med en sond i grenröret, men den vanliga typen med en sond i avgasrörets mynning kan användas istället. Lägg dock märke till att katalysatorförsedda modeller inte kan ge meningsfulla CO-avläsningar vid avgasrörets mynning.

**7** Starta motorn och låt den gå på tomgång.

**8** Kontrollera att tomgångsvarvtalet är enligt specifikationerna. Om inte, ta bort det förseglade locket från trottelhuset och vrid på tomgångsjusteringens skruv till dess att varvtalet är det korrekta.

**9** Kontrollera att CO-halten är den som anges i specifikationerna. Justerskruven för blandning finns på luftflödesmätaren och ett specialverktyg (BMW nummer 13 1 060) kan komma att krävas för justeringen.

12.12a Ta bort förseglingen på luftflödesmätaren

### Motronic

**10** Anslut en varvräknare och en CO-mätare till motorn. BMW:s mekaniker använder ett speciellt testinstrument med en sond i grenröret, men den vanliga typen med en sond i avgasrörets mynning kan användas istället. Lägg dock märke till att katalysatorförsedda modeller inte kan ge meningsfulla CO-avläsningar vid avgasrörets mynning.

**11** Det är inte möjligt att justera tomgången manuellt i och med att ventilen för tomgångens stabilisering styrs av den elektroniska styrenheten. Om tomgångsvarvtalet inte ligger inom specifikationerna när motorn har normal arbetstemperatur, leta då efter läckor i luftintaget och kontrollera även funktionen för tomgångens stabiliseringsventil (se kapitel 4).

**12** Kontrollera att CO-halten är den som anges i specifikationerna. Om justering krävs, peta ut förseglingen från luftflödesmätaren och vrid på blandningsjusterskruven till dess att rätt halt uppkommer (på vissa modeller krävs en insexnyckel). Montera en ny försegling efter avslutat arbete **(se bilder).**

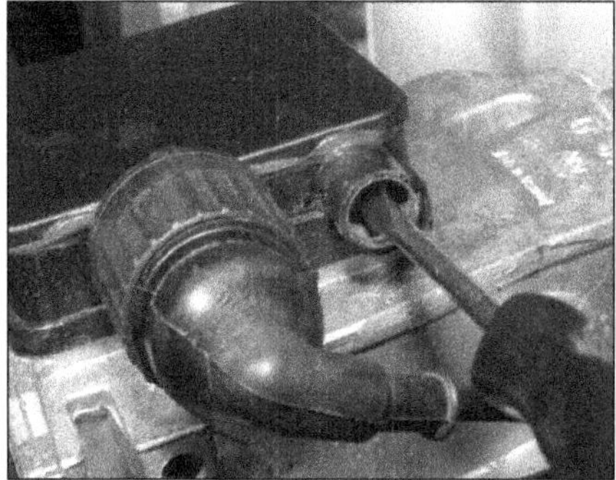

12.12b Justering av CO-halten på system Motronic

# Var 20 000 km eller 12 månader, vilket som först inträffar

## 13 Batteri - kontroll, underhåll och laddning

### Kontroll och underhåll

**_Varning: Vissa skyddsföreskrifter måste efterlevas vid kontroll och underhåll av batteri. Vätgas, som är synnerligen brännbar, finns alltid i battericellerna så håll tända cigaretter och andra lågor på betryggande avstånd. Elektrolyten i batteriet är utspädd svavelsyra vilket orsakar skador om den stänker på huden eller i ögonen. Den förstör även kläder och lackerade ytor. När batterikablarna lossas ska minuskabeln (jord) alltid lossas först - och monteras sist!_**

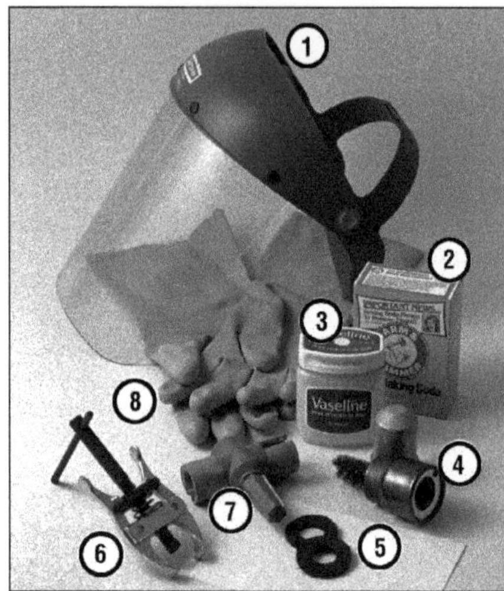


**13.1 Verktyg och material som krävs för underhåll av batteri**

1 ***Visir/skyddsglasögon*** - *Vid avlägsnande av korrosion med en borste kan syrahaltiga partiklar flyga upp i ögonen.*

2 ***Natriumbikarbonat*** - *En lösning av natriumbikarbonat och vatten kan användas till att neutralisera korrosion.*

3 ***Vaselin*** - *Ett lager på batteripolerna hjälper till att förhindra korrosion.*

4 ***Rengöringsverktyg för batteripoler/kablar*** - *Detta stålborstverktyg tar bort alla spår av korrosion från batteriets poler och polskor.*

5 ***Impregnerade filtbrickor*** - *En av dessa på vardera polen, direkt under polskon, hjälper till att förhindra korrosion.*

6 ***Avdragare*** - *Ibland kan polskorna vara svåra att lossa från batteripolerna även efter det att muttern/bulten lossats. Detta verktyg drar polskorna rakt upp och av polerna utan att orsaka skador.*

7 ***Rengöringsverktyg för batteripoler/kablar*** - *Ett annat rengöringsverktyg som är en version av nr 4, men som gör samma jobb.*

8 ***Gummihandskar*** - *En annan skyddsåtgärd att ha i åtanke vid batteriunderhåll - kom ihåg att det finns syra inne i batteriet.*

**1** Underhåll av batteriet är viktigt eftersom detta ser till att du inte blir stående med dött batteri. Flera verktyg behövs för detta **(se bild)**.

**2** Innan underhållsarbete utförs på batteriet ska motorn och samtliga strömförbrukare slås av och batteriets jordledning lossas.

**_Varning: Om radion i din bil är stöldskyddad, se till att ha aktiveringskoden tillgänglig innan batteriet kopplas ur._**

**Observera:** *Om fel språk visas på instrumentpanelen när strömmen kopplas in igen, se sidan 0•7 där proceduren för språkinställning beskrivs.*

**3** Ett lågunderhållsbatteri är standard. Cellernas lock kan öppnas för påfyllning av destillerat vatten om så behövs. Senare modeller kan vara utrustade med ett "underhållsfritt" batteri som är förseglat.

**4** Ta av locken och kontrollera elektrolytnivån i varje cell. Den måste vara över plattorna. Det finns vanligen en indikator i form av en delad ring i varje cell som anger korrekt nivå. Om nivån är låg, fyll på med enbart destillerat vatten och sätt tillbaka locken på cellerna.

**_Varning: Överfyllning av cellerna kan leda till att elektrolyt spills vid perioder av hög laddning vilket orsakar korrosion och skador på närliggande delar._**

**13.8a Korrosion på batteripoler framträder vanligen som ett ljust pulver**

**13.8c Oavsett verktygstyp ska batteripolerna vara skinande rena efter rengöringen**

**5** Om pluspolen och polskon i din bil har ett gummiskydd, se då till att detta inte är skadat. Det ska helt täcka batteripolen.

**6** Batteriets yttre skick ska kontrolleras. Leta efter skador som exempelvis ett sprucket hölje.

**7** Kontrollera att polskorna sitter hårt fast så att den elektriska kontakten är god. Kontrollera hela längden på båda kablarna, leta efter sprucken eller skavd isolering och fransiga ledare.

**8** Om korrosion (vita luddiga avlagringar) förekommer ska polskorna lossas och rengöras med en batteriborste innan de ansluts igen **(se bilder)**. Korrosion kan hållas minimal med specialbehandlade brickor som finns att få i biltillbehörsbutiker eller genom att poler och polskor smörjs in med vaselin eller lämpligt fett efter monteringen.

**9** Se till att batterilådan är i bra skick och att fästbygelns bult är ordentligt åtdragen. Om batteriet tas bort (se kapitel 5 för beskrivning av demontering och montering), se då till att inget föremål finns i botten på batterilådan när batteriet sätts tillbaka. Vid monteringen ska bygeln tryckas ned, men dra inte bulten för hårt.

**13.8b Lossa polskon från batteripolen med en nyckel - ibland krävs en speciell batteritång för detta, speciellt om korrosion skadat muttern (lossa alltid jord först - anslut alltid jord sist!)**

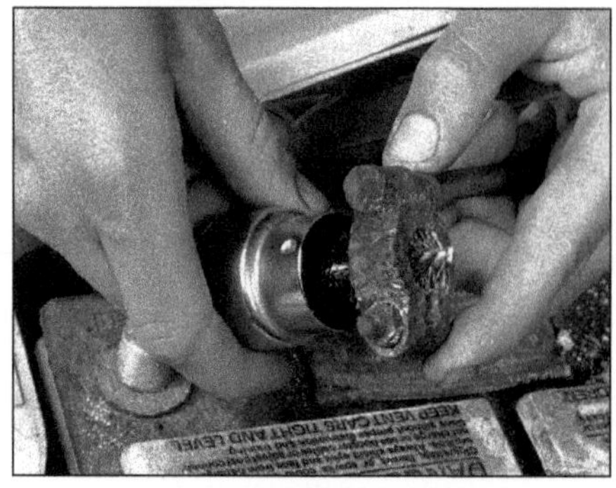

**13.8d Vid rengöring av polskor ska all korrosion avlägsnas (insidan av polskon är konisk för att matcha polens konicitet så ta inte bort för mycket material)**

10 Korrosion i batterilådan och omgivande delar kan tas bort med en blandning av vatten och natriumbikarbonat. Pensla på lösningen med en liten borste och låt den arbeta och skölj sedan med stora mängder rent vatten.
11 Om någon av bilens metalldelar skadats av korrosion ska den täckas med zinkbaserad grundfärg och lackas över.
12 Mer information om batteriet och start med startkablar finns i kapitel 5 och i den främre delen av denna handbok.

## Laddning

**Observera:** *Tillverkaren rekommenderar att batteriet avlägsnas från bilen vid laddning i och med att den gas som bildas under laddningsprocessen kan skada lack eller inredning beroende på batteriets placering. Snabbladdning med anslutna batterikablar kan skada elsystemet.*
13 Demontera i förekommande fall cellernas lock och täck hålen med en ren trasa så att elektrolyten inte kan stänka ut. Lossa batteriets jordledning och koppla in batteriladdarens kablar på polerna (plus till plus, minus till minus) och koppla in laddaren. Se till att den är ställd på 12 volt om den har en spänningsväljare.

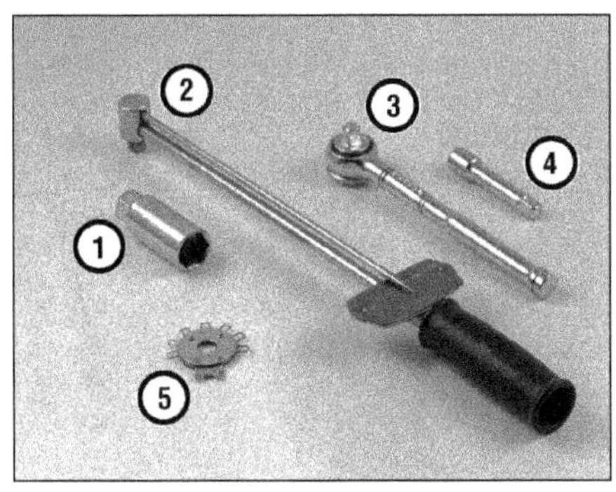


**14.1 Verktyg som krävs vid byte av tändstift**

*1* ***Tändstiftsnyckel*** *– Denna är klädd invändigt för att skydda tändstiftets isolator av porslin.*

*2* ***Momentnyckel*** *– Om än inte obligatorisk så är detta verktyg det bästa sättet att garantera att stiften dras åt korrekt.*

*3* ***Spärrskaft*** *– Standardverktyg som passar till tändstiftshylsan.*

*4* ***Förlängare*** *– Beroende på modell och extrautrustning kan du komma att behöva förlängare och universalknutar för att komma åt ett eller flera tändstift.*

*5* ***Tändstiftstolk*** *– Denna tolk för kontroll av elektrodavståndet förekommer i många utföranden. Se till att rätt elektrodavstånd för din bil är inkluderat. Bladmått kan användas istället.*

***Varning: Om radion i din bil är stöldskyddad, se till att ha aktiveringskoden tillgänglig innan batteriet kopplas ur.***

**Observera:** *Om fel språk visas på instrumentpanelen när strömmen kopplas in igen, se sidan 0•7 där proceduren för språkinställning beskrivs.*
14 Om du använder en laddare med högre kapacitet än 2 amp ska batteriet kontrolleras med regelbundna mellanrum under laddningen så att det inte överhettar. Om du använder en långsam laddare kan du låta den vara igång under natten efter det att du kontrollerat laddningen de första timmarna. Om ett underhållsfritt batteri är monterat krävs speciella åtgärder vid laddningen (exempelvis har de vanligen en mycket lägre laddningstakt). Det kan finnas en varningsetikett på batteriet, om inte, rådfråga en BMW-verkstad eller en bilelektriker.
15 Om locken över battericellerna är löstagbara ska du mäta den specifika vikten med en hydrometer varje timme under de sista timmarna av laddningscykeln. Hydrometrar är billiga och saluförs av biltillbehörsbutiker – följ de instruktioner som följer med hydrometern. Batteriet är att betrakta som fulladdat när den specifika vikten inte ändrats under två timmar och elektrolyten avger gas (bubblar). Den specifika vikten skall vara lika i alla cellerna. Om inte har batteriet troligen en eller flera dåliga celler och ska då bytas ut mot ett nytt.
16 Vissa underhållsfria (förseglade) batterier har hydrometrar inbyggda i ovansidan som anger batteriets laddningsstatus via den färg som visas. Normalt anger en ljus färg ett fulladdat batteri och en mörk att uppladdning krävs. Studera batteritillverkarens instruktioner så att du är säker på vad färgerna betyder.
17 Om batteriet är förseglat och saknar inbyggd hydrometer kan du koppla en digital voltmätare över polerna och avläsa laddningen. Ett fulladdat batteri ska hålla 12,6 volt eller högre.

18 Mer information om batteriet och start med startkablar finns i kapitel 5 och i den främre delen av denna handbok.

## 14 Kontroll och byte av tändstift

1 Innan du börjar, skaffa de nödvändiga verktygen som inkluderar en tändstiftsnyckel och en sats bladmått. Speciella tändstiftstolkar kan erhållas från vissa tändstiftstillverkare **(se bild).**
2 Den bästa arbetsmetoden vid byte av tändstift är att först skaffa de nya stiften och justera dem till korrekt elektrodavstånd och sedan byta ett stift i taget. Vid inköp av nya stift är det viktigt att de är av rätt typ för motorn. Denna information finns i specifikationerna i början av detta kapitel.
3 Ha de nya tändstiften tillgängliga och låt motorn kallna helt innan stiftbytet. Inspektera under tiden de nya stiften vad gäller defekter och elektrodavstånd.
4 Elektrodavståndet kontrolleras genom att ett bladmått av rätt tjocklek sticks in mellan elektroderna i tändstiftets spets **(se bild).** Elektrodavståndet ska vara det som anges i specifikationerna. Bladmåttet ska precis beröra vardera elektroden. Om avståndet inte är korrekt ska justeraren användas till att böja den krökta sidan av elektroden något till dess att korrekt elektrodavstånd erhålles **(se bild).**
**Observera:** *Vid justering av elektrodavståndet på ett nytt tändstift ska endast basen på jordelektroden böjas, inte själva spetsen. Om jordelektroden inte är exakt centrerad över mittelektroden ska justeraren användas för uppriktning. Kontrollera att porslinsisoleringen inte är sprucken. Sprickor innebär att stiftet inte ska användas.*
5 När motorn kallnat ska tändkabeln lossas från ett stift. Gör det genom att fatta tag i tändhatten, inte i själva kabeln **(se bild).**

**14.4a Tändstiftstillverkare rekommenderar bruket av tolk av trådtyp vid kontroll av elektrodavstånd – om tråden inte glider mellan elektroderna med ett lätt motstånd krävs justering**

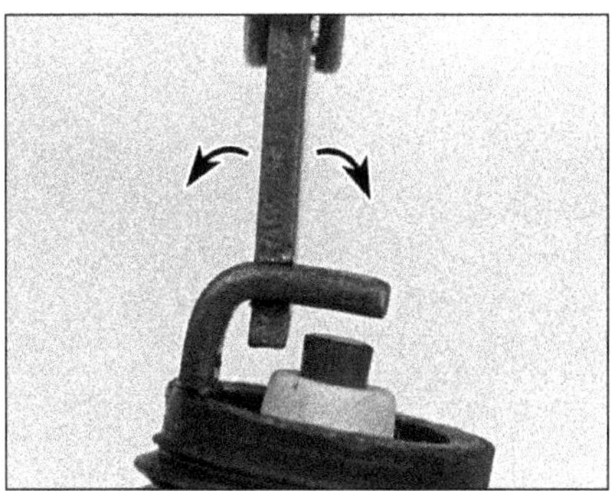

**14.4b Justera elektrodavståndet genom att endast böja på jordelektroden enligt pilarna, var mycket försiktig så att inte porslinsisoleringen runt centrumelektroden skadas**

**14.5 Vid lossande av tändkablar, dra endast i tändhatten**

Ibland kan det behövas en liten vridning för att lossa tändhatten.

**6** Om tryckluft finns tillgänglig, använd den till att blåsa rent runt tändstiften. En vanlig cykelpump kan också användas. Tanken är att eliminera risken att främmande föremål ramlar ned i cylindern när tändstiftet tas bort.

**7** Placera tändstiftsnyckeln över stiftet och ta bort det från motorn genom att skruva ur det motsols **(se bild)**.

**8** Jämför det urtagna tändstiftet med de som visas på fotografierna så att du får en indikation på motorns allmänna arbetsförhållanden.

**9** Lägg på lite kopparbaserad gängsmörjning på det nya stiftets gänga, stick in stiftet i toppen och skruva in det med fingrarna till dess att det inte längre går runt med fingerkraft och dra åt med tändstiftsnyckeln. Om tillgänglig, använd en momentnyckel vid åtdragningen. Korrekt åtdragningsmoment finns angivet i specifikationerna.

**10** Innan tändhatten trycks fast på stiftet ska den inspekteras enligt anvisningarna i avsnitt 15.

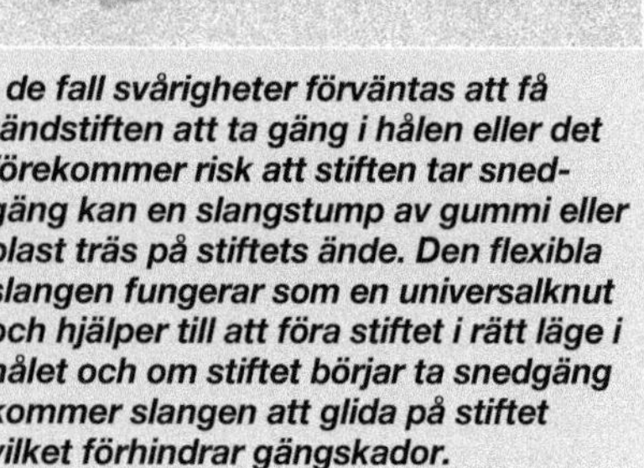


***I de fall svårigheter förväntas att få tändstiften att ta gäng i hålen eller det förekommer risk att stiften tar snedgäng kan en slangstump av gummi eller plast träs på stiftets ände. Den flexibla slangen fungerar som en universalknut och hjälper till att föra stiftet i rätt läge i hålet och om stiftet börjar ta snedgäng kommer slangen att glida på stiftet vilket förhindrar gängskador.***

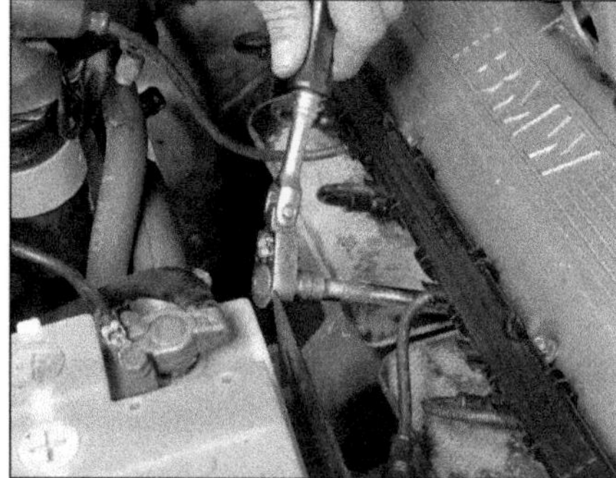


**14.7 Skruva ur tändstiften med en hylsnyckel med förlängare**

**11** Sätt fast tändhatten på tändstiftet med en liten vridning så att tändhatten sitter säkert.

**12** Följ ovanstående procedur med de resterande tändstiften, byt dem ett i taget så att inte tändkablarna blandas ihop.

## 15 Tändkablar, fördelarlock och rotor – kontroll och byte

**1** Tändkablarna ska kontrolleras med rekommenderade mellanrum och varje gång nya tändstift monteras.

**2** Inled proceduren genom att göra en visuell kontroll av tändkablarna med motorn igång. Mörklägg garaget (se till att ventilationen är god), starta motorn och studera tändkablarna. Se till att inte beröra motordelar i rörelse. Om det finns ett brott på kabeln finns det en synlig ljusbåge eller gnista från det skadade området. Om sådan förekommer, notera vilken tändkabel som är defekt så att den kan bytas när motorn kallnat.

**3** Lossa batteriets jordledning.

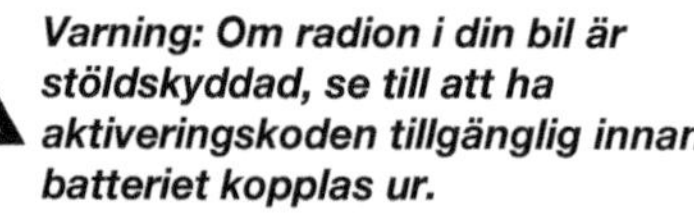

***Varning: Om radion i din bil är stöldskyddad, se till att ha aktiveringskoden tillgänglig innan batteriet kopplas ur.***

**Observera:** *Om fel språk visas på instrumentpanelen när strömmen kopplas in igen, se sidan 0•7 där proceduren för språkinställning beskrivs.*

**4** Tändkablarna ska inspekteras en i taget så att inte tändföljden blandas ihop, den är av avgörande betydelse för motorns korrekta funktion.

**5** Lossa tändkabeln från stiftet genom att dra i tändhatten, inte i själva kabeln.

**6** Kontrollera att det inte finns korrosion i form av ett vitt pulver på tändhattens insida. Tryck på hatt och kabel på tändstiftet. Det ska vara en tät passning på stiftänden. Om inte, dra ut kabeln och kläm försiktigt ihop metallkontakten med en tång till dess att den sitter väl fast på stiftet.

**7** Använd en ren trasa och torka av hela tändkabelns längd så att smuts och fett tas bort. Leta efter brännmärken sprickor och andra skador när kabeln är ren. Böj den inte för hårt i och med att detta kan bryta av ledaren.

**8** Lossa tändkabeln från fördelaren. Dra i kontakten, inte själva kabeln. Kontrollera passning och förekomst av korrosion på samma sätt som i tändstiftsänden. Byt högspänningsledning i fördelaren vid behov.

**9** Kontrollera resterande tändkablar och se till att de sitter ordentligt fast i fördelaren och tändstiften efter avslutad kontroll.

**10** Om nya tändkablar behövs ska du köpa en hel sats för just din modell. Dessa finns färdigkapade med monterade anslutningar. Byt tändkablarna en i taget så att inte tändföljden rubbas.

**11** Lossa skruvarna eller clipsen och demontera fördelarlocket **(se bild)**. Skruva i förekommande fall ur skruvarna och dra av rotorn från axeln **(se bild)**. Kontrollera slitage på fördelarlock och rotor, leta efter sprickor, kolspår och slitna, brunna eller lösa kontakter **(se bilder)**. Byt lock och rotor om defekter påträffas. Det är vanligt att montera nytt lock och ny rotor när tändkablarna byts. Vid montering av ett nytt fördelarlock, lossa tändkablarna en i taget från det gamla och för över dem till det nyapå exakt samma plats – lossa inte alla kablar samtidigt eftersom detta kan leda till att tändföljden rubbas.

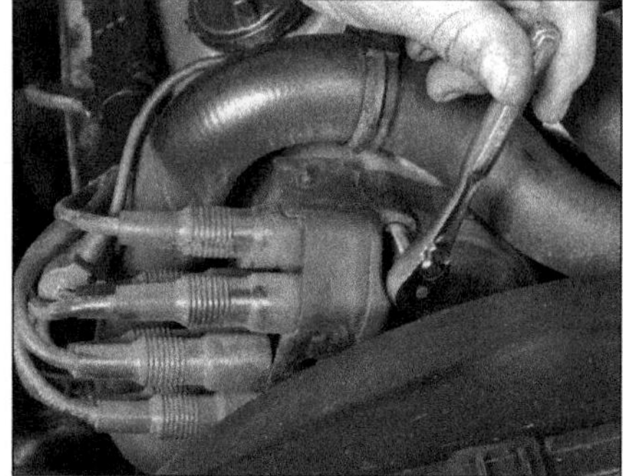

**15.11a På senare modeller, lossa skruvarna och lyft upp fördelarlocket så att inspektion av insidan kan utföras**

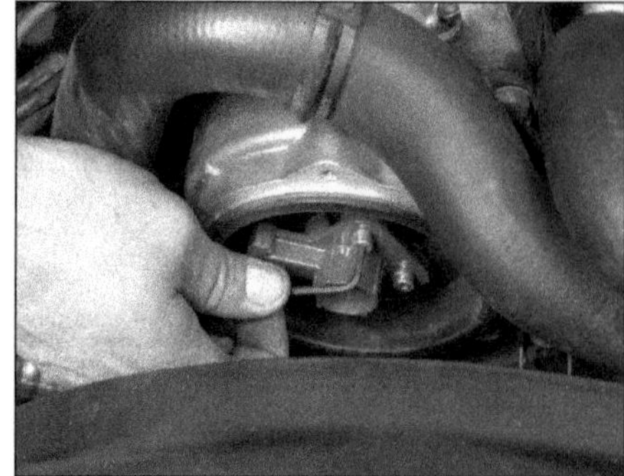

**15.11b Skruva ur skruvarna med en insexnyckel och lyft rotorn från rotoraxeln (senare modeller)**

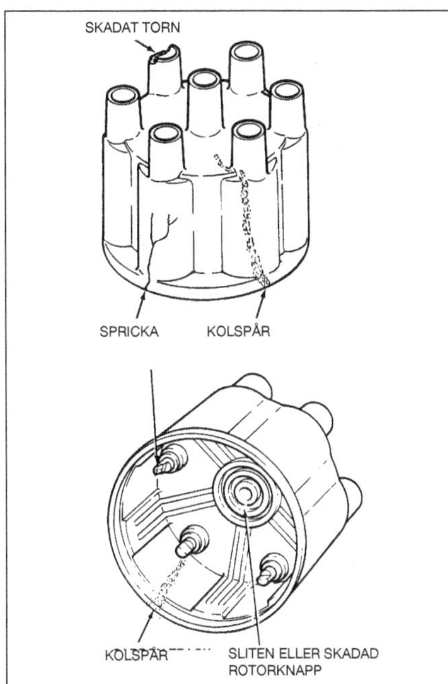


**15.11c Några av de vanliga defekterna att leta efter vid inspektion av fördelarlocket (vid tveksamhet om skicket ska locket bytas)**

## 16 Kontroll av oljenivån i manuell växellåda

1 Växellådan har en plugg för påfyllning/nivåkontroll som måste skruvas ur när nivån ska kontrolleras. Om bilen lyfts upp för åtkomst av pluggen måste den vara säkert stöttad - kryp aldrig under en bil som bara stöttas av domkraft! ***Observera:*** *Bilen måste stå plant för att ge en korrekt nivåkontroll.*

2 Skruva ur pluggen från växellådans sida **(se illustration)** och stick in lillfingret i plugghålet och känn efter oljenivån. Den ska vara vid eller mycket nära hålets underkant.

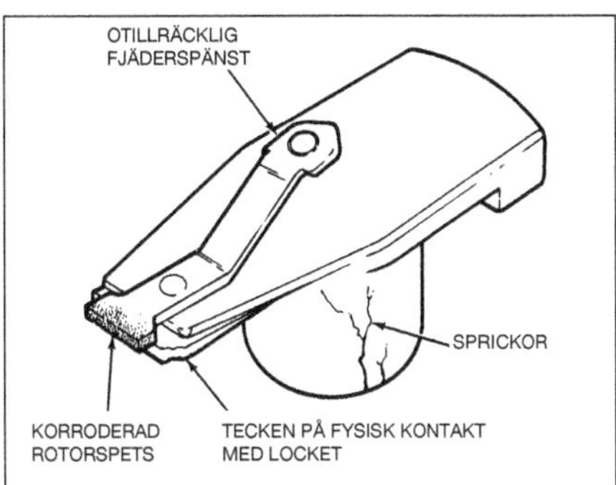


**15.11d Rotorarmens slitage och korrosion ska studeras enligt ovanstående (vid tveksamhet om skicket ska rotorarmen bytas)**

3 Om så inte är fallet, fyll på rekommenderad olja genom plugghålet med en spruta eller klämflaska till dess att det just börjar rinna ur hålet. Se *"Smörjmedel och vätskor"* i början av kapitlet för korrekt oljetyp. De manuella växellådorna på vissa senare eller motorstarka modeller är fyllda med automatväxellådsolja. Sådana växellådor har normalt en varningsetikett om detta nära växellådans nivåplugg. Rådfråga en BMW-verkstad vid tveksamhet.

4 Skruva in pluggen och dra fast den ordentligt. Kontrollera att den inte läcker efter första körningen.

5 Om regelbunden påfyllning krävs kan detta bara bero på läckage som i så fall måste spåras och åtgärdas innan det blir allvarligt.

## 17 Kontroll av oljenivån i differentialen

1 Även differentialen har en plugg för påfyllning/nivåkontroll som måste skruvas ur när nivån ska kontrolleras. Om bilen lyfts upp för åtkomst av pluggen måste den vara säkert stöttad - kryp aldrig under en bil som bara stöttas av domkraft! **Observera:** *Bilen måste stå plant för att ge en korrekt nivåkontroll.*

2 Skruva ur pluggen för påfyllning/nivåkontroll från differentialen **(se bild).** Använd insexnyckel.

3 Använd lillfingret som mätsticka och kontrollera att oljan når upp till hålets underkant. Om inte fyll på rätt olja med en spruta eller klämflaska till dess att det börjar rinna ur hålet.

4 Skruva in pluggen och dra fast den ordentligt.

5 Om regelbunden påfyllning krävs kan detta bara bero på läckage som i så fall måste spåras och åtgärdas innan det blir allvarligt.

## 18 Ventilspel - kontroll och justering

**Observera:** *Denna procedur kan ej tillämpas på motorn M40 som har automatisk justering.*

1 Ventilspel kan kontrolleras med varm eller kall motor men lägg märke till att olika värden specificeras beroende på motorns temperatur. Om du ska kontrollera på varm motor ska den varmköras till normal arbetstemperatur innan den stängs av.

***Varning: Om ventilspelet ska kontrolleras med varm motor måste extra försiktighet iakttagas så att du undviker brännskador.***

2 Demontera ventilkåpan (se kapitel 2A).

3 Vrid motorn så att kolven i cylinder 1 (längst fram) finns på övre dödpunkten i kompressionstakten (se kapitel 2A).

4 Kontrollera ventilspelet för cylinder 1 och jämför med specifikationerna i början av detta kapitel.

5 Spelet mäts genom att ett bladmått av rätt tjocklek sticks in mellan ventilskaftet och vipparmens justeringsexcenter. Det ska finnas ett litet motstånd när bladmåttet rörs fram och tillbaka.

6 Om spelet är för stort eller för litet, lossa låsmuttern och stick in en krok tillverkad av grov metalltråd och vrid excentern så att rätt spel uppstår **(se bild).**

**16.2 Skruva ur nivå/påfyllningspluggen (vid pilen) med en stor insexnyckel och kontrollera oljenivån med lillfingret. Den ska vara i nivå med hålets nederkant - om inte, fyll på olja**

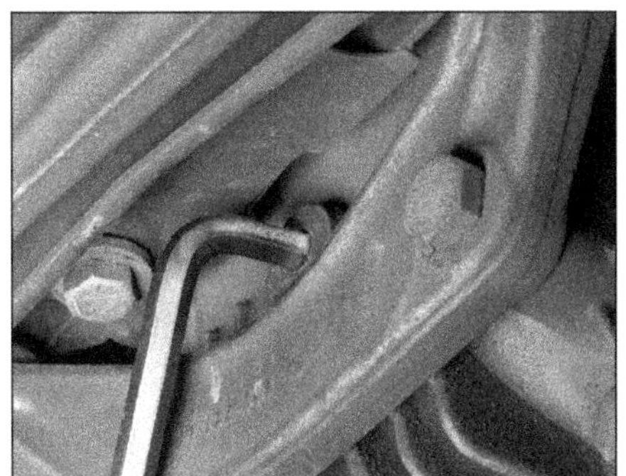

**17.2 Skruva ur nivå/påfyllningspluggen i differentialen med en insexnyckel och kontrollera att oljenivån är i jämhöjd med hålets nedre kant**

**18.6 Ventilspelet justeras genom att excentern vrids med en trådkrok - när specificerat spel erhålles ska låsmuttern dras åt med en fast nyckel, ta sedan ut bladmåttet**

19.3 Kontrollera och smörj trottellänkaget på de visade punkterna (vid pilarna). Motor med bränsleinsprutning visad

20.4 Lossa lufttrumman från luftrenarhuset

20.5 Lossa clipsen för luftrenarlocket med en skruvmejsel

7 När spelet ställts in ska excentern hållas i läge med kroken medan låsmuttern dras åt. Kontrollera spelet igen – ibland ändras det något när låsmuttern dras åt. Om så är fallet, gör om justeringen.

8 På motorn M10 justeras ventilerna i tändföljdens ordning, det vill säga 1-3-4-2. Efter justering av ventilerna i cylinder 1, vrid vevaxeln 180°, och justera ventilerna i cylinder 3. Upprepa med resterande cylindrar.

9 På motorerna M20 och M30 justeras ventilerna i tändföljdens ordning, det vill säga 1-5-3-6-2-4. Efter justering av ventilerna i cylinder 1, vrid vevaxeln 120°, och justera ventilerna i cylinder 5. Upprepa med resterande cylindrar.

10 Montera ventilkåpan (använd alltid ny packning) och dra åt muttrarna jämnhårt och säkert.

11 Starta motorn och kontrollera att den inte läcker olja från ventilkåpspackningen.

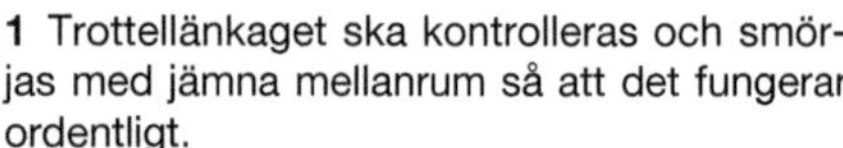

## 19 Trottellänkage – kontroll och smörjning

1 Trottellänkaget ska kontrolleras och smörjas med jämna mellanrum så att det fungerar ordentligt.

2 Kontrollera att länkaget inte kärvar.

3 Inspektera länkagets leder vad gäller löshet och anslutningarna vad gäller korrosion och skador, byt delar efter behov **(se illustration).**

4 Smörj anslutningarna med spraysmörjning eller litiumbaserat fett.

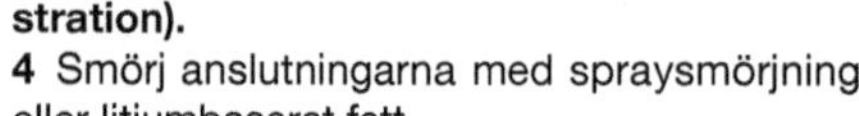

## 20 Byte av luftfilter

### *Förgasarmotorer*

1 Lossa fjäderclipsen, skruva ur centrummuttern och lyft av locket.

2 Ta ut luftfiltret och torka rent i luftrenarhuset och på locket.

3 Montera det nya filtret och sätt på locket med omvänd arbetsordning.

### *Insprutningsmotorer*

4 Lossa klammern på luftintagstrumman och ta undan trumman **(se bild).**

5 Lossa clipsen till luftrenarlocket **(se bild).**

6 Vrid upp locket, lyft av det och lyft ut filtret, lägg märke till vilken väg det är monterat **(se bilder).**

7 Torka ur luftrenarhusets insida med en ren trasa och montera det nya filtret. Om det är märkt "TOP" ska den markerade sidan vändas uppåt.

8 Montera locket och sätt fast clipsen.

9 Koppla in lufttrumman och dra åt klammerskruven.

20.6a Vrid locket uppåt . . .

20.6b . . . och lyft ut luftfilterelementet

## 21 Kontroll av bränslesystem

***Varning: Bensin är ytterst eldfarlig - mycket stor försiktighet måste iakttagas vid arbete med någon del av bränslesystemet. Rök inte, låt heller inte öppen eld eller nakna glödlampor finnas nära arbetsplatsen. Arbeta i ett väl ventilerat utrymme. Tvätta omedelbart bort utspilld bensin som hamnar på huden med tvål och vatten. Använd alltid skyddsglasögon vid arbete med bränslesystem. Ha alltid en lämplig brandsläckare nära till hands och torka omedelbart upp spill men förvara inte bränsleindränkta trasor där de riskerar att antändas.***

1 Om du känner bensinlukt vid körning eller efter det att bilen stått i solen ska bränslesystemet omedelbart inspekteras.

2 Öppna tanklocket och kontrollera noggrant att det inte är rostigt eller skadat. Packningen ska ha en obruten försegling. Om packningen är skadad måste ett nytt tanklock monteras.

3 Kontrollera att det inte finns sprickor på bränslets matnings- och returledningar. Se till att anslutningarna mellan bränsleledningar och förgasare eller insprutning, och till/från bränslefiltret är täta.

***Varning: På modeller med bränsleinsprutning måste trycket i bränslesystemet släppas ut vid arbete med systemets delar, se beskrivning i kapitel 4.***

4 I och med att vissa delar av bränslesystemet – tanken och vissa matnings- och returledningar – finns på bilens undersida är de enklare att inspektera om bilen är upplyft på en brygga. Om detta inte är möjligt kan bilen ställas på ramper eller pallbockar.

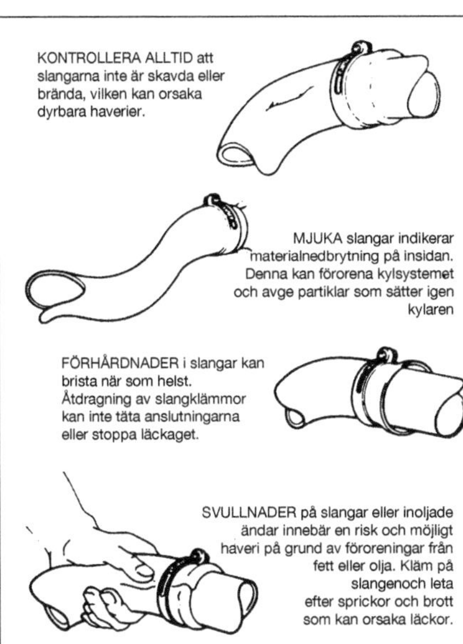


**22.4 Slangar har, i likhet med drivremmar, ovanan att gå sönder vid värsta möjliga tidpunkt – undvik trasslet med en sprucken kylar- eller värmarslang genom att inspektera den noggrant enligt vad som visas här**

**5** När bilen lyfts och stöttats på ett säkert sätt ska tank och påfyllningsrör inspekteras. Leta efter hål, sprickor och andra skador. Anslutningen mellan påfyllningsröret och tanken är speciellt kritisk. Ibland kan en påfyllningsslang av gummi läcka därför att klamrarna är lösa eller att gummit försämrats. Kontrollera tankens fästen och band och se till att tanken sitter ordentligt fast på bilen.

***Varning: Försök inte – under några omständigheter – att reparera en bränsletank (utom gummidelar). En svetslåga eller annan öppen eld kan mycket enkelt orsaka att bränsleångor i tanken exploderar.***

**6** Kontrollera alla slangar och rör från tanken noga. Leta efter lösa anslutningar, slitna slangar, veckade rör och andra skador. Reparera eller byt skadade delar efter behov (se kapitel 4).

## 22 Kontroll av kylsystem

**1** Många större motorhaverier kan härledas till problem med kylningen. Om bilen har automatväxellåda är motorns kylsystem av stor vikt för växellådans livslängd eftersom det även kyler växellådsoljan.

**2** Vid kontroll av kylsystemet ska motorn vara kall, så utför följande innan bilens startas för dagen eller efter det att motorn varit avslagen *i minst* tre timmar.

**3** Skruva loss kylarlocket, gör det långsamt och vidta lämpliga försiktighetsåtgärder mot skållning om det finns den minsta värme kvar i motorn. Rengör lockets in- och utsidor med rent vatten. Rengör även påfyllningsröret på kylaren. Förekomst av rost eller korrosion i påfyllningsröret innebär att kylvätskan ska bytas (se avsnitt 29). Vätskan i kylaren ska vara relativt ren och klar. Om den är rostfärgad ska systemet dräneras, rengöras och fyllas på med ny kylvätska.

**4** Kontrollera kylarslangar och de mindre värmarslangarna noga. Studera hela längden, byt slangar med sprickor, svullnader eller förhårdnader **(se bild)**. Sprickor är lättare att se om slangen kläms. Var extra noga med att studera slangklämmorna. Dessa kan klämma och punktera slangar vilket resulterar i kylvätskeläckage.

**5** Se till att alla anslutningar är täta. En läcka i kylsystemet visar sig vanligen i form av vita eller rostfärgade avlagringar i området kring läckan. Om klämmor av trådtyp används är det klokt att byta dessa mot slangklämmor av skruvtyp.

**6** Rengör kylarens framsida (och i förekommande fall luftkonditioneringens kondenserare) med tryckluft om tillgänglig eller med en mjuk borste. Ta bort alla flugor, löv och annat skräp som bäddats in i kylarflänsarna. Var ytterst försiktig så att du inte skadar flänsarna eller skär dig på dem.

**7** Om kylvätskenivån sjunker konstant utan att det finns synliga läckor ska kylarlocket och kylsystemet tryckprovas.

## 23 Kontroll av avgassystem

**1** Motorn ska vara kall vid denna kontroll så utför följande innan bilen startas för dagen eller efter det att motorn varit avstängd *åtminstone* tre timmar. Kontrollera hela avgassystemet från motorn till mynningen. Inspektionen ska helst utföras med bilen upplyft så att tillträdet är obegränsat. Om lyft ej finns tillgänglig kan bilen ställas på ramper eller pallbockar.

**2** Kontrollera att avgasrören och anslutningarna inte visar tecken på läckor, allvarlig rost eller skador. Se till att alla fästen är i gott skick och att de sitter ordentligt **(se bild)**.

**3** Kontrollera samtidigt att bottenplattan inte har hål, rostangrepp, öppna fogar och annat som kan låta avgaser komma in i passagerarutrymmet. Täta alla öppningar med lämpligt material.

**4** Skaller och annat missljud kan ofta härledas till avgassystemet, speciellt då fästen och värmesköldar. Försök att rucka på rör, ljuddämpare (och i förekommande fall katalysatorn). Om delarna kan komma i kontakt med karossen eller fjädringsdelar ska systemet hängas upp i nya fästen.

**5** Motorns arbetsskick kan kontrolleras med en inspektion av insidan av avgasrörets mynning. Avlagringarna här är en indikation på motorns skick. Om röret är svart och sotigt får motorn en för fet blandning vilket kräver en noggrann kontroll av bränslesystemet.

## 24 Kontroll av styrning och fjädring

**Observra:** *Styrning och fjädring ska kontrolleras med jämna mellanrum. Slitna eller skadade delar i styrning och fjädring kan resultera i onormalt däckslitage, dåliga köregenskaper och försämrad bränsleekonomi. Detaljerade illustrationer av delarna i styrning och fjädring finns i kapitel 10.*

### *Kontroll av fjäderben/stötdämpare*

**1** Parkera bilen på plan mark, stäng av motorn och dra åt handbromsen. Kontrollera däcktrycken.

**2** Tryck ned ena hörnet på bilen och släpp upp det igen och studera rörelsen. Karossen ska stoppa i plant läge inom en eller två gungningar.

**3** Om bilen fortsätter att gunga eller inte återtar utgångsläget beror detta troligen på sliten stötdämpare eller svagt fjäderben.

**4** Upprepa kontrollen på bilens övriga hörn.

**5** Ställ upp bilen på pallbockar.

**6** Kontrollera om fjäderben/stötdämpare

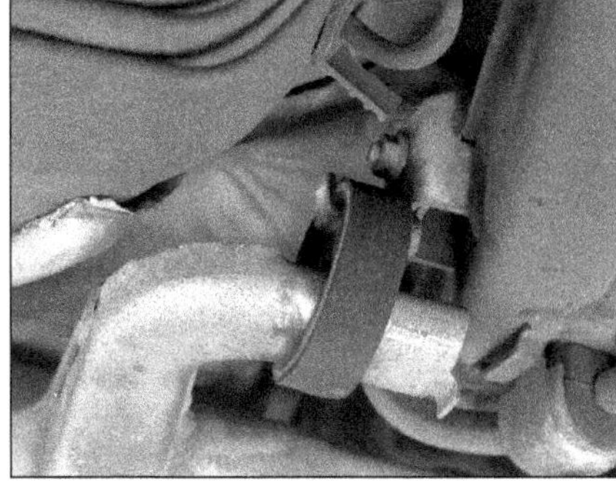

**23.2 Leta efter sprickor i avgassystemets gummiupphängningar**

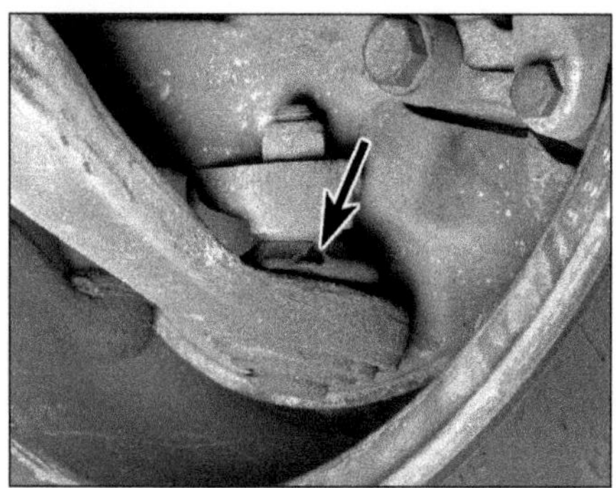

24.10 Kontrollera att kulledens damasker är hela (vid pilen)

25.2 Peta försiktigt på drivaxeldamaskerna och leta efter sprickor

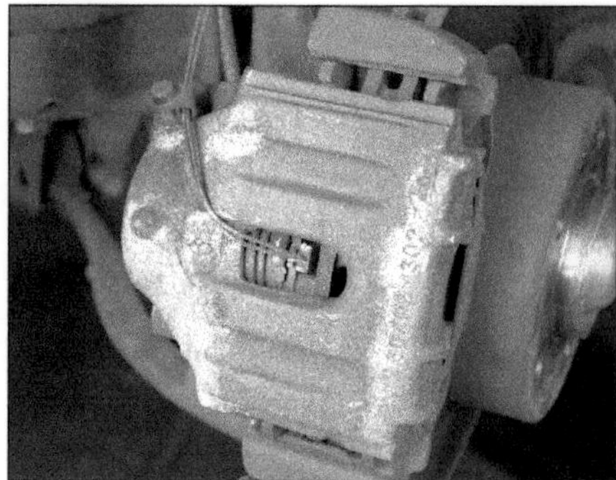

26.11 Titta genom okets inspektionshål för att inspektera bromsklossarna – det beläggningsmaterial som trycker mot skivan kan även studeras från sidan

läcker olja. En tunn film är ingen källa till oro. Se dock till att den verkligen kommer från fjäderben/stötdämpare och inte från någon annan källa. Om läckage är tydligt ska fjäderben/stötdämpare bytas axelvis (eller runt om).

**7** Kontrollera att fjäderben/stötdämpare sitter ordentlig fast och att de inte är skadade. Kontrollera att de övre fästena inte är slitna eller skadade. Om skador förekommer, byt fjäderben/stötdämpare.

**8** Om fjäderben/stötdämpare ska bytas, se kapitel 10 för arbetsbeskrivning. Byt av säkerhetsskäl alltid båda enheterna på samma axel. Om möjligt, byt runtom.

### Kontroll av styrning och fjädring

**9** Kontrollera att styrningens delar inte är skadade eller deformerade. Leta efter läckor, skadade packningar, damasker och fästen.

**10** Rengör nederdelen på styrknogen. Låt en medhjälpare fatta tag i däckets nederkant och försöka rucka hjulet in och ut medan du letar efter rörelser i kullederna mellan styrknogen och axelarmen. Kontrollera skicket på kulledernas damasker **(se bild).** Om det finns spel eller damaskerna är trasiga måste ett byte av kulled (-erna) utföras.

**11** Greppa vardera framdäcket i fram- och bakkanterna, tryck framtill och dra baktill och känn efter om det finns spel i styrlänkaget. Om det förekommer spel, kontrollera styrväxelns infästning och styrstagsändarnas kulleder. Om styrväxelns infästningar är lösa, dra åt dem. Om styrstagen är lösa kan kullederna vara slitna (kontrollera att muttrarna är väl åtdragna). Mer information om styrning och fjädring finns i kapitel 10.

## 25 Kontroll av drivaxeldamasker

**1** Drivaxlarnas damasker är mycket viktiga i och med att de förhindrar att smuts, vatten och främmande föremål kommer in i drivknutarna. Yttre förorening av olja eller fett kan orsaka att materialet slits ut i förtid vilket gör det klokt att tvätta damaskerna med tvål och vatten.

**2** Kontrollera att damaskerna inte har revor, sprickor eller lösa klamrar **(se illustration).** Om det finns tecken på sprickor eller läckage måste damasken bytas (se kapitel 8).

## 26 Kontroll av bromssystem

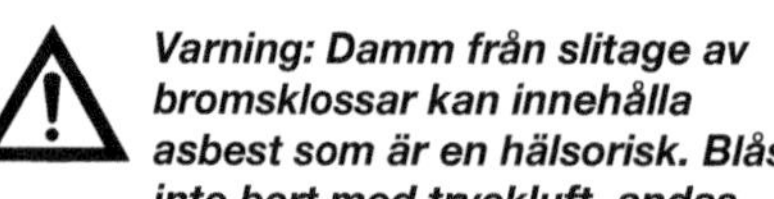

***Varning: Damm från slitage av bromsklossar kan innehålla asbest som är en hälsorisk. Blås inte bort med tryckluft, andas inte in dammet. Använd inte petroleumbaserade lösningsmedel för rengöring av bromsdelar. Använd endast bromsrengöringsmedel eller metylalkohol och spola ned dammet i ett dräneringskärl. När bromsdelarna torkats av med en fuktig trasa ska de förorenade trasorna och innehållet i dräneringskärlet placera i en sluten och märkt behållare. Använd asbestfria utbytesdelar där så är möjligt.***

**Observera:** *Förutom vid de specificerade intervallerna ska bromssystemet inspekteras varje gång hjulen tas av eller ett fel indikeras. Av självklara säkerhetsskäl är följande kontroller av bromssystemet bland de viktigaste underhållsarbeten du kan utföra på bilen.*

### Symptom på problem med bromsarna

**1** Skivbromsarna har inbyggda elektriska slitagevarnare som tänder en varningslampa på instrumentbrädan när klossarna är så slitna att de måste bytas. När denna lampa tänds ska bromsklossarna omedelbart bytas. I annat fall kan dyra skador på bromsskivorna uppkomma.

**2** Vilket som helst av följande symptom kan indikera en möjlig defekt i bromssystemet:

*a) Bilen drar åt något håll när bromspedalen trycks ned*
*b) Bromsarna gnisslar eller avger släpande missljud när de används*
*c) Onormalt långt slag på bromspedalen*
*d) Pulseringar i bromspedalen (normalt om ABS arbetar)*
*e) Läckage av bromsolja (vanligen på hjulens insidor)*

**3** Om något av detta föreligger ska bromssystemet omedelbart inspekteras.

### Bromsledningar

**Observera:** *Bromsrör av stål används genomgående i bromssystemet, med undantag för flexibla förstärkta slangar vid framhjulen och som anslutning på bakaxeln. Regelbunden inspektion av bromsledningarna är synnerligen viktig.*

**4** Parkera bilen på plan mark och stäng av motorn. Ta av navkapslarna och lossa, men skruva inte ur hjulbultarna på samtliga hjul.

**5** Ställ upp bilen på pallbockar.

**6** Ta av hjulen (se *"Lyftning, hjulbyte och bogsering"* i början av denna bok eller ägarhandboken vid behov).

**7** Kontrollera skicket på samtliga bromsledningar. De får inte ha sprickor, avskavda ytterhöljen, läckor, blåsor eller skavmärken från beröring av andra delar. Kontrollera att de gängade anslutningarna är täta och att slangarnas fästbultar och clips sitter säkert.

**8** Om du upptäcker läckor eller skador måste dessa åtgärdas omedelbart. Se kapitel 9 för detaljer kring arbete med bromsarna.

### Skivbromsar

**9** Om det inte redan gjorts, ställ bilen på pallbockar och ta av framhjulen.

**10** Bromsoken, innehållande klossarna, blir då synliga. Vardera oket har en inre och en yttre kloss - kontrollera samtliga.

**11** Notera klossarnas tjocklek genom att titta i inspektionshålet i oket **(se bild).** Om beläggningsmaterialet är tunnare än 2 mm eller om det är snedslitet från endera änden ska klossarna bytas (se kapitel 9). Kom ihåg att beläggningsmaterialet är limmat på en

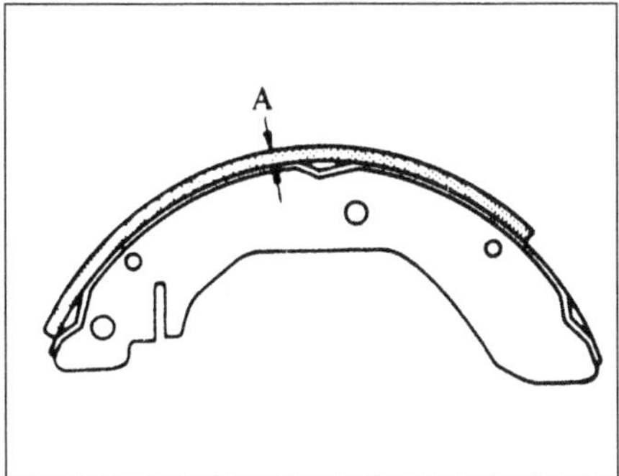


**26.15 Om friktionsbelägget är limmat på bromsbacken ska beläggningens tjocklek mätas från ytterytan till metallbacken enligt vad som visas här (A), om belägget är nitat på backen tas måttet från ytterytan till nitskallarna**

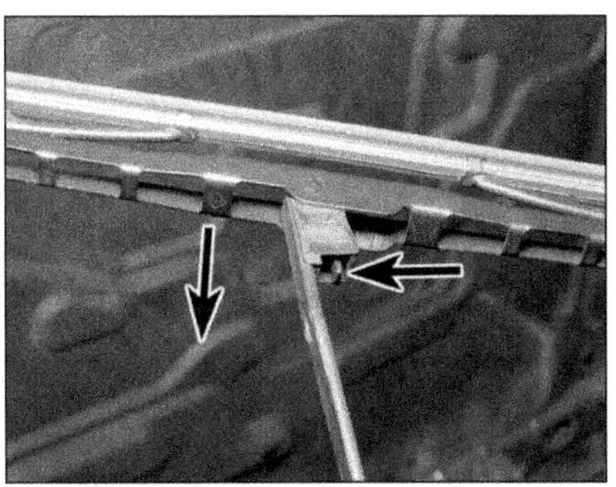

**27.5 Tryck in spärren och dra ut torkarbladet ur haken på torkararmen**

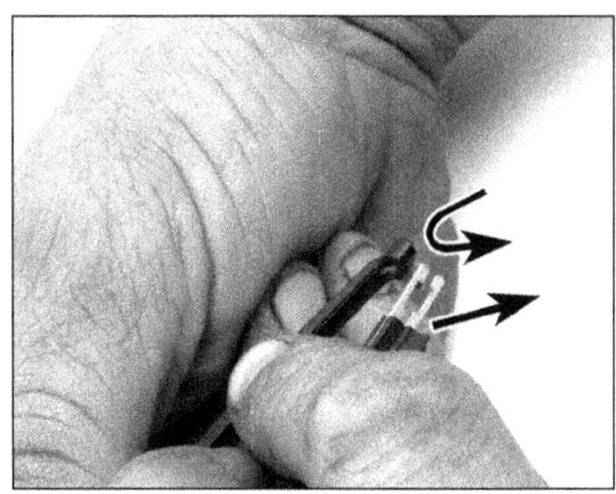

**27.6 Lossa änden på torkargummit från ramen och dra ut gummit**

metallplatta - metalldelen ingår inte i dessa 2 mm. Byt alltid alla bromsklossar på samma axel, även om bara en av de fyra är utsliten. I annat fall kan ojämn bromsverkan uppkomma.

**12** Lossa oken utan att koppla ur bromsslangarna (se kapitel 9).

**13** Kontrollera bromsskivans skick. Leta efter brännmärken, djupa repor eller överhettade punkter (dessa är blå eller missfärgade). Om skivan är skadad kan den tas ut och ges en ny yta på en verkstad. I annat fall måste en ny monteras. I bägge fallen ska båda skivorna åtgärdas även om bara den ena är sliten. Se kapitel 9 för mer detaljer.

### Trumbromsar

**14** Se kapitel 9 och demontera de bakre bromstrummorna.

**15** Notera tjockleken på bromsbackarnas beläggning och leta efter tecken på föroreningar av bromsolja och fett **(se bild).** Om materialet är inom 2 mm från de nedsänkta nitarna ska bromsbackarna bytas. De ska även bytas om de är spruckna, glaserade (glansig yta) eller förorenade av bromsolja eller fett. Se kapitel 9 förarbetsbeskrivning.

**16** Kontrollera backarnas retur- och hållfjädrar samt justeringsmekanismen. Se till att alla delar monteras korrekt och är i gott skick. Försvagade eller förvridna fjädrar som inte byts ut kan göra att bromsbackarna ligger an och slits ut i förtid.

**17** Kontrollera om hjulcylindrarna läcker genom att vika tillbaka damaskerna. Lätt fuktighet bakom dem är acceptabelt. Om de finns bromsolja bakom damaskerna eller rinner ut ur hjulcylindern måste hjulcylindrarna renoveras eller bytas (se kapitel 9).

**18** Kontrollera att bromstrummorna inte har sprickor, brännmärken, djupa repor eller höga punkter - dessa framträder som små missfärgade områden. Om defekter inte kan avlägsnas med slippapper måste båda trummorna få nya ytor av en specialist (se kapitel 9 för mer information).

**19** Se kapitel 9 och montera bromstrummorna.

**20** Sätt tillbaka hjulen men ställ inte ned bilen på marken ännu.

### Handbroms

**21** Det enklaste och kanske mest självklara sättet att testa handbromsen är att parkera bilen i en brant backe, dra åt handbromsen och lägga in växellådans neutralläge (stanna kvar i bilen medan detta utförs). Om handbromsen inte kan hålla bilen stilla, se kapitel 9 och justera handbromsen.

## 27 Torkarblad - kontroll och byte

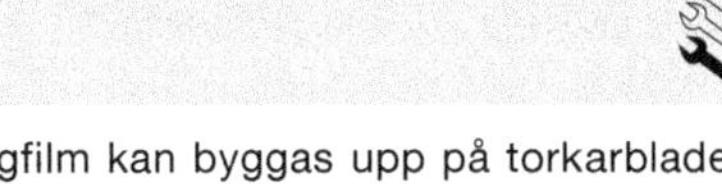

**1** Vägfilm kan byggas upp på torkarbladen och minska deras effektivitet så de bör tvättas regelbundet med ett milt tvättmedel.

### Kontrollera

**2** Torkare och blad ska inspekteras med jämna mellanrum. Om detta visar förhårdnader eller sprickor i gummit ska bladen bytas ut. Om inget ovanligt framträder vid inspektionen, blöt ned vindrutan, slå på torkarna och låt dem slå ett flertal gånger innan de stängs av. Ett ojämnt svepmönster över glaset eller strimmor, indikerar att det är dags att byta torkarblad.

**3** Torkarmekanismens arbete kan lossa muttrarna i den så dessa ska kontrolleras och vid behov dras åt samtidigt som bladen inspekteras (se kapitel 12 för mer information om torkarmekanismen).

### Byte av torkarblad

**4** Dra ut torkararmen från rutan.

**5** Tryck in spärren och dra bladet nedför armen **(se bild).**

**6** Om du vill byta endast bladens gummin kan du lossa änden från bladramen och dra ut gummit ur ramen **(se bild).**

**7** Jämför det nya gummit med det gamla vad gäller längd, utförande och liknande.

**8** Dra det nya gummit på plats och lås det genom att sticka in änden i bladets ram.

**9** Montera bladet på armen, fukta rutan och kontrollera funktionen.

# Var 40 000 km eller 24 månader, vilket som kommer först

## 28 Byte av olja och filter i automatväxellåda

**1** Vid angivna intervaller ska växellådsoljan bytas. I och med att den håller värmen en lång tid efter körning ska detta arbete endast utföras när motorn är helt kall.

**2** Innan arbetet inleds ska specificerad växellådsolja och ett nytt filter köpas (se *"Smörjmedel och vätskor"* i början av detta kapitel).

**3** Andra verktyg som krävs för detta arbete är pallbockar eller ramper för att stötta bilen i upplyft läge, ett dräneringskärl med minst 4,5 liters volym, gamla tidningar och rena trasor.

**4** Lyft bilen och stötta den säkert.

**5** Lossa kragen på mätstickans rör, demontera därefter röret och låt oljan rinna ut **(se bilder).**

28.5a Skruva loss mätstickerörets krage

28.5b Lossa röret och låt oljan rinna ut

28.6 Lossa bultar och fästen med hylsnyckel och förlängning

6 Demontera växellådssumpens bultar och fästen **(se bild)**.
7 Lossa sumpen från växellådan och sänk ned den, se till att inte spilla resterande olja **(se bild)**.
8 Rengör försiktigt fogytorna mellan sumpen och växellådan.
9 Häll oljan från sumpen i ett lämpligt kärl, rengör sumpen med lösningsmedel och torka den med tryckluft. Se till att i förekommande fall rensa alla metallspån från magneten.
10 Ta bort filtret från växellådans insida **(se bilder)**.
11 Montera o-ringen och det nya filtret, se till att dra åt bulten ordentligt.
12 Kontrollera att sumppackningens fogytor är rena och montera den nya packningen. För upp sumpen mot växellådan och montera fäste och bultar och dra sedan bultarna lite i taget till dess att de är åtdragna till det moment som anges i detta kapitels specifikationer. Dra inte åt dem för hårt! Montera mätstickans rör och dra åt kragen ordentligt.
13 Ställ ned bilen på marken och fyll på angiven mängd olja genom mätstickans rör (se avsnitt 8).
14 Lägg in P och dra åt handbromsen och kör motorn på snabb tomgång, utan att rusa den.
15 För växelväljaren genom samtliga lägen och tillbaka till P. Kontrollera oljenivån.
16 Leta efter oljeläckor på bilens undersida efter de första åkturerna.

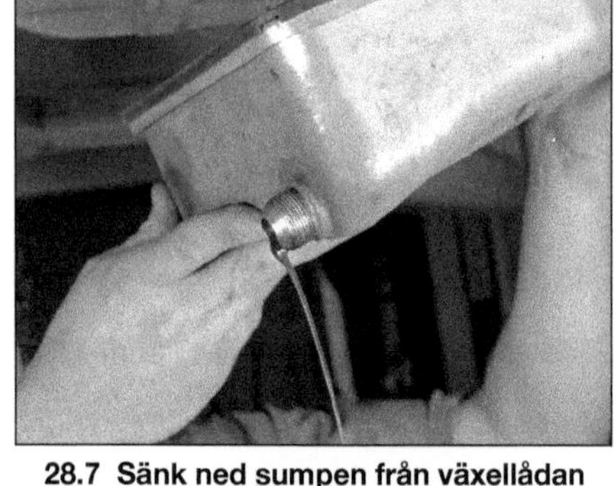
28.7 Sänk ned sumpen från växellådan

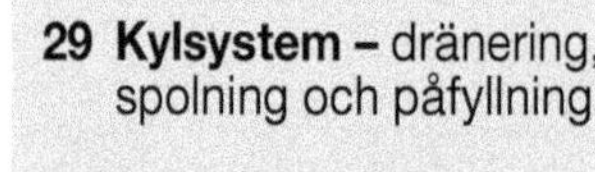

## 29 Kylsystem - dränering, spolning och påfyllning

***Varning: Låt inte frostskyddsmedel komma i kontakt med huden eller målade ytor på fordonet. Skölj omedelbart bort spill med stora mängder vatten. Förvara aldrig frostskyddsmedel i öppna kärl. Lämna inte pölar på golv eller garageuppfarter eftersom barn och husdjur kan attraheras av den söta lukten och lockas att dricka det. Kontrollera vad lokala myndigheter anger angående hantering av uttjänt frostskyddsmedel, det kan finnas lokala uppsamlingscentraler som sluthanterar det på ett säkert sätt.***

1 Kylsystemet ska dräneras, spolas ur och fyllas på med ny vätska med jämna mellanrum. Detta återställer effektiviteten i frostskyddet och förhindrar rost och korrosion som kan minska kylsystemets effektivitet och orsaka motorskador. Vid underhåll av kylsystemet ska samtliga slangar och kylarlocket kontrolleras och vid behov bytas.

### Dränering

2 Om bilen nyss körts, vänta flera timmar så att motorn hinner svalna innan arbetet inleds.
3 Skruva loss locken på kylaren och expansionskärlet när motorn kallnat. Om locket måste skruvas ur när motorn fortfarande är varm ska det skruvas av långsamt medan skyddsåtgärder mot skållning vidtages.
4 Ställ ett stort kärl under kylaren för att samla upp kylvätskan. I de fall en dräneringsplugg finns, skruva ur den, beroende på utförande krävs en tång eller skruvmejsel för att vrida den **(se bild)**. I de fall en plugg inte finns måste den nedre kylarslangen lossas från kylaren.
5 När kylvätskan dräneras, kontrollera skicket på slangar och slangklämmor (se avsnitt 21 vid behov).
6 Byt skadade slangklämmor och slangar (se kapitel 3 för detaljbeskrivningar).

28.10a Skruva ur filtrets bultar med en torxnyckel . . .

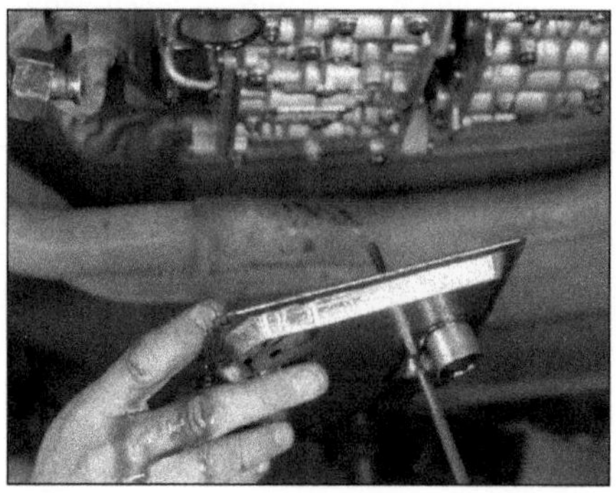
28.10b . . . och ta ut filter ur växellådan

28.10c Ta bort o-ringen från växellådan. Om den är i bra skick ska den rengöras och flyttas över till det nya filtret – om inte ska den bytas mot en ny

29.4 Placeringen för kylarens dräneringsplugg (vid pilen) – finns inte på alla modeller

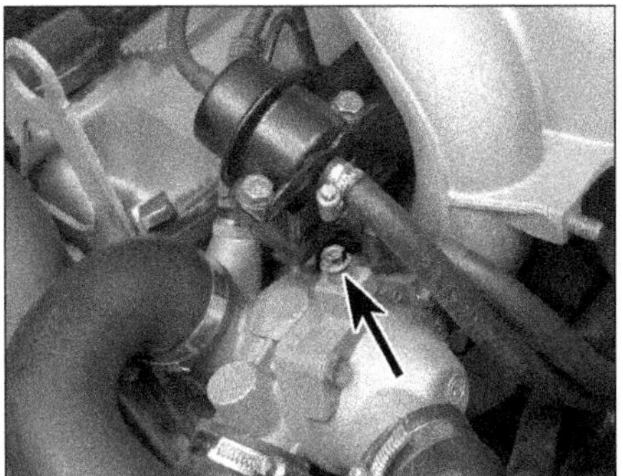

29.16 Avluftningsskruven (vid pilen) sitter på termostathuset (sexcylindriga modeller)

30.5 Byt bränslefilter genom att lossa slangarna (A), skruva ur muttern (B) och lossa filtret från fästet (bränsleinsprutad typ visad)

### *Spolning*

7 När kylsystemet är helt tomt ska kylaren spolas ur med rent vatten till dess att rent vatten rinner ut ur dräneringshålet eller nedre slangens anslutning. Om kylaren är mycket korroderad, skadad eller läcker ska den demonteras (se kapitel 3) och tas till en specialist på kylarrenoveringar.

8 Spolning med denna metod tar bort sediment från kylaren men avlägsnar inte rost och kalkavlagringar från motorn och kylarrörens ytor. Dessa avlägsnas med kemiska rengöringsmedel. Följ beskrivningarna från produktens tillverkare. Skruva ur blockets dräneringsplugg innan motorn spolas ur.

9 På modeller med denna utrustning ska spillslangen från expansionskärlet lossas. Dränera och spola ur expansionskärlet med rent vatten innan slangen sätts tillbaka.

### *Påfyllning*

10 Dra åt dräneringspluggen eller montera nedre kylarslangen. Montera och dra åt blockets plugg.

### Fyrcylindriga motorer

11 Fyll långsamt på med ny kylvätska (en blandning av 40% frostskydd och 60% vatten) till dess att kylaren är full. Fyll expansionskärlet till det nedre märket.

12 Skruva inte på kylarlocket och kör motorn i ett väl ventilerat utrymme till dess att termostaten öppnar (kylvätska börjar flöda genom kylaren och den övre kylarslangen blir varm).

13 Stäng av motorn och låt den svalna. Fyll på mer kylvätska till dess att nivån är vid kanten på kylarens påfyllningsrör. På M40-motorn, skruva ur avluftningsskruven på kylarens topp och fyll på kylvätska till dess att den rinner ut ur avluftningsskruvens hål. Skruva i och dra åt avluftningsskruven.

14 Kläm ut luften i den övre kylarslangen, fyll på mer kylvätska vid behov och skruva på kylarlocket.

15 Starta motorn, varmkör till normal arbetstemperatur och leta efter läckor.

### Sexcylindriga motorer

16 Lossa avluftningsskruven i termostathuset **(se bild)**

17 Fyll kylaren med en blandning av 40% frostskydd och 60% vatten till dess att det rinner ut ur avluftningsskruvens hål. Dra åt avluftningsskruven.

18 Sätt på kylarlocket och kör motorn till dess att termostaten öppnar (den övre kylarslangen blir varm). Lossa sakta på avluftningsskruven till dess att det slutar att bubbla och dra sedan åt skruven igen.

19 Upprepa proceduren till dess att all luft tappas ur systemet.

## 30 Byte av bränslefilter

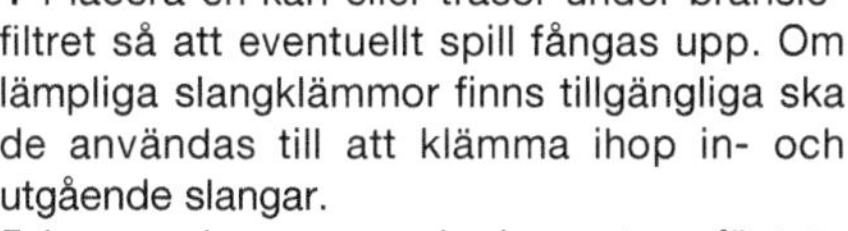

***Varning: Bensin är ytterst eldfarlig - mycket stor försiktighet måste iakttagas vid arbete med någon del av bränslesystemet. Rök inte, låt heller inte öppen eld eller nakna glödlampor finnas nära arbetsplatsen. Tvätta omedelbart bort utspilld bensin som hamnar på huden med tvål och vatten. Använd alltid skyddsglasögon vid arbete med bränslesystem och ha alltid en brandsläckare nära till hands.***

1 Släpp ut trycket ur bränslesystemet på bilar med insprutningsmotorer (se kapitel 4).

2 Bränslefiltret finns i motorrummet på torpedplåten eller på undersidan nära tanken.

3 I och med att vissa modeller har filtret placerat nära startmotorn kan bränsle läcka ut på elektriska anslutningar så du ska därför av säkerhetsskäl lossa batteriets jordledning innan arbetet inleds.

***Varning: Om radion i din bil är stöldskyddad, se till att ha aktiveringskoden tillgänglig innan batteriet kopplas ur.***

**Observera:** *Om fel språk visas på instrumentpanelen när strömmen kopplas in igen, se sidan 0•7 där proceduren för språkinställning beskrivs.*

4 Placera en kärl eller trasor under bränslefiltret så att eventuellt spill fångas upp. Om lämpliga slangklämmor finns tillgängliga ska de användas till att klämma ihop in- och utgående slangar.

5 Lossa slangarna och demontera fästets skruvar/muttrar och ta ut filtret, i förekommande fall även fästet **(se bild).**

6 Lossa filtret från fästet.

7 Montering sker med omvänd arbetsordning. Se till att pilen på filtret pekar i bränsleflödets riktning.

## 31 Byte av olja i manuell växellåda

1 De verktyg som krävs för detta arbete inkluderar pallbockar, en insexnyckel för att skruva ut dräneringspluggen, ett dräneringskärl, gamla tidningar och rena trasor. Ha rätt mängd specificerat smörjmedel tillgängligt (se *"Smörjmedel och vätskor"* i början av detta kapitel).

2 Oljan ska tappas ur när den är het (d.v.s. omedelbart efter körning) i och med att detta på ett bättre sätt avlägsnar eventuella föroreningar än om oljan tappas ur kall. I och med att oljan är het är det klokt att använda gummihandskar.

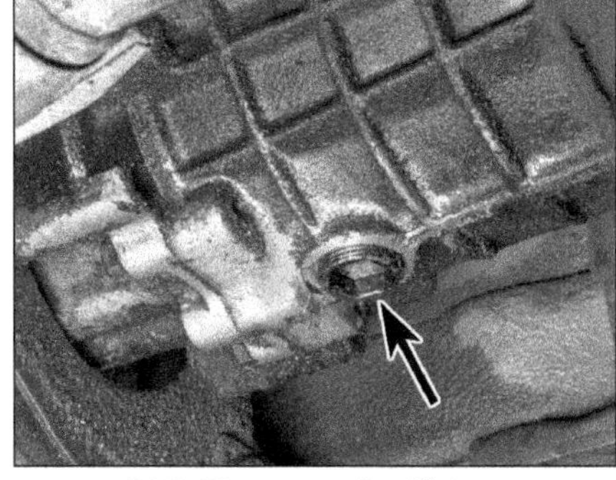

31.5 Skruva ur växellådans dräneringsplugg (vid pilen) med en insexnyckel

32.4 Skruva ur differentialens dräneringsplugg med en insexnyckel

3 Lyft upp bilen på pallbockar, se till att den är säkert stöttad och står så plant som möjligt.
4 Flytta nödvändig utrustning under bilen, se till att inte beröra heta delar av avgassystemet.
5 Placera dräneringskärlet under växellådan och skruva ur nivå/påfyllningspluggen på sidan och lossa på dräneringspluggen **(se bild).**
6 Skruva försiktigt ur dräneringspluggen. Var försiktig så att du inte bränner dig på den heta oljan.
7 Låt all olja rinna ut, rengör pluggen ordentligt och skruva i den igen och dra åt den ordentligt.
8 Se avsnitt 16 och fyll växellådan med ny olja, skruva i påfyllningspluggen och dra åt den ordentligt.
9 Ställ ned bilen, leta efter läckage från dräneringspluggen efter de första milens körning.

## 32 Byte av olja i differentialen

1 Kör bilen några mil så att differentialens olja värms upp och ställ sedan bilen på pallbockar.
2 Placera dräneringskärl, trasor och tidningar under bilen. Eftersom oljan är het bör gummihandskar bäras som skydd mot skållning.
3 Skruva ur differentialens nivå/påfyllningsplugg, det är den övre av de två pluggarna.
4 Placera dräneringskärlet under differentialen, lossa dräneringspluggen med en insexnyckel, det är den nedre av de två **(se bild).**
5 Skruva försiktigt ur dräneringspluggen så att du kan lyfta bort den från kåpan.
6 Låt all olja rinna ut i kärlet, skruva i pluggen och dra åt den ordentligt.
7 Se avsnitt 17 och fyll differentialen med olja.
8 Skruva i nivå/påfyllningspluggen och dra åt den ordentligt.
9 Ställ ned bilen, leta efter läckage från dräneringspluggen efter de första milens körning.

33.2 Inspektera slangarna (vid pilen) högst upp på kolkanistern

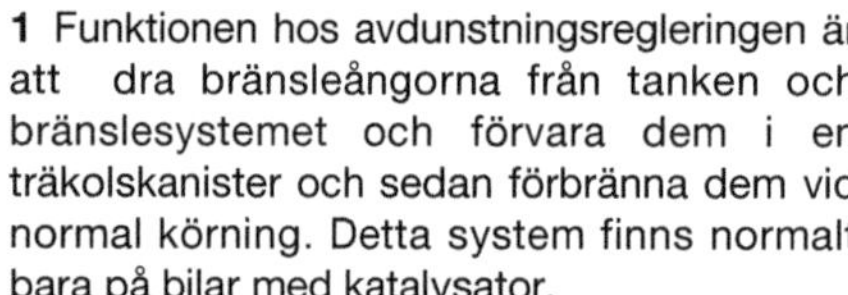

## 33 Kontroll av avdunstningsregleringen (EVAP)

1 Funktionen hos avdunstningsregleringen är att dra bränsleångorna från tanken och bränslesystemet och förvara dem i en träkolskanister och sedan förbränna dem vid normal körning. Detta system finns normalt bara på bilar med katalysator.
2 Det vanligaste symptomet på ett fel i avdunstningsregleringen är en stark bränsledoft i motorrummet. Om bränsledoft upptäcks ska kolkanistern och systemets slangar inspekteras. Leta efter sprickor. Kolkanistern finns placerad i motorrummets främre hörn på de flesta modeller **(se bild).**
3 Se kapitel 6 för mer information om avdunstningsregleringen.

## 34 Servicelampor – släckning

### *Serviceindikatorlampor*

1 Samtliga modeller i denna handbok är försedda med olika serviceindikatorlampor på instrumentbrädan. Dessa tänds automatiskt vid givna miltal. Dessa lampor kan endast släckas med ett specialverktyg som sticks in i servicekontakten i motorrummet.
2 Även om verktyget för släckande av serviceindikatorlamporna finns att köpa från BMW-försäljare kan det finnas alternativ till rimliga priser i tillbehörsbutiker. Vid anskaffandet av verktyget är det viktigt att känna till bilens år och modell och om service-kontakten har 15 eller 20 stift **(se bilder).** När väl korrekt verktyg finns tillhanda är det enkelt nog att sticka in det i servicekontakten och släcka lamporna enligt verktygstillverkarens instruktioner. **Observera:** *Bromsvarningslampan släcks inte automatiskt om givaren i bromsklossen (eller ledningen till den) skadats av slitage. Detta måste i så fall åtgärdas först.*

34.2a Den tidigare 15-stifts kontakten (vid pilen) är placerad nära motorns framsida. 20-stifts kontakten som används på senare modeller är placerad i det bakre vänstra hörnet i motorrummet

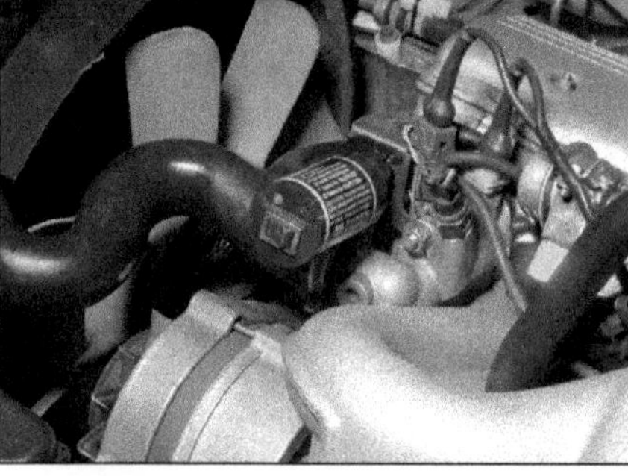

34.2b Ett verktyg, som detta, för släckande av servicelamporna, sticks in i servicekontakten så att servicelamporna kan släckas

3 Servicelamporna styrs av serviceindikatorkortet i instrumentpanelen. Detta får sin kraft från uppladdningsbara batterier. Om batterierna upphör att fungera uppstår problem med serviceindikatorkortet. Symptom på kraftlösa batterier inkluderar att servicelamporna inte kan släckas och att felfunktioner uppträder i varvräknaren, temperaturvisaren och radion. Se kapitel 12 för mer information om serviceindikatorkortet.

# Var 50 000 km

## 35 Byte av kamrem

**Observera:** *Ovanstående intervall rekommenderas starkt som en förebyggande åtgärd. Om kamremmen brister medan motorn är igång kan omfattande motorskador uppstå.*

Se kapitel 2A, avsnitt 10.

# Kapitel 2 Del A: Reparationer med motorn i bilen

## Innehåll



## Svårighetsgrader

| | | | | |
|---|---|---|---|---|
| **Enkelt,** passar novisen med lite erfarenhet  | **Ganska enkelt,** passar nybörjaren med viss erfarenhet  | **Ganska svårt,** passar kompetent hemmamekaniker  | **Svårt,** passar hemmamekaniker med erfarenhet  | **Mycket svårt,** för professionell mekaniker  |

## Specifikationer

### Allmänt

| | |
|---|---|
| Slagvolym | |
| Serie 3, Kaross E30 | |
| 316i (1988 till 1991) | 1596 cc (M40/Fyrcylindrig motor) |
| 316 (1983 till 1988) och 318i (1983 till 1987) | 1766 cc (M10/Fyrcylindrig motor) |
| 318i (1987 1991) | 1796 cc (M40/Fyrcylindrig motor) |
| 320i (1987 till 1991) | 1990 cc (M20/Sexcylindrig motor) |
| 325i (1987 till 1991) | 2494 cc (M20/Sexcylindrig motor) |
| Serie 5, kaross E28 ("gamla karossen") | |
| 518 (1981 till 1985) och 518i (1985 till 1988) | 1766 cc (M10/Fyrcylindrig motor) |
| 525i (1981 till 1988) | 2494 cc (M30/Sexcylindrig motor) |
| 528i (1981 till 1988) | 2788 cc (M30/Sexcylindrig motor) |
| 535i (1985 till 1988) | 3430 cc (M30/Sexcylindrig motor) |
| M535i (1985 till 1988) | 3430 cc (M30/Sexcylindrig motor) |
| Serie 5, kaross E34 ("nya karossen") | |
| 518i (1990 till 1993) | 1796 cc (M40/Fyrcylindrig motor) |
| 520i (1988 till 1991) | 1990 cc (M20/Sexcylindrig motor) |
| 525i (1988 till 1991) | 2494 cc (M20/Sexcylindrig motor) |
| 530i (1988 till 1991) | 2986 cc (M30/Sexcylindrig motor) |
| 535i (1988 till 1993) | 3430 cc (M30/Sexcylindrig motor) |
| Tändföljd | |
| Fyrcylindrig motor | 1-3-4-2 |
| Sexcylindrig motor | 1-5-3-6-2-4 |

### Smörjsystem

| | |
|---|---|
| Oljetryck (samtliga motorer) | |
| Vid tomgång | 0,5 till 2,0 bar |
| Körning (exempelvis vid 4000 rpm) | 4 bar eller mer (typvärde) |
| Oljepumprotorns spel – M40-motor (hus till yttre rotor/yttre rotor till inre rotor) | 0,12 mm till 0,20 mm |
| Fjäderlängd, oljepumpens övertrycksventil – M40-motor | 84,1 mm |

## Åtdragningsmoment

| | Nm |
|---|---|
| Kamkedjans spännplugg | 35 |
| Kamremsspänningens bultar | 22 |
| Bult mellan kamaxeldrev och kamaxel | |
| M10 och M30-motorer | 10 |
| M20 och M40-motorer | 65 |
| Fläns till kamaxel (M30-motor) | 145 |
| Kamdrivningskåpa till motor | |
| M6 bultar | 10 |
| M8 bultar | 22 |
| M10 (bultstorlek) bultar | 47 |
| Vevaxelns remskivebultar | 22 |
| Vevaxelnavets bult eller mutter | |
| M10-motor | 190 |
| M20-motor | 410 |
| M30-motor | 440 |
| M40-motor | 310 |
| Topplocksbultar* | |
| M10 Fyrcylindrig motor | |
| Steg 1 | 60 |
| Steg 2 (vänta 15 minuter) | Vinkeldra ytterligare 33° |
| Steg 3 (motorn vid normal arbetstemperatur) | Vinkeldra ytterligare 25° |
| M20 Sexcylindrig motor med sexkantsbultar | |
| Steg 1 | 40 |
| Steg 2 (vänta 15 minuter) | 60 |
| Steg 3 (motorn vid normal arbetstemperatur) | Vinkeldra ytterligare 25° |
| M20 Sexcylindrig motor med torxbultar | |
| Steg 1 | 30 |
| Steg 2 | Vinkeldra ytterligare 90° |
| Steg 3 | Vinkeldra ytterligare 90° |
| M30 Sexcylindrig motor (till och med 1987 års modell) | |
| Steg 1 | 60 |
| Steg 2 (vänta 15 minuter) | Vinkeldra ytterligare 33° |
| Steg 3 (motorn vid normal arbetstemperatur) | Vinkeldra ytterligare 33° |
| M30 Sexcylindrig motor (från och med 1988 års modell) | |
| Steg 1 | 60 |
| Steg 2 (vänta 20 minuter) | 80 |
| Steg 3 (motorn vid normal arbetstemperatur) | Vinkeldra ytterligare 35° |
| M40 Fyrcylindrig motor | |
| Steg 1 | 30 |
| Steg 2 | Vinkeldra ytterligare 90° |
| Steg 3 | Vinkeldra ytterligare 90° |
| Bultar mellan insugsrör och topplock | |
| M8-bult | 22 |
| M7-bult | 15 |
| M6-bult | 10 |
| Muttrar mellan grenrör och cylinder | |
| M6-mutter | 10 |
| M7-mutter | 15 |
| Svänghjul/drivplatta, bultar | |
| Manuell växellåda | 105 |
| Automatlåda | 120 |
| Mellanaxelns drevbult (M20-motorer) | 60 |
| Sump och block, bultar | 9 till 11 |
| Oljepumpens bultar (utom M40-motorer) | 22 |
| Oljepumpdrevets bultar (M10 och M30-motorer) | 10 |
| Oljepumpens täckplatta till främre motorkåpan (M40-motorer) | 9 |
| Främre kåpan till motorn, bultar (M20 och M40-motorer) | |
| M6-bultar | 10 |
| M8-bultar | 22 |
| Vevaxelns bakre packboxhus till motorblock, bultar | |
| M6-bultar | 9 |
| M8-bultar | 22 |

** BMW rekommenderar att topplocksbultarna alltid byts som en rutinåtgärd.*

## 1 Allmän information

Denna del av kapitel 2 tar upp motorreparationer som utförs med motorn kvar i bilen. All information om motorns demontering och montering samt renoveringar av motorblock och topplock finns i kapitel 2B.

Följande arbetsbeskrivningar är baserade på förutsättningen att motorn sitter kvar i bilen. Om motorn lyfts ut och placerats på en motorbänk är många av de steg som beskrivs i denna del av kapitel 2 inte tillämpbara.

De specifikationer som ingår i denna del av kapitel 2 gäller endast de beskrivningar som ingår i denna del. Kapitel 2B innehåller de nödvändiga specifikationerna för renovering av topplock och motorblock.

De fyr- och sexcylindriga motorer med enkel överliggande kamaxel som tas upp i denna handbok har en mycket likartad konstruktion. Där skillnader förekommer pekas de ut.

Kamdrivningen varierar med motortypen. M10 och M30-motorer har kamkedja medan M20 och M40-motorer har kamrem.

## 2 Reparationer som kan utföras med motorn kvar i bilen

Många större reparationer kan utföras utan att motorn lyfts ut ur bilen.

Rengör motorrummet och motorns utsida med någon form av avfettning innan arbetet påbörjas. Det gör jobbet enklare och håller smuts borta från motorns insida.

Beroende på vad som ska göras kan det ibland underlätta arbetet om motorhuven demonteras så att åtkomligheten blir bättre (se kapitel 11 vid behov). Täck över stänkskärmarna så att lacken inte skadas. Det finns speciella skydd men ett gammalt täcke eller en filt duger.

Om läckor uppstår i vakuum-, avgas-, olje- eller kylsystemen vilket indikerar behov av byte av packningar eller tätningar, kan reparationerna generellt sett utföras utan att motorn lyfts ut. Packningarna till insugs- och grenrör, sump, topplock samt vevaxelns packboxar är åtkomliga med motorn på plats i bilen.

Yttre delar som insugs- och grenrör, sump, oljepump, vattenpump, startmotor, generator, fördelare samt bränslesystemets delar kan demonteras med motorn på plats.

Topplocket kan demonteras utan att motorn lyfts ut, vilket beskrivs i denna del av kapitel 2. Underhåll av kamaxel, vipparmar och ventiler utförs lättast med demonterat topplock. Dessa moment beskrivs i del B av detta kapitel. Lägg dock märke till att kamaxeln på M40-motorn kan demonteras med motorn på plats i och med att den hålls på plats med lageröverfall.

I extrema fall orsakade av brist på nödvändig utrustning kan reparationer och renovering av kolvringar, kolvar, vevstakar och storändslager utföras med motorn kvar i bilen. Det är dock inte att rekommendera i och med den rengöring och de förberedelser som måste vidtas för berörda delar.

## 3 Övre dödpunkt (ÖD) för kolv nr 1

**Observera 1:** *Följande beskrivning är baserad på förutsättningen att fördelaren (i förekommande fall) är korrekt monterad. Om du försöker hitta ÖD i avsikt att montera fördelaren korrekt måste kolvens position bestämmas genom att du känner efter kompression i tändstiftshål nr 1 och sedan riktar upp tändlägesmärkena eller sticker in tändlägesinställningsverktyget i svänghjulet efter tillämplighet.*

**Observera 2:** *Cylinder nr 1 är den som är närmast kylaren.*

**1** Övre dödpunkten (ÖD) är den högsta punkt i cylindern som kolven når under slaget. När vevaxeln roterar når varje kolv ÖD i både kompressionstakten och avgastakten men ÖD betecknar generellt kolvens läge i kompressionstakten.

**2** Placering av kolven på ÖD är en viktig del i många procedurer som demontering av kamdrivning eller fördelare.

**3** Innan detta utförs ska växellådan läggas i neutralläge och bakhjulen låsas med handbromsen eller klossar. Koppla från tändsystemet genom att lossa ledningen från tändspolen till fördelarlockets centrum och jorda den på motorblocket med en skarvkabel. Demontera tändstiften (se kapitel 1).

**4** För att en kolv ska kunna föras till ÖD måste vevaxeln vrids på ett av nedanstående sätt. Om du tittar på motorns framsida är vevaxelns normala rotationsriktning medsols.

(a) *Den metod de flesta föredrar är att vrida på vevaxeln med hylsa och spärrskaft monterat på den bult som är inskruvad i vevaxelns främre ände.*

(b) *En fjärrkontakt till startmotorn, som kan spara tid, kan även användas. Följ de anvisningar som följer med kontakten. När kolven finns nära ÖD, använd hylsa och spärrskaft enligt beskrivningen i föregående paragraf.*

(c) *Om en medhjälpare finns tillgänglig för att vrida tändningsnyckeln till startläget med korta intervaller kan du föra kolven nära ÖD utan fjärrkontakt. Se till att medhjälparen kliver ur bilen, långt från tändningslåset och använd sedan hylsa och spärrskaft enligt (a) för slutjusteringen av kolvens läge.*

**3.8 Rikta upp urtaget i remskivan med urtaget på plattan, kontrollera sedan att fördelarens rotor pekar på cylinder 1 (om inte är kamaxeln 180° fel – vevaxeln måste roteras 360°)**

**5** Notera läget på fördelarlocket för kontakten till tändkabeln till cylinder 1. Om den inte är märkt, följ tändkabeln från stiftet i cylinder 1 till locket. (Cylinder 1 är närmast kylaren).

**6** Markera platsen för tändkabel 1 på fördelarlocket med en filtpenna eller krita.

**7** Ta av fördelarlocket och lägg det åt sidan (se kapitel 1 vid behov).

**8** Vrid vevaxeln (se paragraf 4 ovan) till dess att tändlägesmärkena (på motorns framsida) är i linje med varandra **(se bild).** M40-motorn har inga tändlägesmärken på framsidan, den har istället ett tändlägeshål i svänghjulet som måste riktas upp mot ett hål i blockets bakre fläns. På denna motor, vrid vevaxeln till dess att fördelarensrotor närmar sid ÖD för cylinder 1, vrid sedan på vevaxeln till dess att en passande spiralborr kan stickas in i hålet i svänghjulet genom hålet i blocket.

**9** Titta på rotorn – den ska peka direkt på det märke du gjorde på fördelaren eller locket.

**10** Om rotorn pekar 180° fel är kolv 1 på ÖD i avgastakten.

**11** För kolven till ÖD i kompressionstakten genom att vrida vevaxeln ett helt varv (360°) medsols. Rotorn ska nu peka på märket på fördelaren eller locket. När rotorn pekar på tändkabel 1 i fördelarlocket och tändlägesmärkena är uppriktade finns kolv 1 på ÖD i kompressionstakten. **Observera:** *Om det är omöjligt att rikta upp tändlägesmärkena när rotorn pekar på märket kan kamdrivningen ha kuggat över på dreven eller så är de inte korrekt monterade.*

**12** När kolv 1 finns på ÖD i kompressionstakten kan ÖD för resterande kolvar hittas genom att vevaxeln vrids och tändföljden efterlevs. Märk resterande tändkablars placering på fördelarlocket med respektive cylinders nummer. När vevaxeln vrids så vrids även rotorn. När den pekar direkt på ett märke på fördelaren är kolven i den cylindern på ÖD i kompressionstakten.

## 4 Ventilkåpa - demontering och montering

**_Varning: Om radion i din bil är stöldskyddad, se till att ha aktiveringskoden tillgänglig innan batteriet kopplas ur._**

**Observera:** *Om fel språk visas på instrumentpanelen när strömmen kopplas in igen, se sidan 0•7 där proceduren för språkinställning beskrivs.*

### Demontering

**1** Lossa batteriets jordledning.

**2** Lossa ventilationsslangen från ventilkåpan.

**3** På M20-motorer, demontera insugsrörets stödfäste och i förekommande fall fästet för motorns givare eller tomgångsluftens stabilisering (det blir troligen nödvändigt att dra ut kontakterna till dessa).

**4** På M30-motorer, dra ur kontakten till luftflödesgivaren, lossa kabelhärvan och för den åt sidan.

**5** Vid behov, på M30-motorer, demontera slangarna och fästena från intagsluftens slang. Lossa sedan klämman och dra ut slangen från trottelhuset. Skruva ur luftrenarhusets fästmuttrar och lyft undan det tillsammans med luftslangen och luftflödesgivaren.

**6** Demontera ventilkåpans muttrar och brickor **(se bilder)**. Vid behov, lossa tändkabelns clips eller hölje från klacken (-arna) och för det åt sidan. Det är i regel inte nödvändigt att lossa tändkablarna från tändstiften.

**7** Demontera ventilkåpa och packning. Kassera den gamla packningen. På M40-motorn, demontera även kamaxelkåpan **(se bilder)**. I förekommande fall, demontera den halvcirkelformiga gummitätningen från urtaget på topplockets framsida.

**4.6a Placeringen av ventilkåpans bultar (vid pilarna) på M10 fyrcylindriga motorer**

**4.6b Placering av ventilkåpans bultar (vid pilarna) på M10 fyrcylindriga motorer**

### Montering

**8** Använd en skrapa och ta bort alla gamla packningsrester från fogytorna på ventilkåpan och topplocket.

**_Varning: Var mycket försiktig så att inte de ömtåliga aluminiumytorna repas eller märks. Packningsborttagande lösningsmedel finns att få från tillbehörsförsäljare och kan visa sig vara till nytta. När allt packningsmaterial tagits bort kan fogytorna avfettas genom avtorkning med trasa fuktad i lämpligt lösningsmedel._**

**9** I förekommande fall, placera en ny halvcirkelformad tätning i urtaget i topplockets framkant och applicera packningsmassa av RTV-typ (silikonmassa) i fogen mellan tätningen och fogytan för ventilkåpspackningen. **Observera:** *När packningsmassan lagts på ska ventilkåpan monteras och muttrarna dras åt inom 10 minuter.*

**10** Montera kamaxelkåpan (M40-motor), ventilkåpan och den nya packningen. Montera brickorna och muttrarna, dra åt muttrarna jämnt och ordentligt. Dra inte åt dem för hårt, de ska vara åtdragna nog att hindra oljeläckage från packningen men inte så hårt att de gör ventilkåpan skev.

**11** Resterande montering sker med omvänd arbetsordning.

## 5 Insugsrör - demontering och montering

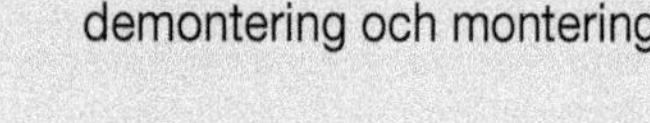

### Demontering

**1** Låt motorn kallna helt och släpp ut trycket ur bränslesystemet på motorer med bränsleinsprutning (se kapitel 4).

**2** Lossa batteriets jordledning.

**_Varning: Om radion i din bil är stöldskyddad, se till att ha aktiveringskoden tillgänglig innan batteriet kopplas ur._**

**Observera:** *Om fel språk visas på instrumentpanelen när strömmen kopplas in, se sid. 0•7 där proceduren för språkinställning beskrivs.*

**3** Tappa ur kylvätska (se kapitel 1) till under nivån för insugsröret. Om kylvätskan är i bra skick kan den sparas och återanvändas.

**4** På motorer med bränsleinsprutning, lossa slangklämman och lossa den stora luftintagsslangen från trottelhuset. Det kan eventuellt bli nödvändigt att demontera hela montaget med luftfiltret och luftintagsslangarna för att skapa arbetsutrymme (se kapitel 4).

**5** På förgasarmotorer, demontera hela luftrenaren (se kapitel 4).

**6** Lossa kylslangarna från trottelhuset/insugsröret efter tillämplighet.

**4.7a Demontering av ventilkåpan (M40-motorn)**

**4.7b Demontering av kamaxelkåpan (M40-motorn)**

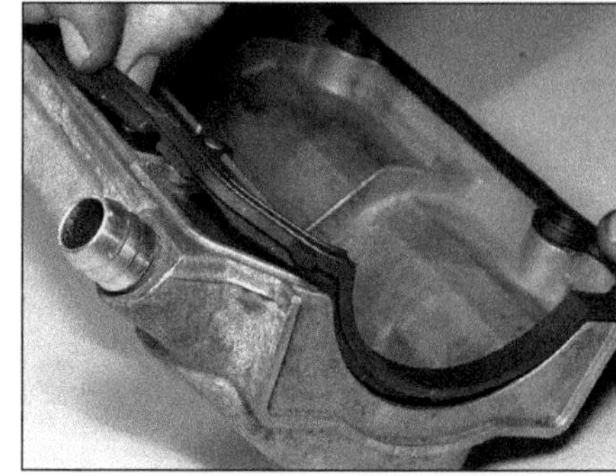

**4.7c Demontering av kamaxelkåpan (M40-motorn)**

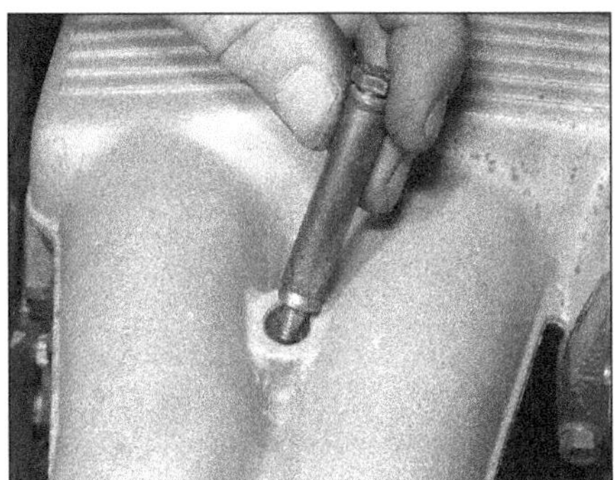

5.9a På M40-motorn, skruva ur muttrarna och de speciella bultarna . . .

5.9b . . . och demontera övre delen av insugsröret . . .

5.9c . . . samt packningarna

7 Koppla ur gasvajern och i förekommande fall, farthållarens vajer (se kapitel 4).

8 Demontera i förekommande fall ventilen och ledningen för återcirkulation av avgaser (se kapitel 6).

9 Vid detta skede, med M40-motorn, ska den övre delen av insugsröret demonteras genom att bultarna och muttrarna skruvas ur. Ta bort packningarna **(se bilder).**

10 På motorer med bränsleinsprutning, lossa vakuumslangen från bränsletrycksregulatorn, och dra ut de elektriska kontakterna från injektorerna (se kapitel 4).

11 Lossa bränsleledningarna från bränsleröret eller förgasaren, efter vad som finns monterat (se kapitel 4).

12 På M40-motorn, skruva ur och lyft undan stödfästet från insugsrörets undersida **(se bild).**

13 Lossa resterande slangar och ledningar mellan insugsröret/trotteln och motorn eller karossen.

14 Skruva ur de bultar och/eller muttrar som fäster insugsröret vid topplocket **(se bilder).** Börja i ändarna och arbeta mot centrum, lossa varje bara lite i taget till dess att de kan skruvas ur för hand. Stötta insugsröret under tiden så att det inte ramlar.

**Observera:** *Du kan demontera insugsröret utan att demontera trottelhus, injektorer, vakuum/termoventiler, bränsletrycksregulator eller förgasare. Om du monterar ett nytt insugsrör, flytta över delarna och ledningar (se kapitel 4) till det nya röret innan det monteras på topplocket.*

15 Bänd insugsröret upp och ned en smula så att packningen lossnar, lyft undan röret och ta bort packningen **(se bilder).**

## Montering

16 Använd en skrapa och ta bort alla gamla packningsrester från fogytorna på ventilkåpan och topplocket. Var mycket försiktig så att inte de ömtåliga aluminiumytorna repas eller märks. Packningsborttagande lösningsmedel finns att få från tillbehörsförsäljare och kan visa sig vara till nytta. Se till att ytorna är perfekt rengjorda och fria från smuts och olja.

17 Kontrollera om det finns korrosion i insugsröret (vid kylvätskekanalerna), sprickor, skevhet eller andra skador. Sprickor och skevhet visar sig normalt nära packningsytan runt hålen för pinnbultarna. Om defekter påträffas ska insugsröret repareras eller bytas.

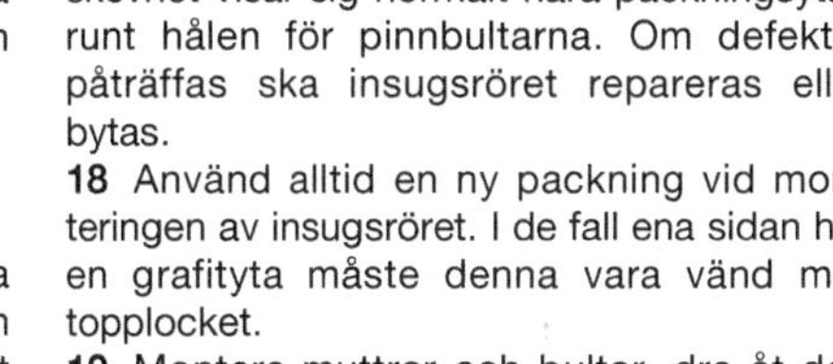

18 Använd alltid en ny packning vid monteringen av insugsröret. I de fall ena sidan har en grafityta måste denna vara vänd mot topplocket.

19 Montera muttrar och bultar, dra åt den gradvis arbetande från centrum ut mot ändarna till angivet moment.

20 Resterande montering sker med omvänd arbetsordning. På M40-motorn, byt packningarna mellan övre och nedre delen av insugsröret.

5.12 Demontering av stödet från undersidan av insugsröret (M40-motorn)

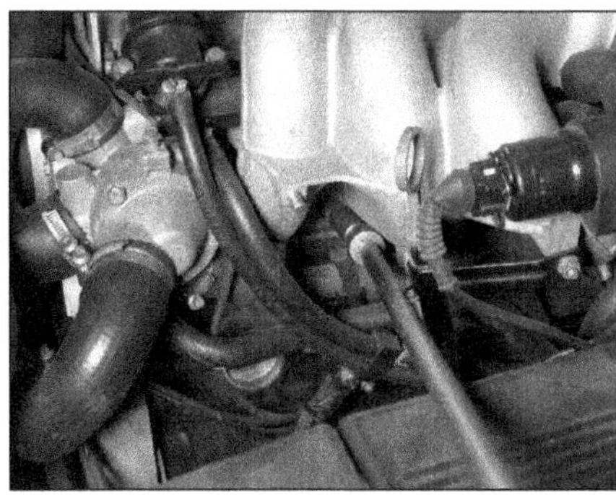

5.14a Skruva ur insugsrörets muttrar med hylsa, spärrskaft och lång förlängare (M20-motorn)

5.14b Demontering av nedre insugsrörets muttrar (M40-motor)

5.15a Demontering av nedre insugsröret

5.15b Demontering av nedre insugsrörets packning (M40-motorn)

## 6 Grenrör - demontering och montering

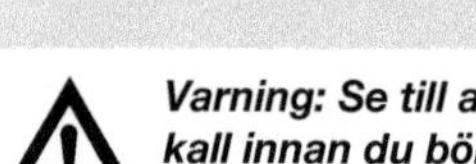

***Varning: Se till att motorn är helt kall innan du börjar arbeta med avgassystemet.***

***Varning: Om radion i din bil är stöldskyddad, se till att ha aktiveringskoden tillgänglig innan batteriet kopplas ur.***

**Observera:** *Om fel språk visas på instrumentpanelen när strömmen kopplas in igen, se sidan 0•7 där proceduren för språkinställning beskrivs.*

**1** Lossa batteriets jordledning.

**2** På modeller där luftfiltret sitter på samma sida som insugsröret ska luftfiltret och/eller luftflödesgivaren demonteras för att ge arbetsutrymme (se kapitel 4, vid behov).

HAYNES TiPS ***Ta ut vindrutespolarvätskans behållare från höger sida av motorrummet så att mer arbetsutrymme skapas.***

**3** Dra ur tändkablarna och lägg tändkabelhärvan åt sidan (se kapitel 1).

**4** Märk upp och lossa eller demontera samtliga ledningar, slangar, fästen och liknande som är i vägen. Se till att koppla ur syresensorn om den är monterad.

**5** Ställ upp bilen på pallbockar. Arbeta på undersidan och lossa det nedåtgående avgasröret från grenröret. Underlätta demonteringen genom att använda inträngande olja på bultförbanden **(se bilder)**.

**6** Sänk ned bilen. Arbeta från grenrörets ändar mot centrum och lossa muttrarna gradvis till dess att de kan skruvas ur. Även här kan inträngande olja vara till god nytta.

**7** Dra av grenröret från toppen och ta bort packningarna **(se bilder)**. **Observera:** *Var mycket försiktig så att inte syresensorn skadas, om den finns monterad.*

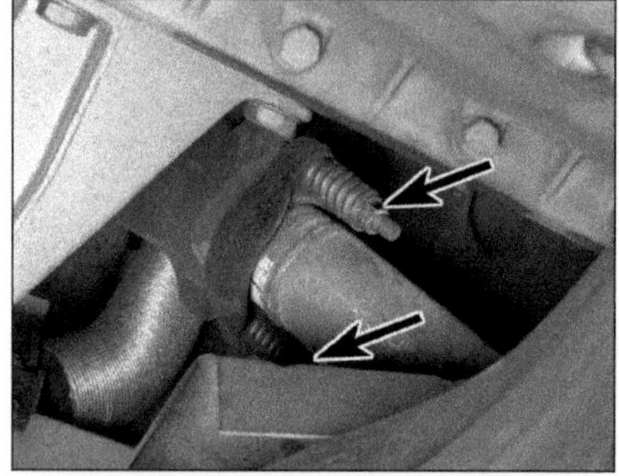

**6.5a Skruva ur grenrörets muttrar (vid pilarna) från avgasröret (M20-motorn) - om muttrarna dränks med inträngande rostupplösningsolja blir de troligen enklare att skruva ur**

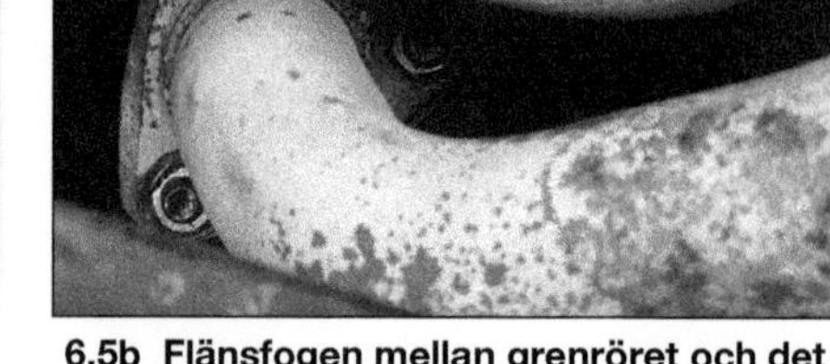

**6.5b Flänsfogen mellan grenröret och det nedåtgående avgasröret (M40-motorn)**

**8** Rengör fogytorna mellan toppen och grenröret och kontrollera att gängorna på pinnbultarna till grenröret är i gott skick.

**9** Leta efter tecken på korrosion, skevhet, sprickor eller andra skador. Reparera eller byt grenröret efter behov.

**10** Använd nya packningar vid montering av renröret. Dra åt muttrarna gradvis till angivet moment, arbetande från centrum ut mot ändarna. Dra även åt de muttrar som fäster det nedåtgående röret vid grenröret.

**11** Resterande montering sker med omvänd arbetsordning.

## 7 Kamkedjekåpor - demontering och montering

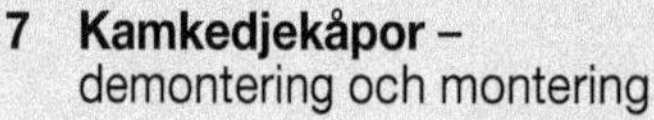

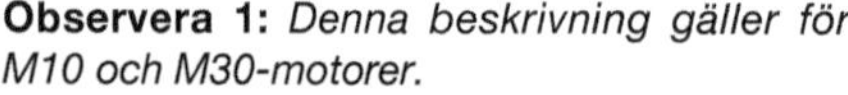

**Observera 1:** *Denna beskrivning gäller för M10 och M30-motorer.*

**Observera 2:** *Övre kamkedjekåpan kan demonteras separat. Om du behöver demontera både övre och nedre krävs specialverktyg. Läs paragraferna 8 och 9 innan du börjar.*

### Demontering

**1** Lossa batteriets jordledning.

***Varning: Om radion i din bil är stöldskyddad, se till att ha aktiveringskoden tillgänglig innan batteriet kopplas ur.***

**Observera:** *Om fel språk visas på instrumentpanelen när strömmen kopplas in igen, se sidan 0•7 där proceduren för språkinställning beskrivs.*

**2** Om du demonterar den nedre kamkedjekåpan (den övre kan demonteras separat), demontera kylfläkten och kylfläktskåpan, kylaren och fläktremmens remskiva (se kapitel 3).

**3** Endast på M10-motorn, demontera vattenpumpen (se kapitel 3).

**4** På motorer där fördelaren är monterad direkt på kamkedjekåpan, demontera locket, rotorn och det svarta plastskyddet under rotorn (se kapitel 1).

**5** På M30-motorer med L-Jetronic bränslesystem, ta bort fördelaren från övre kamdrivningskåpan (se kapitel 5).

**6** Demontera ventilkåpan (se avsnitt 4).

**7** Om du demonterar den nedre kamkedjekåpan på en M30-motor, demontera vevaxelns remskiva från vibrationsdämparen/navet. Håll fast remskivan med en hylsa på centrumbulten och skruva ur remskivebultarna med en annan hylsa **(se bild)**.

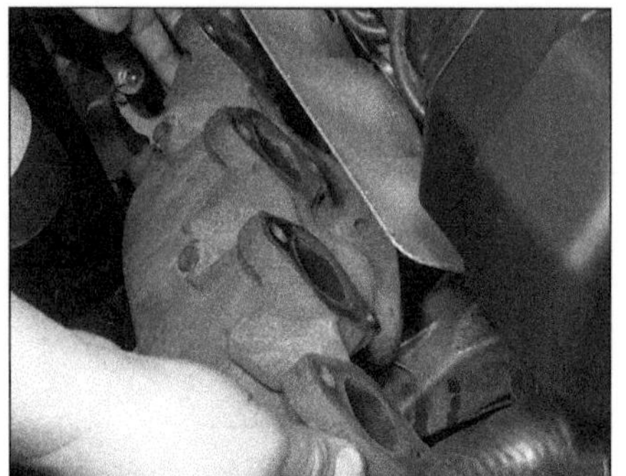

**6.7a Demontering av grenröret (M40-motorn)**

**6.7b Demontering av grenrörspackningen (M40-motorn)**

**6.7c Demontering av packningen mellan grenröret och det nedåtgående avgasröret (M40-motorn)**

**7.7 Placera en hylsa och ett spärrskaft på centrumbulten så att remskivan hålls stilla och lossa de mindre bultarna som fäster remskivan vid vibrationsdämparen med ett annat spärrskaft och hylsa**

**7.10 Skruva ur pluggen från kamkedjekåpan och ta ut spännarfjäder och tryckkolv**

**7.14 Arbeta från bilens undersida, skruva ur de tre bultar (vid pilarna) som förbinder kåpan och sumpen**

**8** Om du demonterar den nedre kamkedjekåpan, demontera vibrationsdämparen/navet genom att låsa vevaxeln i läge och lossa den stora centrumbulten. I och med att denna är mycket hårt åtdragen krävs förlängningsskaft och hylsa för att lossa den. På M30-motorer, rekommenderar BMW en 3/4-tums fattning på hylsan och förlängaren i och med att bulten är extremt hårt åtdragen på dessa motorer. Lås vevaxeln i läge medan bulten lossas med hjälp av BMW:s specialverktyg Nr. 11 2 100 (eller likvärdigt).

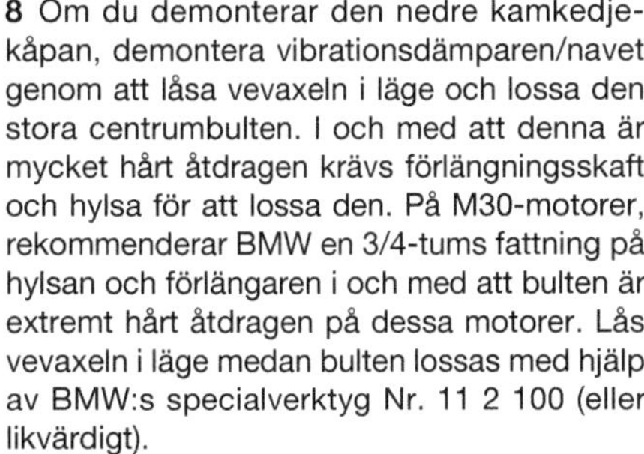

**9** På en M10-motor, om ovan sagda specialverktyg inte finns tillgängligt kan du försöka låsa vevaxeln genom att demontera inspektionsluckan till svänghjulet/drivplattan och låsa en bredbladig skruvmejsel på kuggkransen. På M30-motorn, i och med att bulten är så hårt dragen kan vi inte rekommendera alternativa metoder, använd korrekt verktyg. På M10-motorn, efter det att centrumbulten lossats blir det troligen nödvändigt att använda en avdragare av käfttyp för att dra av vibrationsdämparen från vevaxeln. Placera käftarna bakom den inre remskivefåran och dra försiktigt åt avdragarens centrumbult, kontrollera fortlöpande att remskivan inte böjs eller på annat sätt skadas av avdragaren.

***Om remskivan verkar sitta fast på vevaxeln kan det vara värt att spruta inträngande olja på navområdet och sedan knacka lätt med en hammare.***

**10** Skruva ur pluggen och demontera kamkedjespännarfjädern **(se bild).** Spännarens tryckkolv kan eventuellt komma ut tillsammans med fjädern. Om inte, känn efter i fjäderhålet och fiska ut tryckkolven. Kontrollera funktionen på denna enligt beskrivning i avsnitt 8.

***Varning: Fjädern är under tryck och detta kan orsaka att pluggen skjuts ut ur hålet med avsevärd kraft. Håll ordentligt i pluggen medan den skruvas ut och släpp långsamt upp fjädertrycket.***

**11** På M30-motorn, om du demonterar den övre kamdrivningskåpan ska termostaten demonteras (se kapitel 3).

**12** På M30-motorn, om du demonterar den nedre kamdrivningskåpan, lossa generatorns fästbultar och vrid generatorn åt sidan. Skruva ur den nedre främre bulten i fästet och lossa de resterande bultarna. Skruva även ur bultarna till servopumpens fäste och för det åt sidan.

**13** Skruva ur de bultar och muttrar som fäster övre kamkedjekåpan vid blocket och lyft undan kåpan. Gör en skiss över bultarnas placering så att de kan skruvas in i sina ursprungliga hål. Om kåpan sitter fast i blocket, knacka försiktigt på den med en gummiklubba eller placera en träkloss på kåpan och knacka på klossen med en hammare. På M30-motorer med L-Jetronic bränslesystem, demontera fördelarens drivaxel.

**14** Skruva ur de bultar och muttrar som fäster nedre kamkedjekåpan vid blocket. Se till att skruva ur de tre bultarna på undersidan som fäster sumpens framkant vid kåpan **(se bild).** Lossa resterande sumpbultar.

**15** För en vass tunn kniv mellan sumppackningen och nedre kamkedjekåpan och skär loss den från packningen. Om du är försiktig och inte skadar eller smutsar ned packningen kan den användas igen.

**16** Lossa nedre kamkedjekåpan från blocket genom att knacka loss packningens grepp med en gummiklubba eller en hammare via en träkloss. Bänd inte mellan kåpan och blocket eftersom detta skadar fogytorna.

**17** Använd en skrapa och ta bort alla gamla packningsrester från fogytorna på kåpan och blocket.

***Varning: Var mycket försiktig så att inte de ömtåliga aluminiumytorna repas eller märks. Packningsborttagande lösningsmedel finns att köpa från tillbehörsförsäljare och kan visa sig vara till nytta. När allt packningsmaterial tagits bort kan fogytorna avfettas genom avtorkning med trasa fuktad i lämpligt lösningsmedel.***

## Montering

**18** Byt de främre packboxarna (se avsnitt 11). Det är inte klokt att chansa med gamla packboxar när de är så enkla att byta när kåporna är demonterade. Olja in läpparna vid monteringen.

**19** Lägg på en hinna packningsmassa av RTV-typ (silikonmassa) på sumppackningens fogyta mot nedre kamkedjekåpan. Lägg på extra strängar på kanterna där packningen möter blocket. **Observera:** *Om sumppackningen är skadad kan du istället för att montera en helt ny packning försöka med att trimma av framdelen vid den punkt där den möter motorblocket och sedan klippa av framdelen av en ny packning i identisk storlek. Täck den öppna delen av sumpen med en trasa och ta bort alla spår av det gamla packningsmaterialet på den del där packningen avlägsnades. Fäst den nya packningsdelen vid sumpen med packningsklister av cementtyp och lägg på packningsmassa av RTV-typ enligt ovanstående beskrivning.*

**20** Täck bägge sidor av den nya packningen med packningsmassa av RTV-typ och montera den nedre kamkedjekåpan på motorns framsida. Skruva i bultarna och dra dem korsvis till angivet moment. **Observera 1:** *Dra de nedre bultarna mellan kåpan och blocket först och dra sedan åt sumpbultarna. Om packningen sticker ut över fogen mellan kåpan och blocket eller klumpar sig på fogen mellan kåpan och sumpen ska packningen trimmas ned till passform.* **Observera 2:** *Efter applicering av packningsmassa av RTV-typ måste hopsättningen ske inom 10 minuter så att massan inte härdar i förtid.*

**21** Montera övre kamkedjekåpan på samma sätt. Om packningen sticker ut över kåpans topp och motorblocket ska överskottet trimmas ned med ett rakblad.

**22** Övrig montering sker i omvänd arbetsordning.

## 8 Kamkedja och drev – demontering, inspektion och montering

**Observera:** *Denna beskrivning gäller för M10 och M30-motorer.*

***Varning: När motorn väl ställts in till ÖD ska varken kamaxel eller vevaxel vridas innan kamkedjan monterats igen. Om endera kam- eller vevaxeln vrids utan monterad kamkedja kan ventilerna kollidera med kolvarna vilket orsakar dyra interna motorskador.***

### Demontering

1 För kolv 1 till övre dödpunkten (ÖD) i kompressionstakten (se avsnitt 3).

2 Demontera ventilkåpan (se avsnitt 4). Dubbelkontrollera att kolv 1 är vid ÖD i kompressionstakten genom att se till att vipparmarna till cylinder 1 är lösa (inte trycker mot ventilfjädrarna).

3 Demontera övre kamkedjekåpan (se avsnitt 7). Notera placeringen på kamaxelns tändlägesmärken som nu ska vara i linje med varandra. På fyrcylindriga motorer (M10) finns det vanligen en instansad linje på kamaxelns fläns som ska vara i linje med ett gjutmärke på topplockets översida. Dessutom ska kamaxeldrevets styrstiftshål vara på sin lägsta punkt. På sexcylindriga motorer (M30) ska en linje dragen mellan två av kamdrevens bultar mitt emot varandra vara horisontell. Dessutom ska styrstiftet finnas i det nedre vänstra hörnet (mellan klockan 7 och klockan 8). Förvissa dig om att du identifierat korrekt kamaxelposition för ÖD innan isärtagningen i och med att korrekt ventilinställning är beroende av att du riktar upp dem exakt vid ihopsättningen. **Observera:** *I och med att motorn är monterad i motorrummet i en vinkel mot vertikalplanet är samtliga hänvisningar till horisontellt och vertikalt vid inställningen i relation till vevaxeln, INTE marken.*

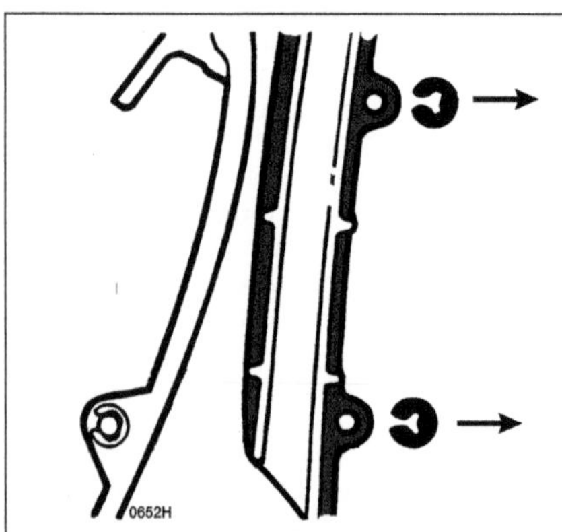


**8.9 Demontera spännaren eller styrskenan genom att ta ut låsringarna med ett spetsigt verktyg eller spetstång – låsringarna tenderar att sprätta iväg när de lossas, så se till att fånga dem. Om inte kan de vara svåra att återfinna (eller ännu värre, hamna inne i motorn)**

4 Håll fast vevaxeln med hylsa och spärrskaft på vibrationsdämparens centrumbult och lossa (men skruva inte ut helt) de fyra bultar som fäster kamdrevet vid kamaxeln. Var mycket noga med att inte vrida på kam- eller vevaxeln. **Observera:** *Vissa tidigare modeller har låsflikar på kamdrevsbultarna. Böj ned dessa innan bultarna lossas. Låsflikarna finns inte längre tillgängliga från tillverkaren och krävs inte vid hopsättningen.*

5 Demontera den nedre kamkedjekåpan (se avsnitt 7).

6 Skruva ur de fyra kamdrevsbultarna, lossa kedjan från kamaxeldrevet och demontera försiktigt kedjan och drevet från motorn. Det kan bli nödvändigt att försiktigt peta loss drevet från kamaxeln med en skruvmejsel.

### Inspektion

#### Kamdrivningsdrev

7 Undersök om tänderna på kam- och vevaxeldrev visar tecken på slitage. Varje tand är ett omvänt V. Om drevet är slitet är den sida av tanden som är vänd mot belastningen något urgröpt i jämförelse med den motsatta sidan av tanden (tanden ser krokig ut). Om tänderna är slitna måste dreven bytas. **Observera:** *Vevaxeldrevet är presspassat på vevaxeln och kan demonteras med en avdragare sedan krysskilen och oljepumpen demonterats (se avsnitt 14). BMW rekommenderar att det nya drevet värms till 80°C innan det pressas på vevaxeln på M10-motorn, eller till 200° C på M30-motorn. Av detta skäl rekommenderar vi att vevaxeln demonteras (se del B av detta kapitel) om vevaxelns kamdrev ska bytas, så att den kan tas till en verkstad med resurser att pressa av det gamla drevet och pressa på det nya.*

#### Kamkedja

8 Kamkedjan ska bytas om dreven är slitna eller om kedjan är slack (vilket indikeras av överdrivet ljudlig funktion). Det är hur som helst en bra idé att byta kamkedjan om motorn ändå tas isär. Rullarna på mycket slitna kedjor kan ha små spår. Undvik framtida problem genom att byta kamkedja om det finns den minsta tveksamhet om skicket på den.

#### Kedjans styrning och spänning

9 Kontrollera att inte kedjestyrningsskenan och spännskenan har djupa spår av kedjekontakt. Byt dem om slitaget är stort. Skenorna demonteras genom att låsringarna öppnas med en låsringstång **(se bild)**.

10 Skaka på spännarens tryckkolv och lyssna om kontrollkulan skallrar. Om du inte kan höra kulan skallra, byt tryckkolv.

11 Ytterligare kontroll av tryckkolven utförs genom att den blåses igenom, först från den slutna änden, sedan från styränden (med urtaget). Ingen luft ska strömma genom när du blåser från den slutna änden men luftflödet ska vara obehindrat när du blåser genom styränden. Om endera testen inte ger förväntat resultat ska tryckkolven bytas.

### Montering

12 Montera spänn- och styrskenorna ifall de demonterats.

13 Montera tillfälligt nedre kamkedjekåpan och vibrationsdämparen och kontrollera vevaxelns tändlägesmärken. När du bekräftat ÖD-märkenas uppriktning, demontera kåpan och dämparen.

14 Dra kamkedjan över vevaxeldrevet och sedan över kamaxeldrevet och styr sedan kedjan mellan styr- och spännarskenorna, montera sedan kamdrevet på kamaxeln. Kontrollera att tändlägesmärkena är uppriktade.

15 Resterande montering sker med omvänd arbetsordning. Se till att dra samtliga förband till angivna moment (se detta kapitels specifikationer).

## 9 Kamremskåpor – demontering och montering

**Observera:** *Denna beskrivning gäller för M20 och M40-motorer.*

***Varning: Om radion i din bil är stöldskyddad, se till att ha aktiveringskoden tillgänglig innan batteriet kopplas ur.***

**Observera:** *Om fel språk visas på instrumentpanelen när strömmen kopplas in igen, se sidan 0•7 där proceduren för språkinställning beskrivs.*

1 Lossa batteriets jordledning.

2 Demontera fläktkopplingen och fläktkåpan (se kapitel 3).

3 På M20-motorn, demontera kylaren (se kapitel 3).

4 Demontera fläktremmens remskiva.

5 I förekommande fall, koppla ur referensgivarens kabelhärva som är dragen framför kamremskåpan och för den åt sidan.

6 Om fördelarlocket är monterat direkt på

**9.6a Skruva loss fördelarlocket (M40-motorn) . . .**

9.6b . . . skruva sedan ur rotorn . . .

9.6c . . . och ta ut det svarta plastskyddet

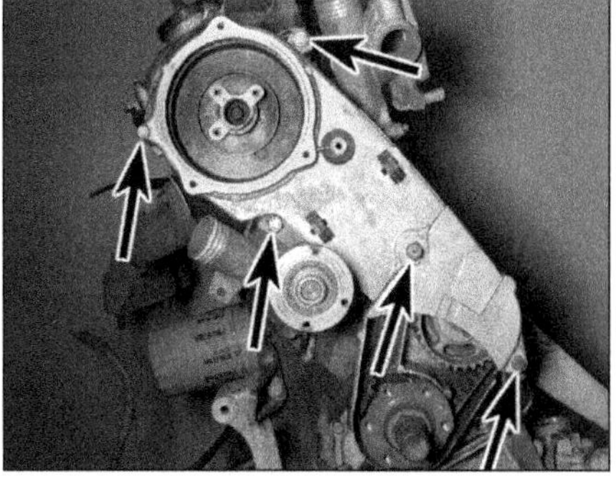

9.8 Skruva ur alla muttrar/bultar (vid pilarna) som fäster övre och nedre kåporna (M20-motorn, urtagen för tydlighetens skull)

9.9a Demontera övre kamremskåpan först, sedan den nedre (M20-motorn)

*1 Övre kamremskåpan*
*2 Nedre kamremskåpan*

9.9b Demontera övre kamremskåpan (M40-motorn)

9.9c Demontera nedre kamremskåpan (M40-motorn)

övre kamremskåpan, demontera lock, rotor och det svarta plastskyddet under rotorn **(se bilder)**.

**7** Demontera fläktremmens nedre remskiva och vibrationsdämparen. Lås vevaxelns centrumbult medan du skruvar ur bultarna till den yttre remskivan/vibrationsdämparen **(se bild 7.7)**.

**8** Skruva ur de bultar/muttrar som fäster kamremskåporna vid motorn **(se bild)**.

**9** Demontera den övre kåpan före den undre **(se bilder)**. **Observera**: *Den övre kåpan har två uppriktningshylsor i de övre bultpositionerna. Se till att dessa finns på plats vid monteringen.*

**10** Montering sker med omvänd arbetsordning. Dra åt kåpans bultar ordentligt.

## 10 Kamrem och drev - demontering, inspektion och montering

**Observera 1:** *Denna beskrivning gäller för M20 och M40-motorer.*

**Observera 2:** *Innan demontering av kamdrevet på M40-motorn måste ett verktyg skaffas för att låsa fast kamaxeln vid monteringen (se paragraf 10).*

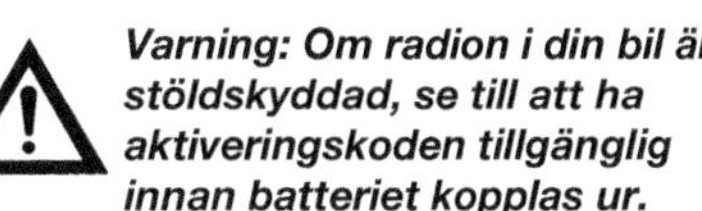

***Varning: Om radion i din bil är stöldskyddad, se till att ha aktiveringskoden tillgänglig innan batteriet kopplas ur.***

**Observera:** *Om fel språk visas på instrumentpanelen när strömmen kopplas in igen, se sidan 0•7 där proceduren för språkinställning beskrivs.*

### Demontering

**1** Lossa batteriets jordledning.

**2** Demontera kamremskåporna (se avsnitt 9).

**3** På M40-motorn, dränera kylsystemet (se kapitel 1), lossa slangen, skruva ur termostathuset och demontera termostaten (se kapitel 3).

**4** Placera kolv 1 på ÖD (se avsnitt 3).

***Varning: När motorn väl ställts in till ÖD ska varken kamaxel eller vevaxel vridas innan kamkedjan monterats igen. Om endera kam- eller vevaxeln vrids utan monterad kamkedja kan ventilerna kollidera med kolvarna vilket orsakar dyra interna motorskador.***

**5** På M20-motorn ska vevaxelns märkning vara i linje med märket på den inre kåpan **(se bild)**. Märket på kamaxeldrevet ska vara i linje med den stansade linjen på topplocket **(se bild)**. På M40-motorn, gör ett uppriktnings-

10.5a Rikta upp spåret i navet på vevaxelns ände mot urtaget i främre inre kåpan (vid pilen) och lägesmarkera dem inför hopsättningen

10.5b Rikta upp märket på kamdrevet med märket på topplocket (vid pilarna)

10.6 Lossa bultarna på mellanaxelns remskiva (vid pilarna)

10.9b Demontering av kamremmen från kamdrevet (M40-motorn)

10.10 Demontering av kamremmen från kamdrevet (M40-motorn)

10.9a När kamremmen demonteras på modeller med tvådelat vevaxelnav är det trångt att dra ur remmen runt navet, men mycket enklare än att demontera vevaxelnavet som sitter med en mycket hårt åtdragen bult

märke på kamdrevet och bakre kamremskåpan så att korrekt montering garanteras.

**6** På M20-motorn, lossa de två spännrullarnas fästbultar lite och tryck spännaren mot vattenpumpen **(se bild)**. När kamremsspänningen släppt, dra åt fästbulten.

**7** På M40-motorn, lossa spännaren fästmutter, använd en insexnyckel och vrid spännaren medsols. Detta lossar kamremmens spänning. Dra åt fästmuttern så att spännaren hålls i det fria läget.

**8** Märk kamremmens rotationsriktning med en pil om den ska återanvändas.

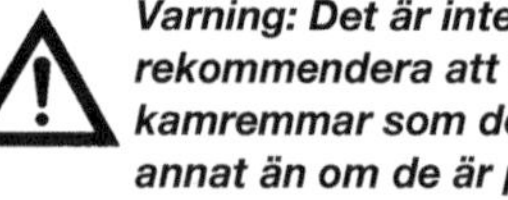

***Varning: Det är inte att rekommendera att återanvända kamremmar som demonterats, annat än om de är praktiskt taget nya. På M40-motorn, rekommenderar BMW att kamremmen byts varje gång spännrullen släpps upp.***

**9** Demontera kamremmen genom att dra av den av rullarna och dreven **(se bilder)**.

**10** Om det är nödvändigt att demontera kamaxelns eller mellanaxelns drev, skruva ur drevets bult medan drevet är låst på plats. Lås drevet genom att linda en bit gammal kamrem (med tänderna i ingrepp i drevet) eller en läderbit och håll drevet med en bandnyckel. Om en bandnyckel inte finns tillgänglig, kläm ihop båda ändarna av remmen eller lädret med en tång. Innan bulten lossas, se till att du har det nödvändiga verktyget för lägesbestämning av kamaxeln, enligt beskrivning i följande paragraf **(se bild)**.

***Varning: Använd inte den kamrem du planerar att montera i motorn till att hålla fast drevet. Se även till att kamdrevet är helt låst. Om det rör sig mer än ett par grader kommer ventilerna att kollidera med kolvarna.***

**Observera:** *På M40-motorn är drevet inte direkt låst på kamaxeln med en kil i och med att spåret i kamaxelns ände medger att drevet kan vridas flera grader åt vardera hållet. En bult låser drevet på en kona efter det att kamaxeln monterats på plats med ett specialverktyg.*

**11** BMW:s verktyg för montering av kamaxeln på M40-motorn består av en metallplatta som placeras över den fyrkantiga klacken på kamaxeln nära kamloberna på cylinder 1 – ventilkåpan måste demonteras först **(se bilder)**. Om BMW:s verktyg inte går att skaffa, ska ett eget verktyg tillverkas av en metallplatta. Verktyget måste vara konstruerat så att det håller den fyrkantiga klacken på kamaxeln i rät vinkel mot topplockets övre yta (d.v.s. ventilkåpans fogyta).

**12** Om vevaxelns kamdrev ska demonteras, demontera då vevaxelns navcentrumbult medan vevaxeln är låst. **Observera:** *Demonteringen av vevaxelns navcentrumbult kräver ett kraftigt mothåll tack vara det höga åtdragningsmomentet. BMW har ett specialverktyg nummer 112150 (M20-motorer) eller 112170 (M40-motorer) för detta ändamål. Om detta verktyg inte kan köpas eller lånas, kontrollera om någon motorspecialist har ett verktyg som lämpar sig för detta arbete. Notera att verktyg 112170 bultas fast på topplockets bakre ände och greppar in i kuggkransen på svänghjulet vilket gör att det bara kan användas om växellådan demonterats eller om motorn lyfts ut ur bilen* **(se bilder)**. *På modeller med*

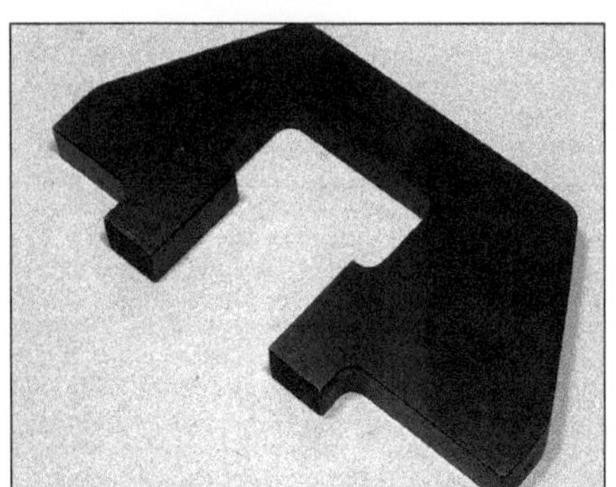

10.11a BMW:s specialverktyg för att låsa kamaxeln i ÖD-läget (M40-motorn)

10.11b BMW:s kamhållare på plats (M40-motorn)

10.12a Hemmagjort verktyg för fixerande av vevaxeln medan bulten i vevaxelns remskiva lossas (motorn urlyft för tydlighetens skull)

*tvådelat nav, efter det att den yttre delen demonterats ska du demontera drevet med en avdragare av bulttyp (finns att få från de flesta motorspecialister). När avdragaren används, skruv in vevaxelns centrumbult cirka tre varv och använd den som ankarpunkt för avdragarens centrumbult.*

## Inspektion

**13** Försäkra dig om att kamremmen inte är sprucken, sliten eller skadad. Byt om något av dessa problem föreligger **(se bilder).** Inspektera även dreven och leta efter tecken på slitage och skador som indikerar behov av byte. **Observera:** *Om några delar ska bytas, kontrollera med den lokala BMW-verkstadens reservdelsavdelning så att du är säker på att kompatibla delar används. På M20-motorer, är senare drev, spännrullar och kamremmar märkta "Z 127". Byte av kamrem på M20-motorer innebär att en senare remspännare ska monteras, om det inte redan är gjort.*

**14** Inspektera mellanrullen och på M20-motorer spännarfjädern. Vrid spännrullen och kontrollera att den roterar fritt utan ljud eller spel. **Observera:** *När en ny kamrem monteras är det att rekommendera att även spännaren byts*

## Montering

**15** På M20-motorn, montera mellanrulle/spännare/fjäder så att kamremmen kan monteras löst.

**16** Montera dreven med omvänd demonteringsordning. Dra åt fästbultarna till angivet moment. På M40-motorn, vrid kamdrevet maximalt medsols inom styrspåret, dra åt fästbulten till ett inledande moment om 1 till 3 Nm i detta skede.

**17** Om du återanvänder den gamla remmen, se till att följa rotationsriktningsmärket (remmen ska rotera medsols när du tittar på motorn).

**18** Montera kamremmen genom att placera den under vevaxeldrevet så att den går fri från kåpan, dra remmen runt övriga drev.

**10.21 På M20-motorn, sedan remmen monterats korrekt runt alla drev och spännaren, ska lite tryck läggas på spännaren för att kontrollera att den inte hängt sig och att den har full rörelse mot kamremmen**

**10.12b Demontering av vevaxelns remskivebult (M40-motorn)**

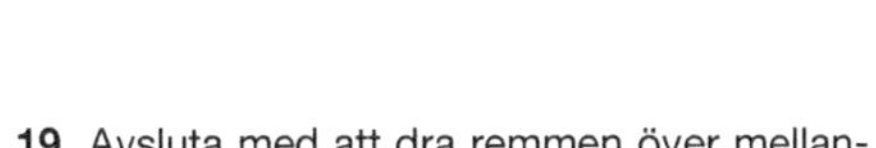

**19** Avsluta med att dra remmen över mellanrullen/spännaren.

**20** På M20-motorn, lossa spännarens bultar och låt fjädertrycket verka på kamremmen.

**21** På M20-motorn, tryck lätt bakom spännaren för att kontrollera att remmen är satt under fjäderbelastning **(se bild).** Dra inte åt bultarna medan trycket ligger på, dra endast åt bultarna helt lätt sedan trycket släppts upp.

**22** På M40-motorn, demontera ventilkåpan och använd specialverktyget till att låsa kamaxeln på ÖD (se paragraf 11).

**23** På M40-motorn, lossa spännrullens mutter och vrid rullen motsols med hjälp av en insexnyckel till dess att kamremmens spänning är korrekt. Metoden att vrida remmen 90° för att kontrollera spänningen är inte exakt nog för denna motor. Det rekommenderas å det starkaste att BMW:s speciella spänningsverktyg inköps om det över huvud taget är möjligt (använd 32 ± 2 graderingar på verktyget) **(se bild).** Ett någorlunda godtagbart alternativ kan tillverkas av en insexnyckel och en fjädervåg **(se bild).** Se till att fjädervågen är placerad som visat i och med att spännrullen är excentriskt monterad, i annat fall erhålles andra avläsningar. Fjädervågen ska anslutas 85 mm in på insexnyckeln och en kraft om 2,0 kg ska läggas på. Dra muttern till angivet moment och håll spännaren i rätt läge.

**10.23a Kontroll av kamremsspänningen med BMW:s specialverktyg (M40-motorn)**

**10.12c Demontering av kamdrevet från vevaxelns framsida**

**10.13a Inspektera kamremmen och leta efter sprickor som denna . . .**

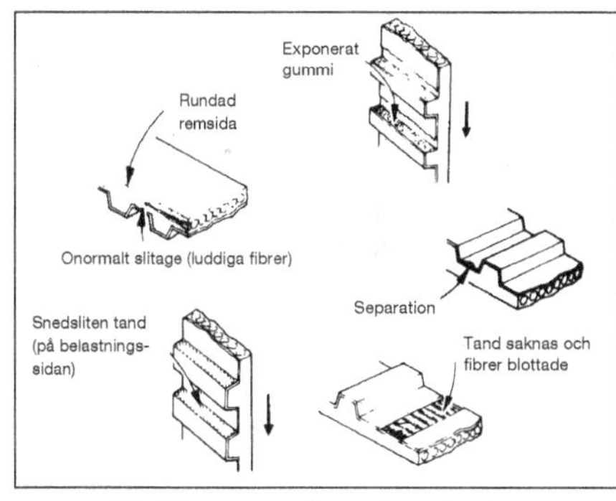


**10.13b . . . och andra skador**

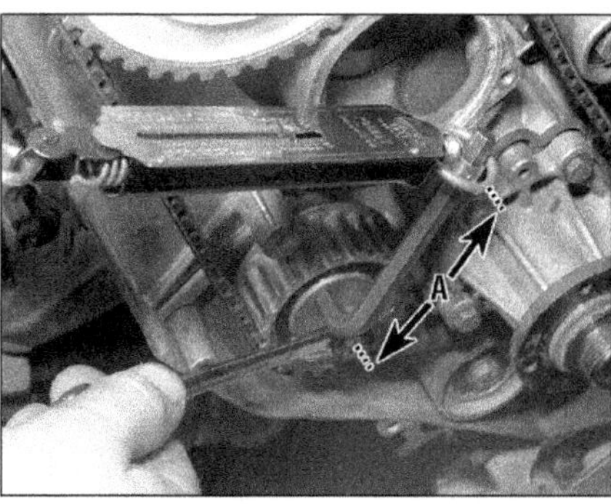


**10.23b Justering av kamremmens spänning med fjädervåg och insexnyckel**

*Mått A = 85 mm*

**Observera:** *Det är mycket viktigt att kamremmen har korrekt spänning. Om den är för hårt spänd kommer den att tjuta och kan möjligen skadas. Om den är för slack kan den kugga över på dreven.*

**24** Kontrollera att tändlägesmärkena fortfarande är uppriktade **(se bilder 10.5a och 10.5b).**

**25** Vrid vevaxeln två varv medsols. (Demontera låsverktyget från kamaxeln på M40-motorn först.)

***Varning: Detta är nödvändigt för att sträcka den nya kamremmen. Om detta inte utförs kommer remspänningen att vara för slack vilket kan ge upphov till skador.***

**26** På M20-motorn, lossa spännarrullens bultar och dra sedan åt dem till angivet moment.

**27** På M40-motorn, lossa spännarrullens mutter och justera om kamremmens spänning enligt beskrivning i paragraf 23. Efter detta ska spännarrullens mutter dras åt och dra helt åt kamdrevsbulten om den tidigare lossats **(se bild).**

**28** Verifiera att tändlägesmärkena fortfarande är exakt uppriktade. Om inte demontera kamremmen och försök igen.

**29** Resterande montering sker med omvänd arbetsordning.

## 11 Främre packboxar - byte

**Observera:** *Packboxar monteras med läpparna inåt (mot motorn).*

## *Motorerna M10 och M30 (kamkedja)*

### Kamaxelns främre packbox (endast M30-motorer)

**1** Demontera endast övre kamkedjekåpan (se avsnitt 7).

**2** Stötta kåpan på två träklossar och driv ut packboxen från baksidan med hammare och skruvmejsel. Se till att inte skada packboxsätet.

**3** Täck ytterkanten och läppen på den nya packboxen med universalfett och driv in packboxen i sätet med hammare och en hylsa som har en något mindre diameter än packboxen.

**4** Resterande montering sker med omvänd arbetsordning.

### Vevaxelns främre packbox (M10 och M30-motorer)

**5** Demontera vevaxelns remskiva och vibrationsdämpare (se avsnitt 7).

**6** Peta försiktigt ut packboxen ur kåpan med en stor skruvmejsel. Var mycket noga med att inte skada sätet eller vevaxeln med verktyget. Linda in spetsen på skruvmejseln i tejp för att minska skaderisken.

**7** Rengör sätet i kåpan, täck ytterkanten av den nya packboxen med motorolja eller universalfett. Smörj även packboxens läpp med universalfett. Driv in packboxen i sätet med hammare och en hylsa som har en något mindre diameter än packboxen **(se bild).** Om passande hylsa inte är tillgänglig fungerar en rörstump i korrekt diameter lika bra. Kontrollera efter monteringen att fjädern runt läppen inte hoppat ur läge.

**8** Resterande montering sker med omvänd arbetsordning.

## *Motorerna M20 och M40 (kamrem)*

### Kamaxelns främre packbox (M20 och M40-motorer)

**9** Demontera kamrem och kamdrev (se avsnitt 10).

**10** Endast på M20-motorn, skruva ur de två skruvarna och dra ut kamaxelns packboxhus från topplocket samtidigt som du vrider det fram och tillbaka.

**11** Endast på M20-motorn, stötta huset på två träklossar och driv ut packboxen bakifrån med hammare och skruvmejsel. Var mycket noga med att inte skada huset.

**12** På M40-motorn, peta ut packboxen från topplocket med en skruvmejsel, se till att inte skada sätet eller kamaxeln.

**13** Täck ytterkanten och läppen på den nya packboxen med universalfett.

**14** På M40-motorn, linda tejp runt kamaxelns ände för att skydda den nya packboxen från styrskåran vid monteringen **(se bild).**

**15** Placera försiktigt den nya packboxen i läge, börja med att trycka in den för hand så att den går in i sätet. Driv sedan in packboxen i huset eller toppen (efter vad som finns monterat) med hammare och en hylsa vars diameter är något mindre än packboxen. På M40-motorn, ta bort tejpen från kamaxelns ände.

**16** På M20-motorn, byt o-ring på baksidan av packboxhuset och dra packboxläppen över kamaxelns ände. Skruva in skruvarna ordentligt.

**17** Resterande montering sker med omvänd arbetsordning.

### Vevaxelns och mellanaxelns främre packboxar (M20-motorer)

**18** Demontera kamremmen och remskivorna på vevaxeln och mellanaxeln efter vad som finns monterat (se avsnitt 10). **Observera:** *Vi rekommenderar att alltid montera en ny kamrem.*

**19** Skruva ur de bultar och muttrar som fäster främre kåpan vid motorblocket. Se till att skruva ur de tre bultar på undersidan som fäster sumpens framkant vid kåpan **(se bild 7.14).**

**20** För en vass tunn kniv mellan sumppackningen och nedre kamkedjekåpan och skär loss den från packningen. Om du är försiktig och inte skadar eller smutsar ned packningen kan den användas igen.

**21** Lossa nedre kamkedjekåpan från blocket genom att knacka loss packningens grepp med en gummiklubba eller en hammare via en träkloss. Bänd inte mellan kåpan och blocket eftersom detta skadar fogytorna.

**10.27 Åtdragning av kamdrevsbulten (M40-motorn)**

**11.7 Vevaxelns främre packbox är inpressad i framsidan på den nedre kamkedjekåpan (kåpan demonterad för tydlighetens skull)**

**11.14 Montering av ny kamaxelpackbox (M40-motorn). Lägg märke till tejpen runt axeländen för att skydda packboxen**

**22** Använd en skrapa och ta bort alla gamla packningsrester från fogytorna på kåpan och blocket.

***Varning: Var mycket försiktig så att inte de ömtåliga aluminiumytorna repas eller märks. Packningsborttagande lösningsmedel finns att få från tillbehörsförsäljare och kan visa sig vara till nytta. När allt packningsmaterial tagits bortkan fogytorna avfettas genom avtorkning med trasa fuktad i lämpligt lösningsmedel.***

**23** Stötta kåpan på två träklossar och driv ut packboxarna bakifrån med hammare och skruvmejsel. Se till att inte skada packboxarnas säten.

**24** Täck ytterkanterna och läpparna på de nya packboxarna med universalfett. Driv in dem i sätena med hammare och en hylsa som har en något mindre diameter än packboxarna.

**25** Lägg på en hinna packningsmassa av RTV-typ på sumppackningens fogyta mot nedre kamkedjekåpan. Lägg på extra strängar på kanterna där packningen möter blocket. **Observera:** *Om sumppackningen är skadad kan du istället för att montera en helt ny packning försöka med att trimma av framdelen vid den punkt där den möter motorblocket och sedan klippa av framdelen av en ny packning i identisk storlek. Täck den öppna delen av sumpen med en trasa och ta bort alla spår av den gamla packningsmaterialet på den del där packningen avlägsnades. Fäst den nya packningsdelen vid sumpen med packningsklister av cementtyp och lägg på packningsmassa av RTV-typ enligt ovanstående beskrivning.*

**26** Täck bägge sidor av den nya packningen med packningsmassa av RTV-typ och montera den främre kåpan på motorns framsida medan packboxarna försiktigt träs på axlarna. Skruva i bultarna och dra dem korsvis till angivet moment. **Observera 1:** *Dra bultarna mellan främre kåpan och blocket först och dra sedan åt sumpbultarna.*

**Observera 2:** *Efter applicering av packningsmassa av RTV-typ måste hopsättningen ske inom 10 minuter så att massan inte härdar i förtid.*

**27** Resterande montering sker med omvänd arbetsordning.

### Vevaxelns främre packbox (M40-motorer)

**28** Demontera kamremmen och vevaxelns kamdrev (se avsnitt 10).

**29** Ta ut krysskilen ur spåret i vevaxelns ände.

**30** Notera packboxens monteringsläge och peta sedan ut den ur kåpan med en skruvmejsel. Se dock till att inte skada sätet eller vevaxelns yta. Om packboxen sitter hårt fast, borra två små hål i metalldelen, skruva i två plåtskruvar och dra ut packboxen. Var noga med att avlägsna alla spån.

**31** Täck ytterkanten och läppen på den nya packboxen med universalfett och driv in packboxen i sätet med hammare och en hylsa som har en något mindre diameter än packboxen. Se till att packboxen monteras i korrekt vinkel.

**32** Resterande montering sker med omvänd arbetsordning. Notera att det är att rekommendera att alltid montera en ny kamrem – se avsnitt 10.

## 12 Topplock – demontering och montering

### Demontering

**1** Släpp ut trycket ur bränslesystemet på alla bränsleinsprutade motorer (se kapitel 4).

**2** Lossa batteriets jordledning. I de fall batteriet är placerat i motorrummet kan det även lyftas ut ur bilen (se kapitel 5).

***Varning: Om radion i din bil är stöldskyddad, se till att ha aktiveringskoden tillgänglig innan batteriet kopplas ur.***

**Observera:** *Om fel språk visas på instrumentpanelen när strömmen kopplas in igen, se sidan 0•7 där proceduren för språkinställning beskrivs.*

**3** Demontera luftrenaren (se kapitel 4).

**4** Lossa ledningarna från fördelaren (märk vid behov upp samtliga ledningars dragning) och tändkabeln från tändspolen (se kapitel 5).

**5** Lossa ledningen från kylvätskans temperaturgivare (se kapitel 3).

**6** Lossa bränsleledningarna från bränsleröret eller förgasaren (se kapitel 4).

**7** Dränera kylsystemet (se kapitel 3).

**8** Märk tydligt upp och lossa alla andra slangar från trottelhuset, insugsröret, förgasaren och topplocket, efter vad som finns monterat.

**9** Lossa gasvajern från trottellänkaget eller förgasaren (se kapitel 4).

**10** Lossa grenröret från toppen (se avsnitt 6). Beroende på motortyp kanske det inte är tvunget att lossa grenröret från avgasröret, på högerstyrda modeller kan rattstångens mellanaxel förhindra att grenröret går fritt från pinnbultarna på toppen.

**11** Demontera eller lossa resterande slangar eller ledningar från insugsröret, inklusive tändlägesförställningens vakuumrör och slangar till kylare och värmare.

**12** På tidiga förgasarmodeller, lossa ledningarna från generatorn och startmotorn.

**13** Demontera insugsröret (se avsnitt 5). Demontera inte delar i bränsleinsprutningen annat än om det är nödvändigt.

**14** Demontera fläktrem och fläkt (se kapitel 3).

**15** Demontera ventilkåpa och packning (se avsnitt 4). I de fall den halvcirkelformade gummipackningen inte ingår i ventilkåpspackningen ska även den demonteras.

**16** Placera kolv 1 på övre dödpunkt i kompressionstakten (se avsnitt 3).

**17** Demontera kamdrivningen (se avsnitt 8 eller 10). **Observera:** *Om du vill spara tid genom att slippa demontera och montera kamdrivningen och ställa in motorn kan du lossa kamaxeldrevet och hänga upp det där det inte är i vägen – med rem eller kedja fortfarande monterat – med en repstump. Se dock till att repet är stadigt spänt så att remmen eller kedjan inte lossar från dreven.*

**18** Lossa topplocksbultarna ett kvarts varv i taget i omvänd följd relativt den sekvens för åtdragning som visas **(se bilder 12.30a, 12.30b, 12.30c eller 12.30d). Ta inte** isär vipparmsmontaget i detta skede om du arbetar med någon av motorerna M10, M20 eller M30.

**19** Ta av topplocket genom att lyfta det rakt upp från motorblocket. Bänd inte mellan toppen och blocket eftersom detta riskerar att skada packningsytorna. Stick in en trubbig stång i en insugsport och bänd försiktigt loss toppen.

**20** Demontera eventuella kvarvarande yttre delar från topplocket så att det kan rengöras och inspekteras. Se kapitel 2B för beskrivningar av arbeten med topplocket. På M40-motorn, ta ut o-ringen av gummi från spåret i överkanten av oljepumpens/främre kåpans hus.

### Montering

**21** Fogytorna på toppen och blocket måste vara perfekt rena när toppen monteras.

**22** Skrapa bort alla spår av sot och gammalt packningsmaterial från fogytorna och rengör dem sedan med lämpligt lösningsmedel. Om det finns olja på fogytorna när toppen monteras kanske packningen inte tätar korrekt vilket leder till att läckor kan uppkomma. Vid arbete med motorblocket ska cylindrarna fyllas med rena trasor så att skräp inte kommer in i dem. Ta bort material som ramlar ned i cylindrarna med dammsugare.

**23** Kontrollera att block och fogytor är fria från hack, djupa repor och andra skador. Smärre defekter kan korrigeras med en fil men om skadorna är större kan fräsning vara enda alternativet till byte.

**24** Rensa gängorna i hålen för topplocksbultarna med en gängtapp i korrekt storlek och blås sedan ur dem med tryckluft – se till att ingenting (inklusive olja eller vatten eller liknande) finns i gänghålen **(se bild).**

**12.24 Topplocksbultarnas hål ska rensas och återställas med en gängtapp (se till att blåsa ur hålen efteråt)**

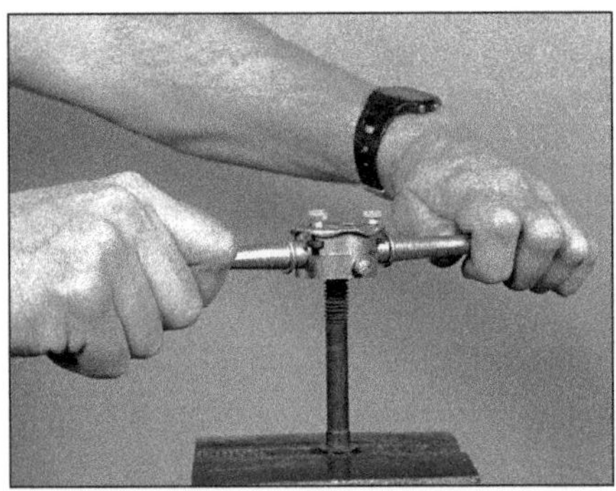

**12.25 Använd en gängskärare till att ta bort korrosion från topplocksbultarnas gängor innan monteringen**

**12.26 Montera en ny o-ring i spåret i översidan av oljepumpen/frontkåpan (M40-motorn)**

**25** BMW rekommenderar att topplocket alltid monteras med nya bultar men om de gamla ska återanvändas, montera varje bult i ett skruvstycke och dra ett gängsnitt över bulten så att korrosion avlägsnas och gängorna återställs. Smuts, korrosion, packningsmassa och skadade gängor påverkar momentavläsningen **(se bild).** Om bultarna eller deras gängor är skadade ska de inte återanvändas - montera en helt ny sats.

**26** Sätt tillbaka de delar som demonterades från toppen före rengöringen och inspektionen. På M40-motorn, placera en ny o-ring av gummi i spåret i överkanten av oljepumpshuset **(se bild).**

**27** Se till att fogytorna mellan blocket och toppen är rena och oljefria. Lägg packningen på blocket med tillverkarens stansade märke uppåt (det står vanligen "UP", "OBEN" eller något liknande där). Använd styrstiften på blockets ovansida till att placera packningen korrekt.

**28** Sänk försiktigt ned toppen på blocket och låt styrstiften placera det korrekt. I de fall motorn är något lutad (M40-motorn) kan du finna det vara en god hjälp att montera styrpinnbultar för att garantera korrekt placering av toppen på blocket. Använd två gamla topplocksbultar skruvade in i var sin ände av blocket, kapa skallarna på bultarna och skär upp spår i bulttopparna så att de kan skruvas ur när toppen är på plats **(se bild).**

**29** Montera topplocksbultarna **(se bild).**

**30** Dra topplocksbultarna i visad ordningsföljd till angivet moment **(se bilder).** Lägg märke till att på vissa motorer ska det sista steget i åtdragningen ske efter det att motorn varmkörts.

**31** Resterande montering sker med omvänd arbetsordning. Justera ventilspelen på M10, M20 och M30-motorer (se kapitel 1) innan ventilkåpan monteras (kontrollera igen efter det att motorn varmkörts). Kör motorn och leta efter läckor.

**12.28 Sänk ned toppen på blocket (M40-motorn)**

**12.29 Isättning av topplocksbult (M40-motorn)**

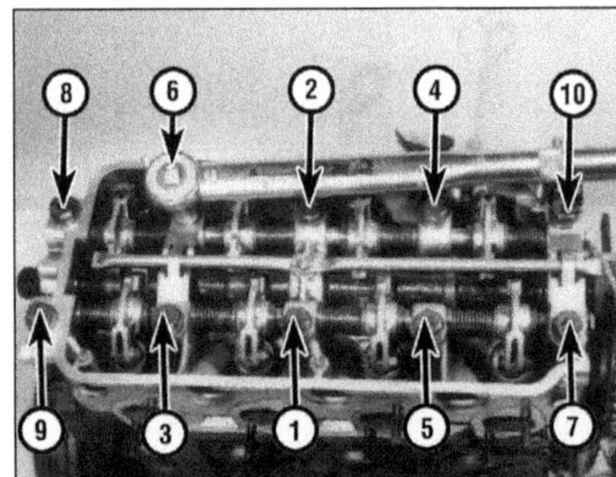


**12.30a ÅTDRAGNINGSFÖLJD för topplocksbultarna på M10-motorn (fyrcylindrig)**

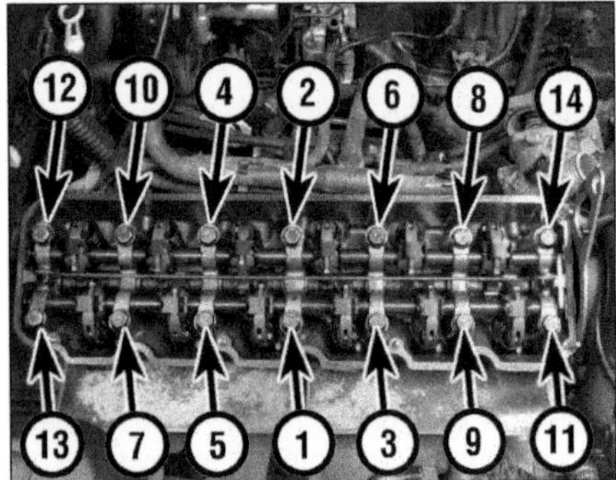


**12.30b ÅTDRAGNINGSFÖLJD för topplocksbultarna på M20-motorn (sexcylindrig)**

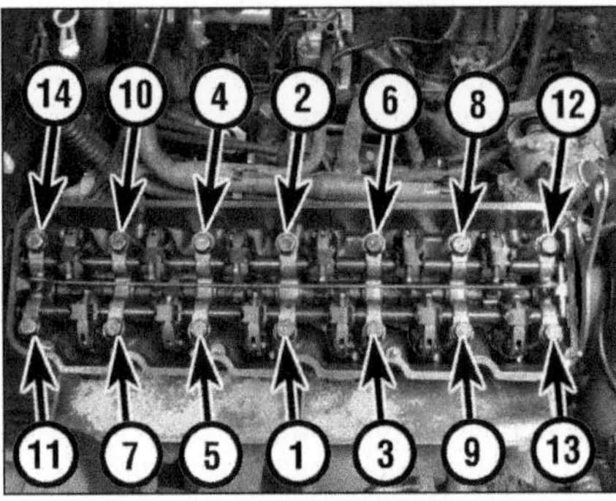


**12.30c ÅTDRAGNINGSFÖLJD för topplocksbultarna på M30-motorn (sexcylindrig)**

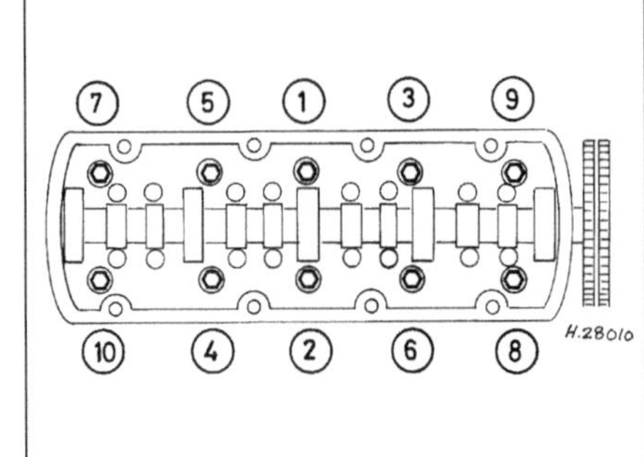


**12.30d ÅTDRAGNINGSFÖLJD för topplocksbultarna på M40-motorn (fyrcylindrig)**

**12.30e Vinkeldragning av topplocksbultar (M40-motorn)**

**13.4 I förekommande fall, skruva ur den mutter som fäster servostyrningens ledningar vid sumpen och för dem åt sidan så att sumpbultarna blir åtkomliga**

**13.5 I förekommande fall, dra ur kontakten till oljenivågivaren på motorns vänstra sida nära servopumpens fäste**

## 13 Sump - demontering och montering

**1** Dränera motoroljan (se kapitel 1).

**2** Ställ framvagnen på pallbockar.

**3** Demontera stänkskydden från motorns undersida.

**4** I förekommande fall, lossa slangarna från sumpen och för dem åt sidan **(se bild).**

**5** I förekommande fall, dra ur kontakten till oljenivågivaren **(se bild).**

**6** I förekommande fall, demontera inspektionslocket av gjutet aluminium från sumpens baksida **(se bilder).**

**7** På bilmodeller med M40-motorn, demontera den nedre sumpdelen och ta bort packningen (detta är nödvändigt för att de främre bultarna ska bli åtkomliga). Skruva ur bulten och dra upp mätstickans rör från sumpen **(se bilder).** Kontrollera o-ringens skick och byt vid behov.

**8** På bilar med M40-motorn, skruva ur motorfästbultarna på bägge sidorna, koppla en passande lyftanordning och lyft motorn såpass att sumpen kan demonteras. Som en säkerhetsåtgärd ska pallbockar eller träklossar placeras under motorn.

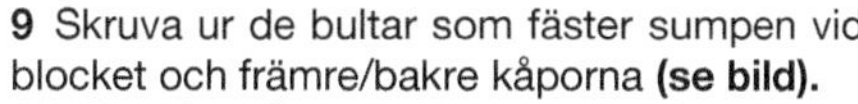

**9** Skruva ur de bultar som fäster sumpen vid blocket och främre/bakre kåporna **(se bild).**

**10** Knacka på sumpen med en mjuk klubba så att packningen lossnar och sänk ned sumpen från motorn.

**11** Använd en packningsskrapa och avlägsna alla spår av den gamla packningen från blocket, kamdrivningskåpan, bakre packboxhuset och sumpen. Var extra försiktig med att inte göra märken i fogytorna på kamdrivningskåpan och packboxhuset (de är av aluminium och därmed ganska mjuka).

**12** Rengör sumpen med lösningsmedel och torka den ordentligt. Kontrollera att fogytorna inte är skeva. Rengör fogytorna mellan sumpen och motorn med en trasa fuktad i lämpligt lösningsmedel.

**13** Innan sumpen monteras, lägg på lite packningsmassa av RTV-typ på den del där främre och bakre kåporna fogas mot blocket. Lägg en ny sumppackning på blocket. Vid behov, lägg på mer massa för att hålla packningen på plats.

**14** Placera försiktigt sumpen på plats (rubba inte packningen) och montera bultarna. Börja med dem närmast sumpens mitt och dra dem korsvis till angivet moment. Dra inte för hårt eftersom detta kan orsaka läckage.

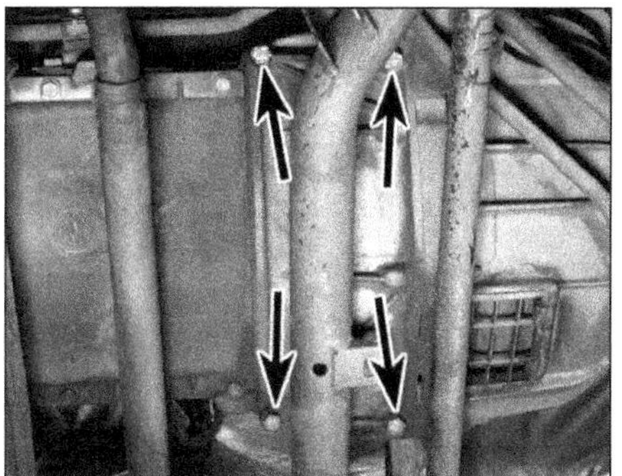

**13.6a Skruva ur de fyra bultarna (vid pilarna) till inspektionsluckan och . . .**

**13.6b . . . lyft undan luckan så att samtliga sumpbultar blir åtkomliga**

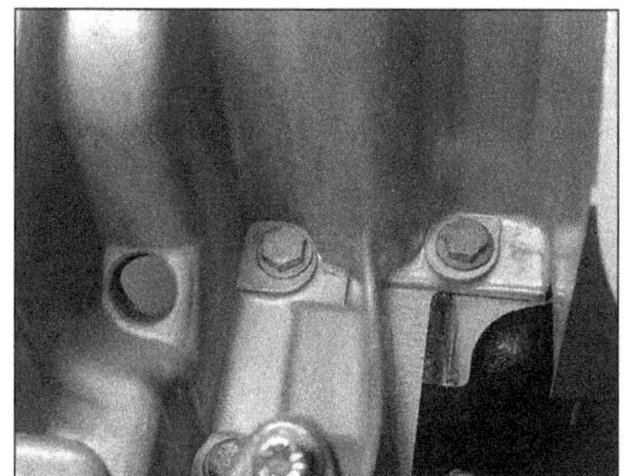

**13.7a Huvudsumpens bultar blir åtkomliga när den nedre sumpdelen (M40-motorn) demonterats (motorn uppsatt i bänk för tydlighetens skull)**

**13.7b Skruva ur bulten till mätstickerörets fäste**

**13.9 Skruva ur de bultar som fäster sumpen vid motorblocket och den främre kåpan, som visat här på en sexcylindrig motor**

15 Resterande montering sker med omvänd arbetsordning. Montera en ny packning på den nedre sumpdelen på bilar med M40-motorn.

16 Fyll motorn med olja efter avslutat arbete (kapitel 1). Kör motorn och kontrollera att den inte läcker olja från sumppackningen eller andra delar.

## 14 Oljepump - demontering, inspektion och montering

### Demontering

1 Demontera sumpen (se avsnitt 13).

#### M10, M20 och M30-motorer

2 På M10 och M30-motorer, skruva ur de tre bultar som fäster drevet på pumpens framsida **(se bild). Observera:** *Vissa modeller har en centrummutter som fäster drevet vid oljepumpen.*

3 Skruva loss oljepumpen från motorblocket **(se bilder)** och ta ut den ur motorrummet.

4 På M20-motorn driver mellanaxeln pumpens drivaxel som i sin tur driver oljepumpen. Demontera drivaxeln genom att ta bort nedhållarplattan från blocket och lyfta ur pluggen. Kontrollera o-ringens skick och byt vid behov. Lyft ut drivaxeln och kontrollera slitaget på bägge dreven, byt dem om de är slitna eller skadade **(se bild).**

5 Om drevet på mellanaxeln är slitet eller mellanaxelns lager är slitet/skadat måste mellanaxeln demonteras. Lyft ut motorn ur bilen (se kapitel 2B) och demontera kamrem, vevaxelns och mellanaxelns drev (se avsnitt 10) och motorns främre kåpa (se avsnitt 11). Mellanaxeln kan dra ut från motorns framsida.

#### M40-motorer

6 Demontera kamremmen enligt beskrivning i avsnitt 10.

7 Demontera topplocket enligt beskrivning i avsnitt 12.

8 Skruva ur muttern och demontera kamremsspännaren från den främre kåpan **(se bild).** Vid behov, skruva ur pinnbulten från blocket.

**14.2 På motorerna M10 och M30, skruva ur de tre bultar som fäster det drivna drevet vid oljepumpen och lyft av drevet**

**14.3a På M20-motorer är oljepumpen bultad tvärs över blocket från sida till sida nära motorns framkant**

**14.3b På motorerna M10 och M30 är oljepumpen fastbultad till framkanten och mitten av motorblocket**

**14.4 På M20-motorn ska vid behov pluggen och oljepumpens drivaxel demonteras från motorn. Inspektera drivaxelns drev och mellanaxelns drev i motorblocket (vid pilen)**

9 Skruva ur vevaxelnavets bult medan vevaxeln är låst. Bulten är dragen till ett mycket högt moment så vevaxeln måste vara låst. Helst ska en metallstång skruvas fast på drevet, eller så kan startmotorn demonteras så att kuggkransen kan låsas med en bredbladig skruvmejsel. Var uppmärksam på risken för skador på omgivande delar om improvisering krävs för att låsa vevaxeln.

10 Demontera drev och distans, notera att ansatsen på distansen är vänd inåt.

11 Skruva ur bultarna och demontera rullarna för stabilisering och styrning från främre kåpan **(se bilder).**

12 Använd en liten skruvmejsel eller liknande och peta ut kilen ur spåret i vevaxelns framkant **(se bild).**

13 Dra av distansringen från vevaxeln **(se bild).**

14 Skruva ur resterande bultar och demontera främre kåpan samt oljepumpen från blocket. Notera placeringen för främre kåpans bultar i och med att de är av olika storlekar. När kåpan avlägsnats, dra ut o-ringen av gummi ur spåret i vevaxelns främre ände **(se bilder).**

15 Notera packboxens monteringsläge och peta ut den ur huset.

**14.8 Demontering av kamremsspännaren (M40-motorn)**

**14.11a Demontering av stabiliseringsrullen från främre kåpan (M40-motorn)**

**14.11b Demontering av styrrullen från främre kåpan (M40-motorn)**

**14.12 Lossa kilen från spåret i vevaxelns framände (M40-motorn)**

**14.13 Ta ut distansringen från vevaxelns framände**

**14.14a Främre kåpan och oljepumpen på plats på framsidan (M40-motorn)**

**14.14b Dra av o-ringen från spåret i vevaxelns framände (M40-motorn)**

**14.21a Skruva ur bultarna . . .**

**14.21b . . . och ta bort locket över oljepumpen (M40-motorn)**

## *Inspektion*

**Observera:** *Med tanke på att en defekt oljepump enkelt kan orsaka omfattande motorskador rekommenderar vi byte av oljepump vid motorrenoveringar om den inte är i nyskick.*

### M10-, M20- och M30-motorer

**16** Demontera kåpan och kontrollera pumphuset, kugghjulen/rotorerna och kåpan för tecken på sprickor och slitage (speciellt i kontaktytorna för kugghjulen/rotorerna).

**17** Kontrollera att silen inte är igensatt eller skadad.

**18** Smörj kugghjulen med ren motorolja, montera pumpkåpan på huset och dra åt bultarna jämnhårt och ordentligt.

**19** Innan oljepumpen monteras – ny, renoverad eller original – på motorn, kontrollera att den fungerar ordentligt. Fyll ett rent kärl med färsk motorolja av rekommenderad viskositet till ett djup om 25 mm.

**20** Sänk ned pumpens intag i oljan och vrid drivaxeln motsols för hand. När axeln vrids ska olja komma ut ur pumpens utlopp.

### M40-motorer

**21** Lägg främre kåpan på en arbetsbänk, skruva ur bultarna och demontera locket så att oljepumpens rotorer blir synliga **(se bilder).**

**22** Markera rotorernas läge och lyft ut dem ur huset **(se bilder).**

**23** Rengör noggrant huset och rotorerna, sätt tillbaka rotorerna på sina ursprungliga platser. Den inre rotorn måste monteras med styrningen mot pumphuset.

**24** Använd bladmått och mät spelet mellan pumphuset och den yttre rotorn och sedan spelet mellan rotorerna **(se bilder).**

**25** Om spelet avviker från det som anges i specifikationerna ska hela oljepumpen och främre kåpan bytas. Om spelet ligger inom angivna toleranser, demontera rotorerna och häll lite motorolja i huset. Montera rotorerna och snurra på dem så att oljan sprids ut.

**14.22a Ta ut den inre rotorn . . .**

**14.22b . . . och den yttre från oljepumpen (M40-motorn)**

**14.24a Mät spelet mellan oljepumpens hus och den yttre rotorn (M40-motorn)**

**14.24b Mät spelet mellan rotorerna i oljepumpen (M40-motorn)**

**14.27a Ta ut låsringen från oljepumpen (M40-motorn) . . .**

**14.27b . . . och dra ut hylsan . . .**

**26** Montera täckplattan och dra bultarna till angivet moment.

**27** Kontrollera övertrycksventilen genom att ta ut låsringen och demontera hylsan, fjädern och kolven. Kontrollera att fjäderns längd stämmer med specifikationerna **(se bilder)**. Sätt i hop övertrycksventilen med omvänd arbetsordning.

### *Montering*

#### M10, M20 och M30-motorer

**28** Kontrollera att fogytorna är rena och montera pumpen i uttaget på blocket. Dra åt bultarna till angivet moment.

**29** Montering sker med omvänd arbetsordning.

#### M40-motorer

**30** Rengör fogytorna, montera främre kåpan och oljepumpen på blocket med en ny packning **(se bild)**. Dra bultarna till angivet moment. Notera att det förekommer två bultstorlekar som har olika åtdragningsmoment.

**31** Montera distansringen på vevaxelns framände.

**32** Olja in packboxens läpp och pressa in den i huset till föregående position. Se till att packboxen kommer rätt in i huset genom att använda en stor hylsa och vevaxelns remskivebult till att dra packboxen på plats **(se bild)**.

**33** Montera kilen i spåret på vevaxelns framände.

**34** Montera stabiliseringsrullen på främre kåpan och dra åt bulten.

**35** Montera drevet, distansen och vevaxelremskivans bult. Dra åt bulten till angivet moment, håll vevaxeln är låst med någon av de tidigare beskrivna metoderna.

**36** Montera kamremmens spännrulle men dra inte åt bulten ännu.

**37** Montera topplocket enligt beskrivning i avsnitt 12.

**38** Montera kamremmen enligt beskrivning i avsnitt 10.

**39** Montera sumpen (se avsnitt 13).

## 15 Svänghjul/drivplatta – demontering och montering

**1** Demontera växellådan (på bilar med manuell växellåda, se kapitel 7A. På bilar med automatväxellåda, se kapitel 7B).

**2** På bilar med manuell växellåda, demontera kopplingen (se kapitel 8).

**3** Vid behov, märk positionen för svänghjul/drivplatta relativt vevaxeln så att de kan sättas ihop i samma läge.

**4** Svänghjulet/drivplattan är bultat på vevaxelns bakände med åtta bultar. Skruva ur dessa och lossa från vevaxelns fläns **(se bild)**. Var försiktig – svänghjulet är tungt.

**14.27c . . . fjädern . . .**

**14.27d . . . och kolven**

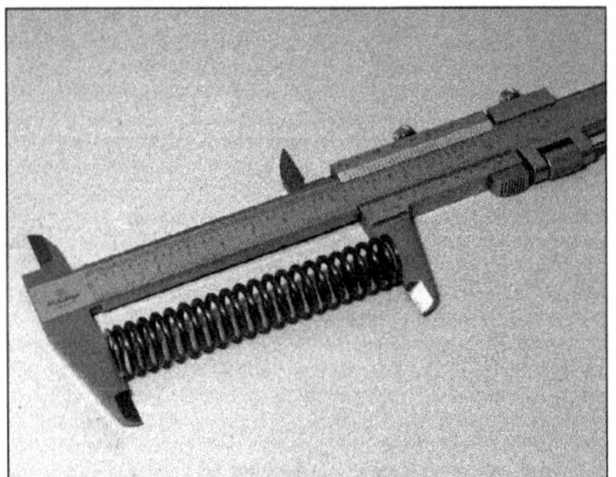

**14.27e Mät längden på övertrycksventilens fjäder (M40-motorn)**

**14.30 Placera en ny packning på blockets framkant (M40-motorn)**

**14.32 Använd en stor hylsa och vevaxelns remskivebult till att dra in packboxen i sitt hus (M40-motorn)**

15.4 Använd hylsa och spärrskaft och skruva ur de åtta bultar som fäster svänghjulet/drivplattan vid vevaxelflänsen – fixera vevaxeln med en skruvmejsel i kuggkransen

16.2 Skruva ur de sex bultarna från blockets baksida och de två från undersidan vid sumpen

16.6 När huset plockats bort från blocket, stötta det på två klossar och driv ut den gamla packboxen med hammare och dorn

5 Vid montering av svänghjul/drivplatta på vevaxeln, använd flytande gänglås på bultarna och dra dem stegvis korsvis till angivet moment.

6 Resterande montering sker med omvänd arbetsordning.

## 16 Vevaxelns bakre packbox – byte

1 Demontera svänghjul/drivplatta (avsnitt 15).

2 Skruva ur de bultar och/eller muttrar som fäster packboxhuset vid motorblocket. Se till att skruva ur de två bultarna på undersidan som fäster bakre delen av sumpen vid nedre delen av packboxhuset **(se bild).**

3 För en vass tunn kniv mellan sumppackningen och packboxhuset och skär loss den från packningen. Om du är försiktig och inte skadar eller smutsar ned packningen kan den användas igen.

4 Knacka loss packningens grepp med en gummiklubba eller en hammare via en träkloss. Bänd inte mellan kåpan och blocket eftersom detta skadar fogytorna.

5 Använd en skrapa och ta bort alla gamla packningsrester från fogytorna på kåpan och blocket. Packningsborttagande lösningsmedel finns att få från tillbehörsförsäljare och kan visa sig vara till nytta. När allt packningsmaterial tagits bort kan fogytorna avfettas genom avtorkning med trasa fuktad i lämpligt lösningsmedel.

***Varning: se till att inte de ömtåliga aluminiumytorna repas eller märks. Skada inte sumppackningen och håll den ren.***

6 Stötta huset på två träklossar och driv ut packboxen från baksidan med hammare och skruvmejsel **(se bild).** Var mycket försiktig så att inte packboxsätet skadas.

7 Täck ytterkanten och läppen på den nya packboxen med universalfett och driv in den i huset med hammare och träkloss **(se bild).**

8 Lägg på en hinna packningsmassa av RTV-typ på sumppackningens fogyta mot packboxhuset. Lägg på extra strängar på kanterna där packningen möter blocket. **Observera:** *Om sumppackningen är skadad kan du istället för att montera en helt ny packning försöka med att trimma av framdelen vid den punkt där den möter motorblocket och sedan klippa av framdelen av en ny packning i identisk storlek. Täck den öppna delen av sumpen med en trasa och ta bort alla spår av den gamla packningsmaterialet på den del där packningen avlägsnades. Fäst den nya packningsdelen vid sumpen med packningsklister av cementtyp och lägg på packningsmassa av RTV-typ enligt ovanstående beskrivning.*

9 Täck bägge sidor av den nya packningen med packningsmassa av RTV-typ och montera den på packboxhuset. Skruva i bultarna och dra dem korsvis till angivet moment.

**Observera 1:** *Dra först bultarna mellan huset och blocket och sedan bultarna mellan sumpen och huset.*

**Observera 2:** *Efter applicering av packningsmassa av RTV-typ måste hopsättningen ske inom 10 minuter så att massan inte hårdar i förtid.*

16.7 Driv in den nya packboxen i sitt hus med en träkloss eller en rörstump om du har en som är stor nog – se till att packboxen kommer rakt in i sätet

10 Montera svänghjul/drivplatta (se avsnitt 15).

11 Montera växellådan (på bilar med manuell växellåda, se kapitel 7A. På bilar med automatväxellåda, se kapitel 7B).

## 17 Motorinfästningar – kontroll och byte

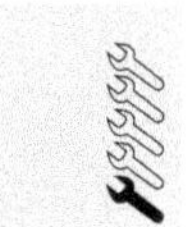

1 Motorinfästningar kräver sällan uppmärksamhet men defekta fästen ska omedelbart bytas ut. I annat fall kan den ökade påfrestningen på drivlinan orsaka skador eller slitage.

### Kontrollera

2 Vid denna kontroll måste motorn lyftas något så att infästningarna avlastas.

3 Ställ bilen på pallbockar, placera en domkraft under sumpen. Lägg en träkloss mellan sumpen och domkraftens lyfthuvud och höj försiktigt motorn så mycket att infästningarna precis avlastas.

***Varning: Placera INTE någon del av din kropp under motorn när den bara stöttas av en domkraft!***

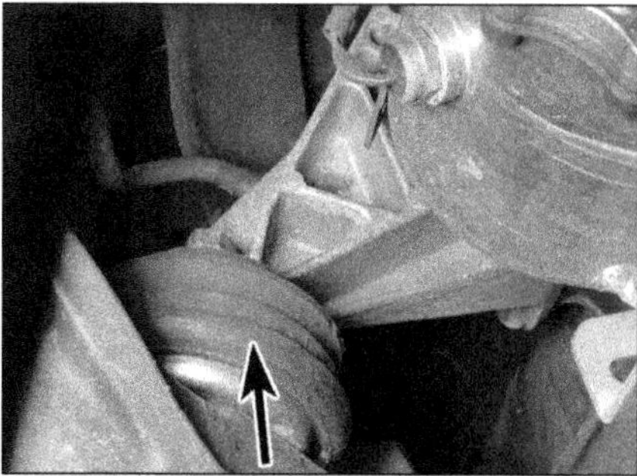

17.4 Kontrollera motorinfästningarna när de börjar bli gamla. Leta efter sprickor och separation av gummit från plattorna

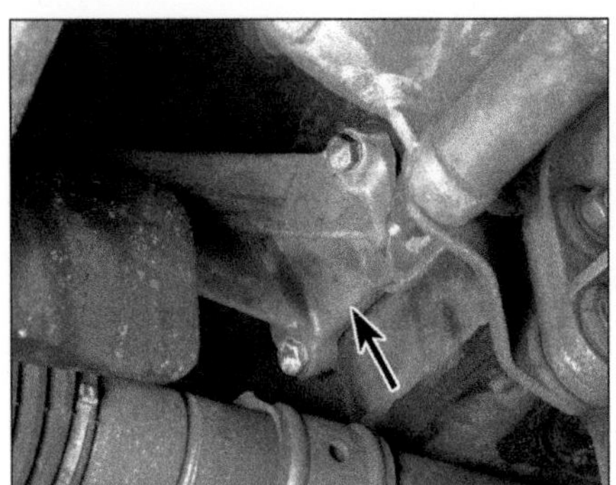

**17.5 Bänd försiktigt mellan blocket och motorfästet (vid pilen) - om det finns spel, dra åt bultarna**

**17.6 Motorfäste och dämpare (M40-motorn)**

**17.10 Demontera ett motorfäste genom att först lossa muttern (vid pilen) - M30 visas, de övriga är likartade**

**4** Kontrollera om gummit i motorinfästningarna är sprucket **(se bild)**, förhårdnat eller separerat från metallplattorna. Ibland delar gummit sig på mitten.

**5** Leta efter relativ rörelse mellan fästplattorna och motorn eller monteringsramen (använd en stor skruvmejsel eller ett bräckjärn och försök rubba infästningarna). Om rörelser upptäcks, sänk ned motorn och dra åt muttrar eller bultar i fästet **(se bild).** Lägg på gummikonservering på infästningarna för att sakta ned försämringsprocessen.

**6** På modeller med M40-motorn, kontrollera skicket på dämparna på varje infästning genom att lossa dem och försöka trycka ihop och dra isär dem **(se bild).** Om det är mycket litet rörelsemotstånd ska dämparna bytas.

## Byte

**7** Om dämparna på M40-motorn ska bytas, skruva ur bultarna, montera de nya dämparna och dra åt bultarna.

**8** Vid byte av motorinfästningar, lossa batteriets jordledning, ställ sedan bilen på pallbockar, om inte det redan är gjort.

***Varning: Om radion i din bil är stöldskyddad, se till att ha aktiveringskoden tillgänglig innan batteriet kopplas ur.***

**Observera:** *Om fel språk visas på instrumentpanelen när strömmen kopplas in igen, se sidan 0•7 där proceduren för språkinställning beskrivs.*

**9** Stötta motorn enligt beskrivning i paragraf 3.

**10** Skruva ur den största muttern **(se bild).** Lyft något på motorn och demontera det nedre bultarna/muttrarna mellan motorinfästningen och monteringsramen och lossa motorfästet.

**11** Montering sker med omvänd arbetsordning. Använd flytande gänglås på bultförbanden och se till att dra åt dem ordentligt.

# Kapitel 2 Del B:
# Allmänt om motorrenovering

## Innehåll



## Svårighetsgrader

| | | | | |
|---|---|---|---|---|
| **Enkelt,** passar novisen med lite erfarenhet  | **Ganska enkelt,** passar nybörjaren med viss erfarenhet  | **Ganska svårt,** passar kompetent hemmamekaniker  | **Svårt,** passar hemmamekaniker med erfarenhet  | **Mycket svårt,** för professionell mekaniker |

## Specifikationer

### Allmänt

| | |
|---|---|
| Cylinderkompressionstryck (samtliga motorer) | 10 till 11 bar |
| Oljetryck (samtliga motorer) | |
| Vid tomgång | 0,5 till 2,0 bar |
| Körning (exempelvis vid 4000 rpm) | 4 bar eller högre (typvärde) |
| Topplock, maximal skevhet | |
| Utom M40-motorn | 0,10 mm |
| M40-motorn | 0,03 mm |
| Minimum topplockstjocklek (fräs inte ned topplocket under angiven tjocklek) | |
| M10 och M30-motorer | 128,6 mm |
| M20-motorer | 124,7 mm |
| M40-motorer | 140,55 mm |

### Ventiler

| | |
|---|---|
| Ventilskaftens diameter (standard) | |
| M10 och M30-motorer | 8,0 mm |
| M20-motorer | 7,0 mm |
| M40-motorer | |
| Insug | 6,975 mm |
| Avgas | 6,960 mm |
| Minimum ventilmarginalbredd | |
| Insug | 1,191 mm |
| Avgas | 1,98 mm |
| Maximum lateral rörelse för ventilskaft (se text) | 0,787 mm |
| Ventilsätesvinkel | |
| Insug | 45° |
| Avgas | 45° |

## Kamaxel och vipparmar

| | |
|---|---|
| Kamaxellagrets oljespel | 0,033 till 0,076 mm |
| Kamaxelns axialspel | |
| M10-motor | 0,02 till 0,13 mm |
| M20-motor | 0,2 mm maximum |
| M30-motor | 0,03 till 0,18 mm |
| M40-motor | 0,065 till 0,150 mm |
| Vipparmarnas radialspel | 0,015 till 0,051 mm |

## Vevaxel

| | |
|---|---|
| Axialspel | |
| M10 och M30-motorer | 0,085 till 0,174 mm |
| M20 och M40-motorer | 0,080 till 0,163 mm |
| Ramlagertapparnas diameter (standard) | |
| M10-motorer | |
| Röd klass | 54,98 till 54,99 mm |
| Blå klass | 54,97 till 54,98 mm |
| M20-motorer | |
| Röd klass | 59,98 till 59,99 mm |
| Blå klass | 59,97 till 59,98 mm |
| M30 och M40-motorer | |
| Gul klass | 59,984 till 59,990 mm |
| Grön klass | 59,977 till 59,983 mm |
| Vit klass | 59,971 till 59,976 mm |
| Ramlagertapparnas diameter, understorlekar | |
| 1:a understorlek | 0,25 mm |
| 2:a understorlek | 0,50 mm |
| 3:e understorlek (i förekommande fall) | 0,75 mm |
| Ramlagrens oljespel | |
| M10 och M20-motorer | 0,030 till 0,070 mm |
| M30 och M40-motorer | 0,020 till 0,046 mm |
| Vevtapparnas diameter (standard) | |
| M10 och M30-motorer | 47,975 till 47,991 mm |
| M20 och M40-motorer | 44,975 till 44,991 mm |
| Vevtapparnas diameter, understorlekar | |
| 1:a understorlek | 0,25 mm |
| 2:a understorlek | 0,50 mm |
| 3:e understorlek (i förekommande fall) | 0,75 mm |

## Vevstakar

| | |
|---|---|
| Vevstakarnas spel i sidled (samtliga motorer) | 0,041 mm |
| Storändslagrens oljespel | |
| M10-motorer | 0,030 till 0,070 mm |
| M20 och M30-motorer | 0,020 till 0,055 mm |
| M40-motorer | 0,010 till 0,052 mm |

## Motorblock

| | |
|---|---|
| Borrning – diameter (standard) | |
| M10/B18-motor | 89,00 till 89,01 mm |
| M20/B20-motor | 80,00 till 80,01 mm |
| M20/B25-motor | 84,00 till 84,01 mm |
| M30/B25-motor | 86,00 till 86,01 mm |
| M30/B28-motor | 86,00 till 86,01 mm |
| M30/B30M-motor | 89,00 till 89,01 mm |
| M30/B34-motor | 92,00 till 92,01 mm |
| M30/B35M-motor | 92,00 till 92,01 mm |
| M40/B16-motor | 84,000 till 84,014 mm |
| M40/B18-motor | 84,000 till 84,014 mm |
| Cylinder, orundhet (maximum) | |
| M20/B20-motor | 0,02 mm |
| M20/B25-motor | 0,03 mm |
| Alla andra motorer | 0,01 mm |
| Cylinder, konicitet (maximum) | |
| M20/B20-motorer och M20/B25-motorer | 0,02 mm |
| Alla andra motorer | 0,01 mm |

## Kolvar och kolvringar

| | |
|---|---|
| Kolvdiameter (standard) | |
| M10-motorer | 88,97 mm |
| M20-motorer | |
| B20 | 79,98 mm |
| B25 | 83,98 mm |
| M30-motorer | |
| B30M | |
| Alcan | 88,970 mm |
| KS | 88,980 mm |
| B35M | |
| Alcan | 91,972 mm |
| Mahle | 91,980 mm |
| M40-motorer | |
| Fabrikssteg 0 | 83,985 mm |
| Fabrikssteg 00 | 84,065 mm |
| Spel mellan kolv och cylindervägg | |
| Nyskick | |
| M10 och M30-motorer | 0,02 till 0,05 mm |
| M20 och M40-motorer | 0,01 till 0,04 mm |
| Slitagegräns | |
| Utom B25-motorer | 0,15 mm |
| B25-motorer | 0,12 mm |
| Kolvringarnas ändgap | |
| M10-motor | |
| Övre kompressionsring | 0,30 till 0,70 mm |
| Andra kompressionsring | 0,20 till 0,40 mm |
| Oljering | 0,25 till 0,50 mm |
| M20-motor | |
| Samtliga ringar | 0,20 till 0,50 mm |
| M30-motor | |
| Övre kompressionsring | 0,20 till 0,45 mm |
| Andra kompressionsring | 0,40 till 0,65 mm |
| Oljering | 0,30 till 0,60 mm |
| M40-motor | |
| Övre kompressionsring | 0,20 till 1,00 mm |
| Andra kompressionsring | 0,20 till 1,00 mm |
| Oljering | |
| B16-motor | 0,20 till 1,00 mm |
| B18-motor | 0,40 till 1,40 mm |
| Kolvringarnas spel i sidled | |
| M10-motor | |
| Övre kompressionsring | 0,06 till 0,09 mm |
| Andra kompressionsring | 0,03 till 0,072 mm |
| Oljering | 0,02 till 0,06 mm |
| M20-motor | |
| Övre kompressionsring | 0,04 till 0,08 mm |
| Andra kompressionsring | 0,03 till 0,07 mm |
| Oljering | 0,02 till 0,05 mm |
| M30-motor | |
| Övre kompressionsring | 0,04 till 0,072 mm |
| Andra kompressionsring | 0,03 till 0,062 mm |
| Oljering | 0,02 till 0,055 mm |
| M40-motor | |
| Övre kompressionsring | 0,02 till 0,20 mm |
| Andra kompressionsring | 0,02 till 0,10 mm |
| Oljering | |
| B16-motor | 0,02 till 0,10 mm |
| B18-motor | Ej uppmätt |

## Åtdragningsmoment

| | Nm |
|---|---|
| Ramlageröverfall till motorblock, bultar* | |
| M10, M20 och M30-motorer | 60 |
| M40-motorer | |
| Steg 1 | 20 |
| Steg 2 | Vinkeldra ytterligare 50° |

### Åtdragningsmoment (forts.)

| | Nm |
|---|---|
| Vevstakslageröverfall bultar/muttrar | |
| M10 och M30-motorer | 55 |
| M20 och M40-motorer | |
| Steg 1 | 20 |
| Steg 2 | Vinkeldra ytterligare 70° |
| Kamaxellageröverfall (M40-motor) | 10 |
| Mellanaxelns drevbult (M20-motor) | 60 |
| Bultar till oljematningsrör | |
| M6 (normal) och M8 (banjo) | 10 |
| M5 | 5 |

* *BMW rekommenderar att ramlagerbultar alltid ska bytas som rutinåtgärd.*

## 1 Allmän information

I denna del av kapitel 2 beskrivs de generella procedurerna för renovering av topplocket och motorns inre delar.

Informationen omfattar råd angående förberedelser för renovering och inköp av nya delar liksom detaljbeskrivningar paragraf för paragraf av demontering och montering av inre delar och inspektion av delar.

Följande avsnitt är skrivna baserade på förutsättningen att motorn lyfts ut ur bilen. Information rörande reparationer med motorn kvar i bilen liksom demontering och montering av yttre delar inför en renovering finns i kapitel 2A och avsnitt 7 i denna del.

Specifikationerna i denna del är endast de som krävs för de inspektioner eller renoveringar som beskrivs här. Se del A för ytterligare specifikationer.

## 2 Motorrenovering – allmän information

Det är inte alltid lätt att avgöra när en motor behöver en totalrenovering eftersom ett antal faktorer måste tas i beaktande.

Ett högt miltal är inte nödvändigtvis en indikation på att en renovering behövs men ett lågt miltal utesluter inte behovet av en totalrenovering. Den kanske viktigaste faktorn är hur ofta motorn servats. En motor som får täta och regelbundna byten av olja och filter, förutom annat nödvändigt underhåll, kommer i de allra flesta fall att ge många tusentals mil med driftsäkert arbete. Om däremot motorn inte fått mycket service kan den snabbt komma att behöva en totalrenovering.

Överdriven oljeförbrukning är en indikation på att kolvringar, ventilsäten och/eller ventilstyrningar behöver en renovering. Se dock till att inte oljeförlusterna beror på läckage innan du bestämmer dig för att ringarna eller styrningarna är slitna. Ta ett kompressionsprov som kan ge en uppfattning om vad som behöver göras (se avsnitt 3).

Kontrollera oljetrycket: Skruva ur oljetrycksgivaren och koppla in en mätare av oljetrycket. Mät upp oljetrycket med varmkörd motor. Jämför avläsningen med specifikationerna. Om trycket är betydligt under det som anges (och olja och filter är i gott skick) är vevaxellagren och/eller oljepumpen troligen utslitna. På M10 och M30-motorer finns oljetrycksgivaren högt uppe till vänster på topplockets baksida. På M20-motorer finns givaren inskruvad i motorblockets sida, under oljefiltret. På M40-motorer är givaren inskruvad i baksidan av oljefilterhuset.

Kraftförlust, oren gång, knackande eller metalliska motorljud, överdrivet ventilrassel och hög bränsleförbrukning kan också peka på behov av en renovering, speciellt om alla dessa förekommer samtidigt. Om en full service inte avhjälper situationen är ett större reparationsarbete den enda utvägen.

En motorrenovering innebär att motordelar återställs till specifikationerna för en ny motor. Vid en renovering monteras nya kolvringar, cylinderloppen återställs (omborrning och/ eller honing). Om loppen borras om av en motorverkstad monteras även nya kolvar i överstorlek. Ramlager och storändslager byts i allmänhet och vid behov så slipas vevaxeln om för att återställa lagertapparna. Generellt så servas ventilerna också eftersom de vanligtvis är slitna vid denna punkt. Medan motorn undgår renovering kan andra delar som fördelare, startmotor och generator även renoveras. Slutresultat blir en motor i nyskick som kommer att ge många tusentals mil problemfri körning. **Observera:***Kritiska delar i kylsystemet som slangar, drivremmar, termo stat och vattenpump MÅSTE bytas när motorn renoveras. Kylaren ska även kontrolleras noggrant för att se till att den inte är igensatt eller läcker (se kapitlen 1 eller 3). Vi rekommenderar inte renovering av oljepumpen – montera alltid en ny när motorn renoveras.*

Innan arbetet påbörjas ska du läsa igenom hela beskrivningen så att de känner till omfattningen av och kraven på det arbete som ska utföras. Det är inte svårt att utföra en totalrenovering av en motor om du uppmärksamt och noggrant följer samtliga instruktioner, har den utrustning och de verktyg som behövs och är noggrann med specifikationerna. Arbetet kan dock ta tid. Planera för en stilleståndstid om minst två veckor, speciellt om delar måste tas till en verkstad för reparationer eller renovering. Kontrollera att reservdelar finns tillgängliga och att speciella verktyg och specialutrustning inskaffas i förväg. Det mesta av arbetet kan utföras med vanliga handverktyg men ett antal precisionsmätningsverktyg behövs vid inspekterandet av delar för att bestämma om de ska bytas ut eller inte. Ofta kan en verkstad inspektera delarna och ge råd om de ska bytas ut eller renoveras. **Observera:***Du ska alltid vänta till dess att motorn är helt demonterad och till dess att samtliga delar inspekterats, speciellt motorblocket, innan du avgör vilken service och vilka reparationer som ska utföras av en verkstad. Skicket på blocket är en avgörande faktor vid beslutet om originalmotorn ska renoveras eller om du ska köpa en färdigrenoverad motor. Du ska därför inte köpa delar eller renovera delar innan blocket genomgått en noggrann inspektion. En generell regel är att tid är den största kostnaden för en totalrenovering vilket gör det olönsamt att montera slitna delar eller delar av en lägre kvalitet.*

Slutligen, kom ihåg är att om du vill ha maximal livslängd och minimala problem från en renoverad motor måste den monteras ihop med största noggrannhet i en helt ren miljö.

## 3 Kompressionsprov

**1** Ett kompressionsprov talar om för dig i vilket mekaniskt skick motorns överdel är (kolvar, ringar, ventiler och topplockspackning). Det kan även tala om för dig om kompressionen är låg på grund av slitna kolvringar, defekta ventiler eller en trasig topplockspackning. **Observera:** *Vid detta prov måste motorn vara varmkörd till normal arbetstemperatur och batteriet måste vara fulladdat.*

**2** Börja med att rengöra området kring tändstiften innan du skruvar ur dem (använd tryckluft om det finns tillgängligt, i annat fall en mjuk borste eller till och med en cykelpump). Tanken är att hindra smuts från att komma in i cylindrarna när kompressionsproven tas.

**3.5 Som en säkerhetsåtgärd innan kompressionsprov tas, ska locket öppnas och huvudreläet (vid pilen) tas ut från vänstra sidan av motorrummet så att både bränslesystem och tändning deaktiveras (525i visad, övriga modeller likartade)**

**3** Skruva ur samtliga tändstift (se kapitel 1).

**4** Lås trotteln i helt öppet läge eller låt en medhjälpare trycka gaspedalen i botten.

**5** På förgasarmodeller, lossa lågspänningskabeln från spolen. På modeller med bränsleinsprutning, koppla från bränslepumpen och tändningskretsen genom att demontera huvudreläet **(se bild).** Detta är för att undvika risken av att bränsle sprutas ut i motorrummet där det kan antändas. Placeringen av huvudreläet är vanligen nära säkringsdosan under motorhuven, men se kapitel 12 för placeringen på just din modell.

**6** Placera kompressionsprovaren i tändstiftshål 1 (närmast kylaren).

**7** Dra runt motorn med startmotorn i minst 7 kompressionstakter och läs av. Trycket ska byggas upp snabbt i en frisk motor. Låg kompression i första takten som följs av gradvis stigande tryck i efterföljande takter indikerar slitna kolvringar. Ett lågt tryck som inte ökar indikerar läckande ventiler eller blåst topplockspackning (eller sprucken topp). Sotavlagringar under ventiltallrikarna kan också orsaka låg kompression. Anteckna högsta avlästa värdet.

**8** Upprepa med resterande cylindrar och jämför med specifikationerna.

**9** Om kompressionen är låg, fyll på lite motorolja (en tesked) i varje cylinder genom tändstiftshålet och upprepa provet.

**10** Om kompressionen ökar efter tillsatsen av olja är kolvringarna definitivt slitna. Om inte kompressionen ökar läcker ventilerna eller topplockspackningen. Ventilläckage kan orsakas av brända ventilsäten och/eller tallrikar eller skeva, spruckna eller krökta ventiler.

**11** Ett lågt tryck i två angränsande cylindrar är nästan helt säkert beroende på att topplockspackningen gått sönder mellan dem. Kylvätska i motoroljan är en bekräftelse på detta.

**12** Om en cylinder har ca. 20 procent lägre kompression än de andra och motorn har en något ojämn tomgång kan en sliten avgaskamlob vara orsaken.

**13** Om kompressionen är onormalt hög är förbränningsrummen troligen täckta med sotavlagringar. Om detta är fallet ska topplocket demonteras och sotas.

**14** Om kompressionen är mycket låg eller varierar avsevärt mellan cylindrarna är det klokt att låta en verkstad läckagetesta motorn. Detta talar om precis var läckan finns och hur allvarlig den är.

## 4 Motordemontering - metoder och föreskrifter

Om du beslutat dig för att lyfta ur en motor för renovering eller större reparationer ska ett flertal förberedande åtgärder vidtas.

En lämplig plats att arbeta på är av största vikt. Tillräckligt med arbetsutrymme och förvaringsutrymme krävs. Om du inte har tillgång till verkstad eller garage krävs som minimum en plan, jämn och ren arbetsyta i form av ett golv av asfalt eller betong.

En rengöring av motorrummet och motorn innan arbetet med urtagningen påbörjas hjälper till att hålla verktygen rena och i god ordning.

En motorlyft eller en A-ram krävs. Se till att lyftutrustningen är klassad för en högre vikt än den sammanlagda för motorn och tillbehören. Säkerheten ska alltid sättas främst, speciellt med tanke på de potentiella risker som är förenade med denna typ av arbete.

Om motorn lyfts ut av en nybörjare bör en medhjälpare finnas tillgänglig. Råd och hjälp från en mer erfaren mekaniker är till god hjälp. Det finns även många tillfällen när en person inte ensam kan utföra de moment som krävs för att lyfta ut motorn ur bilen.

Planera arbetet i förväg. Innan du börjar ska du köpa (eller hyra) alla verktyg och all utrustning som behövs. En del av den utrustning som behövs för att utföra urlyftning och installation av motorn på ett säkert och relativt enkelt sätt är, förutom en motorlyft, följande: en stark garagedomkraft, en komplett uppsättning med nycklar och hylsor enligt beskrivning i början av denna handbok, träklossar, en mängd trasor och rengöringsmedel för spillolja, kylvätska och lösningsmedel. Om du måste hyra verktyg, se till att boka dem i tid och gör sedan allt arbete som kan göras utan dem i förväg. Detta spar tid och pengar.

Planera för det faktum att bilen inte kommer att kunna användas under den tid som arbetet tar. En verkstad kommer att behövas för det arbete en hemmamekaniker inte klarar av utan specialutrustning. Verkstäder är ofta upptagna så det kan vara en god idé att samråda med verkstaden innan du lyfter ut motorn så att du kan få en bra uppfattning om den tid de behöver för att renovera eller reparera de delar som behöver åtgärdas.

Du ska alltid vara ytterst försiktig när motorn lyfts ut och monteras. Vårdslöshet kan orsaka allvarliga skador. Planera jobbet och ta god tid på dig. Då kan arbeten av denna typ, trots att de är omfattande, utföras med framgång.

***Varning: Luftkonditioneringssystemet arbetar med högt tryck. Lossa inte anslutningar och ta inte bort delar innan dess att trycket släpps ut av en kvalificerad tekniker. Använd alltid skyddsglasögon eller visir när anslutningar i luftkonditioneringssystemet lossas.***

***Varning: Om en M40-motor lyfts ut är det viktigt att den inte är vänd upp och ned under längre tid än 10 minuter, i och med att det finns risk att olja rinner ut ur de hydrauliska ventillyftarna. Detta skulle göra dem obrukbara och skador kan möjligen uppstå nästa gång motorn startas.***

## 5 Motor - demontering och montering

***Varning: Om radion i din bil är stöldskyddad, se till att ha aktiveringskoden tillgänglig innan batteriet kopplas ur.***

**Observera:** *Om fel språk visas på instrumentpanelen när strömmen kopplas in igen, se sidan 0•7 där proceduren för språkinställning beskrivs.*

### Demontering

**1** Släpp ut trycket ur bränslesystemet (se kapitel 4) och lossa batteriets jordledning.

**2** Täck över framskärmarna så att lacken inte skadas och demontera motorhuven (se kapitel 11). Det finns speciella skydd för skärmarna men ett gammalt täcke eller en filt duger.

**3** Demontera luftfilterhuset och intagstrummorna (se kapitel 4).

**4** Dränera kylsystemet (se kapitel 1).

**5** Märk vakuumslangar, avgasreningsslangar, elektriska kontakter, jordledningar och bränsleledningar, så att de kan monteras korrekt, innan de lossas. Bitar med maskeringstejp med skrivna nummer eller bokstäver fungerar bra **(se bild).**

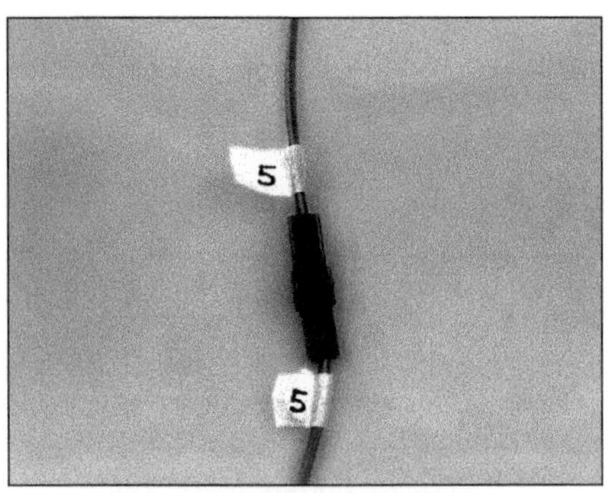

5.5 Märk ledningarna innan kontakterna dras ut

**Om det över huvud taget finns risk för förvirring, gör en skiss över motorrummet och märk ledningar, slangar och kablar tydligt.**

6 Märk upp och lossa samtliga kylslangar från motorn (se kapitel 3).

7 Demontera kylarfläkten, fläktkåpan och kylaren (se kapitel 3). **Observera:** *På M40-motorn är det endast nödvändigt att demontera fläkten och fläktkåpan, men skydda kylaren mot skador genom att täcka över den med en bit trä eller kartong.*

8 Demontera drivremmarna (se kapitel 1).

9 Lossa bränsleledningarna från bränsleröret (se kapitel 4).

***Varning: Bensin är ytterst eldfarlig – mycket stor försiktighet måste iakttagas vid arbete med någon del av bränslesystemet. Rök inte, låt heller inte öppen eld eller ej övertäckta glödlampor finnas nära arbetsplatsen. Tvätta omedelbart bort utspilld bensin som hamnar på huden med tvål och vatten. Använd alltid skyddsglasögon vid arbete med bränslesystem och ha alltid en lämplig brandsläckare nära till hands.***

10 Lossa gasvajern (se kapitel 4) och kick-down-länkaget/farthållarvajern (se kapitel 7B), från motorn i förekommande fall.

11 Om monterad, skruva loss servostyrningens pump (se kapitel 10). Lossa inte anslutningarna och se till att pumpen hålls upprätt i motorrummet (bind fast den med vajer eller rep där den inte är i vägen).

12 På modeller med luftkonditionering, skruva loss kompressorn (se kapitel 3) och för den åt sidan. **Lossa inte** slangarna.

13 Dränera motoroljan (se kapitel 1) och ta bort filtret. Demontera stänkskydden på motorns undersida.

14 Demontera startmotorn (se kapitel 5).

15 Demontera generatorn (se kapitel 5). Detta är inte nödvändigt på alla modeller men är en god idé för att undvika oavsiktliga skador.

5.26 Demontera motorns bakre platta (M40-motorn)

16 Skruva lös avgassystemet från motorn (se kapitel 4).

17 Om du arbeta på en bil med automatväxellåda, demontera fästena mellan momentomvandlaren och drivplattan (se kapitel 7B). På M40-motorn, skruva ur rören till automatväxellådsoljans kylning från sumpen.

18 Stötta växellådan med en domkraft, lägg en träkloss emellan så att växellådan inte skadas. Det finns speciella växellådsdomkrafter med säkerhetskedjor – använd en sådan om möjligt.

19 Koppla en motorsling eller en kätting till motorns lyftfästen. Om fästena demonterats kan kättingen bultas direkt på insugsrörets pinnbultar men placera en plan bricka mellan länken och muttern och dra muttern hela vägen mot länken så att pinnbulten inte riskerar att böjas.

20 För motorlyften i läge och koppla slingen/kättingen till den. Ta hem spelet men lyft inte motorn.

***Varning: Placera INTE någon del av din kropp under motorn medan den är stöttad enbart av en motorlyft eller annat lyftverktyg.***

21 På M10, M20 och M30-motorer, växellådans bakre tvärbalk och sänk ned bakre delen av växellådan en smula.

22 Skruva ur bultarna mellan motorn och växellådan med en torx-hylsa.

**Observera:** *De bultar som håller svänghjulskåpan vid motorblocket kräver en led på hylsan och ett mycket långt förlängningsskaft som löper bakåt mot växellådan.*

23 Skruva ur de muttrar som håller motorfästena vid monteringsramen. På M40-motorn, demontera dämparna från fästena.

24 Kontrollera än en gång att inte någonting fortfarande är anslutet mellan motorn och växellådan eller bilen. Lossa eventuellt bortglömda anslutningar.

25 Lyft något på motorn. För den försiktigt framåt så att den kommer loss från växellådan. Om du arbetar på en bil med automatlåda kan du finna att momentomvandlaren följer med motorn framåt. Om den stannar kvar på lådan, lämna den där men det kan vara enklare att låta den följa med framåt till dess att greppet blir bättre så att den kan dras av från vevaxeln.

**Observera:** *När momentomvandlaren monteras på växellådan innan motorn monteras, se då till att byta växellådans främre pumppackning som troligtvis skadades när momentomvandlaren följde med motorn.* Bägge metoderna är acceptabla men var beredd på att en del olja spills ut från momentomvandlaren om den följer med motorn. Om du arbetar på en bil med manuell växellåda, dra motorn framåt till dess att den ingående växellådsaxeln går helt fri från kopplingen. Lyft motorn långsamt ur motorrummet. Kontrollera noga att allt är lossat från motorn.

26 Demontera svänghjul/drivplatta (och i förekommande fall, motorns bakre platta) och montera motorn på ett motorställ **(se bild).** Vänd inte upp och ned på en M40-motor (se **varningen** i avsnitt 4).

## Montering

27 Kontrollera motor- och växellådsfästen. Om de är slitna eller skadade ska de bytas.

28 Montera svänghjulet eller drivplattan (se kapitel 2A). Om du arbetar på en bil med manuell växellåda, montera kopplingen och tryckplattan (se kapitel 7A). Detta är ett bra tillfälle att montera en ny koppling.

29 Om momentomvandlaren följde med motorn ut, montera den i växellådan innan motorn sänks ned i bilen.

30 Sänk försiktigt ned motorn i motorrummet – se till att motorfästena riktas in.

31 Om du arbetar på en bil med automatväxellåda, trä momentomvandlaren på vevaxeln enligt beskrivning i kapitel 7B.

32 Om du arbetar på en bil med manuell växellåda, lägg på en klick fett med hög smältpunkt på den ingående växellådsaxeln och styr in den i kopplingen och vevaxelns pilotlager till dess att svänghjulskåpan är dikt mot motorblocket. Låt inte motorns vikt hänga på den ingående växellådsaxeln.

***Det kan ibland vara nödvändigt att gunga lite på motorn eller vrida vevaxeln något så att splinesen på den ingående växellådsaxeln greppar in i lamellens splines.***

33 Skruva i bultarna mellan växellådan och motorn och dra åt dem ordentligt.

***Varning: ANVÄND INTE bultarna till att tvinga ihop motorn och växellådan.***

34 Montera resterande delar i omvänd demonteringsordning.

35 Fyll på kylvätska och oljor efter behov.

**36** Provkör motorn och leta efter läckage samt kontrollera att alla aggregat fungerar, montera motorhuven och provkör bilen.

**37** Vid behov, låt en specialist ladda om luftkonditioneringen och läckagetesta den.

## 6 Motorrenovering - alternativ

Hemmamekaniker ställs inför ett antal alternativ vid utförandet av en motorrenovering. Beslut om byte av motorblock, kolvar/vevstakar och vevaxel beror på ett antal faktorer, den viktigaste av dem är skicket på blocket. Andra överväganden är kostnader, tillgång till verkstadsutrustning och reservdelar, den tid projektet kräver och tidigare erfarenheter av fordonsreparationer.

Vissa av alternativen är:

**Enskilda delar -** Om en inspektion visar att motorblock och de flesta motordelar kan återanvändas kan inköp av enskilda delar vara det mest ekonomiska alternativet. Inspektera block, vevaxel och kolvar/stakat noggrant. Även om blocket inte är slitet ska cylindrarna honas.

**Vevaxelsats** - En vevaxelsats (om tillgänglig) består av en omslipad vevaxel med matchande ram- och vevlager i understorlek. Ibland ingår renoverade vevstakar och nya kolvar i satsen (en sådan sats kallas ibland för "motorsats"). Om blocket är i bra skick men vevaxelns lagertappar är märkta eller slitna kan en vevaxelsats och andra enskilda delar vara det mest ekonomiska alternativet.

**Kort block** - Ett kort block består av ett motorblock med vevaxel och kolvar/vevstakar monterade. Nya lager är monterade och samtliga toleranser är korrekta. Befintliga delar som kamaxel, ventilmekanism, topplock och aggregat kan bultas på det korta blocket. Inget eller mycket ringa verkstadsarbete krävs.

**Komplett block -** Ett komplett block består av ett kort block plus oljepump, sump, topplock, ventilkåpa, kamaxel och ventilmekanism, kamdrev och kamrem/kamkedja samt kamdrivningskåpor. Samtliga delar är monterade med nya lager, packboxar och packningar. Endast montering av gren- och insugsrör samt aggregat krävs.

Överväg noga vilket alternativ som är bäst för just dig och diskutera situationen med en lokal verkstad, reservdelsförsäljare och personer med vana av motorrenoveringar innan du beställer eller köper nya delar.

## 7 Motorrenovering - isärtagningssekvens

**1** Det är mycket enklare att ta isär och arbeta med motorn om den är uppsatt i ett ställ. Ett motorställ kan ofta hyras för en billig penning från en firma som hyr ut verktyg. Innan motorn monteras på stället ska svänghjulet/drivplattan demonteras.

**2** Om ett ställ inte finns tillgängligt går det att ta isär motorn om den är ställd på klossar på golvet. Var försiktig så att du inte tappar eller välter motorn om du arbetar utan ställ.

**3** Om du ska köpa en färdigrenoverad motor ska de delar som räknas upp nedan demonteras först, så att de i förekommande fall kan flyttas över till den nya motorn. Detta är även fallet om du själv ska renovera motorn. **Observera:***Vid demontering av aggregat och yttre delar, var uppmärksam på detaljer som kan vara viktiga eller till hjälp vid monteringen. Anteckna och skissa monteringslägen för packningar, packboxar, distanser, stift, fästen, brickor, bultar och andra små delar.*

*Generator och fästen*
*Avgasreningens komponenter*
*Fördelare, tändkablar och tändstift*
*Termostat och kåpa*
*Vattenpump*
*Bränsleinsprutning/förgasare och bränslesystemskomponenter*
*Insugs- och grenrör*
*Oljefilter och oljetrycksgivare*
*Motorfästen* **(se bild)**
*Koppling och svänghjul/drivplatta*
*Bakre motorplåten (i förekommande fall)*

**4** Om du ska köpa ett kort block som består av motorblock, vevaxel, kolvar och vevstakar monterade måste även topplock, sump och oljepump demonteras. Se avsnitt 6 for mer information om de möjligheter som finns att ta i beaktande.

**5** Om du planerar en helrenovering måste motorn tas isär och de interna delarna demonteras i följande generella ordning:

*Ventilkåpan*
*Insugs- och grenrör*
*Kamdrivningskåporna*
*Kamrem/-kedja*
*Vattenpump*
*Topplock*
*Sump*
*Oljepump*
*Kolvar/vevstakar*
*Vevaxel- och ramlager*
*Kamaxel*
*Vipparmar med axlar (M10, M20 och M30-motorer)*
*Kamföljare och hydrauliska lyftare (M40-motor)*
*Ventilfjädersäten och ventilfjädrar*
*Ventiler*

**6** Innan isärtagningen och renoveringen påbörjas, se till att följande finns tillgängligt. Se även avsnitt 21 för en lista över verktyg och material som behövs för motorns ihopsättning.

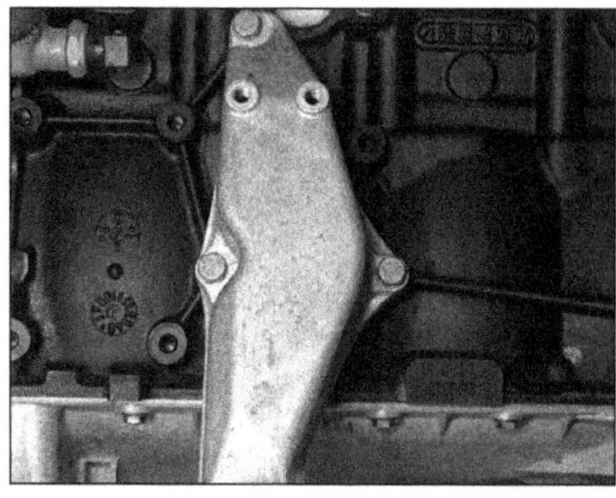

**7.3 Vänster motorfäste (M40-motorn)**

*Standard handverktyg*
*Små pappkartonger eller plastpåsar för förvaring av delar*
*Metallåda med fack för förvaring av de hydrauliska ventillyftarna (M40-motor)*
*Packningsskrapa*
*Kantbrotsch*
*Vibrationsdämparavdragare*
*Mikrometer*
*Teleskopisk tolk*
*Mätklocka*
*Ventilbåge*
*Cylinderhonare*
*Verktyg för rengöring av kolvringsspår*
*Elektrisk borrmaskin*
*Gängsats*
*Stålborstar*
*Oljekanalsborstar*
*Rengöringsmedel*

## 8 Topplock - isärtagning

**1** Demontera topplocket (se kapitel 2A).

**2** Demontera oljematningsröret från fästet på topplocket **(se bild). Observera:***Det är viktigt att packningarna under rörfästets bultar byts.*

**8.2a Demontera oljeröret från topplockets översida (M10-motorn). Anteckna placeringen för samtliga packningar och brickor inför ihopsättningen**

8.2b Demontering av oljeröret från kamaxellageröverfallen högst upp på topplocket (M40-motorn)

8.4 Kontroll av kamaxelns axialspel utförs med mätklocka vars sond är i linje med kamaxeln och precis berör främre änden av den

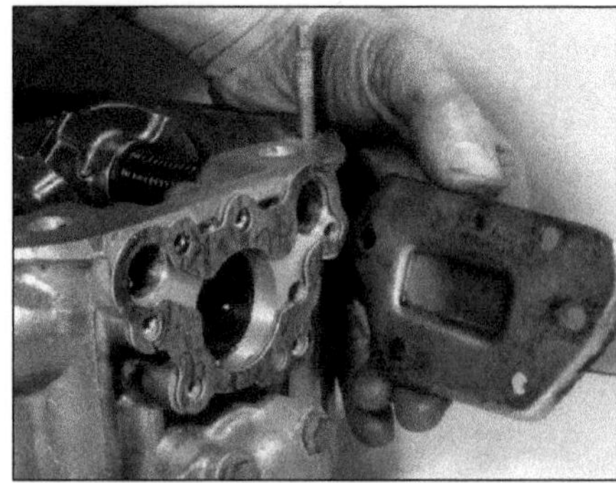

8.6 Demontera kåpan från bakre delen av toppen – notera placeringen för de brickor, packningar och tätningar som följer med kåpan

## M10, M20 och M30-motorer

**3** Justera samtliga ventiler till maximalt spel genom att vrida excentern på ventiländen av vipparmen mot centrum av toppen (se kapitel 1, vid behov).

**4** Innan tryckplattan demonteras, mät upp kamaxelns axialspel genom att montera en mätklocka på topplockets framkant med sonden vilande på kamaxeln **(se bild)**. Rucka kamaxeln fram och tillbaka i toppen. Avläst värde är axialspelet. Jämför detta med specifikationerna.

**5** Skruva ur och demontera kamaxelns tryckplatta. **Observera:** *Det finns två olika placeringar för tryckplattan. På M10 och M30-motorer finns den i framkanten av topplocket, bakom kamdrevsflänsen. På M20 och M40-motorer finns tryckplattan inne i toppen vid vipparmsaxlarna i topplockets främre del.*

**6** Demontera den bakre täckplattan från topplockets baksida **(se bild)**.

**7** Demontera clipsen från vipparmarna. **Observera:** *Det finns mer än ett utförande på clipsen. Trådclipsen* **(se bild)** *är monterade på var sida om vipparmen, fjäderstålstypen går över vipparmen och är fäst på vardera sidan om den.*

**8** Innan vipparmsaxlarna demonteras, mät upp deras radialspel med en mätklocka och jämför det med specifikationerna. Utan att dra vipparmen på axeln, försök vrida den mot axeln i vardera riktningen **(se bild)**. Den totala rörelse som kan mätas på kamaxelsidan av vipparmen är radialspelet. Om detta är för stort kommer endera vipparmsbussningen, vipparmsaxeln eller båda att behöva bytas.

**9** Demontera gummipluggarna eller de iskruvade pluggarna på framsidan av topplocket, efter vad som finns monterat. Det finns en plugg framför varje vipparm.

***Varning: Om din motor har insvetsade pluggar framför vipparmarna, ta toppen till en maskinverkstad för demontering av pluggarna så att eventuella skador på topplocket och vipparmsaxlarna undviks.***

**10** Vrid kamaxeln så att största möjliga antal vipparmar är lösa (inte trycker på respektive ventiler).

**11** För resterande vipparmar som fortfarande trycker mot ventilerna rekommenderar BMW ett speciellt gaffelverktyg för att trycka vipparmarna mot ventilerna (och därmed avlasta kamloberna från ventilfjädertrycket). Om detta verktyg inte finns tillgängligt, stick in en vanlig skruvmejsel i gapet ovanför vardera justeringsexcentern i ventiländarna av vipparmarna. Använd skruvmejslarna och tryck vipparmarna mot ventilerna och håll dem på plats medan kamaxeln demonteras (se nästa paragraf). Det behövs minst en medhjälpare för detta moment i och med att det vanligen är tre eller fyra ventilfjädrar som måste tryckas ned. Om medhjälpare saknas kan du försöka hålla skruvmejslarna på plats genom att binda fast dem mot bänken med kraftig ståltråd.

***Varning: Se till att ståltråden är säkert fäst i både bänken och skruvmejslarna. I annat fall kan skruvmejslarna flyga loss och möjligen orsaka personskador.***

**12** När ingen vipparm längre trycker på kamaxelns lober ska du försiktigt dra ut kamaxeln genom toppens framsida. Det kan bli nödvändigt att vrida kamaxeln under urtagandet.

***Varning: Var noga med att inte repa kamaxelns lagertappar när den dras ut.***

**13** När kamaxeln demonterats ska vipparmsaxlarna demonteras. På modeller utan gängade hål i axlarnas framändar ska drivas ut från baksidan med hammare och trädorn som har en något mindre diameter än vipparmsaxeln **(se bild)**. För vipparmsaxlar med gängade hål i framändan, skruva in en draghammare i hålen och dra ut axlarna från topplocket.

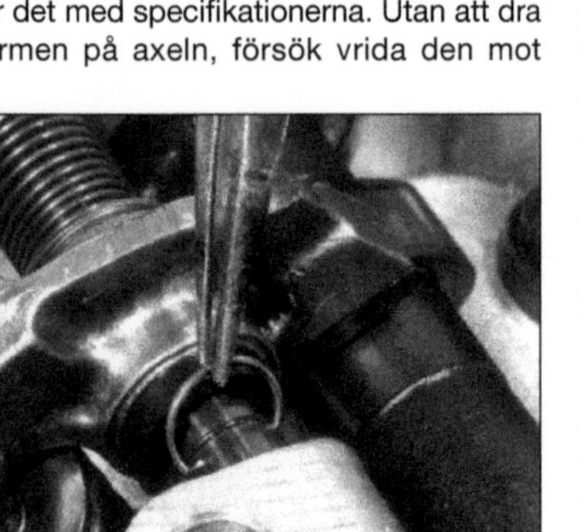

8.7 Demontera clipsen från vipparmarna – här visas ett trådclips

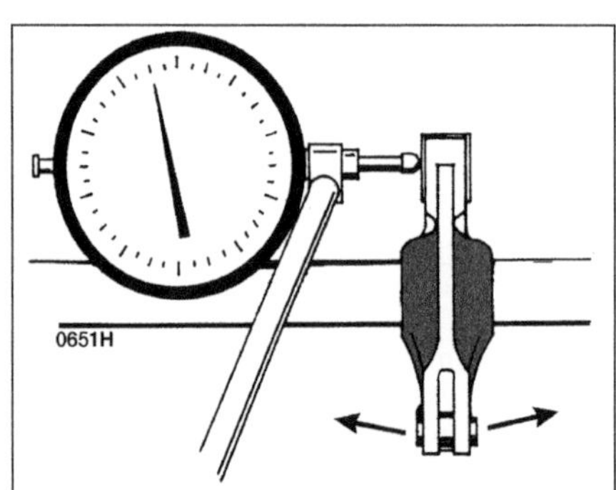


8.8 Kontrollera radialspelet mellan vipparm och vipparmsaxel med en mätklocka monterad som visat och försök sedan vrida vipparmen i vinkel mot axeln DRA INTE vipparmen utmed axeln

8.13 Ta ut vipparmsaxeln från topplockets framsida – axeln måste antingen drivas ut från baksidan med en trädorn eller på modeller där axeln är gängad i framkanten, dras ut med en draghammare

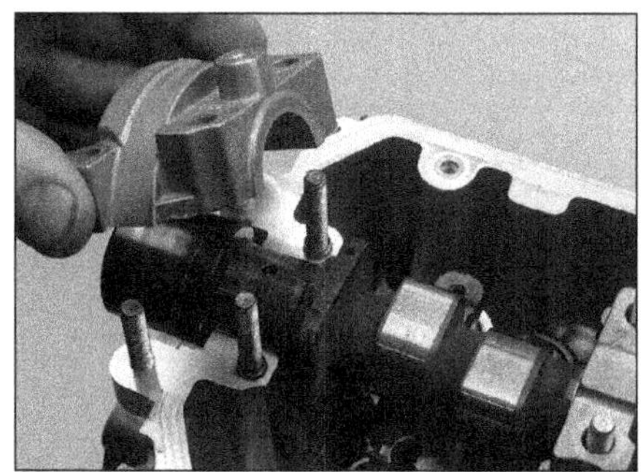

8.17a Demontera kamaxelns lageröverfall . . .

8.17b . . . och kamaxeln (M40-motorn)

8.19 Låda med fack för förvaring av de hydrauliska ventillyftarna (M40-motorn)

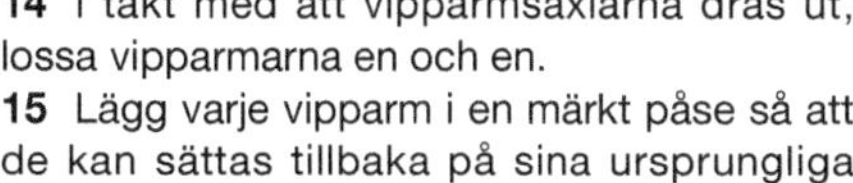

**14** I takt med att vipparmsaxlarna dras ut, lossa vipparmarna en och en.

**15** Lägg varje vipparm i en märkt påse så att de kan sättas tillbaka på sina ursprungliga platser. När du drar ut vipparmsaxlarna, notera deras orientering. Styrplåtens urtag och de små oljehålen inåt, de stora oljehålen nedåt mot ventilstyrningarna. Märk även upp vipparmsaxlarna så att de kan sättas tillbaka på sina ursprungliga platser.

## M40-motorer

***Varning: Håll topplocket upprätt till dess att samtliga hydrauliska ventillyftare demonterats. Om denna åtgärd inte vidtas kan oljan rinna ur lyftarna och göra dem odugliga.***

**16** Kontrollera att kamaxelns lageröverfall är numrerade eller platsmärkta.

**17** Skruva gradvis ur kamaxellageröverfallens bultar och lyft undan överfallen **(se bilder).**

**18** Lyft upp kamaxeln från topplockets översida och demontera packboxen i drevänden.

**19** Ha en förberedd låda med fack fyllda med motorolja där de hydrauliska lyftarna kan förvaras märkta med sina respektive platser **(se bild).** Ha även en annan låda redo för kamföljarna.

**20** Demontera först kamföljarna och tryckbrickorna och lyft därefter ut de hydrauliska ventillyftarna från sina lopp i topplocket **(se bilder).**

8.20a Lyft ur kamföljarna . . .

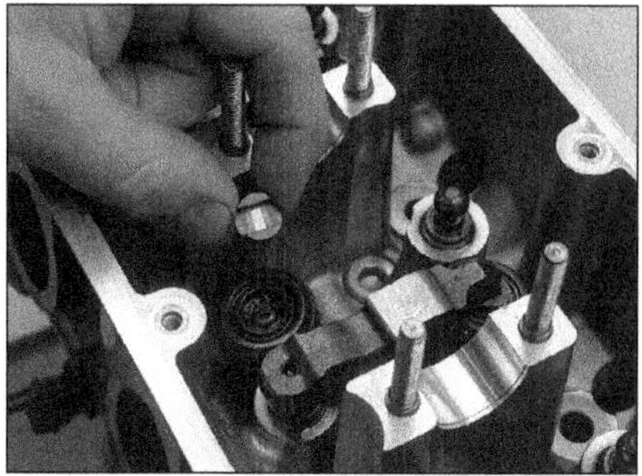

8.20b . . . och tryckplattorna . . .

## Samtliga motorer

**21** Innan ventilerna demonteras, märk upp dem och ha en färdig förvaringsplats för dem tillsammans med sina respektive relaterade komponenter, så att de kan förvaras separat och sättas tillbaka i de ventilstyrningar de togs ut från **(se bild).**

**22** Tryck ihop fjädern på den första ventilen med ventilbågen och ta ut knastren **(se bild).** Släpp sakta upp ventilbågen och demontera hållaren, fjädern och fjädersätet (om sådant förekommer).

**23** Dra ut ventilen ur topplocket och ta av packningen från ventilstyrningen.

***Om ventilen kärvar i styrningen (inte går att trycka genom), tryck tillbaka den och slipa bort eventuella grader runt knasterspåret med en finskuren fil eller ett bryne.***

8.20c . . . och lyft sedan ut de hydrauliska ventillyftarna

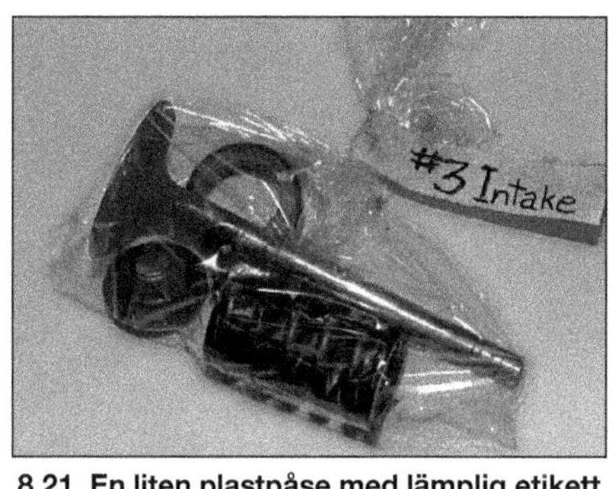


8.21 En liten plastpåse med lämplig etikett kan användas till att förvara ventildelar så att de kan hållas samman och monteras tillbaka på sina ursprungliga platser

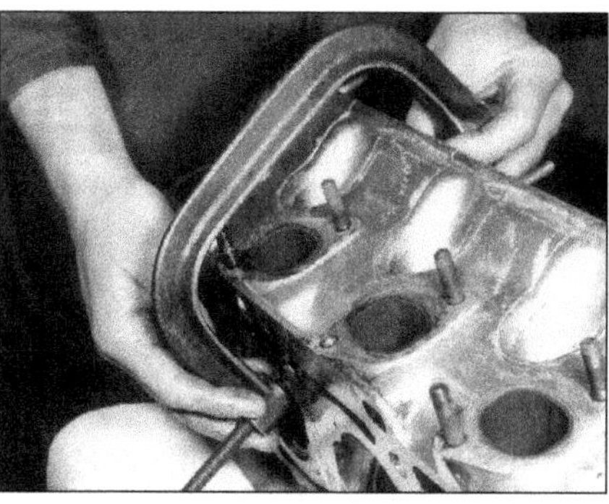

8.22 Använd en ventilbåge till att trycka ihop en ventilfjäder

**24** Upprepa med resterande ventiler. Kom ihåg att hålla alla delar till varje ventil för sig så att de kan sättas tillbaka på sina respektive platser.

**25** När ventilerna och sammanhörande delar demonterats och förvaras ordentligt märkta ska toppen rengöras och inspekteras med största noggrannhet. Om en komplett motorrenovering utförs, avsluta motorns isärtagning innan toppen rengörs och inspekteras

## 9 Topplock och delar - rengöring och inspektion

**1** Noggrann rengöring av topplock och ventildelar följt av en noggrann inspektion kommer att ge dig möjlighet att fatta beslut om hur mycket arbete som behövs på ventilerna under motorrenoveringen.

**Observera:** *Om motorn blivit allvarligt överhettad är topplocket troligtvis skevt (se paragraf 10).*

### Rengöring

**2** Skrapa bort alla packningsrester och spår av tätningsmassa från fogytorna på topplocket, insugsröret och grenröret. Var mycket noga med att inte åstadkomma några hack i topplocket. Speciell packningsupplösare finns att köpa från motorspecialister.

**3** Avlägsna alla avlagringar i kylkanalerna.

**4** Kör en styv borste genom de olika hålen och avlägsna eventuella avlagringar.

**5** Rensa gängorna i hålen för topplocksbultarna från korrosion och gänglås med en gängtapp i korrekt storlek och blås sedan ur dem med tryckluft om tillgänglig.

***Varning: Använd skyddsglasögon när du använder tryckluft!***

**6** Rengör topplocket med lösningsmedel och torka det noga. Tryckluft snabbar på torkningen och ser till att hål och skrymslen är rena. **Observera:** *Kemikalier för avsotning finns att få och de kan vara mycket nyttiga vid rengöring av topp och ventiler. De är dock synnerligen frätande och ska användas med försiktighet. Se till att följa tillverkarens instruktioner på förpackningen.*

**7** Rengör alla vipparmsaxlar/vipparmar/kamföljare, ventiler, ventilfjädrar, fjädersäten, knaster och hållare med lösningsmedel och torka dem ordentligt. Rengör delarna för en ventil i taget så att ingen hopblandning inträffar.

***Varning: RENGÖR INTE de hydrauliska ventillyftarna i M40-motorn, låt den vara helt nedsänkta i motorolja.***

**8** Skrapa loss alla tjocka avlagringar på ventilerna och använd sedan en motordriven stålborste till att ta bort avlagringarna på ventilerna tallrikar och skaft. Se även här till att ventilerna inte blandas ihop.

### Inspektion

**Observera:** *Se till att genomföra samtliga följande inspektioner innan du drar slutsaten att verkstadsarbete krävs. Gör upp en lista över vad som ska åtgärdas.*

#### Topplock

**9** Inspektera toppen mycket noga och leta efter sprickor, tecken på kylvätskeläckor och andra skador. Om sprickor påträffas, rådfråga en maskinverkstad angående reparationer. Om dessa inte är möjliga måste ett nytt topplock inköpas.

**10** Använd stållinjal och bladmått och kontrollera fogytans skevhet **(se bild).** Om skevheten överstiger specifikationernas gränsvärde kan det vara möjligt att fräsa om toppen, under förutsättning att tjockleken på den inte minskas under angivet minimum.

**11** Undersök ventilsätena i varje förbränningskammare. Om de har stora märken, sprickor eller brännskador kräver topplocket arbete som en hemmamekaniker inte har resurser för.

**12** Kontrollera spelet mellan ventilskaft och styrning genom att mäta upp den laterala rörelsen med en mätklocka **(se bild).** Ventilen måste sitta i styrningen och finnas cirka 2 mm från sätet. Den totala rörelse i ventilskaftet som indikeras av mätklockan måste divideras med 2 för att erhålla aktuellt spel. När detta gjorts och det finns minsta tveksamhet rörande skicket på ventilstyrningarna ska dessa kontrolleras av en maskinverkstad (kostnaden för detta ska vara minimal).

**9.12 En mätklocka kan användas till att mäta spelet mellan ventilskaftet och styrningen (rör på ventilen så som pilarna anger)**

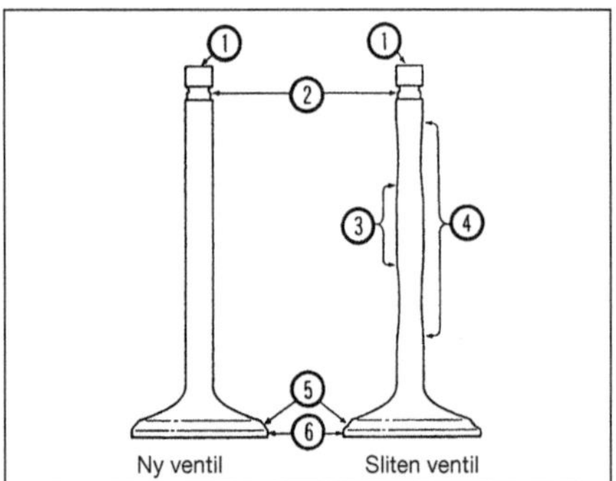


**9.13 Kontrollera ventilslitaget på de punkter som anges här**

*1 Skaftänden*
*2 Knasterspåret*
*3 Skaftet (minst slitna del)*
*4 Skaftet (mest slitna del)*
*5 Ventilytan*
*6 Kanten*

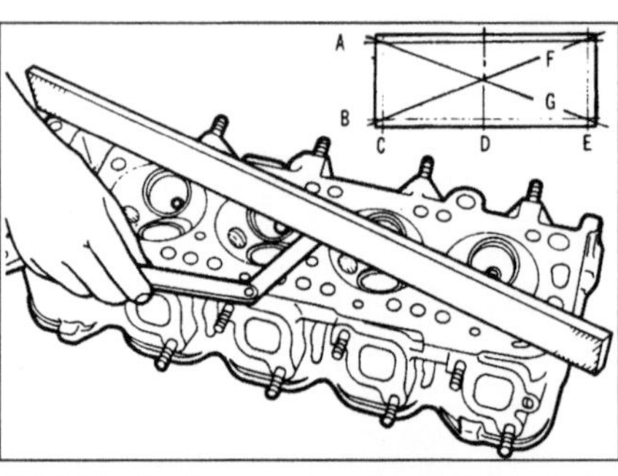


**9.10 Kontrollera om topplockets fogyta är skev genom att försöka sticka ett bladmått under stållinjalen (se specifikationerna för maximal acceptabel skevhet och använd ett bladmått med den tjockleken)**

#### Ventiler

**13** Inspektera varje ventil och leta efter tecken på ojämnt slitage, deformering, sprickor, gropar och brända ytor **(se bild).** Kontrollera om ventilskaften har repor och nackarna har sprickor. Vrid på ventilen och leta efter tydliga tecken på att den är krökt. Leta efter gropar och högt slitage på skaftändarna. Samtliga dessa tillstånd kräver åtgärder som beskrivs i nästa avsnitt.

**14** Mät marginalbredden på varje ventil **(se bild).** Varje ventil vars marginal är trängre än specificerat måste bytas mot en ny.

#### Ventilkomponenter

**15** Kontrollera samtliga ventilfjädrars ändslitage. Spänningen i samtliga fjädrar ska mätas upp med en speciell fixtur innan de bedöms som användbara i en renoverad motor (ta fjädrarna till en maskinverkstad för denna kontroll).

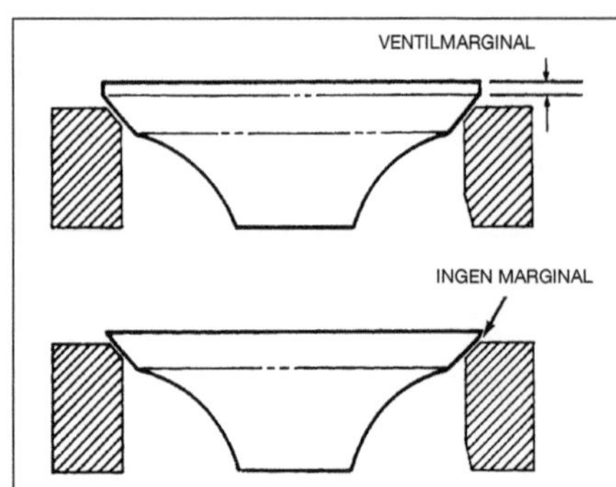


**9.14 Marginalbredden på varje ventil måste vara enligt specifikationerna (om marginal saknas kan ventilen inte återanvändas)**

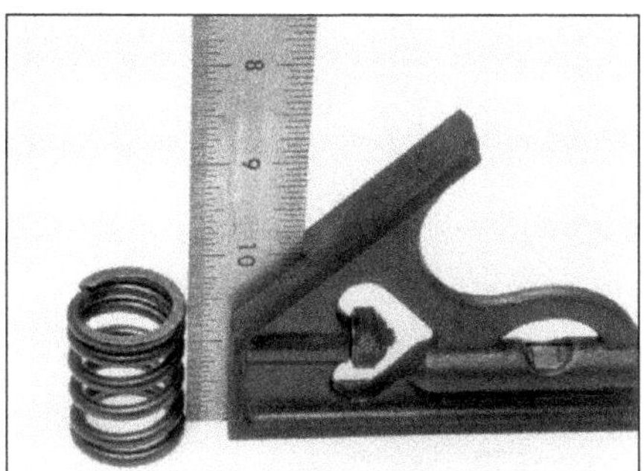

**9.16 Kontrollera alla ventilfjädrars vinkel**

**16** Ställ fjädrarna på en plan yta och kontrollera att de står rakt **(se bild).** Om någon fjäder är vriden, hopsjunken eller har ett brutet varv, montera en ny.

**17** Kontrollera om säten och hållare är slitna eller skadade. Tvivelaktiga delar ska bytas eftersom omfattande motorskador uppstår om de havererar under körning.

## Vipparmar (M10, M20 och M30-motorer)

**Observera:***Avgasventilernas vipparmar är de som slits hårdast och ska därför kontrolleras extra noga.*

**18** Inspektera slitaget på vipparmarnas spetsar där de är i kontakt med ventilskaft och kamaxel **(se bild).**

**19** Kontrollera vipparmarnas radialspel (se avsnitt 8). Om det är för stort är antingen vipparmsbussningen eller axeln (eller båda) för slitna. Avgör vilken som är mest sliten genom att dra vipparmen till en ej sliten del av axeln och kontrollera radialspelet där. Om det där ligger inom specifikationerna är troligtvis axeln mer sliten. Om spelet fortfarande är för stort ska vipparmsbussningen bytas.

## Vipparmsaxlar (M10, M20 och M30-motorer)

**20** Kontrollera om axlarna är repade, utslitna eller på annat sätt skadade. De områden där vipparmarna är i kontakt med axeln ska vara helt släta. Om det finns synliga åsar i kanterna av vipparmarnas kontaktytor är axeln troligtvis utsliten.

## Kamföljare och hydrauliska ventillyftare (M40-motorer)

**21** Kontrollera kamföljarna där de är i kontakt med ventilskaften och pivåposterna vad gäller slitage, repor och gropar. Om det är för stort slitage på både kamföljarna och kamaxeln måste en ny kamaxel, komplett med kamföljare, inhandlas.

**22** Kontrollera på liknande sätt de hydrauliska ventillyftarna där de är i kontakt med loppen i topplocket vad gäller slitage, repor och gropar. I bland kan en hydraulisk lyftare ge ifrån sig missljud och kräva byte. Detta bör ha noterats när motorn kördes. Det är inte enkelt att kontrollera en ventillyftare vad gäller inre skador när den väl demonterats. Om det finns tvivel på skicket ska en hel sats nya lyftare monteras.

## Kamaxel

**23** Inspektera kamaxelns lagertappar (de runda lagerytorna) och lober vad gäller repor, gropar, flisor och stort slitage. Använd en mikrometer och mät upp höjderna på alla lober. Jämför höjderna. Om de varierar (inbördes mellan avgas- eller insugslober) med mer än cirka 0,08 mm eller om kamaxeln visar tecken på slitage ska kamaxeln bytas.

**24** Inspektera topplockets kamaxellagerytor vad gäller repor och andra skador. Om lagerytorna är repade eller skadade måste du normalt byta topp i och med att lagerytorna är frästa direkt i topplocket. **Observera:** *En maskinverkstad (speciellt en som specialiserar sig på BMW eller en auktoriserad verkstad kan tillhandahålla alternativ till montering av ny topp om det enda problemet är lätt repade lagerytor för kamaxeln.*

**25** Mät kamaxellagertapparna med mikrometer, anteckna måtten **(se bild).** Använd en teleskopisk tolk eller insidesmikrometer och mät kamaxellagringens diameter i topplocket (på M40-motorn, montera lageröverfallen först). Dra måttet för kamaxeltappen från motsvarande lagers innerdiameterså erhålles oljespelet. Jämför detta med specifikationerna. Om det inte ligger inom toleranserna krävs ny kamaxel och/eller topp. **Observera:** *Innan ett topplock köps, kontrollera om inte en maskinverkstad (speciellt en som specialiserar sig på BMW) kan reparera toppen.*

## 10 Ventiler - service

**1** Undersök ventilerna enligt beskrivning i avsnitt 9, paragraferna 13 och 14, Byt de ventiler som visar tecken på skador eller slitage.

**2** Om ventilen verkar korrekt i detta skede, mät ventilskaftets diameter på ett flertal punkter med mikrometer **(se bild 9.13)**. Varje betydande skillnad i avläsningarna anger slitage av ventilskaftet. Om något av dessa tillstånd är uppenbart måste ventilen (-erna) bytas.

**3** Om ventilerna är i tillfredsställande skick ska de slipas in i sätena så att gastäthet uppstår. Om sätet bara har grunda gropar eller om det frästs om, ska finkornig ventilslippasta användas för att skapa krävd yta. Grovkornig pasta ska normalt inte användas annat än om sätet är mycket bränt eller har djupa gropar. Om så är fallet ska toppen inspekteras av en expert för att avgöra om sätet kan fräsas om eller byte av ventil eller säte krävs.

**4** Ventilslipning utförs enligt följande. Placera topplocket upp och ned på en bänk med klossar under var ände så att ventilskaften går fria.

**5** Lägg på en liten klick lämplig slippasta på sätet och tryck ett sugkoppsförsett verktyg på ventiltallriken. Använd en halvroterande rörelse och slipa in ventilen mot sätet. Lyft nu och då på ventilen så att slippastan omfördelas **(se bild).**

**9.18 Leta efter tecken på gropar, missfärgning eller stort slitage på vipparmarnas ändar där de kommer i kontakt med kamaxeln och ventilskaftet**

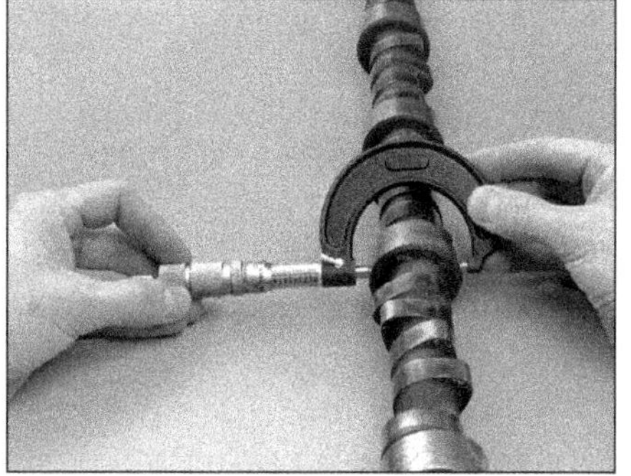

**9.25 Mät upp samtliga lagerytor på kamaxeln och motsvarande lagerytor i toppen och minska sedan lockets invändiga lagerdiameter med kamaxelns så att oljespelet kan erhållas**

**10.5 Inslipning av ventil - slipa inte in mer än vad som absolut behövs, i annat fall kommer sätena att sjunka in i toppen i förtid**

11.4a Smörj ventilstyrningens packbox och placera den i styrningen (ventilen ska också vara på plats) . . .

11.4b . . . och driv sedan försiktigt packboxen på plats med en hylsa eller ett rör

11.6 Sätt övre ventilsätet på plats, tryck ihop fjädern och montera knastren som visat

HAYNES TIPS *En svag fjäder under ventiltallriken underlättar i hög grad inslipandet.*

**6** Om grovkornig slippasta används arbeta endast till dess att en matt jämn yta uppstår på både ventilen och sätet och torka sedan bort slippastan och upprepa med finkorning slippasta. När en slät obruten ring av ljusgrå matt yta finns på både ventilen och sätet är slipningen klar. **Slipa inte** in ventilerna mer än vad som absolut behövs.

**7** När samtliga ventiler slipats in, torka noga bort **alla** spår av slippasta med fotogen eller lämpligt lösningsmedel innan hopsättning av topplocket.

## 11 Topplock - ihopsättning

**1** Se till att topplocket är helt rent innan hopsättningen påbörjas.

**2** Om topplocket skickats bort för ventilservice finns redan ventiler och relaterade komponenter på plats. Inled ihopsättningen med beskrivningen i paragraf 8.

**3** Börja i ena änden av topplocket och lägg på molybdendisulfidfett eller ren motorolja på varje ventilskaft och montera den första ventilen.

11.9 Smörj kamaxelns lagertappar och lober med motormonteringspasta eller molybdendisulfidfett

**4** Smörj läppen på ventilstyrningens packbox och dra den försiktigt över spetsen på ventilskaftet och sedan ned till styrningen. Använd hammare och en djup hylsa eller ett packboxmonteringsverktyg och knacka den försiktigt på plats i styrningen **(se bilderna)**. Vrid inte på packboxen under monteringen i och med att detta leder till att den inte tätar ordentligt mot ventilskaftet. **Observera:** *Vissa motorer har olika packboxar för insugsventiler och avgasventiler – blanda inte ihop dem.*

**5** Placera fjädersätet eller shims över ventilstyrningen och montera fjäder och hållare på plats.

**6** Tryck ihop fjädern med ventilbågen och placera knastren i det övre spåret. Lossa sedan ventilbågen och kontrollera att knastren sitter ordentligt **(se bild)**.

HAYNES TIPS

*Använd vid behov en liten fettklick på varje knaster för att hålla det på plats.*

**7** Upprepa paragraferna 3 till 6 med resterande ventiler. Se till att varje ventil kommer på sin ursprungliga plats - blanda inte ihop dem!

### *M10, M20 och M30-motorer*

**8** Montera vipparmar och vipparmsaxlar med omvänd demonteringsordning. Se till att axlarna monteras rättvända. Styrplattans urtag och de små oljehålen vända inåt, de stora oljehålen vända nedåt mot ventilstyrningarna.

**9** Smörj kamaxelns lagertappar och lober **(se bild)** Och stick försiktigt in den i topplocket. Vrid på den så att kamloberna går fria från vipparmarna. Det kommer även att bli nödvändigt att trycka vipparmarna mot ventilerna enligt beskrivning i avsnitt 8, så att de går fria från kamloberna. Var mycket noga med att inte skada kamaxelns lagerytor i topplocket.

### *M40-motorer*

**10** Smörj ventillyftarnas lopp i topplocket och montera ventillyftarna på sina ursprungliga platser.

**11** Placera tryckbrickorna och kamföljarna på ventilerna och pivåposterna på sina ursprungliga platser.

**12** Smörj kamaxelns lagerytor i topplocket.

**13** Placera kamaxeln i topplocket så att båda ventilerna i cylinder 1 är stängda och att ventilerna i cylinder 4 ”gungar” (avgasventilen stänger och insugsventilen öppnar). Cylinder 1 är i kamdrivningsänden.

**14** Smörj lagerytorna i överfallen och placera dem i sina rätta lägen och låt överfallsbultarna ta gäng. Dra stegvis åt överfallsbultarna till angivet moment.

**15** Montera en ny packbox i kamaxelns främre lageröverfall (se kapitel 2A, avsnitt 11).

### *Samtliga motorer*

**16** Montera oljematningsröret på topplockets översida med nya packningar och dra bultarna till angivet moment.

**17** Topplocket är nu klart för montering på blocket (se kapitel 2A).

## 12 Kolvar/vevstakar - demontering

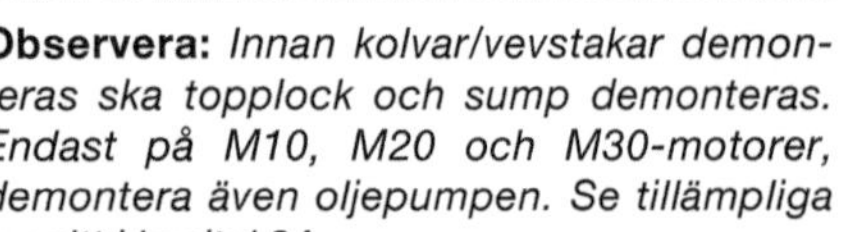

**Observera:** *Innan kolvar/vevstakar demonteras ska topplock och sump demonteras. Endast på M10, M20 och M30-motorer, demontera även oljepumpen. Se tillämpliga avsnitt i kapitel 2A.*

**1** Känn efter med en fingernagel om det finns en vändkant vid den övre gränsen för kolvringens rörelse (cirka 6 mm från cylinder-

**12.1 En kantbrotsch krävs för att avlägsna vändkanterna i cylinderloppens överdelar – gör detta innan kolvarna demonteras!**

**12.3 Kontrollera vevstakarnas sidspel med bladmått som visat**

**12.4 Märk vevlageröverfall i nummerordning från motorns framkant (en prick för cylinder 1, två för cylinder 2 och så vidare)**

loppets överkant). Om sotavlagringar eller slitage producerat vändkanter måste dessa avlägsnas med ett speciellt verktyg kallat kantbrotsch **(se bild)**. Följ de rekommendationer som medföljer verktyget. Underlåtenhet att avlägsna vändkanterna innan kolvar/vevstakar demonteras kan resultera i att kolvringarna bryts sönder.

**2** När vändkanterna avlägsnats ska motorn vändas upp och ned så att vevaxeln är vänd uppåt.

**3** Innan vevstakarna demonteras, kontrollera deras sidspel med bladmått. Stick in dem mellan den första vevstaken och vevaxelns balanser till dess att det inte längre märks något spel **(se bild)**. Sidspelet är lika med tjockleken på instuckna bladmått. Om sidspelet överstiger gränsvärdet krävs nya vevstakar. Om nya vevstakar (eller en ny vevaxel) monteras, se till att det finns ett visst sidspel (om inte måste vevstakarna fräsas ned så att spel uppstår – vid behov, rådfråga en maskinverkstad). Upprepa med resterande vevstakar.

**4** Kontrollera att vevstakar och överfall är positionsmärkta. Om inte tydligt märkta, använd en liten körnare och stansa in tillämpligt antal prickar **(se bild)** på varje stake och överfall (1, 2, 3, etc., beroende på den cylinder de hör till).

**5** Lossa samtliga vevstaksöverfallsbultar/muttrar ett halvt varv i taget till dess att de kan skruvas ur för hand. Demontera lageröverfall och lagerskål från vevstake 1. Låt inte lagerskålen ramla ut ur överfallet.

**6** I förekommande fall, dra en bit plast- eller gummislang över vevstaksöverfallens pinnbultar så att vevaxelns lagertapp och cylinderväggen skyddas när kolven demonteras **(se bild)**.

**7** Demontera lagerskålen och tryck ut vevstaken/kolven genom blockets översida. Använd ett hammarskaft av trä och tryck på den övre lagerytan i vevstaken. Om motstånd är märkbart, dubbelkontrollera att hela vändkanten avlägsnats.

**8** Upprepa med resterande cylindrar.

**9** Efter demonteringen ska vevstakarnas överfall och lagerskålar sättas ihop på sina respektive stakar med fingerdragna muttrar/bultar. Att lämna de gamla lagerskålarna på plats till dess att hopsättning sker hjälper till att skydda storändarnas lagerytor från oavsiktliga märken.

**10** Demontera inte kolvarna från vevstakarna (se avsnitt 18).

## 13 Vevaxel - demontering

**Observera:** *Vevaxeln kan endast demonteras om motorn lyfts ut ur bilen. Det är förutsatt att svänghjul/drivplatta, vibrationsdämpare, kamdrivning, sump, oljepump och kolvar/vevstakar redan är demonterade. Bakre packboxhuset måste skruvas loss från blocket innan vevaxeln kan demonteras.*

**1** Kontrollera axialspelet innan vevaxeln demonteras. Placera en mätklocka med sonden i linje med vevaxeln berörande änden eller en av balanserna **(se bild)**.

**12.6 Undvik skador på vevtapparna och cylinderloppen genom att trä slangstumpar av plast eller gummi över vevstaksöverfallsbultarna innan kolvarna tas ut**

**2** Tryck vevaxeln bakåt så långt det går och nollställ mätklockan. Bänd sedan vevaxeln så långt framåt det går och läs av mätklockan. Axialspelet är den sträcka vevaxeln flyttas. Om det är större än gränsvärdet enligt specifikationerna ska vevaxelns tryckbrickor kontrolleras vad gäller slitage. Om slitage inte är märkbart torde nya ramlager korrigera axialspelet.

**3** Om en mätklocka inte är tillgänglig kan bladmått användas. Leta upp det ramlager som har tryckflänsar på var sida – detta kallas "tryckramlagret" (se avsnitt 24, paragraf 6). Tryck eller bänd försiktigt vevaxeln så långt framåt som det går och stick in bladmått mellan vevaxeln och den främre ytan på tryckramlagret och mät upp avståndet.

**4** Kontrollera att ramlageröverfallen är positionsmärkta. De bör vara numrerade i stigande följd från främre änden. Om inte märk dem med sifferstansar eller körnare **(se bild)**. Ramlageröverfall har generellt en ingjuten pil som pekar mot motorns framkant. Lossa ramlageröverfallsbultarna med vardera ett kvarts varv i taget, arbetande från ytterkantena in mot mitten till dess att de kan skruvas ur för hand. Notera om pinnbultar används och se till att de skruvas in på sina ursprungliga platser när vevaxeln monteras.

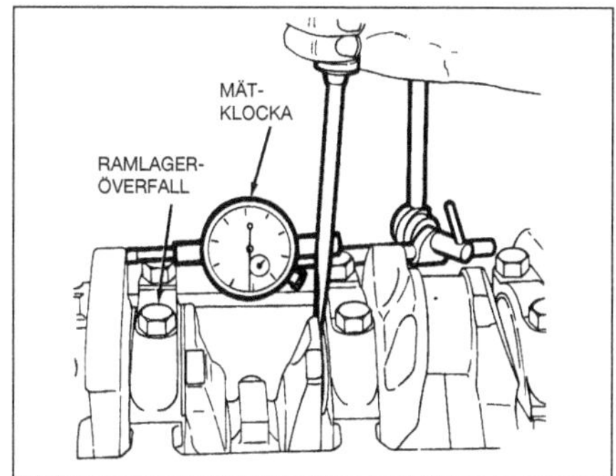


**13.1 Kontroll av vevaxelns axialspel med en mätklocka**

**5** Knacka försiktigt på överfallen med en mjuk klubba och lossa dem från blocket. Vid behov, använd bultarna som hävstänger för att lossa överfallen. Försök att inte tappa lagerskålarna om de följer med överfallen.

**6** Lyft försiktigt ut vevaxeln ur motorn. Det kan vara klokt att ha en medhjälpare eftersom vevaxeln är ganska tung **(se bild)**. Ha kvar lagerskålarna på sina platser i blocket och överfallen och skruva tillbaka överfallen på sina ursprungliga platser med enbart fingeråtdragning.

## 14 Mellanaxel - demontering och inspektion

**Observera:** *Mellanaxel används endast på M20-motorn. Den roterar i blocket parallellt med vevaxeln. Den drivs av kamremmen och har som enda uppgift att driva oljepumpen.*

**1** Demontera kamremmen (se kapitel 2A).

**2** När kamremmen demonterats, skruva loss drevet från mellanaxeln och skruva loss den främre kåpan.

**3** Demontera oljepumpens drivaxel (se kapitel 2A).

**4** Axeln hålls i blocket av en platta med två bultar. Skruva ur bultarna och dra ut axeln genom blockets framsida.

**5** Leta efter tecken på onormalt slitage på lagerytorna och drevet i axelns bakre ände som driver oljepumpens axel. Om lagerytorna i motorblocket uppvisar slitage måste detta korrigeras av en maskinverkstad.

## 15 Motorblock - rengöring

***Varning: Frostpluggarna kan vara svåra eller omöjliga att ta reda på om de drivs in i blockets kylvätskekanaler.***

**1** Demontera frostpluggarna från motorblocket genom att knacka in ena sidan i blocket med en hammare och en dorn och grip tag i den andra sidans kant med en stor tång och dra ut dem.

**2** Använd en packningsskrapa och ta bort alla spår av packningsmaterial från motorblocket. Var mycket noga med att inte skada fogytorna.

**3** Demontera ramlageröverfallen och lossa lagerskålarna från överfallen och blocket. Märk lagren med respektive cylindernummer och om de satt i överfallet eller blocket och lägg dem åt sidan.

**4** Avlägsna samtliga gängade oljekanalspluggar från blocket. Dessa sitter vanligen mycket hårt - de kan ibland kräva urborrning och omgängning. Använd nya pluggar när motorn sätts ihop.

**5** Om blocket är extremt smutsigt ska den tas till en maskinverkstad för ångtvätt.

**6** När blocket kommer tillbaka, rengör samtliga oljekanaler en gång till. Speciella borstar för detta ändamål finns att köpa från motorspecialister. Spola ur kanalerna med varmvatten till dess att detta strömmar rent igenom, torka blocket ordentligt och täck alla bearbetade ytor med en tunn rostskyddsolja. Om du har tillgång till tryckluft, använd den till att skynda på torkningen och blåsa rent i oljekanalerna.

***Varning: Använd skyddsglasögon eller visir vid arbete med tryckluft!***

**7** Om blocket inte är speciellt smutsigt eller igenslammat kan du göra ett godtagbart rengöringsjobb med hett tvålvatten och en styv borste. Ta god tid på dig och gör ett noggrant jobb. Oavsett rengöringsmetod, se till att alla oljekanaler är helt rena, torka sedan blocket helt och täck alla bearbetade ytor med tunn rostskyddsolja.

**8** De gängade hålen i blocket måste vara rena för att ge korrekta avläsningar av åtdragningsmoment. Dra in en gängtapp i korrekt storlek i varje hål så att rost, korrosion, gänglås och slam avlägsnas samt att skadade gängor repareras **(se bild)**. Om möjligt, använd tryckluft till att blåsa rent i hålen efter detta arbete. Se även till att hålen är **torra** - varje spår av olja eller annan vätska kan spräcka blocket med hydraultryck när bultarna dras åt. Detta är även ett bra tillfälle att rensa gängorna på samtliga bultar. Notera att BMW rekommenderar att topplocksbultar och ramlagerbultar byts som rutinåtgärd.

**9** Montera ramlageröverfallen med fingerdragna bultar.

**10** Montera de nya frostskyddspluggarna i blocket, använd lämpligt tätningsmedel **(se bild)**. Se till att de drivs in rakt och att de sätter sig ordentligt. I annat fall kan läckor uppstå. Det finns speciella verktyg för detta men en stor hylsa vars ytterdiameter är något mindre än frostpluggen duger, tillsammans med en 1/2-tums förlängareoch en hammare.

**11** Lägg på en icke härdande packningsmassa på den nya oljekanalspluggarna och skruva in dem i hålen i blocket. Kontrollera att de dras åt ordentligt.

**12** Om motorn inte omedelbart ska sättas ihop, täck över den med ett plastskynke så att den hålls ren.

**13.4 Använd körnare eller sifferstans till att märka upp ramlageröverfallen så att de säkert monteras på sina ursprungliga platser i blocket (utför märkningen nära en av bultskallarna)**

**Ta ut vevaxeln genom att lyfta den rakt uppåt. Var mycket försiktig vid lyft av vevaxeln - den är verkligen tung**

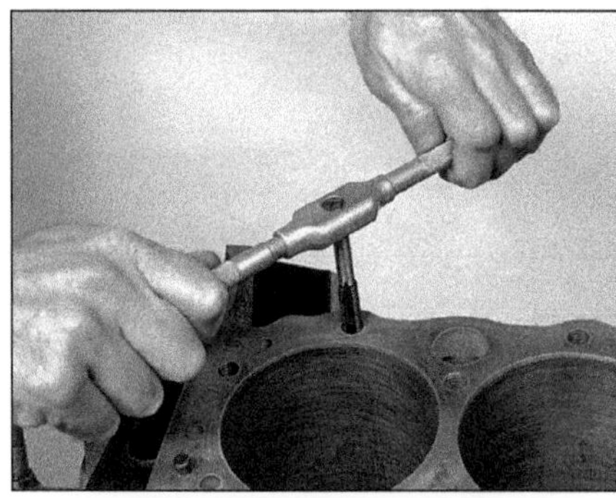

**15.8 Samtliga bulthål i blocket - och i synnerhet ramlageröverfallens och topplockets bulthål - ska rensas och återställas med gängtapp (se till att avlägsna skräp ur hålen efteråt)**

**15.10 En stor hylsa på en förlängare kan användas till att driva in nya frostpluggar i blocket**

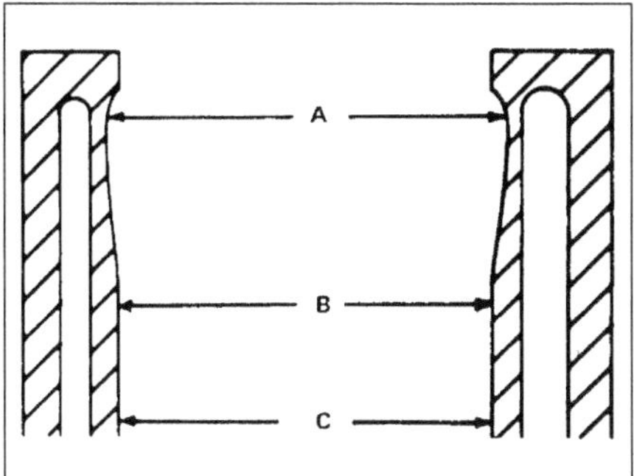


**16.4a Mät diametern för varje cylinder just under vändkanten (A), i mitten (B) och i botten (C)**

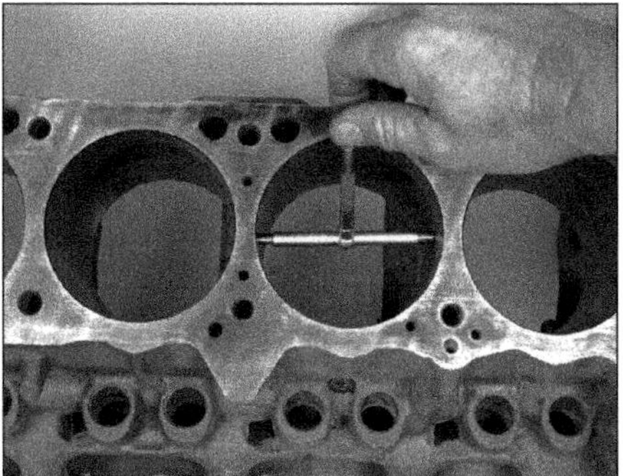

**16.4b Förmågan att känna när tolken är i rätt läge utvecklas med tiden, så arbeta långsamt och upprepa kontrollen till dess att du är säker på att mätresultatet är korrekt**

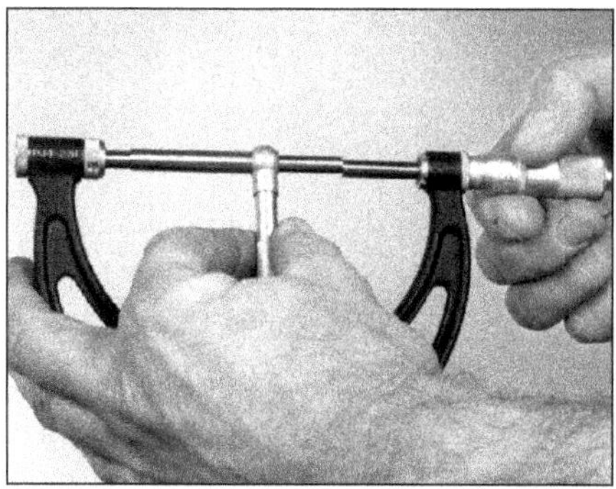

**16.4c Mät sedan tolken med mikrometer så att borrningens storlek erhålles**

## 16 Motorblock - inspektion

**1** Rengör blocket innan det inspekteras (se avsnitt 15).

**2** Leta efter sprickor, rost och korrosion samt defekta gängor. Det är även klokt att låta en maskinverkstad med specialutrustning för detta leta efter dolda sprickor. Om defekter påträffas ska blocket om möjligt repareras eller i annat fall bytas.

**3** Kontrollera cylinderloppens skick.

**4** Mät varje cylinders diameter parallellt med vevaxelns längdriktning i överdelen, nära vändkantsområdet, mitten och underdelen **(se bilder).**

**5** Mät sedan varje cylinders diameter på samma platser, men i rät vinkel mot vevaxelns längdriktning och jämför med specifikationerna.

**6** Om de precisionsmätverktyg som behövs för detta inte är tillgängliga kan spelet mellan kolv och cylinder mätas med bladmått - om än inte lika exakt.

**7** Kontrollera spelet genom att välja ett bladmått och stick in det i cylindern tillsammans med den tillhörande kolven. Placera kolven precis som den skulle finnas normalt. Bladmåttet måst finnas mellan kolven och cylinderloppet på en av tryckytorna ( i 90° vinkel mot kolvbultshålet).

**8** Kolven ska löpa genom cylindern (med bladmåttet på plats) med ett lätt tryck.

**9** Om kolven faller igenom eller glider mycket lätt är spelet för stort vilket kräver en ny kolv. Om kolven fastnar i nedre delen av loppet och är glapp vid övre är cylinderloppet koniskt. Om det finns trånga punkter när kolven och bladmåttet vrids i cylindern är cylindern inte rund.

**10** Upprepa med resterande kolvar och cylindrar.

**11** Om cylinderloppen har stora märken eller repor eller om de har orundhet eller konicitet överskridande specifikationernas gränsvärden, krävs omborrning och honing av en maskinverkstad. Ifall omborrning sker krävs kolvar och ringar i överstorlek.

**12** Om cylindrarna är i godtagbart skick och inte är slitna över angivna gränsvärden och om spelet mellan kolvar och cylindrar hålls inom godtagbara gränser krävs inte omborrning. Honing (se avsnitt 17) och nya kolvringar är allt som behövs.

## 17 Cylinderhoning

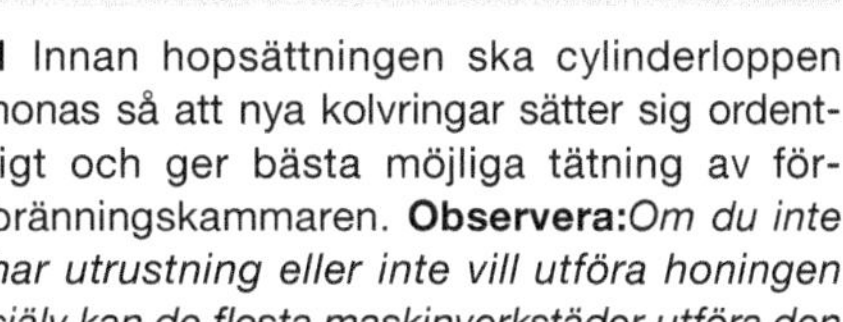

**1** Innan hopsättningen ska cylinderloppen honas så att nya kolvringar sätter sig ordentligt och ger bästa möjliga tätning av förbränningskammaren. **Observera:***Om du inte har utrustning eller inte vill utföra honingen själv kan de flesta maskinverkstäder utföra den mot en rimlig avgift.*

**2** Innan honingen ska ramlageröverfallen monteras och dras till angivet moment.

**3** Två typer av cylinderhonare är vanligen förekommande - flexhonare, även kallade "flaskborstar" och den mer traditionella ythonaren med fjäderupphängda slipstenar. Båda utför jobbet men en mindre rutinerad mekaniker finner troligen "flaskborsten" enklare att använda. Du behöver även lite fotogen eller honingsolja, trasor och en borrmaskin. Gör enligt följande.

**4** Montera honaren i borrmaskinen, tryck ihop slipstenarna och för in den i cylinder 1 **(se bild).** Se till att använda skyddsglasögon eller visir!

**5** Smörj loppet med rikligt med honingsolja, starta borrmaskinen och för honaren upp och ned i loppet i ett tempo som producerar en kryssmönster i loppets väggar. Helst ska krysslinjerna korsa varandra med cirka 60° vinkel **(se bild).** Se till att använda rikligt med smörjning och ta inte bort mer material än vad som absolut behövs för att bygga upp den önskade ytan.

**Observera:** *Tillverkare av kolvringar kan specificera en mindre kryssvinkel än de traditionella 60° - se instruktionerna som medföljer de nya ringarna.*

**6** Dra inte ut honaren ur cylindern medan den roterar. Stäng av borrmaskinen och flytta honaren upp och ned till dess att den stannar. Tryck då ihop slipstenarna och dra ut honaren. Om du använder en "flaskborste", stäng av borrmaskinen och vrid chucken i normal rotationsriktning medan honaren dras ut ur loppet.

**17.4 En "flaskborste" ger ett bättre resultat om du aldrig tidigare honat cylindrar**

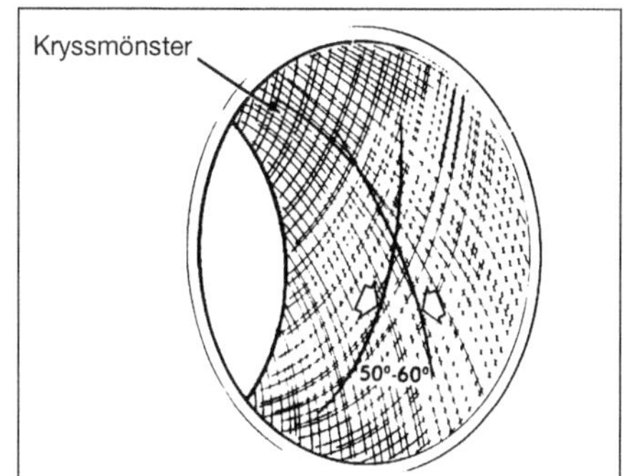


**17.5 Honingen ska lämna ett jämnt kryssmönster där linjerna korsar i cirka 60° vinkel**

**18.2 Demontering av kompressionsring med expanderare - notera märket (vid pilen) vänt uppåt**

7 Torka ur cylindern och upprepa med resterande cylindrar.

8 Efter avslutad honing, fasa loppens överkanter med en liten fil så att ringarna inte fastnar vid monteringen. Var noga med att inte märka loppets väggar med filen.

9 Hela motorblocket måste tvättas mycket noga igen med varmt tvålvatten så att alla spår av sliprester efter honingen avlägsnas. **Observera:** *Loppen kan anses vara rena när en vit luddfri trasa fuktad med ren motorolja - använd vid urtorkningen av loppen - inte fångar upp med honingsrester, som visar sig som grå fläckar på trasan.* Se till att köra en borste genom samtliga oljekanaler och spola ur dem med rinnande vatten.

10 Efter sköljningen ska blocket torkas och täckas med tunn rostskyddsolja på samtliga bearbetade ytor. Linda in blocket i ett plastskynke så att det hålls rent och ställ det åt sidan till dess att det är dags att sätta ihop motorn.

## 18 Kolvar/vevstakar - inspektion

1 Innan inspektionen kan utföras måste kolvarna/vevstakarna rengöras och de ursprungliga kolvringarna måste tas av. **Observera:** *Använd alltid nya kolvringar när motorn sätts ihop.*

2 Använd ett kolvringsverktyg och ta försiktigt av ringarna från kolvarna. Se till att inte göra märken i kolvarna **(se bild).**

3 Skrapa bort alla spår av sot från kolvkronorna. En handhållen stålborste eller finkorning smärgelduk kan användas när största delen av sotet skrapats bort. Använd under inga som helst omständigheter en stålborste monterad i en borrmaskin för att ta bort sot från kolvar. Materialet i dessa är mjukt och kan skadas av stålborsten.

4 Använd ett specialverktyg för rengöring av kolvringsspår till att avlägsna sot från spåren.

**18.4 Kolvringsspåren kan rengöras med ett specialverktyg som visat här**

Se till att bara ta bort sot, inte metall och gör inga märken i spårens väggar **(se bild).**

HAYNES TiPS

***Om en spårrensare inte finns tillgänglig kan en avbruten bit gammal kolvring göra jobbet, men akta händerna - kolvringar kan vara vassa***

5 När avlagringarna avlägsnats ska kolvar/stakar rengöras med lösningsmedel och tryckluft (om tillgänglig). Se till att returoljehålen i baksidorna av kolvringsspåren är rensade.

6 Om kolvar och cylinderlopp inte är skadade eller för slitna och om cylindrarna inte borrats om så krävs inte nya kolvar. Normalt kolvslitage framträder som ett jämnt vertikalt slitage på kolvens tryckytor (90° relativt kolvbultens axel) och ett visst glapp mellan den övre kompressionsringen och dess spår. Nya kolvringar ska dock alltid användas när en motor renoveras.

7 Inspektera kolvarna noga, leta efter sprickor runt kjolen vid kolvbultshålen och mellan ringarna.

8 Leta efter repor på tryckytorna, hål i kronan och brända områden i kronans kanter. Om kjolen är repad eller bränd kan motorn ha lidit av överhettning och/eller onormal förbränning som orsakat överdrivet höga arbetstemperaturer. Kontrollera i så fall kylning och smörjning extra noga. Ett hål i kolvkronan är en indikation på onormal förbränning (förtändning) inträffat. Brända områden runt kronans kanter är vanligen tecken på detonation. Om något av ovanstående problem förekommer måste orsaken åtgärdas. I annat fall uppkommer skadan igen. Orsakerna kan inkludera läckage i insugsluften, fel bränsleblandning eller fel tändlägesinställning. På senare modeller med avgasrening, inklusive katalysator kan problemet även finnas i systemet för återcirkulation av avgaser (EGR-ventilen).

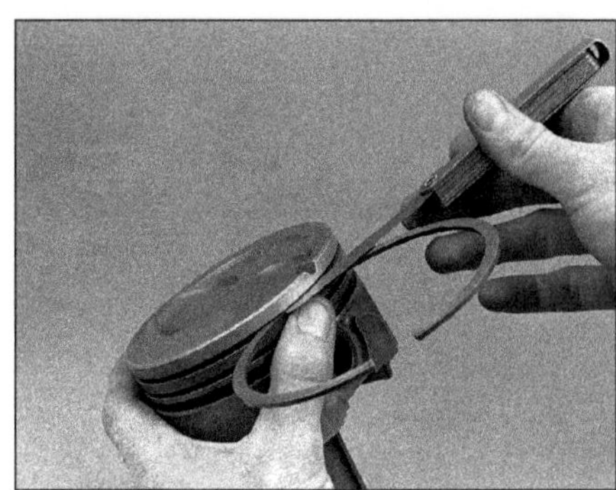

**18.10 Kontrollera ringens sidospel på flera ställen med ett bladmått**

9 Korrosion på kolven i form av små gropar indikerar att kylvätska läcker in i förbränningskammaren och/eller vevhuset. Även här måste orsaken åtgärdas om inte problemet ska finnas kvar i den nyrenoverade motorn.

10 Mät kolvringens spel i sidled genom att lägga en ny ring i vardera spåret och sticka in ett bladmått **(se bild).** Kontrollera spelet på tre eller fyra platser runt varje spår. Se till att ha rätt ring i rätt spår, de är inte identiska. Om sidspelet överstiger gränsvärdet i specifikationerna måste nya kolvar användas vid hopsättningen.

11 Kontrollera spelet mellan kolvarna och loppen genom att mäta upp loppen (se avsnitt 16) och kolvarnas diameter. Se till att kolvar och lopp matchas, Mät kolven tvärs över kjolen både i linje med kolvbulten och 90° från den **(se bild).** (Varje skillnad mellan dessa två mått innebär att kolven inte längre är helt rund.) Dra kolvens diameter från loppets för att beräkna spelet. Om detta är större än vad specifikationerna medger måste omborrning utföras och nya kolvar och ringar monteras.

12 Kontrollera spelet mellan kolv och vev-

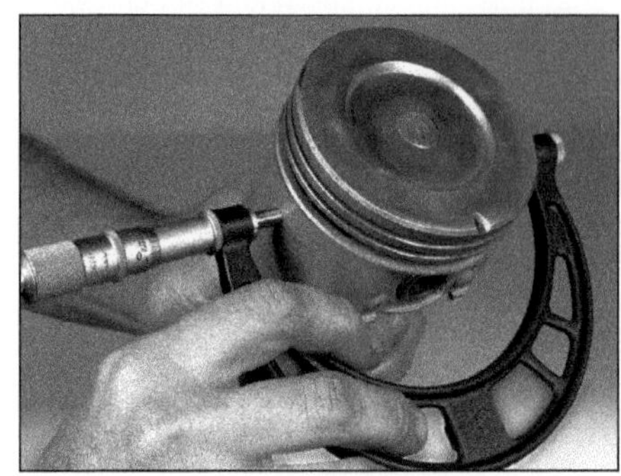

**18.11 Mät kolvens diameter i 90° vinkel mot kolvbulten och på samma höjd som denna**

19.1 Oljehålen ska fasas så att skarpa kanter inte repar de nya lagren

19.2 Använd en stålborste eller styv plastborste till att rengöra oljekanalerna i vevaxeln

19.4 Gnid ett kopparmynt i längsled på varje vevtapp – om koppar slipas av och bäddas in i vevaxeln ska tapparna slipas om

stake genom att vrida kolven och staken i motsatta riktningar. Varje märkbart spel anger för stort slitage vilket måste åtgärdas. Ta kolv och stake till en maskinverkstad.

**13** Om kolvarna av någon orsak måste lossas från vevstakarna bör de tas till en maskinverkstad. Om detta inträffar, passa då på att låta kontrollera om vevstakarna är böjda eller vridna i och med att de flesta maskinverkstäder har utrustning för sådana arbeten. **Observera:** *Såvida inte nya kolvar och/eller vevstakar måste monteras ska inte kolvar och stakar tas isär.*

**14** Kontrollera att inte vevstakarna har sprickor eller andra skador. Lossa tillfälligt på överfallen, lyft ut de gamla lagerskålarna och torka rent på lagerytorna och se efter om dessa har hack eller repor. Efter avslutad kontroll, montera de nya lagerskålarna, sätt tillbaka överfallen och dra åt med fingerkraft.

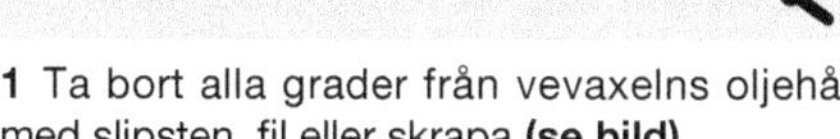

## 19 Vevaxel – inspektion

**1** Ta bort alla grader från vevaxelns oljehål med slipsten, fil eller skrapa **(se bild).**

**2** Rengör vevaxeln med lösningsmedel och torka den med tryckluft (om tillgänglig). Se till att rengöra oljehålen med en styv borste **(se bild)** och skölj dem med lösningsmedel.

**3** Kontrollera tapparna för ram- och storändslagren vad gäller ojämnt slitage, repor gropar och sprickor.

**4** Gnugga ett kopparmynt flera gånger över varje tapp **(se bild).** Om en tapp tar upp koppar från myntet är ytan för grov och måste slipas om.

**5** Kontrollera resten av vevaxeln vad gäller sprickor och andra skador. Vid behov, låt en maskinverkstad utföra inspektionen.

**6** Mät samtliga lagertappar med mikrometer och jämför med specifikationerna **(se bild).** Genom att mäta diametern på ett flertal platser på varje tapp kan du avgöra om den är rund eller inte. Ta mått i vardera änden av tappen för att avgöra omtappen är konisk.

**7** Om vevaxelns lagertappar är skadade, koniska eller orunda eller slitna över toleranserna enligt specifikationerna ska vevaxeln slipas om av en maskinverkstad. Se till att använda lagerskålar i rätt storlek om vevaxeln renoveras.

**8** Kontrollera om packboxytorna i vardera änden av vevaxeln är skadade eller slitna. Om en packbox slitit upp ett spår i ytan och om den har hack eller repor **(se bild)** kan den nya packboxen komma att läcka olja när motorn satts ihop. I vissa fall kan en maskinverkstad reparera lagerytan genom att pressa på en tunn hylsa. Om reparation inte är möjlig måste en ny eller annan vevaxel monteras.

**9** Undersök skålarna i ram- och storändslager (se avsnitt 20).

## 20 Ram- och vevlager – inspektion

**1** Även om ram- och storändslager alltid ska bytas vid motorrenovering ska de gamla lagren behållas för en närmare inspektion i och med att de kan ge viktig information om motorns skick **(se bild).**

**2** Lagerhaverier inträffar på grund av brist på smörjning, förekomst av smuts eller andra främmande partiklar, överbelastning av motorn samt korrosion. Oavsett vilket måste problemet åtgärdas innan motorn sätts ihop, så att det inte inträffar igen.

**3** Vid undersökning av lagren ska de tas ut ur motorblocket tillsammans med ramlageröverfallen, vevstakarna och vevstaksöver-

19.6 Mät diametern på varje lagertapp på ett flertal platser så att konicitet och orundhet upptäcks

19.8 Om packboxarna slipat spår i vevaxelns lagerytor eller om packboxens kontaktytor är repade kommer den nya packboxen att läcka olja

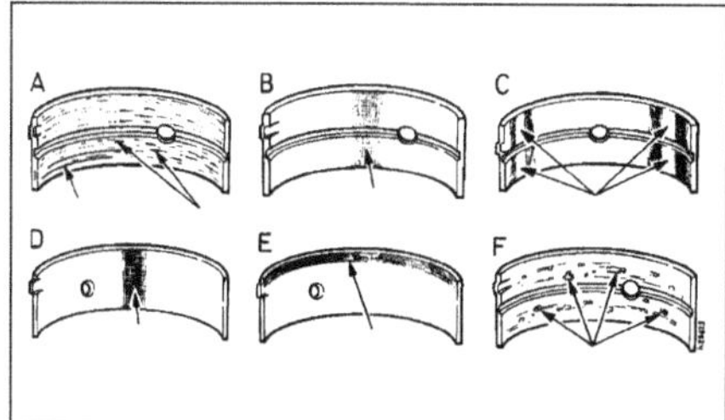


**20.1 Typiska lagerhaverier**

*A Repor av smuts: skräp inbäddat i lagermaterialet*
*B Oljebrist: lagermaterialet borta*
*C Felaktig sättning: polerade ytor*
*D Konisk lagertapp: lagermaterialet borta från hela ytan*
*E Kantås*
*F Metalltrötthet: gropar eller fickor*

fallen. Lägg ut dem på en ren yta i de generella positioner som de har i motorn. Detta låter dig matcha eventuella problem med lager med motsvarande lagertapp på vevaxeln.

**4** Smuts och främmande partiklar kommer in i motorn på många sätt. De kan vara kvarlämnade i motorn vid hopsättningen, komma in genom filter eller vevhusets ventilation. Smuts kan även komma in i oljan och därifrån ut till lagren. Metallspån från bearbetning och normalt motorslitage förekommer ofta. Slipmedel lämnas ibland kvar i motorn efter en renovering, speciellt om delarna inte rengjorts ordentligt med korrekta arbetsmetoder. Oavsett källa blir med tiden ofta dessa främmande föremål inbäddade i det mjuka lagermaterialet där de är lätta att hitta. Större partiklar bäddas inte in och kommer att repa lager och tapp. Bästa sättet att undvika denna orsak till lagerhaveri är att rengöra alla delar mycket noga och hålla allting perfekt rent vid hopsättningen av motorn. Täta och regelbundna byten av olja och filter rekommenderas.

**5** Brist på smörjning (eller haveri i smörjsystemet) har ett antal besläktade orsaker. Överhettning (som tunnar ut oljan), överbelastning (som tvingar ut oljan från lagerytorna) och oljeläckage (från stora spel i lager, sliten oljepump eller höga motorvarv) bidrar alla till försämrad smörjning. Blockerade oljekanaler, vanligen orsakade av felaktigt uppriktade oljehål i lagerskålarna, svälter lagren på olja och förstör dem. När brist på smörjning orsakar lagerhaverier slits eller trycks lagermaterialet bort från lagerskålens stålstöttning. Temperaturen kan stiga så mycket att stålet blåneras av överhettning.

**6** Körsättet kan ha en definitiv inverkan på lagrens livslängd. Full gas från låga varv anstränger motorn och belastar lagren mycket hårt, vilket tenderar att tvinga ut oljefilmen. Denna typ av belastning gör att lagerskålarna böjs vilket skapar fina sprickor i lagerytan (metalltrötthet). Till sist kommer lagermaterialet att lossna i småbitar och slitas lös från stålstöttningen. Korta körsträckor leder till korrosion på lagren eftersom det inte produceras tillräckligt med värme i motorn för att driva ut kondensvatten och frätande gaser. Dessa produkter samlas i motoroljan och bildar syra och slam. När sedan oljan leds till motorns lager angriper syran lagermaterialet.

**7** Felaktig montering av lagerskålarna vid hopsättandet kommer också att leda till lagerhaverier. För tät passform lämnar inte tillräckligt med spelrum i lagret vilket leder till oljebrist. Smuts och främmande partiklar som fastnar bakom en lagerskål ger höga punkter i lagret vilket leder till haveri.

## 21 Motorrenovering - hopsättningssekvens

**1** Innan arbetet påbörjas, se till att du har alla nödvändiga nya delar, packningar, packboxar och dessutom följande tillgängligt:

*Vanliga handverktyg*
*En momentnyckel*
*Verktyg för kolvringsmontering*
*Kolvringskompressor*
*Verktyg för montering av vibrationsdämparen*
*Korta bitar plast- eller gummislang passande över vevstakarnas pinnbultar (i förekommande fall)*
*Plastigage*
*Bladmått*
*En finskuren fil*
*Ny motorolja*
*Motormonteringsolja eller molybdendisulfidfett*
*Packningstätning*
*Flytande gänglås*

**2** Om du vill spara tid och undvika problem ska hopsättning ske i följande ordning:

*Kolvringar*
*Vevaxel- och ramlager*
*Kolvar/vevstakar*
*Oljepump*
*Sump*
*Topplock*
*Kamrem/kedja och spännare*
*Vattenpump*
*Kamdrivningskåporna*
*Insugs och grenrör*
*Ventilkåpa*
*Motorns bakre platta*
*Svänghjul/drivplatta*

## 22 Kolvringar - montering

**1** Innan de nya ringarna monteras måste ändgapen kontrolleras. Det är förutsatt att kolvringarnas sidspel kontrollerats och verifierats (se avsnitt 18).

**2** Lägg upp kolvar/vevstakar och de nya kolvringssatserna så att ringsatserna matchas till samma kolv och cylinder vid ändgapskontrollen och motorns hopsättning.

**3** Stick in den övre kompressionsringen i den första cylindern i rät vinkel mot loppets väggar genom att trycka in den med kolvkronan **(se bild)**. Ringen ska vara nära botten av loppet vid den undre gränsen för ringens rörelse.

**4** Mät ändgapet med bladmått mellan ringändarna **(se bild)**. Bladmåttet ska glida mellan ringändarna med ett litet motstånd. Jämför måttet med specifikationerna. Om gapet är större eller mindre, dubbelkontrollera att du verkligen har de korrekta kolvringarna innan du fortsätter.

**5** Om gapet är för litet måste det förstoras. I annat fall kan ringändarna komma i kontakt med varandra under körning vilket kan orsaka allvarliga motorskador. Gapet kan förstoras genom att ändarna mycket försiktigt filas ned med en finskuren fil. Montera filen i skruvstycke med mjuka käftar, dra ringen över filen så att ändarna är i kontakt med filen och dra ringen sakta över filen så att materialet tas bort från ändarna. Vid detta arbete ska filning endast ske från utsidan och inåt **(se bild)**.

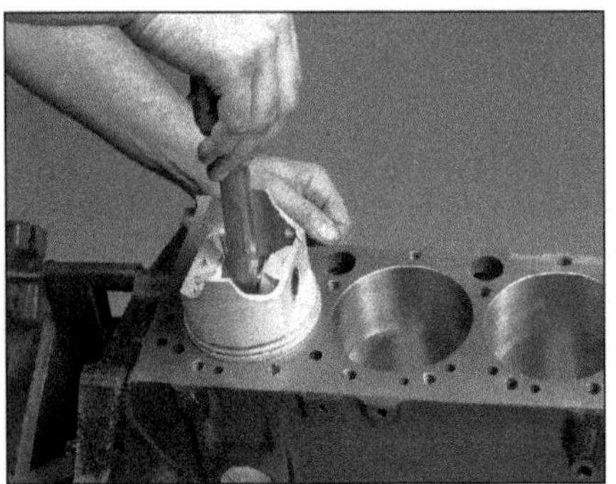

**22.3 Vid kontroll av kolvringarnas ändgap måste ringen sitta rakt i loppet (tryck ned ringen med en kolvkrona som visat**

**22.4 När ringen sitter rakt i loppet, mät ändgapet med bladmått**

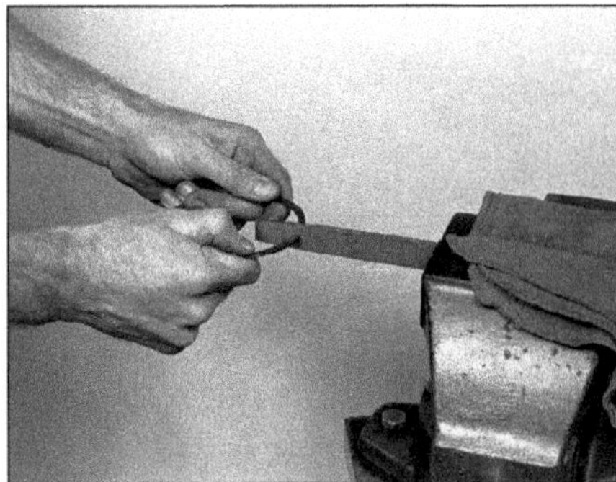

**22.5 Om gapet är för litet, kläm fast en fil i ett skruvstycke och fila ringändarna (endast utifrån) så att gapet ökas något**

22.9a Montering av distansen/expandern i oljeringsspåret

22.9b ANVÄND INTE en kolvringsmonterare när oljeringens sidoskenor ska monteras

6 Så länge inte ändgapet överstiger 1 mm är ett för stort gap inte kritiskt men kontrollera noga att du verkligen har de rätta kolvringarna.

7 Upprepa med varje ring för varje cylinder, kom ihåg att hålla kolvar, ringar och cylindrar matchade.

8 När ändgapen kontrollerats/justerats kan ringarna monteras på kolvarna.

9 Oljeringen (den nedersta) monteras vanligtvis först. Den består normalt av tre delar. Dra distansen/expandern in i spåret **(se bild).** Om ett antirotationsstift används, se då till att det är instucket i borrhålet i spåret i kolven. Montera sedan den nedre sidoskenan. Använd inte en kolvringsmonterare på oljeringens sidoskenor i och med att dessa kan skadas. Placera i stället ena änden av sidoskenan i spåret mellan distansen/expandern och mellanrummet mellan spåren och håll det säkert på plats och dra ett finger runt kolven medan skenan trycks ned i skåran **(se bild).** Montera sedan den övre sidoskenan på samma sätt.

10 När de tre delarna i oljeringen monterats, kontrollera att både övre och nedre skenan snurrar fritt i spåret.

11 Nästa ring att montera är den nedre kompressionsringen. Den har vanligen ett instansat märke som ska vändas upp mot kolvkronan. **Observera:** *Följ alltid instruktionerna på kolvringarnas förpackningar – olika tillverkare kan kräva olika procedurer. Blanda inte ihop övre och nedre kompressionsringar eftersom de har olika tvärsnitt.*

12 Kontrollera att märket är vänt uppåt och montera ringen i mellanspåret **(se bild 18.2).** Expandera inte ringarna mer än nödvändigt för att trä på dem på kolven. Använd kolvringsmonterare om tillgänglig. Om använda försiktigt, kan gamla bladmått hindra att ringar halkar ned i tomma spår.

13 Montera den övre ringen på samma sätt. Se till att märket är uppåt. Var försiktig så att inte de övre och nedre kompressionsringarna blandas ihop.

14 Upprepa förfarandet med resterande kolvar och ringar.

## 23 Mellanaxel - montering

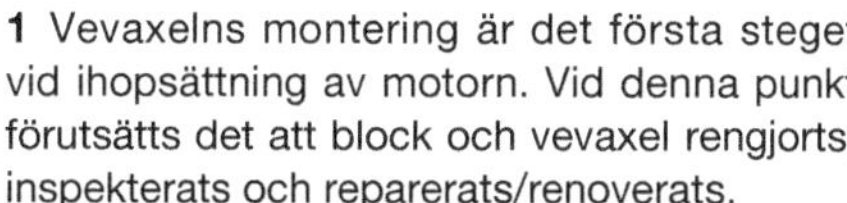

1 Rengör mellanaxelns lagerytor och de inpressade lagerhylsorna i blocket.

2 Smörj axeln och för in den i blocket.

3 Skruva i de två bultar som fäster stödplattan vid blocket.

4 Resterande delar monteras med omvänd demonteringsordning.

## 24 Vevaxel - montering och kontroll av ramlagrens oljespel

1 Vevaxelns montering är det första steget vid ihopsättning av motorn. Vid denna punkt förutsätts det att block och vevaxel rengjorts, inspekterats och reparerats/renoverats.

2 Placera blocket upp och ned.

3 Skruva ur ramlageröverfallsbultarna och lyft ut överfallen. Lägg dem i rätt ordning så att de monteras på de rätta platserna.

4 Om de fortfarande finns på plats ska nu de ursprungliga lagerskålarna demonteras från block och överfall. Torka rent på lagerytorna med en ren, luddfri trasa. De måste hållas kliniskt rena.

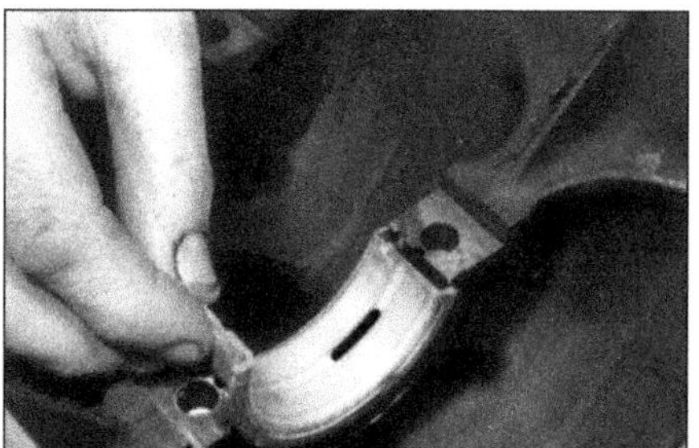
24.6 Montering av trycklagret (notera flänsarna) i motorblockets lagersadel

### *Kontroll av ramlagrens oljespel*

5 Rengör de nya ramlagerskålarnas baksidor och lägg en i vardera lagersadeln i blocket. Om en av lagerskålarna i varje sats har ett stort spår, se till att lagerskålen med spåret monteras i blocket. Lägg den andra lagerskålen i satsen i motsvarande lageröverfall. Se till att fliken på lagerskålen passar in i urtaget i blocket eller överfallet.

***Varning: Oljehålen i blocket måste riktas upp mot oljehålen i lagerskålarna. Knacka inte ned lagren på plats och gör inga märken på lagerytorna. Vid denna tidpunkt ska ingen smörjning användas.***

6 Det flänsade trycklagret måste monteras i sadel/överfall 3 i en M10-motor, i sadel/överfall 6 i en M20-motor **(se bild)**, i sadel/överfall 4 i en M30-motor och i sadel/överfall 4 i en M40-motor.

7 Rengör lagerytorna i blocket och på vevaxelns ramlagertappar med en ren luddfri trasa.

8 Kontrollera eller rengör oljehålen i vevaxeln i och med att smuts här bara kan hamna på ett ställe – i de nya lagren.

9 När du är säker på att vevaxeln är ren, lägg den försiktigt på plats i ramlagren.

10 Innan vevaxeln monteras permanent måste ramlagrens oljespel kontrolleras.

11 Kapa av ett flertal bitar med Plastigage i rätt storlek (de måste vara något kortare än ramlagrens bredd) och placera en bit på varje ramlagertapp parallellt med vevaxelns centrumlinje **(se bild).**

12 Rengör lagerytorna på lagerskålarna och montera överfallen på sina rätta platser (blanda inte ihop dem) med pilarna pekande framåt. Se till att inte rubba på Plastigage.

24.11 Lägg Plastigage-remsorna på ramlagertapparna parallellt med vevaxelns centrumlinje

**24.15 Jämför bredden på den klämda biten Plastigage med skalan på kuvertet för att erhålla ramlagrens oljespel (avläs alltid den bredaste delen av Plastigage) – se till att använda rätt skala, både metriska mått och tum finns angivna**

**13** Arbeta med ett överfall i taget och gå från centrumlagret och utåt ändarna och se till att överfallen dras åt till korrekt moment. På M10, M20 och M30-motorer, dra åt bultarna i tre steg. På M40-motorn, dra alla bultar till momentet för steg 1 och vinkeldra dem enligt specifikationerna med en enda rörelse. Rotera inte vevaxeln vid detta arbetsmoment.

**14** Skruva ur bultarna och lyft försiktigt på ramlageröverfallen i tur och ordning. Se även nu till att inte rubba på Plastigage eller rotera vevaxeln. Om något av överfallen är svårt att ta bort knacka försiktigt på dem från sida till sida med en mjuk klubba så att de lossnar.

**15** Jämför bredden på den hopklämda biten Plastigage från vardera överfallet med den skala som finns tryckt på kuvertet och avläs ramlagerspelet **(se bild).** Jämför det avlästa värdet med specifikationerna.

**16** Om spelet är annorlunda än specifikationerna kan lagerskålarna vara av fel storlek (vilket betyder att andra krävs). Innan du bestämmer dig för att skålar av annan storlek krävs ska du försäkra dig om att det inte fanns smuts eller olja bakom skålarna och överfallen eller blocket på den plats där mätningen utfördes. Om Plastigage är märkbart bredare på ena sidan kan det bero på att tappen är konisk. (se avsnitt 19).

**17** Skrapa sedan försiktigt bort alla spår av Plastigage från lagerytorna på tapparna och i skålarna. Var ytterst försiktig så att du inte skadar lagret – använd en nagel eller kanten på ett kreditkort.

### *Definitiv vevaxelmontering*

**18** Lyft försiktigt ut vevaxeln ur motorn.

**19** Rengör lagerytorna i blocket och lägg på ett tunt jämnt lager med molybdendisulfidfett eller motorolja på lagerytorna. Se till att även täcka tryckytorna förutom tappytan på trycklagret.

**20** Se till att vevtapparna är rena och lägg vevaxeln på plats i blocket.

**21** Rengör ytorna på lagren i överfallen och olja in dem med motorolja.

**22** Montera överfallen på sina respektive platser med pilarna pekande framåt.

**23** Skruva i bultarna med fingerdragning.

**24** Knacka lätt vevaxeländarna framåt och bakåt med en blyklubba så att ramlagrets tryckyta riktas upp mot vevaxelns.

**25** Dra lageröverfallsbultarna till det moment som anges i specifikationerna, arbeta från mitten och ut mot ändarna. På M10, M20 och M30-motorer, dra bultarna i de tre stegen till slutmomentet, men hoppa över trycklageröverfallets bultar för ögonblicket. På M40-motorer, dra samtliga bultar i de två steg som anges i specifikationerna.

**26** På M10, M20 och M30-motorer, dra trycklagrets bultar till angivet moment.

**27** På bilar med manuell växellåda, montera ett nytt pilotlager i vevaxeländen (se kapitel 8).

**28** Vrid vevaxeln ett antal varv för hand och leta efter kärva punkter.

**29** Det sista steget är att mäta upp vevaxelns axialspel med bladmått eller mätklocka enligt beskrivning i avsnitt 13. Axialspelet ska vara korrekt, under förutsättning att vevaxelns tryckytor inte är skadade och att nya lager monterats.

**30** Montera den nya packboxen och bulta fast huset på blocket (se avsnitt 25).

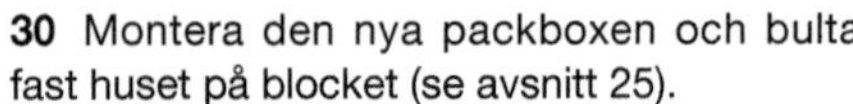

## 25 Vevaxel, bakre packbox – montering

**1** Vevaxeln måste monteras först och ramlageröverfallen bultas på plats. Den nya packboxen ska monteras i hållaren och hållaren ska bultas fast på blocket.

**2** Innan vevaxeln monteras, kontrollera noga att packboxytan inte har hack eller repor som kan skada den nya packboxens läpp och orsaka oljeläckage. Om vevaxeln är skadad är enda alternativet en ny, eller annan, vevaxel om inte en maskinverkstad kan lösa problemet.

**3** Den gamla packboxen kan knackas ut ur huset med hammare och dorn från baksidan **(se bild).** Se till att notera hur djupt inne i huset packboxen sitter innan den knackas ut. Den nya packboxen måste knackas in till samma djup. Var mycket noga med att inte repa eller på annat sätt skada packboxsätet i huset eftersom skador kan leda till oljeläckor.

**4** Se till att hållaren är ren och lägg på ett tunt lager motorolja på den nya packboxens utsida. Packboxen måste pressas rakt in i huset så det är inte att rekommendera att den hamras på plats, använd åtminstone ett mellanlägg av trä eller en rörstump med passande stor diameter **(se bild).** Om du inte har tillgång till en press kan du klämma huset och packboxen mellan två släta träklossar och pressa in packboxen med käftarna i ett stort skruvstycke. Klossarna måste vara tjocka och plana nog att fördela tryckkraften jämnt över hela packboxens omkrets. Arbeta långsamt och se till att packboxen går rakt in i sätet.

**5** Packboxläppen måste smörjas med universalfett eller ren motorolja innan packboxen/hållaren träs på vevaxeln och bultas fast i blocket **(se bild).** Använd en ny packning

**25.3 När huset lossats från blocket, stötta det på två klossar och driv ut den gamla packboxen med hammare och dorn**

**25.4 Driv in den nya packboxen i sitt hus med en träkloss eller en rörstump om du har en som är stor nog – se till att packboxen kommer rakt in i sätet**

**25.5 Smörj packboxläppen och bulta fast huset på motorblockets baksida**

– tätningsmedel krävs inte – och se till att styrstiften finns på plats innan hållaren monteras.

6 Dra hållarens förband tätt, lite i taget och dra dem sedan till det moment som anges i specifikationerna i kapitel 2A.

## 26 Kolvar/vevstakar – montering och kontroll av storändslagrens oljespel

1 Innan kolvar/vevstakar monteras måste cylinderloppen vara kliniskt rena, toppkanten på varje lopp måste vara fasad och vevaxeln måste finnas på plats.

2 Ta bort överfallet på vevstake 1 (se positionsmärken från demonteringen). Ta ur de gamla lagerskålarna och torka rent på lagerytorna med en ren luddfri trasa. De måste vara kliniskt rena.

### *Kontroll av storändslagrens oljespel*

3 Rengör baksidan på den nya övre lagerskålen och lägg den på plats i vevstaken. Se till att fliken på lagret passar in i urtaget på staken. Hamra inte fast skålen och var noga med att inte skada lagerytan. Smörj inte lagret ännu.

4 Rengör baksidan av den andra lagerskålen och montera den i överfallet. Se även här till att fliken passar in i urtaget och smörj inte ännu. Det är ytterst viktigt att fogytorna för lagren och staken är perfekt rena och oljefria när de monteras för denna kontroll.

5 Placera kolvringsgapen med 120° mellanrum.

6 I förekommande fall, trä en bit slang av gummi eller plast över samtliga pinnbultar på vevstakslageröverfallen.

7 Smörj kolv och ringar med ren motorolja och montera en kolvringshoptryckare på kolven. Låt kjolen sticka ut med 6 – 7 mm så att kolven kan styras in i cylindern. Ringarna måste hållas hoptryckta så att de är jämte kolven.

8 Vrid vevaxeln så att vevtapp 1 finns vid ND (nedre dödpunkten). Lägg på motorolja på loppets väggar.

9 Se till att märket eller urtaget på kolven pekar mot motorns framkant och stick försiktigt in kolven/staken i cylinder 1 och vila kanten på kolvringshoptryckaren på motorblocket.

10 Knacka på överkanten av kolvringskompressorn för att kontrollera att den är dikt mot blocket runt hela omkretsen.

11 Knacka försiktigt på kolvkronan ett hammarskaft av trä **(se bild)** och styr samtidigt vevstaksänden på plats på vevtappen. Arbeta långsamt och avbryt omedelbart om motstånd uppstår när kolven går in i cylindern. Ta reda på vad som fastnar och lös problemet innan du fortsätter. Tvinga aldrig in en kolv i en cylinder – du kan bryta av en kolvring och/eller skada kolven.

***Kolvringarna kan komma att försöka hoppa ut ur kolvringskompressorn just innan de glider i loppet så håll alltid ett nedåtriktat tryck på kolvringskompressorn.***

12 När kolven/vevstaken är monterad måste storändens oljespel kontrolleras innan vevstaksöverfallet permanent bultas på plats.

13 Skär av en bit lämpligt stor Plastigage, något kortare än bredden på storändens lager och lägg den på plats på vevtapp 1, parallellt med vevaxelns centrumlinje.

14 Rengör vevstaksöverfallets lagringsyta, ta bort skyddsslangarna från vevstaksbultarna och montera överfallet. Se till att fogmärket på överfallet är på samma sida som fogmärket på vevstaken.

15 Skruva i muttrar/bultar och dra dem till angivet moment. På M10 och M30-motorer, dra i de tre stegen.

**Observera:** *Använd en tunn hylsa så att du undviker felaktiga mo-mentavläsningar på grund av att hylsan kilas fast mellan överfallet och muttern. Om hylsan tenderar att fastna mellan mutter och överfall, lyft lite på hylsan så att den inte längre är i kontakt med överfallet.* Vrid inte på vevaxeln under detta arbete.

16 Skruva ur muttrarna, ta loss överfallet och var noga med att inte rubba Plastigage.

17 Jämför bredden på den ihopklämda biten Plastigage med den skala som finns tryckt på kuvertet och avläs oljespelet **(se bild).** Jämför det avlästa värdet med specifikationerna.

18 Om spelet är annorlunda än specifikationerna kan lagerskålarna vara av fel storlek (vilket betyder att andra krävs). Innan du bestämmer dig för att skålar av annan storlek krävs ska du försäkra dig om att det inte fanns smuts eller olja mellan skålarna och överfallen på den plats där mätningen utfördes. Om Plastigage är märkbart bredare på ena sidan kan det bero på att tappen är konisk (se avsnitt 19).

### *Definitiv montering av vevstakarna*

19 Skrapa sedan försiktigt bort alla spår av Plastigage från lagerytorna på tapparna och i skålarna. Var ytterst försiktig så att du inte skadar lagret – använd en nagel eller kanten på ett kreditkort.

20 Se till att lagerytorna är kliniskt rena och lägg på ett tunt lager molybdendisulfidfett eller motormonteringsolja på båda ytorna. Du måste trycka in kolven i loppet för att göra vevstakens lageryta åtkomlig – se till att i förekommande fall först trä på skyddsslangarna på vevstaksbultarna.

**26.11 Driv försiktigt in kolven i loppet med ett hammarskaft av trä eller plast**

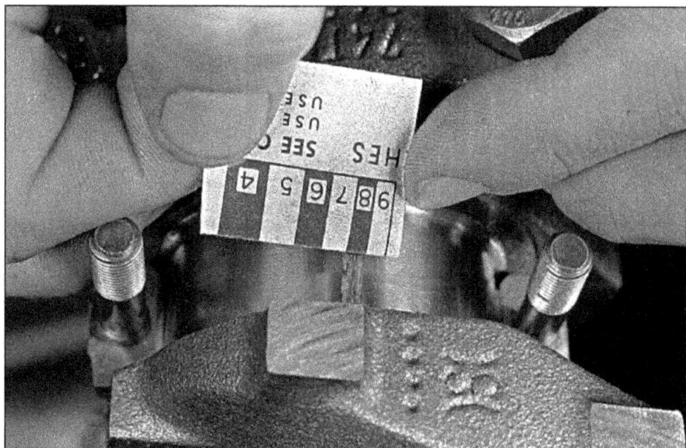

**26.17 Jämför bredden på den klämda biten Plastigage med skalan på kuvertet för att erhålla storändslagrens oljespel (avläs alltid den bredaste delen av Plastigage) – se till att använda rätt skala, både metriska mått och tum finns angivna**

**21** Dra vevstaken tillbaka på plats på tappen och dra av skyddsslangarna från vevstaksöverfallsbultarna. Montera överfallet och dra muttrar/bultar till angivet moment.

**22** Upprepa med resterande kolvar/vevstakar.

**23** Viktiga punkter att tänka på är:

*a) Håll baksidorna och lagerskålarna och insidorna av vevstake och överfall kliniskt rena vid ihopsättningen.*

*b) Kontrollera att du verkligen har rätt kolv/stake till rätt cylinder.*

*c) Markeringen på kolven måste vara vänd mot motorns framkant.*

*d) Smörj cylinderloppen med ren olja.*

*e) Smörj lagerytorna vid monteringen efter det att oljespelet kontrollerats.*

**24** När samtliga kolvar/stakar monterats korrekt, vrid vevaxeln några varv och leta efter tydliga kärvningar.

**25** Kontrollera vevstakarnas sidspel (se avsnitt 13).

**26** Jämför uppmätt sidspel med specifikationerna. Om det var korrekt innan isärtagningen, och original vevaxel och stakar monterats ska spelet fortfarande vara korrekt. Om nya stakar eller ny vevaxel monterats kan sidspelet vara felaktigt. Om så är fallet måste vevstakarna demonteras och tas till en maskinverkstad för korrigering.

## 27 Första start och inkörning efter renovering

***Varning: Ha en brandsläckare till hands första gången motorn startas.***

**1** När motorn monterats i bilen, dubbelkontrollera nivån för olja och kylvätska.

**2** Skruva ur tändstiften och deaktivera tändningen (se avsnitt 3), dra sedan runt motorn till dess att oljetrycksmätaren ger utslag eller oljetryckslampan slocknar.

**3** Montera tändstiften, anslut tändkablarna och koppla in tändningen (se avsnitt 3).

**4** Starta motorn. Det kan ta några sekunder innan trycket byggs upp i bränslesystemet men motorn bör starta utan några större problem. **Observera:***Om baktändning sker genom trotteln eller förgasaren, kontrollera tändläget (kontrollera att kamdrivningen är korrekt monterad), tändföljden (kontrollera tändkablarnas monteringsföljd), samt tändningens inställning.*

**5** När motorn startats ska den varmköras till normal arbetstemperatur. Under tiden som motorn värms upp, leta noga efter läckor av bränsle, olja eller kylvätska.

**6** Stäng av motorn och kontrollera nivån för olja och kylvätska igen.

**7** Kör bilen till ett område med minimal trafik och accelerera med full gas från 50 till 80 km/t och lyft på gaspedalen och sakta in till 50 igen med stängd trottel. Upprepa 10 – 12 gånger. Detta belastarkolvringarna så att de sätter sig ordentligt mot cylinderloppen. Kontrollera än en gång att varken olja eller kylvätska läcker.

**8** Kör bilen försiktigt under de första 800 km (inga långa perioder med hög fart) och kontrollera oljenivån hela tiden. Det är inte ovanligt att en motor förbrukar olja under inkörningsperioden.

**9** Byt motorns olja och oljefilter efter 800 – 1 000 km

**10** Under de nästkommande 700 – 800 kilometrarna, kör normalt – varken spara på motorn eller misshandla den.

**11** Efter nästkommande 3 000 km, byt olja och oljefilter igen. Motorn är nu helt inkörd.

# Kapitel 3
# System för värme, kylning och luftkonditionering

## Innehåll



## Svårighetsgrader

| | | | | |
|---|---|---|---|---|
| **Enkelt,** passar novisen med lite erfarenhet 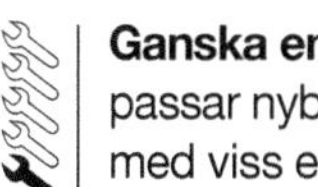 | **Ganska enkelt,** passar nybörjaren med viss erfarenhet  | **Ganska svårt,** passar kompetent hemmamekaniker  | **Svårt,** passar hemmamekaniker med erfarenhet  | **Mycket svårt,** för professionell mekaniker  |

## Specifikationer

### Allmänt

| | |
|---|---|
| Kylvätskans volym | Se kapitel 1 |
| Termostatens klassning | |
| Öppningstemperatur | 80°C |
| Helt öppen vid | 100°C |
| Kylfläktens termokontakt – tillslagstemperaturer | |
| Låg fart | 91°C |
| Hög fart | 99°C |

### Åtdragningsmoment

| | Nm |
|---|---|
| Mutter till fästet mellan mekanisk kylfläktskoppling och vattenpump **(vänstergängad)** | 40 |
| Bultar, mekanisk kylfläkt till koppling | 10 |
| Bultar till vattenpump | |
| Små bultar (M6) | 10 |
| Stora bultar (M8) | 22 |
| Termostathusets bultar | 10 |

## 1 Allmän information

### *Motorns kylsystem*

Alla bilar i denna handbok har ett trycksatt slutet kylsystem med termostatstyrd cirkulation av kylvätska.

En vattenpump av impellertyp monterad framtill på blocket pumpar runt kylvätskan i motorn. Kylvätskan strömmar runt varje cylinder i riktning mot motorns baksida. Ingjutna kylkanaler styr kylvätskan runt insugs- och avgasportarna, i närheten av tändstiften och mycket nära avgasventilernas styrningar.

En termostat av typen vaxkula finns placerad i den nedre kylarslangen på M10-motorer och i ett hus nära motorns framkant på M20 och M30-motorer samt bakom en krök under övre kamremskåpan (på topplockets framsida) på M40-motorer. Under uppvärmning förhindrar en stängd termostat att kylvätska cirkulerar genom kylaren. När motorn närmar sig normal arbetstemperatur öppnar termostaten och låter varm kylvätska strömma genom kylaren där den kyls ned innan den cirkulerar tillbaka till motorn.

Trycket i kylsystemet höjer kokpunkten på kylvätskan och ökar kyleffekten från kylaren. Kylsystemet hålls slutet av ett trycklock. Om systemtrycket överskrider kapaciteten för lockets övertrycksventil tvingar övertrycket den fjäderbelastade ventilen i locket att öppna så att kylvätska kan rinna ut genom överströmningsröret.

Trycklocket på fyrcylindriga modeller sitter i kylarens överkant. På sexcylindriga modeller sitter det på det genomskinliga expansionskärlet. Lockets tryckklassning finns ingjuten på lockets översida. Tryckklassningen är antingen 1,0 bar eller 1,2 bar.

**Varning: Skruva inte loss trycklocket från kylaren/ expansionskärlet förrän motorn kallnat helt och det inte längre finns tryck i systemet. Öppnande av locket på en varm motor innebär risk för personskador i form av skållning.**

## Värmesystem

Värmesystemet består av en fläkt och ett värmeelement som finns placerade i värmaren. Denna har slangar som ansluter elementet till motorns kylsystem. Värmesystemet och luftkonditioneringen styrs från instrumentbrädan. Varm kylvätska cirkulerar hela tiden genom elementet när motorn är igång. När värmen slås på öppnas en klaff som styr inkommande luft genom elementet och den uppvärmda luften strömmar sedan in i passagerarutrymmet. En fläktkontakt på instrumentbrädan startar och väljer fart på fläkten som tvingar mer luft genom värmeelementet vilket ger mer värmeeffekt för avfrostning och liknande.

## Luftkonditioneringssystem

Luftkonditioneringssystemet består av en kondenserare placerad framför kylaren, en förångare monterad bredvid värmeelementet, en kompressor monterad på motorn en filtertorkare (mottagartorkare) som har en övertrycksventil samt de ledningar som krävs för att ansluta ovanstående delar till varandra.

En fläkt tvingar den varmare luften i passagerarutrymmet genom en förångare (en omvänd kylare) vilket överför värmen från luften till kylmediat. Det flytande kylmediat kokas till lågtrycksånga och tar värmen med sig när den lämnar förångaren.

**Observera:** *Se skyddsföreskrifterna i början av avsnitt 12 rörande potentiella risker i samband med luftkonditioneringssystem.*

## 2 Frostskydd - allmän information

**Varning: Låt inte frostskyddsmedel komma i kontakt med huden eller målade ytor på fordonet. Skölj omedelbart bort spill med enorma mängder vatten. Frostskyddsmedel kan vara livsfarligt att förtära. Barn och husdjur kan attraheras av den söta lukten och lockas att dricka det, så torka omedelbart upp allt spill. Förvara aldrig frostskyddsmedel i öppna kärl och reparera omedelbart läckor i kylsystemet.**

Kylsystemet ska fyllas med en blandning av 60% vatten och 40% etylenglykolbaserat frostskydd. Detta förhindrar frysning ned till cirka –27°C. (I norra Sverige rekommenderas dock 50/50.) Frostskyddet höjer även kylvätskans kokpunkt och ger (om den är av god kvalitet) skydd även mot korrosion.

Kylsystemet ska dräneras, spolas och fyllas med angivna mellanrum (se kapitel 1). Gammalt eller förorenat frostskydd kan orsaka skador och bidra till bildandet av rost och avlagringar i kylsystemet. Använd destillerat vatten tillsammans med frostskyddsmedlet, om tillgängligt, eller rent regnvatten. Kranvatten duger ibland men inte om vattnet i ditt område är det minsta kalkhaltigt.

Innan frostskyddet fylls på ska alla slangar och anslutningar kontrolleras i och med att frostskyddet har en tendens att hitta de allra minsta läckorna. Normalt förbrukar motorer inte kylvätska så om nivån sjunker måste du ta reda på varför och sedan åtgärda problemet.

Frostskyddsblandningen ska upprätthållas i sina rätta proportioner, för mycket frosskydd minskar effektiviteten i kylsystemet. Vid behov, kontrollera vad blandningsschemat på frostskyddets förpackning anger innan kylvätska fylls på. En hydrometer finns att köpa från närmaste biltillbehörsbutik och ska användas till att testa kylvätskan. Använd endast frostskydd som uppfyller BMW:s specifikationer.

## 3 Termostat - kontroll och byte

**Varning: Skruva inte upp kylarlocket, tappa inte ur kylvätskan och byt inte termostat förrän motorn är helt kall.**

### Kontroll

**1** Innan du förutsätter att termostaten är orsaken till ett problem i kylsystemet ska du kontrollera kylvätskans nivå, drivremmens spänning (se kapitel 1) och funktionen hos temperaturmätaren (eller varningslampan).

**2** Om motorn verkar ta lång tid på sig att bli varm (baserat på värmarens effekt eller temperaturmätarens utslag) har termostaten troligen fastnat i öppet läge. Byt den.

**3** Om motorn går varm, kontrollera med handen om den övre kylarslangen är varm. Om den inte är det medan motorn är varm har termostaten troligen fastnat i stängt läge vilket förhindrar kylvätskans cirkulation. Byt termostat.

**3.8 På M10-motorn (fyrcylindrig) är termostaten (vid pilen) monterad i kylarslangen**

**Varning: Kör inte bilen utan termostat. Motorn tar mycket lång tid på sig att bli varm i kall väderlek vilket ger dålig bränsleekonomi och körbarhet. En ny termostat är normalt inte dyr.**

**4** Om den övre kylarslangen är varm innebär det att kylvätska cirkulerar och att termostaten är åtminstone delvis öppen. Se avsnittet *"Felsökning"* i slutet av denna handbok där diagnostik för kylsystem finns.

### Byte

#### Samtliga modeller

**5** Lossa batteriets jordledning.

**Varning: Om radion i din bil är stöldskyddad, se till att ha aktiveringskoden tillgänglig innan batteriet kopplas ur.**

**Observera:** *Om fel språk visas på instrumentpanelen när strömmen kopplas in igen, se sidan 0•7 där proceduren för språkinställning beskrivs.*

**6** Dränera kylsystemet (se kapitel 1). Om kylvätskan är relativt ny eller i gott skick kan den återanvändas.

#### M10-motorer

**7** Termostaten är placerad i den nedre kylarslangen. Demontera kylfläkten först.

**8** Notera termostatens monteringsläge och skruva ur slangklämmorna och dra ut termostaten från slanganslutningen **(se bild)**.

**9** Montera slanganslutningarna och dra åt slangklämmorna.

**10** Montera kylfläkten.

#### M20 och M30-motorer

**11** Lossa slangklämman **(se bild)** och slangen (-arna) från termostathuset.

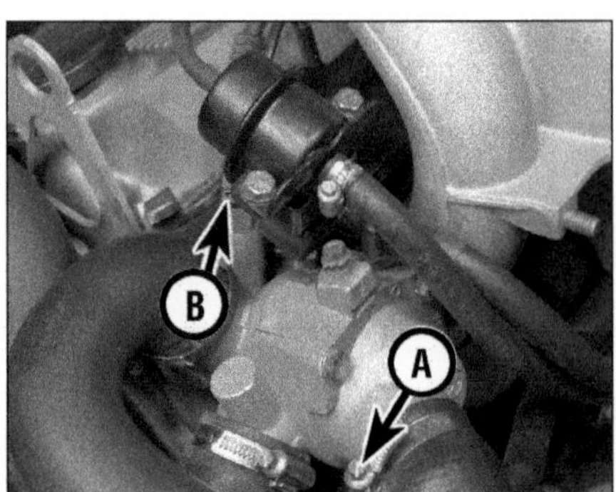


**3.11 På motorerna M20 och M30, lossa slangklämman (A) och dra loss slangen från termostathuset – notera att kylvätskans temperaturgivare (knappt synlig bakom bränsletrycksregulatorn) är placerad högst upp på termostathuset (B)**

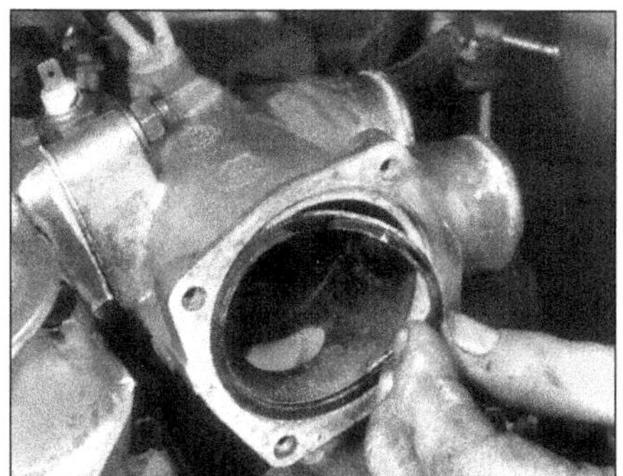

**3.15 På motorerna M20 och M30 ska, sedan huset och termostaten demonterats, o-ringen tas ut ur huset så att spåret kan rengöras och därmed garantera en bra tätning vid ihopsättningen**

**3.20a Demontera kröken från topplocket (M40-motorn)**

**3.20b Demontering av termostaten (M40-motorn)**

**12** Om den yttre ytan på slanganslutningen är skadad (korrosion, gropar etc.) kan den skadas ytterligare när slangen demonteras. I så fall behövs ett nytt termostathus.

**13** Skruva ur bultarna och lossa huset. Om det sitter fast, knacka loss det med en gummiklubba. Var beredd på kylvätskespill när packningen lossnar.

**14** Notera termostatens montering och demontera den.

**15** Stoppa in en trasa i öppningen till motorn och avlägsna alla spår av gammal packning (om papperspackning används). I annat fall, ta bort o-ringen **(se bild)** och packningsmaterialet från kåpan med en packningsskrapa. Ta ut trasan från öppningen och rengör fogytorna.

**16** Montera den nya termostaten och packningen i huset. Kontrollera att rätt ände vänds utåt – fjädern ska normalt vara vänd mot motorn.

**17** Montera kåpa och bultar. Dra åt bultarna till angivet moment.

### M40-motorer

**18** Demontera kylfläkten och övre kamremskåpan.

**19** Skruva ur slangklämman och lossa den nedre kylarslangen från kröken på topplockets framsida.

**20** Skruva loss kröken från topplocket. Notera termostatens monteringsläge och ta ut den **(se bilder).** Ta bort o-ringen – en ny krävs vid monteringen.

**21** Placera den nya termostaten i toppen i samma läge (pilen pekande uppåt).

**22** Tryck in en ny o-ring i spåret och skruva fast kröken på toppen. Dra åt bultarna.

**23** Anslut den nedre slangen till kröken och dra åt slangklämman.

**24** Montera övre kamremskåpan och kylfläkten.

### Samtliga modeller

**25** Fyll på kylsystemet (se kapitel 1).

**26** Anslut batteriets jordledning.

**27** Starta och varmkör motorn till normal temperatur och leta efter läckor samt kontrollera termostatens funktion (se beskrivningen tidigare i detta avsnitt).

## 4 Kylare – demontering och montering

***Varning: Vänta med detta arbete till dess att motorn är helt kall.***

**Observera:** *Om kylaren demonteras därför att den läcker, kom ihåg att mindre läckor ofta kan repareras utan att kylaren demonteras genom att kylartätningsmassa används.*

***Varning: Om radion i din bil är stöldskyddad, se till att ha aktiveringskoden tillgänglig innan batteriet kopplas ur.***

**Observera:** *Om fel språk visas på instrumentpanelen när strömmen kopplas in igen, se sidan 0•7 där proceduren för språkinställning beskrivs.*

### *Demontering*

**1** Lossa batteriets jordledning.

**2** Dränera kylsystemet (se kapitel 1). Om kylvätskan är relativt ny eller i gott skick kan den återanvändas.

**3** Lossa slangklämmorna och dra av slangarna från kylaren **(se bilder).** Om de sitter fast, grip tag i vardera slangänden med en rörtång och vrid försiktigt och dra sedan – var noga med att inte klämma eller bryta kylarens anslutningsrör! Om slangarna är gamla eller i dåligt skick, skär loss dem och montera nya.

**4** På M20 och M30-motorer, dra ut expansionskärlets slang från kylarpåfyllningen.

**5** Lossa kylarkåpans fästen och dra kåpan mot motorn **(se bild).** På vissa motorer kan kåpan tas bort helt.

**4.3a Lossa den övre slangen från kylaren**

**4.3b Nedre slangens anslutning till kylaren**

**4.5 Plastclips fäster kylarhöljet på vissa motorer**

4.7 Givare, som styr hög- och lågfartsfunktionen på hjälpkylfläkten, kan finnas placerade på ett antal platser kring kylsystemet

4.8 Kylaren är fastbultad på frontpanelen antingen i sidorna eller överkanten

**6** Om bilen har automatväxellåda, lossa oljekylarledningen från kylaren. Samla upp spillet i en skål. Plugga oljekylarens ledningar och anslutningar.

**7** Lossa kylargivarna från kylaren **(se bild)**. De termostatstyrda kontakterna för låg och hög fart på hjälpfläkten finns monterade på olika platser i kylartanken beroende på motor och modell.

**8** Lossa kylarfästena. Dessa finns antingen ovantill eller på sidorna **(se bild)**.

**9** Lyft försiktigt ut kylaren från de nedre fästena, var noga med att inte skada kylflänsarna. Se även till att inte spilla kylvätska på bilen eller skrapa lacken.

**10** När kylaren demonterats, leta efter läckor och skador. Om den måste repareras ska detta utföras av en specialist eftersom detta kräver en speciell teknik.

**11** Flugor och skräp kan tas bort från kylaren med tryckluft och en mjuk borste. Böj inte kylflänsarna när detta utförs.

**12** Kontrollera skicket på kylarfästena och byt vid behov **(se bild)**.

## *Montering*

**13** Montering sker med omvänd arbetsordning.

**14** Fyll på systemet med rätt blandning av vatten och frostskydd efter monteringen, se kapitel 1 vid behov.

4.12 När kylaren lyfts ut kan fästena inspekteras – leta efter skador och byt efter behov

**15** Starta motorn och leta efter läckor. Varmkör motorn till normal arbetstemperatur vilket anges av att den övre slangen blir varm. Kontrollera nivån och fyll på vid behov.

**16** Om bilen har automatlåda, kontrollera och fyll vid behov på automatväxellådsoljan.

## 5 Motorns kylfläkt(ar) och koppling – kontroll, demontering och montering

***Varning: Undvik skaderisker genom att ALDRIG köra motorn om fläkten är skadad, Försök inte reparera fläktblad – byt fläkt. Lägg även märke till att hjälpfläkten framför kylaren eller kondenseraren kan startas utan att motorn är igång eller att tändningen är påslagen. Den fläkten styrs av kylvätskans temperatur via termokontakterna i kylaren.***

## *Kontroll*

### Elektrisk hjälpfläkt

**Observera:** *Denna fläkt styrs på de flesta modeller av två termokontakter i kylaren. Den ena styr låg hastighet/temperatur, den andra hög hastighet/temperatur. Kontakterna slår på vid olika temperaturer (se specifikationerna).*

**1** Termokontakterna för låg och hög fart på hjälpfläkten finns monterade på olika platser i kylaren **(se bild 4.7)** beroende på motor och modell. Två enkelbrytare eller en dubbel kan finnas.

**2** Stick in en skruvmejsel i kontakten, lyft spärren och lossa fläktens kabelhärva.

**3** Testa fläktmotorn genom att dra ut kontakten till den och anslut fläkten direkt till batteriet med skarvkablar. Om fläkten inte startar när den är direktkopplad är motorn defekt och ska bytas. Om fläkten fungerar är det troligt att kontakten är defekt. Ställ en mer precis diagnos genom att följa de anvisningar som gäller för din modell.

**Observera:** *Snurra på hjälpfläktens motor för hand för att kontrollera att motorn eller fläkten inte kärvar. Se dock till att endast göra detta när motorn är så kall att fläkten inte kan starta av sig själv.*

**4** Testa låg- och högfartskretsarna genom att lossa kontakten från ena termokontakten och brygga över stiften med en tråd. Fläkten ska starta med låg eller hög fart beroende på vilken termokontakt som lossades. På vissa modeller måste tändningen vara påslagen innan fläkten kan starta.

**5** Upprepa med den andra termokontakten så att bägge testas.

**6** Om låg- och högfartskretsarna fungerar men det har förekommit problem med att fläkten inte startar, byt termokontakt (-er). Ta ut en kontakt genom att tappa ur så mycket kylvätska att nivån hamnar under kontakten (se kapitel 1) och skruva ur kontakten och skruva in en ny. Fyll på systemet med kylvätska.

**7** Om termokontakterna fungerar men motorn fortfarande inte fungerar finns problemet i säkringen, reläet ledningarna mellan delarna (eller själva fläktmotorn). Kontrollera säkring, relä och alla ledningar noga. Se kapitel 12 för mer information om detta.

### Mekanisk fläkt med viskös koppling

**8** Lossa batteriets jordledning, gunga på fläktmotorn med händerna, leta efter lagerspel.

***Varning: Om radion i din bil är stöldskyddad, se till att ha aktiveringskoden tillgänglig innan batteriet kopplas ur.***

**Observera:** *Om fel språk visas på instrumentpanelen när strömmen kopplas in igen, se sidan 0•7 där proceduren för språkinställning beskrivs.*

**9** Vrid på fläktbladen för hand när motorn är kall. Det ska finnas lite motstånd.

**10** Se efter om det läcker olja från fläktkopplingen. Vid läckage, byt fläktkoppling.

**11** Varmkör motorn. slå av tändningen och lossa batteriets jordledning. Vrid fläkten för hand. Större motstånd bör vara finnas. Om fläkten snurrar för lätt behövs kanske en ny fläktkoppling.

## *Demontering och montering*

### Elektrisk hjälpfläkt

**12** Lossa batteriets jordledning.

**13** Demontera hjälpfläkten enligt den beskrivning som är tillämplig för din bil.

**5.27a Kylfläkten på vattenpumpen är monterad på axeln med en vänstergängad mutter placerad direkt bakom fläkten . . .**

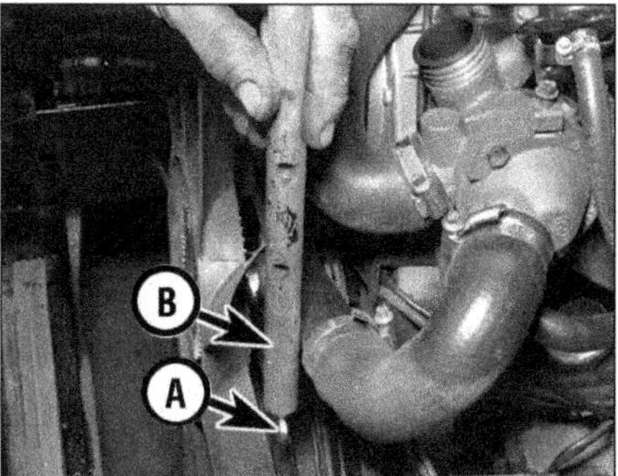


**5.27b . . . lossa muttern genom att placera en 32 mm blocknyckel på den och knacka hårt på nyckeln (A) med en dorn (B) och en hammare. Detta lossar muttern så att den enkelt kan skruvas ur så att fläkten kan demonteras**

**5.29 Demontering av vattenpumpens remskiva (M40-motorn)**

**Serie 3**

**14** Demontera kylargrillen (se kapitel 11).

**15** Skruva ut och ta bort fläktfästet och kåpan från kylaren (se avsnitt 5).

**16** Demontera kylaren (se avsnitt 4).

**17** I förekommande fall, skruva ur kondenserarens fästbultar men demontera inte kondenseraren och lossa inga kylmedialedningar från den.

**18** Dra försiktigt kondenseraren mot motorn så att hjälpfläkten blir åtkomlig för lyft.

**19** Dra ut kontakten till fläktmotorn och lyft ut fläktmotorn.

**20** Montering sker med omvänd arbetsordning.

**Serie 5**

**21** Demontera skruvarna och dekorpanelen framför kylaren.

**22** Lossa fläkten från fästena på kondenseraren.

**23** Dra ur kontakten till fläkten.

**24** Ta bort fläkten och kåpan från bilen, se till att inte skada kondenseraren (om monterad) när fläkten lyfts ut.

**25** Montering sker med omvänd arbetsordning.

## Mekanisk fläkt med viskös koppling

**26** Lossa batteriets jordledning. Lossa fläktkåpans fästen och ta undan den (se avsnitt 4).

**27** Använd en 32 mm blocknyckel och skruva loss fläkten/kopplingen. Sätt nyckeln på den stora muttern framför remskivan **(se bilder)** och knacka på änden av nyckeln så att muttern lossnar.

***Varning: Denna mutter är vänstergängad så den skruvas ur medsols sett från bilens framsida.***

**28** Lyft ut fläkten/kopplingen (och kåpan vid behov) ur motorrummet.

**29** Vid behov, skruva ur de fyra bultar som fäster remskivan vid vattenpumpens nav. Remskivan kan lyftas undan när drivremmarna demonterats **(se bild).**

**30** Kontrollera noga att fläktbladen inte är skadade, byt fläkt vid behov.

**31** I detta skede kan vid behov fläkten och kopplingen säras. Om kopplingen ska ställas undan, placera den med kylarsidan nedåt.

**32** Montering sker med omvänd arbetsordning.

## 6 Vattenpump - kontroll

**1** En havererad vattenpump kan orsaka allvarliga motorskador genom överhettning.

**2** Det finns två sätt att kontrollera en monterad vattenpump. Om endera av följande tester indikerar att pumpen är defekt ska en ny monteras.

**3** Vattenpumpar är försedda med sippringshål. Om pumpen packning går sönder kommer kylvätska att läcka från hålet. I de flesta fall behöver du en ficklampa för att hitta hålet från undersidan för att kontrollera eventuellt läckage.

**4** Om vattenpumpens lager skär kan det höras ett tjut från motorns framsida när den går. Axelslitage kan kännas om vattenpumpens remskiva gungas upp och ned (med demonterad drivrem). Misstolka inte en slirande drivrem, som också tjuter, som ett skuret vattenpumpslager. Även ett skuret generatorlager tjuter. När drivremmen demonterats torde det dock vara enkelt att avgöra vilken komponent som havererat.

## 7 Vattenpump - demontering och montering

***Varning: Vänta till dessa att motorn är helt kall innan detta arbete utförs.***

***Varning: Om radion i din bil är stöldskyddad, se till att ha aktiveringskoden tillgänglig innan batteriet kopplas ur.***

**Observera:** *Om fel språk visas på instrumentpanelen när strömmen kopplas in igen, se sidan 0•7 där proceduren för språkinställning beskrivs.*

### *Demontering*

**1** Lossa batteriets jordledning.

**2** Dränera kylsystemet (se kapitel 1). Om kylvätskan är relativt ny eller i gott skick kan den återanvändas.

**3** Demontera kylfläktens kåpa (se avsnitt 5).

**4** Demontera drivremmarna (se kapitel 1).

**5** I förekommande fall, lossa slangklämmorna och dra av slangarna från vattenpumpen. Om de sitter fast, greppa tag i vardera slangänden med en rörtång och vrid loss och dra av. Om slangarna visar tecken på förslitning, skär av dem och montera nya.

**6** Demontera fläkt, koppling och remskiva från vattenpumpsaxeln (se avsnitt 5).

**7** Demontera vattenpumpen enligt den beskrivning som gäller för din bil.

### M10-motor

**8** Skruva ur bultarna och ta ut vattenpumpen **(se bild).**

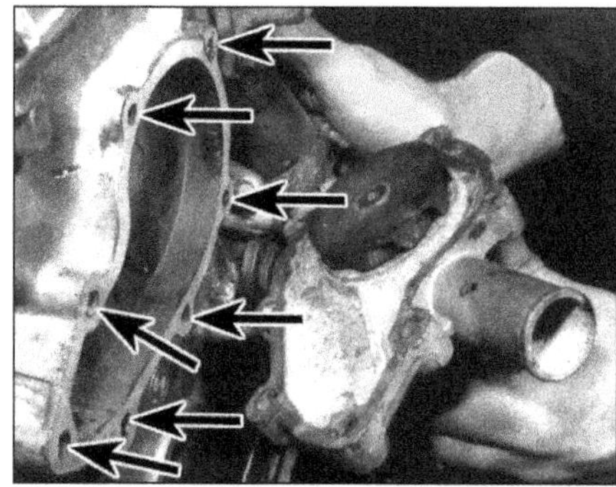

**7.8 På M10-motorn är det sju skruvar (pilade) som fäster vattenpumpen i blocket**

7.12 Placeringen av vattenpumpens bultar (M20-motorn)

7.18a När vattenpumpens fästbultar skruvats ur, skruva in två bultar i fästöronen (upptill och nedtill) . . .

7.18b . . . och dra ut vattenpumpen (M40-motorn)

## M20-motor

**9** Demontera fördelarlock, tändkablar, rotor och dammskydd (se kapitel 1).

**10** I förekommande fall, demontera givaren (se kapitel 5).

**11** Demontera övre kamremskåpan (se kapitel 2A).

**12** Lossa alla tre fästbultarna till vattenpumpen, skruva ur den övre och den högra men INTE den nedre bulten **(se bild).**

**13** Vrid pumpen nedåt, demontera remspännarens fjäder och stift.

**14** Skruva ur den sista vattenpumpsbulten och lyft ut pumpen.

***Varning: Lämna spännarens bult åtdragen, var noga med att inte röra på kamdrevet i och med att skada kan uppstå om ventilerna rör sig.***

## M30-motor

**15** Demontera motorns lyftfäste.

**16** Skruva ur de bultar som fäster vattenpumpen vid motorblocket.

**17** Lyft undan vattenpumpen och ta reda på packningen.

## M40-motor

**18** Skruva ur fästbultarna och lyft undan vattenpumpen. Om den sitter fast i toppen, skruva in två bultar i fästöronen på övre och nedre sidan av pumpen och dra dem jämnt så att pumpen pressas ut ur topplocket **(se bilder).**

## *Montering*

**19** Rengör gängorna på bultarna och i hålen från korrosion och gänglås.

**20** Jämför den nya pumpen med den gamla, de ska vara identiska.

**21** Ta bort alla spår av gammal packning från motorn med en packningsskrapa.

**22** Rengör vattenpumpens fogytor.

**23** På M40-motorn, montera en ny o-ring på pumpen **(se bild).**

**24** Placera packningen på pumpen och för pumpen mot motorn **(se bild).** För in ett par bultar i fästhålen så att packningen hålls i läge.

**25** Montera pump och packning på motorn med fingerdragna bultar. **Observera:** *På M20-motorn, skruva i den nedre bulten med fingerkraft och vrid pumpen i läge med drivremsspännarens fjäder och stift på plats.*

**26** Skruva i resterande bultar (om dessa även håller ett tillbehörsfäste på plats, se till att sätta fästet på plats). Dra bultarna till angivet moment i steg om ett kvarts varv. Dra inte för hårt eftersom detta kan göra vattenpumpen skev.

**27** Montera de delar som togs bort för att göra pumpen åtkomlig.

7.23 Montera ny o-ring på vattenpumpen (M40-motorn)

7.24 Ny ytterpackning på vattenpumpen (M40-motorn)

**28** Fyll på kylsystemet och kontrollera drivremmens spänning (se kapitel 1). Kör motorn och leta efter läckor.

## 8 Kylvätsketemperaturens givare – kontroll och byte

***Varning: Vänta med detta arbete till dess att motorn är helt kall.***

**1** Systemet för kylvätsketemperaturvisning består av en mätare på instrumentpanelen och en givare som normalt finns i termostathuset **(se bild 3.11).** Vissa bilar har mer än en givare, men endast en används av mätaren. På M40-motorn är givaren monterad på topplockets bakre vänstra sida.

**2** Om mätarvärdet misstänks vara inkorrekt, kontrollera först kylvätskenivån. Se till att ledningen mellan mätaren och sändaren är intakt och att alla säkringar är hela. (Om även bränslemätaren misstänks vara defekt finns problemet med all sannolikhet i instrumentpanelen eller ledningarna till den.)

**3** Innan kretsen testas, se relevanta kopplingsscheman (se kapitel 12). I de fall givaren jordar ut kretsen, testa genom att jorda ledningen till givaren medan tändningen är på (men av säkerhetsskäl utan att motorn körs). Om mätaren nu går mot änden av skalan ska givaren bytas. Om mätaren inte ger utslag är den eller ledningen till den defekt. I de fall givaren har två stift, testa kretsen genom att mäta enhetens motstånd. I skrivande stund saknas aktuella värden men typiska mätresultat om flera hundra eller tusentals ohm (beroende på temperatur) är att förvänta. Ett mätresultat om noll (kortslutning) eller oändligt (bruten krets) indikerar en defekt givare.

***Varning: Jorda inte ledningen mer än en eller ett par sekunder, annars skadas mätaren.***

4 Om en ny givare ska monteras, se till att motorn är helt kall. Visst spill av kylvätska kommer att uppstå när enheten skruvas ut så var beredd att fånga upp spillet eller ha en ny enhet redo att skruvas in så snart den gamla skruvats ut. Dra ut kontakten och skruva ut den gamla enheten, skruva in den nya. Använd gängtätning och stick in kontakten. Avsluta med att kontrollera kylvätskenivån.

## 9 Fläktmotor, värmare och luftkonditionering - demontering, test och montering

### Demontering

**Observera:** *De serie 3 modeller som tas upp i denna bok har alltid använt en fläktmotor för ventilation, värme och luftkonditionering. Serie 5 modeller med "gamla karossen" (E28) har två separata fläktmotorer, en för ventilation och värme, en annan för luftkonditioneringen. Bilar i serie 5 med den "nya karossen" (E34) har i likhet med serie 3 bara en fläktmotor. Demontering och montering av den enstaka fläktmotorn och serie 5, "gamla karossens" ventilations/värmefläktmotor beskrivs nedan. Demontering och montering av luftkonditioneringens fläktmotor motor för serie 5, "gamla karossen", beskrivs i avsnitt 14.*

***Varning: Om radion i din bil är stöldskyddad, se till att ha aktiveringskoden tillgänglig innan batteriet kopplas ur.***

**Observera:** *Om fel språk visas på instrumentpanelen när strömmen kopplas in igen, se sidan 0•7 där proceduren för språkinställning beskrivs.*

1 Lossa batteriets jordledning.

2 Fläktmotorn är monterad under en panel bakom torpedplåten. Skruva ut panelens skruvar **(se bilder).**

3 Lossa eller kapa plastbanden som fäster kabelhärvan vid panelen, för kabelaget åt sidan.

4 Lyft bort panelen.

5 Lossa fläktkåpan och det clips som håller fast fläktmotorn **(se bilder).**

6 Dra ut kontakten och lyft ut fläktmotorn **(se bild).**

**9.2a För åtkomst av värmarens fläktmotor måste luckan över den tas bort – en skruv på fronten och . . .**

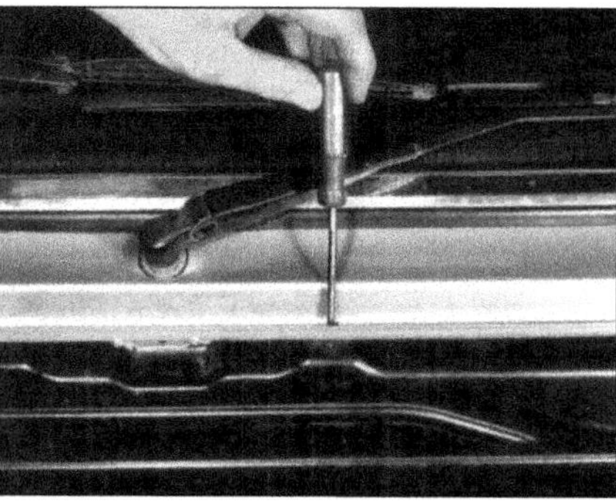

**9.2b . . . en på överkanten fäster luckan**

### Testning

7 Du kan testa fläktmotorn genom att lägga batterispänning direkt på den med avsäkrade skarvkablar (se till att fläktbladen inte kan slå mot någonting när de snurrar). Om fläkten snurrar snabbt (denna test simulerar högfart) är fläkten OK. Om motorn inte snurrar, snurrar långsamt eller har missljud, byt fläktmotor.

**Observera:** *Om fläktbladen måste demonteras, märk deras relationer till axeln. Fläktarna balanseras vid tillverkningen och missljud eller kort lagerlivslängd kan bli följden av att fläktbladen inte monteras i exakt rätt läge relativt axeln.*

### Montering

8 Montering sker med omvänd arbetsordning. **Observera:** *Fläktmotorn kan behöva vridas så att fästclipset kommer i rätt läge.*

## 10 Reglage för värme och luftkonditionering – demontering och montering

### Demontering

1 Lossa batteriets jordledning.

***Varning: Om radion i din bil är stöldskyddad, se till att ha aktiveringskoden tillgänglig innan batteriet kopplas ur.***

**Observera:** *Om fel språk visas på instrumentpanelen när strömmen kopplas in igen, se sidan 0•7 där proceduren för språkinställning beskrivs.*

### Serie 3

2 Demontera mittkonsolen och sidoklädseln.

3 Demontera radion (se kapitel 12) och dra av knapparna från reglagen för värme och luftkonditionering.

4 Demontera värmarens dekorpanel så att styrvajrarna blir åtkomliga.

5 Haka av vajrarna, märk upp dem så att de kan monteras korrekt.

6 Dra ut kontakten.

7 Demontera reglagearmarna.

8 Reglagearmarna kan demonteras separat.

### Serie 5

9 Demontera mittkonsolen (se kapitel 11).

10 Demontera radion (se kapitel 12) och dra av knapparna från reglagen för värme och luftkonditionering.

11 Demontera dekoren och dra ut styrenheten från instrumentbrädan. Detta låter dig lossa vajrarna från reglagearmarna.

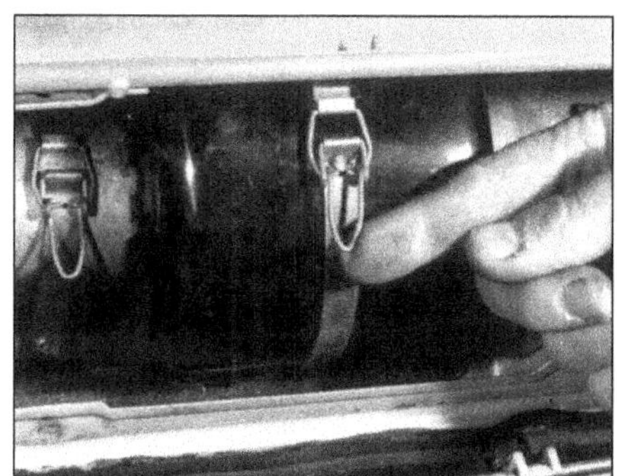

**9.5a Lossa fästbandet för att demontera fläktkåpan . . .**

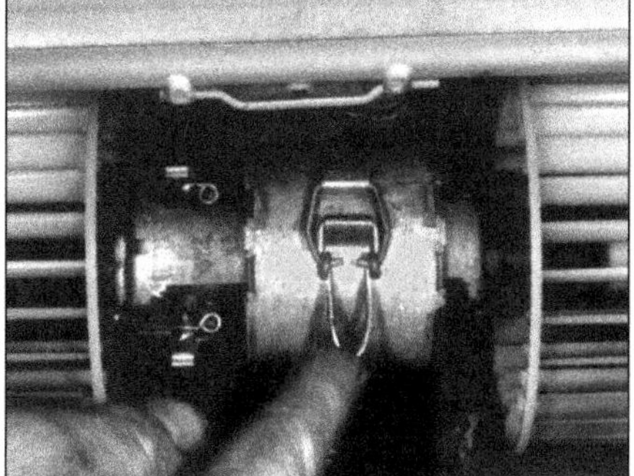

**9.5b . . . och lossa mittbandet som fäster fläktmotorn**

**9.6 Lyft ut enheten och dra ut kontakten från fläktmotorn**

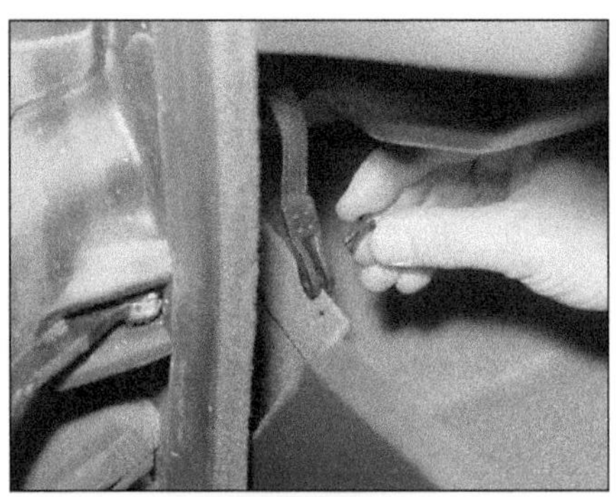

11.3a Dra ut stiften till handskfackets stoppremmar . . .

11.3b . . . och där så är tillämpligt, ta bort ficklampans kontaktuttag från handskfacket

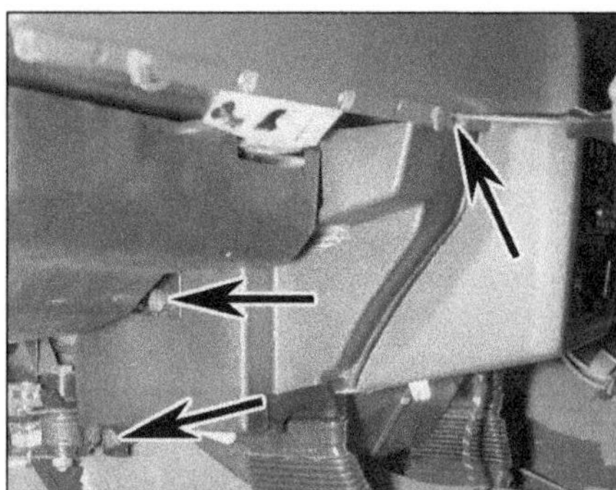

11.4a Lossa fästena (vid pilarna) från klädselpanelen intill handskfacket . . .

**12** Haka av vajrarna från clipsen, märk upp dem så att de kan monteras korrekt.

**13** Dra ur kontakten till styrenheten.

**14** Skruva ur skruvarna som fäster dekoren vid styrenheten och lyft ut styrenheten.

### *Montering*

**15** Montering sker med omvänd arbetsordning.

## 11 Värmeelement – demontering och montering

***Varning: Om radion i din bil är stöldskyddad, se till att ha aktiveringskoden tillgänglig innan batteriet kopplas ur.***

**Observera:** *Om fel språk visas på instrumentpanelen när strömmen kopplas in igen, se sidan 0•7 där proceduren för språkinställning beskrivs.*

**1** Dränera kylsystemet (se kapitel 1)

**2** Demontera mittkonsolen (se kapitel 11).

### *Serie 3*

### Demontering

**3** Öppna och stötta handskfacket underifrån, lossa sedan stoppremmarnas stift **(se bild)**. Stäng handskfacket så att det sitter på spärren, ta sedan bort de tre gångjärnsskruvarna underifrån. Lossa luckan från spärren igen och sänk ned handskfacket. Där så är tillämpligt, ta loss ficklampans kontaktuttag och lossa kablaget från klämmorna på sidan **(se bild)**.

**4** Arbeta i passagerarsidans fotbrunn, ta bort klädselpanelen bredvid handskfackets plats genom att ta bort den övre skruven och vrida de två plastfästena 90° **(se bilder)**.

**5** Ta loss den korrugerade ventilationstrumman mellan värmarhuset och golvet på passagerarsidan **(se bild)**.

**6** Ta loss ventilmunstycket från värmarhusets passagerarsida genom att skruva loss torxskruven **(se bilder)**.

**7** För att skapa bättre åtkomlighet, demontera panelen under instrumentbrädan på passagerarsidan, genom att skruva loss den övre skruven och vrida plastfästet på panelens vänstra sida 90° **(se bild)**.

**8** Dra ut fjäderklämman och ta bort gaffelbulten från anslutningen mellan bromsservons tryckstång och pivå **(se bilder)**.

**9** Ta också bort klämman och gaffelbulten från pivåanslutningen till bromspedalens tväraxel **(se bild)**. När bulten tas bort lossnar enhetens fjäder – inte med någon större kraft, men var ändå beredd på att pivån svänger utåt.

**10** När båda gaffelbultarna har tagits bort och länksystemen tagits isär, märk ut det hur

11.4b . . . och ta bort panelen

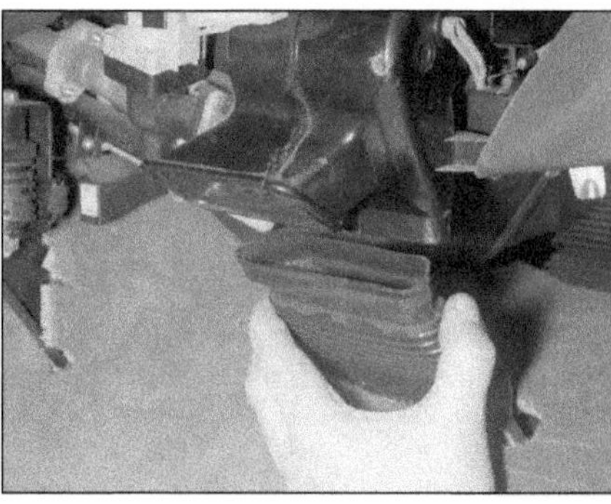

11.5 Ventilationstrumman vid golvet demonteras

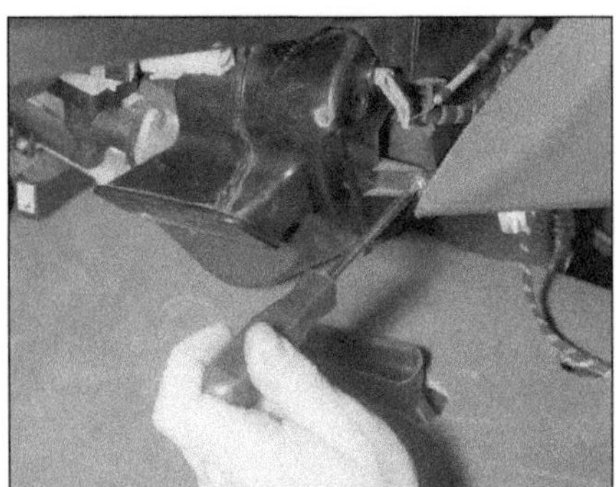

11.6a Skruva loss torxskruven . . .

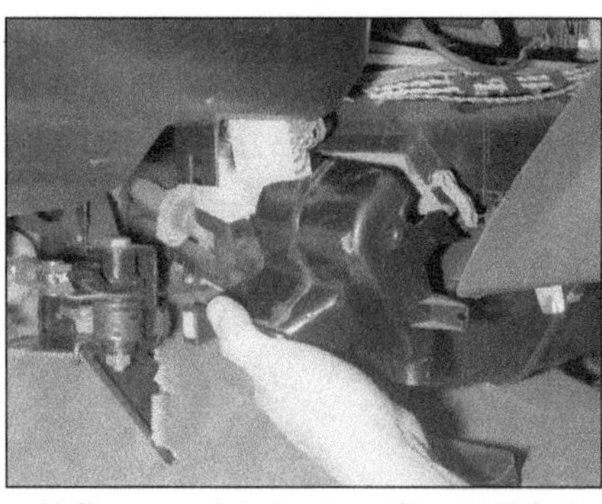

11.6b . . . och ta bort ventilmunstycket från värmarhusets passagerarsida

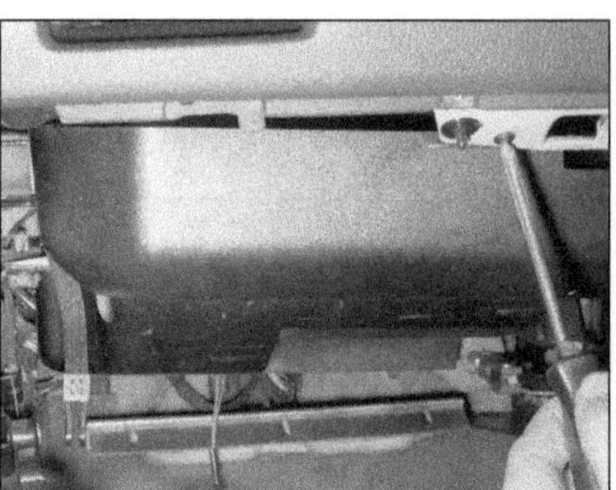

11.7 Skruva loss skruven och ta loss plastfästet, ta sedan bort panelen under instrumentbrädan på passagerarsidan

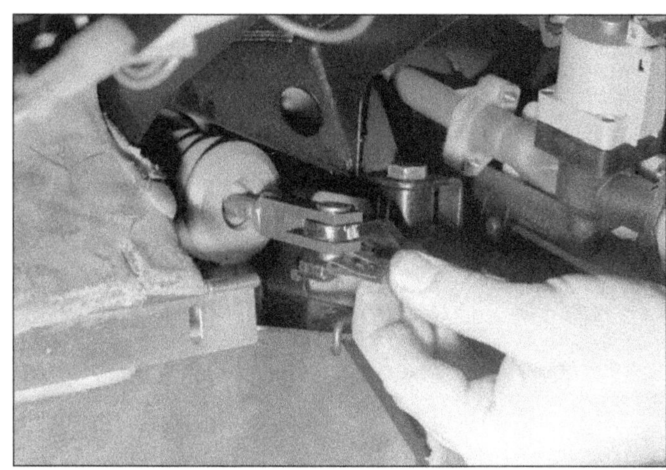

11.8a Dra ut fjäderklämman . . .

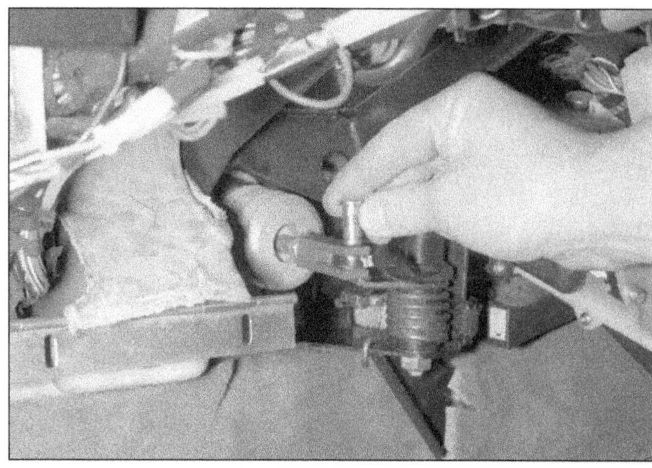
11.8b . . . och dra ut gaffelbulten från anslutningen mellan servons tryckstång och pivå

varje del i länksystemet suttit monterad i förhållande till de gängade justerarna, så att inställningarna behålls. Använd antingen en liten färgklick eller tejpa varje länk till det gängade staget.

**11** De fyra muttrarna som håller vakuumservon till torpedväggen måste nu tas bort från bilens insida **(se bild)**. Stötta servoenheten med kabelband eller ett lämpligt träblock innan muttrarna tas bort helt. Enheten behöver dock inte flyttas undan ytterligare.

**12** Skruva loss och ta bort de fyra bultarna som håller tväraxel-/servopivåfästet och ta bort fästet från bilen **(se bilder)**.

**13** Inne i motorrummet, skruva loss slangklämmorna och koppla loss de två värmarslangarna från anslutningarna på torpedväggen **(se bild)**.

**14** Återgå till passagerarsidans fotbrunn, ta bort skruvarna och koppla loss slangförlängningen (-arna) (som går genom torpedväggen från tappen (-arna) på värmeelementet. Ta inte i för hårt när rören lossas från värmeelementet – rören kan spricka. Ta vara på tätningsringen i änden på varje rör.

**15** Där så är tillämpligt, koppla loss den elektroniskt styrda värmeventilen (svart plastenhet) från värmeelementets ände. Om O-ringar är monterade, ta vara på dessa.

**16** Ta bort de tre fästskruvarna från elementets ände **(se bild på nästa sida)**, och dra ut elementet ur värmarhuset in i fotbrunnen. Skydda golvet mot kylvätskespill, men försök också att hålla de öppna ändarna av slangtapparna på elementet vända något uppåt för att minimera onödigt spill.

## Montering

**17** Montering sker i omvänd ordning, men tänk på följande:

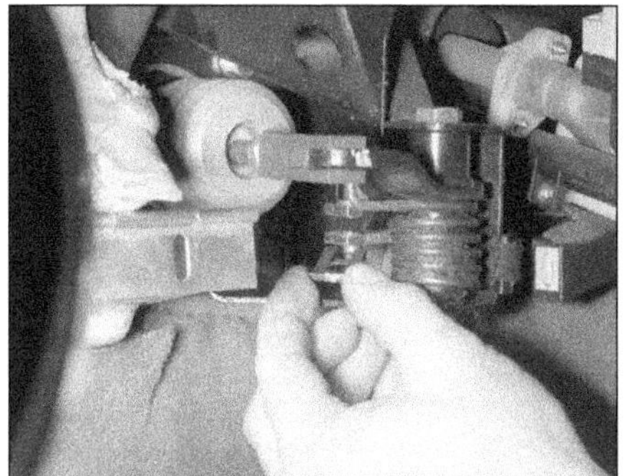
11.9 Fjäderklämman tas bort från bromspedalens tväraxelsanslutning

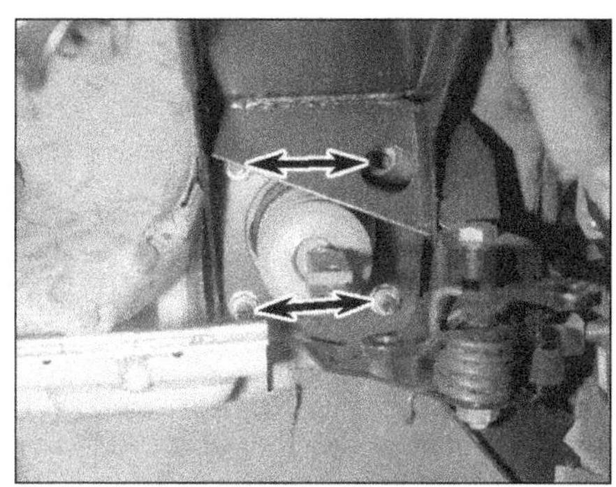
11.11 Bromsservons fästmuttrar (vid pilarna)

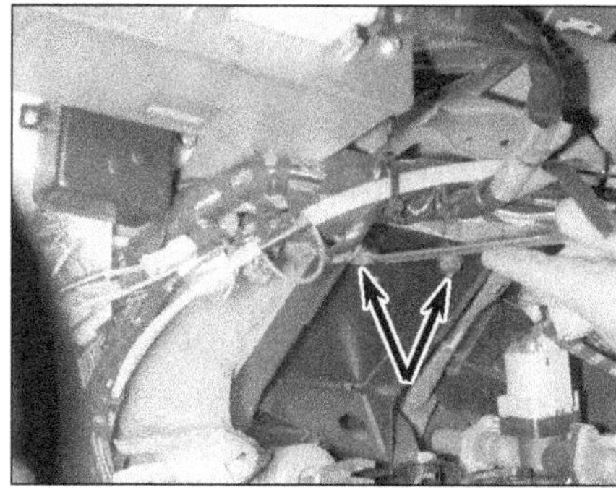
11.12a Skruva loss och ta bort de två bultarna till pivåfästbygeln upptill . . .

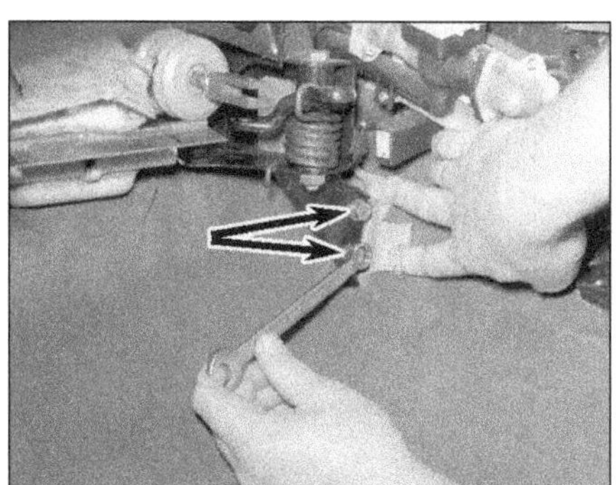
11.12b . . . och nedtill (vid pilarna) . . .

11.12c . . . och ta bort pivåfästbygeln från bilen

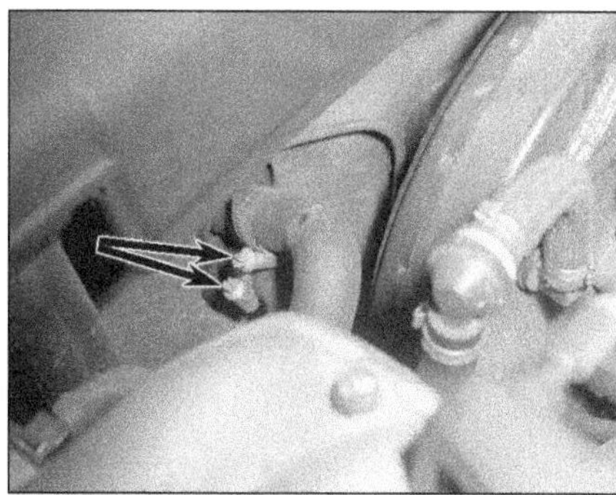
11.13 Värmeslangarnas klämmor (vid pilarna) vid motorrummets torpedvägg

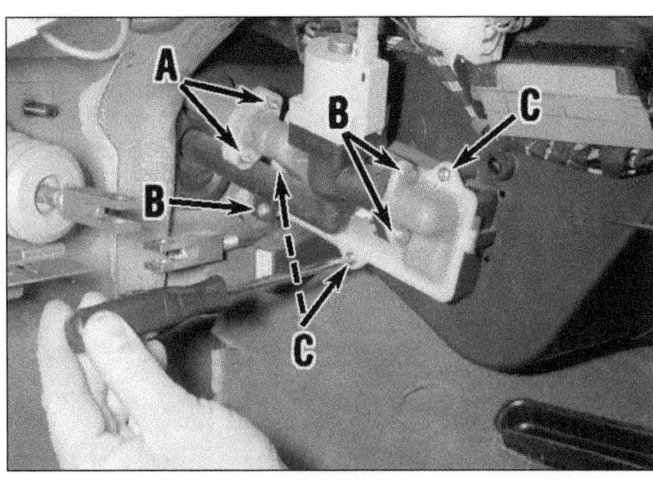

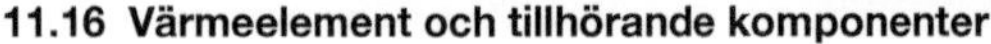

11.16 Värmeelement och tillhörande komponenter

*A Slangförlängningsskruvar*
*B Skruvar till elektronisk värmeventil*
*C Värmeelementets skruvar (en dold)*

11.19 Högtalarens kontaktdon kopplas loss

*a) Använd nya O-ringstätningar på värmeelementets röranslutningar.*
*b) Vid montering av bromspedalens tväraxel, se till att länkinställningarna inte har rubbats. Spänn pivåfjädern lite när gaffelbultarna sätts tillbaka. Sätt i gaffelbultarna ovanifrån och säkra med fjäderklämmorna.*
*c) Vid montering av handskfacket, kontrollera att det stänger ordentligt och justera spärren om så behövs.*
*d) Fyll på kylsystemet enligt beskrivningen i kapitel 1, kontrollera sedan att det inte förekommer några läckor innan arbetet fortsätter.*
*e) Montera mittkonsolen enligt beskrivningen i kapitel 11.*

## Serie 5

### Demontering

**18** För att värmeelementet ska nås måste värmereglagepanelen demonteras. Ta bort de två skruvarna på var sida av panelen, som sattes tillbaka temporärt vid demonteringen av mittkonsolen. Stötta reglagepanelen när skurvarna tas bort.

**19** Demontera radion/kassettbandspelaren från värmens/ventilationens reglagepanel. Exakt hur demonteringen går till varierar något beroende på vilken typ av enhet det gäller, men i typexemplet lossas enheten genom att man trycker in två fjäderbelastade spärrar och drar ut enheten framåt, ut ur panelen. Koppla loss antennkabeln, strömmatnings-/jordledningarna och högtalarkablaget från enhetens baksida. Märk upp kablarna för att underlätta återkopplingen **(se bild)**.

**20** Kontaktdonen och värmereglagevajrarna måste nu lossas från reglagepanelens baksida. Notera noggrant hur alla delar sitter innan de tas bort.

**21** Tryck in fästflikarna och koppla loss kontaktdonet (-donen) från brytaren (-arna) på reglagepanelens vänstra ände **(se bild)**. Om så önskas kan brytarna tryckas ut ur panelen.

**22** De tre värmereglagevajrarna med röda, blå och gröna färgkodade ändstycken kopplas alla loss på samma sätt. Notera dock i vilken ordning de sitter innan de tas bort. Uppifrån är färgordningen röd, blå, grön.

**23** Tryck ihop flikarna på vajerhöljet och lossa vajern från reglagepanelens baksida. Dra vajern mot instrumentbrädan i ca 45° vinkel för att lossa innervajern från reglagearmen **(se bilder)**. Upprepa för de övriga reglagevajrarna.

**24** Den översta reglagevajern (om monterad) har gul färgkod. Vajerns ändstycke lossas från sin reglagearm på samma sätt som de övriga vajrarna beskrivna ovan. Vajern lossas från reglagepanelen genom att man klämmer ihop fästflikarna upptill och nedtill och drar ut vajern från fästkragen.

**25** Tryck fäst-'handtaget' åt ena sidan och dra av temperaturreglagets kontakt **(se bild)**.

**26** Dra bak spärren och koppla loss fläktbrytarens multikontakt **(se bilder)**.

**27** Dra värmereglagepanelen framåt och sedan något åt sidan **(se bild)**. Om så önskas kan klockan lossas från panelen med hjälp av låsarmen. Tryck ut klockan så långt det går med hjälp av plastarmen, dra sedan klockan framåt, bort från multikontakten. Värmereglagepanelen kan nu tas bort helt.

**28** Koppla loss kontaktdonet till kupéutrymmets temperaturgivare på vänster sida av värmeelementets täckkåpa, och lossa kablaget från klämmorna. Dra loss temperaturgivaren från täckkåpan och ta vara på den **(se bilder)**. Där så är tillämpligt, upprepa detta moment och ta bort givaren från kåpans högra sida.

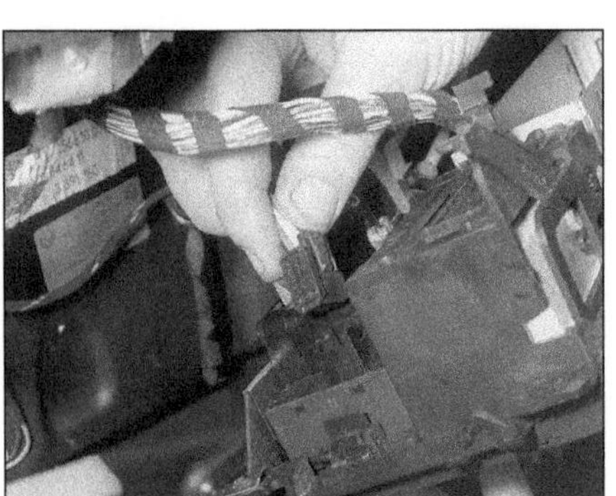

11.21 Kontaktdonet lossas från en brytare på reglagepanelen

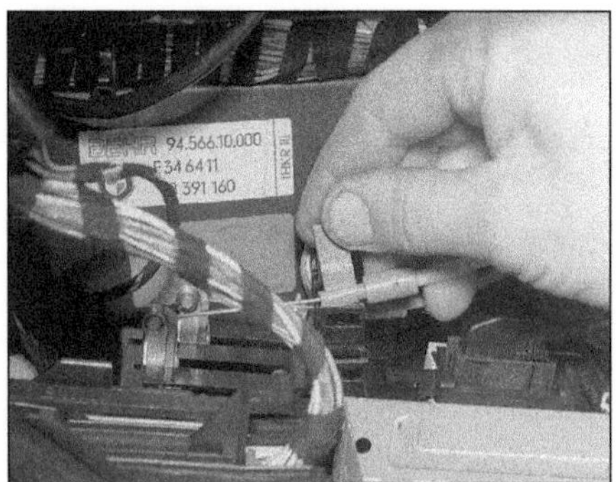

11.23a Tryck ihop flikarna på vajerhöljet . . .

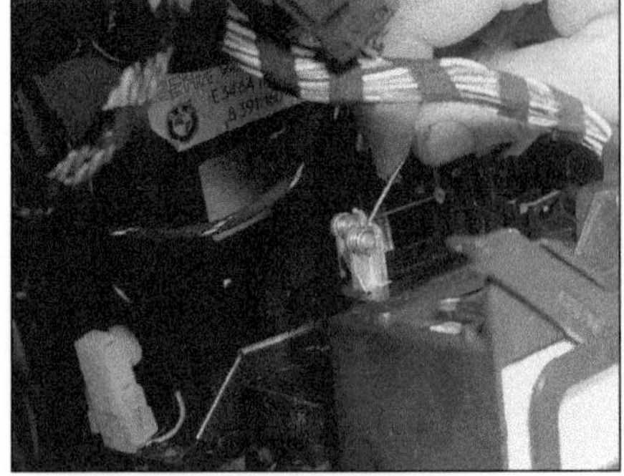

11.23b . . . och lossa innervajern från reglagearmen

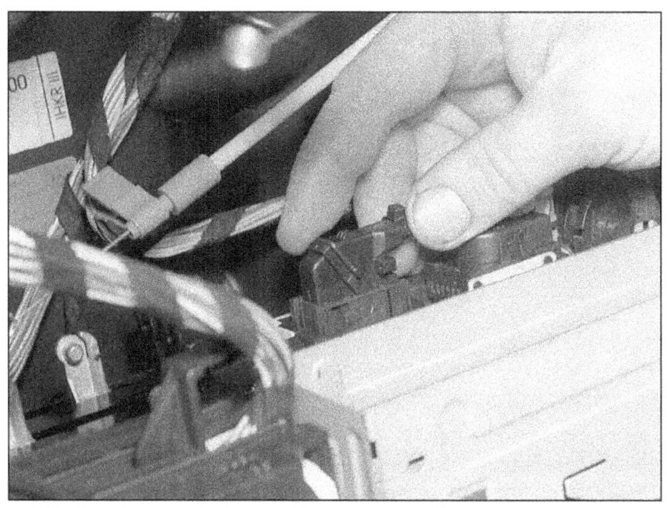

11.25 Tryck kontaktdonets fäst-'handtag' åt sidan för att koppla loss kontaktdonet

11.26a Dra bak spärren . . .

11.26b . . . och dra loss fläktbrytarens kontaktdon

11.27 Värmereglagepanelen dras ut

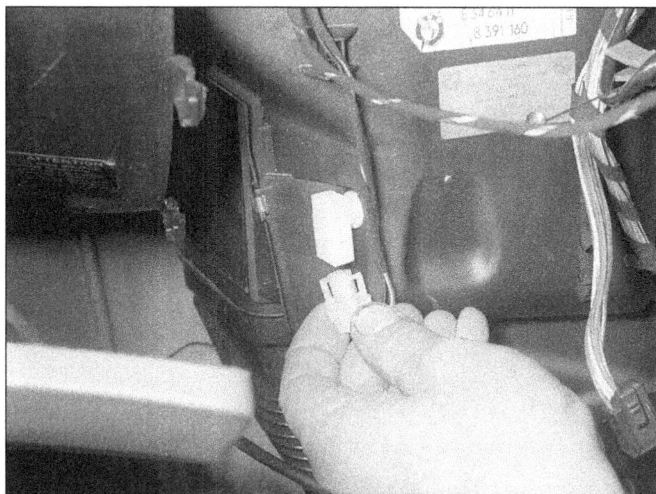

11.28a Koppla loss kontaktdonet från kupéutrymmets temperaturgivare . . .

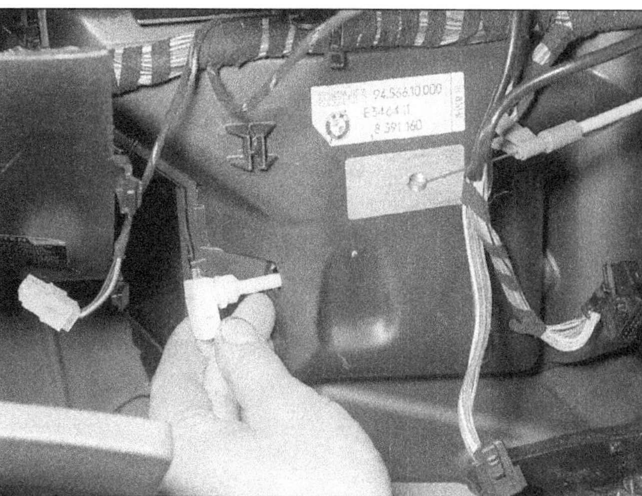

11.28b . . . och ta loss givaren från värmeelementets täckkåpa

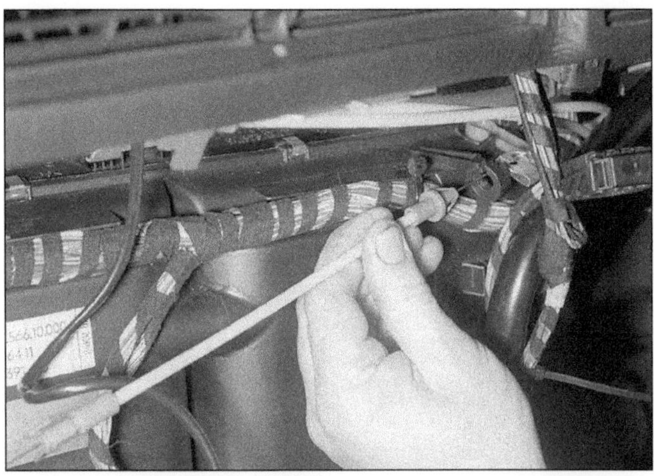
11.29 Lossa värmereglagevajern från kragen på täckkåpan

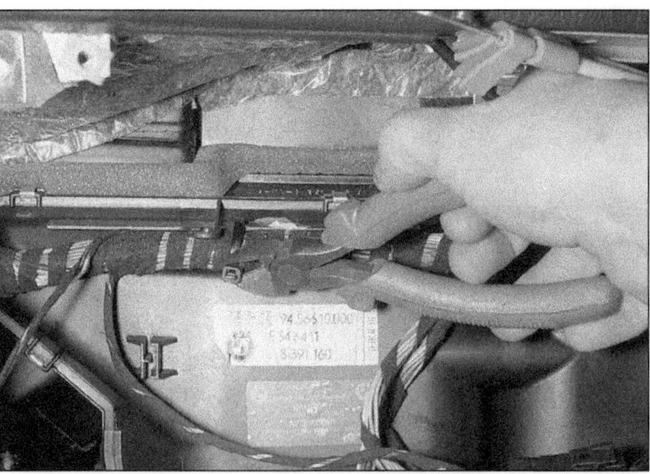
11.30 Kapa kabelbanden som håller kabelhärvan till täckkåpan

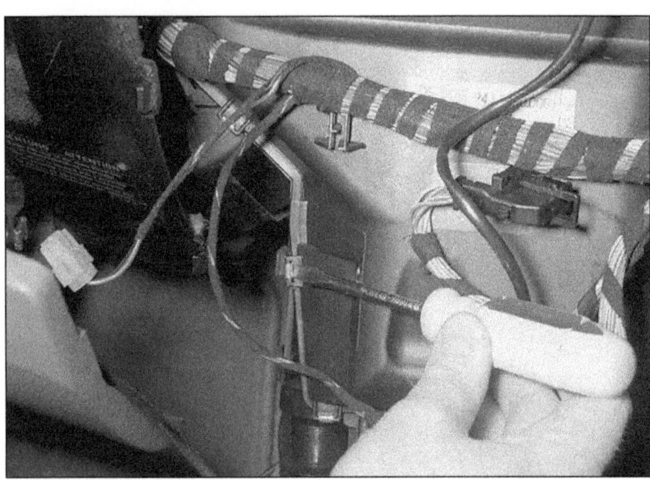
11.31 Lossa täckkåpans fästklämmor med en lämplig skruvmejsel

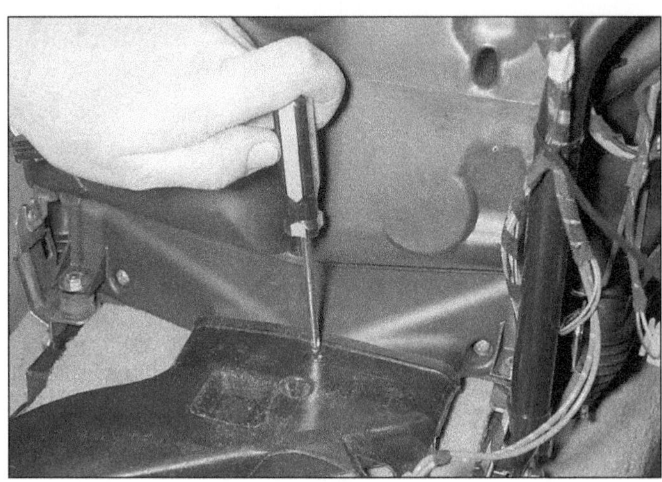
11.32 Skruva loss skruven till ventilationstrumman

**29** Där så är tillämpligt, lossa värmereglagevajern upptill på elementets täckkåpa **(se bild)**, och koppla loss vajerns ändstycke från värmeklaffdörren.

**30** Kapa försiktigt plastkabelbanden som håller kabelhärvan till värmeelementets täckkåpa och flytta kablaget ur vägen **(se bild)**.

**31** Använd en liten flatbladig skruvmejsel, lossa alla fjäderklämmor runt kanten på värmeelementets täckkåpa **(se bild)**.

**32** Där så är tillämpligt, ta loss den övre skruven som håller trumman till passagerarutrymmets bakre luftventil och flytta trumman åt sidan **(se bild)**. Ytterligare två fjäderklämmor kommer nu att bli synliga – lossa dessa med en flatbladig skruvmejsel.

**33** Längst ner på värmeelementets täckkåpa, ta loss muttrarna och bultarna som håller konsolens och täckpanelens fästbyglar och ta bort fästbyglarna **(se bilder)**.

**34** Där så är tillämpligt, ta loss de två

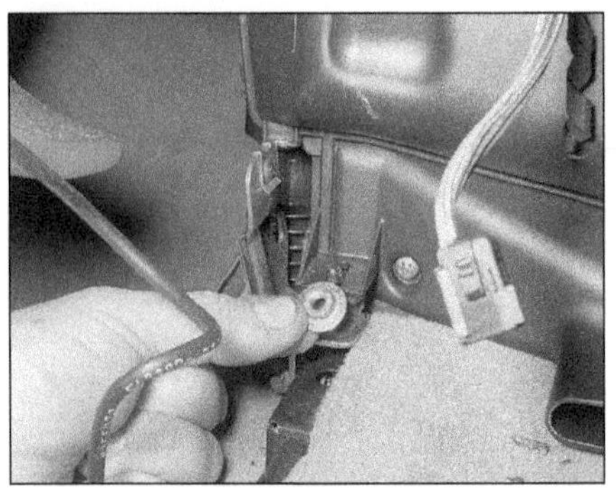
11.33a Ta loss muttern mellan täckkåpan och fästbygeln . . .

11.33b . . . bulten som håller konsolens fästbygel till golvet . . .

11.33c . . . och täckkåpans golvfästbygel

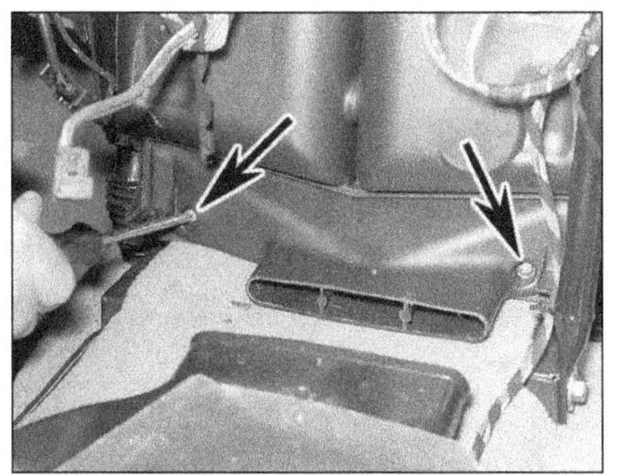

11.34 Ta loss skruvarna som fäster ventilationskåpan

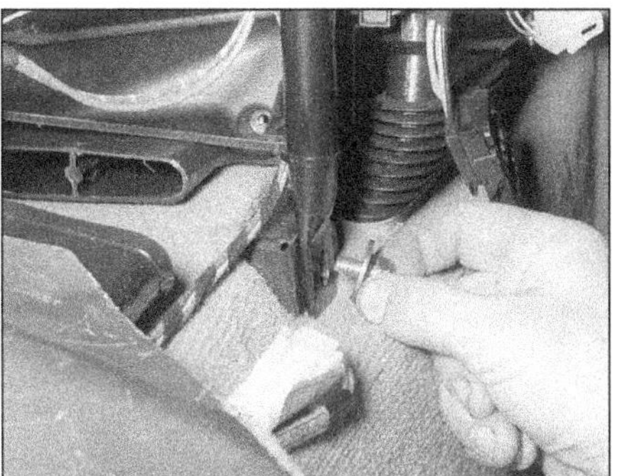

11.35 Skruva loss bulten till rattstångens stödstag

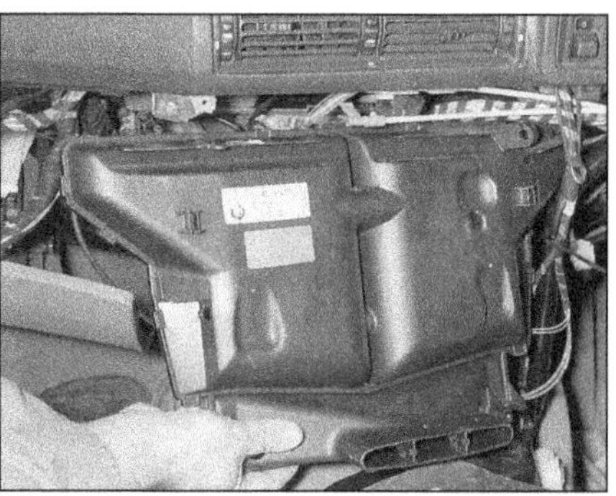

11.36 Värmeelementets täckkåpa tas bort

skruvarna längst ner på värmeelementets täckkåpa som håller ventilationskåpan till instrumentbrädan **(se bild)**.

**35** Lossa och ta bort bulten som håller den nedre änden av rattstångens stödstag till golvet **(se bild)**.

**36** Värmeelementets täckkåpa kan nu tas bort om man drar den åt vänster, förbi rattstångens stödstag och svänger den uppåt bort från instrumentbrädan **(se bild)**. Dra stödstaget åt sidan för att underlätta demonteringen av kåpan.

**37** Där så är tillämpligt, lossa båda ändarna av klaffdörrens länk som går tvärs över värmeelementets framsida **(se bild)** och ta loss länken.

**38** Innan värmeelementets rör lossas, vidta nödvändiga åtgärder för att skydda omgivande ytor mot kylvätskespill.

**39** Skruva loss bulten som håller varje värmerör till värmeelementet **(se bilder)**. Ta inte i för hårt när rören tas bort från elementet – rören kan spricka. Ta vara på O-ringen från varje rör.

**40** Skjut värmeelementet bakåt för att lossa dess fästtapp upptill, lyft sedan ut det ur sitt hus.

### Montering

**41** Montering sker i omvänd ordning, tänk på följande:

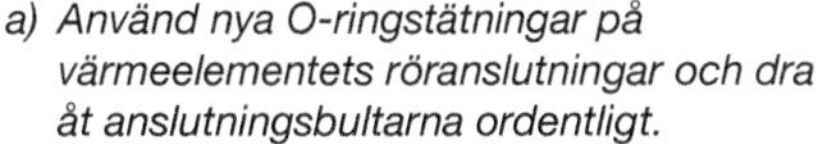

*a) Använd nya O-ringstätningar på värmeelementets röranslutningar och dra åt anslutningsbultarna ordentligt.*

*b) Fyll på kylsystemet enligt beskrivningen i kapitel 1 och kontrollera att det inte förekommer något läckage innan arbetet fortsätter.*

*c) Kontrollera noga att inget kablage fastnat bakom elementets täckkåpa när denna monteras tillbaka.*

*d) Fäst kabelhärvan till täckkåpan med nya kabelband.*

*e) Montera mittkonsolen enligt beskrivning i kapitel 11.*

## 12 Luftkonditioneringssystem – föreskrifter och underhåll

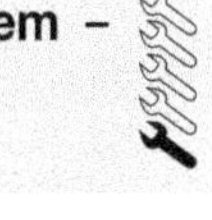

### Föreskrifter

***Varning: Luftkonditioneringssystemet arbetar med högt tryck. LOSSA INTE någon slang eller anslutning, demontera inga delar innan dess att systemets tryck tappas ut. Kylmedia för luftkonditionering ska tappas ut av en kvalificerad kyltekniker. Det kylmedia som används i systemet får inte komma i kontakt med hud eller ögon i och med att detta riskerar förfrysningsskador.***

11.37 Värmeelementet. Klaffdörrens länk vid pilen

***Om kylmediat kommer i kontakt med öppen eld bildas en giftig gas. Rökning i närheten av kylmedia är därmed livsfarligt, speciellt om kylmediaångor inhaleras genom en tänd cigarett. Kylmediat är tyngre än luft och kan orsaka kvävning om det släpps ut i ett slutet utrymme som ett vanligt garage. Dessutom orsakar okontrollerade utsläpp av kylmedia skador på miljön i och med att detta bidrar till "växthuseffekten".***

### Underhåll

**1** Följande underhåll ska utföras med regelbundna mellanrum för att se till att luftkonditioneringen fortsätter att arbeta med optimal effektivitet:

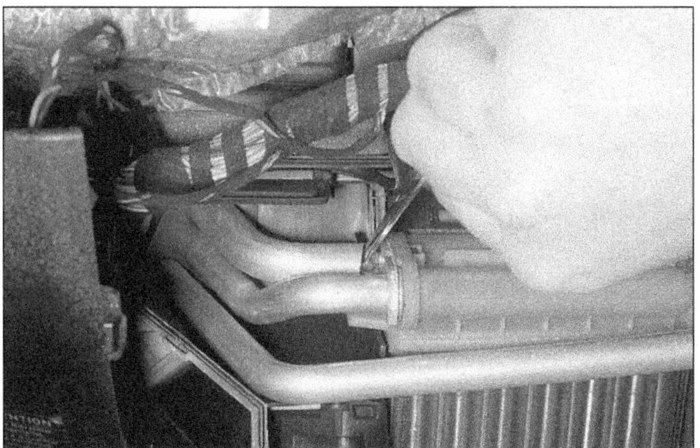

11.39a Skruva loss rörens fästbultar på värmeelementets sida . . .

11.39b . . . och framtill

a) *Kontrollera drivremmen. Om sliten eller skadad, byt (se kapitel 1).*
b) *Kontrollera slangarna. Leta efter sprickor, bubblor, förhårdnader och tecken på förslitning. Kontrollera att anslutningarna inte läcker eller bubblar olja. Om det finns tecken på slitage, skador eller läckor, montera nya slangar.*
c) *Kontrollera att inte kondenserarens flänsar har ansamlingar av löv, flugor och annat skräp. Rengör med fin borste eller, helst, tryckluft.*
d) *Kontrollera enligt nedan att systemet är korrekt laddat.*

**2** Det är klokt att köra systemet minst 10 minuter varje månad, speciellt vintertid. Längre perioder utan användning kan orsaka att packningar hårdnar och därmed brister.

**3** I och med att systemet för luftkonditionering är så komplext och att specialutrustning krävs för underhållet inkluderas inte djupare felsökning och reparationsbeskrivningar i denna handbok. Men enkla kontroller och ett visst komponentbyte beskrivs i detta kapitel.

**4** Den vanligaste orsaken till dålig kylning är helt enkelt låg laddning kylmedia. Om en märkbar förlust av kyleffekt uppstår kan följande snabba kontroll hjälpa dig att avgöra om kylmedialaddningen är låg.

**5** Varmkör motorn till normal arbetstemperatur.

**6** Ställ luftkonditioneringens temperaturväljare på kallaste läget och fläkten på högsta fart. Öppna dörrarna (så att inte systemet slår av när passagerarutrymmet kylts ned).

**7** När kompressorn arbetar kommer dess koppling att avge ett hörbart klick och kopplingscentrum roterar – känn på röret bredvid höger monteringsram nära kylaren.

**8** Om ett märkbart temperaturfall noteras är kylmedianivån troligen korrekt.

**9** Om ingångsröret har frostansamlingar eller känns kallare än torkarens yta är kylmedialaddningen låg. Laddning av systemet ska endast utföras av en kvalificerad kyltekniker.

## 13 Luftkonditioneringens kompressor – demontering och montering

***Varning: I och med de potentiella riskerna med detta system ger vi rådet att allt arbete med luftkonditioneringssystemet ska utföras av en BMW-verkstad eller en specialist på luftkonditioneringsanläggningar. Som minimiföreskrift DEMONTERA INTE NÅGON del av systemet utan att det först tappas ur av en kvalificerad kyltekniker. Se föreskrifterna i början av avsnitt 12.***

**Observera:** *Om en ny kompressor monteras ska även mottagaren/torkaren bytas (se avsnitt 16).*

### Demontering

**1** Låt systemet tappas ur av en kvalificerad kyltekniker (se ovanstående varning).

**2** Lossa batteriets jordledning.

***Varning: Om radion i din bil är stöldskyddad, se till att ha aktiveringskoden tillgänglig innan batteriet kopplas ur.***

**Observera:** *Om fel språk visas på instrumentpanelen när strömmen kopplas in igen, se sidan 0•7 där proceduren för språkinställning beskrivs.*

**3** Dra ur kompressorkopplingens kabelhärva.

**4** Demontera drivremmen (se kapitel 1).

**5** Loss kylmedialedningarna från kompressorns baksida, plugga öppna hål så att inte smuts och fukt tränger in.

**6** Skruva loss fästbultarna och lyft av kompressorn från fästet **(se bild).**

**13.6 Arbeta på bilens undersida och skruva ur bulten från nedre fästet för luftkonditioneringens kompressor**

### Montering

**7** Om en ny kompressor monteras, följ de instruktioner som medföljer den angående urtappande av överskottsolja innan monteringen.

**8** Eventuellt måste kopplingen flyttas över till den nya kompressorn.

**9** Montering sker med omvänd arbetsordning. Samtliga o-ringar ska bytas mot nya som är specifikt avsedda för användning i luftkonditioneringsanläggningar. Smörj med kylmediaolja vid monteringen.

**10** Låt den kvalificerade kyltekniker som tappade ur systemet evakuera, ladda och läckagetesta anläggningen.

## 14 Luftkonditionering, fläktmotor (E28 "gamla karossen" serie 5) – demontering och montering

**Observera:** *Se avsnitt 9 för information om Serie 5 "nya karossen" (E34).*

***Varning: Om radion i din bil är stöldskyddad, se till att ha aktiveringskoden tillgänglig innan batteriet kopplas ur.***

**Observera:** *Om fel språk visas på instrumentpanelen när strömmen kopplas in igen, se sidan 0•7 där proceduren för språkinställning beskrivs.*

### Demontering

**1** Lossa batteriets jordledning.

**2** Demontera mittkonsolen (se kapitel 11).

**3** Dra ur kontakten till fläktmotorn.

**4** Skruva loss fläktmotorfästena från paketet.

**5** Demontera luftkonditioneringsfläktens motor. Kontrollera den enligt anvisningarna i avsnitt 9.

### Montering

**6** Montering sker med omvänd arbetsordning.

## 15 Luftkonditioneringens kondenserare – demontering och montering

***Varning: I och med de potentiella riskerna med detta system ger vi rådet att allt arbete med luftkonditioneringssystemet ska utföras av en BMW-verkstad eller en specialist på luftkonditioneringsanläggningar. Som minimiföreskrift, DEMONTERA INTE NÅGON del av systemet utan att det först tappas ur av en kvalificerad kyltekniker. Se föreskrifterna i början av avsnitt 12.***

**Observera:** *Om en ny kondenserare monteras ska även mottagartorkaren bytas (se avsnitt 16).*

### Demontering

**1** Låt systemet tappas ur av en kvalificerad kyltekniker (se ovanstående varning).

**2** Demontera kylaren (se avsnitt 4) utom på serie 5 "nya karossen" (E34). På dessa ska främre stötfångaren demonteras (se kapitel 11).

**3** Demontera kylargrillen (se kapitel 11).

**4** Skruva loss hjälpfläkten från kondenserarens fästen.

**5** Lossa kylmedialedningarna från kondenseraren.

**6** Skruva ur fästbultarna från kondenserarfästena.

**7** Lyft ut kondenseraren och plugga ledningarna så att smuts och fukt inte tränger in.

**8** Om den ursprungliga kondenseraren ska användas, förvara den med ledningarna uppåt så att inte olja rinner ut.

### Montering

**9** Montering sker med omvänd arbetsordning. Se till att gummiklossarna finns på plats under kondenseraren.

**10** Låt den kvalificerade kyltekniker som tappade ur systemet evakuera, ladda och läckagetesta anläggningen.

## 16 Luftkonditioneringens mottagartorkare – demontering och montering

***Varning:** I och med de potentiella riskerna med detta system ger vi rådet att allt arbete med luftkonditioneringssystemet ska utföras av en BMW-verkstad eller en specialist på luftkonditioneringsanläggningar. Som minimiföreskrift DEMONTERA INTE NÅGON del av systemet utan att det först tappas ur av en kvalificerad kyltekniker. Se föreskrifterna i början av avsnitt 12.*

### Demontering

**1** Låt systemet tappas ur av en kvalificerad kyltekniker (se ovanstående varning).

**2** Lossa batteriets jordledning.

***Varning:** Om radion i din bil är stöldskyddad, se till att ha aktiveringskoden tillgänglig innan batteriet kopplas ur.*

**Observera:** *Om fel språk visas på instrumentpanelen när strömmen kopplas in igen, se sidan 0•7 där proceduren för språkinställning beskrivs.*

**3** Demontera behållaren till vindrutespolningen.

**4** Dra ut kontakterna till mottagartorkaren – lägg märke till att inte samtliga modeller har både hög- och lågtryckskontakter **(se bild)**.

**5** Lossa kylmedialedningarna från mottagartorkaren.

**6** Plugga öppna ledningar så att inte fukt och smuts kan tränga in.

**7** Skruva ur skruvarna och lyft undan mottagartorkaren.

### Montering

**8** Om en ny mottagartorkare monteras kan det bli nödvändigt att fylla på kylmediaolja – följ de instruktioner som tillverkaren skickar med den nya enheten.

**9** Ta bort de gamla o-ringarna i kylmedialedningarna och montera nya. Detta ska utföras oavsett om en ny enhet monteras eller inte.

**10** Om en ny mottagartorkare monteras, skruva ur tryckkontakterna och flytta över dem till den nya enheten innan den monteras **(se bild 16.4)**. Det är inte samtliga modeller som har både hög- och lågtryckskontakter.

**11** Smörj o-ringarna med kylmediaolja innan hopsättningen.

### Montering

**12** Montering sker med omvänd arbetsordning, se till att smörja o-ringarna med kylmediaolja innan ihopsättningen.

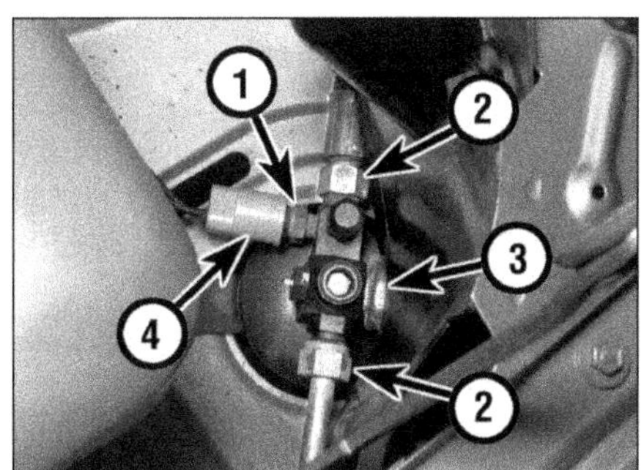


**16.4 Mottagartorkaren sitter bakom höger strålkastare på alla modeller, men ledningarna och kontakterna kan variera**

*1 Högtryckskontakt*
*2 Kylmedialedning*
*3 Lågtryckskontakt*
*4 Elkontakt*

**13** Låt den kvalificerade kyltekniker som tappade ur systemet evakuera, ladda och läckagetesta anläggningen.

## 17 Förångare – demontering och montering

***Varning:** I och med de potentiella riskerna med detta system ger vi rådet att allt arbete med luftkonditioneringssystemet ska utföras av en BMW-verkstad eller en specialist på luftkonditioneringsanläggningar. Som minimiföreskrift DEMONTERA INTE NÅGON del av systemet utan att det först tappas ur av en kvalificerad kyltekniker. Se föreskrifterna i början av avsnitt 12.*

### Demontering

**1** Låt systemet tappas ur av en kvalificerad kyltekniker (se ovanstående varning).

**2** Demontera klädseln från mittkonsolens sidor (se kapitel 11)

**3** Dra ut kontakten och lyft ut förångarens givare.

**4** Demontera förångarens kåpa så att kylmedialedningarna blir åtkomliga.

**5** Lossa kylmedialedningarna från förångarelementet.

**6** Demontera förångarelementet från kåpan.

### Montering

**7** Montering sker med omvänd arbetsordning.

**8** Låt den kvalificerade kyltekniker som tappade ur systemet evakuera, ladda och läckagetesta anläggningen.

# Kapitel 4 Bränsle- och avgassystem

## Innehåll



## Svårighetsgrader

| | | | | |
|---|---|---|---|---|
| **Enkelt,** passar novisen med lite erfarenhet  | **Ganska enkelt,** passar nybörjaren med viss erfarenhet  | **Ganska svårt,** passar kompetent hemmamekaniker  | **Svårt,** passar hemmamekaniker med erfarenhet  | **Mycket svårt,** för professionell mekaniker |

## Specifikationer

### Förgasare (Solex 2B4)

| | |
|---|---|
| Huvudmunstycke | |
| Steg 1 | X120 |
| Steg 2 | X90 |
| Luftkorrigeringsmunstycke | |
| Steg 1 | 135 |
| Steg 2 | 75 |
| Stryprörsdiameter | |
| Steg 1 | 24 mm |
| Steg 2 | 28 mm |
| Tomgångsluftmunstycke | |
| Steg 1 | 50/120 |
| Steg 2 | 40/125 |
| Flottörens nålventildiameter | 2,0 mm |
| Chokegap (neddragning) | 4,0 till 5,5 mm |
| Trottelfjäderns förspänning | 22,0 till 24,0 mm |
| Flottörnivå | |
| Steg 1 flottörkammare | 27,0 till 29,0 mm |
| Steg 2 flottörkammare | 29,0 till 31,0 mm |

### Förgasare (Solex 2BE)

| | |
|---|---|
| Huvudmunstycke | |
| Steg 1 | X120 |
| Steg 2 | X110 |
| Luftkorrigeringsmunstycke | |
| Steg 1 | 140 |
| Steg 2 | 70 |
| Stryprörsdiameter | |
| Steg 1 | 24 mm |
| Steg 2 | 28 mm |
| Tomgångsbränslemunstycke | |
| Steg 1 | 47,5 mm |
| Tomgångsluftmunstycke | |
| Steg 2 | 180 |
| Flottörens nålventildiameter | 2,0 mm |
| Motstånd i trottelns lägesspole | 0,97 till 1,63 ohm |
| Intagsluftens temperatur, motstånd | |
| -10° C | 8200 till 10 500 ohm |
| 20° C | 2200 till 2700 ohm |
| 80° C | 300 till 360 ohm |
| Flottörnivå | |
| Steg 1 flottörkammare | 27,0 till 29,0 mm |
| Steg 2 flottörkammare | 29,0 till 31,0 mm |

### Bränsletryckskontroller (förgasarmotorer)

| | |
|---|---|
| Bränslepumpens matningstryck (tomgång) | 0,1 till 0,3 bar |

### Bränsletryckskontroller (insprutningsmotorer)

| | |
|---|---|
| Bränsletryck (i relation till insugsrörets tryck) | |
| Serie 3 (E30) | |
| 316i med M40/B16-motor | 3,0 ± 0,06 bar |
| 318i med M10/B18-motor | 2,5 till 3,0 bar |
| 318i med M40/B18-motor | 3,0 ± 0,06 bar |
| 320i med M20/B20-motor (L-Jetronic) | 2,5 till 3,0 bar |
| 320i med M20/B20-motor (Motronic) | 2,5 ± 0,05 bar |
| 325i med M20/B25-motor | 3,0 ± 0,05 bar |
| Serie 5 (E28/"gamla karossen") | |
| Samtliga modeller | 2,5 till 3,0 bar |
| Serie 5 (E34/"nya karossen") | |
| 518i med M40/B18-motor | 3,0 ± 0,06 bar |
| Samtliga övriga modeller | 2,5 till 3,0 bar |
| Bränslesystemets hålltryck | 2,1 bar |
| Bränslepumpens maximala tryck | 6,3 till 6,9 bar |
| Bränslepumpens hålltryck | 5,5 bar |
| Överföringspumpens tryck | 0,28 till 0,35 bar |

### Injektorer

| | |
|---|---|
| Injektorns motstånd | 14,5 till 17,5 ohm |

### Gasvajerns spel ........ 1,0 mm

### Åtdragningsmoment

| | Nm |
|---|---|
| Förgasarfästen | 10 |
| Bränslepump till topplock | 12 |
| Trottelhusets muttrar/bultar | 19 till 26 |

## 1 Allmän information

Med undantag för tidiga modeller (316 och 518) har samtliga motorer elektronisk bränsleinsprutning.

Tidiga modeller av 316 och 518 har Solex förgasare som kan vara av typen Solex 2B4 (tidigt) eller 2BE (senare). Den mekaniska bränslepumpen drivs av en excentrisk lob på kamaxeln.

Bränsleinsprutade modeller har antingen L-Jetronic eller Motronic bränsleinsprutning. Från 1988 är bränsleinsprutade modeller utrustade med en uppdaterad version av systemet Motronic - detta system är enkelt att skilja från tidigare system i och med att det saknar kallstartsinjektor. Den elektriska bränslepumpen är placerad under bakvagnen eller inne i bränsletanken. Bränslepumpens relä i systemet Motronic aktiveras med en jordsignal från styrenheten. Bränslepumpen arbetar ett par sekunder när tändningen först slås på och fortsätter sedan att gå endast så länge som motorn är igång.

### *Luftintag*

Systemet för luftintag består av luftfilterhuset, luftflödesmätaren och trottelhuset (insprutningsmotorer) samt insugsröret. Samtliga delar utom insugsröret tas upp i detta kapitel.

2.1a Ta ut bränslepumpens säkring (serie 3)

2.1b Ta ut bränslepumpens säkring (serie 5)

Information om demontering och montering av insugsröret finns i kapitel 2A.

Trottelventilen i trottelhuset eller förgasaren styrs av gasvajern. När du trycker ned gaspedalen öppnas trottelspjället och luftflödet genom intaget ökar.

I bränsleinsprutningssystem öppnar en klaff i luftflödesmätaren när luftströmmen ökar. En trottelpositionskontakt monterad på klaffens axel avläser klaffens öppningsvinkel och förvandlar denna till en elektrisk signal som sänds till den elektroniska styrenheten.

## Bränslesystem

På förgasarmodeller matar bränslepumpen bränsle till förgasaren under tryck. En nålventil i flottörkammaren håller trycket konstant. Ett bränsleretursystem leder tillbaka överskottsbränsle till tanken.

På modeller med bränsleinsprutning matar en elektrisk pump bränsle till bränsleröret under konstant tryck, där bränslet sedan fördelas till injektorerna. Den elektriska pumpen finns placerad inne i bränsletanken på senare modeller, eller bredvid tanken på tidigare versioner. Dessa tidigare modeller har även en överföringspump inne i bränsletanken. Denna fungerar som hjälppump så att den större huvudpumpen kan avge nödvändigt tryck. En tryckregulator övervakar systemtrycket. Bränslesystemet har även en pulsdämpare nära bränslefiltret. Denna reducerar tryckvågor som orsakas av pumpen och öppnandet/stängandet av injektorerna. Den mängd bränsle som sprutas in i insugsportarna är exakt styrd av en elektronisk styrenhet. Vissa senare versioner av serie 5 har en bränslekylare i returledningen.

## Elektronisk styrning (bränsleinsprutning)

Förutom att ändra öppningstidens längd enligt ovanstående utför styrenheten ett antal andra uppgifter relaterade till styrning av bränsle och avgaser. Den utför detta genom att använda data från ett stort antal givare i motorrummet och jämför denna information med minneskartorna och ändrar motorns driftsförhållanden genom att styra ett antal reglage. I och med att specialutrustning krävs för de flesta felsökningar och reparationer ligger styrelektroniken utanför vad hemmamekaniker kan klara av. Mer information och tester av avgasreningens komponenter (syresensor, kylvätskans temperaturgivare, EVAP-systemet, etc.) finns i kapitel 6.

## 2 Bränsleinsprutning - trycksänkning

***Varning: Bensin är ytterst eldfarlig - mycket stor försiktighet måste iakttagas vid arbete med någon del av bränslesystemet. Rök inte, låt heller inte öppen eld eller nakna glödlampor finnas nära arbetsplatsen.***

**1** Ta ut säkringen till bränslepumpen från säkringspanelen **(se bilder)**. **Observera:** *Se efter i ägarhandboken exakt var bränslepumpens säkring är placerad i fall detta inte finns markerat på säkringsdosans lock.*

**2** Starta motorn och vänta till dess att den stannar, slå av tändningen.

**3** Öppna tanklocket så att bränsletanken tryckutjämnas.

**4** Bränslesystemets tryck är nu utsläppt. **Observera:** *Placera en trasa runt bränsleledningarna innan dessa lossas så att kvarvarande bränsle inte spills på motorn* **(se bild).**

2.4 Se till att placera en trasa under och runt bränsleledningar som kopplas loss

**5** Lossa batteriets jordledning innan du börjar arbeta på någon del i systemet.

***Var försiktig: Om radion i din bil är stöldskyddad, se till att ha aktiveringskoden tillgänglig innan batteriet kopplas ur, se sidan 0•7 innan ledningen lossas.***

**Observera:** *Om fel språk visas på instrumentpanelen när strömmen kopplas in igen, se sidan 0•7 där proceduren för språkinställning beskrivs.*

## 3 Bränslepump/bränsletryck - kontroll

***Varning: Bensin är ytterst eldfarlig - mycket stor försiktighet måste iakttagas vid arbete med någon del av bränslesystemet. Rök inte, låt heller inte öppen eld eller ej övertäckta glödlampor finnas nära arbetsplatsen. Arbeta inte i ett garage där det finns gasdrivna hushållsmaskiner med pilotlåga (Översättarens anmärkning: dessa förekommer ytterst sällan i Skandinavien, men är vanliga exempelvis i England).***

## Förgasarmotorer

**1** För att bränslepumpens tryck ska kunna kontrolleras måste en passande tryckmätare monteras mellan bränslepumpens utlopp och förgasarens matningsledning. Vid detta speciella test *måste* bränslereturventilen, normalt ansluten till bränsleledningen mellan pumpen och förgasaren, förbikopplas.

**2** När motorn går på tomgång ska pumptrycket vara mellan 0,1 och 0,3 bar.

**3** Om en tryckmätare inte finns tillgänglig kan en enklare - men inte lika exakt - metod användas att testa bränslepumpen.

**4** Lossa bränslepumpens utmatning.

**5** Koppla ur tändspolens lågspänningsledning så att motorn inte kan starta och dra runt motorn på startmotorn. Tydliga separata bränslestrålar ska skjuta ut ur pumputloppet.

## Insprutningsmotorer

**Observera 1:** *Den elektriska bränslepumpen finns inne i tanken på senare modeller eller bredvid tanken på tidigare versioner. Dessa modeller har även en överföringspump i tanken. Denna matar huvudpumpen men kan inte skapa det höga tryck som krävs i systemet.*

**Observera 2:** *Bränslepumpens relä i system Motronic aktiveras av en jordsignal från styrenheten. Pumpen arbetar några sekunder när tändningen först slås på och fortsätter att arbeta så länge som motorn är igång.*

3.6a På L-Jetronic-system ska de stift i kontakten som motsvarar stiften 30 och 87b på bränslepumpsreläet överbryggas

3.6b På Motronic-system ska de stift i kontakten som motsvarar stiften 30 och 87 på bränslepumpsreläet överbryggas

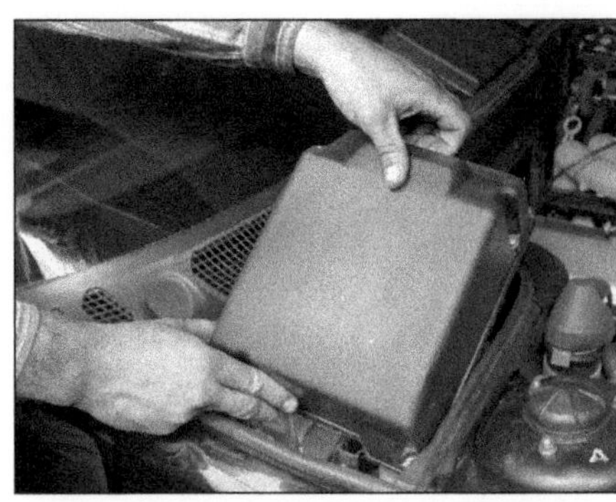
3.6c På samtliga modeller f r om 1989, skruva ur de fyra bultarna, ta undan skyddslocket så att bränslepumpens relä och den elektroniska styrenheten blir åtkomliga. . .

**Observera 3:** *Följande kontroller förutsätter att bränslefiltret är i gott skick. Om du tvivlar på skicket på filtret ska det bytas (se kapitel 1).*

**Observera 4:** *För att kunna erhålla exakta testresultat rekommenderas att trycket kontrolleras från både huvudpumpen och i förekommande fall överföringspumpen.*

## Kontroll av bränslepump/ överföringspump

**6** Brygga över de stift som motsvarar bränslepumpens relästift 30 och 87b (L-Jetronic) eller 30 och 87 (Motronic) med lämplig tråd **(se bilder)**.

**7** Låt en medhjälpare slå på tändningen medan du lyssnar vid tanken. Du bör höra ett spinnande ljud i några sekunder. **Observera:** *Denna test är även tillämpbar för överföringspumpen. Om ljud inte hörs finns det ett problem i pumpkretsen. Kontrollera pumpens säkring och relä först (se kapitel 12). Om huvudreläet är OK, testa bränslepumpens relä.*

## Kontroll av bränslesystemets tryck

**8** Släpp ut trycket ur bränslesystemet (se avsnitt 2).

**9** Lossa batteriets jordledning.

***Var försiktig: Om radion i din bil är stöldskyddad, se till att ha aktiveringskoden tillgänglig innan batteriet kopplas ur, se sidan 0•7 innan ledningen lossas.***

**Observera:** *Om fel språk visas på instrumentpanelen när strömmen kopplas in igen, se sidan 0•7 där proceduren för språkinställning beskrivs.*

**10** Lossa bränslematningsledningen från bränsleröret på L-Jetronic **(se bild)** och tidiga Motronic eller från filtret till huvudledningen på senare Motronic.

**11** Använd en T-koppling, ett kort stycke högtrycks bränsleslang och slangklämmor och anslut en bränsletrycksmätare utan att störa det normala flödet **(se bild).**

***Varning: Använd inte en T-koppling av plast. Den tål inte bränslesystemets tryck.***

**12** Koppla in batteriet.

**13** Brygga över stiften på bränslepumpens relä med en ledning.

**14** Slå på tändningen.

**15** Notera bränsletrycket och jämför med specifikationerna.

**16** Om bränsletrycket är för lågt:

*a) Leta efter läckor i systemet, reparera påträffade läckor och kontrollera trycket.*
*b) Om inga läckor hittas, byt bränslefilter och kontrollera trycket.*
*c) Om trycket fortfarande är lågt, kontrollera pumpens tryck (se nedan) och bränsletrycksregulatorn (se avsnitt 18).*

**17** Om trycket överstiger specifikationerna, kontrollera om returledningen är igensatt. Om inte, byt bränsletrycksregulator.

**18** Slå av tändningen, vänta 5 minuter och läs av värdet. Jämför med specificerat hålltryck. Om hålltrycket är för lågt:

*a) Leta efter läckor i systemet, reparera påträffade läckor och kontrollera trycket.*
*b) Kontrollera pumpens tryck (se nedan).*
*c) Kontrollera bränsletrycksregulatorn (se avsnitt 18).*
*d) Kontrollera injektorerna (se avsnitt 20).*

## Kontroll av bränslepumpens tryck

***Varning: För denna test krävs en bränsletrycksmätare med pysventil, så att det höga bränsletrycket kan släppas ned på ett säkert sätt. Efter fullbordad test kan inte normal metod för tryckutsläpp användas i och med att mätaren är ansluten direkt till pumpen.***

**19** Släpp ut trycket ur bränslesystemet (se avsnitt 2).

**20** Lossa batteriets jordledning.

3.6d . . . och brygga över de stift i kontakten som motsvarar stiften 30 och 87 på bränslepumpsreläet

3.10 Lossa bränslematningsledningen (vid pilen) från bränsleröret (L-Jetronic visat) . . .

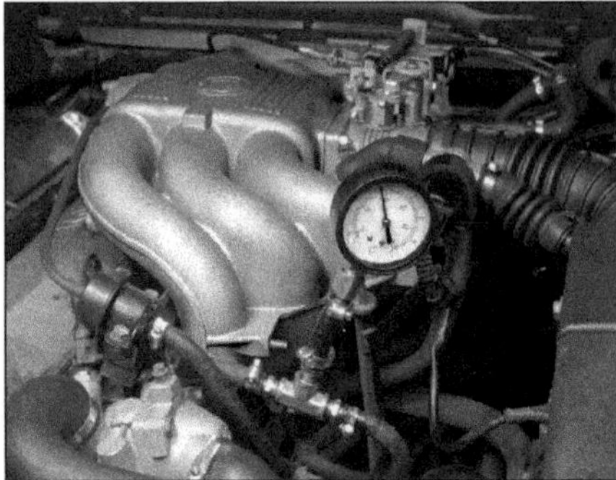
3.11 . . . och montera tryckmätaren mellan bränslematningsledningen och bränsleröret med en T-koppling

***Varning: Om radion i din bil är stöldskyddad, se till att ha aktiveringskoden tillgänglig innan batteriet kopplas ur, se sidan 0•7 innan ledningen lossas.***

**Observera:** *Om fel språk visas på instrumentpanelen när strömmen kopplas in igen, se sidan 0•7 där proceduren för språkinställning beskrivs.*

**21** Lossa bränslematningsledningen från bränsleröret och anslut en bränsletrycksmätare direkt på slangen. **Observera:** *Om T-kopplingen fortfarande är monterad på mätaren, plugga den öppna änden.*

**22** Koppla in batteriet.

**23** Brygga över stiften på bränslepumpens relä med en tråd.

**24** Slå på tändningen så att bränslepumpen startar.

**25** Notera trycket och jämför med specifikationerna.

**26** Om visat tryck är för lågt, leta efter läckor mellan pumpen och mätaren. Om inga läckor påträffas, byt bränslepump.

**27** Slå av tändningen och vänta 5 minuter, läs av trycket igen och jämför det med specificerat hålltryck. Om hålltrycket är för lågt, leta efter läckor mellan pumpen och mätaren. Om inga läckor påträffas, byt bränslepump.

**28** Ta bort bryggtråden, släpp ut bränsletrycket via pysventilen på mätaren och rikta bränslestrålen i ett lämpligt kärl. Lossa mätaren och koppla in bränsleledningen.

### Kontroll av överföringspumpens tryck

**29** Släpp ut trycket ur bränslesystemet (se avsnitt 2).

**30** Lossa batteriets jordledning.

***Var försiktig: Om radion i din bil är stöldskyddad, se till att ha aktiveringskoden tillgänglig innan batteriet kopplas ur, se sidan 0•7 innan ledningen lossas.***

**Observera:** *Om fel språk visas på instrumentpanelen när strömmen kopplas in igen, se sidan 0•7 där proceduren för språkinställning beskrivs.*

**31** Ta bort locket över överföringspumpen (på vissa modeller finns den under baksätets sits - på andra finns den under mattan i bagageutrymmet). Lossa utmatningsslangen från pumpen och koppla in en bränsletrycksmätare på pumpens utmatning.

**32** Koppla in batteriet.

**33** Brygga över stiften på bränslepumpens relä med en tråd.

**34** Slå på tändningen så att bränslepumpen startar.

**35** Notera trycket och jämför med specifikationerna.

**36** Om trycket är för lågt ska överföringspumpen bytas.

### Kontroll av bränslepumpens relä

**37** Slå på tändningen.

**38** Använd en voltmätare och testa följande stift från baksidan av kontakten. Leta efter batterispänning på stift 30 (M20 och M30-motorer) eller 15 (M10 och M40-motorer). **Observera:** *Om spänning saknas på modeller med batteri i bagageutrymmet, sök en defekt säkring. 50 amp säkringen finns ca. 15 cm från batteriet i en svart ledning.*

**39** Slå av tändningen och lossa reläet. Använd en voltmätare och sök av de stift som motsvarar bränslepumpsreläets stift 85 (-) och 86 (+) på M20 och M30-motorer eller stift 50 och jord på M10 och M40-motorer. Låt en medhjälpare dra runt motorn med startmotorn och avläs spänningen. Batterispänning ska finnas.

**40** Om spänning saknas, kontrollera säkring(ar) och ledningar i pumpreläkretsen. Om spänningen är korrekt och bränslepumpen bara går med överbryggade reläfstift ska reläet i fråga bytas.

**41** Om bränslepumpen fortfarande inte går, kontrollera spänningen vid pumpens stift (se avsnitt 4). Vid behov, byt pump.

## 4 Bränslepump, överföringspump och nivågivare - demontering och montering

***Varning: Bensin är ytterst eldfarlig - mycket stor försiktighet måste iakttagas vid arbete med någon del av bränslesystemet. Rök inte, låt heller inte öppen eld eller nakna glödlampor finnas nära arbetsplatsen.***

### *Bränslepump (förgasarmotorer)*

**1** Lossa batteriets jordledning. Lossa bägge slangarna från pumpen och skruva ur de två fästmuttrarna **(se bild).**

**4.1 Bränslepumpen på förgasarmotorer**

**2** Dra försiktigt loss pumpen från topplocket. Om den sitter fast bör ett lätt nedåtriktat knack på den tjocka isoleringsdistansen med en träklubba lossa den.

**3** Ta bort de två tunna packningarna.

**4** Bränslepumpen är förseglad och kan inte renoveras. En defekt pump måste bytas.

**5** Montering sker med omvänd arbetsordning, montera nya tunna packningar på var sida om isoleringsdistansen och dra åt fästmuttrarna till angivet moment. Ändra inte tjocklek på distansen eftersom detta stör pumpens korrekta funktion.

### *Bränslepump (insprutningsmotorer)*

**Observera 1**: *Den elektriska bränslepumpen finns inne i tanken på senare modeller med Motronic eller bredvid tanken med L-Jetronic på tidigare versioner. Dessa modeller har även en överföringspump i tanken. Denna matar huvudpumpen men kan inte skapa det höga tryck som krävs i systemet.*

**Observera 2**: *Nivågivaren finns placerad i tanken tillsammans med överföringspumpen på tidiga versioner och tillsammans med huvudpumpen på senare modeller.*

**6** Släpp ut trycket ur bränslesystemet (se avsnitt 2) och skruva av tanklocket.

**7** Lossa batteriets jordledning.

***Var försiktig: Om radion i din bil är stöldskyddad, se till att ha aktiveringskoden tillgänglig innan batteriet kopplas ur, se sidan 0•7 innan ledningen lossas.***

**Observera:** *Om fel språk visas på instrumentpanelen när strömmen kopplas in igen, se sidan 0•7 där proceduren för språkinställning beskrivs.*

### Externt monterad bränslepump

**8** Ställ upp bilen på pallbockar.

**9** Demontera de två gummidamasker som skyddar bränslepumpens kontakter och lossa ledningarna från pumpen **(se bild).**

**10** Kläm ihop bränsleslangarna på var sida om pumpen med slangklämmor. Om du saknar slangklämmor, linda in slangarna med trasor och kläm den med självlåsande tänger som dras åt såpass att bränsle inte läcker ut.

**11** Lossa slangarna från pumpen.

**12** Skruva ur skruvarna och klamrarna, ta ut pumpen från bilens undersida.

**13** Montering sker med omvänd arbetsordning.

### Bränsle- eller överföringspump i tanken

**14** På vissa modeller sker tillträdet från under baksätets sits - på andra från under mattan i bagageutrymmet.

**15** Skruva ur skruvarna från locket till pumpen **(se bild).**

**16** Ta bort locket.

**17** Leta upp pumpens och nivågivarens

**4.9 Lyft gummidamaskerna (vid pilarna) och dra ut kontakten från bränslepumpen**

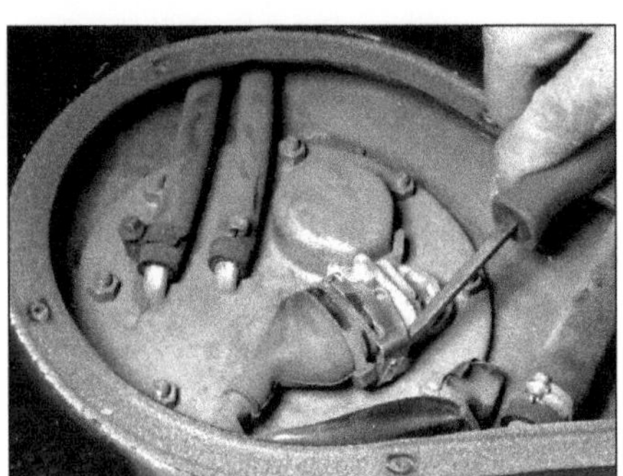

**4.17b Dra ut kontakten genom att lirka med fästet till dess att urtaget är i linje med spåret på clipset och lossa kontakten från enheten**

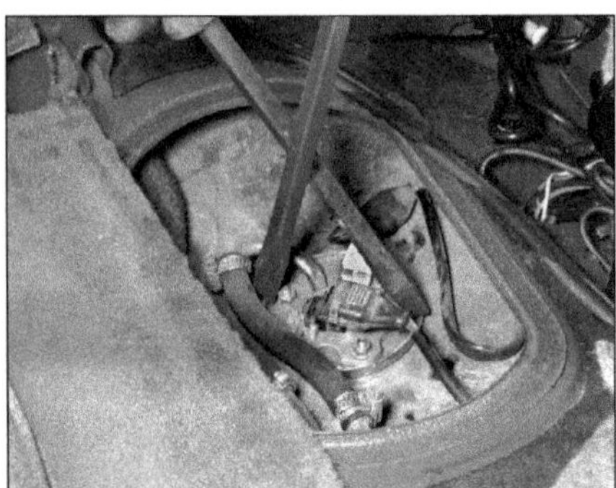

**4.18a På modeller med låsflikar, använd två skruvmejslar och vrid ut enheten ur urtagen**

**4.18c På senare Motronic-system, demontera nivågivaren först . . .**

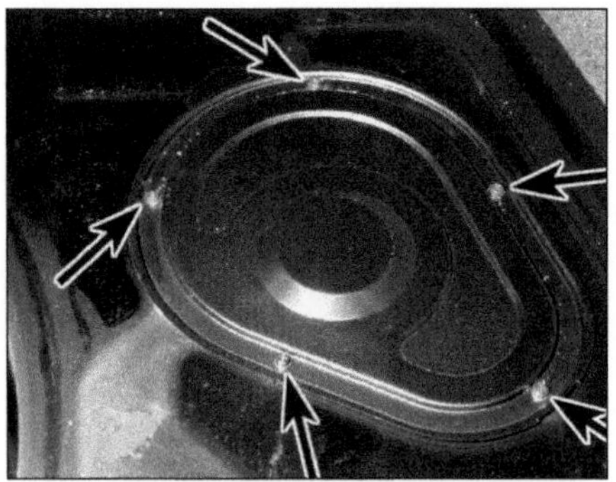

**4.15 Skruva ur skruvarna (vid pilarna) till bränslepumpens lock i bottenplattan (på vissa modeller sitter locket under baksätet - på andra finns locket i bagageutrymmet)**

kontakter och dra ut dem **(se bilder)**. Lossa även matnings- och returledningarna för bränslet.

**18** På vissa modeller måste pumpen/givaren vridas motsols för att lossa låsklackarna från tanken **(se bild)**. På andra modeller är pumpen/givaren fästa med muttrar **(se bild)**. Lyft försiktigt ut pumpen/givaren **(se bilder)**. Det kan bli nödvändigt att vrida något på pumpen/givaren så att flottören går fri.

**19** På tidiga modeller, skruva loss och ta bort överföringspumpen.

**20** Montering sker med omvänd arbetsordning. Om packningen mellan bränslepumpen och tanken torkat, spruckit eller eljest skadats ska den bytas.

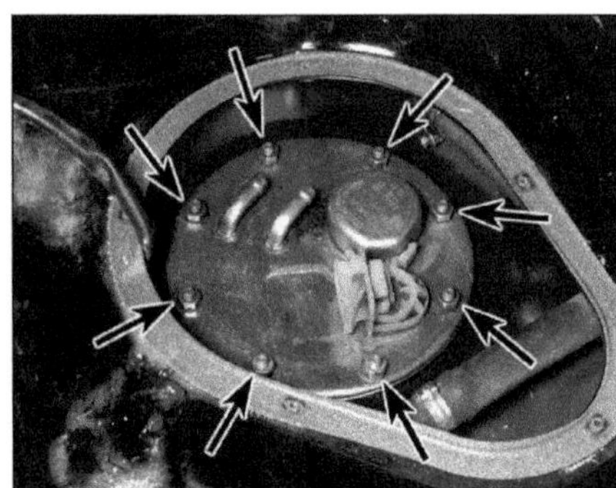

**4.18b På modeller med muttrar (vid pilarna), skruva ur dem och dra ut enheten från tanken**

**4.18d . . . och dra sedan bränslepumpen rakt upp och ut ur facket i tankens undersida (håll bränsleledningarna intakta)**

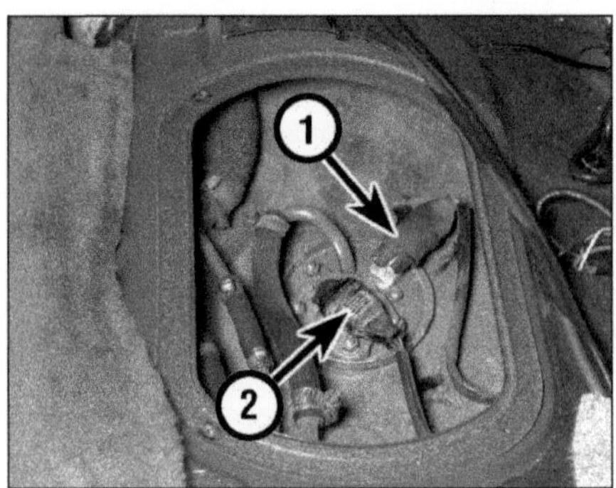


**4.17a Kontakterna till överföringspumpen (1) och nivågivaren (2) på ett tidigt Motronic-system**

## *Bränslenivågivare - kontroll och byte*

**21** Demontera pumpen (se ovan) tillsammans med nivågivaren.

**22** Koppla en ohmmätare över stiften och läs av motståndet. På L-Jetronic och tidiga Motronic, följ tabellen nedan. På senare Motronic ska ohmmätaren kopplas på de av nivågivarens stift som motsvarar stiften 1 och 3 i kontakten **(se bilder)**. Motståndet ska sjunka när flottören stiger.

**L-Jetronic och tidiga Motronic**

| **Stift** | **Flottörposition** | **Motstånd** |
|---|---|---|
| *G och 31* | *Långsam rörelse från EMPTY till FULL* | *Motstånd sjunker långsamt* |
| | *EMPTY* | *71,7 ± 2,3 ohm* |
| | *FULL* | *3,2 ± 0,7 ohm* |
| *W och 31* | *EMPTY (varning för låg bränslenivå)* | *Kontinuitet* |

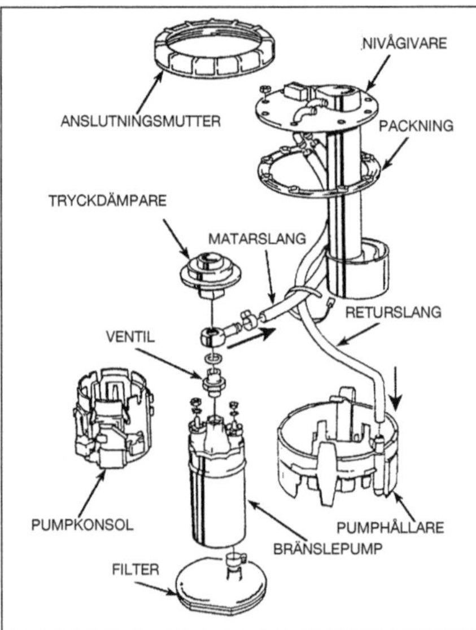


**4.18e Sprängskiss av bränslepumpen i senare Motronic-system**

**23** Om motståndsavläsningen ger felaktiga värden ska givaren bytas.
**24** Montering sker med omvänd arbetsordning.

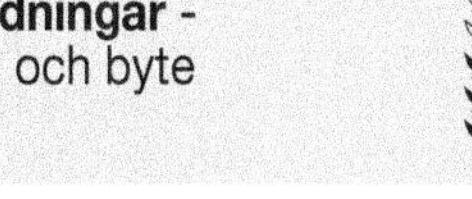

## 5 Bränsleledningar - reparation och byte

***Varning: Bensin är ytterst eldfarlig - mycket stor försiktighet måste iakttagas vid arbete med någon del av bränslesystemet. Rök inte, låt heller inte öppen eld eller nakna glödlampor finnas nära arbetsplatsen. Tvätta omedelbart bort utspilld bensin som hamnar på huden med tvål och vatten. Använd alltid skyddsglasögon vid arbete med bränslesystem och ha alltid en lämplig brandsläckare nära till hands.***

**1** Lossa alltid batteriets jordledning och (på modeller med bränsleinsprutning) släpp ut trycket ur bränslesystemet enligt beskrivning i avsnitt 2 innan underhåll sker på bränsleledningar och anslutningar.
**2** Ledningarna för bränslets matning, retur och ångor går från tanken till motorrummet. Ledningarna är fästa på undersidan av bottenplattan med clips och skruvar. Dessa ledningar måste inspekteras med regelbundna mellanrum vad gäller läckor, veck och bucklor **(se bild).**
**3** Om det finns spår av smuts i bränslesystemet eller filtret vid isärtagning ska ledningarna lossas och blåsas rena. På modeller med bränsleinsprutning, kontrollera om silen på bränslepumpen i tanken är skadad.
**4** I och med att bränsleledningar på bilar med insprutningsmotorer är under högt tryck krävs särbehandling. Vid byte av stela ledningar krävs svetsade stålrör enligt BMW:s specifikationer eller likvärdiga. Använd inte bränsleledningar av plast, koppar eller aluminium som ersättning för stålrör. Dessa material tål inte normala vibrationer.
**5** Vid byte av bränsleslangar, se till att endast använda slangar av originalkvalitet.

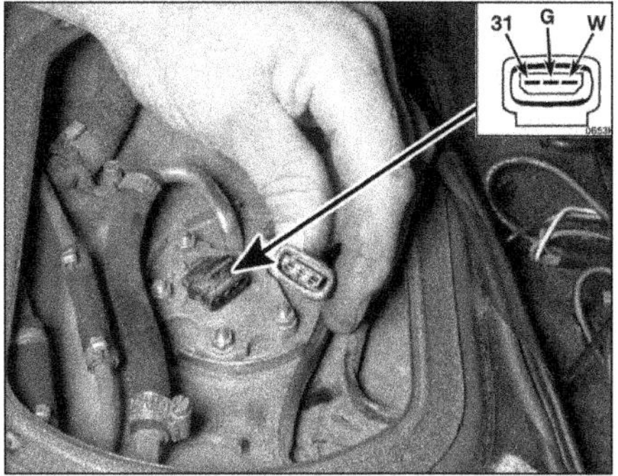


**4.22a Nivågivarens kontaktbeteckningar på L-Jetronic och tidiga Motronic-system**

## 6 Bränsletank - demontering och montering

***Varning: Bensin är ytterst eldfarlig - mycket stor försiktighet måste iakttagas vid arbete med någon del av bränslesystemet. Rök inte, låt heller inte öppen eld eller ej övertäckta glödlampor finnas nära arbetsplatsen. Tvätta omedelbart bort utspilld bensin som hamnar på huden med tvål och vatten. Använd alltid skyddsglasögon vid arbete med bränslesystem och ha alltid en lämplig brandsläckare nära till hands.***

**Observera:** *Undvik att tappa ur större bränslemängder genom att om möjligt se till att tanken är nästan tom innan arbetet inleds.*

**1** Tryckutjämna tanken genom att skruva av tanklocket.
**2** På modeller med bränsleinsprutning, släpp ut trycket ur bränslesystemet (se avsnitt 2).
**3** Lossa batteriets jordledning.

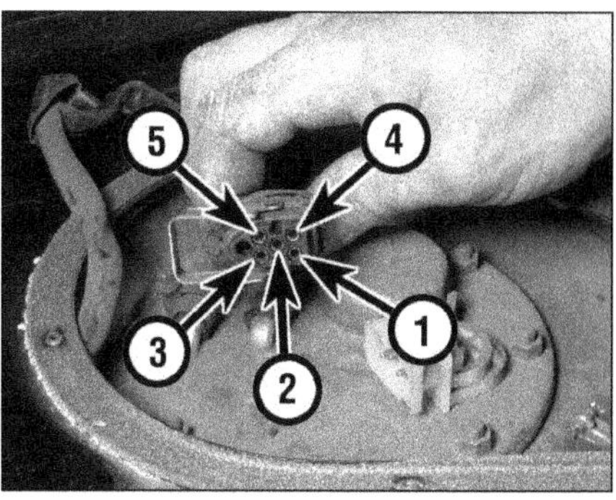


**4.22b Nivågivarens kontaktbeteckningar på senare Motronic-system - kontrollera motstånd mellan stiften 1 och 3 i kontakten**

*1 Nivågivarens jord*
*2 Varningslampa*
*3 Sändare*
*4 Bränslepumpens jord*
*5 Bränslepumpen*

***Var försiktig: Om radion i din bil är stöldskyddad, se till att ha aktiveringskoden tillgänglig innan batteriet kopplas ur, se sidan 0•7 innan ledningen lossas.***

**Observera:** *Om fel språk visas på instrumentpanelen när strömmen kopplas in igen, se sidan 0•7 där proceduren för språkinställning beskrivs.*

**4** Skruva ur bränsletankens dräneringsplugg **(se bild)** och häll bränslet i en godkänd bränslebehållare. Om plugg saknas ska det vara möjligt att sifonera ut bränslet (använd inte munnen). I annat fall måste bränslet tappas ut under demonteringen.
**5** Dra ur kontakten till pumpen/nivågivaren (efter vad som finns monterat) och lossa ledningarna för matning, retur och ångor (se avsnitt 4). I förekommande fall, demontera baksätets sits för åtkomst.
**6** Demontera bränsletankens sköld **(se bild).**
**7** Lossa påfyllningsrör och ventilationsslangar.
**8** Ställ bilen på pallbockar. På vissa bilar ska avgassystem/kardanaxel demonteras.

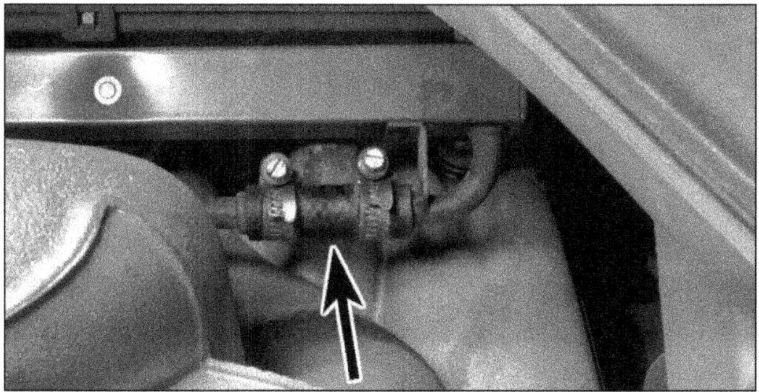

**5.2 Vid kontroll av bränsleledningar, glöm inte bort de korta slangbitarna på bränsleröret - de är en vanlig källa till bränsleläckage**

**6.4 Demontera tankens dräneringsplugg (vid pilen) och häll bränslet i ett lämpligt kärl**

**6.6 Sprängskiss över bränsletanken på senare versioner av serie 5**

**9** Stötta tanken med en domkraft, lägg en träkloss mellan domkraft och tank så att tanken skyddas.

**10** Skruva ur bultarna i tankens hörn och skruva loss fästbanden **(se bilder).** Vrid ned fästbanden så att de är ur vägen.

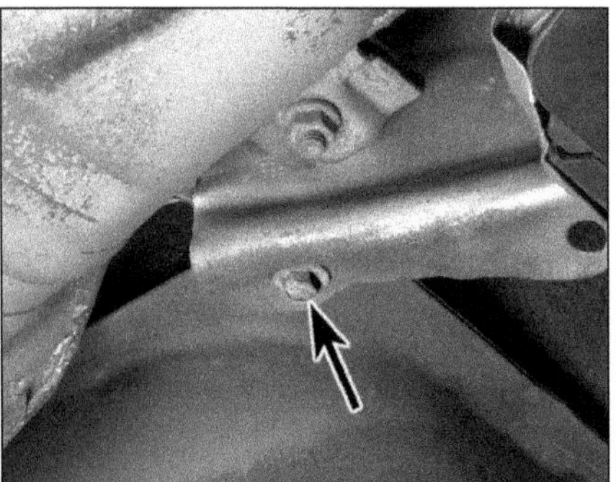

**6.10a Skruva ur tankens fästbultar (en vid pilen)**

**11** Sänk tanken såpass att du kan se översidan och kontrollera att allt är lossat, sänk ned tanken helt och ta bort den från bilen.

**12** Montering sker med omvänd arbetsordning.

**6.10b Skruva ur fästbandets bultar (en vid pilen) och sänk ned tanken**

## 7 Bränsletank, rengöring och reparationer - allmän information

**1** Alla reparationer av bränsletank och påfyllningsrör ska utföras av en yrkesvan person som har erfarenhet av denna typ av kritiskt och potentiellt riskabla arbete. Även efter rengöring och spolning av bränslesystemet kan explosiva ångor finnas kvar i tanken och antändas under reparationen.

**2** Om tanken tas bort från bilen ska den inte förvaras där gnistor eller lågor kan antända ångorna. Var speciellt försiktig i garage där hushållsmaskiner finns.

## 8 Luftrenare - demontering och montering

**1** Lossa batteriets jordledning.

***Var försiktig: Om radion i din bil är stöldskyddad, se till att ha aktiveringskoden tillgänglig innan batteriet kopplas ur, se sidan 0•7 innan ledningen lossas.***

**Observera:** *Om fel språk visas på instrumentpanelen när strömmen kopplas in igen, se sidan 0•7 där proceduren för språkinställning beskrivs.*

### *Förgasarmotorer*

**2** Lossa fjäderclipsen, skruva ur centrummuttern och lyft locket **(se bilder).**

**3** Ta ut luftfiltret och torka rent i huset och på locket **(se bild).**

**4** Demontera huset genom att först lossa inluftstrumman och varmluftsslangen **(se bild).**

**5** Lossa vakuumslangen från förgasaren.

**6** Skruva ur de fyra muttrar som fäster luftrenaren vid förgasaren och ta bort metallringen **(se bilder).**

**7** Skruva ur muttern från fästet **(se bild).**

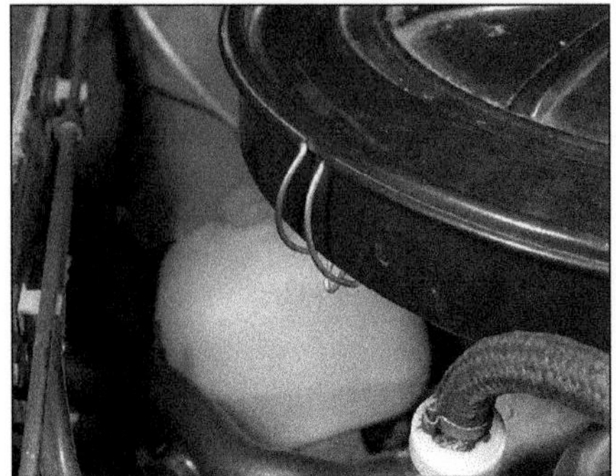

**8.2a Lossa fjäderclipsen till luftrenarlocket . . .**

**8.2b . . . skruva ur centrummuttern och lyft av locket**

**8.3 Ta ut luftfiltret och torka rent på locket och i huset**

**8.4 Luftrenarens intagstrumma (1) och varmluftsslangen (2)**

**8.6a Skruva ur de fyra muttrar som fäster luftrenaren vid förgasaren . . .**

**8.6b . . . och ta bort metallringen**

**8.7 Luftrenarfästets mutter (vid pilen)**

**8.8 Lossande av vevhusventilationens slang från luftrenaren**

**8.9 Rikta upp pilarna på luftrenarlocket vid monteringen**

**8** Lyft av luftrenaren från förgasaren och lossa vevhusventilationens slang **(se bild).** Vid behov, peta ut tätningsringen från luftrenarens undersida.

**9** Montering sker med omvänd arbetsordning, rikta upp pilen på locket med pilen på intagstrumman **(se bild).**

### *Insprutningsmotorer*

**10** Lossa luftintagstrumman från luftrenarens framsida.

**11** Lossa lufttrumman mellan luftrenaren och trottelhuset.

**12** Demontera luftfiltret (se kapitel 1).

**13** Dra ut kontakten från luftflödesmätaren (se avsnitt 12).

**8.14 Skruva ur de två muttrarna (vid pilarna) från luftrenarhuset (Motronic-system visat) och lyft ut huset**

**14** Skruva ur luftrenarfästets bultar **(se bild)** och lyft ut luftrenaren ur motorrummet.

**15** Montering sker med omvänd arbetsordning. Kontrollera att samtliga trummor monteras ordentligt, i annat fall uppstår luftläckor.

## 9 **Gasvajer** - kontroll, justering och byte

### *Kontroll*

**1** Lossa luftintagstrumman från trottelhuset (insprutningsmotorer) eller demontera luftrenaren (förgasarmotorer).

**2** Låt en medhjälpare trycka ned gaspedalen i botten medan du studerar trottelventilen. Den ska flyttas till helt öppet läge.

**3** Släpp upp gaspedalen och kontrollera att trottelventilen stängs mjukt och fullständigt. Ventilen ska inte under någon del av rörelsen komma i kontakt med huset. Om så inträffar måste hela enheten bytas.

### *Justering*

**4** Varmkör motorn till normal arbetstemperatur och stäng av den. Tryck gaspedalen i botten två gånger och mät sedan gasvajerns spel vid förgasaren/trottelhuset, jämför med specifikationerna.

**5** Om spelet ligger utanför angivna toleranser, justera med vridning på justermuttern **(se bild).**

**6** Låt en medhjälpare hjälpa till att verifiera att trottelventilen är helt öppen när gaspedalen är i botten.

### *Byte*

**Observera:** *Följande paragrafer beskriver arbetet på insprutningsmotorer, beskrivningen är i stort sett densamma för förgasarmotorer*

**7** Lossa batteriets jordledning.

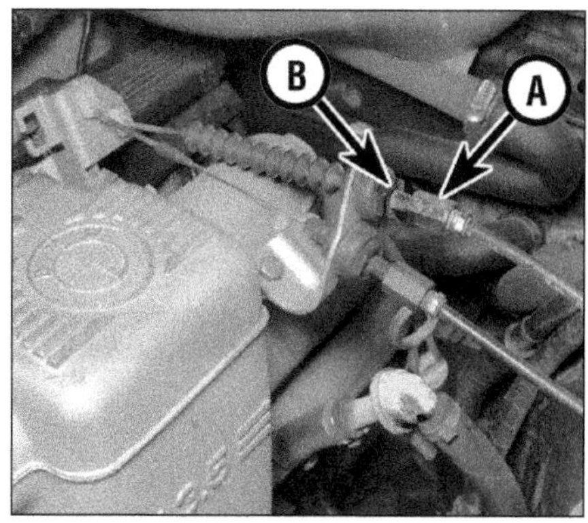


**9.5 Justera spelet i gasvajern genom att hålla mutter B stilla och vrida på mutter A (insprutningsmotor visad)**

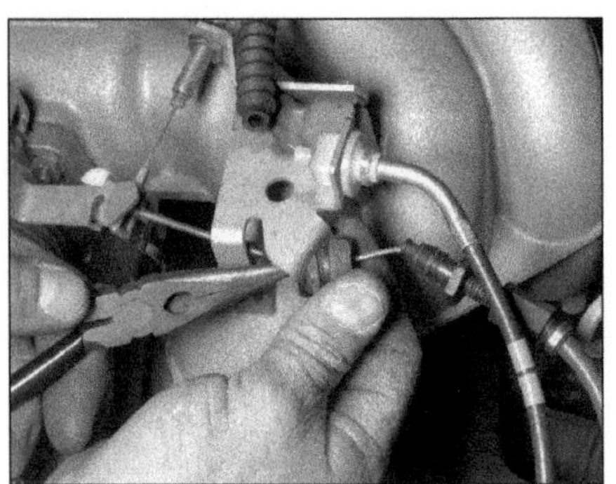
9.8 Tryck ut gummigenomföringen bakifrån och lossa vajern från fästet

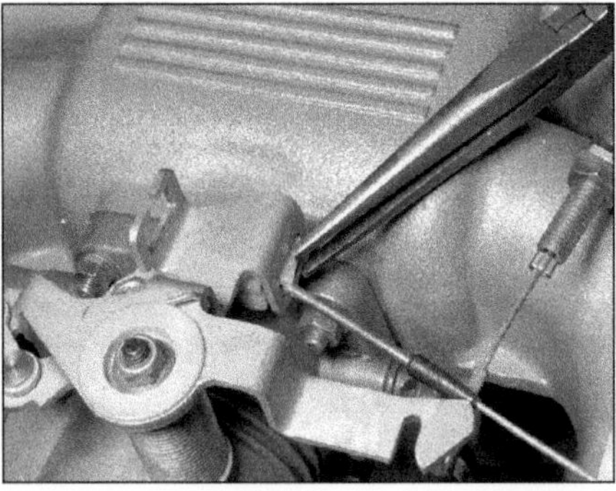
9.9 Kläm ihop plasthållaren och tryck den genom fästets urtag på trottelventilen

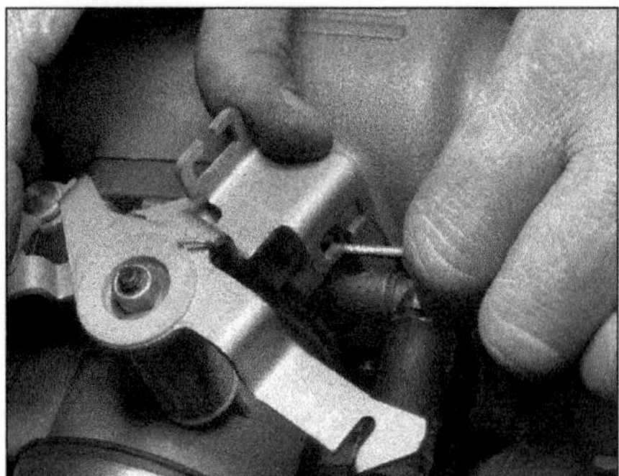
9.10a Vrid trottelventilen och haka av gasvajern från spåret

***Varning: Om radion i din bil är stöldskyddad, se till att ha aktiveringskoden tillgänglig innan batteriet kopplas ur, se sidan 0•7 innan ledningen lossas.***

**Observera:** *Om fel språk visas på instrumentpanelen när strömmen kopplas in igen, se sidan 0•7 där proceduren för språkinställning beskrivs.*

**8** Lossa vajerjusteringens låsmuttrar och haka av vajern från stödet på insugsröret **(se bild).**

**9** Kläm plasthållaren med en tång och dra ut den ur fästet **(se bild).**

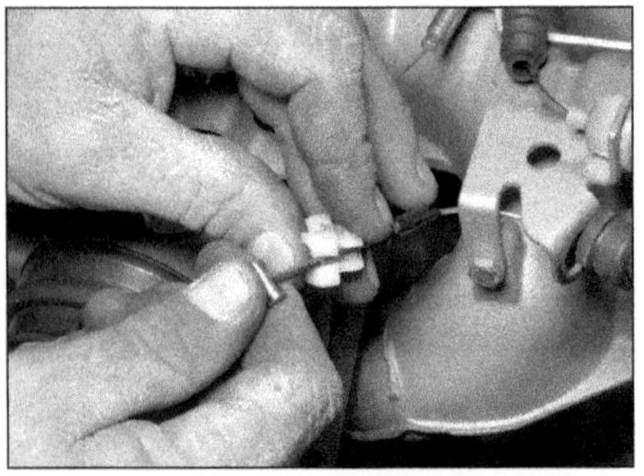
9.10b När gasvajern hakats av, avlägsna plasthållaren från vajern

**10** Dra vajern ned genom spåret och bort från fästet **(se bilder).**

**11** Arbeta under instrumentbrädans förarsida och haka av gasvajern från pedalen.

**12** Dra vajern genom torpedplåten från motorrummet.

**13** Montering sker med omvänd arbetsordning. Justera vajern enligt beskrivning ovan.

## 10 Förgasare - allmän information

**1** Tidiga modeller har en Solex 2B4 förgasare och senare versioner en Solex 2BE. Bägge är tvåstegs fallförgasare. Första steget öppnas mekaniskt av gaspedalen och andra steget under vakuumstyrning.

**2** Varje steg har separat flottörkammare, flottör och nålventil som är konstruerade för att minska effekterna av bromsning och kurvtagning.

**3** Chokeventilen på 2B4 versionens primärsteg styrs automatiskt (av en bimetallfjäder som värms elektriskt) under varmkörningen. Berikad uppvärmningsblandning ges även av en kylvätskestyrd termoventil och en lufttemperaturstyrd flödesventil.

**4** På 2BE versionen styrs förgasarinställningen under varmkörningen och normal körning av en elektronisk styrenhet. Denna är placerad under instrumentbrädans högra sida.

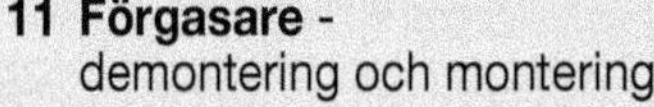

## 11 Förgasare - demontering och montering

### *Demontering*

**1** Demontera luftfiltret enligt beskrivning i avsnitt 8,

**2** Se avsnitt 9 och lossa gasvajern.

**3** På bilar med automatväxellåda, lossa kickdown-vajern.

**4** Notera ledningarnas dragning och lossa dem från förgasaren.

**5** Skruva ur skruven och lossa jordledningen från trottelfästet **(se bild).**

**6** Lossa vakuumslangarna, notera att den slang som har en vit märkning finn på den vita T-kopplingen av plast och att fördelarens vakuumslangar finns på förgasarens sida **(se bild).**

**7** På 2B4, lossa och plugga slangarna från termostartsventilen.

**8** Lossa bränslematningens slang **(se bild).**

**9** Skruva ur de fyra bultarna och lyft av förgasaren från insugsrörets isoleringsfläns **(se bild).**

11.5 Skruva ur skruven och lossa förgasarens jordledning (vid pilen)

11.6 Notera vakuumslangarnas placering (vid pilen) innan de lossas

11.8 Lossa bränslematningsslangen (vid pilen)

11.9 Skruva ur de fyra bultarna (vid pilarna) och lyft av förgasaren från insugsröret

11.10 Förgasarens isoleringsfläns på insugsröret kan vid behov lossas

12.3 Lossa accelerationspumpens länk (vid pilen) med en skruvmejsel

**10** Vid behov, skruva ur muttrarna och demontera flänsen från insugsröret **(se bild).**

### *Montering*

**11** Monteringen utförs med omvänd arbetsordning. Rengör fogytorna ordentligt. Isoleringsflänsen kan återanvändas om den är i bra skick. Justera gasvajern enligt beskrivning i avsnitt 9 och (i förekommande fall) kickdown-vajern enligt beskrivning i kapitel 7B.

## 12 Förgasare - rengöring och justering

**Observera:** *Detta avsnitt beskriver arbetsordningen för förgasaren 2B4. Arbetsordningen är mycket likartad för 2BE.*

### *Rengöring*

**1** Skaffa en komplett packningssats för aktuell förgasare.
**2** Rengör förgasarens utsida.
**3** Lossa accelerationspumpens länk från primärtrottelns arm med en skruvmejsel **(se bild).**
**4** Skruva ur de bultar som fäster locket vid huset. Centrumbulten kräver insexnyckel **(se bild).**
**5** Ta loss länken från chokeventilens plastarm **(se bild).**
**6** Lyft av locket och ta bort packningen **(se bilder).**
**7** Skruva ur den skruv som fäster trottelpositionsfästet vid huset **(se bild).**
**8** Lossa vakuumenhetens dragstång från sekundärtrottelns arm **(se bild).**

12.4 Lossa förgasarlockets centrumbult med en insexnyckel

12.5 Lossa länken (vid pilen) från chokeventilens plastarm

12.6a Lyft locket från förgasarkroppen

12.6b Studera lockets undersida

12.6c Förgasaren med avlyft lock

12.7 Den skruv (vid pilen) som fäster trottelpositionsfästet vid trottelhuset

12.8 Koppla loss vakuumenhetens dragstång

12.9 Trottelhusets skruvar (vid pilarna)

12.10 Primärtrottelarmens mutter - om den skruvas ur, se till att inte rubba returfjädern

12.11a Trottelhuset demonterat från förgasaren

12.11b Undersidan av förgasaren med avlyft trottelhus, notera packningen

12.12a Knacka ut flottörtapparna och lyft ut flottörerna . . .

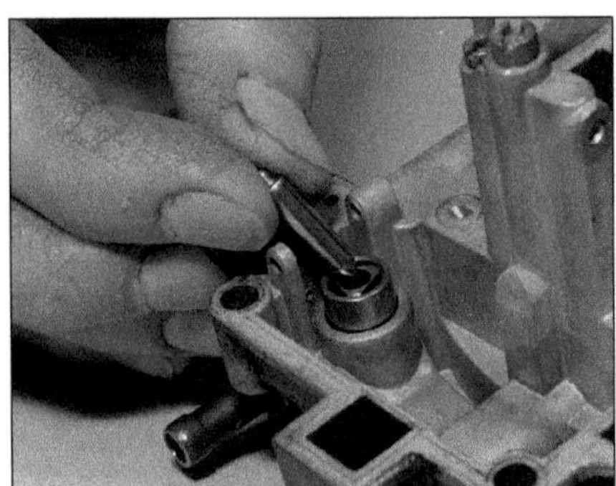
12.12b . . . och nålventilerna, håll ihop delarna sidvis

12.13a Skruva ur förbigångsmunstycket från den sekundära flottörkammaren

12.13b Sekundärt huvudmunstycke (1) och termostartsbränslemunstycket (2)

12.13c Sekundärt huvudmunstycke (vänster) och termostartsbränsle-munstycke (höger) fastdragna i locket

12.13d Sekundärt förbipassagemunstycke (1), termostartsbränslemunstycket (2) och luftkorrigeringsmunstycket (3)

12.13e Munstyckenas placeringar (vid pilarna) i locket

12.15a Chokens länkarm placerad i automatchokearmen

12.15b Kontrollera flottörnivån genom att mäta avståndet mellan kontaktytan och flottörens överkant

12.15c Accelerationspumpens packning (vid pilen)

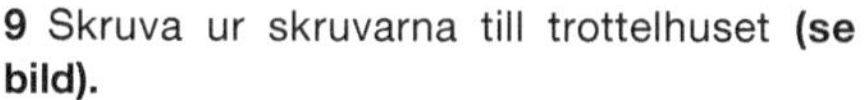

**9** Skruva ur skruvarna till trottelhuset **(se bild).**

**10** Peta ut trottelns mellanlänk. Om detta visar sig vara svårt, skruva ur muttern och lossa armen från primärtrottelns spindel, rubba inte returfjädern **(se bild).**

**11** Lossa trottelhuset och ta bort packningen **(se bilder).**

**12** Vänd på locket, knacka ut flottörtapparna, lyft ut flottörerna och de två nålventilerna - håll isär delarna i sidvis ordning **(se bilder).**

**13** Skruva ur förbigångsmunstycket från den sekundära flottörkammaren och lossa munstyckena från locket - platsmärk dem **(se bilder).**

**14** Rengör delarna och blås dem rena med lågt lufttryck.

**15** Ihopsättning sker med omvänd arbetsordning. Notera dock följande:

a) *Använd alltid de nya packningar och tätningar som följer med renoveringssatsen.*

b) *Innan locket monteras, kontrollera att chokens länkarm är korrekt monterad **(se bild).***

c) *Kontrollera och justera vid behov flottörinställningarna. Vänd på locket och mät avståndet mellan kontaktytan (utan packning) och flottörens topp, se till att nålventilens fjäderbelastade kula inte trycks ned **(se bild).** Notera att måtten skiljer sig mellan de primära och sekundära flottörerna (se specifikationerna). Om justering krävs, böj flottörarmen efter behov.*

d) *Se till att tätningen monteras på toppen av accelerationspumpen **(se bild).***

## Justering

**Observera:** *Tomgångsvarvtal och blandning tas upp i kapitel 1,*

### Automatchoke (2B4)

**16** Kontrollera att uppriktningsmärkena på automatchokens hus och lock är synliga - om inte, gör nya märken.

**17** Skruva ur de tre skruvarna och dra ut metallringen **(se bild).**

**18** Ta bort plastlocket, lossa samtidigt bimetallfjädern från armen **(se bild).**

**19** Fäst ett gummiband i underkanten av armen. Dra ned tryckararmen till höger och använd en spiralborr med diameter 4,2 mm diameter till att kontrollera avståndet mellan chokeventilens nedre kant och förgasarens vägg **(se bild).** Alternativt kan vakuum läggas på neddragaren så att armen rör sig.

12.17 Skruva ur de tre skruvarna och dra undan metallringen

**20** Om justering krävs, vrid på skruven på änden av neddragaren **(se bild).**

**21** Montera locket med omvänd arbetsordning, se till att uppriktningsmärkena är i linje.

### Trottelpositionerare (2B4)

**22** Ställ trotteln i tomgångsläge, kontrollera att positionerarens fjäder är 23,0 ± 1,0 mm. Om inte, justera muttern efter behov.

**23** Utan vakuum (motorn stoppad), kontrollera att styrutslaget, mätt mellan stoppskruven och armen är 5,0 ± 0,5 mm. Vid behov, lossa låsmuttern och vrid membranstången efter behov. Dra åt låsmuttern efteråt.

12.18 Demontera automatchokelocket, lossa samtidigt bimetallfjädern från styrarmen

12.19 Montera ett gummiband (2) på nedre änden av styrarmen, tryck sedan ned dragarmen till höger och använd en 4,2 mm spiralborr (1) för att kontrollera avståndet mellan nedre kanten av chokeventilen och förgasarväggen

12.20 Om justering krävs, vrid skruven (vid pilen) på änden av neddragaren

### Trottelpositionerare (2BE)

**24** Specialverktyg krävs för att göra en omfattande justering av förgasaren 2BE. Lämna detta åt en BMW-verkstad.

## 13 Bränsleinsprutning - allmän information

Bränsleinsprutningen består av tre grundläggande undersystem: bränslesystemet, luftintaget och styrelektroniken.

### *Bränslesystemet*

En elektrisk bränslepump i tanken eller bredvid tanken matar bränsle under konstant tryck till bränsleröret som fördelar bränslet jämnt till injektorerna. Från röret sprutas bränslet in i insugsportarna strax ovanför insugsventilerna av injektorerna. Den mängd bränsle injektorerna sprutar in styrs noga av den elektroniska styrenheten. En extra injektor, kallstartsinjektorn (endast L-Jetronic och tidiga Motronic) ger extra bränsle vid kallstart. En tryckregulator styr systemtrycket i relation till insugsrörets vakuum. Ett bränslefilter mellan pumpen och röret skyddar systemets delar från smuts.

### *Luftintaget*

Luftintagssystemet består av luftfilterhuset, en luftflödesmätare, ett trottelhus, insugsröret och sammanhörande lufttrummor. Luftflödesmätaren ger information still styrelektroniken. Dessa modeller har en luftflödesmätare av klafftyp. En potentiometer mäter insugsluftflödet och en temperaturgivare mäter insugsluftens temperatur. Detta låter styrelektroniken bestämma bränslemängd till injektorerna genom att reglera insprutningstiden. Trottelspjället i huset styrs av föraren. I takt med att spjället öppnar ökar den mängd luft som kan passera genom systemet, så potentiometern öppnar mer och styrenheten låter injektorerna spruta in mer bränsle i insugsportarna.

### *Elektroniskt styrsystem*

Bränslesystemet och andra system styrs av den elektroniska styrenheten. Denna tar emot signaler från ett antal givare som övervakar variabler som insugsluftens volym och temperatur, kylvätskans temperatur, motorns varvtal, acceleration/inbromsning och avgasernas syreinnehåll. Dessa signaler låter styrenheten avgöra hur länge injektorerna ska vara öppna för att ge optimal bränsleblandning. Dessa givare och de motsvarande elektroniskt styrda reglagen finns placerade i motorrummet. Mer information om styrelektroniken och motorns elsystem och tändningen finns i kapitlen 5 och 6.

Antingen L-Jetronic eller Motronic är monterat. Senare versioner har en uppdaterad variant av det ursprungliga Motronic-systemet.

## 14 Bränsleinsprutningssystem

### *L-Jetronic bränsleinsprutning*

Bosch L-Jetronic bränsleinsprutning finns i de flesta bilarna i serie 3 fram till 1987 och i de flesta serie 5 E28 ("gamla karossen"). Det är en elektroniskt styrd insprutning av bränsle som använder en solenoidmanövrerad injektor per cylinder. Systemet styrs av en styrenhet som behandlar information från olika givare och sedan matar bränsle i exakta mängder till cylindrarna genom att variera injektorernas öppningstider.

En elektrisk bränslepump matar bränsle under högt tryck till injektorerna via matningsledningen och ett bränslefilter. En tryckregulator ser till att bränsle under optimalt tryck finns tillgängligt, vilket låter trycket variera med motorns hastighet och belastning. Överskottsbränsle returneras till tanken i en separat ledning.

En givare i luftintagstrumman mäter luftflödet konstant och styrenheten justerar bränsleblandningen för att ge optimalt förhållande mellan bränsle och luft.

Andra komponenter i systemet är trottelventilen (som styr luftflödet till motorn), kylvätskans temperaturgivare, trottelns positionskontakt, stabiliseringsventilen för tomgången (som leder luft förbi trottelspjället för att styra tomgångsvarvtalet) och tillhörande reläer och säkringar.

### *Motronic bränsleinsprutning*

Motronic kombinerar bränsleregleringen hos L-Jetronic bränsleinsprutning med styrning av tändningen, tomgångsvarvtalet och avgasreningen i en enda styrenhet.

Styrningen av bränsle och tomgång liknar den hos L-Jetronic som beskrivs ovan. Mer information om Motronic-systemet finns i kapitel 6.

En syresensor finns monterad i avgassystemet på senare modeller med katalysator. Den avläser kontinuerligt syrehalten i avgaserna. Denna information används av styrenheten till att justera injektorernas öppningstider så att blandningen kan optimeras för maximal effekt hos katalysatorn och minimala avgaser.

## 15 Bränsleinsprutningssystem - kontroll

***Varning: Bensin är ytterst eldfarlig - mycket stor försiktighet måste iakttagas vid arbete med någon del av bränslesystemet. Rök inte, låt heller inte öppen eld eller nakna glödlampor finnas nära arbetsplatsen. Tvätta omedelbart bort utspilld bensin som hamnar på huden med tvål och vatten. Använd alltid skyddsglasögon vid arbete med bränslesystem och ha alltid en lämplig brandsläckare nära till hands.***

**1** Kontrollera jordanslutningarna. Kontrollera samtliga kabelhärvor som relaterar till systemet. Glappa kontakter och dålig jordning kan orsaka många problem som liknar allvarligare fel.

**2** Kontrollera att batteriet är fulladdat i och med att styrenheten och givarna är beroende av korrekt matningsspänning för att kunna dosera bränslet korrekt.

**3** Kontrollera luftfiltret - ett smutsigt eller delvis igensatt filter har en mycket negativ påverkan på prestanda och ekonomi (se kapitel 1).

**4** Om en bränd säkring påträffas, byt och se efter om den går igen. Om så är fallet, leta efter en jordad ledare i den kabelhärva som hör till systemet.

**5** Kontrollera att inte luftintagstrumman från flödesmätaren till insugsröret läcker. Läckor i intagsluften kan orsaka många problem. Kontrollera även skicket på de vakuumslangar som leder till insugsröret.

**6** Demontera luftintagstrumman från trottelhuset och leta efter smuts, sot och andra avlagringar. Om det är smutsigt, rengör med förgasarrengöringsmedel och tandborste.

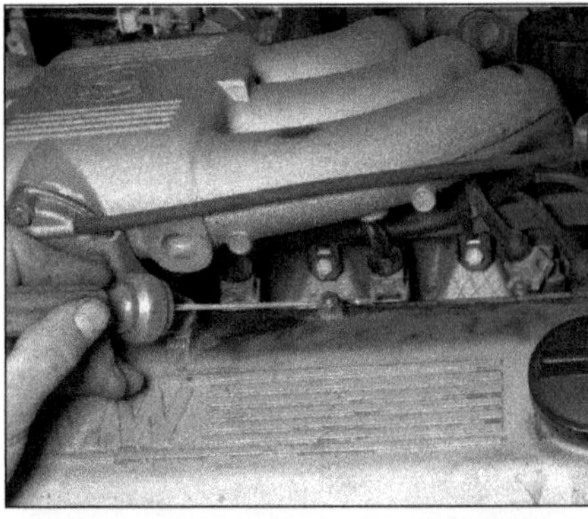

**15.7 Använd stetoskop eller skruvmejsel för att avgöra om injektorerna arbetar korrekt - de ska avge ett stadigt klickande ljud vars frekvens stiger och sjunker med motorvarvet**

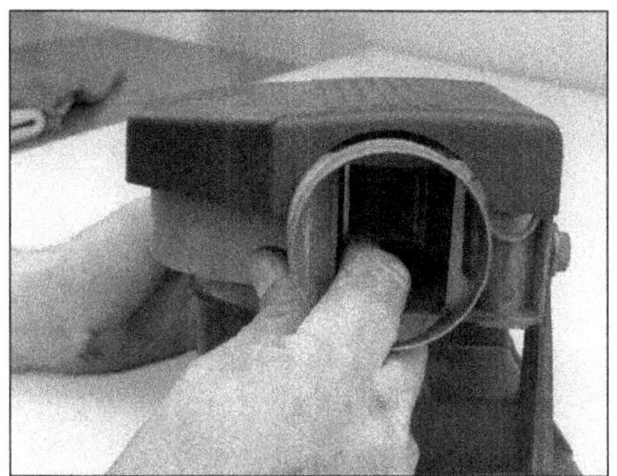

**16.1 Leta efter kärvning i luftflödesmätarens klaff när den närmar sig helt öppen eller helt stängd. Minsta kärvhet orsakar ojämn tomgång, fet blandning eller dålig acceleration och dåligt gensvar vid gaspådrag (luftflödesmätaren demonterad för tydlighetens skull)**

**16.6 Demontera panelen under instrumentbrädan för att komma åt styrenheten på Motronic-system (vänsterstyrd modell visas)**

**7** Låt motorn gå och placera ett stetoskop eller en skruvmejsel på varje injektor, en i taget, och lyssna efter ett klickljud som anger att injektorn arbetar **(se bild).**

**8** Kontrollera trycket i bränslesystemet (se avsnitt 3).

**9** Om dessa kontroller inte hittar problemet, ta bilen till en BMW-verkstad som kan avläsa felkoderna i styrenheten med specialutrustning.

## 16 Luftflödesmätare - kontroll, demontering och montering

### *Kontroll (L-Jetronic)*

**1** Demontera trumman från intagssidan av luftflödesmätaren. Öppna och stäng givarens klaff försiktigt **(se bild)**, känn efter om den kärvar. Denna klaff kan böjas av baktändning och därmed orsaka felaktiga avläsningar. Klaffen kommer då att kärva och fastna i delvis öppna lägen vilket gör att motorn får en för fet blandning och tjuvstannar när den går ned på tomgång.

**2** Dra ut kontakten till luftflödesmätaren.

**3** Mät spänningen mellan stiften 7 och 8 med en ohmmätare **(se bild).** Motståndet ska stadigt öka (utan avbrott) i takt med att givarens klaff sakta förs från helt stängd till helt öppen.

**4** Kontrollera även temperaturgivaren för intagsluften (innanför luftflödesmätaren). Läs av stiften 8 och 9 med en ohmmätare **(se bild 16.3)** och kontrollera motståndet. Det ska vara 2200 till 2700 ohm vid 20° C.

**5** Om motstånden är korrekta, kontrollera kabelhärvan (se kapitel 12). Koppla in luftflödesmätaren, slå av tändningen och dra ut kontakten till styrenheten (finns under högra sidan av instrumentbrädan) och mät upp stiften 7 och 8 **(se bild)** med en ohmmätare. För luftflödesmätarens klaff från stängt till öppet läge och notera förändringen i motstånd. Resultatet ska vara detsamma som i paragraf 3. Om det finns skillnader i resultatet kan det finnas en kortsluten eller bruten ledning i kabelhärvan.

**16.3 Anslut en ohmmätare till stiften 7 och 8 på luftflödesmätaren och kontrollera att motståndet ändras mjukt när klaffen sakta öppnas och stängs**

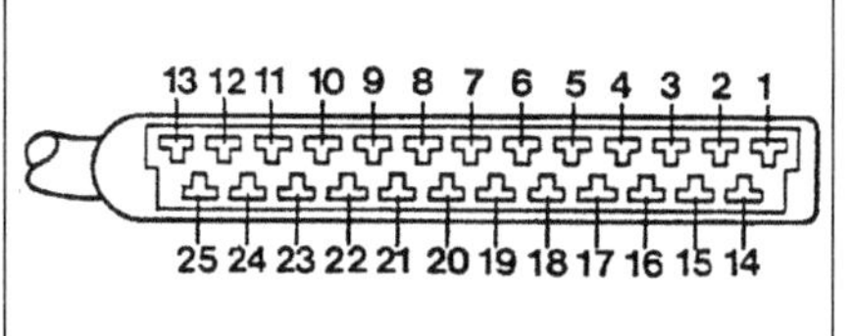


**16.5 Den elektroniska styrenheten är placerad under instrumentbrädans högra sida. Dra ur kontakten och kontrollera motståndet mellan stiften 7 och 8 som i paragraf 3. Samma mätvärden bör föreligga**

### *Kontroll (Motronic)*

**6** Kontrollera att tändningen är avstängd. Ta bort luckan till styrenheten (se kapitel 6) och dra ut kabelhärvans kontakt **(se bild).**

**7** Mät upp angivna stift på styrenhetens kontakt med ohmmätare **(se bilder)** och kontrollera att rätt förändring av motståndet sker när givarens klaff flyttas. På tidiga Motronic, mät stiften 7 och 9, på senare Motronic stiften 7 och 12. Motståndet ska öka stadigt (utan avbrott) när klaffen förs från helt stängt till helt öppet läge.

**Observera:** *Tidiga Motronic-system har en 35-stift kontakt till styrenheten medan senare versioner har 55 stift i kontakten.*

**8** Om motståndsavläsningarna ej är korrekta ska kabelhärvan kontrolleras.

### *Demontering och montering (alla system)*

**9** Dra ut kontakten från luftflödesmätaren.

**10** Demontera luftrenaren (se avsnitt 8).

**11** Skruva ur muttrarna **(se bilder)** och lyft ut luftflödesmätaren från motorrummet eller luftrenaren.

**12** Montering sker med omvänd arbetsordning.

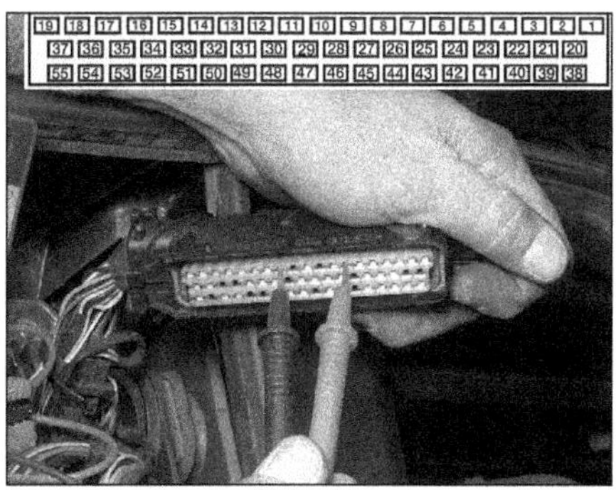

**16.7a Anslut en ohmmätare till stiften 7 och 12 (senare Motronic-versioner) i styrenhetens kontakt och kontrollera att motståndet ändras mjukt när luftflödesmätarklaffen sakta öppnas och stängs**

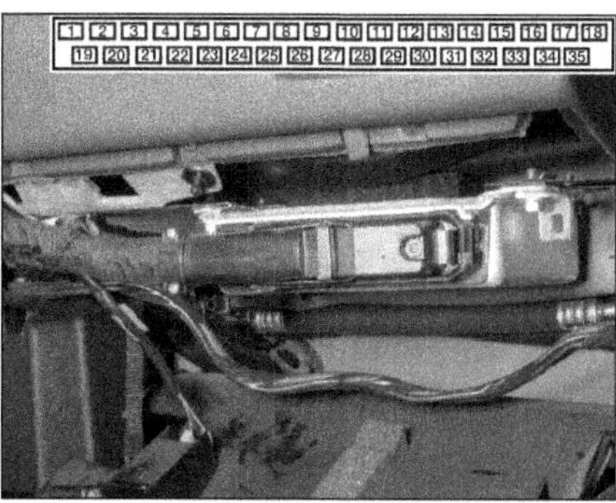

**16.7b Dra ur kontakten och anslut en ohmmätare till stiften 7 och 9 (tidiga Motronic-versioner) och kontrollera att motståndet ändras mjukt när luftflödesmätarklaffen sakta öppnas och stängs**

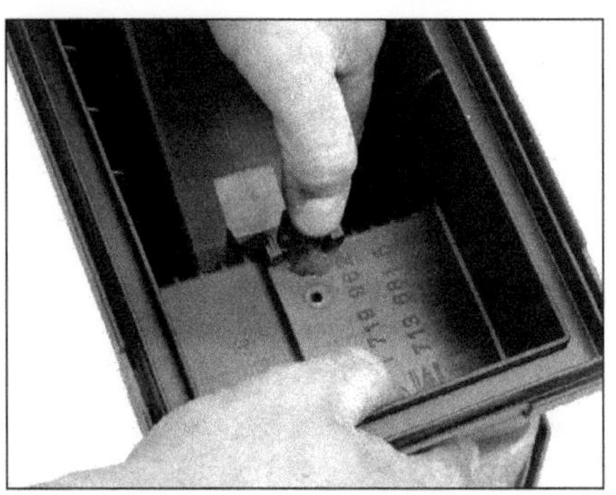

16.11a Tryck ned fliken och lossa lufttrumman från insidan av luftrenaren

16.11b Skruva ur muttrarna (vid pilarna) från luftrenarhuset och lossa luftflödesmätaren

17.11 Skruva ur muttrarna (vid pilarna) och lyft trottelhuset från insugsröret (de två nedre bultarna är dolda)

## 17 Trottelhus - kontroll, demontering och montering

### *Kontroll*

**1** Lossa luftintagstrumman från trottelhuset (se avsnitt 8) och för den åt sidan.

**2** Låt en medhjälpare trycka ned gaspedalen och studera trottelventilen. Kontrollera att den rör sig mjukt när trotteln förs från stängd (tomgång) till vidöppen (full gas).

**3** Om trottelventilen inte fungerar korrekt, byt trottelhuset.

***Varning: Vänta med detta arbete till dess att motorn är helt kall.***

***Varning: Om radion i din bil är stöldskyddad, se till att ha aktiveringskoden tillgänglig innan batteriet kopplas ur, se sidan 0•7 innan ledningen lossas.***

**Observera:** *Om fel språk visas på instrumentpanelen när strömmen kopplas in igen, se sidorna 0•7 där proceduren för språkinställning beskrivs.*

### *Demontering och montering*

**4** Lossa batteriets jordledning.

**5** Lossa intagslufttrumman från trottelhuset och för den åt sidan.

**6** Lossa gasvajern från trottelhuset (se avsnitt 9).

**7** I förekommande fall, haka av farthållarvajern.

**8** Märk alla kontakter tydligt (trottelpositionsgivare, kallstartsinjektor, tomgångsluftens stabilisering, etc) och dra ur dem.

**9** Märk alla vakuumslangar tydligt och lossa dem.

**10** Skruva ur locket till kylaren eller expansionskärlet så att eventuellt tryck släpps ut och skruva fast locket igen. Kläm ihop kylarslangarna, lossa slangklämmorna och dra ur slangarna. Var beredd på spill av kylvätska.

**11** Skruva ur trottelhusets muttrar (övre) och bultar (nedre) och lossa trottelhuset från luftintaget **(se bild).**

**12** Täck över luftintaget med en ren trasa så att inte damm eller smuts kommer in medan trottelhuset är demonterat.

**13** Montering sker med omvänd arbetsordning. Dra fästmuttrarna till angivet moment och justera gasvajern (se avsnitt 9) som sista arbetsmoment.

## 18 Bränsletrycksregulator - kontroll och byte

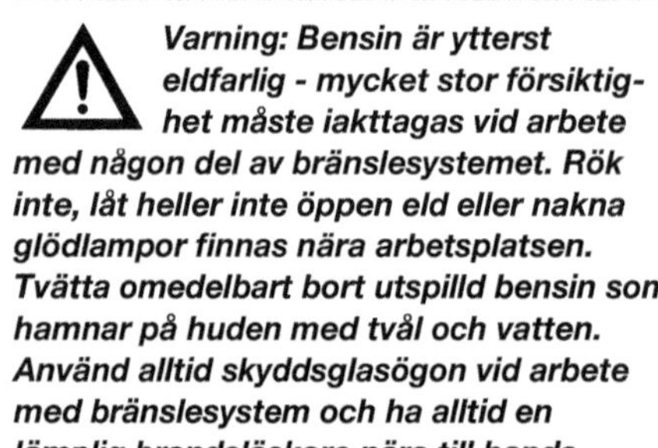

***Varning: Bensin är ytterst eldfarlig - mycket stor försiktighet måste iakttagas vid arbete med någon del av bränslesystemet. Rök inte, låt heller inte öppen eld eller nakna glödlampor finnas nära arbetsplatsen. Tvätta omedelbart bort utspilld bensin som hamnar på huden med tvål och vatten. Använd alltid skyddsglasögon vid arbete med bränslesystem och ha alltid en lämplig brandsläckare nära till hands.***

***Varning: Om radion i din bil är stöldskyddad, se till att ha aktiveringskoden tillgänglig innan batteriet kopplas ur, se sidan 0•7 innan ledningen lossas.***

**Observera:** *Om fel språk visas på instrumentpanelen när strömmen kopplas in igen, se sidan 0•7 där proceduren för språkinställning beskrivs.*

### *Kontroll*

**1** Släpp ut trycket ur bränslesystemet (se avsnitt 2).

**2** Lossa batteriets jordledning.

**3** Lossa bränsleledningen och koppla in en bränsletrycksmätare (se avsnitt 3). Koppla in batteriet.

**4** Bygg upp trycket i bränslesystemet (montera bränslepumpens säkring och slå på tändningen) och leta efter läckor kring mätarens anslutningar.

**5** Koppla en vakuumpump till bränsletrycksregulatorn **(se bild).**

**6** Kör bränslepumpen (se avsnitt 3). Läs av bränsletrycket med vakuum på regulatorn och utan vakuum. Bränsletrycket bör minska vid ökat vakuum.

**7** Stoppa bränslepumpen och montera vakuumslangen på regulatorn. Starta motorn och kontrollera bränsletrycket vid tomgång. Jämför avläst värde med specifikationerna. Lossa vakuumslangen och studera mätaren. Trycket ska öka till maximalt så snart slangen lossas.

**8** Om bränsletrycket är lågt, kläm ihop returslangen och studera mätaren. Om trycket inte stiger är bränslepumpen defekt eller så finns det en strypning i matningsledningen. Om trycket stiger mycket ska tryckregulatorn bytas.

**9** Om angivet bränsletryck är för högt, stanna motorn, lossa returledningen, blås igenom den och leta efter igensättningar. Om ledningen är ren, byt tryckregulator.

**10** Om trycket inte varierar enligt beskrivning i paragraf 7, koppla en vakuummätare till tryckregulatorns vakuumslang och mät upp vakuumet (med motorn på tomgång).

18.5 Studera bränsletrycksmätaren noga när vakuum läggs på (bränsletrycket ska öka när vakuumet ökar)

18.15 Skruva ur de två bultarna (vid pilarna) och lossa bränsletrycksregulatorn från bränsleröret

19.1 Kallstartsinjektorns elkontakt (vid pilen) på M10-motorn. De flesta kallstartsinjektorer är monterade på insugsröret

19.2 Se efter om injektorn avger en stadig konformad bränslestråle när startmotorn drar runt

**11** Om det finns vakuum, byt ut bränsletrycksregulatorn.

**12** Om mätaren inte ger utslag, kontrollera om slangen och anslutningen läcker eller är igensatt.

## Byte

**13** Släpp ut trycket ur bränslesystemet (se avsnitt 2).

**14** Lossa batteriets jordledning.

***Varning: Om radion i din bil är stöldskyddad, se till att ha aktiveringskoden tillgänglig innan batteriet kopplas ur, se sidan 0•7 innan ledningen lossas.***

**Observera:** *Om fel språk visas på instrumentpanelen när strömmen kopplas in igen, se sidan 0•7 där proceduren för språkinställning beskrivs.*

**15** Lossa vakuumslangen och returbränsleslangen från tryckregulatorn och skruva ur bultarna **(se bild).**

**16** Demontera tryckregulatorn.

**17** Montering sker med omvänd arbetsordning. Använd alltid ny o-ring. Smörj o-ringen med motorolja innan monteringen.

**18** Kontrollera att bränslesystemet inte läcker efter det att tryckregulatorn monterats.

## 19 Kallstartsinjektor och termotidskontakt - kontroll och byte

***Varning: Bensin är ytterst eldfarlig - mycket stor försiktighet måste iakttagas vid arbete med någon del av bränslesystemet. Rök inte, låt heller inte öppen eld eller nakna glödlampor finnas nära arbetsplatsen. Tvätta omedelbart bort utspilld bensin som hamnar på huden med tvål och vatten. Använd alltid skyddsglasögon vid arbete med bränslesystem och ha alltid en lämplig brandsläckare nära till hands.***

## Kontroll

### Kallstartsinjektor

**1** Kylvätskan ska vid denna test vara under 30°C. Helst ska motorn ha varit avslagen under flera timmar. Dra ut kontakten från kallstartsinjektorn **(se bild)** och för den åt sidan - det kommer att finnas bränsleångor. Skruva ur de två skruvar som håller injektorn vid insugsröret och dra ut injektorn. Bränsleledningen ska lämnas ansluten. Torka av injektormunstycket. Deaktivera tändningen genom att dra ut tändkabeln från fördelarlockets centrum och jorda den mot motorblocket med en skarvkabel. Kör bränslepumpen 1 minut genom att brygga över relästiften (se avsnitt 3). Bränsle får inte sippra från munstycket. Om så är fallet är injektorn defekt och måste bytas. Slå av tändningen och koppla in bränslepumpreläet.

**2** Rikta nu injektormunstycket mot en burk eller skål. Koppla in injektorns elanslutning och låt en medhjälpare slå på tändningen och köra startmotorn. Injektorn ska spruta en konformad spray i burken **(se bild).** Om sprutmönstret är bra fungerar injektorn korrekt. Om mönstret är oregelbundet är injektorn igensatt eller skadad och ska då rengöras eller bytas.

**3** Om kallstartsinjektorn inte sprutar något bränsle, kontrollera om det finns spänning i kontakten när startmotorn går **(se bild).** Om spänning saknas, kontrollera termotidskontakten.

### Termotidskontakt

**4** Termotidskontakten känner av motorns temperatur och styr kallstartsinjektorn. Den finns vanligen placerad framtill nära kylvätskans temperaturgivare. Kylvätskan ska vara under 30°C för denna test. Helst ska motorn ha varit avstängd i flera timmar. Deaktivera tändningen genom att dra ut tändkabeln från fördelarlockets centrum och jorda den mot motorblocket med en skarvkabel. Dra av gummidamasken från termotidskontakten **(se bild)** och mät upp den svart/gula ledningens kontakt med en voltmätare.

**5** Låt en medhjälpare slå på tändningen och köra startmotorn. Voltmätarens ska hitta spänning i det ögonblick startmotorn slår till. Signalen ska vara cirka 6 till 10 sekunder beroende på motorns temperatur.

19.3 Kontrollera om det finns spänning (cirka 12 volt) på kallstartsinjektorns kontakt när startmotorn går runt

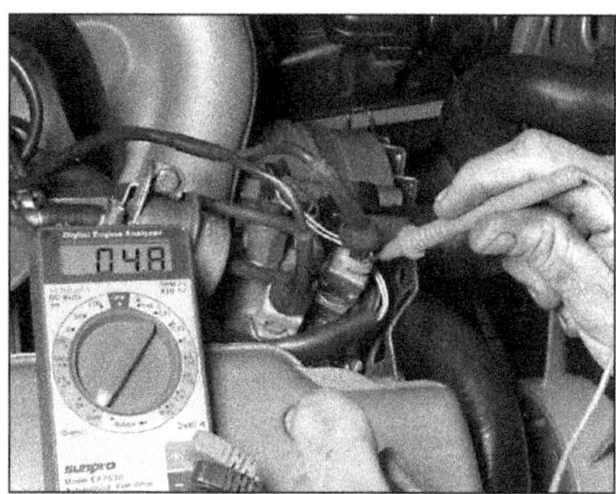

19.4 Kontrollera att det finns spänning på den svart/gula ledningen på termotidskontakten när tändningen är påslagen

**19.6 Kontrollera motståndet i termotidskontakten när kylvätskans temperatur understiger 30°C. Det ska finnas kontinuitet**

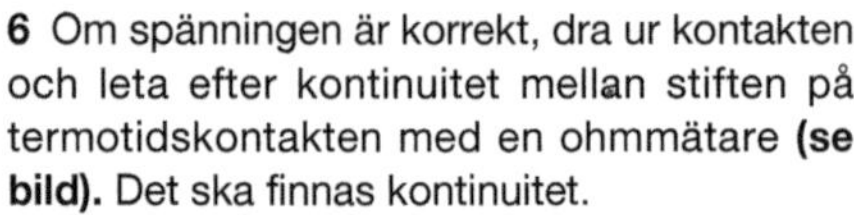

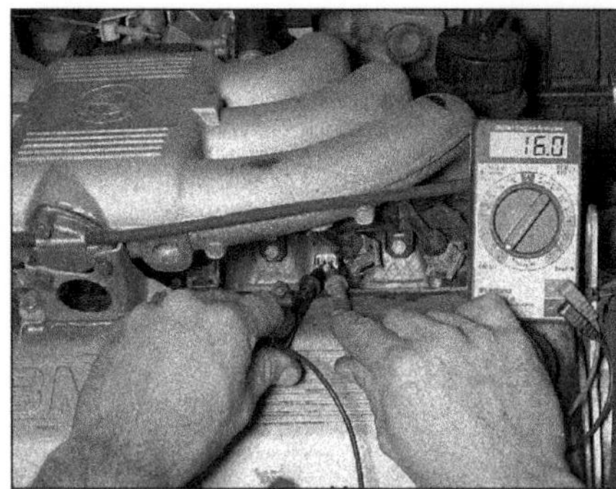

**20.5 Kontrollera motståndet i samtliga injektorer**

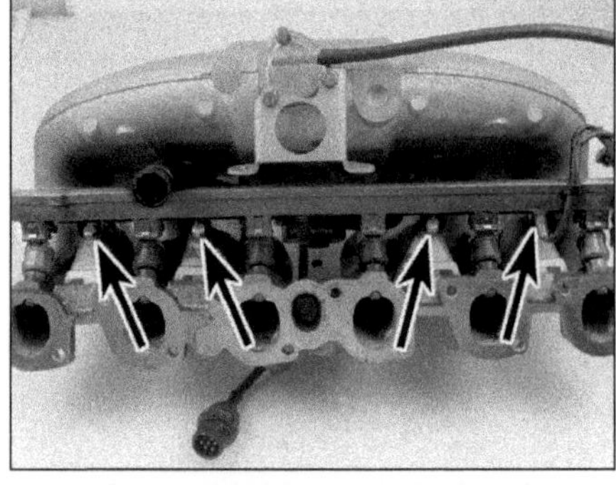

**20.8 Skruva ur bultarna (vid pilarna) och lyft bränsleröret och injektorerna från insugsröret**

**6** Om spänningen är korrekt, dra ur kontakten och leta efter kontinuitet mellan stiften på termotidskontakten med en ohmmätare **(se bild).** Det ska finnas kontinuitet.

**7** Koppla in tändspolen, starta motorn och varmkör den till över 41°C. När motorn är varm ska det inte finnas kontinuitet mellan stiften. Om det förekommer är kontakten defekt och måste bytas.

**Observera:** *I Serie 5 finns flera typer av termotidskontakter. Var och en är stämplad med öppningstemperatur och maximal öppningstid.*

## *Byte*

### Kallstartsinjektor

**8** Släpp ut trycket ur bränslesystemet (se avsnitt 2).

**9** Dra ut kontakten från kallstartsinjektorn.

**10** I förekommande fall, använd ringnyckel eller djup hylsa och lossa bränsleanslutningen från kallstartsinjektorn. På andra modeller, lossa slangklämman och dra av slangen från injektorn.

**11** Skruva ur injektorns bultar och dra ut injektorn.

**12** Montering sker med omvänd arbetsordning. Rengör fogytorna och använd ny packning.

### Termotidskontakt

***Varning: Vänta med detta arbete tills motorn är helt kall. Skruva även av locket till kylaren eller expansionskärlet så att resttrycket i kylsystemet släpps ut.***

**13** Preparera den nya kontakten med gängtätningsmedel innan den monteras.

**14** Dra ut kontakten från den gamla termotidskontakten.

**15** Skruva ur termotidskontakten med en ringnyckel eller djup hylsa. Väl demonterad kommer kylvätska att läcka ut, så montera den nya enheten så snabbt som möjligt. Dra åt den ordentligt och anslut den elektriskt.

## 20 Injektorer - kontroll och byte

***Varning: Bensin är ytterst eldfarlig - mycket stor försiktighet måste iakttagas vid arbete med någon del av bränslesystemet. Rök inte, låt heller inte öppen eld eller nakna glödlampor finnas nära arbetsplatsen. Tvätta omedelbart bort utspilld bensin som hamnar på huden med tvål och vatten. Använd alltid skyddsglasögon vid arbete med bränslesystem och ha alltid en lämplig brandsläckare nära till hands.***

## *Kontroll*

### Motorn i bilen

**1** Använd ett mekanikerstetoskop (finns i de flesta biltillbehörsbutiker) och leta efter ett klickande vid varje injektor medan motorn går på tomgång **(se bild 15.7).**

***Om du inte har ett mekanikerstetoskop kan en skruvmejsel användas till att lyssna efter klickandet från injektorerna. Placera spetsen på klingan mot injektorn och tryck örat mot handtaget.***

**2** Injektorerna ska klicka stadigt om de fungerar korrekt.

**3** Öka varvtalet till över 3500 rpm. Klickandets frekvens ska öka med motorvarvet.

**4** Om en injektor inte fungerar (klick saknas), köp en speciell injektortestlampa (en tillbehörsaffär eller specialist på bränsleinsprutning kan vara till hjälp) och koppla den till injektorns elkontakt. Starta motorn och kontrollera om testlampan blinkar. Ifall den gör det får injektorn korrekt spänning vilket innebär att injektorn är defekt.

**5** Dra ut kontakten till varje injektor och kontrollera motståndet **(se bild).** Jämför avläsningarna med specifikationerna och byt de som inte har korrekt värde.

### Volymtest

**6** I och med att en speciell injektortestare krävs för volymtest kan detta normalt inte utföras av en hemmamekaniker. Låt en BMW-verkstad eller annan specialist utföra volymtestandet.

## *Byte*

**7** Dra ut kontakten till injektorernas kabelhärva. Demontera insugsröret (se kapitel 2A).

**8** Lossa bränsleslangarna från bränsleröret och skruva ur bränslerörets bultar **(se bild).**

**9** Lyft undan bränslerör/injektorer från insugsröret.

**10** Dra ut kontakterna från injektorerna. Lossa injektorerna från bränsleröret.

**11** Montering sker med omvänd arbetsordning. Byt samtliga o-ringar mot nya. Smörj o-ringarna med lite motorolja för att förhindra skador vid monteringen. Bygg upp trycket i bränslesystemet (sätt tillbaka bränslepumpens relä och slå på tändningen) och leta efter läckor innan motorn startas.

## 21 Tomgångsluftens stabiliseringsventil - kontroll, justering och byte

**1** Stabiliseringen av tomgångsluften håller tomgångsvarvtalet inom en intervall av 200 rpm oavsett varierande motorbelastning. En elektriskt styrd ventil låter en liten mängd luft passera trottelspjället så att tomgångsvarvet höjs om det sjunker under 750 rpm. Om tomgångsvarvet stiger över cirka 950 rpm stängs stabiliseringsventilen så att extra luft inte längre passerar trottelspjället vilket reducerar tomgångsvarvtalet.

**2** L-Jetronic har en separat styrning av tomgången med en elektronisk styrenhet placerad

**21.9 Kontrollera motståndet i tomgångsluftens stabiliseringsventil - typvärdet är 9 - 10 ohm (L-Jetronic)**

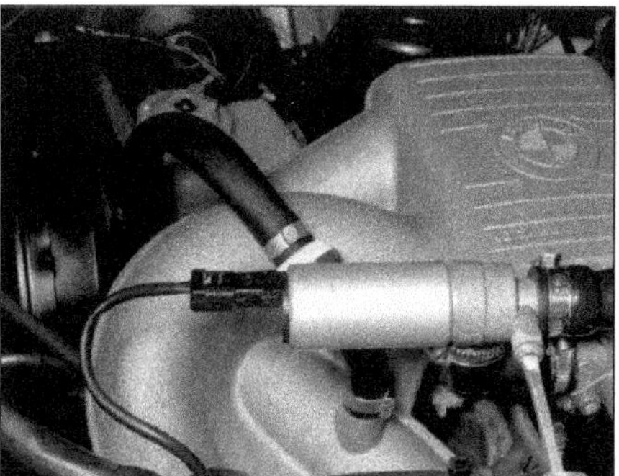

**21.19 Placeringen av justerskruven på metallversionen av tomgångsluftens stabiliseringsventil (L-Jetronic)**

**21.21 Kontrollera motståndet i tomgångsluftens stabiliseringsventil på de två yttre stiften på senare Motronic-versioner - det ska vara cirka 40 ohm**

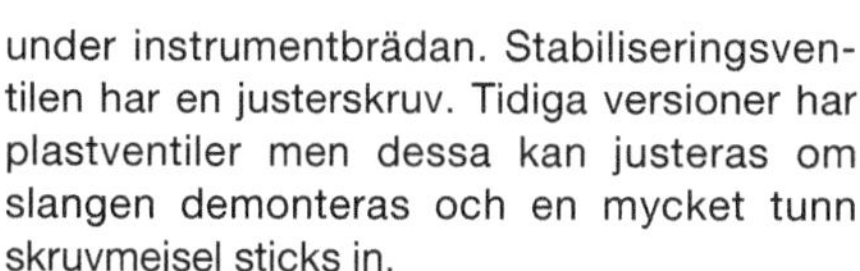

under instrumentbrädan. Stabiliseringsventilen har en justerskruv. Tidiga versioner har plastventiler men dessa kan justeras om slangen demonteras och en mycket tunn skruvmejsel sticks in.

**3** Tidiga Motronic-system har också separat tomgångsstyrning vars styrenhet finns under instrumentbrädan. Stabiliseringsventilen har en justerskruv.

**4** I senare Motronic-system styrs tomgången av den elektroniska styrenheten och kan inte justeras.

## *Preliminär kontroll*

**5** Innan kontroll av tomgångens stabiliseringsventil måste följande villkor vara uppfyllda:

*a) Motorn måste hålla normal arbetstemperatur (60°C)*
*b) Slå av alla elektriska tillbehör (t. ex. luftkonditionering, värme, strålkastare)*
*c) Trottelns positionsgivare måste fungera korrekt (se kapitel 6)*
*d) Avgasläckor får inte finnas*
*e) Vakuumläckor får inte finnas*
*f) Om monterad måste syresensorn fungera korrekt (se kapitel 6)*

**6** Anslut en varvräknare enligt tillverkarens instruktioner.

***Varning: Tändningen måste vara avslagen när elektriska inkopplingar sker.***

**7** Tomgångens stabiliseringsventil arbetar kontinuerligt när tändningen är påslagen. Starta motorn och kontrollera att ventilen vibrerar och surrar lätt.

## *L-Jetronic*

### Kontroll

**8** Låt motorn gå och dra ut ventilens kontakt. Motorvarvet ska stiga till cirka 2 000 rpm.

**9** Om motorvarvet inte stiger, slå av motorn och mät motståndet mellan ventilens stift med en ohmmätare **(se bild)**. Det ska vara 9 till 10 ohm med en omgivande lufttemperatur kring 20°C.

**10** Lägg batterispänning på ventilen med skarvkablar och bekräfta att ventilen stänger helt. När spänningen tas bort ska ventilen öppna igen.

**11** Om tomgångsluftens stabiliseringsventil inte klarar testerna ska den bytas.

**12** Om tomgångsluftens stabiliseringsventil klarar testerna, kontrollera styrströmmen.

**13** Dra ut kontakten från ventilen, anslut ena stiftet i kontakten med motsvarande stift på ventilen med en skarvsladd och koppla in en amperemätare (0 till 1000 mA) mellan kontaktens andra stift och ventilen. Starta motorn och låt den gå på tomgång. Med motorn igång ska avläst värde vara mellan 400 och 500 mA. Justera ventilen om värdet avviker från specifikationerna (se paragraf 15).

**Observera:** *Strömmen i stabiliseringsventilen kommer att variera mellan 400 och 1 100 mA om motorn är för kall, om kylvätskans temperaturgivare är defekt, om tomgångens varvtal kräver justering, om det finns en motorvakuumläcka eller om elektriska tillbehör är påslagna.*

**14** Om ström saknas, låt en BMW-verkstad kontrollera styrenheten för tomgången.

**Observera:** *Styrenheten för tomgångens stabilisering (under instrumentbrädan) kan ha ett elektriskt kontaktproblem som nu och då slår till och från ventilen. Kontrollera kontakten mycket noga innan nya delar monteras. Ibland kommer en ny styrenhet att endast lösa problemet tillfälligt.*

### Justering

**15** Slå av tändningen och koppla in en varvräknare enligt tillverkarens instruktioner.

**16** Kontrollera att tändlägesinställningen är korrekt (se kapitel 5).

**17** Koppla en amperemätare till ventilen (se paragraf 13).

**18** Med gående motor ska avläst ström vara 450 till 470 mA vid 850 till 900 rpm (Manuell växellåda), eller 460 till 480 mA vid 850 till 900 rpm (Automatlåda).

**19** Om styrströmmen inte är korrekt, vrid på justerskruven till dess att värdena finns i de angivna intervallerna **(se bild)**. **Observera:** *På metallventiler är justerskruven utvändig. På plastventiler är justerskruven invändig och åtkomlig när slangen i ventilens ände dras av.*

## *Motronic*

### Kontroll

**Observera:** *Det finns två typer av stabiliseringventiler i dessa system. Tidiga versioner har vanligen en tvåtrådsventil medan senare modeller har en treträdsventil.*

**20** Låt motorn gå och dra ut ventilens kontakt. Motorvarvet ska stiga till cirka 2 000 rpm.

**21** Om tomgångsvarvtalet inte stiger:

*a) Tvåtrådsventil - Lägg direkt batterispänning på ventilen med skarvkablar och kontrollera att ventilen stänger ordentligt. När spänningen tas bort ska ventilen öppna. Kontrollera även ventilens motstånd **(se bild 21.9).** Motståndet ska vara kring 9 eller 10 ohm.*
*b) Treträdsventil - Slå av motorn och dra ut ventilens kontakt. Kontrollera motståndet för de två yttre stiften på ventilen med en ohmmätare. **(se bild).** Det ska vara cirka 40 ohm. Kontrollera motståndet för centrumstiftet och de två yttre. Det ska i bägge fallen vara cirka 20 ohm.*

**22** Om stabiliseringsventilen inte klarar någon av testerna ska den bytas.

**23** Om ventilen klarar alla tester, kontrollera styrströmmen (tvåtrådsventiler) eller spänningen (treträdsventiler) enligt följande.

**24** På tvåtrådsventiler, koppla en amperemätare (0 till 1 000 mA) enligt beskrivning i paragraf 13, Starta motorn och låt den gå på tomgång. Med gående motor ska strömmen vara mellan 400 och 500 mA. Om avläsningen inte ligger inom specifikationerna ska ventilen justeras. **Observera:** *Strömmen i stabiliseringsventilen kommer att variera mellan 400 och 1 100 mA om motorn är för kall, om kylvätskans temperaturgivare är defekt, om det finns en motorvakuumläcka eller om elektriska tillbehör är påslagna*

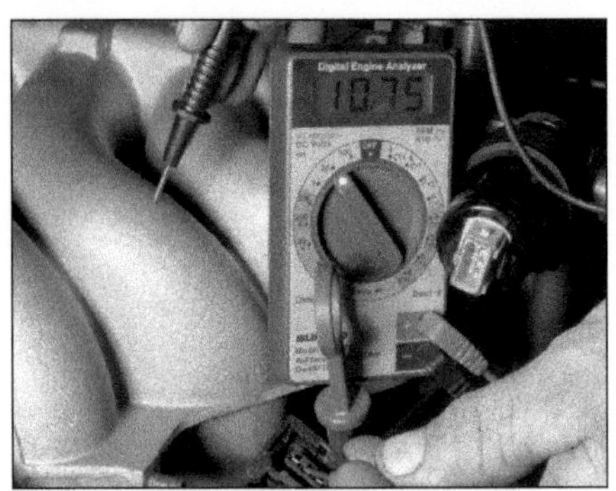

**21.26 Kontrollera att det finns batterispänning på det centrala stiftet**

**25** Om det inte finns ström ska styrenheten (under instrumentbrädan) kontrolleras av en BMW-verkstad eller annan specialist.

**26** På tretrådsventiler, leta efter spänning i kontakten. Med påslagen tändning ska det finnas batterispänning i centrumstiftet **(se bild).** Det ska finnas cirka 10 volt mellan centrumstiften och vardera ytterstiftet.

**27** Om spänning saknas, låt en BMW-verkstad eller annan specialist kontrollera tomgångens styrenhet (tidiga versioner) eller den elektroniska styrenheten (senare modeller).

### Justering (endast tidiga modeller)

**28** Slå av tändningen och koppla in en varvräknare enligt tillverkarens instruktioner.

**29** Kontrollera att tändningsläget är korrekt (se kapitel 5).

**30** Koppla en amperemätare till ventilen enligt beskrivning i paragraf 13.

**31** Med gående motor ska strömmen vara 450 till 470 mA vid 700 till 750 rpm.

**32** Om styrspänningen inte är korrekt, vrid på justerskruven. **Observera:** *Vrid justerskruven medsols för att öka och motsols för att minska spänningen.*

### Byte

**33** Demontera kontakt och fäste från stabiliseringsventilen. Lyft ut ventilen och lossa slangarna.

**22.1 En typisk gummiupphängning för avgassystemet**

**34** Montering sker med omvänd arbetsordning.

## 22 Underhåll av avgassystemet - allmän information

***Varning: Avgassystem ska endast inspekteras och repareras när de är helt kalla. Vid arbete med avgassystemet ska bilen ställas på pallbockar.***

### *Ljuddämpare och rör*

**1** Avgassystemet består av grenrör, katalysator, ljuddämpare och de rör som förbinder delarna samt fästen **(se bild)** och klamrar. Avgassystemet är monterat på bottenplattan med byglar och gummifästen. Om någon del inte är korrekt monterad kan överdrivet missljud och vibrationer överföras till karossen.

**2** Avgassystemet ska inspekteras regelbundet. Leta efter skadade eller böjda delar, öppna sömmar, lösa anslutningar, överdriven korrosion och andra defekter som kan orsaka att avgaser leds in i passagerarutrymmet. I allmänhet kan skadade delar av avgassystem inte repareras tillfredsställande och ska därför bytas.

**3** Om delar i avgassystemet är mycket rostiga eller har rostat ihop kan det bli nödvändigt att skära loss de gamla delarna med en bågfil. Se till att använda skyddsglasögon så att du slipper metallspån i ögonen och skydda händerna med handskar.

**4** Här följer några enkla riktlinjer för arbete med avgassystem:

a) *Arbeta från bakvagnen och framåt när avgassystemets delar demonteras.*
b) *Använd rostlösande olja på muttrar och bultar så att de blir lättare att lossa.*
c) *Använd nya packningar, klamrar och fästen vid montering av avgassystem.*
d) *Använd antikärvmedel i alla gängor i avgassystemet vid ihopsättningen.*
e) *Se till att skapa tillräckligt med spel mellan nyligen monterade delar och samtliga punkter på bottenplattan så att den undviker överhettning och därmed möjliga skador på mattor och isolering. Var extra uppmärksam på katalysatorn och värmesköldarna. Se även till att avgassystemet inte berör fjädringsdetaljer och liknande.*

### *Katalysator*

**5** Även om katalysatorn är en avgasreningsrelaterad komponent behandlas den här eftersom den är fysiskt integrerad i avgassystemet. Kontrollera alltid katalysatorn när bilen lyfts för kontroll av avgassystemet.

**6** Ställ upp bilen på pallbockar.

**7** Kontrollera att katalysatorn inte har sprickor eller andra skador.

**8** Kontrollera att katalysatorns anslutningar är väl åtdragna.

**9** Kontrollera att katalysatorns påsvetsade värmesköldar är oskadda och sitter fast.

***Varning: Om en värmesköld är bucklad så att den tar i katalysatorhusets insida kan för hög värme ledas till bottenplattan.***

**10** Starta motorn och låt den gå på tomgång. Kontrollera att katalysatorns anslutningar är gastäta.

# Bränsleinsprutning - felsökning

## *L-Jetronic bränsleinsprutning*

### Motorn är svårstartad eller startvägrar (om kall)

| Trolig orsak | Åtgärd |
|---|---|
| Kallstartsinjektor eller termotidskontakt defekt | Testa kallstartsinjektor och termotidskontakt. Byt defekta delar (se avsnitt 19) |
| Bränslepump fungerar ej | Kontrollera bränslepumpens säkring och relä (se avsnitt 3 och 4) |
| Klaffen i luftflödesmätaren kärvar eller har fastnat i öppet läge | Inspektera luftflödesmätaren (se avsnitt 16) |
| Fel bränsletryck | Testa systemtrycket (se avsnitt 3). Testa tryckregulatorn (se avsnitt 18) |
| Läckage i intagsluften | Inspektera samtliga vakuumslangar, lufttrummor och packningarna till oljepåfyllningslocket och mätstickan |
| Injektorer igensatta eller ur funktion | Kontrollera injektorerna (se avsnitt 20) och kabelhärvan |
| Kylvätskans temperaturgivare defekt eller elproblem | Testa kylvätskans temperaturgivare (se kapitel 6, avsnitt 4) |
| Trottelpositionsgivaren feljusterad | Kontrollera justering (se kapitel 6, avsnitt 4) |
| Fel tändläge | Kontrollera tändläget (se kapitel 5). Kontrollera vakuumsystemet för tändförställning |
| Smuts eller andra föroreningar i bränslet | Kontrollera bränslet och töm vid behov |
| Defekt elektronisk styrenhet | Låt en BMW-verkstad testa styrenheten |

### Motorn är svårstartad eller startvägrar (om varm)

| Trolig orsak | Åtgärd |
|---|---|
| Kallstartsinjektorn läcker eller är i konstant drift | Testa kallstartsinjektorn och termotidskontakten (se avsnitt 19) |
| Fel bränsletryck | Testa bränslepump(ar). Byt vid behov (se avsnitt 3) |
| Otillräckligt hålltryck för bränslet | Testa hålltrycket. Byt bränslepump eller tryckackumulator efter behov (se avsnitt 18) |
| Bränsleläckage | Inspektera bränsleledningar och injektorer. Korrigera läckor efter behov (se kapitel 4) |
| Kylvätskans temperaturgivare defekt eller elproblem | Testa kylvätskans temperaturgivare (se kapitel 6, avsnitt 4) |
| Ånglås (varm väderlek) | Kontrollera bränsletrycket (se avsnitt 3) |
| EVAP-system defekt (i förekommande fall) | Kontrollera EVAP-systemet (se kapitel 6, avsnitt 6) |
| Fel tändläge | Kontrollera tändläget (se kapitel 5). Kontrollera vakuumsystemet för tändförställning |
| Defekt elektronisk styrenhet | Låt en BMW-verkstad testa styrenheten |
| Defekt styrning av tomgångsvarv | Testa tomgångsluftens stabiliseringsventil (se avsnitt 21) |

### Motorn misständer och tvekar under belastning

| Trolig orsak | Åtgärd |
|---|---|
| Injektor igensatt eller defekt | Testa injektorerna. Leta efter igensatta injektorledningar. Byt defekta injektorer (se avsnitt 20) |
| Fel bränsletryck | Testa systemtrycket (se avsnitt 3). Testa tryckregulatorn (se avsnitt 18) |
| Bränsleläckage | Inspektera bränsleledningar och injektorer (se kapitel 4) |
| Motorunderhåll | Finjustera motorn (se kapitel 1). Kontrollera fördelarlock, rotor, tändkablar och tändstift. Byt defekta delar |
| Luftflödesmätarens klaff kärvar eller är fast i öppet läge | Inspektera luftflödesmätaren (se avsnitt 16) |
| Intagsluften läcker | Inspektera samtliga vakuumslangar, lufttrummor samt packningarna till oljepåfyllningslocket och mätstickan |

### Ojämn tomgång

| Trolig orsak | Åtgärd |
|---|---|
| Tomgångsluftens stabiliseringsventil defekt | Kontrollera tomgångsluftens stabiliseringsventil (se avsnitt 21) |
| Ingen kraft till tomgångsluftens stabiliseringsventil | Kontrollera relä och ledningar till tomgångsluftens stabiliseringsventil (se kapitel 12) |
| Tändningens vakuummekanism defekt | Kontrollera tändningens vakuummekanism och det elektroniska reläet för tändningens vakuummekanism |
| Styrenheten för tomgången defekt | Låt en BMW-verkstad kontrollera enheten |

## *Motronic bränsleinsprutning*

**Observera:** *I detta system sparar den elektroniska styrenheten en felkod om ett fel uppstår. Dessa koder kan endast avläsas av en BMW-verkstad i och med att specialutrustning krävs. Det kan spara tid att låta en BMW-verkstad utföra den inledande felsökningen.*

### Kraftlöshet

| Trolig orsak | Åtgärd |
|---|---|
| Kylvätskans temperaturgivare defekt, eller ledning till givare är bruten | Testa kylvätskans temperaturgivare och ledningar. Reparera ledningar eller byt givare om defekt (se kapitel 6) |
| Fel bränsletryck | Kontrollera bränsletrycket från huvudpump och överföringspump, efter vad som är tillämpligt (se avsnitt 3) |
| Trottelspjället öppnar inte helt | Kontrollera gasvajerns justering och se till att trotteln öppnar helt. Justera vajern vid behov (se avsnitt 9) |

### Motorn är svårstartad eller startvägrar (om kall)

| Trolig orsak | Åtgärd |
|---|---|
| Kallstartsinjektorn eller termotidskontakten defekt (endast tidiga Motronic) | Testa kallstartsinjektorn och termotidskontakten. Byt defekta komponenter (se avsnitt 19) |
| Bränslepumpen går inte | Kontrollera bränslepumpens säkring och relä (se avsnitten 2 och 3) |
| Luftflödesmätarens klaff kärvar eller är fast i öppet läge | Inspektera luftflödesmätaren (se avsnitt 16) |
| Fel bränsletryck | Testa systemtrycket (se avsnitt 3) |
| Intagsluften läcker | Inspektera samtliga vakuumslangar, lufttrummor samt packningarna till oljepåfyllningslocket och mätstickan |
| Injektorer igensatta eller ur funktion | Kontrollera injektorerna (se avsnitt 20) och kabelhärvan |
| Kylvätskans temperaturgivare defekt eller elproblem | Testa kylvätskans temperaturgivare (se kapitel 6, avsnitt 4) |
| Trottelpositionsgivare feljusterad | Kontrollera justeringen (se kapitel 6, avsnitt 4) |
| Smuts eller andra föroreningar i bränslet | Kontrollera bränslet och töm vid behov |
| Defekt elektronisk styrenhet | Låt en BMW-verkstad testa enheten |
| Vevaxelns positionssignal saknas | Defekt positionsgivare eller svänghjul eller saknat referensstift (se kapitel 5) |

### Motorn är svårstartad eller startvägrar (om varm)

| Trolig orsak | Åtgärd |
|---|---|
| Kallstartsinjektorn läcker eller arbetar kontinuerligt (endast tidiga Motronic) | Testa kallstartsinjektorn och termotidskontakten (se avsnitt 19) |
| Fel bränsletryck | Testa systemtrycket (se avsnitt 3) |
| Otillräckligt hålltryck | Testa bränslesystemets hålltryck (se avsnitt 3) |
| Bränsleläckage | Inspektera bränsleledningar och injektorer. Korrigera läckor efter behov |
| Kylvätskans temperaturgivare defekt eller elproblem | Testa kylvätskans temperaturgivare (se kapitel 6, avsnitt 4) |
| Ånglås (varm väderlek) | Testa bränsletrycket (se avsnitt 3) |
| EVAP-system defekt | Kontrollera EVAP-system (se kapitel 6, avsnitt 6) |
| Defekt elektronisk styrenhet | Låt en BMW-verkstad eller annan specialist testa enheten |
| Defekt styrning av tomgången | Testa tomgångsluftens stabiliseringsventil (se avsnitt 21) |
| Syresensor defekt (I förekommande fall) | Kontrollera syresensorn (se kapitel 6, avsnitt 4) |

### Motorn misständer och tvekar under belastning

| Trolig orsak | Åtgärd |
|---|---|
| Injektor igensatt | Testa injektorerna. Leta efter igensatta injektorledningar. Byt defekta injektorer (se avsnitt 20) |
| Fel bränsletryck | Testa systemtrycket (se avsnitt 3). Testa tryckregulatorn (se avsnitt 18) |
| Bränsleläckage | Inspektera bränsleledningar och injektorer (se kapitel 4) |
| Motorunderhåll | Finjustera motorn (se kapitel 1). Kontrollera fördelarlock, rotor, tändkablar och tändstift. och byt defekta delar |
| Luftflödesmätarens klaff kärvar eller fast i öppet läge | Inspektera luftflödesmätaren (se avsnitt 16) |
| Läckage i intagsluften och mätstickan | Inspektera samtliga vakuumslangar, lufttrummor och packningarna till oljepåfyllningslocket |
| Trottelpositionsgivaren feljusterad | Kontrollera justeringen (se kapitel 6) |

### För hög tomgång

| Trolig orsak | Åtgärd |
|---|---|
| Gaspedal, gasvajer eller trottelventil kärvar | Leta efter slitna eller trasiga delar, klämd vajer eller andra skador. Byt defekta delar |
| Luft läcker förbi trottelventilen | Inspektera trottelventilen och justera eller byt efter behov |

### Ojämn tomgång

| Trolig orsak | Åtgärd |
|---|---|
| Tomgångsluftens stabiliseringsventil defekt | Kontrollera tomgångsluftens stabiliseringsventil (se avsnitt 21) |
| Ingen kraft till tomgångsluftens stabiliseringsventil | Kontrollera relä och ledningar till tomgångsluftens stabiliseringsventil (se kapitel 12) |
| Styrenheten för tomgången defekt | Låt en BMW-verkstad kontrollera enheten |

### Dålig bränsleekonomi

| Trolig orsak | Åtgärd |
|---|---|
| Kallstartsinjektorn läcker (endast tidiga Motronic) | Testa och byt vid behov kallstartsinjektorn (se avsnitt 19) |
| Syresensor defekt (i förekommande fall) | Testa syresensorn (se kapitel 6, avsnitt 4) |
| Handbroms/bromsar hänger sig | Kontrollera bromssystemet (se kapitel 9) |
| Lågt däckstryck | Kontrollera däcktrycket (kapitel 1) |

# Kapitel 5 Motorns elsystem

## Innehåll



## Svårighetsgrader

**Enkelt,** passar novisen med lite erfarenhet 

**Ganska enkelt,** passar nybörjaren med viss erfarenhet 

**Ganska svårt,** passar kompetent hemmamekaniker 

**Svårt,** passar hemmamekaniker med erfarenhet 

**Mycket svårt,** för professionell mekaniker 

## Specifikationer

### Allmänt

| | |
|---|---|
| Tillämpning | |
| Modeller med förgasare eller L-Jetronic bränsleinsprutning | Transistoriserad tändspole |
| Modeller med Motronic bränsleinsprutning | Tändfunktionerna styrs av Motronic-systemet |

### Tändspole

| | |
|---|---|
| Primärmotstånd | |
| Transistoriserade tändsystem | 0,82 ohm |
| Motronic-system | 0,50 ohm |
| Sekundärmotstånd | |
| Transistoriserade tändsystem | 8 250 ohm |
| Motronic-system | 5 000 till 6 000 ohm |

### Fördelare (modeller med transistoriserade tändsystem)

| | |
|---|---|
| Luftgap | 0,3 mm till 0,7 mm |
| Motstånd i upptagningsspolen/impulsgeneratorn | 900 till 1 200 ohm |

### Tändlägesinställning (modeller med Transistoriserade tändsystem)

| | |
|---|---|
| (Vakuumslang lossad från fördelaren) | |
| 316 med M10/B18-motor | 25° FÖD vid 2500 rpm (2900 rpm fr o m 9/83) |
| 318i med M10/B18-motor | 30° FÖD vid 3000 rpm |
| 320i med M20/B20-motor | 23° FÖD vid 5000 ±50 rpm |
| 518 med M10/B18-motor | 25° FÖD vid 2900 ±50 rpm |
| 518i med M10/B18-motor | 30° FÖD vid 3000 ±50 rpm |
| 520i med M20/B20-motor | 23° FÖD vid 500 rpm |
| 525i med M30/B25-motor (utom fördelare 237 302 033) | 22° FÖD vid 1800 ±50 rpm |
| 525i med M30/B25-motor (fördelare 237 302 033) | 22° FÖD vid 2150 ±50 rpm |
| 528i med M30/B28-motor | 22° FÖD vid 2150 ±50 rpm |

## 1 Allmän information

Motorns elsystem omfattar samtliga komponenter i tändning, laddning och startsystem. I och med dessa delars motorrelaterade funktioner tas de upp separat från karossrelaterade elektriska system som belysning, instrument, etc. (vilka tas upp i kapitel 12).

Följ alltid följande säkerhetsföreskrifter vid arbete med elektriska system:

a) *Var ytterst försiktig vid arbete med elektriska komponenter. De skadas lätt om de hanteras, kontrolleras eller ansluts på fel sätt.*
b) *Låt aldrig tändningen vara påslagen under långa perioder utan att motorn är igång.*
c) *Lossa inte batterikablarna medan motorn går.*
d) *Följ reglerna för start med startkablar. Läs föreskrifterna i början av denna handbok.*
e) *Lossa alltid batteriets jordledning först och anslut den sist så att risken för kortslutningar minskar.*
f) *Ladda inte ett batteri om kablarna är anslutna till polerna.*

Det är klokt att studera informationen om motorns elsystem i avsnittet *"Säkerheten främst"* i början av denna handbok innan något av de arbeten som beskrivs i detta kapitel påbörjas.

***Var försiktig: Om radion i din bil är stöldskyddad, se till att ha aktiveringskoden tillgänglig innan batteriet kopplas ur, se sidan 0•7 innan ledningen lossas.***

**Observera:** *Om fel språk visas på instrumentpanelen när strömmen kopplas in igen, se sidorna 0•7 där proceduren för språkinställning beskrivs.*

## 2 Batteri - start med startkablar

Se beskrivningen för *"Starthjälp"* i början av denna handbok.

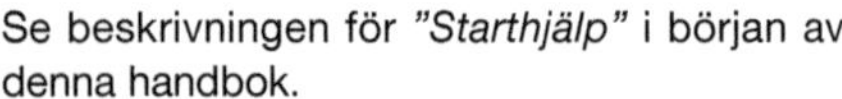

## 3 Batteri - demontering och montering

**Observera:** *Beroende på modell kan batteriet finnas i motorrummet, i bagageutrymmet eller under baksätet. Se ägarhandboken för batteriets placering om du inte redan känner till den.*

***Varning: Om radion i din bil är stöldskyddad, se till att ha aktiveringskoden tillgänglig innan batteriet kopplas ur, se sidan 0 •7 innan ledningen lossas.***

**Observera:** *Om fel språk visas på instrumentpanelen när strömmen kopplas in igen, se sidan 0•7 där proceduren för språkinställning beskrivs.*

**1** Lossa batteriets jordledning.

**2** Lossa kabeln från pluspolen.

**3** Lossa batteriklammern **(se bilder)** och lyft ut batteriet. Var försiktig - det är tungt. Luta inte på batteriet medan det lyfts ut och förvara det stående.

**4** När batteriet är ute, kontrollera om det finns korrosion i batterilådan (se kapitel 1).

**5** Om du byter batteriet, se till att du skaffar ett nytt som är identiskt med det gamla med samma mått, amperetal, köldtålighet och liknande.

**6** Montering sker med omvänd arbetsordning.

## 4 Batterikablar - kontroll och byte

### Kontroll

**1** Inspektera hela längden på vardera batterikabeln med jämna mellanrum. Leta efter tecken på skador, sprickor eller bränd isolering samt korrosion. Dåliga batterikabelanslutningar kan orsaka startproblem och sänka motorns prestanda.

***Var försiktig: Om radion i din bil är stöldskyddad, se till att ha aktiveringskoden tillgänglig innan batteriet kopplas ur, se sidan 0•7 innan ledningen lossas.***

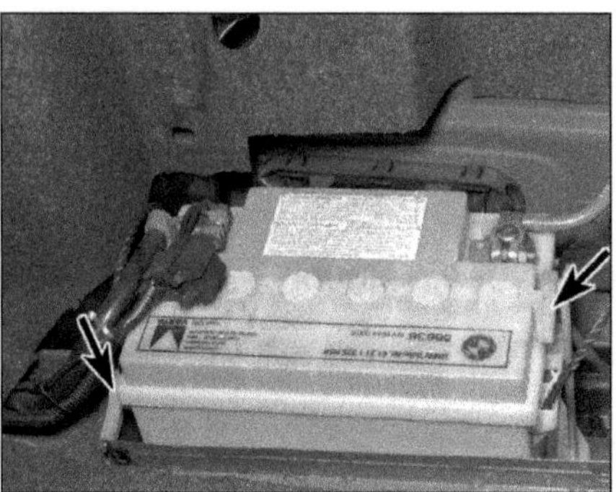

**3.3a Lossa alltid batteriets jordledning först, sedan pluskabeln – lossa batterihållaren genom att skruva ur muttrarna (vid pilarna) eller en enda bult**

**Observera:** *Om fel språk visas på instrumentpanelen när strömmen kopplas in igen, se sidan 0•7 där proceduren för språkinställning beskrivs.*

**2** Kontrollera om anslutningarna mellan kabeln och polen och kabeländarna har sprickor, lösa trådar eller korrosion. Förekomsten av vita fluffiga avlagringar under isoleringen på polskorna är ett tecken på att kabeln är korroderad och därmed ska rengöras eller bytas. Kontrollera att polerna inte är förvridna, saknar bultar eller är korroderade.

### Byte

**3** När kablarna lossas ska jordkabeln alltid lossas först och anslutas sist. Detta minskar risken för kortslutningar. Även om bara en ny pluskabel monteras, se till att lossa batteriets jordledning först (se kapitel 1 för mer information om demontering av batterikablar).

**4** Lossa de gamla kablarna från batteriet, följ dem sedan till andra änden och lossa dem från startmotorns solenoid och jordanslutningen. Notera dragningen av kablarna så att de monteras rätt.

**5** Om de gamla kablarna ska bytas, ta med dem vid inköp av nya. Det är ytterst viktigt att de nya kablarna är identiska med de gamla. Kablar har kännetecken som gör dem lätta att identifiera. Pluskablar är vanligen röda, har större diameter och större polskor. Jordkablar är vanligen svarta, tunnare och har något mindre polskor.

**6** Ta bort korrosion och rost från gängorna på solenoiden och jordanslutningen.

***Lägg på ett tunt lager korrosionsskydd för batteripoler eller vaselin på gängorna för att förhindra framtida korrosion***

**7** Anslut kabeln på solenoid eller jordanslutning och dra åt mutter/bult ordentligt.

**3.3b Batteriet är monterat under sätet på vissa modeller**

8 Innan den nya kabeln ansluts, se till att den når batteripolen utan att sträckas.

9 Anslut pluskabeln först och jordledningen efteråt.

## 5 Tändsystem - allmän information och föreskrifter

Tändsystemet inkluderar tändningslåset, batteriet, fördelaren, primärkretsen (låg spänning) och sekundärkretsen (hög spänning), tändstift och tändkablar. Modeller med förgasare eller L-Jetronic bränsleinsprutning har en transistoriserad tändspole. Modeller med Motronic bränsleinsprutning har tändsystemet inbyggt i styrelektroniken.

### Transistoriserad tändspole

Detta system har fyra huvudkomponenter, impulsgeneratorn, tändstyrningsenheten, tändspolen och tändstiften. Impulsgeneratorn ger en signal till tändsystemet. Den fungerar i princip som en kamaktiverad brytarspets i en konventionell fördelare och skapar en lågspänd växelströmssignal varje gång utlösarhjulet passerar impulsgeneratorns spetsar. När tändstyrningsenheten (kondensatorurladdaren) får strömsignalen utlöser den en gnisturladdning från spolen genom att bryta primärkretsen. Tändfördröjningen (spolens laddningstid) justeras av tändstyrningsenheten till att ge den mest intensiva gnistan.

**Observera:** *Luftgapet (avståndet mellan impulsgeneratorn och utlösarhjulets spetsar) kan justeras (se avsnitt 11).*

Tändlägesinställningen justeras mekaniskt (se avsnitt 7). En centrifugalförställare som består av fjäderbelastade roterande vikter justerar tändlägesinställningen i takt med att motorvarvet ökar. Vakuumenheten justerar tändlägesinställningen för att kompensera för ändringar i motorns belastning.

### Motronic tändsystem

Detta system, även kallat Digital Motor Electronics (DME), sammanför samtliga funktioner i bränsleinsprutningen och tändningen till en elektronisk styrenhet. Tändlägesinställningen baseras på styrenhetens indata för motorbelastning, motorvarv, kylvätsketemperatur och intagsluftens temperatur. Den enda funktion fördelaren har är att fördela högspänningssignalerna till de individuella tändstiften. Fördelaren sitter monterad direkt på topplocket. Dessa system saknar mekanisk tändlägesförställning.

Tändlägesinställningen styrs elektroniskt och kan inte justeras i Motronic-system. Vid start ger en positionsgivare på vevaxeln (referensgivaren) vevaxelns position till styrenheten och en inledande baständpunkt etableras. När motorn går ändras tändlägesinställningen kontinuerligt baserat på olika indata till styrenheten. Motorns hastighet registreras av en givare. Tidiga Motronic-system har referensgivaren och varvtalsgivaren monterade på svänghjulskåpan på vänster sida. Senare Motronic-system har en givare (pulsgivaren) monterad över vevaxelns remskiva. Denna fungerar både som referens- och varvtalsgivare. Se avsnitt 12 för kontroll och byte av tändningens givare.

**Observera:** *Vissa modeller har en ÖD-givare på motorns framsida. Denna är enbart avsedd för BMW:s serevicetestenhet och är inte en del av Motronics tändsystem.*

### Föreskrifter

Vissa föreskrifter måste efterlevas vid arbete med ett transistoriserat tändsystem.

a) *Lossa inte batterikablarna medan motorn går*

b) *Kontrollera att tändningens styrenhet (transistoriserade tändsystem) alltid är väl jordad (se avsnitt 10).*

c) *Låt inte vatten komma i närheten av fördelare och tändkablar.*

d) *Om en varvräknare ska kopplas in på motorn ska pluskabeln (+) på varvräknaren alltid anslutas till tändspolens jord (-), aldrig till fördelaren.*

e) *Låt inte spolens stift jordas eftersom detta kan skada impulsgeneratorn eller spolen.*

f) *Lämna inte tändningen påslagen mer än tio minuter med avslagen motor – i annat fall startar inte motorn.*

## 6 Tändsystem - kontroll

***Varning: På grund av den höga spänning som alstras av tändsystemet ska extrem försiktighet iakttas vid arbete med komponenter i tändsystemet. Detta innefattar inte bara impulsgenerator (transistortändning), tändspole, fördelare och tändkablar, utan även sammanhörande delar som tändstiftsanslutningar, varvräknare och annan testutrustning.***

1 Om motorn går runt men inte startar, lossa tändkabeln från ett stift och anslut den till en kalibrerad gnistmätare (finns att få från de flesta tillbehörsbutiker).

**6.1 Användning av tändstiftsprovare – lossa en tändkabel, fäst provaren på lämplig jord (en ventilkåpebult exempelvis) och dra runt startmotorn – om det finns tillräckligt med ström för att tända stiftet kommer gnistor att synas mellan elektrodspetsen och provaren**

**Observera:** *Det finns två typer av gnistmätare. Se till att specificera elektronisk (brytarlös) tändning. Anslut clipset på instrumentet till jord, exempelvis ett metallfäste* **(se bild).**

2 Om du inte kan skaffa en kalibrerad gnistmätare, lossa tändkabeln från ett av stiften. Använd ett isolerat verktyg och håll änden på tändkabeln högst 5 mm från motorblocket - se till att avståndet inte är större, i annat fall kan elektroniken i tändningen skadas.

3 Dra runt motorn och se efter på spetsen på mätaren eller tändkabeln om en gnista förekommer. Om den är ljusblå och väl definierad finns det tillräckligt med spänning vid stiftet för att tända motorn. Själva stiften kan dock vara igensatta så skruva ur dem och kontrollera dem enligt beskrivning i kapitel 1.

4 Om gnista saknas, kontrollera en annan tändkabel på samma sätt. Ett par gnistor följda av ingen gnista är samma sak som ingen gnista alls.

5 Om gnista saknas, demontera fördelarlocket och kontrollera lock och rotor enligt beskrivning i kapitel 1. Om fukt förekommer, använd en fuktutdrivande spray eller något liknande och torka ur locket och rotorn. Sätt ihop fördelaren och upprepa gnistprovet.

6 Om gnista fortfarande saknas, lossa spolens tändkabel från fördelaren och testa den på ovan angivna sätt.

7 Om gnista saknas, kontrollera primärkretsledningens anslutningar vid spolen, de ska vara rena och väl åtdragna. Utför nödvändiga reparationer och upprepa kontrollen.

8 Om gnista uppkommer från spolens högspänningskabel kan fördelarlocket, rotorn, tändkablar eller tändstift vara defekta. Om

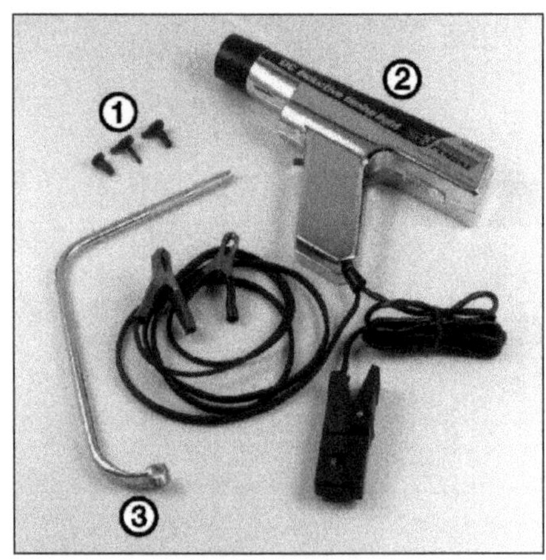


7.1 Verktyg för test och justering av tändläge

1 ***Vakuumpluggar*** - Vakuumslangar måste i de flesta fall lossas och pluggas. Formgjutna pluggar i olika former och storlekar kan om så önskas användas till detta
2 ***Induktionsstroboskop*** - Avger en stark koncentrerad ljusstråle när tändstift 1 tänder. Anslut enligt de instruktioner som medföljer verktyget
3 ***Fördelarnyckel*** - På vissa modeller är fördelarens nedhållarbult svår att komma åt och dra runt med konventionella verktyg. En specialnyckel som denna måste då användas

gnista fortfarande saknas kan kabeln från spolen till locket vara defekt. Om ett byte av denna inte ger gnista, kontrollera själva tändspolen (se avsnitt 9).

**Observera:** *Se avsnitten 10 och 11 för fler tester på fördelare med transistoriserad tändning.*

## 7 Tändläge (transistoriserade tändsystem) - kontroll och justering

***Varning: Håll händer, verktyg och ledningar på betryggande avstånd från den visköst kopplade fläkten vid justering av tändlägesinställningen.***

**Observera:** *Detta avsnitt tar upp kontroll och justering av tändlägesinställningen på motorer med transistoriserad tändning. På motorer med Motronic-system styrs tändlägesinställningen av den elektroniska styrenheten och kan inte justeras. Inställningen kan kontrolleras enligt följande beskrivning men inga data för tändlägets inställning fanns tillgängliga i skrivande stund. Om tändläget misstänks vara fel, låt en BMW-verkstad kontrollera och eventuellt korrigera.*

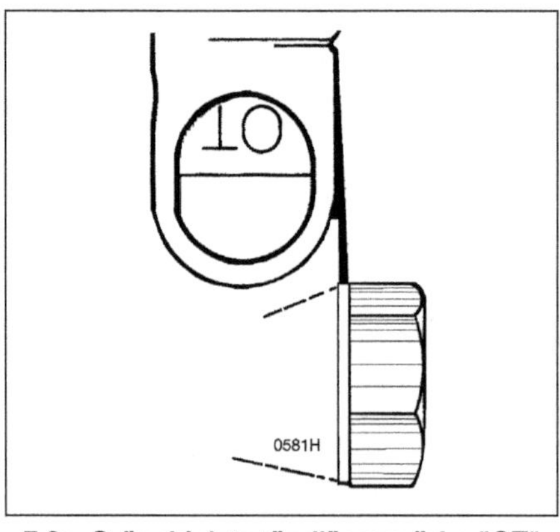


7.9a Svänghjulets tändlägesmärke "OT"

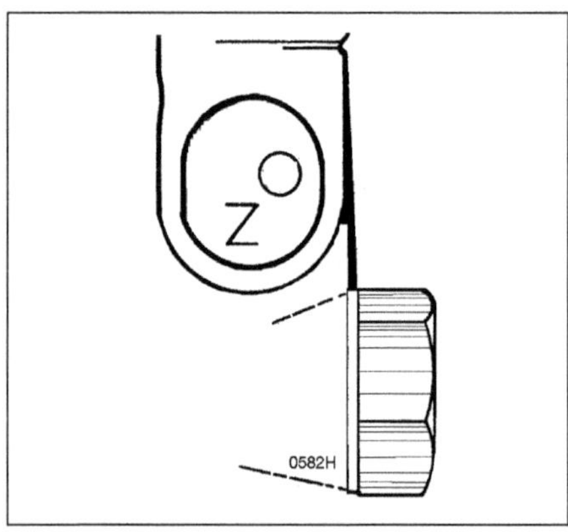


7.9b Svänghjulets tändlägesmärke "OZ"

**1** Vissa specialverktyg krävs för detta arbete **(se bild)**. Motorn måste hålla normal arbetstemperatur och luftkonditioneringen måste vara avstängd (om befintlig). Se till att tomgångsvarvtalet är korrekt.

**2** Dra åt handbromsen och klossa hjulen så att bilen inte kan röra sig. Växellådan måste vara i neutralläge (manuell) eller P (automat).

**3** Tändlägesmärkena finns på svänghjulet och är synliga via inspektionshålet i svänghjulskåpan och/eller på vibrationsdämparen på motorns framsida.

**4** I förekommande fall, lossa vakuumslangen från fördelarens vakuumenhet.

**5** Anslut varvräknare och stroboskop enligt tillverkarnas anvisningar (stroboskop av induktionstyp är att föredra). Normalt ansluts strömsladdarna till stroboskopet till batteripolerna och pickupen ansluts till tändkabel 1. Tändstift 1 är längst fram på motorn.

***Varning: Om inte en induktionspickup finns tillgänglig, stick inte hål på tändkabeln för att ansluta stroboskopet. Använd en adapter mellan tändkabeln och stiftet. Om tändkabelns isolering skadas kommer sekundärspänning att hoppa till jord vid skadan och motorn kommer då att misstända.***

**Observera:** *På vissa modeller finns en ÖD-givare för kontroll av tändsystemet. Men ett speciellt testverktyg för BMW måste vara anslutet i diagnostikuttaget för att den ska vara användbar. Såvida inte detta verktyg finns tillgängligt ska ett vanligt stroboskop användas. Markeringarna för tändlägesinställning kan finnas på vibrationsdämparen, om inte finns normalt ÖD-märket där. Om stroboskopet har justerbar fördröjning kan tändlägesinställningen bestämmas genom att man nollar justeringen, vrider den till dess att ÖD-märkena är uppriktade och sedan läser av förställningen från stroboskopet. Om ett vanligt stroboskop används, märk upp vibrationsdämparen enligt specificerad förställning. Använd följande formel för att beräkna avståndet mellan ÖD-märket och tändlägesmärket:*

$$\text{Distans} = \frac{2Pr \times \text{förställning}}{360}$$

*där P = 3,142*
*r = vibrationsdämparens radie*
*förställning = specificerad förställning FÖD i grader*

**6** Slå av tändningen och lossa fördelarens mutter så att fördelaren kan vridas, men utan att den glider fritt.

**7** Se till att stroboskopledningarna går fria från remmar och fläkt och starta motorn.

**8** Låt motorn gå på specificerat varvtal och peka stroboskopets blink mot märkena - var mycket uppmärksam på rörliga motordelar.

**9** Märket på svänghjulet eller vibrationsdämparen ser ut att stå stilla. Om det är i linje med specificerad punkt på svänghjulskåpan eller främre motorkåpan är tändläget korrekt **(se bilder)**.

**10** Om märkena inte är i linje måste justering utföras. Vrid sakta på fördelaren till dess att märkena är i linje - var noga med att inte beröra tändkablarna.

**11** Dra åt muttern på fördelarfästet och kontrollera tändläget igen.

**12** Stäng av motorn och avlägsna stroboskop och varvräknare. Koppla i förekommande fall in vakuumslangen.

## 8 Fördelare - demontering och montering

### *Transistoriserade tändsystem*

#### Demontering

**1** Efter noggrann positionsmarkering, lossa tändkablarna från fördelarlocket (se kapitel 1).

**2** Skruva ur tändstift 1 (det längst fram på motorn).

**3** Vrid motorn manuellt till övre dödpunkt (ÖD) i kompressionstakten för kolv 1 (se kapitel 2A)

**4** Märk vakuumslangarna noga ifall mer än en är monterad på fördelaren.

**5** Lossa vakuumslangen (-arna).

**6** Lossa primärkretsens ledning från fördelaren.

**8.7 Märk rotorns läge i förhållande till fördelarhuset (vid pilen)**

**7** Märk relationen mellan rotorspetsen och fördelarhuset **(se bild)**. Märk även relationen mellan fördelarhuset och motorn.

**8** Skruva ur muttern och avlägsna klammern.

**9** Demontera fördelaren. **Observera:** *Vrid inte på motorn när fördelaren är urtagen.*

### Montering

**10** Innan fördelaren monteras, kontrollera att kolv nr 1 fortfarande finns på ÖD i kompressionstakten.

**11** Stick in fördelaren i motorn med justerklammern centrerad över fästhålet. Ge mån för drevet att vridas när fördelaren sticks in.

**12** Montera fästmuttern/bulten. De gjorda lägesmarkeringarna på fördelarhuset, rotorn och motorn ska vara i linje med varandra innan muttern/bulten dras åt.

**13** Montera fördelarlocket.

**14** Anslut fördelarens elkontakter.

**15** Montera tändkablarna.

**16** Anslut vakuumslangarna enligt gjorda markeringar.

**17** Kontrollera tändlägesinställningen (se avsnitt 7).

## *Motronic system*

### Demontering

**18** Lyft på fördelarkåpan **(se bild)** och ta av fördelarlocket (se kapitel 1).

**19** Använd en liten insexnyckel och skruva ur de tre skruvarna från rotorn **(se bild).**

**20** Demontera rotorn.

**9.4c . . . mät motståndet mellan primärstiften på tändspolen med en ohmmätare**

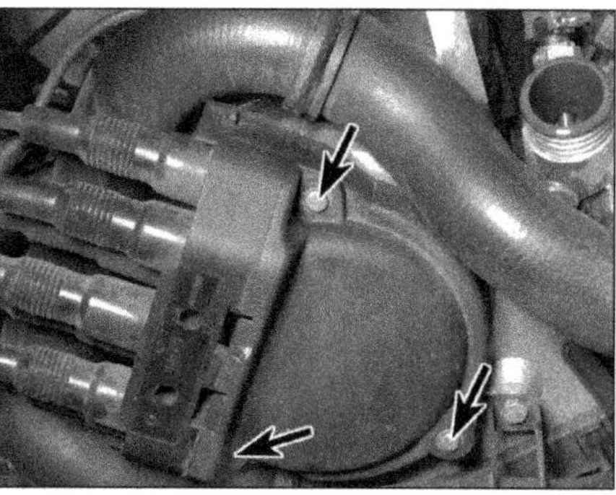

**8.18 Skruva ur de tre bultarna (vid pilarna) på fördelarkåpan**

### Montering

**21** Montering sker med omvänd arbetsordning.

## 9 Tändspole - kontroll och byte

***Varning: Jorda inte tändspolen i och med att den och/eller impulsgeneratorn kan skadas.***

**Observera:** *På modeller med Motronic-system kan en defekt elektronisk styrenhet skada spolen. Se till att testa spolen om motorn ej startar och styrenheten misstänks vara defekt.*

**1** Lägesmarkera ledningar och stift och lossa primärkretsens ledningar och tändkabeln från spolen.

**2** Dra ut spolen från fästet, rengör höljet och kontrollera att det inte är sprucket eller har andra skador.

**3** Kontrollera om spolens primärstift och spolfästets stift är korroderade. Rengör i så fall med stålborste.

**4** Kontrollera primärmotståndet med en ohmmätare på stiften **(se bilder).** Jämför uppmätt värde med specifikationerna.

**5** Kontrollera sekundärmotståndet genom att ansluta ena ohmmätarledningen till ett av

**9.4a Mät motståndet mellan primärstiften på tändspolen med en ohmmätare (transistorsystem visat)**

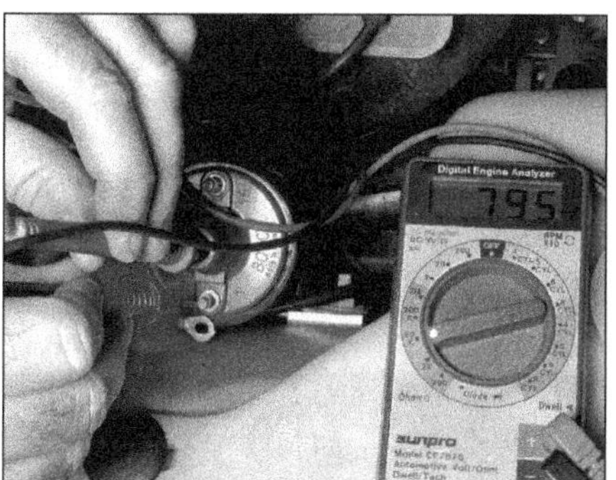

**9.5a Mät sekundärmotståndet på tändspolen med en ohmmätare (transistortändning)**

**8.19 Skruva ur rotorns skruvar (vid pilarna) med en insexnyckel**

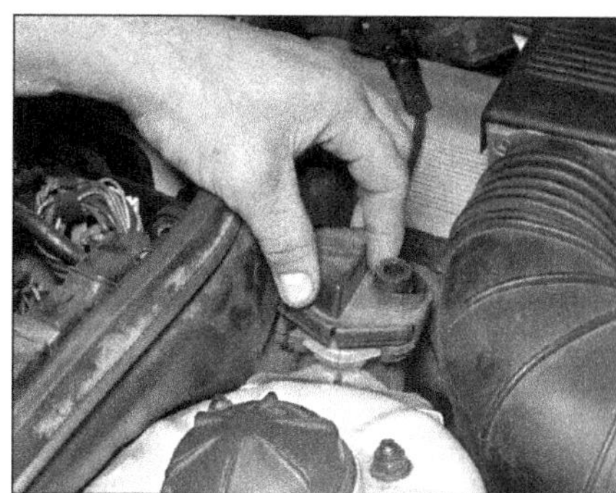

**9.4b Vissa Motronic-versioner har en annan typ av spole. Lossa först på spolens kåpa och . . .**

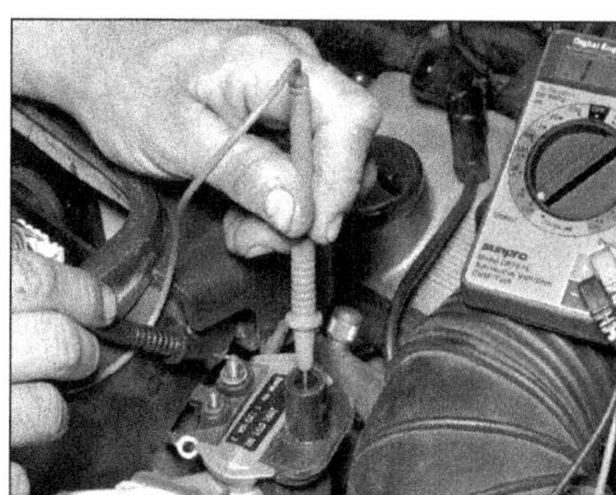

**9.5b Mät sekundärmotståndet på tändspolen med en ohmmätare (senare Motronic-versioner)**

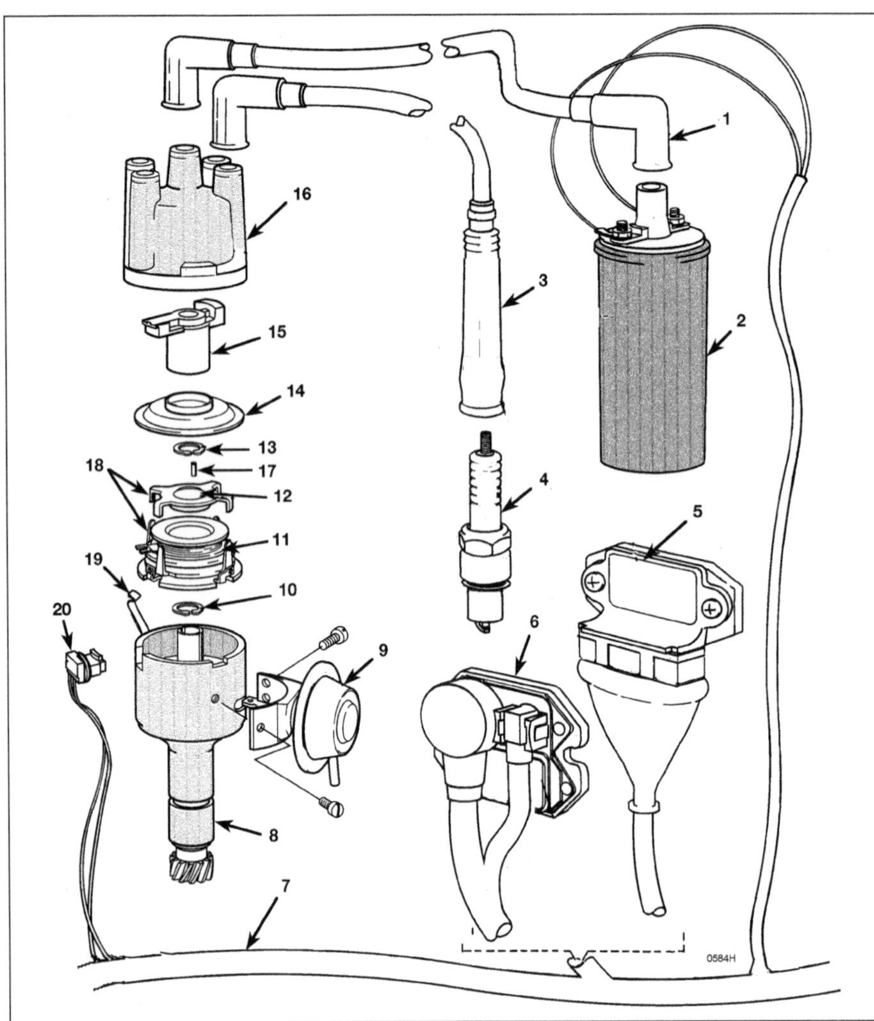


**10.1 Skiss över delarna i ett transistoriserat tändsystem**

*1 Spolens tändkabel*
*2 Tändspole*
*3 Tändstiftens tändkabel*
*4 Tändstift*
*5 Tändningens styrenhet (Bosch)*
*6 Tändningens styrenhet (Siemens/Telefunken)*
*7 Kabelhärva*
*8 Fördelarhus med centrifugaltändförställare*
*9 Vakuummembran*
*10 Låsring*
*11 Impulsgenerator*
*12 Utlösarhjul*
*13 Låsring*
*14 Dammskydd*
*15 Rotor*
*16 Fördelarlock*
*17 Stift*
*18 Flikar på utlösarhjul och impulsgenerator*
*19 Lockets clips*
*20 Impulsgeneratorns kontakt*

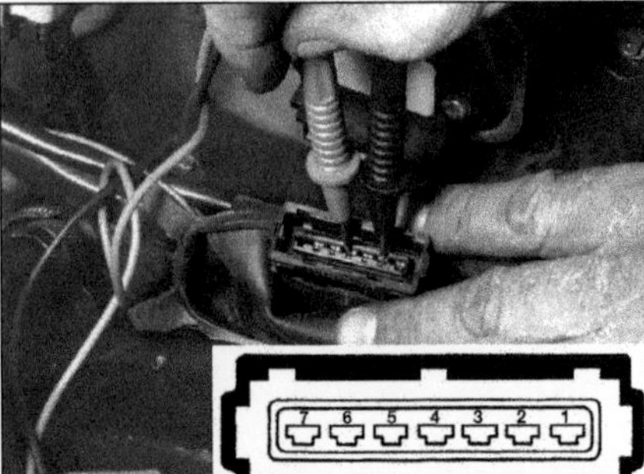


**10.2a Kontrollera spänningen på stiften 2 och 4 på styrenhetens kontakt (Bosch visat)**

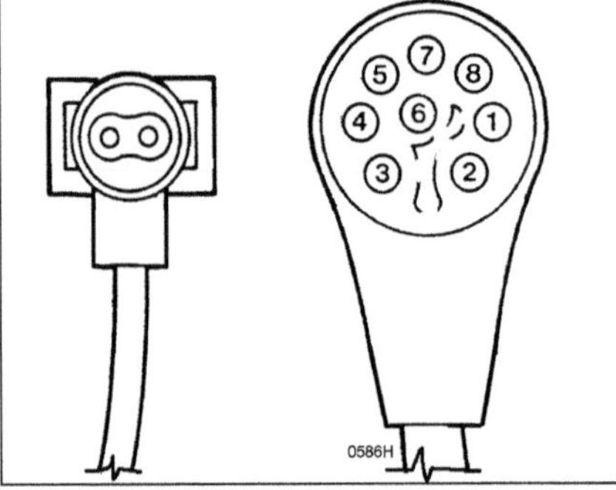


**10.2b Kontrollera spänningen på stiften 6 och 3 på styrenhetens kontakt (Siemens/Telefunken visat)**

primärstiften och den andra till spolens högspänningsstift **(se bilder).** Med transistorsystem, anslut ohmmätaren till stift 1 (-) och centrumanslutningen. På Motronic-system, anslut ohmmätaren till stift 15 (+) och centrumanslutningen. Jämför uppmätta värden med specifikationerna

**6** Om mätvärdena inte ligger ens i närheten av specifikationerna är spolen defekt och ska bytas. Notera att uppmätt motstånd varierar med spolens temperatur, så kassera inte spolen omedelbart om mätvärdena bara avviker lite från specifikationerna.

**7** Korrekt funktion i tändningen kräver att spolens stift och ledningar är rena och torra.

**8** Montera spolen i fästet och anslut den. Montering sker med omvänd arbetsordning.

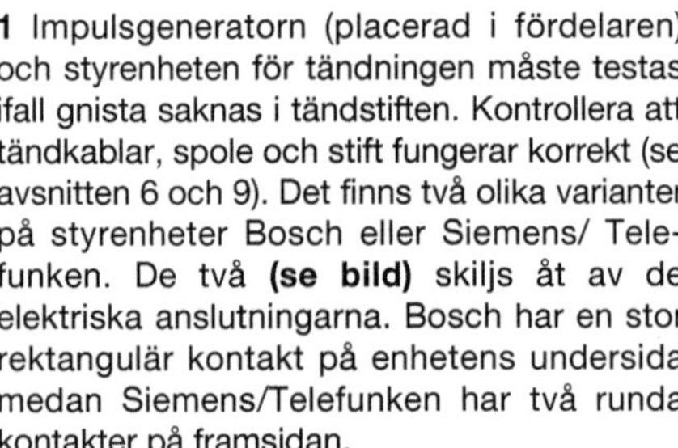

## 10 Impulsgenerator och styrenhet för tändning - kontroll och byte (Transistoriserade tändsystem)

**1** Impulsgeneratorn (placerad i fördelaren) och styrenheten för tändningen måste testas ifall gnista saknas i tändstiften. Kontrollera att tändkablar, spole och stift fungerar korrekt (se avsnitten 6 och 9). Det finns två olika varianter på styrenheter Bosch eller Siemens/ Telefunken. De två **(se bild)** skiljs åt av de elektriska anslutningarna. Bosch har en stor rektangulär kontakt på enhetens undersida medan Siemens/Telefunken har två runda kontakter på framsidan.

### *Kontroll*

### Matningsspänning och jord till tändningens styrenhet

**2** Slå av tändningen och dra ut kontakterna från styrenheten **(se bilder).** Anslut en voltmätare mellan stiften 2 och 4 på Bosch-system eller stiften 6 och 3 på Siemens/ Telefunken-system.

**3** Slå på tändningen. Det ska finnas batterispänning på angivna stift. Om inte, kontrollera om det finns en bruten krets i kabelhärvan (se kapitel 12).

**4** Kontrollera kontinuiteten mellan stift 2 (Bosch) eller 6 (Siemens/Telefunken) och jorden på karossen med en ohmmätare. Det ska finnas kontinuitet.

**5** Kontrollera kontinuiteten mellan stift 4 (Bosch) eller 3 (Siemens/Telefunken) och stift 15 på tändspolen. Det ska finnas kontinuitet.

**6** Om avläsningarna är felaktiga ska kabelhärvan repareras.

### Impulsgeneratorns signal

**7** Om tändningens styrenhet får batterispänning, kontrollera spänningen i växelströmssignalen från impulsgeneratorn.

**8** Använd digital voltmätare i följande tester:

*a) På Bosch-system, anslut + till stift 5 och - till stift 6* ***(se bild).***

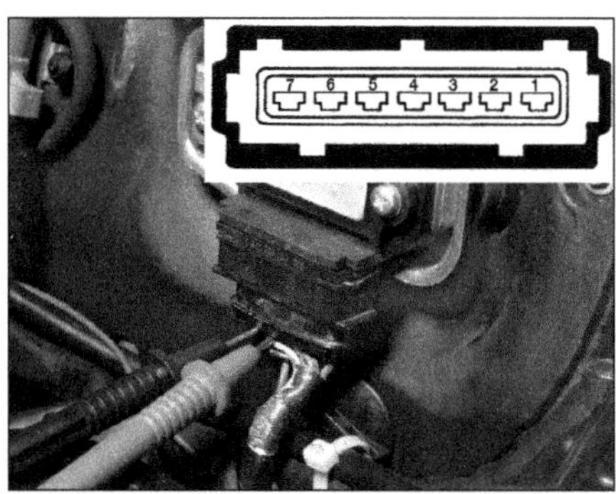


10.8 Bakprova kontakten till tändningens styrenhet och leta efter signalspänning på stiften 5 och 6 (Bosch visat). Vinklade sonder är till mycket god hjälp

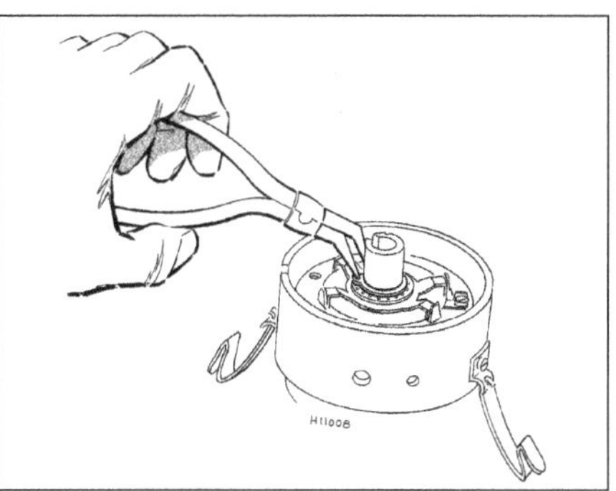

10.18 Använd låsringstång för att ta av låsringen på fördelaraxeln

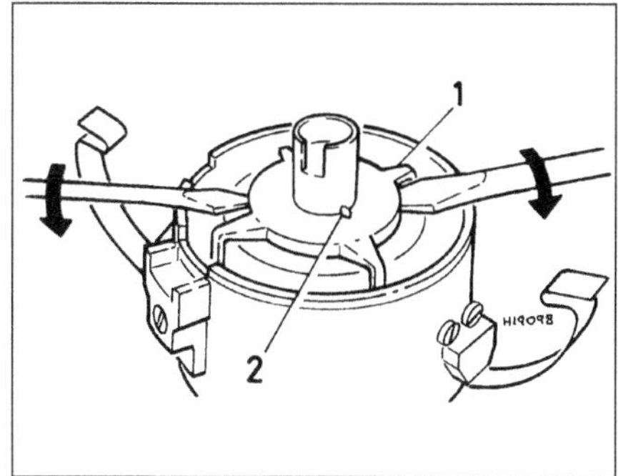


10.19 Bänd försiktigt loss utlösarhjulet (1) från fördelaraxeln – tappa inte bort stiftet (2)

b) *På Siemens/Telefunken-system, anslut + till stift (+) i den mindre kontakten och - till stift (-).*

**9** Låt en medhjälpare dra runt motorn och kontrollera att det finns 1 - 2 volt växelström. Om spänning saknas, kontrollera kabelhärvan mellan impulsgeneratorn (i fördelaren) och styrenheten. Om härvan är felfri, kontrollera impulsgeneratorns motstånd.

***Varning: Dra inte runt motorn för länge. Vid behov, dra ut kallstartsinjektorns kontakt (se kapitel 4) så att bränsle inte flödar in i motorn.***

**10** Utför kontroll av impulsgeneratorns motstånd enligt beskrivningen för ditt system:

a) *Bosch: mät motståndet mellan stift 5 och 6* ***(se bild 10.8).*** *Mätvärdet ska vara 1 000 till 1 200 ohm.*

b) *Siemens/Telefunken: mät motståndet mellan stiften i den lilla kontakten. Mätvärdet ska vara 1 000 till 1 200 ohm.*

**11** Om mätvärdena inte är korrekta, byt impulsgenerator. Om värdena är korrekta och styrenhetens spänning (matningsspänning [paragraferna 1 till 6] och styrspänningen [paragraferna 7 till 9]) är felaktiga ska styrenheten bytas.

## *Byte*

### Tändningens styrenhet

**12** Se till att tändningen är avslagen.

**13** Dra ut kontakten (-erna) från styrenheten.

**14** Skruva ur skruvarna och lyft ut styrenheten ur motorrummet.

**15** Montering sker med omvänd arbetsordning.

**Observera:** *På Bosch-enheter används ett speciellt icke elektriskt ledande fett mellan kylflänsen och baksidan av styrenheten. I händelse av att kylflänsen lossas, för byte eller test, ska det gamla fettet avlägsnas och kylflänsen ska rengöras med sandpapper, kornstorlek 180. Lägg på Curil K2 (Bosch delnummer 81 22 9 243). Ett icke ledande silikonfett kan användas som ersättning. Denna behandling är mycket viktig för livslängden på dessa dyra delar i tändsystemet.*

### Impulsgenerator

***Varning: Om radion i din bil är stöldskyddad, se till att ha aktiveringskoden tillgänglig innan batteriet kopplas ur, se sidan 0•7 innan ledningen lossas.***

**Observera:** *Om fel språk visas på instrumentpanelen när strömmen kopplas in igen, se sidan 0•7 där proceduren för språkinställning beskrivs.*

**16** Lossa batteriets jordledning.

**17** Demontera fördelaren (se avsnitt 8).

**18** Använd låsringstång och ta ut utlösarhjulets låsring **(se bild).**

**19** Använd två flatklingade skruvmejslar placerade på var sida om hjulet och bänd försiktigt upp det **(se bild).**

**Observera:** *Tryck in skruvmejslarna så långt det går utan att böja hjulet. Bänd bara mot den starka centrumdelen. Om utlösarhjulet böjs måste det bytas.*

**Observera:** *Se till att inte tappa stiftet när utlösarhjulet lyfts ut.*

**20** Skruva ur skruvarna från impulsgeneratorns kontakt, vakuummembranet och bottenplattan.

**21** Skruva ur de två skruvarna från vakuumtändförställaren och lossa den från fördelaren genom att dra den nedåt och samtidigt haka av den från bottenplattans stift.

**22** Ta ut den låsring som håller impulsgeneratorn och bottenplattan.

**23** Lyft försiktigt ut impulsgeneratorn och bottenplattan som en enhet.

**24** Skruva ur de tre skruvarna och lossa bottenplattan från impulsgeneratorn.

**25** Montering sker med omvänd arbetsordning.

**Observera:** *Se till att placera isoleringsringen mellan generatorspolen och bottenplattan. Den måste centreras innan skruvarna dras åt.*

*Det är även nödvändigt att kontrollera/justera luftgapet om utlösarhjulet demonterats eller rörts så att spelet inte längre är korrekt (se avsnitt 11).*

## 11 Luftgap (transistoriserade tändsystem) - kontroll och justering

***Varning: Om radion i din bil är stöldskyddad, se till att ha aktiveringskoden tillgänglig innan batteriet kopplas ur, se sidan 0•7 innan ledningen lossas.***

**Observera:** *Om fel språk visas på instrumentpanelen när strömmen kopplas in igen, se sidan 0•7 där proceduren för språkinställning beskrivs.*

**1** Lossa batteriets jordledning.

**2** Stick in ett bladmått av mässing mellan utlösarhjulets spets och impulsgeneratorn **(se bild).** För bladmåttet upp och ned - du ska känna ett litet motstånd på bladet om avståndet är enligt specifikationerna.

**3** Justering av gapet kräver att impuls-

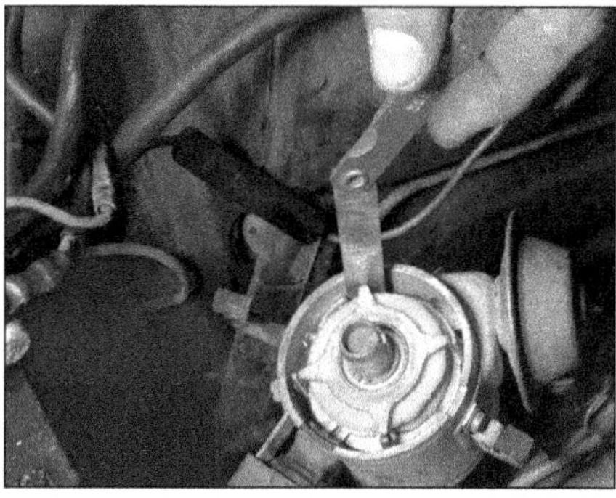

11.2 Använd bladmått av mässing till att mäta luftgapet (se till att bladet stryker lätt mot både utlösarhjulet och styrstiftet)

12.1a Placering av lägesgivaren (grå kontakt) (A) och hastighetsgivaren (svart eller vit kontakt) (B) i Motronic-system (tidig version)

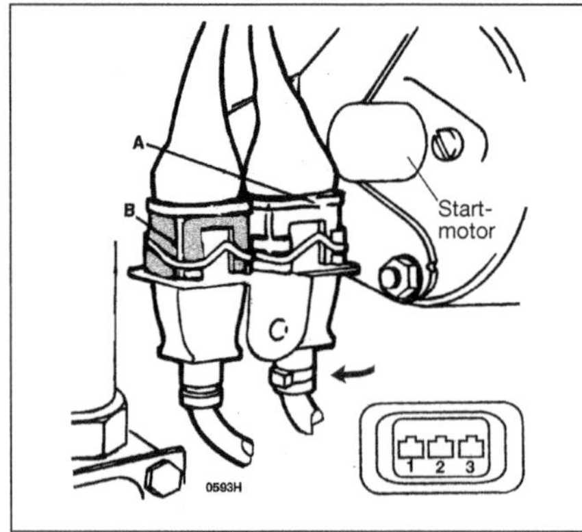


12.1b Placering av lägesgivaren (grå kontakt) (A) och hastighetsgivaren (svart eller vit kontakt) (B) i Motronic-system (senare version)

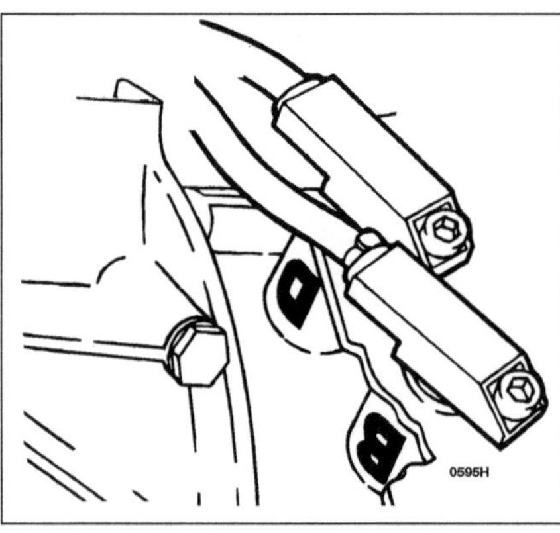

12.5 Placering av lägesgivaren (B) och hastighetsgivaren (D) på svänghjulskåpan på samtliga Motronic-system - om givarna förväxlas startar motorn inte

generator och bottenplatta demonteras **(se bild 10.1).**

**4** Följ paragraferna 17 till 24 i avsnitt 10 och lossa de skruvar som fäster impulsgeneratorn vid bottenplattan.

**5** Stick försiktigt in bladmåttet och dra åt skruvarna.

**6** Montera och kontrollera justeringen igen.

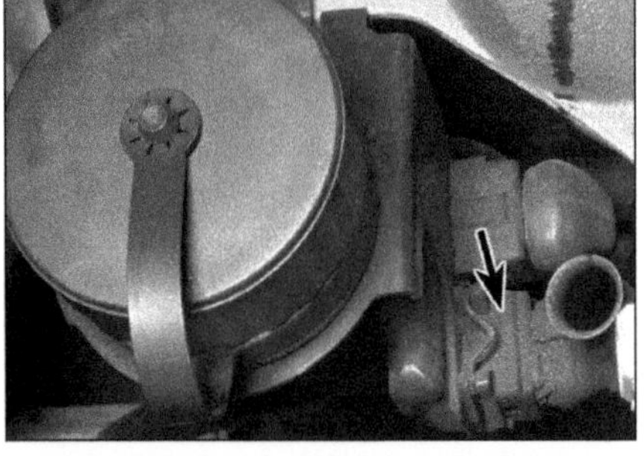

12.7a På senare versioner i serie 3 finns pulsgivaren (vid pilen) placerad bredvid 20-stifts diagnostikkontakten

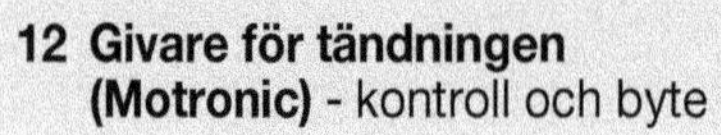

## 12 Givare för tändningen (Motronic) - kontroll och byte

**Observera:** *Vissa modeller har en ÖD-givare på motorns framsida. Denna är enbart avsedd för BMW:s serevicetestenhet och är inte en del av Motronics tändsystem.*

### *Hastighets- och lägesgivare*

#### Kontroll

**1** Leta upp givarnas kontakter **(se bilder).** Den grå är till lägesgivaren, den svarta eller vita till hastighetsgivaren.

**2** Använd ohmmätare och läs av motståndet mellan stift 1 (gul tråd) och stift 2 (svart tråd) på givarsidan om var kontakt. Motståndet ska vara 860 till 1 060 ohm.

**3** Kontrollera även motståndet mellan stift 3 och endera stift 1 eller 2. Detta motstånd ska vara cirka 100 000 ohm.

**4** Om mätvärden är felaktiga ska byte av givare ske.

#### Byte

**5** Använd vid behov insexnyckel och skruva ur skruvarna och dra ut givaren (-arna) från fästet(ena). Dra ut kontakten från en givare i taget - se till att inte blanda ihop kontakterna vid monteringen. Svänghjulskåpan är märkt med ett "B" för lägesgivaren (grå kontakt) och "D" för hastighetsgivaren (svart kontakt) **(se bild). Observera:** *Det är klokt att kontrollera skicket på svänghjulsstiftet när givarna är urtagna. Vrid på motorn så att stiftet blir synligt.*

**6** Dra åt givarnas skruvar, var noga med att inte dra för hårt.

### *Pulsgivare (senare modeller)*

#### Kontroll

**7** Leta upp givarens två kontakter **(se bilder).** Dra ut den främre kontakten.

**8** Kontrollera motståndet mellan stift 1 (gul tråd) och stift 2 (svart tråd) på givarens sida av vardera kontakten **(se bild).** Motståndet ska vara 500 till 600 ohm.

**9** Om avläst värde inte är korrekt, byt givare.

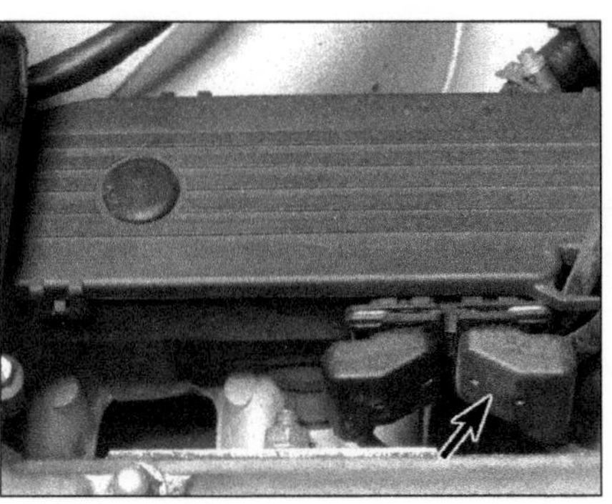

12.7b På senare modeller i serie 5 är pulsgivarkontakten (vid pilen) placerad bredvid ventilkåpan

12.8 Pulsgivarens motstånd ska vara 500 till 600 ohm (senare modeller)

12.10 Själva pulsgivaren (vid pilen) är monterad på kamremskåpan på ena sidan av svänghjulet (senare modeller)

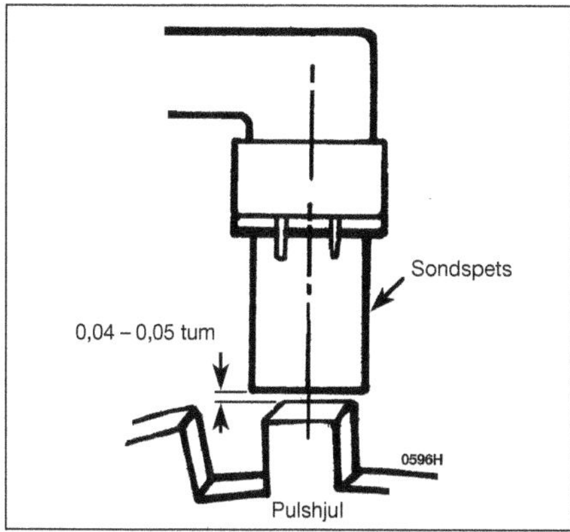


**12.11 Sondspetsen ska vara monterad 1,0 ± 0,3 mm från pulshjulet**

### Byte

**10** Skruva ur givarens bult med en 5 mm blocknyckel **(se bild)**. Dra ut givaren och lyft undan den.

**11** Vid montering av den nya givaren, använd ett mässingsbladmått för att placera spetsen på givaren på rätt avstånd från pulshjulet **(se bild)**.

**12** Dra åt fästbulten, men inte för hårt.

## 13 Laddningssystem - allmän information och föreskrifter

Det förekommer två typer av generator på dessa modeller, Bosch och Motorola. Det finns även tre olika ampereklasser, 65A, 80A eller 90A. Ett instansat serienummer på generatorns baksida identifierar typ och klass. Utför kontroll av laddningssystemet (se avsnitt 14) för att ställa diagnos om problem uppstår med generatorn.

Spänningsregulatorn och generatorborstarna är monterade som en enhet. På en generator från Bosch kan denna enhet demonteras från generatorn (se avsnitt 16) och komponenterna kan servas separat.

Generatorn är på samtliga modeller monterad på motorns vänstra framsida och drivs med kilrem och remskivor. Drivremsspänning och batteriunderhåll är de två huvudsakliga underhållskraven för dessa system. Se kapitel 1 för beskrivning av drivremskontroll och batteriunderhåll.

Laddningslampan ska tändas när nyckeln vrids till Start och slockna så snart motorn startar. Om den förblir tänd finns en felfunktion i laddningssystemet (se avsnitt 14). Vissa bilar har även en voltmätare. Om denna anger onormalt hög eller låg spänning, kontrollera laddningssystemet (se avsnitt 14). **Observera:** *På modeller fram till 1986 hindrar en trasig glödlampa till laddningslampan generatorn från att ladda. Efter 1987 är ett motstånd draget parallellt med laddningslampan så att strömmen kan ledas förbi om glödlampan går sönder.*

### Föreskrifter

Var mycket försiktig vid utförandet av elektriska anslutningar på generatorn och lägg märke till följande:

a) *Vid återanslutning av kablar från batteriet, se till att följa polariteten.*
b) *Innan någon form av elektrisk svetsning utförs på bilen måste ledningarna lossas från batteripolerna och generatorn.*

***Varning: Om radion i din bil är stöldskyddad, se till att ha aktiveringskoden tillgänglig innan batteriet kopplas ur, se sidan 0•7 innan ledningen lossas.***

**Observera:** *Om fel språk visas på instrumentpanelen när strömmen kopplas in igen, se sidan 0•7 där proceduren för språkinställning beskrivs.*

c) *Starta aldrig motorn med ansluten batteriladdare. Lossa bägge batterikablarna innan en batteriladdare kopplas in.*
d) *Lossa aldrig kablar från batteri eller generator när motorn går.*
e) *Generatorn drivs av en rem från vevaxeln. Allvarliga skador kan inträffa om händer, hår eller klädsel kommer i kontakt med drivremmen när motorn är igång.*
f) *I och med att generatorn är direkt ansluten till batteriet ska den inte kortslutas till jord.*
g) *Linda en plastpåse, fäst med gummiband, kring generatorn innan motorn ångtvättas.*

## 14 Laddningssystem - kontroll

**1** Om en felfunktion uppträder i laddningskretsen ska du inte automatiskt förutsätta att det är generatorn som orsakar problemet. Kontrollera följande först:

a) *Kontrollera drivremmens spänning och skick (se kapitel 1). Byt drivrem om den är sliten eller skadad.*
b) *Kontrollera åtdragningen av generatorns fäst- och justerbultar.*
c) *Inspektera generatorns kabelhärva och kontakter vid generatorn och spänningsregulatorn. Dessa måste vara i gott skick.*
d) *Kontrollera säkringarna*
e) *Starta motorn och kontrollera om generatorn avger missljud (ett tjut eller gnissel indikerar slitet lager men kan även bero på en slirande drivrem - se a) ovan).*
f) *Kontrollera batterielektrolytens specifika vikt, om den är låg, ladda batteriet (gäller ej underhållsfria batterier).*
g) *Se till att batteriet är fulladdat (en dålig cell i ett batteri kan orsaka överladdning av generatorn).*
h) *Lossa batterikablarna (jord först). Inspektera polerna ock polskorna. Om de är korroderade ska de rengöras (se kapitel 1).*

***Varning: Om radion i din bil är stöldskyddad, se till att ha aktiveringskoden tillgänglig innan batteriet kopplas ur, se sidan 0•7 innan ledningen lossas.***

**Observera:** *Om fel språk visas på instrumentpanelen när strömmen kopplas in igen, se sidan 0•7 där proceduren för språkinställning beskrivs.*

**2** Slå av tändningen och koppla en 12 volt testlampa mellan batteriets minuspol och den lossade minuspolskon. Om testlampan inte tänds, montera polskon och gå till paragraf 4. Om testlampan tänds finns det en kortslutning i bilens elsystem. Denna måste åtgärdas innan laddningssystemet kan kontrolleras. **Observera:** *Tillbehör som ständigt drar ström (klocka eller radions stationsminne) måste kopplas ur innan denna kontroll utförs.*

**3** Koppla ur generatorns kabelhärva. Om testlampan nu slocknar är generatorn defekt. Om lampan fortfarande är tänd, lossa en säkring i taget till dess att lampan slocknar. (detta indikerar vilken krets kortslutningen finns i).

**4** Använd voltmätare och kontrollera batterispänningen. Den ska vara cirka 12 volt.

**5** Starta motorn och kontrollera batterispänningen igen. Den ska nu vara cirka 14 till 15 volt.

**6** Tänd strålkastarna. Spänningen ska nu falla och sedan stiga om laddningssystemet fungerar korrekt.

**7** Om spänningen överstiger specificerad laddspänning, byt spänningsregulator (se avsnitt 16). Om spänningen är lägre kan generatorns diod (-er), stator eller rotor vara defekt, eller så kan spänningsregulatorn fungera fel.

**8** Om inte en kortslutning orsakar urladdningen men batteriet konstant laddar ur är antingen själva batteriet defekt, generatorns drivrem slack (se kapitel 1), generatorborstarna slitna, smutsiga eller urkopplade (se avsnitt 17), spänningsregulatorn defekt (se avsnitt 16) eller så är dioderna, statorslingan eller rotorslingan defekta. Reparation eller renovering av dioder, stator- eller rotorslingor ligger utanför vad hemmamekaniker normalt klarar av. Byt generatorn som en enhet eller ta den till en bilelektriker som möjligen kan renovera den. **Observera:** *På modeller fram till 1986 hindrar en trasig glödlampa till laddningslampan generatorn från att ladda. Efter 1987 är ett motstånd draget parallellt med laddningslampan så att strömmen kan ledas förbi om glödlampan går sönder.*

15.2 Beroende på bilens utrustning kan det ibland vara enklare att lossa generatorn från sina fästen först och sedan vrida den i sidled så att anslutningarna (vid pilarna) på baksidan blir åtkomliga

## 15 Generator - demontering och montering

***Varning: Om radion i din bil är stöldskyddad, se till att ha aktiveringskoden tillgänglig innan batteriet kopplas ur, se sidan 0•7 innan ledningen lossas.***

**Observera:** *Om fel språk visas på instrumentpanelen när strömmen kopplas in igen, se sidan 0•7 där proceduren för språkinställning beskrivs.*

### Demontering

**1** Lossa batteriets jordledning.

**2** Lossa generatorns anslutningar, notera läget inför ihopsättningen **(se bild). Observera:** *På vissa modeller kan det krävas att luftrenare och luftflödesmätare demonteras så att generatorn blir åtkomlig.*

**3** Lossa generatorns juster- och pivåbultar och dra av drivremmen (se kapitel 1).

**4** Skruva ur generatorns juster- och pivåbultar och lyft därefter bort generatorn från motorn.

### Montering

**5** Om du byter generator, ta med den gamla vid inköpet av den nya eller renoverade enheten. Se till att den nya är identisk med den gamla. Titta på anslutningarna, de ska ha samma antal, storlek och placering som den gamla enheten. Kontrollerna även id-numret - det är instansat på huset eller angivet på en etikett på huset. Kontrollera att det är samma nummer på bägge enheterna.

**6** Många nya generatorer levereras utan remskiva. Du måste i så fall flytta över remskivan från den gamla enheten.

**7** Montering sker med omvänd arbetsordning.

**8** När generatorn monterats, justera drivremmens spänning (se kapitel 1).

**9** Kontrollera laddningsspänningen för att bekräfta generatorns funktion (se avsnitt 14).

## 16 Spänningsregulator - byte

**1** Spänningsregulatorn styr laddningssystemets spänning genom att begränsa generatorns utmatning. Regulatorn är förseglad och kan inte justeras.

**2** Om voltmätaren anger att generatorn inte laddar (eller om laddningslampan tänds) och generator, batteri, drivrem och elektriska kontakter är i gott skick, låt en specialist eller BMW-verkstad kontrollera spänningsregulatorn.

**3** Lossa batteriets jordledning.

***Varning: Om radion i din bil är stöldskyddad, se till att ha aktiveringskoden tillgänglig innan batteriet kopplas ur, se sidan 0•7 innan ledningen lossas.***

**Observera:** *Om fel språk visas på instrumentpanelen när strömmen kopplas in igen, se sidan 0•7 där proceduren för språkinställning beskrivs.*

### Bosch generator

**4** Spänningsregulatorn är monterad på generatorhusets utsida. Byt regulator genom att skruva ur skruvarna **(se bild)** och lyft av den från generatorn **(se bild). Observera:** *Vissa Bosch-generatorer har en integrerad spänningsregulator som är en del av borstarna.*

**5** Montering sker med omvänd arbetsordning. **Observera:** *Innan montering, kontrollera skicket på släpringarna* **(se bild).** *Använd en ficklampa vid kontrollen och leta efter märken och djupa slitspår. Byt generator vid behov.*

### Motorola generator

**6** Ta ut generatorn ur motorrummet (se avsnitt 15).

**7** Demontera bakdelen och diodhållaren och skruva ur regulatorns skruvar **(se bild)** och lyft ut regulatorn ur generatorhuset.

**8** Montering sker med omvänd arbetsordning.

## 17 Generatorborstar - kontroll och byte

***Varning: Om radion i din bil är stöldskyddad, se till att ha aktiveringskoden tillgänglig innan batteriet kopplas ur, se sidan 0•7 innan ledningen lossas.***

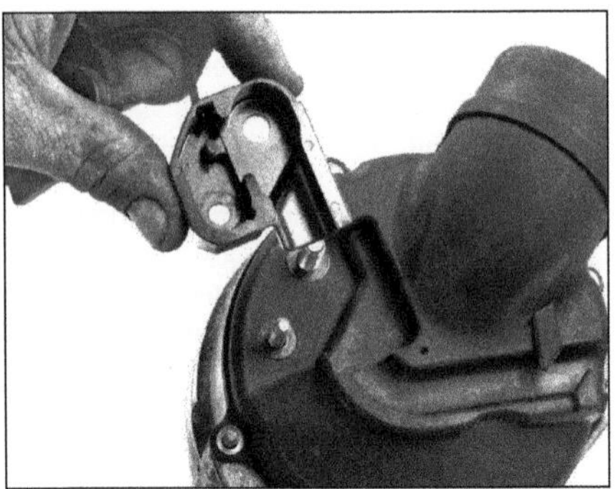

16.4a Skruva ur muttrarna och lyft undan skyddet från generatorlocket och sedan locket

16.4b Regulatorn kan enkelt dras ut på Bosch generatorer. Denna typ av regulator är integrerad med borstarna

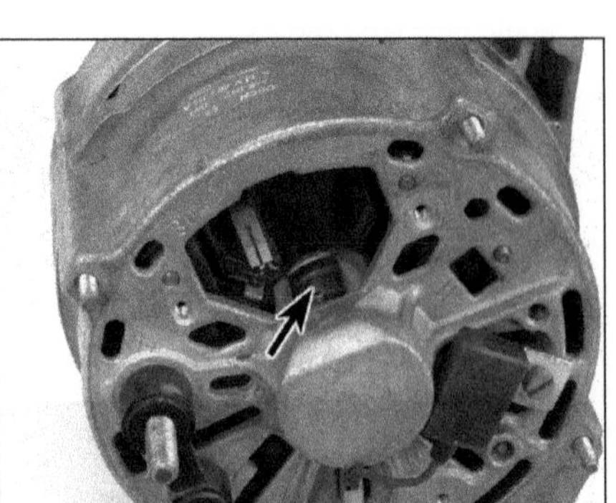

16.5 Använd en ficklampa och se efter om släpringarna är repade eller har djupa spår

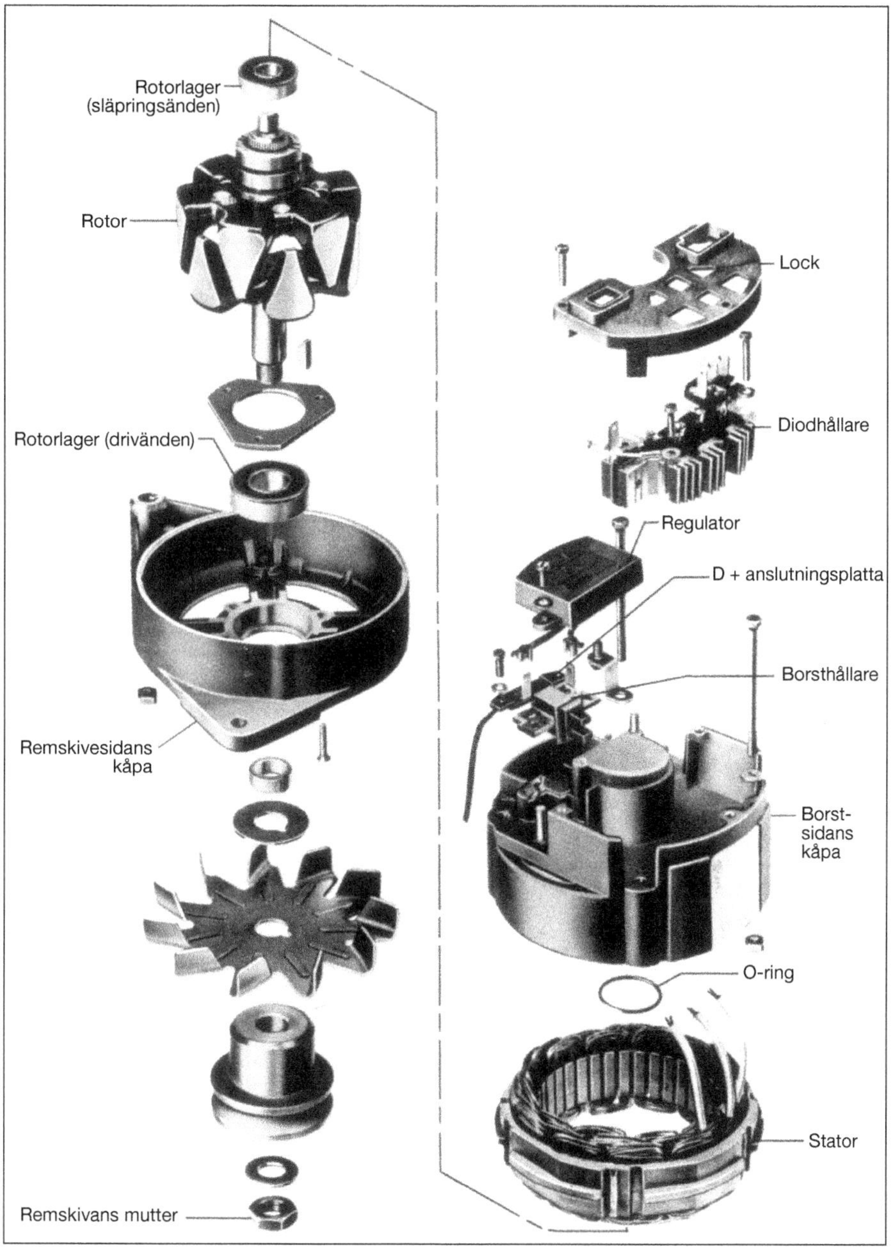

16.7 Sprängskiss över Motorolas alternator

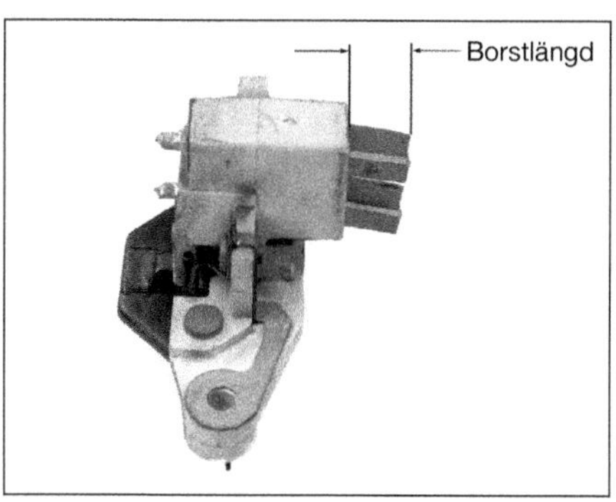


17.3 Kontrollera borstlängden i normalt viloläge (inget fjädertryck)

**Observera:** *Om fel språk visas på instrumentpanelen när strömmen kopplas in igen, se sidan 0•7 där proceduren för språkinställning beskrivs.*

**1** Lossa batteriets jordledning.

## Bosch generator

**2** Lossa spänningsregulatorn från generatorns baksida (se avsnitt 16).

**3** Mät borstarnas längd **(se bild).** Den ska inte understiga 6,0 mm. Om någon är mer sliten ska alla bytas.

**4** Kontrollera även att släpringarna inte är för hårt slitna **(se bild 16.5).**

**5** Borstarna är antingen lödda eller fastskruvade. Om du inte behärskar lödning kan det vara bäst att låta en bilelektriker montera nya borstar. **Observera:** *Var noga med att inte lägga värme på lödningen i mer än 5 sekunder. Vid behov, använd värmeavledare för att ta upp överskottsvärme. Denna kan vara så enkel som en spetstång, fastklämd bredvid lödfogen.*

**6** Med fastskruvade borstar, håll montaget på plats och dra åt skruvarna. Dra dem jämnhårt och lite i taget så att hållaren inte skevar.

**7** Montera regulatorn på generatorn.

**8** Koppla in batteriets jordledning.

## Motorola generator

**9** Demontera generatorn.

**10** Borstarna finns under regulatorn på generatorns bakdel **(se bild 16.7).**

**11** Skruva ur skruvar och isoleringsbrickor och lossa regulator och borsthållare från borsthuset.

**12** Mät borstarnas längd **(se bild 17.3).** Om någon borste är kortare än 6,0 mm ska alla bytas.

**13** Kontrollera att borstarna rör sig fritt i hållaren.

**14** Montera borsthållaren/regulatorn. Dra åt skruvarna ordentligt. Se till att borstarna inte jordas.

**15** Montering sker med omvänd arbetsordning.

## 18 Startsystem - allmän information och föreskrifter

Startsystemets enda funktion är att dra runt motorn så snabbt att den startar.

Startsystemet består av batteriet, startmotorn, startmotorns solenoid, tändningslåset samt de ledningar som kopplar ihop komponenterna. Solenoiden är monterad direkt på startmotorn. Startmotorn/solenoiden är monterade på motorns nedre del närmast svänghjulskåpan.

När tändningsnyckeln vrids till startläget aktiveras solenoiden via startstyrkretsen. Solenoiden kopplar då batteriet till startmotorn och drar pinjongen i ingrepp med kuggkransen på svänghjulet. Batteriet ger elektrisk energi till startmotorn som utför arbetet att dra runt motorn.

Startmotorn på vissa modeller med manuell växellåda kan endast köras om kopplingspedalen är nedtryckt. På bilar med automatväxellåda kan startmotorn endast köras om växelväljaren står på P eller N.

Lossa alltid batteriets jordledning innan arbete utförs på startsystemet.

## 19 Startmotor - kontroll på plats i bilen

**Observera:** *Se till att batteriet är fulladdat innan felsökning av startproblem inleds.*

**1** Om startmotorn inte alls går runt när nyckeln vrids om, kontrollera att växelväljarens står på N eller P (automatväxellåda) eller i förekommande fall, att kopplingspedalen är nedtryckt (manuell växellåda).

**2** Kontrollera att batteriet är laddat och att samtliga kablar både vid batteriet och solenoiden är rena och sitter ordentligt fast.

**3** Om startmotorn snurrar men motorn inte går runt slirar envägskopplingen i startmotorn, vilket gör att startmotorn måste bytas.

**4** Om startmotorn inte går när nyckeln vrids, men solenoiden klickar, ligger problemet antingen hos batteriet, solenoidkontakterna eller själva startmotorn (om inte motorn är skuren).

**5** Om solenoidens tryckkolv inte kan höras när nyckeln vrids, så är antingen batteriet defekt, tändningslåset defekt, säkringen bränd (bruten krets) eller solenoiden defekt.

**6** Kontrollera solenoiden genom att koppla en skarvkabel mellan batteriets pluspol och tändningslåsanslutningen (det lilla stiftet) på solenoiden. Om startmotorn då fungerar är solenoiden OK och problemet finns i antingen tändningslåset, startspärren (automatväxellåda), kopplingspedalkontakten (vissa modeller med manuell växellåda) eller ledningarna.

**7** Om startmotorn fortfarande inte fungerar, demontera startmotorn och solenoiden för isärtagning, testning och reparationer.

**8** Om startmotorn drar runt motorn mycket långsamt, kontrollera då först att batteriet verkligen är laddat och att alla anslutningar är åtdragna ordentligt. Om motorn är delvis skuren eller har olja av fel viskositet kommer den att snurra långsamt.

**9** Varmkör motorn till normal arbetstemperatur, stäng av motorn och lossa spolens tändkabel från fördelarlocket samt jorda den mot motorn.

**10** Anslut en voltmätare till batteriet (+) till (+) och (-) till (-).

**11** Dra runt motorn och läs av voltmätaren så snart den är stadig. Låt inte startmotorn snurra mer än 10 sekunder. Ett värde om 9 volt eller mer med startmotorn snurrande med normal hastighet är normalt. Om värdet är 9 volt eller mer men hastigheten är låg innebär det antingen att solenoidens kontakter är brända, att anslutningen är dålig eller att själva startmotorn är defekt. Om värdet understiger 9 volt och rotationshastigheten är låg är antingen startmotorn defekt eller batteriet defekt eller urladdat.

**20.4a Arbeta på bilens undersida och skruva ur startmotorns nedre bult och mutter (pilade)**

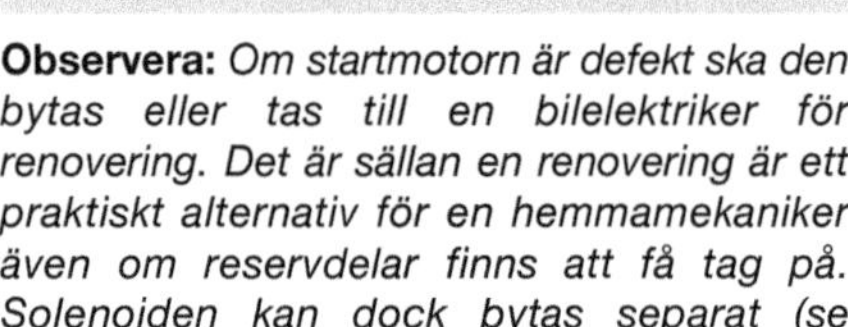

## 20 Startmotor - demontering och montering

**Observera:** *Om startmotorn är defekt ska den bytas eller tas till en bilelektriker för renovering. Det är sällan en renovering är ett praktiskt alternativ för en hemmamekaniker även om reservdelar finns att få tag på. Solenoiden kan dock bytas separat (se avsnitt 21).*

### Demontering

***Varning: Om radion i din bil är stöldskyddad, se till att ha aktiveringskoden tillgänglig innan batteriet kopplas ur, se sidan 0•7 innan ledningen lossas.***

**Observera:** *Om fel språk visas på instrumentpanelen när strömmen kopplas in igen, se sidan 0•7 där proceduren för språkinställning beskrivs.*

**1** Lossa batteriets jordledning.

**2** Ställ upp bilen på pallbockar.

**3** Märk tydligt upp ledningarna till startmotorn och solenoiden och lossa dem. **Observera:** *På vissa modeller kan det bli nödvändigt att demontera luftfiltret (se kapitel 4), expansionskärlet (se kapitel 3) och slangarna till värmaren för att komma åt startmotorns översida. Märk upp alla lossade delar så att de inte blandas ihop vid ihopsättningen.*

**20.4b Uttagning av startmotorn (M40-motorn)**

**4** Skruva ur bultarna och ta ut startmotorn **(se bilder).**

### Montering

**5** Montering sker med omvänd arbetsordning.

## 21 Startmotorns solenoid - demontering och montering

### Demontering

***Varning: Om radion i din bil är stöldskyddad, se till att ha aktiveringskoden tillgänglig innan batteriet kopplas ur, se sidan 0•7 innan ledningen lossas.***

**Observera:** *Om fel språk visas på instrumentpanelen när strömmen kopplas in igen, se sidan 0•7 där proceduren för språkinställning beskrivs.*

**1** Lossa batteriets jordledning.

**2** Demontera startmotorn (se avsnitt 20).

**3** Dra ur kabeln från solenoiden till startmotorn.

**4** Skruva ur de skruvar som fäster solenoiden vid startmotorn.

**5** Lyft av solenoiden från startmotorhuset.

**6** Demontera tryckkolven och dess fjäder.

### Montering

**7** Montering sker med omvänd arbetsordning.

# Kapitel 6
# System för motorstyrning och avgasrening

## Innehåll



## Svårighetsgrader

| | | | | | | | | | |
|---|---|---|---|---|---|---|---|---|---|
| **Enkelt,** passar novisen med lite erfarenhet |  | **Ganska enkelt,** passar nybörjaren med viss erfarenhet |  | **Ganska svårt,** passar kompetent hemmamekaniker |  | **Svårt,** passar hemmamekaniker med erfarenhet |  | **Mycket svårt,** för professionell mekaniker |  |

### 1 Allmän information

I avsikt att förhindra förorening av atmosfären med ofullständig förbränning eller avdunstning av bränsle, och för att upprätthålla goda köregenskaper och god bränsleekonomi finns ett antal system för avgasrening på dessa bilar. Alla system finns inte på alla bilar men de inkluderar följande:

*Katalysator*
*Avdunstningsreglering (EVAP)*
*Vevhusventilation (PCV)*
*Elektronisk motorstyrning*

Avsnitten i detta kapitel inkluderar beskrivningar och kontroller som kan utföras av hemmamekaniker och byten av delar (där så är möjligt) för de ovan nämnda systemen.

Innan du förutsätter att avgasreningen ger problem, kontrollera först bränslesystemet och tändningen mycket noga. Diagnostisering av vissa enheter för avgasrening kräver speciella verktyg, speciell utrustning och kunskaper. Om kontroll och underhåll är för svårt eller en arbetsbeskrivning är utom dina resurser, kontakta en BMW-verkstad eller annan specialist.

***Den vanligaste orsaken till problem med avgasreningen är helt enkelt en läckande vakuumslang eller en lös ledning, så kontrollera alltid alla slang- och elanslutningar först.***

Detta innebär dock inte att system för avgasrening är speciellt svåra att underhålla och reparera. Du kan enkelt och snabbt utföra många av kontrollerna och utföra de flesta momenten i det normala underhållet i ditt eget garage med vanliga verktyg.

Var uppmärksam på de speciella föreskrifter som finns i detta kapitel. Notera att illustrationerna av de olika systemen kanske inte exakt matchar just din bil därför att tillverkaren gjort förändringar under löpande tillverkning.

### 2 Motronic motorstyrning självdiagnostik - allmän information

Systemenheten för Motronic motorstyrning har en inbyggd självdiagnostik som upptäcker funktionsstörningar i systemets givare och sparar dessa som felkoder i ett minne. Det krävs specialverktyg för att avläsa dessa felkoder. Men de beskrivningar som ges i kapitlen 4 och 5 kan användas att kontrollera enskilda komponenter och givare i Motronic-systemet. Om detta inte hittar felet ska bilen tas till en BMW-verkstad som har nödvändig utrustning för avläsning av felkoderna. Du kan då välja mellan att utföra arbetet själv eller låta BMW-verkstaden utföra arbetet.

### 3 Elektronisk styrenhet (ECU) - demontering och montering

#### Demontering

**1** Den elektroniska styrenheten finns placerad antingen i passagerarutrymmet under högra sidan av instrumentbrädan i serie 3 eller i motorrummet på den högra sidan i serie 5 (se kapitel 4).

**2** Lossa batteriets jordledning.

***Varning: Om radion i din bil är stöldskyddad, se till att ha aktiveringskoden tillgänglig innan batteriet kopplas ur, se sidan 0•7 innan ledningen lossas.***

**Observera:** *Om fel språk visas på instrumentpanelen när strömmen kopplas in igen, se sidan 0•7 där proceduren för språkinställning beskrivs.*

**3** Ta först bort locket på styrenheten i motorrummet (se kapitel 4).

**4** Om styrenheten sitter i passagerarutrymmet ta bort locket på enhetens högra sida.

**5** Dra ut styrenhetens elektriska anslutningar.

**6** Skruva ur bultarna från styrenhetens fäste.

**7** Lyft försiktigt ut styrenheten. **Observera:** *Undvik risken av att styrenheten skadas av statisk elektricitet genom att bära gummihandskar och vidrör inte kontaktstiften.*

#### Montering

**8** Montering sker med omvänd arbetsordning.

**4.1 Kylvätskans temperaturgivare (vid pilen) finns vanligen placerad bredvid temperaturgivaren nära bränsletrycksregulatorn**

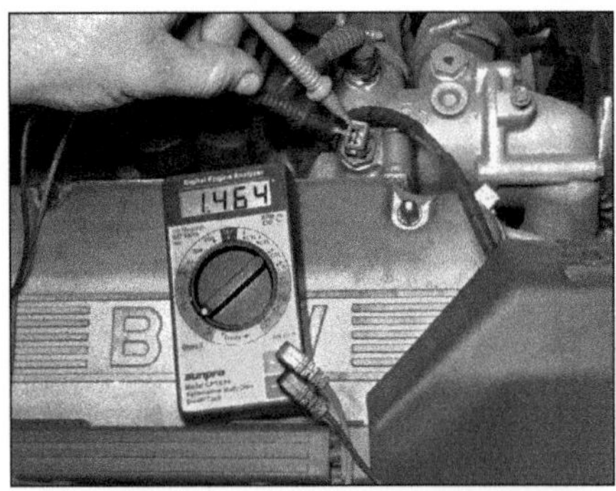

**4.2 Kontrollera motståndet i kylvätskans temperaturgivare vid olika temperaturer**

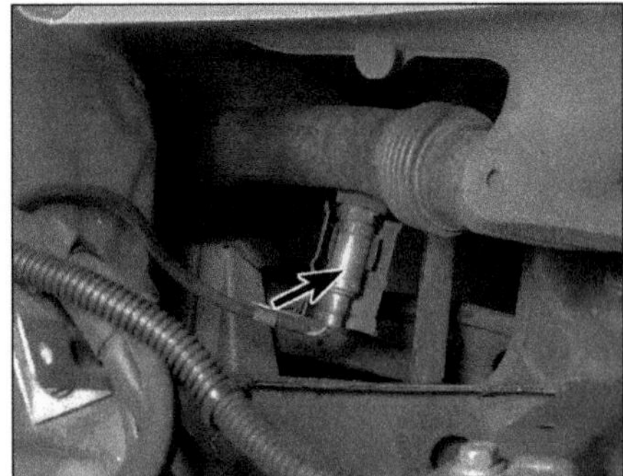

**4.6 Syresensorn (vid pilen) finns vanligen i avgasröret efter grenröret**

## 4 Informationsgivare

**Observera:** *Se kapitlen 4 och 5 för mer information om placering och diagnos för givare som inte tas upp i detta avsnitt.*

### *Kylvätskans temperaturgivare*

#### Allmän beskrivning

**1** Kylvätskans temperaturgivare **(se bild)** är en termistor (ett motstånd vars värde ändras med temperaturen). Ändringen i motståndet styr den spänning som kan passera genom givaren. Vid låga temperaturer är motståndet högt. När givarens temperatur ökar sjunker motståndet. Fel i denna givarkrets är i de flesta fall en lös eller kortsluten ledning. Om ledningsfel inte kan upptäckas, kontrollera givaren enligt följande beskrivning.

#### Kontroll

**2** Kontrollera givaren genom att först kontrollera motståndet **(se bild)** när den är helt kall (typvärde 2 100 till 2 900 ohm). Starta sedan motorn och varmkör den till normal arbetstemperatur. Motståndet ska nu vara lägre (typvärde 270 till 400 ohm). **Observera:** *Om begränsad åtkomlighet av kylvätskans temperaturgivare gör det svårt att koppla in ohmmätaren, demontera givaren och utför testen i en behållare med uppvärmt vatten som en simulering av arbetsförhållandet.*

***Varning: Vänta med detta arbete till dess att motorn är helt kall.***

#### Byte

**3** Demontera givaren genom att trycka ned fjäderspärren, dra ut kontakten och försiktigt skruva ur den. Var beredd på ett visst spill av kylvätska, minska spillet genom att ha den nya givaren redo att skruvas i så snabbt som möjligt.

***Varning: Hantera givaren med försiktighet. Skador på denna givare påverkar funktionen i hela systemet för bränsleinsprutning.***

**Observera:** *Det kan eventuellt bli nödvändigt att tappa ur lite kylvätska ur kylaren innan givaren kan demonteras.*

**4** Innan givaren monteras, kontrollera att den har rena gängor och lite gängtätning.

**5** Montering sker med omvänd arbetsordning.

### *Syresensor (Lambdasond)*

#### Allmän beskrivning

**Observera:** *Normalt har endast bilar försedda med katalysator en syresensor. De flesta är placerade i avgassystemet efter grenröret. På 535-modeller sitter den i katalysatorn. Kontakten till sensorn är placerad lätt åtkomlig till vänster på torpedplåten.*

**6** Syresensorn, placerad i avgassystemet **(se bild)**, övervakar syrehalten i avgaserna. Syret i avgaserna reagerar med sensorn och producerar en spänning som varierar från 0,1 volt (mycket syre, mager blandning) till 0,9 volt (lite syre, fet blandning). Styrenheten övervakar konstant denna variabel för att bestämma förhållandet mellan syre och bränsle i blandningen. Styrenheten modifierar blandningen genom att variera injektorernas öppningstid. Ett blandningsförhållande om 14,7 delar luft till 1 del bränsle är idealiskt för minimering av utsläpp, vilket låter katalysatorn arbeta med maximal effektivitet. Det är detta blandningsförhållande som syresensorn och styrenheten försöker hålla konstant.

**7** Syresensorn producerar ingen spänning under sin normala arbetstemperatur om cirka 320° C. Innan den värmts upp arbetar styrenheten med en öppen slinga (d.v.s. utan information från syresensorn).

**8** Om motorn når normal arbetstemperatur och/eller har körts längre än två minuter och om syresensorn avger en stadig signalspänning understigande 0,45 volt vid 1500 rpm eller högre aktiveras felkoden i styrenhetens minne.

**9** Om det finns ett problem med syresensorn eller kretsen till denna arbetar styrenheten med en öppen slinga - d.v.s. den styr bränsleinsprutningen enligt ett förprogrammerat standardvärde i stället för efter sensorns signaler.

**10** Syresensorns korrekta funktion är beroende av fyra villkors uppfyllande:

*a) Elektricitet - De låga spänningar som sensorn avger är beroende av goda, rena anslutningar, som alltid ska kontrolleras när en felfunktion uppträder eller misstänks.*

*b) Lufttillförsel utifrån - Sensorn är konstruerad för att låta luften cirkulera till de inre delarna. När sensorn rubbas, se alltid till att luftkanalerna inte sätts igen.*

*c) Korrekt arbetstemperatur - Styrenheten reagerar inte på sensorns signaler innan sensorn uppnår 320° C. Detta måste tas i beaktande vid utvärdering av sensorn.*

*d) Blyfri bensin - Användandet av blyfri bensin är ett krav för sensorns korrekta funktion. Se till att endast använda denna typ av bränsle.*

**11** Förutom dessa villkor måste speciell försiktighet vidtas vid underhåll av sensorn.

*a) Syresensorn har en permanentansluten svans och kontakt som inte ska tas bort från sensorn. Skador på eller borttagande av svansen eller kontakten kan menligt påverka sensorns funktion.*

*b) Fett, smuts, och andra föroreningar ska hållas borta från elkontakten och spjälländen på sensorn.*

*c) Använd inte någon form av lösningsmedel på syresensorn.*

*d) Sensorn ska hanteras varsamt och får absolut inte tappas på golvet.*

*e) Silikondamasken måste monteras korrekt så att den inte smälter och att den låter sensorn arbeta ostört.*

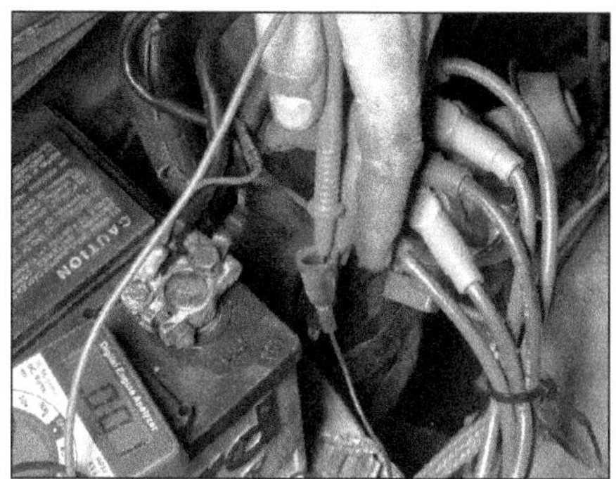

4.12a Syresensorn, när den värmts upp till 320°C avger en mycket lågspänd signal. Bekräfta att den fungerar genom att leta efter spänning med en digital voltmätare (spänningen i signalen ligger vanligen mellan 0,1 och 1 volt)

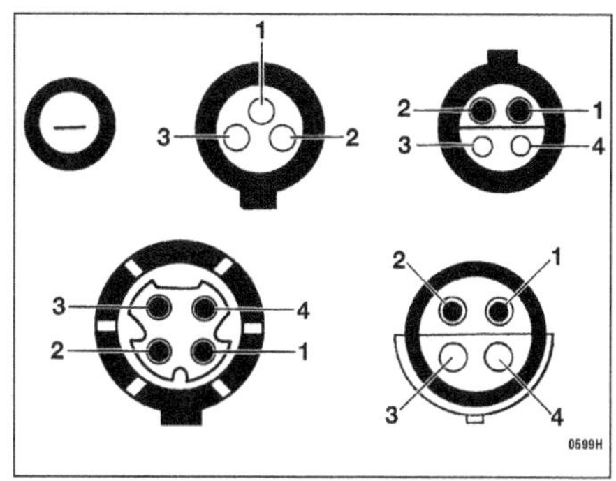


4.12b Dessa stiftbeteckningar för syresensorn är endast för kabelhärvesidan. Använd motsvarande stift på sensorns sida vid tester (det finns tre olika fyrtråds syresensorkontakter - blanda inte ihop dem)

### Kontroll

**12** Varmkör motorn och låt den gå på tomgång. Dra ut kontakten till syresensorn, montera plussonden på en voltmätare på syresensorns utgående stift (se följande tabell) och minussonden till jord **(se bilder)**.

**Observera:** *I de flesta fall är syresensorns elkontakt placerad bakom motorn nära torpedplåten. Leta efter en stor gummidamask ansluten till en tjock kabelhärva. På tidiga 535i finns kontakten till syresensorn under bilen. Leta efter en liten skyddslucka. Dessa modeller bör ha den uppdaterade syresensorn monterad så att åtkomsten liknar de andra modellerna. Be din BMW-verkstad om mer information.*

**13** Höj och sänk motorvarvet och läs av spänningen.

**14** När motorvarvet ökar ska spänningen öka till 0,5–1,0 volt. När varvet sjunker ska spänningen falla till 0 –0,4 volt.

**15** I förekommande fall, inspektera även syresensorns värmeelement (modeller med flertrådiga sensorer). Ha tändningen påslagen och dra ur kontakten till syresensorn och koppla en voltmätare mellan de stift som anges i diagrammet (se nedan). Det ska finnas batterispänning (cirka 12 volt).

**16** Om värdet inte är korrekt, kontrollera syresensorns relä (se kapitel 12). Om denna information inte är tillgänglig, kontrollera vad ägarhandboken anger om reläets placering. Reläet ska få batterispänning.

**17** Om syresensorn inte klarar dessa tester ska den bytas ut.

### Byte

**Observera:** *I och med att den sitter i grenröret, katalysatorn eller röret, som krymper när det är kallt, kan syresensorn vara mycket svår att lossa när motorn är kall. Riskera inte att skada sensorn (om den ska återanvändas i ett annat rör eller grenrör). Starta och kör motorn ett par minuter och stäng av den. Se till att inte bränna dig vid följande arbete.*

**18** Lossa batteriets jordledning.

***Varning: Om radion i din bil är stöldskyddad, se till att ha aktiveringskoden tillgänglig innan batteriet kopplas ur, se sidan 0•7 innan ledningen lossas.***

**Observera:** *Om fel språk visas på instrumentpanelen när strömmen kopplas in igen, se sidan 0•7 där proceduren för språkinställning beskrivs.*

**19** Ställ bilen på pallbockar.

**20** Dra ut kontakten från sensorn.

**21** Skruva försiktigt ut sensorn.

***Varning: För stor kraft kan skada gängorna.***

**22** Ett högtemperaturtåligt antikärvmedel ska användas på gängorna så att framtida demontering underlättas. Gängorna på nya sensorer är redan behandlade med detta men om en gammal sensor ska återanvändas ska gängorna på den smörjas.

**23** Montera sensorn och dra åt den ordentligt.

**24** Koppla in svansens kontakt i motorns kabelhärva.

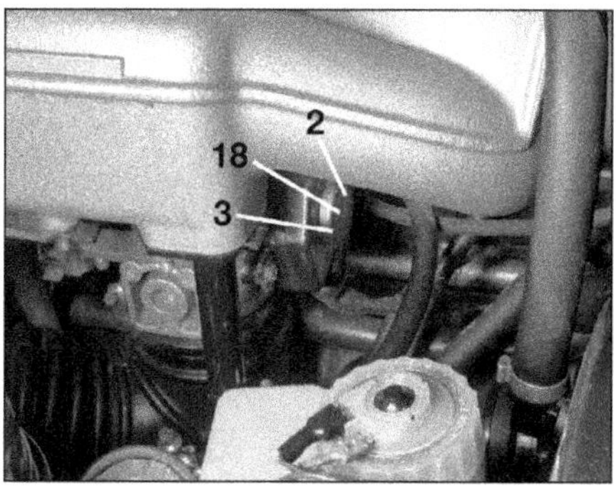


4.28a Trottelpositionsgivaren i L-Jetronic-system är placerad under insugsröret (stiften visade)

**25** Ställ ned bilen och koppla in batteriet.

| Syr sensortyp | Sensor utgående signal | Uppvärmd styrka matning (12V) |
|---|---|---|
| Kall (enkel tråd) | svart tråd (+) | Ej tillämpligt |
| Uppvärmd (treträdars) | stift 1 (+) | stift 3 (+) och 2 (-) |
| Uppvärmd (fyrtrådars) | stift 2 (+) | stift 4 (+) och 3 (-) |

## *Trottelpositionsgivare*

### Allmän beskrivning

**26** Trottelpositionsgivaren är placerad i änden av trottelaxeln på trottelhuset. Styrenheten övervakar signalen från givaren och bestämmer genom detta bränslematningen baserat på trottelvinkeln (förarens begäran). I detta system fungerar givaren mer som en kontakt än en potentiometer. En uppsättning av trottelventilkontakterna är stängd (kontinuitet) endast vid tomgång. En andra uppsättning kontakter stänger vid närmande av full trottel. Båda uppsättningarna är öppna (ingen kontinuitet) mellan dessa positioner. En defekt eller lös givare kan orsaka sporadiska bränslesprut från injektorerna och instabil tomgång därför att styrenheten anser att trotteln rör sig.

**27** Samtliga modeller (utom tidiga 535i med automatväxellåda) kombinerar tomgångs- och fullgaskontakten. En separat tomgångskontakt indikerar stängd trottel medan trottelpositionsgivaren används till fullgasläget. På 535i med automatväxellåda är givaren direktansluten till automatväxellådans styrenhet. Med vidöppen trottel sänder växellådans styrenhet fulltrottelsignalen till styrenheten för Motronic-systemet.

### Samtliga modeller utom tidiga 535i med automatväxellåda

#### Kontroll

**28** Demontera elkontakten från givaren och koppla en ohmmätare till stiften 2 och 18 **(se bilder)**. Öppna trotteln något för hand. Släpp den sedan långsamt så att den når 0,2 till

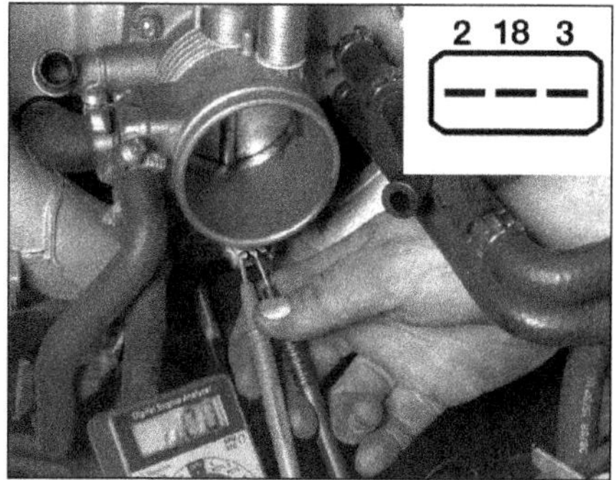


4.28b Kontrollera först om det finns kontinuitet mellan stiften 2 och 18 med stängd trottel (senare version av Motronic visad) . . .

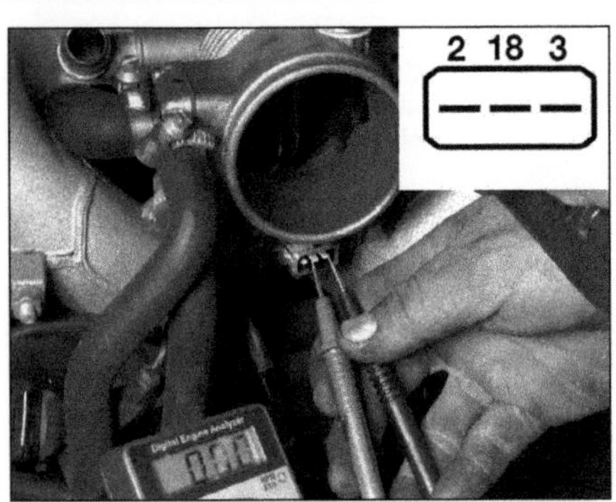


4.29 ... och leta sedan efter kontinuitet mellan stiften 3 och 18 när trotteln öppnar

0,6 mm från trottelstoppet. Det ska finnas kontinuitet.

**29** Kontrollera motståndet mellan stiften 3 och 18 när trotteln öppnas. Det ska finnas kontinuitet när trottelkontakten är mellan 8 och 12 grader från vidöppen **(se bild)**. Om avläsningarna inte är korrekta ska trottelpositionsgivaren justeras.

**30** Om alla motstånd är korrekta och givaren är korrekt justerad, leta efter spänning (5 volt) vid givaren och spåra vid behov ledningsproblem mellan givaren och styrenheten (se kapitel 12).

**Justering**

**31** Om justeringen inte är enligt specifikationerna (paragraferna 28 till 30), lossa skruvarna på trottelpositionsgivaren och vrid givaren till korrekt justeringsläge. Följ beskrivningen ovan och dra åt skruvarna när inställningen är korrekt.

**32** Kontrollera givaren än en gång - om värdena är korrekta, koppla den till kabelhärvan.

## Tidiga 535i med automatväxellåda

**Kontroll**

**33** Testa först trottelpositionsgivarens kontinuitet. Följ paragraferna 28 till 30 och leta efter kontinuitet.

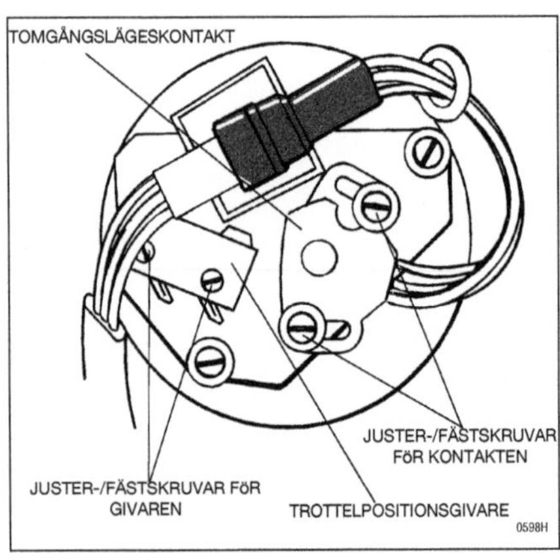


4.34 Tomgångslägeskontakt och trottelpositionsgivare på tidiga 535i modeller med automatväxellåda

**34** Testa sedan tomgångslägeskontakten **(se bild)**. Dra ur kontakten i härvan till tomgångslägeskontakten och koppla en ohmmätare till stiften 1 och 2. Det ska finnas kontinuitet. Öppna trotteln något och mät motståndet. Det ska nu inte finnas kontinuitet.

**35** Leta efter korrekt spänningssignal från trottelpositionsgivaren med stängd trottel och påslagen tändning. Sök av baksidan på givarens kontakt med voltmätare och kontrollera spänningen på stift 3 (svart tråd) och jord. Det ska finnas 5 volt där. Läs även av stift 3 (svart tråd) och stift 1 (brun tråd). Även här ska spänningen vara 5 volt.

**36** Kontrollera spänningen vid stift 2 (gul tråd) och stift 1 (brun tråd) och öppna trotteln långsamt. Spänningen ska stiga stadigt från 0,7 volt (stängd trottel) till 4,8 volt (vidöppen trottel).

**Justering**

**37** Mät först den stabiliserade spänningen. Med påslagen tändning och stängd trottel ska det finnas 5 volt mellan stift 3 (svart tråd) och stift 1 (brun tråd).

**38** Lossa sedan givarens skruvar och koppla voltmätaren till stift 2 (gul tråd) och stift 3 (svart tråd). Med vidöppen trottel ska givaren vridas till dess att spänningen är 0,20 till 0,24 volt lägre än den stabiliserade spänningen.

**Observera:** *Du behöver en digital voltmätare för att kunna avläsa små spänningsändringar.*

**39** Kontrollera givaren än en gång, om avläsningarna ger korrekta värden ska den kopplas in. Det är en bra idé att låsa givarens skruvar med färg eller gänglåsmedel.

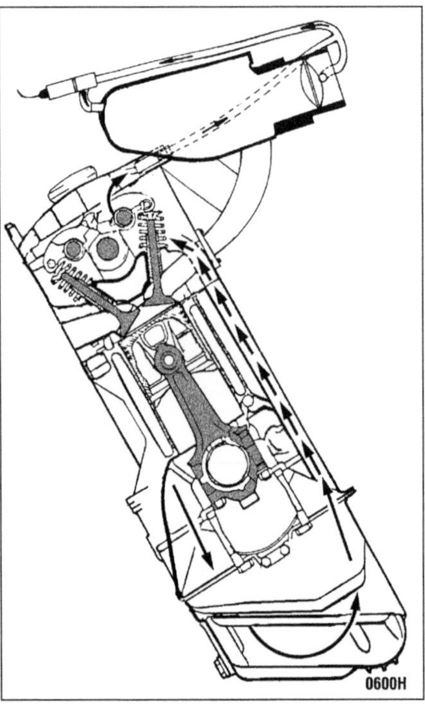


5.1 Skiss över vevhusventilationen på M20-motorn (de övriga är likartade)

## *Luftflödesmätare*

**Allmän beskrivning**

**40** Luftflödesmätaren finns i intagstrumman. Den mäter hur mycket luft som sugs in i motorn. Styrenheten använder denna information till att styra bränslematningen. En stor luftvolym indikerar acceleration, medan en liten volym indikerar inbromsning eller tomgång. Se kapitel 4 för diagnostiska kontroller och byte av luftflödesmätaren.

## *Tändlägesinställningsgivare*

**41** Tändlägesinställningen styrs elektroniskt med Motronic-system och kan inte justeras. Vid start sänder en lägesgivare för vevaxeln läget till styrenheten. Detta anger en bas för inledande tändläge. När motorn väl går ändras tändläget kontinuerligt baserat på olika indata till styrenheten. Varvtalet anges med en varvtalsgivare. Tidiga Motronic-system har en referensgivare och en hastighetsgivare monterade på svänghjulskåpan. Senare Motronic-system har en givare (pulsgivare) ovanför vevaxelns remskiva. Denna fungerar både som läges- och hastighetsgivare. Se kapitel 5 för mer information.

**Observera:** *Vissa modeller har en ÖD-givare på motorns framsida. Denna är enbart avsedd för BMW:s serevicetestenhet och är inte en del av Motronics tändsystem.*

## 5 Vevhusventilation

**1** Vevhusventilation **(se bild)** reducerar kolväten i avgaserna genom att evakuera vevhusångorna. Den gör det genom att cirkulera förbiblåsta gaser och skicka dem till insugsröret via luftrenaren.

**2** Vevhusventilationen är ett slutet system. Vevhusgaserna leds direkt till luftrenaren eller luftsamlaren med vevhustrycket. Gaserna renas inte med frisk luft, eller filtreras med en flamfälla, som i de flesta vanliga system.

5.2 Vevhusventilationens slang demonteras från ventilkåpan

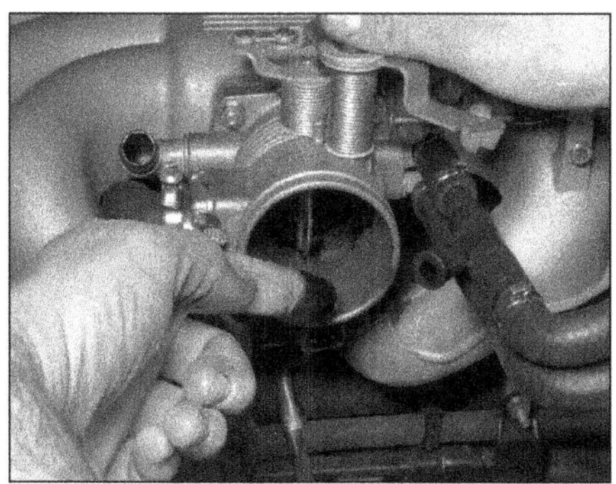

**5.3 Det är en god idé att kontrollera om det finns mycket rester från vevhusgaserna cirkulerande i slangar och portar - dessa kan med tiden sätta igen systemet och höja trycket i motorblocket**

Systemet saknar konventionella ventiler - det finns bara en slang **(se bild).**

**3** Huvuddelarna i vevhusventilationen är de slangar som ansluter ventilkåpan till trottelhuset eller luftrenaren. Om onormala driftsförhållanden uppstår (exempelvis kolvringsproblem) är systemet konstruerat för att låta överskott av vevhusgaser strömma tillbaka genom vevhusets slang till luftintaget så att de kan förbrännas. **Observera:** *I och med att dessa modeller inte har ett filter är det klokt att kontrollera att systemet inte sätts igen med slam och förbränningsrester* **(se bild).**

## 6 Avdunstningsreglering (EVAP)

### *Allmän beskrivning*

**Observera:** *Detta system är normalt sett bara monterat på bilar med katalysator.*

**1** När motorn inte går avdunstar bränslet i tanken i en viss utsträckning vilket skapar bränsleångor. Avdunstningsregleringen **(se bild)** förvarar dessa bränsleångor i en träkolkanister. När motorn arbetar normalt öppnas en rensventil något så att en liten mängd bränsleångor kan dras in i insugsröret för förbränning. När motorn kallstartar eller går på tomgång är rensventilen stängd så att ångorna inte kan nå insugsröret och göra bränsleblandningen för fet.

**2** Två typer av rensventiler förekommer, elektriskt styrda eller vakuumstyrda. Ta reda på vilken typ som sitter i din bil genom att följa slangen från kolkanistern till dess att du hittar ventilen. Vissa är placerade på insugsröret och andra nära kolkanistern. Leta efter antingen en elektrisk kontakt eller vakuumledningar till rensventilen.

**3** Defekter i systemet för avdunstningsreglering påverkar motorns körbarhet endast när motorn är varm. Detta system är vanligen

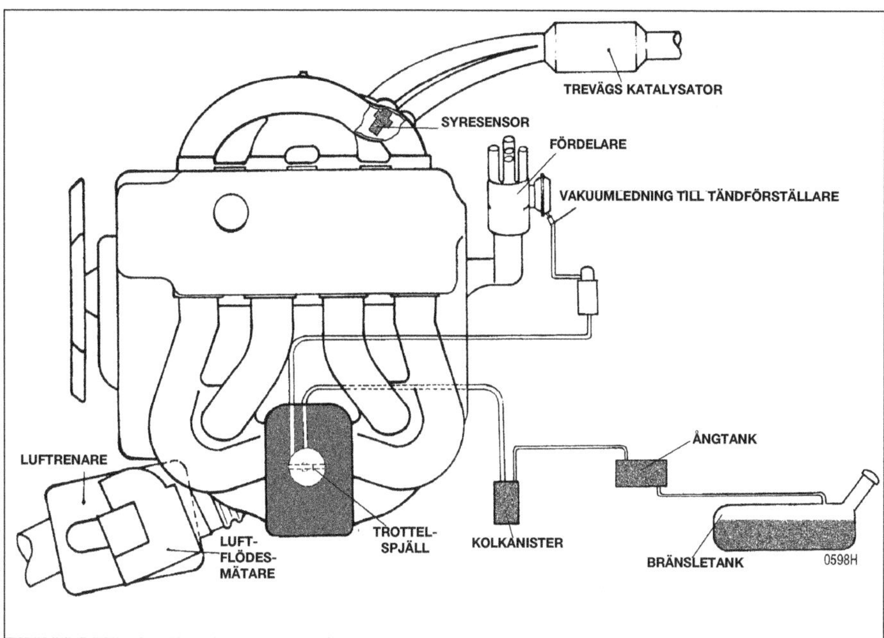


**6.1 Skiss över avdunstningsregleringen på M10-motorn (övriga modeller likartade)**

inte orsaken till kallstartsproblem eller andra problem med kall motor.

### *Kontroll*

#### Vakuum-styrd rensventil

**4** Lossa vakuumledningarna från rensventilen och blås i den större porten. Den ska vara stängd och inte släppa igenom luft. **Observera:** *Vissa modeller har en termovakuumventil som fördröjer öppnandet av ventilen till dess att kylvätskan uppnår 46° C. Kontrollera denna ventil för att se till att vakuum styrs vid korrekt temperatur. Ventilen är vanligen placerad i insugsröret nära termotidskontakten och kylvätskans temperaturgivare.*

**5** Lossa den lilla vakuumledningen från rensventilen och lägg på vakuum med en handvakuumpump. Ventilen ska öppna så att luft kan passera igenom den.

**6** Om testresultaten inte är tillfredsställande ska rensventilen bytas.

#### Elektriskt styrd rensventil

**7** Lossa alla ledningar utom elkontakten från rensventilen och placera den på en lämplig plats för kontrollen.

**8** Kontrollera att ventilen klickar när tändningen slås på **(se bild).**

**9** Om ventilen inte klickar, dra ur kontakten och kontrollera om det finns ström till ventilen med hjälp av voltmätare eller testlampa **(se bild).**

**10** Om det finns batterispänning men ventilen inte arbetar ska den bytas. Om spänning saknas, kontrollera ledningarna och den elektroniska styrenheten.

#### Kanister

**11** Lägesmärk alla slangar och lossa dem från kanistern.

**12** Dra ut kanistern ur hållaren. På vissa modeller måste clipset lossas **(se bild).**

**13** Se efter om kanistern läcker eller är skadad.

**6.8 När tändningen slås på ska det höras ett distinkt klick från rensventilen**

**6.9 Kontrollera att det finns batterispänning vid rensventilens elektriska anslutning**

**6.12 Kolkanistern i avdunstningsregleringen sedd från bilens undersida (316i)**

14 Om det finns tecken på läckor eller skador ska kanistern bytas.

## 7 Katalysator

### Allmän beskrivning

1 De senare modellerna i denna handbok är försedda med en katalysator för att minska utsläpp av oförbrända kolväten, koloxid och kväveoxider **(se bild)**. Katalysatorn innehåller en keramisk bikakematris täckt med ädelmetaller som snabbar upp reaktionen mellan ovan sagda föroreningar och syret i avgaserna. Föroreningarna oxideras för att skapa vatten ($H_2O$), kväve och koldioxid ($CO_2$).

### Kontroll

2 Se efter om katalysatorn är sprucken eller skadad. Kontrollera att muttrar och bultar är åtdragna.
3 Inspektera den påsvetsade värmeskölden (i förekommande fall) - den får inte vara lös.

***Varning: Om en värmesköld är bucklad så att den vidrör katalysatorhusets insida kan överdriven värme ledas till bottenplattan.***

4 Starta motorn och kör den på tomgång.
5 Kontrollera om det förekommer avgasläckage från katalysatorflänsarna. Leta efter hål på katalysatorn.

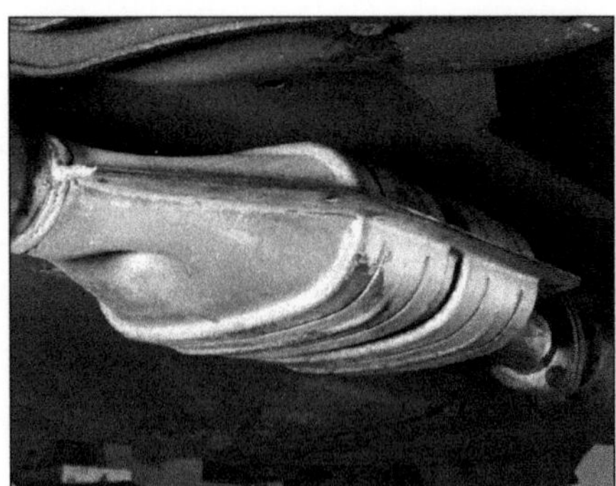

**7.1 Typisk katalysator (M10 visad, andra liknande)**

### Byte av komponenter

6 Se kapitel 4 för demontering och montering.

### Föreskrifter

7 Katalysatorn är en pålitlig och enkel enhet som i sig är underhållsfri. Det finns dock några saker en ägare måste känna till om den ska fungera korrekt under sin livstid.

(a) *ANVÄND INTE blyad bensin i en bil med katalysator - blyet täcker över ädelmetallen vilket minskar katalysatorns effektivitet och till slut förstör den.*

(b) *Se till att hålla systemen för bränsle och tändning i gott skick enligt tillverkarens underhållsschema, beskrivet i kapitel 1. Speciellt viktigt är att luftfilter, bränslefilter (om monterat) och tändstift byts med angivna mellanrum. Om bränsleblandningen tillåts bli för fet beroende på eftersatt underhåll kommer oförbränt bränsle att komma in i katalysatorn och överhetta den vilket leder till att den förstörs.*

(c) *Om motorn börjar misstända ska den inte köras (eller kortast möjliga sträcka) innan felet rättats till - misständning leder till att oförbränt bränsle kommer in i katalysatorn och överhettar den, vilket leder till att den förstörs, se ovan.*

(d) *Bilen ska INTE knuffas eller bogseras igång - detta leder till att katalysatorn dränks i oförbränt bränsle vilket gör att den överhettar när motorn väl startar - se (b) eller (c) ovan.*

(e) *SLÅ INTE AV tändningen vid höga motorvarv - du ska inte rusa motorn just innan tändningen slås av. Om tändningen slås av vid högre varv än tomgång kommer oförbränt bränsle att komma in i (den mycket heta) katalysatorn där det finns stor risk att det antänds på elementet och skadar katalysatorn.*

(f) *ANVÄND INTE tillsatser i bensin eller motorolja - dessa kan innehålla ämnen som skadar katalysatorn.*

(g) *KÖR INTE bilen om motorn bränner så mycket olja att den avger synlig blå rök - oförbrända sotavlagringar kommer att sätta igen katalysatorns kanaler och minska effekten. I värsta fall överhettas elementet.*

(h) *Kom ihåg att katalysatorn arbetar med mycket höga temperaturer - därav värmesköldarna på bottenplattan - och huset blir hett nog att antända brännbara föremål som det kommer i kontakt med. PARKERA INTE bilen i torr undervegetation eller över långt gräs eller högar med torra löv.*

(i) *Kom ihåg att katalysatorn är BRÄCKLIG - slå inte på den med verktyg vid underhållsarbete och var försiktig vid arbeten med avgassystemet. Se till att katalysatorn går fri från domkrafter och andra lyftredskap. Kör inte bilen över ojämn mark eller gupp på ett sådant sätt att avgassystemet slår i marken.*

(j) *I vissa fall, speciellt när bilen är ny och/eller körs med många stopp och starter kan en svaveldoft (liknande ruttna ägg) märkas från avgassystemet. Detta är vanligt hos många katalysatorförsedda bilar och beror troligen på små svavelmängder i vissa bensinsorter som reagerar med väte i avgassystemet och bildar vätesulfid ($H_2S$) i gasform. Även om denna gas i sig är giftig produceras den inte i såna mängder att den utgör ett problem. När bilen väl körts några hundra mil bör problemet försvinna - under tiden kan en ändring av körsättet och/eller ett byte av bensinmärke mycket väl utgöra en lösning.*

(k) *En katalysator på en väl underhållen och körd bil bör hålla mellan 8 och 16 000 mil. Efter den sträckan bör CO-halten kontrolleras regelbundet för att se efter om katalysatorn fortfarande är effektiv. När katalysatorn inte längre är effektiv måste den bytas.*

# Kapitel 7 Del A: Manuell växellåda

## Innehåll



## Svårighetsgrader

| | | | | |
|---|---|---|---|---|
| **Enkelt,** passar novisen med lite erfarenhet 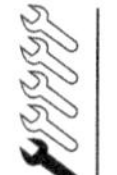 | **Ganska enkelt,** passar nybörjaren med viss erfarenhet  | **Ganska svårt,** passar kompetent hemmamekaniker  | **Svårt,** passar hemmamekaniker med erfarenhet  | **Mycket svårt,** för professionell mekaniker  |

## Specifikationer

| **Åtdragningsmoment** | **Nm** |
|---|---|
| Utgående axelns flänsmutter | |
| ZF (använd gänglåsmedel) | 100 |
| Getrag | |
| Steg ett | 170 |
| Steg två | Lossa helt |
| Steg tre | 120 |
| Sexkantsbultar mellan motor och växellåda | |
| M8 | 22 till 27 |
| M10 | 47 till 51 |
| M12 | 66 till 82 |
| Torx-bultar mellan motor och växellåda | |
| M8 | 20 till 24 |
| M10 | 38 till 47 |
| M12 | 64 till 80 |
| Bakre växellådsfäste, mutter | 22 till 24 |
| Gummiupphängningar (till växellåda eller tvärbalk) | 43 till 48 |
| Växellådans oljepluggar | 40 till 60 |

### 1 Allmän information

Den manuella växellådan i de bilar som tas upp i denna handbok är en femväxlad enhet tillverkad av Getrag eller ZF. Identifiera vilken växellåda genom att leta upp tillverkarens stämpel och kod i form av siffror och bokstäver. Tillverkarens stämpel finns på huset strax framför fästet till kopplingens slavcylinder, identifieringskoden finns högst upp på svänghjulskåpan.

### 2 Växelspak - demontering och montering

#### *Demontering*

**1** Lägg i backen, ställ upp framvagnen på pallbockar och klossa bakhjulen så att bilen inte kan rulla.

**2** Dra loss växelspaksknoppen från växelspaken.

**3** Demontera damasken och ljuddämpningsmaterialet.

**4** Demontera dammskyddet av gummi. På modeller med växelspakshus av aluminium ska backlampans kontakt dras ur innan dammskyddet tas bort.

**5** Arbeta på bilens undersida och lossa växelspaken från växlingsstången genom att dra ur clipset **(se bild)**.

**6** På modeller med växelspakshus av pressat stål, ta ut låsringen från överkanten av växelspakslagret **(se bild)** och lyft ut växelspaken.

**7** På modeller med växelspakshus av aluminium, stick in två skruvmejslar i spåren till låsringen från undersidan av växelspakens undre lager och lås upp låsringen genom att

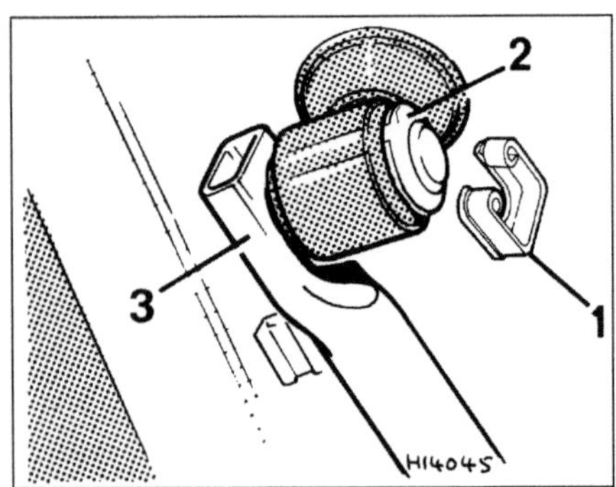


2.5 Arbeta på bilens undersida, lossa clipset (1) för att lossa växelspaken (2) från växlingsstången (3)

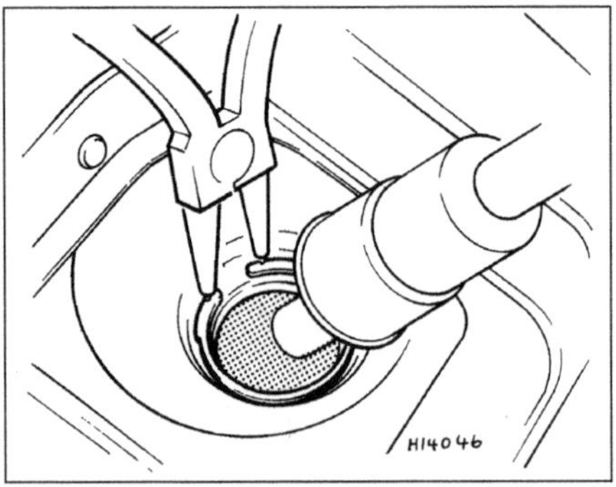


2.6 På modeller med växelspakshus av pressat stål, lossa låsringen från översidan av växelspakslagret och lyft ut växelspaken

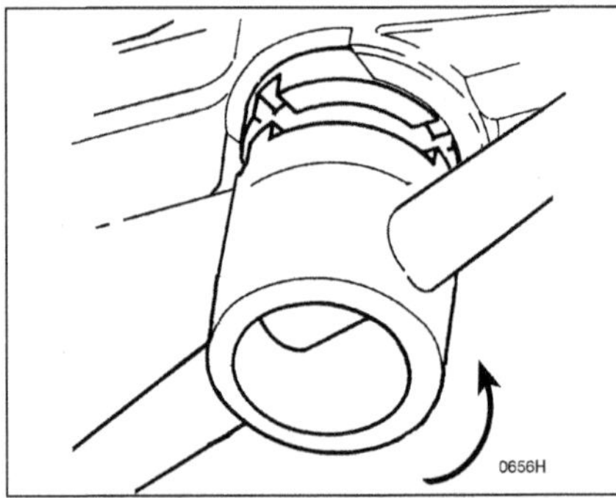


2.7 På modeller med växelspakshus av aluminium, vrid lagrets låsring ett kvarts varv motsols och lyft ut växelspaken (specialverktyg visas men två skruvmejslar instuckna i motsatta spår kan användas)

vrida den ett kvarts varv motsols **(se bild)** och lyft ut växelspaken.

### Montering

**8** Montering sker med omvänd arbetsordning.

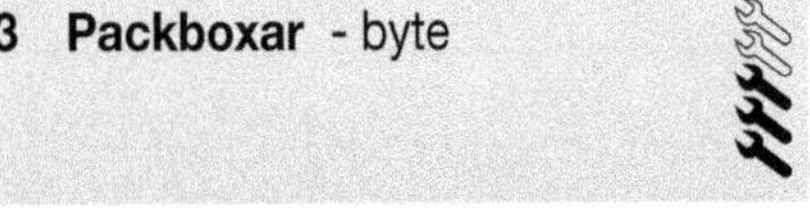

## 3 Packboxar - byte

**1** Slitna eller skadade packboxar i växellådan orsakar oljeläckage. Otillräckligt med olja i växellådan kan leda till svårigheter att växla, att växlarna hoppar ur och missljud i växellådan. I slutänden leder denna smörjningsförlust till ökat slitage och haverier.

**2** Alla tre packboxarna kan bytas utan att växellådan tas isär, två av dem kan bytas med växellådan på plats.

**3** Om du misstänker packboxläckage, ställ upp framvagnen på pallbockar, klossa bakhjulen och kryp under bilen för att inspektera packboxarna noga.

**4** Blanda inte ihop oljeläckage från motorn med dito från växellådan - hypoid växellådsolja har exempelvis en unik lukt och är därmed lätt att skilja från motorolja. Om oljan täcker främre delen av kardanaxeln är antingen packboxen till väljaraxeln eller den utgående axeln skadad. Om du hittar olja i svänghjulskåpans nederdel kan den ingående axelns packbox vara defekt (naturligtvis kan det även vara vevaxelns bakre packbox som läcker motorolja till svänghjulskåpans botten). När du beslutar dig för att byta packbox, kontrollera alltid ventilationen på växellådshusets översida först. Om den är igensatt eller skadad kan trycket i växellådan stiga så mycket att det pumpar olja genom packboxarna. Om du byter packboxar utan att rengöra ventilationen kommer den nya packboxen snart att läcka olja.

### Utgående axelns packbox

**5** Ställ upp framvagnen på pallbockar och klossa bakhjulen så att bilen inte kan rulla.

**6** Där så behövs för åtkomst ska avgassystemet demonteras (se kapitel 4).

**7** Demontera kardanaxeln (se kapitel 8). Alternativt, om försiktighet iakttas så att belastning inte läggs på drivknutarna kan kardanaxeln sitta kvar på slutväxeln.

**8** Böj ut låsplattans flikar ur spåren och ta bort låsplattan. Fixera flänsen (vid behov genom att bulta fast en lång stång på den) och skruva ur flänsmuttern med en tunnväggig 30 mm hylsa. Lossa flänsen från axeln. Använd avdragare om den sitter fast.

**9** Använd en packboxutdragare eller en liten skruvmejsel och bänd försiktigt ut den gamla packboxen **(se bild).** Se till att inte skada sätet när packboxen tas ut.

**10** Lägg på ett tunt lager olja på den nya packboxläppen och rengör änden på den utgående axeln. Trä på packboxen på axeln och driv den försiktigt på plats med en rörstump vars ytterdiameter är något mindre än packboxens.

**11** Montera flänsen, täck den muttersida som är vänd mot flänsen med tätningsmassa för att förhindra läckage och dra åt flänsmuttern till angivet värde. Notera att muttern måste dras i tre steg på Getrags växellåda. Flytande gänglås ska användas på ZFs växellåda. Montera en ny låsplatta och böj in flikarna på den i sina respektive spår.

**12** Resterande montering sker med omvänd arbetsordning.

### Väljaraxelns packbox

**13** Följ paragraferna 5 till 8 ovan.

**14** För att kunna lossa växlingsstången från väljaraxen på tidiga modeller ska bussningens låsring tas ut och sedan ska ett litet dorn användas till att driva ut stiftet.

**15** För att kunna lossa växlingsstången från väljaraxeln på tidiga modeller ska treans växel läggas i. Dra sedan tillbaka fjäderhylsan och driv ut stiftet.

**16** Peta ut väljaraxelns packbox **(se bild 3.9)** med en packboxutdragare eller liten skruvmejsel. Se till att inte skada sätet när packboxen tas ut.

**17** Lägg på ett tunt lager olja på den nya packboxläppen, trä på packboxen på axeln och driv den försiktigt på plats med en rörstump i passande diameter.

**18** Koppla växlingsstången till väljaraxeln.

**19** Montera flänsen (se paragraf 11 ovan). Resterande montering sker med omvänd arbetsordning.

### Ingående axelns packbox

**20** Demontera växellådan (se avsnitt 5).

**21** Demontera urtrampningslagret och urtrampningsarmen (se kapitel 8).

**22** Skruva ur bultarna till urtrampningens

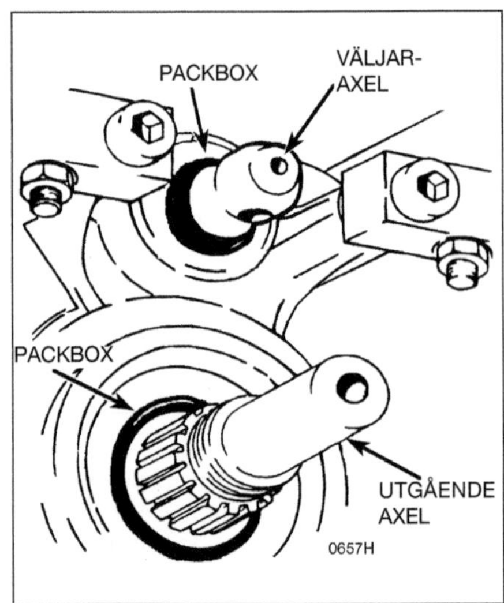


3.9 Använd en packboxutdragare eller en liten skruvmejsel och bänd försiktigt ut den gamla packboxen till väljaraxeln eller den utgående axeln

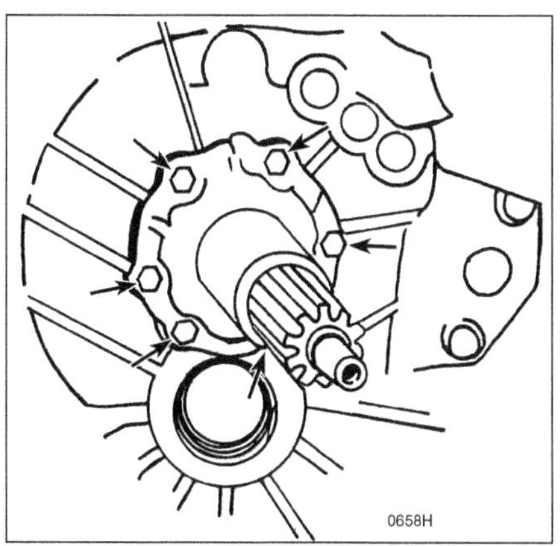

3.22a Placering av styrhylsans bultar (vid pilarna) på serie 3 (Växellådan Getrag 240 visad)

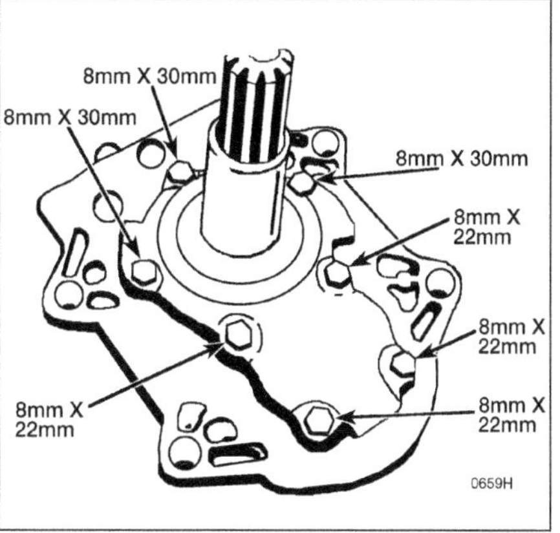


3.22b Placering av styrhylsans bultar (vid pilar) på serie 5 (Växellådan Getrag 265 visad)

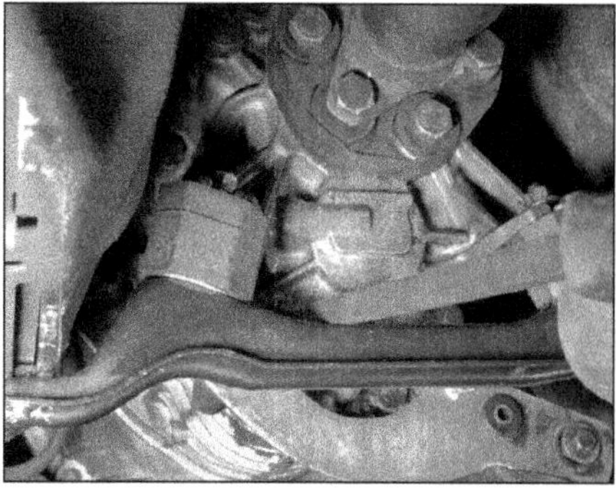

4.1 Kontrollera växellådsfästen genom att sticka in en stor skruvmejsel eller ett bräckjärn över tvärbalken och under växellådsänden och försök att bända växellådan uppåt - om den rör sig lätt ska fästet/fästena bytas

styrhylsa **(se bilder)**. Bultarna är inte alltid av samma storlek på alla modeller så skissa upp var varje bult ska sitta. Demontera hylsan tillsammans med eventuella distanser bakom den.

**23** Använd en packboxutdragare eller en liten skruvmejsel och peta försiktigt ut den gamla packboxen. Se till att inte skada sätet.

**24** Lägg på ett tunt lager olja på den nya packboxläppen och driv den försiktigt på plats med en rörstump i passande diameter. I förekommande fall, byt o-ring i styrhylsans spår.

**25** Rengör bultarna och styrhylsans fogytor samt gänghålen i kåpan. På serie 3 med ZF växellåda ska en ny packning utan tätningsmassa användas. På Getrag-lådor utan o-ring, lägg på lämplig tätning på styrhylsans fogyta. Montera styrhylsan och eventuella distanser.

***Varning: På Getrags växellådor (endast serie 3), se till att spåret i hylsan är uppriktat mot oljekanalen i växellådshuset.***

**26** Täck bultskallarnas insidor med tätningsmassa, skruva i och dra åt dem.

**27** Resterande montering sker med omvänd arbetsordning.

### *Samtliga packboxar*

**28** Kontrollera nivån på växellådsoljan och fyll på med rekommenderad typ efter behov (se kapitel 1).

**29** Ställ ned bilen, provkör och leta efter läckor.

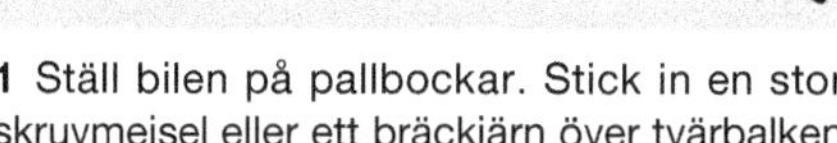

## 4 Växellådsfästen - kontroll och byte

**1** Ställ bilen på pallbockar. Stick in en stor skruvmejsel eller ett bräckjärn över tvärbalken under baksidan av växellådshuset **(se bild)**. Försöka att bända upp växellådan en smula.

**2** Växellådan ska inte röra sig mycket. Om den rör sig lätt är fästet skadat och måste då bytas.

**3** Byt fäste genom att först bära upp växellådans vikt med en garagedomkraft. Skruva ur fästets bultar och muttrar från både tvärbalken och växellådan och lyft lite på lådan så att fästet kan plockas ut.

**4** Montering sker med omvänd arbetsordning.

## 5 Växellåda - demontering och montering

***Varning: Om radion i din bil är stöldskyddad, se till att ha aktiveringskoden tillgänglig innan batteriet kopplas ur, se sidan 0•7 innan ledningen lossas.***

**Observera:** *Om fel språk visas på instrumentpanelen när strömmen kopplas in igen, se sidan 0•7 där proceduren för språkinställning beskrivs.*

### *Demontering*

**1** Lossa batteriets jordledning.

**2** Demontera avgassystemet (se kapitel 4).

**3** Demontera kardanaxeln (se kapitel 8).

**4** Koppla ur växlingslänkaget (se avsnitt 2).

**5** Demontera växelspakshusets fästen. Innan du fortsätter, kontrollera att växlingslänkaget är helt urkopplat.

**6** Koppla ur eller ta bort ÖD-givaren, hastighets/lägesgivare och backlampans kontakt, efter vad som finns monterat, från växellådan (se kapitel 5).

**7** Demontera kopplingens slavcylinder (se kapitel 8). Koppla inte loss hydraulslangen, häng upp slavcylindern med en snörstump.

***Varning: Tryck INTE ned kopplingspedalen medan slavcylindern är lossad från växellådan. Slavcylindern kan skadas om tryckstången tvingas ut ur den.***

**8** Stötta växellådan med en domkraft och lossa växellådsfästets muttrar.

**9** Sänk försiktigt ned motorn och växellådan så att de vilar på främre tvärbalken.

***Varning: Låt aldrig växellådans vikt bäras upp av den ingående axeln. En sådan belastning kommer att skada kopplingen och delar i växellådan.***

**10** Skruva ur de bultar som fäster växellådan vid motorn. Vissa bultar kan ha torx-skallar, dessa kräver speciella torx-hylsor.

**11** Sära försiktigt växellådan från motorn. Se till att inte lägga belastning på den ingående axeln till växellådan. Sänk domkraften till dess att det finns utrymme nog att dra ut växellådan från bilen.

### *Montering*

**12** Montering sker i princip med omvänd arbetsordning. Se till att smörja splinesen på den ingående växellådsaxeln med Microlube GL 261 eller likvärdigt och montera försiktigt växellådan på motorn.

***Splinesen på ingående växellådsaxeln och lamellen kanske inte är perfekt uppriktade. I så fall, vrid på vevaxelremskivemuttern med en hylsnyckel så att vevaxeln roterar något.***

***Varning: BMW rekommenderar att endast Microlube GL 261 används på splines i lamellen och den ingående växellådsaxeln. I annat fall kan lamellen kärva på axeln och orsaka svårigheter vid växling. Microlube GL 261 finns att få från BMW:s återförsäljare (BMW katalognummer 81 22 9 407 436).***

**Observera:** *Om någon av växellådsbultarna har torx-skalle, se till att använda bricka vid monteringen. Att skruva i dessa bultar utan bricka kan leda till att bultarna tätar så hårt mot växellådshuset att de blir extremt svåra att lossa.*

**13** Om växellådan dränerats, se till att fylla på den med korrekt olja efter monteringen (se kapitel 1).

## 6 Växellådsrenovering - allmän information

Renovering av manuella växellådor är ett ganska svårt jobb för en hemmamekaniker. Det omfattar isärtagning och ihopsättning av många små delar. Ett stort antal spel måste mätas upp exakt, justeras med utvalda distanser och säkras med låsringar. Därför rekommenderar vi å det starkaste att hemmamekaniker inte försöker sig på mer än vad som beskrivs i detta kapitel och lämnar renoveringen åt specialister. Utbytes växellådor finns att få till rimliga priser och kostnaderna för en hemmarenovering torde nästan säkert vara högre än priset för en utbytesväxellåda, för att inte tala om den tid arbetet tar.

# Kapitel 7 Del B: Automatväxellåda

## Innehåll



## Svårighetsgrader

**Enkelt,** passar novisen med lite erfarenhet 

**Ganska enkelt,** passar nybörjaren med viss erfarenhet 

**Ganska svårt,** passar kompetent hemmamekaniker 

**Svårt,** passar hemmamekaniker med erfarenhet 

**Mycket svårt,** för professionell mekaniker 

## Specifikationer

### Kickdown-vajerns justering

| | |
|---|---|
| Avstånd mellan vajerstopp och slutet på vajerhylsan | |
| Vid tomgång | 0,50 ± 0,25 mm |
| Med gaspedalen i kickdown-läge | 44,0 mm (minimum) |

### Åtdragningsmoment

| | Nm |
|---|---|
| Sexkantsbultar mellan motor och växellåda | |
| M8 | 24 |
| M10 | 45 |
| M12 | 82 |
| Torx-bultar mellan motor och växellåda | |
| M8 | 21 |
| M10 | 42 |
| M12 | 63 |
| Växellådans bakre fäste till kaross | 21 |
| Momentomvandlare till drivplatta | |
| M8 | 26 |
| M10 | 49 |
| Växellådans förstärkningsplatta | 23 |
| Utgående axelns flänsmutter | 100 |
| Oljekylningsrör | |
| Serie 3 | |
| Kylrör till växellådshus | 35 |
| Serie 5 | |
| Kylrörens anslutningsmuttrar | 18 |
| Kylrörens ihåliga bultar | 35 |
| Kylrörens adapteranslutning | 35 |
| Påfyllningsrör till växellådssump | |
| 3 HP 22 | 100 till 110 |
| 4 HP 22 H/EH | 98 |
| Växellådans dräneringsplugg | 16 |

## 1 Allmän information

Tidiga modeller har en trestegs ZF 3 HP 22 automatväxellåda. Senare modeller har en fyrstegs ZF 4 HP 22 automatväxellåda eller en ZF 4 HP EH med elektronisk styrning.

I och med att mekanismen är så komplex och att den är hydraulstyrd, samt de specialverktyg och kunskaper som krävs för att renovera en automatväxellåda, är detta arbete i vanliga fall mer än vad en hemmamekaniker kan hantera. Beskrivningarna i detta kapitel är därför begränsade till allmän diagnostik, rutinunderhåll, justeringar och växellådans demontering och montering.

Om automatväxellådan kräver större reparationer, ta den till en BMW-verkstad eller en specialist på automatväxellådor. Du kan spara en del utgifter genom att själv ta ur och sätta i lådan, men kom ihåg att de flesta felsöknings-procedurer kräver att växellådan sitter i bilen.

Om du beslutar dig för att montera en ny eller renoverad växellåda, se till att du köper rätt enhet. Växellådans märkplåt finns placerad på husets vänstra sida just bakom väljararmen **(se bild).**

## 2 Felsökning - allmänt

**Observera:** *Problem med automatväxellådan kan hänföras till fem generella områden: dåliga motorprestanda, feljustering, hydrauliska eller mekaniska fel eller fel i styrenheten/signalnätverket. Diagnos av dessa problem ska alltid börja med en kontroll av lätt åtgärdade poster: oljans nivå och skick (se kapitel 1), växelväljarlänkagets och trottellänkagets justering. Provkör sedan för att avgöra om problemet rättats till eller om mer felsökning krävs. Om problemet kvarstår efter den preliminära kontrollen och åtgärderna ska resterande diagnos utföras av en BMW-verkstad eller en specialist på automatlådor. Se avsnittet "Felsökning" i slutet av denna handbok för information om problem med automatväxellådan.*

**1.4 Automatväxellådans märkplåt finns placerad på vänster sida av växellådshuset just bakom växelväljararmen**

### *Preliminära kontroller*

**1** Kör bilen så att växellådan värms upp till normal temperatur.

**2** Kontrollera oljenivån enligt beskrivning i kapitel 1:

*a) Om oljenivån är ovanligt låg, fyll på till mätstickans område och leta efter yttre läckage (se nedan).*

*b) Om oljenivån är onormalt hög, tappa ur överskottet och kontrollera om den urtappade oljan är förorenad av kylvätska. Förekomst av kylvätska i automatlådeoljan indikerar hål i kylarväggen som separerar kylvätskan från oljan (se kapitel 3).*

*c) Om oljan skummar, dränera den och fyll på ny. Leta efter kylvätska i oljan.*

*d) Kontrollera oljans skick på mätstickan. Normalt sett är den mörkröd. Om den är brun och luktar bränt, dränera växellådan och fyll på ny olja. Om oljan verkar vara i dåligt skick indikerar detta eftersatt underhåll eller ett internt fel i växellådan.*

**3** Kontrollera motorns tomgångsvarvtal.

**Observera:** *Om det är självklart att motorn inte går bra, fortsätt inte med växellådskontrollen förrän motorn reparerats och går normalt.*

**4** Kontrollera att kickdown-vajern rör sig fritt, justera vid behov (se avsnitt 3).

**Observera:** *Kickdown-vajern kan fungera korrekt med kall och stannad motor men ge problem när motorn är varm. Kontrollera därför både med varm och kall motor.*

**5** Inspektera väljarlänkaget (se avsnitt 5). Se till att det är korrekt justerat och fungerar mjukt.

### *Leta efter läckage*

**6** De flesta läckor är lätt synliga. Reparation består vanligen i byte av packbox eller packning. Om en läcka är svår att hitta kan följande vara till hjälp.

**7** Identifiera vätskan. Se till att det är automatväxellådsolja, inte motor- eller bromsolja (växellådsoljan är mörkröd).

**8** Försök hitta den exakta platsen för läckan. Kör bilen en sträcka, nån mil räcker, och parkera den över ett stycke ren kartong eller tidningspapper. Efter en minut eller två bör du kunna hitta läckans upphov.

**9** Kontrollera noga den misstänkta delen och området närmast kring den. Studera fogytor med extra uppmärksamhet. En spegel kan ofta vara till hjälp i svåråtkomliga skrymslen.

**10** Om läckan fortfarande inte kan spåras, tvätta det misstänkta området med avfettning och torka det.

**11** När bilen är i rörelse kan luftströmmen ibland blåsa olja på andra delar vilket gör det svårare att hitta läckan. Efter rengöring av det misstänkta området, kör bilen långsamt (så att luftströmmen reduceras) eller varmkör bilen stillastående (dra då åt handbromsen ordentligt). Kör motorn med olika varvtal och för växelväljaren genom samtliga lägen ett flertal gånger och inspektera den misstänkta delen igen.

**12** När läckan väl påträffats måste orsaken fastställas innan den kan åtgärdas ordentligt. Om en ny packning monteras men tätningsflänsen är skev kommer den nya packningen inte att stoppa läckandet. Den skeva flänsen måste rättas till.

**13** Innan du försöker åtgärda läckan, kontrollera att villkoren under respektive rubriker är uppfyllda, i annat fall kan de orsaka andra läckor.

**Observera:** *Vissa av följande tillstånd kan inte korrigeras utan speciella verktyg och kunskaper. Sådana problem måste tas om hand av en specialist eller BMW-verkstad.*

### Läckande packningar

**14** Kontrollera sumpen med jämna mellanrum. Se till att alla bultar finns på plats och att de är väl åtdragna samt att sumpen är oskadd (bucklor i sumpen kan ha resulterat i skador på ventilhusets insida).

**15** Om sumppackningen läcker kan oljenivån vara för hög, ventilationen vara blockerad, sumpbultarna vara för hårt dragna, sumpens tätningsfläns vara skev, växellådshusets fogyta vara skadad eller själva packningen trasig. Om tätningsmassa används mellan sumpen och huset kan det vara fel typ av massa. Läckan kan till och med bero på sprickor eller porös gjutning i växellådshuset.

### Packboxläckor

**16** Om en automatväxellådas packbox läcker kan detta bero på för hög oljenivå eller för högt oljetryck, igensatt ventilation, skadat säte, skadad eller felmonterad packbox, ytan på axeln genom packboxen kan vara skadad eller så kan ett glappt lager orsaka överdriven axelrörelse.

**17** Kontrollera åtdragningen av mätstickerörets mutter. Inspektera med jämna mellanrum kring hastighetsmätarens drev eller givare. Om oljeläckage förekommer här, kontrollera om o-ringen är skadad.

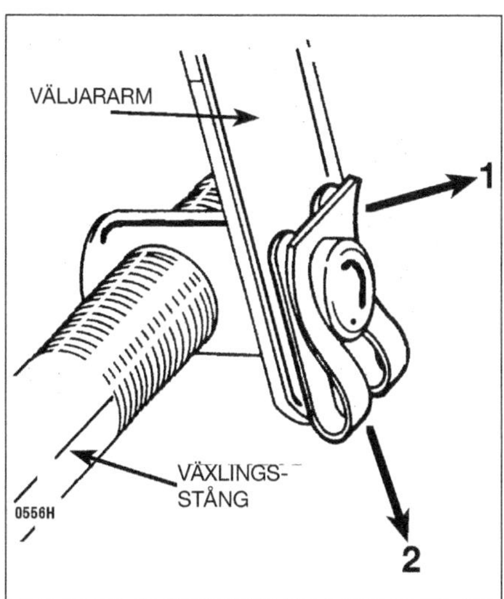


**3.2 Lossa växlingsstången från den nedre väljararmen på växellåda 3 HP 22 genom att dra ut överdelen (2) av clipset och dra av clipset från stiftet (2)**

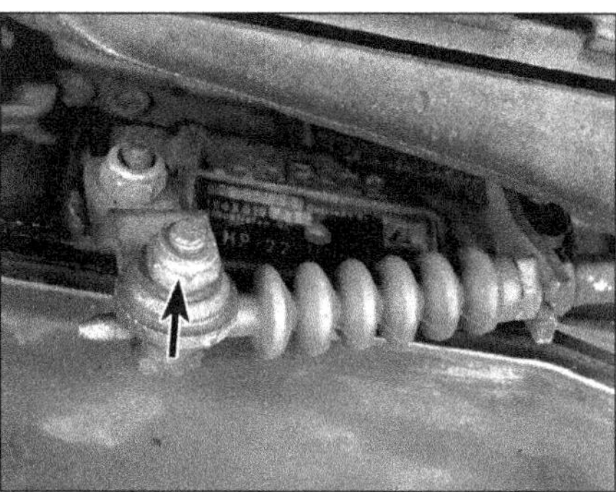

**3.8 Justera väljarlänkaget på växellådan 4 HP 22 genom att lossa muttern vid pilen och trycka väljararmen framåt (mot motorn). Dra väljarvajerns stång bakåt och dra åt muttern ordentligt.**
**OBS:** ***Visat länkage (en senare serie 5) är typiskt men armen på en del tidigare modeller kan vara vänd uppåt istället och ha en gaffelkoppling mellan stången och armen, inte en mutter***

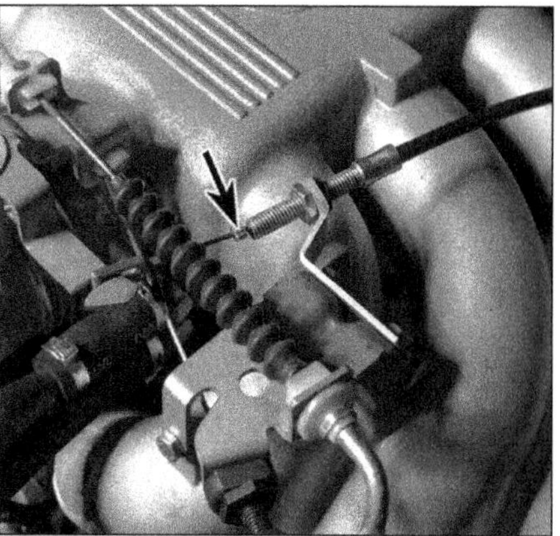

**4.2 Kontrollera avståndet mellan vajerstoppet (vid pilen) och slutet på vajerhylsan med trotteln i tomgångsläge (korrekt mått finns i kapitlets specifikationer). Om avståndet är fel, lossa låsmuttrarna, justera hylsans läge och dra åt låsmuttrarna**

### Själva huset läcker

**18** Om det ser ut att vara själva huset som läcker är gjutgodset poröst och måste lagas eller bytas.

**19** Se till att oljekylslangarnas anslutningar är täta och i gott skick.

### Olja kommer ut ur ventilations- eller påfyllningsröret

**20** Om detta inträffar är det för mycket olja påfyllt, så finns del kylvätska i oljan, fel på mätstickan, igensatt ventilation eller tillbakadragningshål.

## 3 Växelspakens länksystem - justering

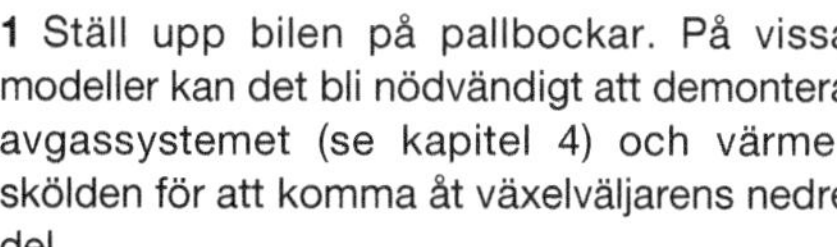

**1** Ställ upp bilen på pallbockar. På vissa modeller kan det bli nödvändigt att demontera avgassystemet (se kapitel 4) och värmeskölden för att komma åt växelväljarens nedre del.

### *Växellåda 3 HP 22*

**2** Lossa clipset **(se bild)** från växlingsstångens stift. Dra ut stiftet och lossa växlingsstången från växelväljarens nederdel.

**3** Dra väljararmen på växellådan så långt bakåt den kommer och tryck fram den två klick. Växellådan ska nu vara i läge N.

**4** Inne i bilen, för växelväljaren till läge N.

**5** Låt en medhjälpare trycka väljararmen framåt mot neutrallägets stopp i väljargrinden. På bilens undersida, vrid väljarstiftet på växlingsstången så att det kommer i linje med hålet på växelväljarens nedre del. Korta av länkaget genom att vrida stiftet ett eller två varv medsols.

**6** Montera stiftet, bekräfta att länkaget är korrekt genom att starta motorn, trampa hårt på bromsen och föra växelväljaren genom samtliga lägen.

### *Växellåda 4 HP 22*

**7** Inne i bilen, för växelväljaren till läge P.

**8** Lossa den mutter **(se bild)** som ansluter vajern till växellådans väljararm.

**9** Tryck växellådans väljararm framåt mot motorn och dra väljarvajern bakåt.

**10** Montera vajern på växellådans väljararm och dra åt muttern ordentligt.

**11** Bekräfta att länkaget är korrekt genom att starta motorn, trampa hårt på bromsen och föra växelväljaren genom samtliga lägen.

## 4 Kickdown-vajer - justering

**1** Innan du gör följande justering, kontrollera gasvajerns fulltrotteljustering och justera gasvajern efter behov (se kapitel 4).

**2** Släpp upp gaspedalen och använd ett bladmått till att kontrollera avståndet mellan vajerstoppet och änden på vajerns gängade hylsa **(se bild)**, jämför måttet med specifikationerna. Om avståndet inte är korrekt, lossa låsmuttrarna, justera vajerhylsans läge och dra åt låsmuttrarna.

**3** Lossa kickdown-kontaktens låsmutter under gaspedalen **(se bild)** och skruva in kontakten så långt det går.

**4** Tryck ned gaspedalen till den punkt där du kan känna motstånd. Håll pedalen i det läget och skruva ut kickdown-kontakten så att den precis berör pedalen och dra åt låsmuttern.

**5** Kontrollera justeringen genom att trycka ned gaspedalen till kickdown-läget och notera vajerstoppets läge (se paragraf 2 ovan). Jämför måttet med specifikationerna. Om vajern inte kan justeras till angivet värde, kontrollera och justera vid behov om gasvajerns fulltrottelinställning. När den är korrekt, försök än en gång att justera in kickdown-vajern.

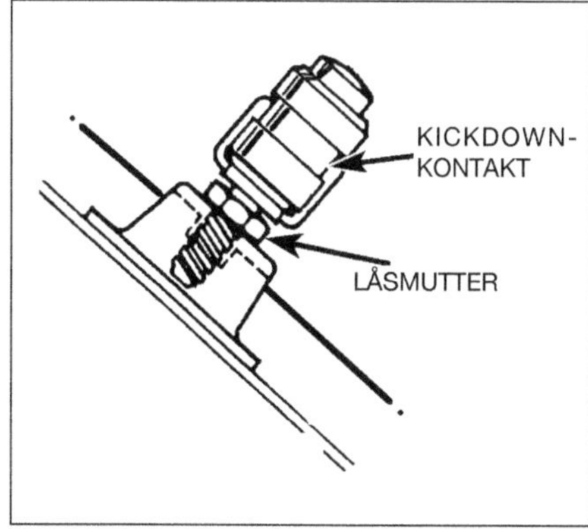


**4.3 Justera kickdown-kontakten genom att lossa låsmuttern och skruva in kontakten så långt som möjligt. Tryck ned gaspedalen till det läge där motstånd märks, håll kvar pedalen där medan kontakten skruvas ut så att den precis nuddar vid gaspedalen och dra åt låsmuttern**

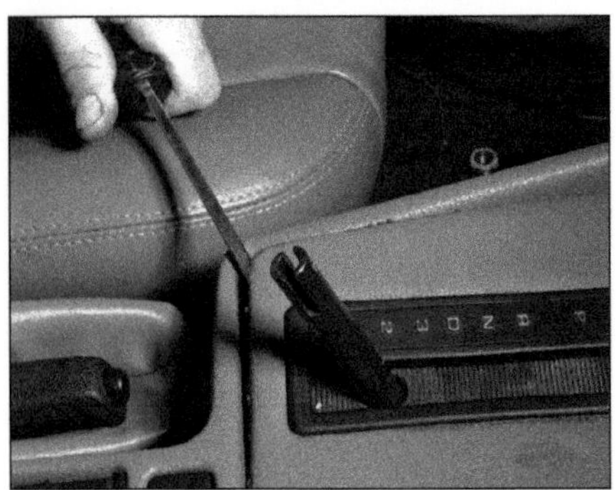
5.2 Bänd ut klädselpanelen runt växelväljarens fot (på vissa serie 5 versioner måste även sargen demonteras)

5.4 Startspärrens kontaktstift på tidiga bilar i serie 5

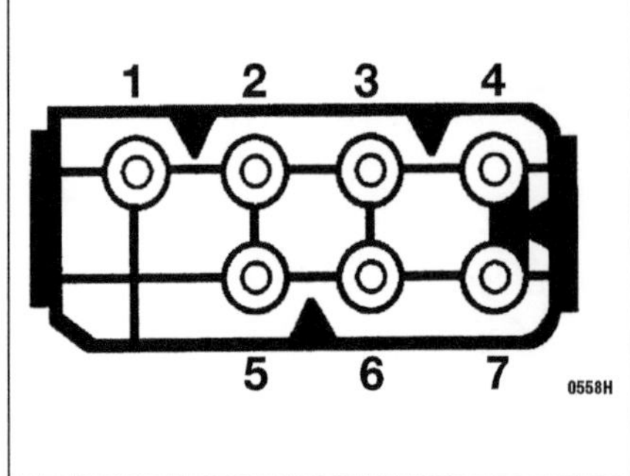

5.5 Startspärrens kontaktstift på senare bilar i serie 5

## 5 Startspärr/backljus-kontakt - kontroll och byte

**1** Om motorn kan startas med växelväljaren i andra lägen än N och P eller om backlampan inte tänds i läge R, kontrollera startspärrens kontakt.

**2** Skruva ur växelväljarknoppens skruv och dra av knoppen. Lossa dekoren runt växelväljarens fot **(se bild)**. Skruva ur sargens skruvar och lossa sargen vid behov.

### *Serie 3*

**3** För växelväljaren till läge N, dra ut elkontakten till startspärren och koppla en ohmmätare mellan stiften för den blå/vita och den grön/svarta ledningen och bekräfta att det föreligger kontinuitet. För växelväljaren till läge P och utför samma test. Det ska fortfarande finnas kontinuitet. För sedan väljaren till D, 1 och 2 och bekräfta det inte finns kontinuitet när ohmmätaren kopplas mellan de blå/vita och grön/gula ledningarnas stift OCH att när du placerar ohmmätaren mellan stiften för den blå/vita och den grön/svarta ledningen. För slutligen väljaren till R och bekräfta att det finns kontinuitet mellan de blå/vita och grön/gula ledningarnas stift.

### *Serie 5*

**Observera:** *Om stiftmönstret för startspärren i din bil inte matchar någondera av de beskrivna typerna, kan speciella kontrollprocedurer komma att behövas för att avgöra om kontakten fungerar korrekt, låt en specialist eller BMW-verkstad kontrollera kontakten.*

**4** På tidiga versioner av serie 5, dra ur kontakten (-erna) **(se bild)**, leta sedan efter kontinuitet mellan följande stift:

| Växelväljarens lägen | Stift |
|---|---|
| P | 3 och 4 |
| R | 3 och 5 |
| N | 3 och 6 |
| D | 3 och 7 |
| 3 | 3 och 1 |
| 2 | 3 och 8 |
| 1 | 3 och 9 |

**5** På senare versioner av serie 5, dra ur kontakten **(se bild)** och leta efter kontinuitet mellan följande stift:

| Växelväljarens lägen | Stift |
|---|---|
| P | 1 och 3 och 7 |
| R | 1 och 4 och 7 samt 5 och 6 |
| N | 1 och 2 och 3 |
| D | 1 och 4 |
| 3 | 1 och 2 |
| 2 | 1 och 7 |
| 1 | 1 och 2 och 7 |

## 6 Automatväxellåda - demontering och montering

***Varning: Om radion i din bil är stöldskyddad, se till att ha aktiveringskoden tillgänglig innan batteriet kopplas ur, se sidan 0•7 innan ledningen lossas.***

**Observera:** *Om fel språk visas på instrumentpanelen när strömmen kopplas in igen, se sidan 0•7 där proceduren för språkinställning beskrivs.*

### *Demontering*

**1** Lossa batteriets jordledning.

**2** Lossa kickdown-vajern från fästet på insugsröret (se kapitel 4).

**3** På M10-motorn, demontera fördelarlocket för att förhindra skador när motorn lutas tillbaka vid växellådans demontering.

**4** Ställ upp bilen på pallbockar.

**5** Demontera avgassystemet (se kapitel 4).

**6** Lossa växlingsstången/väljarvajern (se avsnitt 3).

**7** Demontera kardanaxeln (se kapitel 8).

**8** Dränera växellådan (se kapitel 1). Lossa påfyllningsröret och koppla ur kylslangarna **(se bild)**. Plugga slangarna så att smuts inte kommer in i växellådan.

**9** På växellåda 3 HP 22, ta bort växellådskåpan från svänghjulskåpans nederdel. På övriga, demontera förstärkningsplattan och stoppklacken från svänghjulskåpans nederdel.

**10** Arbeta genom hålet i svänghjulskåpan och skruva ur de bultar som fäster momentomvandlaren vid drivplattan. På växellåda 3 HP 22 finns det fyra bultar medan växellåda 4 HP 22 har tre. Vrid på motorn efter behov så att bultarna blir åtkomliga efter hand.

**11** På bilar med Motronic bränsleinsprutning, skruva ut givarna för motorns hastighet och läge från svänghjulskåpan (se kapitel 5).

**12** På bilar med växellåda 4 HP 22 EH, dra ut kontakten till den elektroniska styrenheten från växellådans vänstra sida, strax ovanför sumpen.

**13** Stötta växellådan underifrån med en växellåds- eller garagedomkraft. Om du använder det senare, placera en träkloss mellan lyfthuvudet och växellådan så att sumpen skyddas. Lossa bakre växellådsfästet och i förekommande fall förstärkningsstången genom att skruva ur bultarna. Sänk ned motor och växellåda på framaxelfästet.

6.8 Oljepåfyllningens anslutning och oljekylarrören (vid pilarna)

***Varning: Låt INTE momentomvandlarens axel bära upp växellådans vikt eftersom det skadar omvandlaren eller växellådan.***

**14** Skruva ur de bultar som fäster svänghjulskåpan vid motorn.

**15** Gör momentomvandlaren åtkomlig genom att demontera inspektionsgallret från svänghjulskåpans sida. Använd en hävarm och se till att omvandlaren ligger tätt mot växellådan och dra av växellådan från motorn.

**16** Om du ska montera en ny/renoverad växellåda, flytta över momentomvandlaren till den nya enheten. Dra av momentomvandlaren från den gamla växellådan genom att skruva in två långa bultar halvvägs i momentomvandlarens fästhål och dra lika hårt i båda bultarna. För montering av momentomvandlaren, se avsnitt 7, paragraf 7.

## Montering

**17** Montering sker med omvänd arbetsordning, men lägg märke till följande:

*a) Dra momentomvandlarens bultar till angivet moment.*

*b) Innan kylaren och kylledningarna monteras ska de blåsas rena med tryckluft och spolas med ren automatväxellådsolja så att eventuella partiklar, som kan slamma igen den nya växellådan, tas bort.*

*c) Använd en ny packning till dräneringspluggen och en ny o-ring i påfyllningsrörets anslutning till sumpen.*

*d) När du sticker in kontakten för styrenheten på växellåda 4 HP 22 EH, se till att märkena är i linje med varandra.*

*e) Fyll växellådan med ren automatväxellådsolja (se kapitel 1).*

*f) Justera väljarlänkaget och kickdownvajern (se avsnitten 3 och 4).*

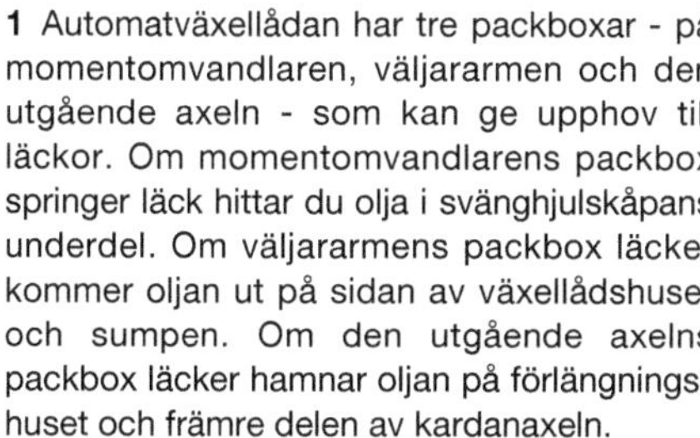

# 7 Packboxar - byte

**1** Automatväxellådan har tre packboxar - på momentomvandlaren, väljararmen och den utgående axeln - som kan ge upphov till läckor. Om momentomvandlarens packbox springer läck hittar du olja i svänghjulskåpans underdel. Om väljararmens packbox läcker kommer oljan ut på sidan av växellådshuset och sumpen. Om den utgående axelns packbox läcker hamnar oljan på förlängningshuset och främre delen av kardanaxeln.

**2** Alla tre packboxarna kan bytas utan att växellådan tas isär men byte av momentomvandlarens packbox kräver att växellådan och omvandlaren demonteras.

**7.5 Använd en hakförsedd packboxutdragare eller en stor skruvmejsel och bänd försiktigt ut momentomvandlarens gamla packbox från växellådan**

## Momentomvandlarens packbox

**3** Demontera växellådan och momentomvandlaren (se avsnitt 6).

**4** Inspektera bussningen i omvandlarens nav. Om den är sliten kommer snart nog den nya packboxen att börja läcka. Försök avlägsna skarpa kanter och spån med fin smärgelduk. Om navet är för djupt repat för att kunna jämnas till ska en ny momentomvandlare monteras.

**5** Använd packboxutdragare eller skruvmejsel och peta ut den gamla packboxen ur växellådshuset **(se bild)**. Se till att inte skada packboxens säte när den gamla packboxen tas ut.

**6** Lägg på ett tunt lager olja på den nya packboxläppen och driv den försiktigt på plats med en rörstump vars ytterdiameter är något mindre än packboxens.

**7** Montera omvandlaren, se till att den är i fullständigt ingrepp med den främre pumpen (gör det genom att vrida på omvandlaren samtidigt som du trycker den på plats - fortsätt vrida och trycka till dess att du är säker på att den satt sig ordentligt). Montera växellådan, komplett med momentomvandlare (se avsnitt 6).

## Väljararmens packbox

**8** Ställ upp bilen på pallbockar.

**9** Demontera väljararmen **(se bild 3.8)** från sin axel på växellådssidan. Lossa inte länkaget eftersom du i så fall måste justera om det.

**10** Använd packboxutdragare eller skruvmejsel och ta ut den gamla packboxen. Se till att inte skada packboxens säte när den gamla packboxen tas ut.

**7.16 Böj tillbaka fliken på låsplattan, fixera flänsen och skruva ur muttern med en 30 mm hylsnyckel. Lossa flänsen från axeln, använd avdragare vid behov**

**11** Lägg på ett tunt lager olja på den nya packboxläppen och driv den försiktigt på plats med en rörstump vars ytterdiameter är något mindre än packboxens.

**12** Sätt tillbaka väljararmen och dra åt muttern. Om du inte lossade länkaget ska det inte behöva justeras.

## Utgående axelns packbox

**13** Ställ upp bakvagnen på pallbockar och klossa framhjulen så att bilen inte kan rulla.

**14** Där så krävs för åtkomst, demontera avgassystemet (se kapitel 4).

**15** Demontera kardanaxeln (se kapitel 8).

**16** Bänd tillbaka fliken på låsplattan **(se bild)**, fixera flänsen och skruva ur flänsmuttern med en 30 mm hylsa. Lossa flänsen från axeln. Använd avdragare om den sitter fast.

**17** Använd packboxutdragare eller skruvmejsel och peta ut den gamla packboxen. Se till att inte skada packboxens säte när den gamla packboxen tas ut.

**18** Lägg på ett tunt lager olja på den nya packboxläppen och rengör änden på den utgående axeln. Trä på packboxen på axeln och driv den försiktigt på plats med en rörstump vars ytterdiameter är något mindre än packboxens.

**19** Montera flänsen, täck den muttersida som är vänd mot flänsen med tätningsmassa för att förhindra läckage och dra åt flänsmuttern till angivet värde. Montera en ny låsplatta och böj in flikarna på den i sina respektive spår.

**20** Resterande montering sker med omvänd arbetsordning.

## Samtliga packboxar

**21** Kontrollera oljenivån i växellådan och fyll på efter behov (kapitel 1).

**Anteckningar**

# Kapitel 8 Koppling och drivlina

## Innehåll



## Svårighetsgrader

**Enkelt,** passar novisen med lite erfarenhet 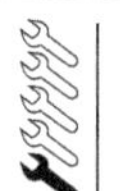

**Ganska enkelt,** passar nybörjaren med viss erfarenhet 

**Ganska svårt,** passar kompetent hemmamekaniker 

**Svårt,** passar hemmamekaniker med erfarenhet 

**Mycket svårt,** för professionell mekaniker 

## Specifikationer

### Allmänt

| | |
|---|---|
| Avståndet mellan kopplingspedal och torpedplåt (mått "A") | |
| Serie 3 | 235 + 10 mm |
| Serie 5 | 245 + 10 mm |
| Maximalt kast på lamell | 0,5 mm |
| Minsta lamelltjocklek | 7,5 mm |

### Åtdragningsmoment

| | Nm |
|---|---|
| Fästbultar för kopplingens huvudcylinder | 22 |
| Fästbultar för kopplingens slavcylinder | 22 |
| Tryckplattans bultar till svänghjulet | 24 |
| Kardanaxel | |
| Knutokets fästbult | 97 |
| Mittenlagrets monteringsbultar | 21 |
| Splinesdelens klammerhylsa | 10 |
| Bakre drivknut till slutväxelns fläns | |
| Mutter med nyloninsats | 64 |
| Ribbad mutter | 90 |
| Flexikoppling till växellådans fläns | |
| M10 (klass 8.8) bultar | 48 |
| M10 (klass 10.9) bultar | 64 |
| M12 (klass 8.8) bultar | 81 |
| M12 (klass 10.9) bultar | 100 |
| Drivaxlar | |
| M10 bultar utan låständer | 83 |
| M10 bultar med låständer | |
| Insex | 96 |
| Torx | 100 |
| M8 bultar med låständer | 64 |
| M12 bultar | 110 |
| Drivaxelmutter (serie 3) | 200 |
| Pinjongaxelns flänsmutter | |
| M20 bultar | 185 (max), eller till dess att märkena är i linje (se text) |
| M22 bultar | 210 (max), eller till dess att märkena är i linje (se text) |

## 1 Allmän information

### Kopplingen

Modeller med manuell växellåda är utrustade med en hydrauliskt aktiverad koppling av membrantyp. Lamellen kläms av fjädertryck mellan tryckplattan och motorns svänghjul. Det splinesförsedda lamellnavet sitter på den ingående växellådsaxeln medan tryckplattans kåpa är fastbultad på svänghjulet.

När kopplingspedalen trycks ned skapar huvudcylindern hydraultryck som tvingar ut en tryckstång i kopplingens slavcylinder, flyttar urtrampningsarmen och urtrampningslagret. När urtrampningslagret trycker mot tryckplattans släppflikar släpper trycket på lamellen vilket kopplar loss motorn från växellådan.

Två olika lamelltyper förekommer, beroende på typ av svänghjul. På modeller med konventionellt svänghjul har lamellen integrerade kläm och dämpfjädrar. Klämfjädrarna – placerade mellan lamellens friktionsytor – hjälper till att minska stöten när kopplingen greppar in. Dämpfjädrarna – synliga i lamellcentrum – hjälper till att absorbera motorrotationens kraftpulser. På modeller med svänghjul av typen dubbel massa är dämpfjädrarna integrerade i svänghjulet.

### Kardanaxel

Kraft överförs från växellådan till bakaxeln via en tvådelad kardanaxel som är fogad bakom mittenlagret med en "glidknut", en glidande splinesförsedd anslutning som tillåter lite rörelse i längsled. Kardanaxelns främre ände är monterad på växellådans utgångsfläns med en flexibel gummikoppling. Denna isolerar kardanaxeln och differentialen från plötsliga momentryck i motorn. På vissa modeller finns en vibrationsdämpare monterad mellan flänsen och flexikopplingen. Kardanaxelns mellandel stöttas av centrallagret som är gummiupphängt för att isolera från vibrationer i kardanaxeln. Lagerhuset är fastbultat i bottenplattan. Kardanaxelns främre ände är uppriktad mot växellådan med en centreringsstyrning urtagen i axeln. Denna greppar om ett stift på växellådans utgångsfläns. Universalknutar finns monterade på mittenlagret och i kardanaxelns bakre ände för att kompensera för rörelser i växellåda och differential i sina respektive fästen och eventuell flexibilitet i chassit.

### Differential (slutväxel)

Det baktill monterade differentialhuset innehåller drivpinjongen, kronhjulet, differentialen och utgångsflänsarna. Drivpinjongen som driver kronhjulet kallas ibland även differentialens ingående axel. Den är kopplad till kardanaxeln med en ingångsfläns. Differentialen är fastbultad på kronhjulet och driver bakhjulen via ett par utgångsflänsar som är bultade på drivaxlar med drivknutar i vardera änden. Differentialen låter bakhjulen snurra med olika hastighet vid kurvtagning (yttre hjulet måste snurra snabbare i och med att det har en längre sträcka att färdas under samma tidsrymd). Differentialhuset är fastbultat på bakaxelhållaren och monterat på bottenplattan med flexibla gummibussningar.

Större reparationer på differentialhusets delar (drivpinjongen, kronhjulet och differentialen) kräver många specialverktyg och omfattande specialkunskaper, vilket gör att hemmamekaniker inte bör försöka sig på dessa. Om större reparationer krävs rekommenderar vi en BMW-verkstad eller en specialist.

### Drivaxlar och drivknutar

Drivaxlarna förmedlar kraften från differentialens utgångsflänsar till bakhjulen. Drivaxlarna har drivknutar av typen konstant hastighet (CV) i vardera änden. Dessa knutar liknar funktionsmässigt vanliga universalknutar men kan acceptera brantare drivaxelvinklar. Drivknutarna låter axlarna driva bakhjulen samtidigt som de rör sig upp och ned på fjädringen, även om differentialen och hjulen aldrig är i perfekt linje med varandra.

De inre drivknutarna på samtliga modeller är fastbultade på flänsarna. Ytterknutarna i serie 3 är splineskopplade i hjulnaven och säkrade med en axelmutter. Ytterknutarna i serie 5 är identiska med innerknutarna. Varje knut är packad med ett specialfett och förseglade med gummidamasker. Inspektera damaskerna med jämna mellanrum, trasiga damasker låter smuts förorena knutarna. Drivknutarna på de fordon som tas upp i denna handbok kan inte renoveras men de kan tas isär för rengöring vid damaskbyte (utom ytterknutarna i serie 3). Inre drivknutarna kan bytas separat på samtliga modeller liksom ytterknutarna i serie 5. På bilar i serie 3 måste ytterknuten och drivaxeln bytas som en enhet.

## 2 Koppling – beskrivning och kontroll

### Beskrivning

**1** Bilar med manuell växellåda har en enkellamells torrkoppling med tallriksfjäder **(se bild)**. Kopplingen aktiveras hydrauliskt.

**2** När kopplingspedalen trycks ned överför hydraulolja (med tryck från huvudcylindern) kraft till slavcylindern. I och med att slavcylindern är ansluten till kopplingens urtrampningsgaffel, för gaffeln urtrampningslagret i kontakt med kopplingskåpans/tryckplattans släppfingrar, vilket kopplar loss lamellen.

**3** Hydrauliken justerar kopplingen automatiskt så justering av länkaget eller pedalen krävs bara vid byte av huvudcylinder och/eller tryckstång.

**4** Terminologi kan vara ett problem vad gäller delar i kopplingen, i och med att tillverkare, reservdelshållare och eftermarknaden använder olika namn på samma delar. Exempelvis kallas lamellen ibland kopplingsplatta eller friktionsplatta. Slavcylindern har i vissa fall kallats arbetscylinder eller kolv. Tryckplattan har ibland kallats kopplingskåpan och så vidare.

### Kontroll

**5** Delar med uppenbara skador måste bytas, men det finns ett par preliminära kontroller som kan diagnostisera fel i kopplingen som orsakas av mindre uppenbara problem.

**6** Första kontrollen ska vara av nivån i oljebehållaren. Om den är låg, fyll på efter behov och gör om provet. Om huvudcylindern går torr eller om arbete utförts på någon hydraulisk komponent ska systemet avluftas (se avsnitt 7). Om ofta förekommande påfyllning behövs kan detta endast orsakas av läckage.

**7** Kontrollera kopplingens insaktningshastighet genom att låta motorn gå på tomgång med växellådan i neutralläge (kopplingspedalen upp). Trampa på kopplingspedalen, vänta nio sekunder och lägg in backen. Du ska då inte höra slipljud. Om sådana förekommer föreligger det ett fel, troligen i tryckplattan eller lamellen.

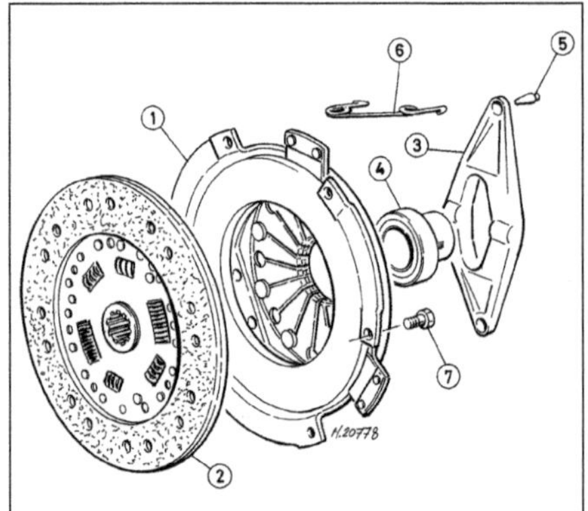


**2.1 Sprängskiss över en typisk koppling**

*1 Tryckplatta*
*2 Lamell*
*3 Urtrampningsarm*
*4 Urtrampningslager*
*5 Kulklack*
*6 Fjäder*
*7 Bult*

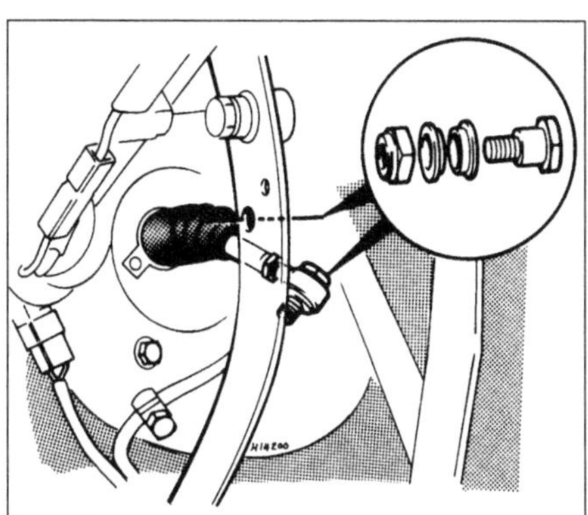

3.4 Kopplingens startspärr (om monterad)

8 Kontrollera fullständig urtrampning genom att köra motorn (med bromspedalen nedtryckt för att förhindra rörelse) och håll kopplingspedalen cirka 12 mm från golvmattan. Växla flera gånger mellan ettan och backen. Om växlingarna inte är smidiga finns ett fel på någon komponent.

9 Kontrollera om kopplingspedalens bussning visar tecken på kärvhet eller slitage.

## 3 Kopplingens huvudcylinder - demontering och montering

***Varning: Hydraulolja är giftig. Den är även ett effektivt färgborttagningsmedel. Se till att inte spilla den på hud eller ögon. Ha gott om trasor till hands för att torka upp spill och tvätta omedelbart bort stänk på målade ytor med stora mängder kallt vatten.***

### Demontering

1 Skruva av locket på bromsoljebehållaren (vänsterstyrda modeller) eller kopplingsoljans behållare (högerstyrda modeller) och sug upp oljan i behållaren med en spruta. På vänsterstyrda modeller ska nivån vara under bromsledningens anslutning till huvudcylindern.

2 På högerstyrda modeller, lossa slangen från behållarens undersida så att kvarvarande olja rinner ut.

3 Skruva ur muttern och lossa det gängade fästet för kopplingens hydraulledning från huvudcylinderns framsida.

4 Arbeta under instrumentbrädan, demontera den nedre klädselpanelen på förarsidan (se kapitel 11). Skruva ur den bult som fäster huvudcylinderns tryckstång vid kopplingspedalen **(se bild).**

5 Skruva ur de två bultar som fäster huvudcylindern vid kopplingspedalstället, lossa slangen från cylinderns översida och lyft ut huvudcylindern. Ha en trasa redo för upptorkning av spill.

### Montering

6 Montering sker med omvänd arbetsordning. I förekommande fall, se till att hjälpfjädern på mitten av pedalen greppar korrekt i sin styrning. Se till att dra huvudcylinderns fästbultar till angivet moment. Dra åt anslutningsmuttern till hydraulikledningen ordentligt.

7 Kontrollera kopplingspedalens justering (se avsnitt 4). I förekommande fall, kontrollera även kopplingens startspärrjustering (se avsnitt 5).

8 Fyll behållaren med färsk hydraulolja och avlufta kopplingen (se avsnitt 7).

## 4 Kopplingspedal - justering

**Observera:** *Hydrauliska kopplingar är självjusterande så en korrekt injusterad pedal ska inte behöva justeras om. Men kontrollera kopplingspedalhöjden om en ny huvudcylinder monterats så att den inledande justeringen verkligen är korrekt.*

1 Mät avståndet från nedre bakre kanten av pedalens fotplatta och torpedplåten **(se bild)**, jämför sedan detta mått med specifikationerna.

2 Om avståndet inte är det rätta, lossa på tryckstångens mutter och bult. Bulten är excentrisk, en vridning på den ändrar avståndet mellan pedalen och torpedplåten. När avståndet är det korrekta, dra åt mutter och bult. I de fall excenterbulten är märkt med en prick ska pricken placeras på motsatt sida om huvudcylindern som en startpunkt.

3 Vissa modeller har även en justerbar tryckstång. Om pedalen inte kan justeras rätt med excenterbulten ska låsmuttern på tryckstången lossas så att stången kan vridas till dess att avståndet blir det korrekta. Dra åt låsmuttern efteråt.

***Varning: Skruva inte in tryckstången hela vägen. Detta kan göra att låsmuttern kläms mot kopplingspedalen när den trycks ned vilket kan leda till att tryckstången knäcks. Om du ändrar tryckstångens längd, se till att kontrollera låsmutterns spelrum innan kopplingspedalen trycks ned. Dra inte åt låsmuttern för hårt. Om gängorna strippas kan huvudcylindern kärva vilket leder till att kopplingen havererar.***

## 5 Kopplingens startspärr (om monterad) - kontroll och byte

1 Kopplingens startspärr, placerad högst upp på kopplingspedalen hindrar motorn från att

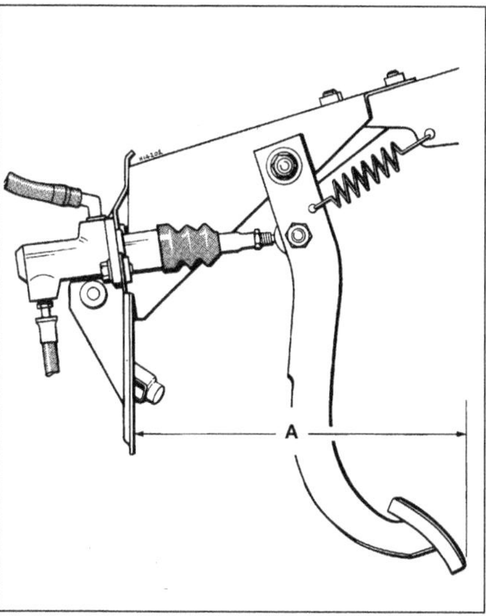


4.1 Kontrollera kopplingspedalens justering genom att mäta avståndet från nedre bakre kanten av pedalens platta till torpedplåten (mått A)

starta, såvida inte kopplingspedalen är nedtryckt. Kontakten, som är en del av startkretsen, är normalt öppen. När kopplingspedalen trycks ned trycker den ned en liten tryckstång i spärren vilket sluter kretsen och leder till att startmotorn kan köras.

2 Om bilen kan starta utan att kopplingspedalen trycks ned är spärren defekt eller feljusterad. Kontrollera funktionen genom att dra ut kontakten till spärren och koppla en ohmmätare över stiften i kontakten. Det ska inte finnas kontinuitet när pedalen är uppsläppt och kontinuitet när pedalen är nedtryckt. Om spärren inte fungerar som angivet, försök att justera den. Om den fortfarande inte fungerar korrekt ska spärren bytas.

## 6 Kopplingens slavcylinder - demontering och montering

***Varning: Hydraulolja är giftig. Den är även ett effektivt färgborttagningsmedel. Se till att inte spilla den på huden eller få den i ögonen. Ha gott om trasor till hands för att fånga upp spill och tvätta omedelbart bort stänk på målade ytor med stora mängder kallt vatten.***

### Demontering

**Observera:** *Innan detta arbete påbörjas, fråga reservdelsavdelningen på din BMW-verkstad om en renoveringssats eller ny slavcylinder. Pris och tillgänglighet på de nödvändiga delarna kan avgöra om cylindern ska reno-*

**6.4 En typisk kopplingsslavcylinder**

*1 Hydraulslang* *2 Fästmuttrar*
*3 Avluftningsnippel*

*veras eller bytas. Om du ska renovera cylindern, följ de instruktioner som medföljer renoveringssatsen.*

**1** Skruva upp locket på bromsoljans behållare (vänsterstyrd bil) eller kopplingens (högerstyrd bil) och ta ur vätskan från behållaren med en spruta. På vänsterstyrda bilar ska oljenivån vara under kopplingsledningens anslutning för huvudcylindern.

**2** Ställ upp bilen på pallbockar.

**3** Torka rent kring den gängade anslutningen för hydraulledningen och lossa den från slavcylindern. Om tillgänglig, använd en delad ringnyckel så att anslutningen inte riskerar skador. Ha en trasa redo för att torka upp spill. Plugga eller tejpa ledningsänden så att kvarvarande olja stannar i den och att smuts inte kommer in. På modeller där slavcylindern är svåråtkomlig kan det vara enklare att lossa den innan anslutningen lossas.

**4** Skruva ur slavcylinderns fästmuttrar **(se bild)** och dra ut cylindern ur växellådan.

**5** Inspektera plastspetsen på tryckstången och urtrampningsarmen vad gäller slitage. Tryckstången får endast visa slitage på spetsen. Urtrampningsarmen får endast visa slitage i urtaget för tryckstången. Slitage på sidorna av tryckstångens spets eller på någon annan plats på urtrampningsarmen indikerar att tryckstången inte är korrekt uppriktad.

**6** Kontrollera att slavcylindern inte läcker. Om tryckstångens packbox läcker, byt slavcylinder. Om du måste byta slavcylinder, se till att köpa rätt version. Modeller med konventionellt svänghjul har en slavcylinder med diametern 20,64 mm medan modeller med delat svänghjul har en slavcylinder med diametern 22,2 mm.

### Montering

**7** Montering sker med omvänd arbetsordning. Se till att lägga på ett tunt lager molybdendisulfidfett på tryckstångens plastspets och se till att spetsen går ordentligt in i urtaget på urtrampningsarmen. Dra åt slavcylindrarnas fästmuttrar till angivet moment.

**8** Fyll på hydrauloljebehållaren och avlufta kopplingen (se avsnitt 7).

## 7 Kopplingens hydraulsystem – avluftning

***Varning: Hydraulolja är giftig. Den är även ett effektivt färgborttagningsmedel. Se till att inte spilla den på huden eller få den i ögonen. Ha gott om trasor till hands för att fånga upp spill och tvätta omedelbart bort stänk på målade ytor med stora mängder kallt vatten.***

**1** Om luft tränger in i kopplingshydrauliken kanske kopplingen inte trampar ur fullständigt när pedalen trycks ned. Luft kan komma in i systemet när någon del demonteras eller om oljenivån i huvudcylinderns behållare sjunker för lågt. Luft kan även tränga in i systemet genom hål som är för små för att olja ska kunna tränga ut. Detta indikerar att en allmän renovering av systemet krävs.

**2** För avluftning av systemet krävs en medhjälpare som pumpar kopplingspedalen, ett genomskinligt plastkärl och ett stycke genomskinlig plastslang som passar avluftningsnippeln. Alternativt kan en "enmanssats" för avluftning användas. Dessa satser består vanligen av ett rör eller en flaska med en integrerad envägsventil. I och med detta kan pedalen pumpas som normalt men luft sugs inte tillbaka in i systemet när pedalen släpps upp. Om en sådan sats används, följ de instruktioner som medföljer satsen. Oavsett metod krävs ny bromsolja av specificerad typ och en nyckel till avluftningsnippeln.

**3** Kontrollera nivån i behållaren, fyll på vid behov så att den kommer upp till märket "full" eller "MAX". Använd endast den bromsolja som rekommenderas och blanda INTE olika typer. Använd aldrig olja från ett kärl som stått öppnat i och med att den har absorberat fukt från luften, vilket gör den oduglig för användning. Du måste kontrollera nivån i behållaren mycket ofta under avluftningen. Om den sjunker för mycket kommer luft att tränga in i systemet.

**4** Dra åt handbromsen och ställ framvagnen på pallbockar.

**5** Skruva loss skyddet på avluftningsnippeln på slavcylindern **(se bild 6.4)**.

**6** Montera en av plastslangarna på nippeln. Fyll kärlet kring en tredjedel med ren bromsolja och stick ner andra änden på slangen i kärlet så att mynningen är helt under ytan.

**7** Lossa något på avluftningsnippeln och dra sedan åt till den punkt där den är tät men lätt att öppna.

**8** Låt medhjälparen pumpa ett flertal gånger på kopplingspedalen och sedan hålla den nedtryckt.

**9** När tryck ligger på pedalen, öppna nippeln cirka ett halvt varv. När oljan slutar strömma genoms slangen ska nippeln dras åt igen. Pumpa än en gång på pedalen, håll den tryckt i botten och öppna nippeln för ett ögonblick. Släpp INTE upp pedalen när nippeln är öppen.

**10** Upprepa till dess att bubblor inte längre förekommer i den olja som flyter genom slangen. Se till att kontrollera nivån i oljebehållaren medan avluftningen pågår.

**11** Dra åt avluftningsnippeln ordentligt, ta bort slangen och skruva på nippelns huv.

**12** Kontrollera att oljenivån i behållaren är vid MAX-märket och provkör bilen, kontrollera att kopplingen fungerar ordentligt.

## 8 Kopplingens delar – demontering, inspektion och montering

### Demontering

**1** Man kommer normalt åt kopplingens delar genom att växellådan lyfts ur medan motorn sitter kvar i bilen. Om motorn ska lyftas ur för renovering, ta då tillfället i akt och kontrollera kopplingens skick, byt slitna delar efter behov. Följande arbetsbeskrivning förutsätter att motorn sitter på sin plats.

**2** Se kapitel 7A och demontera växellådan.

**3** Stötta lamellen vid demonteringen genom att montera ett verktyg för kopplingscentrering eller en gammal ingående växellådsaxel genom kopplingscentrum **(se bild)**.

**4** Se noga efter om tryckplattan och svänghjulet har lägesmarkeringar. Om sådana saknas, använd körnare, ritsnål eller färg till att märka upp dem så att de kan sättas ihop i samma inbördes läge **(se bild)**.

**5** Skruva försiktigt ur de bultar som fäster tryckplattan vid svänghjulet, arbeta lite i taget på varje skruv i ett kryssmönster till dess att

**8.3 Använd ett verktyg för kopplingscentrering för att stötta lamellen när tryckplattan tas bort, och för att centrera lamellen när kopplingen sätts ihop**

**8.4 Se till att märka upp tryckplattans och svänghjulets inbördes lägen så att ihopsättningen blir korrekt (detta behöver bara göras om den gamla tryckplattan ska återanvändas)**

fjädertrycket släppts upp **(se bild).** Ta tag i tryckplattan och skruva ur bultarna helt och sära sedan tryckplattan och lamellen från svänghjulet. Notera vilken väg lamellen är vänd.

## *Inspektion*

**6** Normalt, när problem uppstår i kopplingen är det lamellslitage det handlar om. Men inspektera samtliga komponenter när kopplingen tas isär.

**7** Inspektera svänghjulet (se kapitel 2A).

**8** Kontrollera pilotlagret i vevaxelns ände, se till att det snurrar mjukt och tyst **(se bild).** Om den ingående växellådsaxelns kontaktyta på lagret är sliten eller skadad, byt lager.

**9** Dra ut pilotlagret med en avdragare **(se bild).** Montera ett nytt lager med hylsa och hammare **(se bild).**

**10** Inspektera lamellens beläggning **(se bild).** Leta efter oljeföroreningar och allmänt slitage. Om beläggningen på lamellen verkar vara

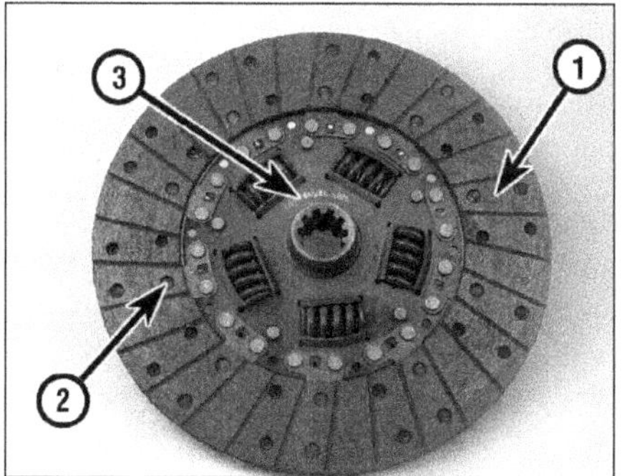


**8.10 Lamellen**

*1* ***Belägg*** *– Detta slits ned med användningen*

*2* ***Nitar*** *– Dessa fäster beläggningen och skadar svänghjulet eller tryckplattan om de tillåts komma i kontakt med dem*

*3* ***Markering*** *– "Flywheel Side" eller något liknande*

**8.5 Lossa tryckplattans bultar (vid pilarna) lite i taget till dess att fjädertrycket släppts upp**

**8.9a Du behöver en draghammare med ett specialfäste för att dra ut pilotlagret**

förorenad eller sliten ska lamellen bytas. Kontrollera tjocklek och kast och jämför med specifikationerna. Om lamellen är för tunn eller skev, byt den. Leta efter lösa nitar, skevhet, sprickor, brustna fjädrar och andra tydliga skador. Som tidigare sagt byts lamellen normalt varje gång den demonteras, så om minsta tvivel råder om skicket ska lamellen bytas.

**11** I normalfall byts urtrampningslager samtidigt som lamellen. Dra av lagret från den ingående axeln **(se bild).** Det är även en god idé att bända lös returfjädern, lossa urtrampningsarmen och inspektera urtaget för slavcylinderns tryckstång. Montering av armen och lagret sker med omvänd arbetsordning.

**12** Kontrollera tryckplattans bearbetade ytor. Om det finns sprickor, spår, repor, värmemissfärgningar, oljeföroreningar eller andra skador måste tryckplattan bytas. Lägg en stållinjal tvärs över ytan och bekräfta att den är plan. Leta efter lösa nitar och böjda eller

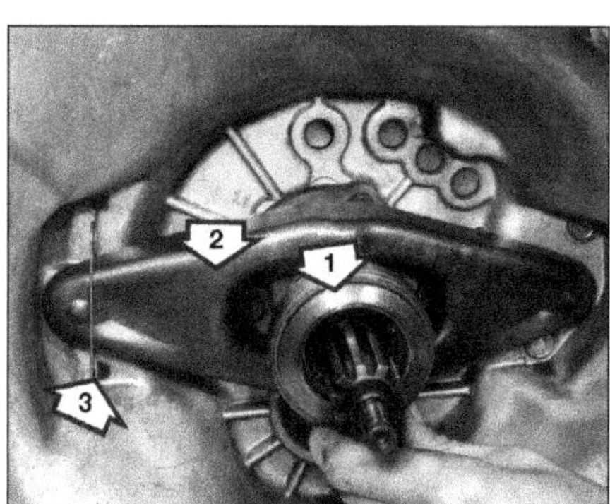


**8.11 Demontera urtrampningslagret (1) genom att dra av det från den ingående axeln. Demontera urtrampningsarmen (2) genom att haka av returfjädern (3)**

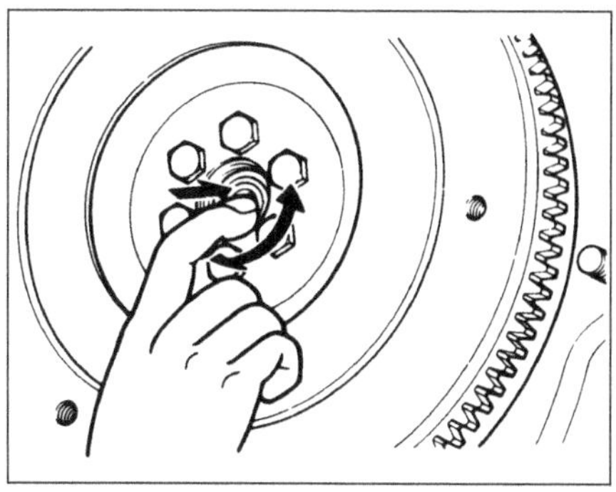

**8.8 Snurra på pilotlagret för hand och tryck samtidigt på det. Om det kärvar eller har missljud, byt lagret**

**8.9b Knacka försiktigt in det nya lagret med hylsa och hammare**

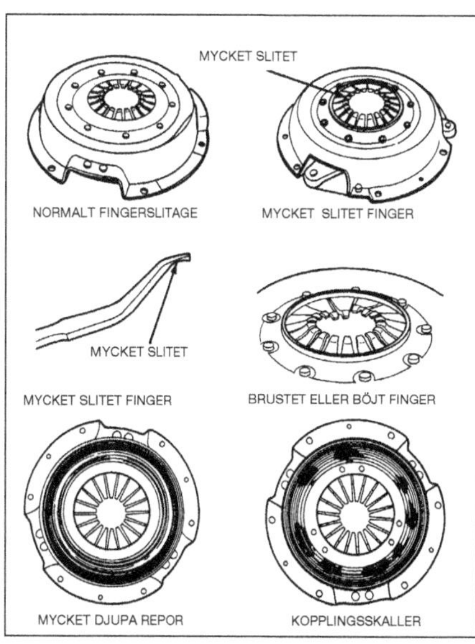


**8.12 Byt tryckplatta om något av ovan visade förekommer**

felriktade fingrar **(se bild).** Om tryckplattan visar tecken på slitage ska den bytas. Det är en god vana att byta kopplingsdelarna som en sats (lamell, tryckplatta och urtrampningslager) vid en större renovering eller om de gamla delarna rullat på en längre sträcka.

## *Montering*

**13** Innan monteringen ska svänghjulets och tryckplattans bearbetade ytor rengöras noga. Hantera delarna enbart med rena händer. LÅT INTE olja eller fett komma på kopplingens friktionsytor.

**14** Placera lamellen och tryckplattan på svänghjulet med lamellen hållen på plats av centreringsverktyget. Se till att lamellen monteras rättvänd (nya lameller är vanligen märkta med ”Flywheel side” eller liknande). Om den gamla tryckplattan ska användas, se till att använda de uppriktningsmärken som gjordes vid isärtagningen.

**15** Dra åt bultarna mellan tryckplatta och svänghjul med fingerkraft till en början och arbeta runt.

**16** Om det inte redan gjorts, stick in centreringsverktyget genom kopplingscentrum **(se bild 8.3).** Flytta lamellen tills dess att den är precis i mitten, så att den ingående växellådsaxeln löper lätt genom lamellen och in i pilotlagret. Om lamellen inte är korrekt centrerad är det omöjligt att montera växellådan.

**17** Dra åt tryckplattans bultar lite i taget, arbeta korsvis så att tryckplattan inte skevar och dra till angivet moment.

**18** Använd högtemperaturfett och smörj motorsidan av urtrampningslagret. Se till att spåret på insidan är helt fyllt. Fetta även in kulleden och gaffelns fingrar.

**19** Montera växellådan, slavcylindern och övriga demonterade komponenter.

## 9 Kardanaxel – demontering och montering

## *Demontering*

**1** Lägg klossar vid framhjulen och ställ upp bakvagnen på pallbockar.

**2** På serie 3, demontera bakre förstärkningsstaget och i tillämpbara fall avgassystemets och bränsletankens värmesköldar. **Observera:** *På vissa modeller är syresensorns hållare monterad på en av förstärkningsstagets fästbultar. På dessa modeller, se till att du inte skadar givarens ledningar när staget demonteras.* På senare modeller med automatväxellådan 4 HP 22 måste växellådan stöttas med en garagedomkraft.

**3** Demontera avgassystemet (se kapitel 4).

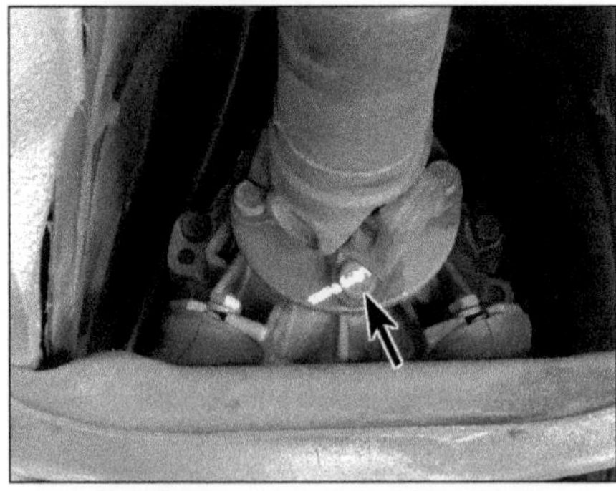

**9.6a Garantera att kardanaxeln monteras korrekt genom att måla eller rista lägesmärken tvärs över växellådans utgående fläns och främre knutens fläns, som visat på denna serie 5 (de flesta modeller har en flexikoppling av gummi och några serie 5 har en drivknut av CV-typ) . . .**

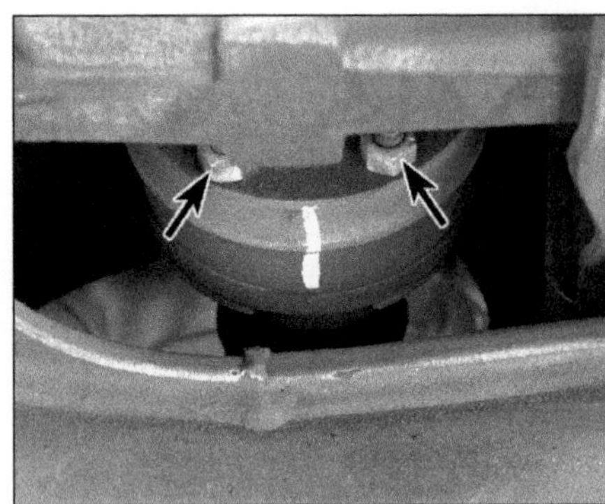

**9.6b . . . och tvärs över bakre knuten och differentialens ingående fläns**

**9.10 Stötta kardanaxelns vikt vid centrallagret och skruva ur de vid pilarna bultarna från centrallagret**

**9.11 Böj ner kardanaxeln vid mittenlagret och dra av den från centreringsstiftet på växelládsflänsen – tryck ihop splineskopplingen för att skapa utrymme om du måste, men dra INTE isär kardanaxelhalvorna**

**4** På serie 5, demontera avgasvärmeskölden.

**5** Vid glidknuten, lossa klammerhylsan (om befintlig) ett flertal varv men skruva inte ur den. **Observera:** *Senare versioner av serie 5 saknar klammerhylsa.*

**6** Använd färg, körnare eller ritsnål och gör lägesmarkeringar över utgående växellådsfläns och flexikopplingen (eller främre knuten på vissa modeller) och tvärs över bakre knuten och differentialens ingående fläns, för att se till att drivlinan sätts ihop i sin ursprungliga konfiguration **(se bilder).**

**7** Skruva ur de muttrar och bultar som fäster flexikopplingen **(se bild 10.3)** eller knuten **(se bild 9.6a)** vid växellådans utgående fläns. Lossa inte kardanaxeln från flänsen i detta skede.

**8** På vissa (serie 5 versioner) med främre knut, stötta växellådan med en garagedomkraft. Lossa växellådans bakre fästes muttrar och bultar (se kapitel 7) och dra fästet bakåt, skruva sedan ur de sex muttrar och bultar som fäster knuten vid växellådan.

**9** Skruva ur muttrar och bultar från kardanaxelns bakre fläns **(se bild 9.6b).**

**10** Stötta kardanaxeln i mitten och skruva ur mitten lagrets bultar **(se bild).**

**11** Böj ned kardanaxeln vid mittenlagret och dra av den från centreringsstiftet på växellådans utgående fläns **(se bild).** Du kan komma att behöva dra ihop splineskopplingen så att tillräckligt utrymme skapas. Dra INTE isär de två kardanaxelhalvorna. **Observera:** *På modeller med vibrationsdämpare, vrid dämparen cirka 60° innan den dras av centreringsstiftet eller utgående flänsen.*

**12** Om du avser att rengöra splineskopplingen eller byta gummibussning, märk upp halvorna innan kopplingen dras isär. Sedan splinesen rengjorts ska de smörjas med molybdendisulfidfett innan monteringen. Om kardanaxelhalvorna dras isär utan uppmärkning, montera splineskopplingen så att knutarna är i samma plan. Om kardanaxeln vibrerar efter monteringen är de två halvorna monterade 180° ur balans. I så fall måste du demontera kardanaxeln, sära de två halvorna vid glidknuten och vrida ena halvan 180° innan den sätts ihop igen.

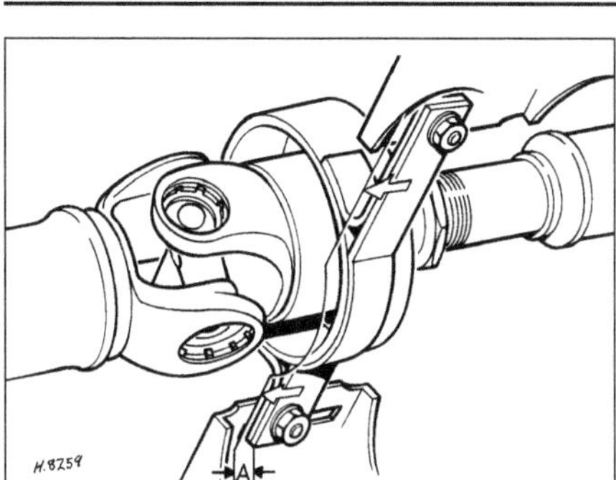


9.18 Förbelasta mittenlagret genom att dra det framåt från det obelastade läget och dra åt bultarna med angivet moment

### Montering

13 Montering sker med omvänd arbetsordning. Lägg dock märke till följande.

14 Lägg på ett tunt lager molybdendisulfidfett på centreringsstiftet på växellådsflänsen.

15 Placera kardanaxeln först mot differentialflänsen, dra den sedan på centreringsstiftet på växellådsflänsen och rikta upp mittenlagret mot stiftet och låt fästbultarna ta gäng, men dra inte åt dem ännu. Där CV-knutar är monterade, se till att packningarna är i gott skick, byt vid minsta behov.

16 Rikta upp lägesmärkena över bakre knutflänsen och differentialflänsen och skruva fast kardanaxeln på differentialflänsen med NYA självlåsande muttrar och dra dem till angivet moment.

***Varning: Använd aldrig gamla självlåsande muttrar.***

17 Rikta upp de gjorda märkena i kardanaxelns framände och montera flexikopplingen eller knuten till växellådsflänsen med nya självlåsande muttrar. Dra åt bultarna till angivet moment. **Observera 1:** *Olika klasser av bultar förekommer, de har olika åtdragningsmoment så titta efter vilken klass bultarna har, den finns instämplad i bultskallen.*

**Observera 2:** *Undvik att belasta flexikopplingen vid bultåtdragningen genom att ha mothåll på bultskallen och skruva på muttern på flänssidan.*

**Observera 3:** *På flexikopplingar är det enklare att montera bultarna om du monterar en stor slangklämma runt kopplingen och drar åt slangklämman något så att kopplingen trycks ihop en smula.*

18 Förbelasta mittenlagret genom att dra det framåt 4 - 6 mm (kardanaxlar med hylsa) eller 2 - 4 mm (kardanaxlar utan hylsa) från det obelastade läget **(se bild)**, dra sedan åt bultarna till angivet moment.

19 På serie 5 med CV-knutar, dra bakre växellådsfästet framåt och dra åt fästbultarna. Ta undan domkraften från växellådan.

20 Dra åt klammerhylsan på splineskopplingen.

21 Resterande montering sker med omvänd arbetsordning.

## 10 Flexikoppling - kontroll och byte

### Kontroll

1 Även om BMW inte specificerar underhållsintervall för kontroll av flexikopplingen mellan kardanaxelns främre del och växellådan, ska du alltid inspektera den när du arbetar under bilen. Kopplingen är tillverkad av gummi så den är sårbar för vägdamm, värme från avgassystemet och vridmoment i kardan-axeln. Leta efter sprickor, revor, saknade bitar och förvrängning. Om den är sprucken eller sliten, byt den enligt följande.

### Byte

2 Demontera kardanaxeln (se avsnitt 9).

3 Skruva ur flexikopplingens muttrar och bultar **(se bild)** och ta loss flexikopplingen från kardanaxeln. **Observera:** *Underlätta demontering och montering av bultarna genom att montera en stor slangklämma runt kopplingen och dra åt klämman något så att kopplingen trycks ihop.*

4 Montera den nya flexikopplingen med NYA självlåsande bultar. Om kopplingen är riktningsmarkerad med pilar ska dessa peka på flänsen, INTE bultskallarna **(se bild).** Dra åt muttrarna till angivet moment.

5 Montera kardanaxeln (se avsnitt 9).

## 11 Mittenlager - kontroll och byte

### Byte

1 Mittenlagret består av ett kullager omgivet av ett gummifäste. Lagret är pressat på bakre änden av främre kardanaxelhalvan och säkrat med en låsring. Centrallagret skyddas av dammskydd på vardera sidan, men vatten och smuts kan fortfarande tränga in i lagret och förstöra det. Även vibrationer i kardanaxeln kan förstöra lagret. För att kunna inspektera lagret ordentligt måste du demontera kardanaxeln (se avsnitt 9). Detta ger att närhelst kardanaxeln demonteras ska du passa på att inspektera centrallagret. Snurra på lagret och känn efter om det snurrar fritt. Om det är trögt eller har en grusig känsla ska lagret bytas. Inspektera även gummidelen. Om den är sprucken eller trasig, byt den.

### Byte

2 Gör lägesmärken på kardanaxelns halvor.

3 Skruva ur och lossa klammerhylsan och dra isär axelhalvorna. Demontera gummibussningen, brickan och klammerhylsan från kardanaxelns främre halva.

4 Inspektera skicket på splineskopplingens gummibussning. Om den är sliten eller sprucken, byt den.

5 Ta ut mittenlagrets låsring och dammskydd **(se bild).**

6 Demontera lagerfästet med en avdragare **(se bild).**

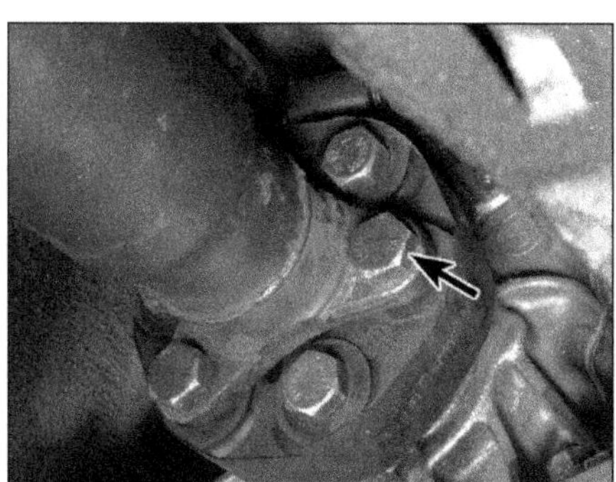

10.3 Skruva ur flexikopplingens muttrar och bultar

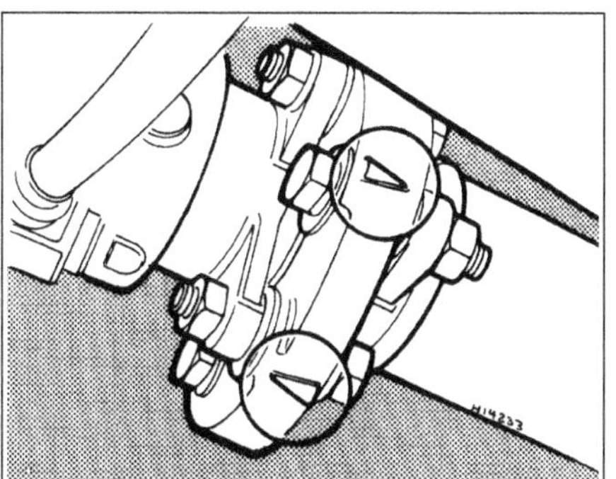

10.4 Om kopplingen har riktningspilar måste dessa peka mot flänsen, inte bultskallarna

11.5 Demontera centrallagrets låsring och dammskydd

*1 Låsring 2 Dammskydd*

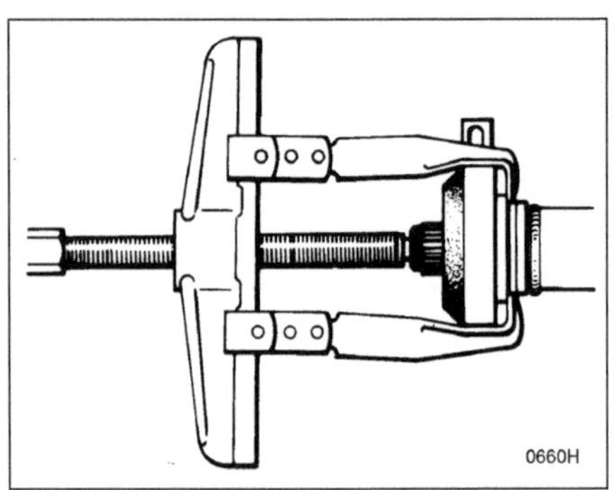


**11.6 När du monterar en avdragare för att dra av centrallagret, se då till att den drar på lagernavet. Att dra i den yttre banan kan skada gummit vilket leder till att hela mittenlagret och fästet måste bytas**

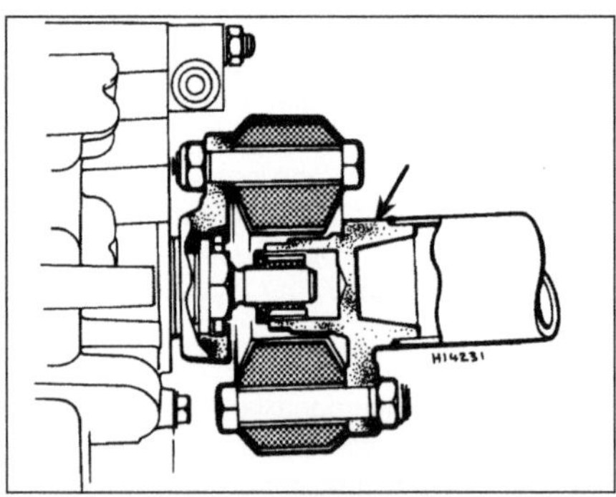

**13.1 Genomskärning av centreringsstyrningen (vid pilen)**

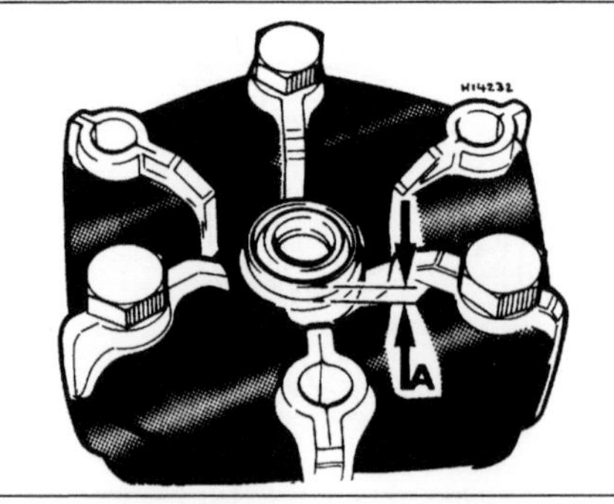


**13.5 Kontrollera att tätningsläppen på den nya centreringsstyrningen sticker ut 4,5 mm (mått A) från axeländen**

***Varning: Montera avdragaren så att den drar på lagernavet. Ett drag i den yttre ringen kan dra sönder gummit vilket leder till ett byte av hela lagret och fästet.***

**7** Om nytt lager eller fäste krävs, ta enheten till en verkstad eftersom en press krävs för att separera och sätta ihop lager och fäste.

**8** Se till att dammskyddet fortfarande sitter på kardanaxeln och pressa sedan på lagret på axeln så att det är tätt mot dammskyddet.

**9** På modeller med splineskoppling på kardanaxeln, montera klammerhylsan, brickan och gummibussningen på främre axelhalvan. Smörj splinesen med molybdendisulfidfett och sätt ihop kardanaxeln. Kontrollera att lägesmärkena är uppriktade. Dra inte åt klammerhylsan innan kardanaxeln är ihopsatt.

**10** Montera kardanaxeln (se avsnitt 9).

**11** På modeller utan splineskoppling på kardanaxeln, använd flytande gänglås på kardanaxelns okbult och dra den till angivet moment.

**12** På modeller med splineskoppling på kardanaxeln, dra åt klammerhylsan till angivet moment.

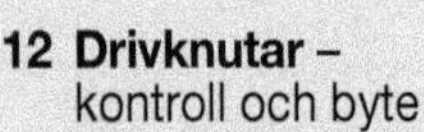

## 12 Drivknutar - kontroll och byte

### *Kontroll*

**1** Slitage i drivknutarna kännetecknas av vibrationer i drivlinan, missljud vid gaspådrag och metalliskt gnissel samt slipljud i takt med att lagren slits sönder.

**2** Det är enkelt att kontrollera slitage i knutarna om kardanaxeln är monterad. Kontrollera slitaget i den bakre knuten genom att försöka vrida kardanaxeln medan differentialflänsen är fixerad. Främre knuten kontrolleras genom att kardanaxeln vrids med växellådsflänsen fixerad. Märkbart spel mellan kardanaxeln och endera drivknutarna indikerar för stort slitage.

**3** Om kardanaxeln redan är demonterad kontrollera knutarna genom att hålla axeln i ena handen och oket eller flänsen vrider du med den andra handen. Om axialspelet är för stort ska kardanaxeln bytas.

### *Byte*

**4** Kardanaxelns drivknutar kan inte renoveras av en hemmamekaniker. Detta medför att när kardanaxel och drivknutar måste bytas, ska de bytas som en enhet. Det kan eventuellt vara möjligt att skaffa en renoverad kardanaxel på utbytesbasis, rådfråga en specialist.

**5** Demontering och montering av kardanaxeln tas upp i avsnitt 9.

## 13 Främre centreringsstyrning - kontroll och byte

### *Kontroll*

**1** Främre centreringsstyrningen **(se bild)** styr kardanaxeln exakt i förhållande till växellådsflänsen. Styrningen, som är presspassad i ett hål i kardanaxelns framände, greppar in med ett styrstift på växellådsflänsen. En sliten centreringsstyrning orsakar att kardanaxeln vibrerar.

**2** Kontrollera centreringsstyrningen genom att skruva ur flexikopplingens bultar. Fatta sedan tag i kardanaxelns framände och försök att rucka den upp/ned och i sidled. Den ska sitta tätt mot styrstiftet, om spelet är för stort ska centreringsstyrningen bytas.

**Observera:** *Vissa kardanaxlar har ett dammskydd över framänden. Detta skydd böjs ibland under demontering av kardanaxeln. Skador på detta skydd bör inte påverka centreringsstyrningen och ska inte förväxlas med slitage på styrningen.*

### *Byte*

**3** Demontera kardanaxeln (se avsnitt 9).

**4** Packa håligheten bakom centreringsstyrningen med ett tjockt fett till dess att detta är jämte styrningens underkant. Stick in en tätt passande metallstav (ca. 14 mm diameter), täck över styrningen med en trasa och knacka på staven med en hammare (försök inte använda en för tunn stav eftersom fettet då undkommer på sidorna). Trycket av staven mot fettet bör trycka ut styrningen ur kardanaxeln.

**5** Smörj den nya styrningen med molybdendisulfidfett och driv in den i kardanaxeln. Se till att tätningsläppen är vänd utåt och sticker ut från kardanaxeln med cirka 4.5 mm **(se bild).**

**6** Montera kardanaxeln (se avsnitt 9).

## 14 Kardanaxelns CV-knut - byte

**1** CV-knuten i kardanaxelns framände på vissa modeller är fastbultad direkt på växellådsflänsen. Byte av den kräver att kardanaxeln demonteras. Se till att byta klamrar, låsringar, damasker, packningar och dammskydd.

**2** Demontera kardanaxeln (se avsnitt 9).

**3** Lossa damaskklammern från knutens baksida.

**4** I knutens främre ände, ta ut den låsring som fäster knuten vid axeln. Dra av knuten från axeln med en lämplig avdragare (knuten är monterad med gänglås och du kan inte dra av den utan avdragare).

**5** Skruva ur knutens fästbultar. Bultskallarna är taggade så du måste driva ut dem ur knuten.

**6** Packa den nya knuten med 80 gram CV-knutsfett. Arbeta in fettet i buren.

***Varning: Vrid INTE på knutens inre bana under packningen. Kulorna kan då ramla ut ur buren.***

**7** Montera ny packning och nytt dammskydd.

**8** Knacka bultar och hållare genom knutens hål, rengör kardanaxelns splines och lägg på lite flytande gänglås på splinesen.

**9** Placera damasken på axeln. Montera knuten på axeln och knacka fast den med ett trädorn.

**10** Montera en ny låsring på axeln och en ny damaskklammer på damasken.

**11** Montera kardanaxeln (se avsnitt 9).

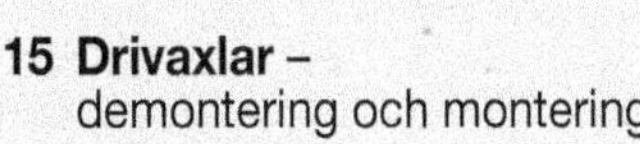

## 15 Drivaxlar – demontering och montering

### Demontering

**1** Dra åt handbromsen ordentligt. På bilar i serie 3, bänd loss dammskyddet i mitten på hjulnavet, lyft ut låsplattan runt drivaxelmuttern och lossa den – men skruva inte ut den ännu. Denna mutter är mycket hårt åtdragen.

**2** Lossa de bakre hjulbultarna men skruva inte ur dem ännu.

**3** Ställ upp bakvagnen på pallbockar och lyft av bakhjulen.

**4** Torka rent kring de inre och yttre drivknutarna så att smuts inte kan förorena dem när de öppnas.

**5** Skruva ur de sex insexbultarna **(se bild)** från den inre drivknuten och lossa den från drivflänsen.

**6** På serie 5, skruva ur de sex insexbultarna från den yttre knuten **(se bild)** och lossa den från ytterflänsen.

**7** På serie 3, skruva ur drivaxelmuttern och pressa ut axeltappen genom hjulnavet med en avdragare. Om så behövs för att hindra navet från att vridas, skruva i två hjulbultar och kila fast dem med en stor skruvmejsel eller liknande.

**8** Demontera drivaxeln.

**15.5 På samtliga modeller, skruva ur insexbultarna från den inre drivknuten och lossa knuten från differentialens fläns (Serie 5 visad, serie 3 mycket lik)**

**15.6 På serie 5, skruva ur insexskruvarna från den yttre knuten och lossa knuten från drivflänsen**

### Montering

**9** Montering sker med omvänd arbetsordning. Se till att dra åt drivknutens insexbultar och (serie 3) drivaxelmuttern till angivet moment.

## 16 Drivknutar och damasker – kontroll och byte

**Observera 1:** *Vissa tillbehörsförsäljare saluför "delade" damasker som kan monteras utan att drivaxlar demonteras (dessa lindas i praktiken runt knuten när den gamla damasken skurits bort). Detta är ett bekvämt alternativ men vi rekommenderar dock att drivaxeln demonteras, att knuten rengörs från fukt och smuts (som påskyndar knutslitaget) och att de monteras med nya damasker utförda i ett stycke.*

**Observera 2:** *Om den yttre damasken på serie 3 kräver ett byte måste inre knuten demonteras först.*

**Observera 3:** *Om knutarna visar tecken på slitage (vanligtvis orsakat av trasiga damasker) måste de bytas. På serie 3 kan innerknuten bytas separat men om den yttre knuten är skadad måste även drivaxeln bytas eftersom de inte kan tas isär. På serie 5 kan bägge knutarna bytas separat.*

**Observera 4:** *Kompletta helrenoverade drivaxlar finns att få på utbytesbasis vilket eliminerar mycket tidsödande arbete. Oavsett vilket alternativ du väljer, kontrollera pris och tillgänglighet för de olika alternativen innan du tar isär bilen.*

### Kontroll

**1** Knutarna och damaskerna ska kontrolleras med jämna mellanrum och närhelst bilen lyfts upp.

**2** Ställ upp bilen på pallbockar. Se efter om damaskerna har sprickor, läckor eller brustna fästband. Om fett läcker från damasken kommer knuten att slitas ut i förtid och kräva byte. Byt omedelbart skadade damasker.

**3** Fatta tag i drivaxlarna, en i taget, och vrid dem i bägge riktningarna och dra ut och skjut in dem. Leta efter överdrivet spel som anger slitna splines eller glappa drivknutar.

### Byte av drivknut och damask

**Observera:** *Om den yttre damasken på serie 3 kräver ett byte måste inre knuten och damasken demonteras först.*

**4** Demontera drivaxeln (se avsnitt 15).

**5** Bänd upp och ta undan damaskklamrarna **(se bilder)** och kassera dem.

**6** Ta bort knutens skyddshuv **(se bild).**

**16.5a Bänd upp den större damaskklammern . . .**

**16.5b . . . och den mindre och kassera bägge**

**16.6 Knacka loss skyddshuven från knuten med hammare och mejsel**

16.7 Ta ut låsringen med en låsringstång

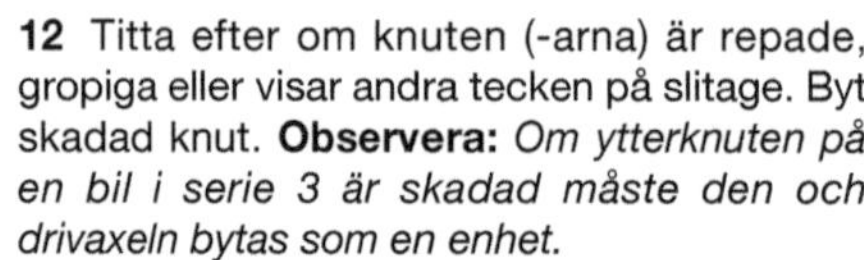

16.8 Använd en mjuk klubba och knacka försiktigt på änden av drivaxeln (INTE knutens banor) och lossa axeln från knuten

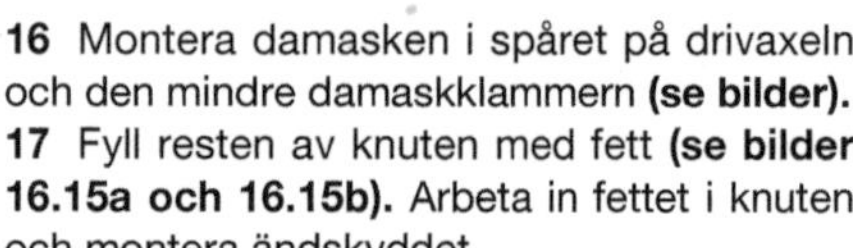

16.13 Tejpa över splinesen i änden på drivaxeln så att den nya damasken inte skadas vid monteringen

7 Ta ut den stora låsring som håller knuten på axeln **(se bild).**

8 Knacka försiktigt på axeländen (INTE knutbanorna) och sära axel och knut **(se bild).**

9 Dra av den gamla damasken från drivaxeln.

10 Om du arbetar på en modell i serie 3 och även byter ytterdamasken, skär av inre och yttre damaskklamrarna och dra av även den damasken.

11 Rengör knuten (-arna) ytterst noga med lösningsmedel. Tvätta bort allt gammal fett och blås rent med tryckluft, om tillgänglig.

***Varning: Bär skyddsglasögon vid arbete med tryckluft.***

12 Titta efter om knuten (-arna) är repade, gropiga eller visar andra tecken på slitage. Byt skadad knut. **Observera:** *Om ytterknuten på en bil i serie 3 är skadad måste den och drivaxeln bytas som en enhet.*

13 Linda tejp runt drivaxelsplinesen för att skydda damaskerna **(se bild).** Montera ny(a) damask(er) och ta bort tejpen.

14 Knacka försiktigt fast knuten på drivaxeln **(se bild).** Var extremt noga med att inte skada banorna, använd en gummiklubba eller kopparhammare. Montera låsringen.

15 Fyll håligheten i knutens baksida med CV-knutsfett och arbeta in fettet i knuten **(se bilder).**

16 Montera damasken i spåret på drivaxeln och den mindre damaskklammern **(se bilder).**

17 Fyll resten av knuten med fett **(se bilder 16.15a och 16.15b).** Arbeta in fettet i knuten och montera ändskyddet.

18 Montera den större damaskklammern och dra åt den **(se bilder 16.16a och 16.16b).**

19 Montera drivaxeln (se avsnitt 15).

## 17 Differentialhusets sidopackboxar - byte

1 Ställ upp bakvagnen på pallbockar.

2 Tappa ur oljan från differentialen (se kapitel 1).

3 Sära drivaxeln från differentialen (se avsnitt 15) och häng upp den åt sidan med en bit vajer. Låt den inte hänga ostöttad eftersom den då kan skadas.

4 Använd bräckjärn eller en stor skruvmejsel och lossa differentialflänsen från differentialen **(se bild).** Var beredd på att ta emot flänsen när den kommer ut.

5 Ta ut flänsens låsring **(se bild).**

6 Inspektera flänsaxeln. Om det finns ett spår i den där axeln kommer i kontakt med packboxen ska flänsen bytas.

7 Ta ut den gamla packboxen med en pack-

16.14 Knacka försiktig fast knuten på drivaxeln med en mjuk klubba så att banorna inte skadas

16.15a Fyll håligheten i knutens bakdel med drivknutsfett . . .

16.15b . . . och arbeta in det i knuten

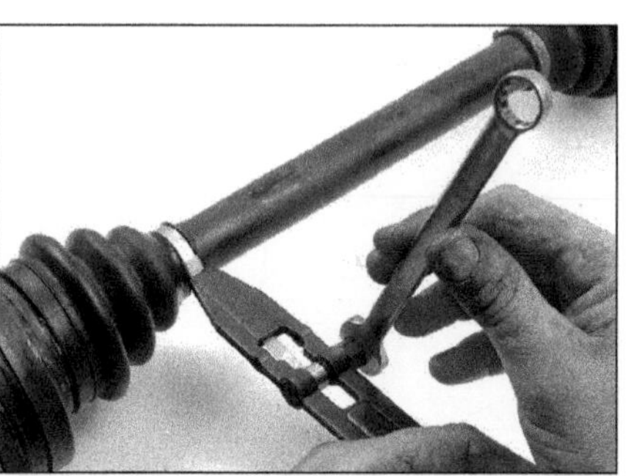

16.16a Dra damasken i läge, montera den mindre klammern och dra åt den med en bandspännare (finns att få från de flesta motorspecialister)

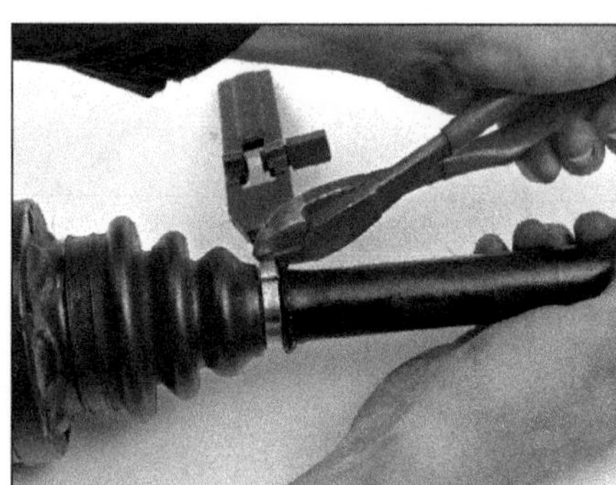

16.16b Böj tillbaka änden på klammern och kapa överskottet

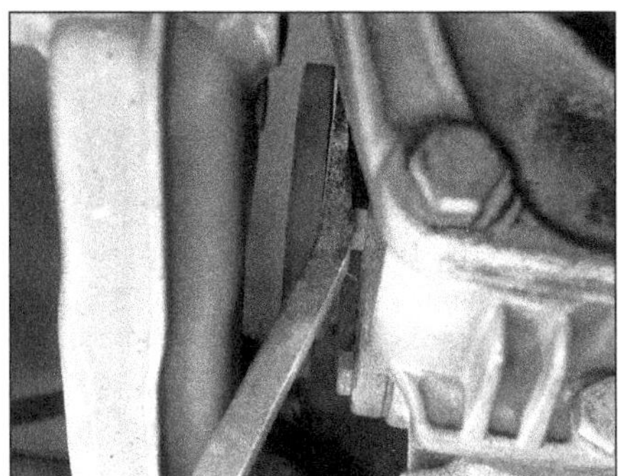

17.4 Använd bräckjärn eller stor skruvmejsel och demontera differentialflänsen - var beredd på att ta emot flänsen när den kommer ut

boxutdragare eller en stor skruvmejsel **(se bild)**. Se till att inte skada packboxsätet i differentialhuset.

8 Täck den nya packboxen med differentialolja och knacka den på plats med en stor hylsa eller med en rörstump och hammare **(se bild)**. Se till att packboxen är rättvänd (läppen inåt).

9 Montera en ny låsring i spåret. Kontrollera att bägge ändarna verkligen går ned helt i spåret.

10 Fetta in packboxläppen och montera

17.5 Ta ut flänsens låsring med en liten skruvmejsel

differentialflänsen. Tryck in den till dess att låsringen greppar.

11 Resterande montering sker med omvänd arbetsordning.

## 18 Differentialhus - demontering och montering

### Demontering

1 Ställ upp bakvagnen på pallbockar och tappa ur oljan från differentialen (se kapitel 1).

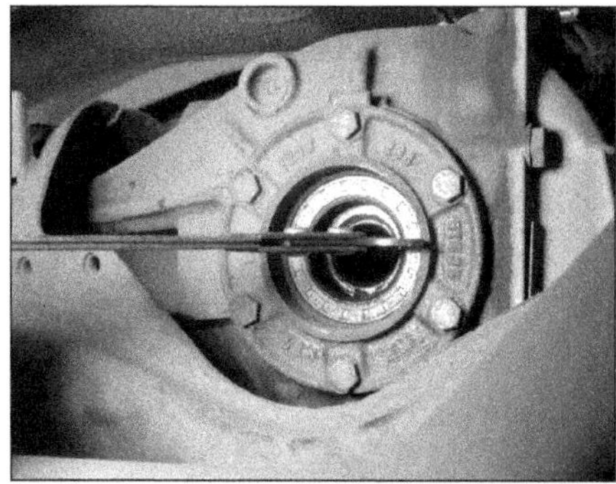

17.7 Dra ut packboxen med en utdragare (visad) eller en stor skruvmejsel

2 Lossa kardanaxeln från differentialflänsen (se avsnitt 9). Häng upp kardanaxeländen i en vajer så att inte centrallagret skadas.

3 Skruva loss drivaxlarnas innerändar från differentialflänsarna (se avsnitt 15). Häng upp drivaxlarna i vajrar så att inte drivknutarna skadas.

4 Dra ur kontakten till hastighetsmätarens givare **(se bild)**. Skruva ur givarens två fästbultar och ta bort givaren.

5 Stötta differentialen med en garagedomkraft.

6 På serie 3, skruva ur differentialens bakre fästbult **(se bild)**. På serie 5, skruva ut differentialens två bakre fästbultar ovanpå bakaxelhållaren **(se bild)**.

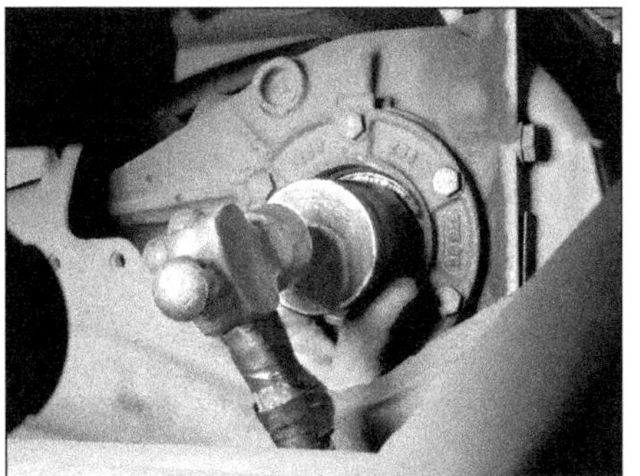

17.8 Täck den nya packboxen med differentialolja och använd en grovkalibrig hylsa eller rörstump och knacka in packboxen

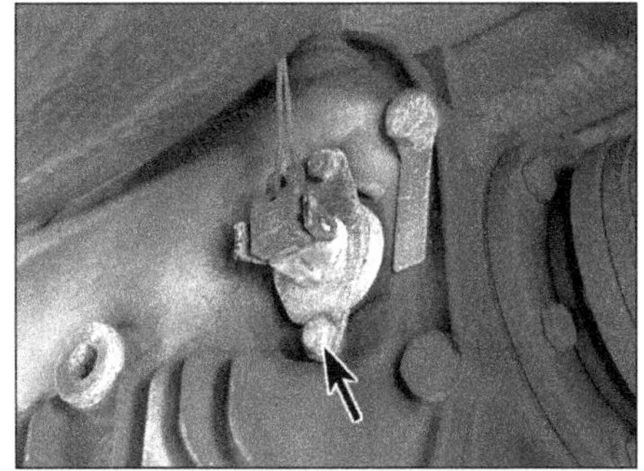

18.4 Dra ur ledningen till hastighetsmätarens givare, skruva ur de två bultarna (en vid pilen) och ta ut givaren (serie 3 visad, serie 5 mycket lik)

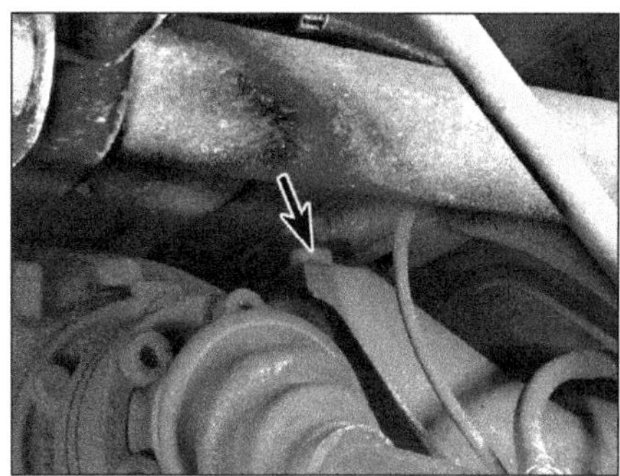

18.6a På serie 3, skruva ur differentialens bakre fästbult (vid pilen)

18.6b På serie 5, skruva ur de två bakre fästbultarna (vid pilarna) för differentialen på översidan av bakaxelhållaren (vänster sida visad)

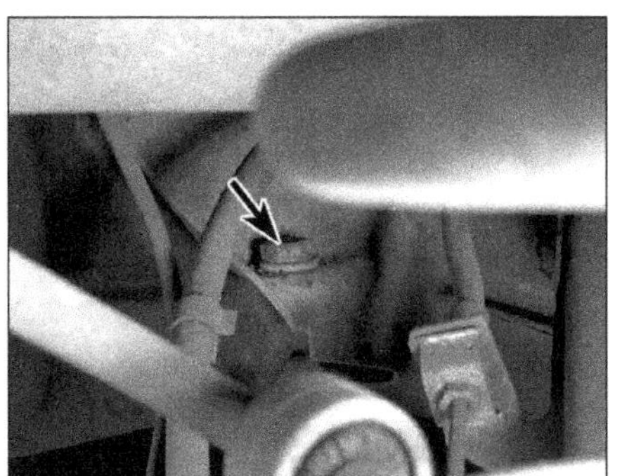

18.7a På serie 3, stötta differentialhuset med en garagedomkraft och skruva ur de främre fästbultarna (vid pilen) - höger sida visad

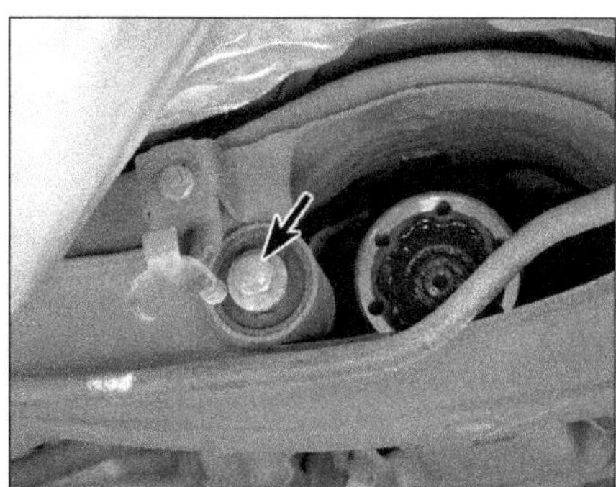

18.7b På serie 5, skruva ur differentialens främre fästbult (vid pilen)

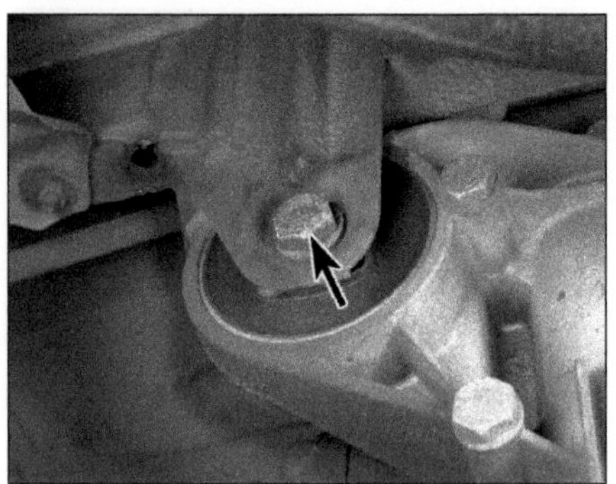

**18.8 På serie 3, skruva ur bulten och muttern (vid pilen) till gummiupphängningen**

**7** Skruva ur de två främre fästbultarna (på serie 3) eller främre fästbulten (på serie 5) **(se bilder).**

**8** På serie 3, skruva ur mutter och bult till främre gummiupphängningen **(se bild).**

**9** Sänk ned differentialen och ta bort den från bilens undersida.

## Montering

**10** Placera differentialhuset på plats mot fästena och fingerdra bultarna på plats (dra inte åt någon innan alla är på plats) och dra sedan samtliga bultförband ordentligt.

**11** Resterande montering sker med omvänd arbetsordning.

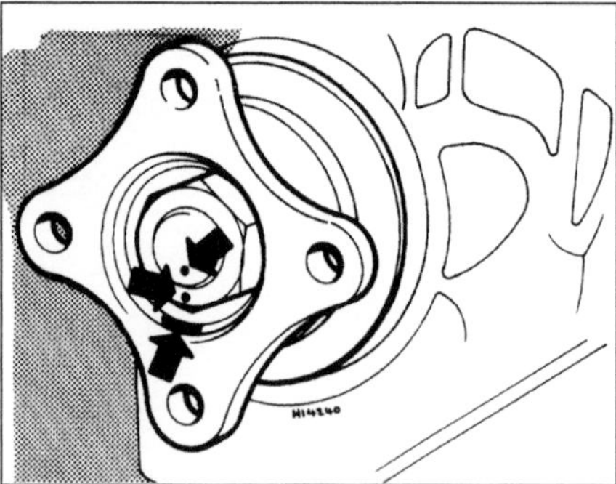

**19.3 Rista eller måla lägesmärken (vid pilarna) på flänsen, pinjongaxeln och pinjongaxelns mutter så att de kan sättas ihop korrekt**

## 19 Pinjongpackbox - byte

**1** Ställ upp bakvagnen på pallbockar.

**2** Demontera differentialhuset (se avsnitt 18).

**3** Gör lägesmarkeringar på pinjongaxeln, flänsmuttern och flänsen **(se bild).**

**4** Ta bort låsplattan och håll flänsen stilla medan flänsmuttern skruvas ur.

**5** Använd en avdragare och dra ur ingående flänsen. **Observera:** *Om pinjongaxeln har ett slitspår från den gamla packboxen, rådfråga en BMW-verkstad eller annan kvalificerad specialist. En ny pinjongaxelhylsa kan också komma att behövas (se paragraf 8).*

**6** Dra ut den gamla packboxen med en utdragare eller en skruvmejsel. Se till att inte skada sätet.

**7** Doppa den nya packboxen i differentialolja och driv in den, läppen inåt i läge med en hylsa eller rörstump.

**8** Smörj den ingående axeln helt lätt och pressa på flänsen, men tryck inte in den hela vägen. Skruva på flänsmuttern och dra sakta åt den med en momentnyckel och notera vid vilket moment märkena riktas upp. Det bör vara i närheten av vad som anges i specifikationerna. Om märkena riktas upp vid ett mycket lägre moment behöver troligen pinjongaxelhylsan bytas. I och med att detta kräver specialverktyg och är ett mycket kritiskt arbete ska detta lämnas till en märkesverkstad eller annan kvalificerad specialist.

**9** Om specificerat moment uppnås *innan* lägesmärkena riktas upp, fortsätt INTE att dra åt muttern.

***Varning: Dra inte förbi märkena och lossa efteråt, eftersom detta kan överkomprimera pinjongaxelhylsan.***

# Kapitel 9 Bromssystem

## Innehåll



## Svårighetsgrader

**Enkelt,** passar novisen med lite erfarenhet 

**Ganska enkelt,** passar nybörjaren med viss erfarenhet 

**Ganska svårt,** passar kompetent hemmamekaniker 

**Svårt,** passar hemmamekaniker med erfarenhet 

**Mycket svårt,** för professionell mekaniker 

## Specifikationer

### Allmänt

Typ av bromsolja . . . . . Se kapitel 1

### Skivbromsar

Minsta bromsklosstjocklek . . . . . Se kapitel 1
Minsta bromsskivetjocklek (slitagegräns)*
Fram
Serie 3
Massiva skivor . . . . . 10,7 mm
Ventilerade skivor . . . . . 20,0 mm
Serie 5
Massiva skivor . . . . . 10,0 mm
Ventilerade skivor . . . . . 20,0 mm
Bak . . . . . 8,0 mm
Minsta bromsskivetjocklek efter bearbetning
Fram
Serie 3
Massiva skivor . . . . . 11,1 mm
Ventilerade skivor . . . . . 20,4 mm
Serie 5
Massiva skivor . . . . . 10,4 mm
Ventilerade skivor . . . . . 20,4 mm
Bak . . . . . 8,4 mm
Parallellitet (skillnad mellan två mått) . . . . . 0,02 mm
Maximalt kast på bromsskiva . . . . . 0,2 mm
** Se skivornas markering (den har företräde framför information som anges här)*

### Bromspedaljustering

Bromspedal/tryckstångsjustering (A) (serie 3) . . . . . 125 mm
Bromspedalens höjd (avstånd mellan pedal och torpedplåt)
Serie 3
Vänsterstyrd bil . . . . . 235 mm
Högerstyrd bil . . . . . 273 mm
Serie 5 . . . . . 245 mm
Bromsljuskontaktens justering (mått A – se text) . . . . . 5,0 mm till 6,0 mm

### Handbroms

Bromsbacksbeläggningens minsta tjocklek . . . . . 1,5 mm
Handbromsspakens slag . . . . . 5 till 8 klick

| Åtdragningsmoment | Nm |
|---|---|
| Främre bromsok | |
| Okets styrbultar | 30 till 35 |
| Okfästets bultar till fjäderbenshuset | |
| Serie 3, E30 | 123 |
| Serie 5, E28 ("gamla karossen") | 123 |
| Serie 5, E34 ("nya karossen") | 110 |
| Bakre bromsok | |
| Okets styrbultar | 30 till 35 |
| Okets bultar till bärarmen | 67 |
| Bromsslangens anslutning till oket | 14 till 17 |
| Huvudcylinderns muttrar till bromsservon | |
| Serie 3 | 24 |
| Serie 5 | 25 till 29 |
| Bromsservons fästmuttrar | 22 till 24 |
| Hydraulrörens gängade anslutningar till bromsservon | |
| Serie 5, E28 ("gamla karossen") | 31 |
| Hjulbultar | Se kapitel 1 |

## 1 Allmän information

Alla serie 3-versioner och serie 5 E28 ("gamla karossen") har skivbromsar på framhjulen och antingen trum eller skivbromsar på bakhjulen. Serie 5 E34 ("nya karossen") har skivbromsar fram och bak. Främre och bakre bromsar är självjusterande på samtliga modeller. Vissa senare modeller är utrustade med låsningsfria bromsar (ABS) som tas upp i avsnitt 2.

### *Hydraulsystem*

Hydraulsystemet består av två separata kretsar. Huvudcylindern har separata behållare för vardera kretsen. I händelse av läcka eller haveri i ena kretsen påverkas inte funktionen i den andra kretsen.

### *Bromsservo*

Vakuumbromsservon använder insugsrörets vakuum och atmosfärtrycket till att ge extra kraft åt de hydrauliskt manövrerade bromsarna och finns monterad på torpedplåten i motorrummet.

En hydraulisk bromsservo används i serie 5 modell E28. Detta system använder hydraultryck från servostyrpumpen till att ge extra bromskraft.

### *Handbroms*

Handbromsen fungerar på bakhjulsbromsarna och är vajermanövrerad via en spak i mittkonsolen. Handbromsen på bilar med bakre trumbromsar är en del av bakre bromsmekanismen och självjusterande. På modeller med bakre skivbromsar använder handbromsen ett par bromsbackar placerade i mitten av vardera bakre bromsskivan och justeras manuellt.

### *Bromsklossarnas slitagevarningssystem*

Bromsklossarnas slitagevarning är kopplat till en röd varningslampa i instrumentpanelen som tänds när bromsklossarna nått slitagegränsen. IGNORERA INTE denna varning. Om du inte byter bromsklossar mycket snart efter det att lampan tänts skadas bromsskivorna.

På vissa modeller inkluderar varningssystemet en funktion med förvarning som tänder varningslampan enbart när bromspedalen trycks ned så att du vet att det snart är dags att byta bromsklossar.

Slitagegivaren är kopplad till bromsklossarna och är placerad på vänster framhjul. Vissa modeller har även en givare på höger bakhjul. Slitagegivaren är en del av en sluten krets. När klossarna slits ned till en punkt där de är i jämhöjd med givaren slipar bromsskivan bort den del av givaren som är vänd mot skivan. Detta kapar ledningen i givaren vilket tänder den röda lampan på instrumentpanelen.

Kontrollera alltid givaren (-arna) vid byte av bromsklossar. Om du byter innan varningslampan tänts kan givaren (-arna) fortfarande vara funktionsdugliga men när lampan väl tänts måste givaren (-arna) bytas.

### *Underhåll*

Efter avslutat arbete som inneburit isärtagning av någon del av bromssystemet ska bilen alltid provköras och bromsarna testas innan normalt bruk av bilen återupptas. Vid bromstestning, försök att välja en ren, torr väg som inte lutar och som saknar trafik. Andra förhållanden kan leda till felaktiga testresultat.

Testa bromsarna i olika hastigheter med både lätt och hårt pedaltryck. Bilen ska stanna jämnt och utan att dra åt något håll. Undvik att låsa bromsarna eftersom detta gör att bilen hasar på däcken vilket leder till att bromseffekt och styrförmåga minskar.

Däck, belastning och hjulinställning är faktorer som också påverkar bromsarnas prestanda.

## 2 Låsningsfritt bromssystem (ABS) - Allmän information

Det låsningsfria bromssystemet (ABS) är utformat för att upprätthålla kontrollen över bilen, riktningsstabilitet och optimal bromseffekt undra svåra inbromsningsförhållanden på de flesta underlag. Systemet gör detta genom att övervaka rotationshastigheten på samtliga hjul och styra trycket i bromsledningarna till varje enskilt hjul under inbromsning. Detta förhindrar att hjulen låses.

Systemet har tre huvuddelar - hjulens hastighetsgivare, den elektroniska styrenheten och hydraulstyrningen. Givarna – en på varje hjul efter 1985 men på framhjulen och differentialen på tidigare modeller – skickar en signal med variabel spänning till styrenheten som kontinuerligt övervakar signalerna och jämför dessa med den inprogrammerade informationen och avgör när ett hjul är på väg att låsa. När ett hjul är på väg att låsa skickar elektroniken en signal till hydrauliken att sänka (eller i vart fall inte höja) trycket i det hjulets bromsok. Tryckmodulering utförs av elektriskt styrda solenoidventiler.

Om ett problem uppstår i systemet tänds varningslampan "ABS" på instrumentpanelen. I vissa fall kan en inspektion av systemet hjälpa dig att hitta problemet. Inspektera systemets kabelhärva noga. Var speciellt uppmärksam på härvan och kontakterna nära hjulen. Leta efter tecken på skavningar och andra skador orsakade av felaktigt dragna ledningar. Om kabelaget till en hjulgivare är skadat ska givaren bytas (kabelage och givare är integrerade).

***Varning: Försök INTE reparera kabelage i det låsningsfria bromssystemet. Systemet är mycket känsligt även för den minsta förändring av motstånd. Reparation av kabelaget kan ändra motståndet i detta och orsaka felfunktioner i systemet. Om***

***kabelaget i systemet är det minsta skadat måste det bytas.***

***Varning: Kontrollera att tändningen är avslagen innan kontakter dras ut eller sticks in.***

## *Diagnos och reparationer*

Om instrumentpanelens varningslampa tänds och förblir tänd under körning kräver det låsningsfria bromssystemet tillsyn. Även om speciella elektroniska diagnosverktyg krävs för en fullständig kontroll av systemet kan du själv utföra ett par preliminära kontroller innan bilen tas till en BMW-verkstad.

*a) Kontrollera bromsoljebehållarens nivå.*

*b) Kontrollera att den elektroniska styrenhetens kontakter är ordentligt anslutna.*

*c) Kontrollera de elektriska anslutningarna till hydraulikstyrningen.*

*d) Kontrollera säkringarna.*

*e) Spåra kabelhärvorna till varje hjul och kontrollera att alla kontakter är goda och att ledningarna är oskadade.*

Om ovanstående preliminära kontroller inte åtgärdar problemet ska bilen tas till en BMW-verkstad för diagnos. I och med systemets komplexa uppbyggnad måste allt reparationsarbete utföras av en BMW-verkstad.

## 3 Bromsklossar - byte

***Varning: Bromsklossar måste alltid bytas axelvis. Byt ALDRIG bromsklossar bara på ett hjul. Kom även ihåg att damm i bromssystem kan innehålla asbest som är hälsovådligt. Blås inte ut det med tryckluft, inhalera inte dammet. En godkänd andningsmask ska användas vid arbete med bromsarna. Använd inte under några som helst omständigheter petroleumbaserade lösningsmedel vid rengöring av bromsdelar. Använd endast bromsrengöringsvätska! Vid underhåll av skivbromsar, använd endast originalutrustning eller högkvalitativa bromsklossar av välkänt fabrikat.***

***Varning: Bromsolja är giftig och ett mycket effektivt färgborttagningsmedel. Se varningen i början av avsnitt 16.***

**Observera:** *Arbetsbeskrivningen är tillämpbar på både främre och bakre skivbromsar.*

**1** Skruva loss locket (-n) från bromsoljebehållaren och sifonera ut omkring två tredjedelar av innehållet. Underlåtenhet att göra detta kan resultera i att behållaren svämmar över när kolvarna i bromsoken trycks in i loppen.

**2** Lossa hjulbultarna och ställ upp fram- eller bakvagnen på pallbockar.

**3** Ta av fram- eller bakhjulen beroende på var arbetet utförs. Arbeta med en broms i taget och använd den andra som referens vid behov.

**4** Inspektera bromsskivan noga enligt beskrivning i avsnitt 5. Om den måste fräsas, se detta avsnitt och demontera skivan och demontera samtidigt klossarna från oken.

**5** Följ bilderna, börja med bild 3.5a, för demontering av bromsklossarna. Se till att hålla ordningsföljden och läs bildtexten till varje bild. **Observera 1:** *Olika oktyper används i serierna 3 och 5. Bilderna 3.5a till 3.5e är över de främre oken i serie 3. Bilderna 3.5f till 3.5m är över de främre oken i serie 5. Det finns ingen bildsekvens för de bakre oken eftersom de har en samma konstruktion som de främre oken i serie 5, låt vara i en annan storlek.* **Observera 2:** *Vissa modeller kan ha olika antal och typer av antignisselshims och andra delar än vad som visas i detta kapitel. Det är bäst att i såna fall anteckna/skissa upp hur delarna monterats på bilen innan de tas bort, så att du kan sätta ihop bromsarna korrekt.*

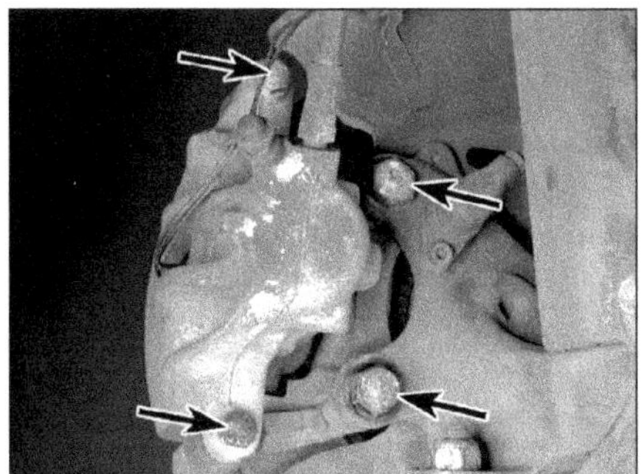

**3.5a På serie 3, skruva ur okets fästbultar (vänstra pilarna). De högra pilarna pekar på okfästets bultar som endast ska skruvas ur om bromsskivan ska bytas**

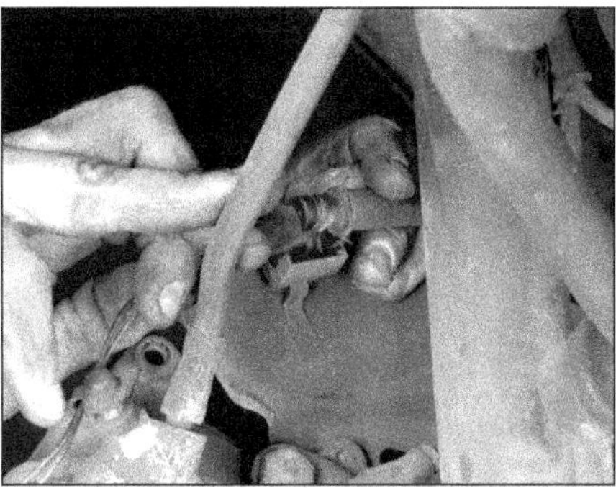

**3.5b Dra ut kontakten från slitagevarnarens givare (serie 3)**

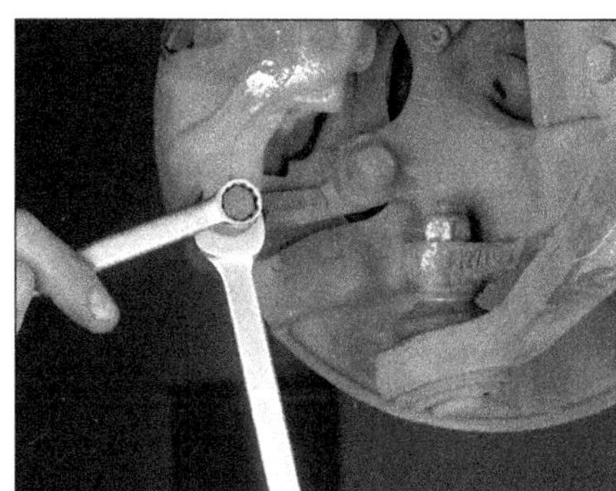

**3.5c Håll styrstiften medan okfästets bultar lossas (serie 3)**

**3.5d Ta ut oket, slitagevarnarens givare och den inre klossen på samma gång (serie 3), sätt sedan tillbaka den inre klossen på kolven och pressa in kolven i okets lopp med en skruvtving**

**3.5e Ta bort den yttre klossen (serie 3) – för montering av nya bromsklossar vänd på arbetsordningen**

**3.5f På serie 5, dra ut kontakten från slitagevarnarens givare**

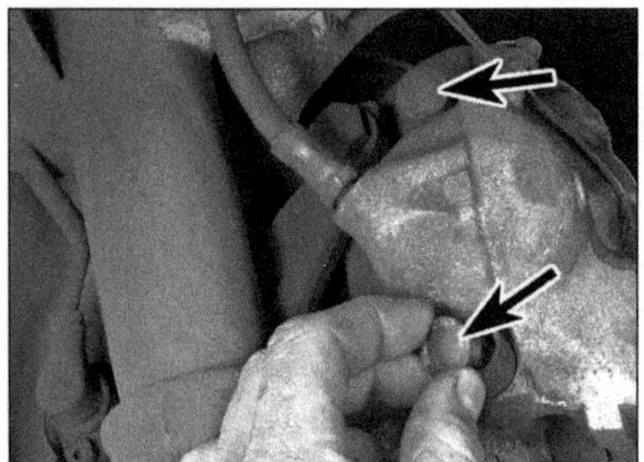

3.5g Ta ut pluggarna över okets fästbultar och skruva ut bultarna (serie 5)

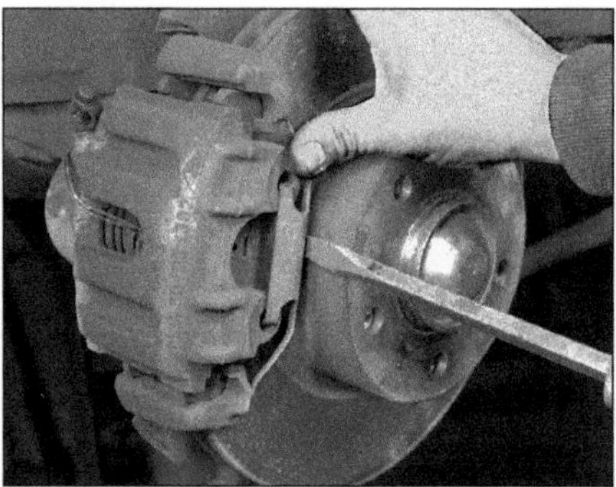

3.5h Bänd ut antiskallerfjädern (serie 5)

3.5i Tryck in kolven med en skruvtving (serie 5)

3.5j Demontera oket och inre bromsklossen (serie 5)

3.5k Lossa inre bromsklossen från kolven (serie 5)

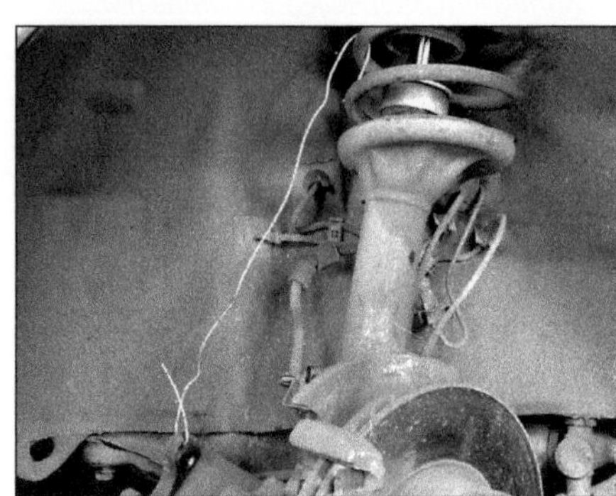

3.5l Häng upp oket i en vajer där det inte är i vägen

3.5m Ta bort den yttre klossen – för montering av nya bromsklossar vänd på arbetsordningen

6 Se till att inspektera slitagevarningens givare (vänster fram-, eller vänster fram- och höger bakhjul). Om de är OK ska de flyttas över till de nya bromsklossarna, om de är slipade ska nya givare monteras.

7 Montera nya bromsklossar med omvänd demonteringsordning. När oket monteras, se till att dra bultarna till angivet moment.

***Varning: Kontrollera och byt vid behov fästbultarna på serie 3 närhelst de skruvas ur. Om de verkar tveksamma, använd nya bultar.***

8 Efter fullbordat arbete, tryck ned bromspedalen att par gånger så att klossarna kommer i kontakt med bromsskivorna. Pedalen ska vara på normal höjd över golvet och kännas fast. Kontrollera bromsoljans nivå och fyll på vid behov. Leta noga efter läckor och kontrollera bromsarnas funktion innan normalt bruk av bilen återupptas.

9 Undvik om möjligt hårda inbromsningar under de första tjugo milen så att klossarna hinner sätta sig.

## 4 Bromsok - demontering, renovering och montering

***Varning: Damm i bromssystem kan innehålla asbest som är hälsovådligt. Blås inte ut det med tryckluft, andas inte in dammet. En godkänd andningsmask ska användas vid arbete med bromsarna. Använd inte under några som helst omständigheter petroleumbaserade lösningsmedel vid rengöring av bromsdelar. Använd endast bromsrengöringsvätska.***

***Varning: Bromsolja är giftig och ett mycket effektivt färgborttagningsmedel. Se varningen i början av avsnitt 16.***

**Observera:** *Om renovering indikeras (vanligen beroende på oljeläckage), undersök olika alternativ innan arbetet påbörjas. Renoverade ok kan finnas att få på utbytesbasis, vilket gör jobbet ganska lätt. Om du beslutar dig för att renovera oken själv, se till att du har en renoveringssats tillgänglig innan arbetet fortsätter. Renovera alltid oken axelvis – renovera aldrig bara ena oket.*

### Demontering

1 Lossa hjulbultarna och ställ upp fram- eller bakvagnen på pallbockar och ta bort hjulen.

2 Om du demonterar oket endast för att komma åt andra komponenter är det inte nödvändigt att lossa bromsledningen. Om du demonterar oket för renovering av det, lossa bromsledningen, använd helst en delad ringnyckel (bromsnyckel) så att anslutningen skyddas bättre. Plugga ledningen så att smuts inte kommer in och att inte onödigt mycket bromsolja läcker ut.

3 Se avsnitt 3 för demonteringsprocedur – den ingår i bytet av bromsklossar.

**Observera:** *Det bakre oket har samma konstruktion som det främre oket i serie 5.*

### Renovering

4 På samtliga ok utom de främre i serie 3, ta ut dammskyddets låsring **(se bild)** och ta ut dammskyddet **(se bild)**. Innan kolven tas bort, placera en träkloss mellan kolven och oket så att skador inte uppstår.

5 Ta ut kolven ur oket genom att blåsa med tryckluft i bromsledningens anslutning **(se bild)**. Använd lågt tryck som det som avges av en fotpump för att blåsa ut kolven ur loppet.

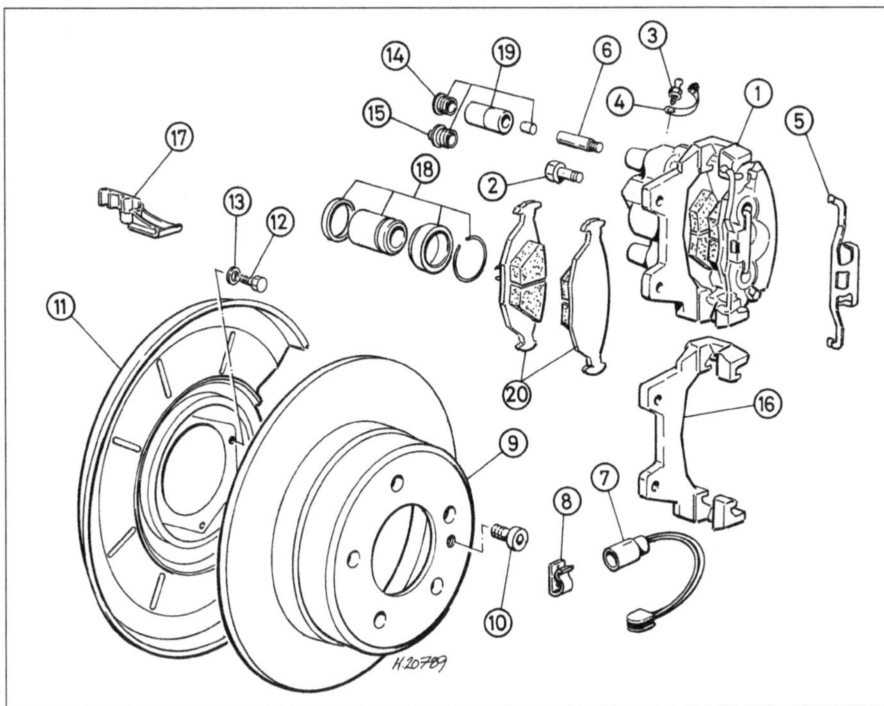


4.4a Sprängskiss över ett typiskt bakre bromsok (främre ok mycket lika)

1 Komplett ok
2 Okhållarens fästbult
3 Avluftningsnippel
4 Dammskydd
5 Antiskallerfjäder
6 Styrbult
7 Tråd till bromsklossens slitagevarnare
8 Vajerclips
9 Bromsskiva
10 Insexbult
11 Sköld
12 Bult
13 Bricka
14 Plugg
15 Plugg
16 Okhållare
17 Vajerclips
18 Kolvpackning, kolv, dammskydd och låsring
19 Reparationssats till styrbussning
20 Bromsklossar

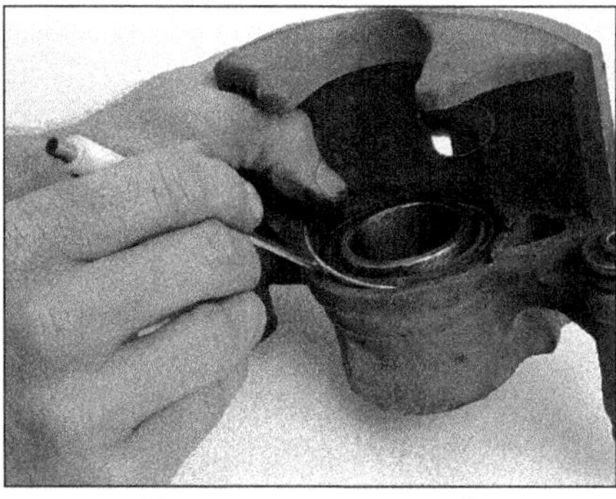

4.4b Ta ut dammskyddets låsring

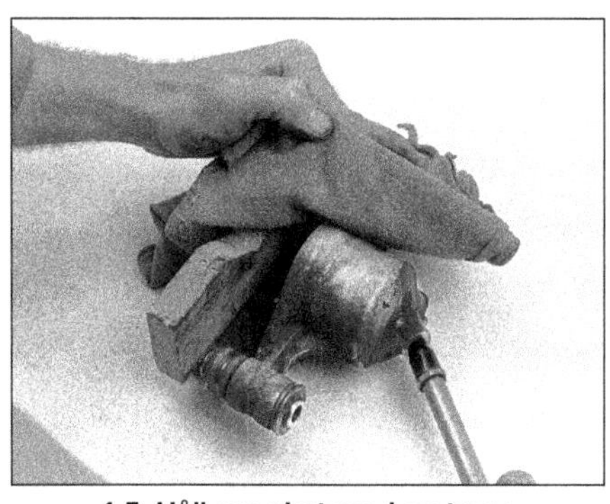

4.5 Håll om oket med en trasa för att fånga kolven och blås in lågtrycksluft för att pressa ut kolven ur loppet - se till att inte ha något finger mellan kolven och oket

***Varning: Placera inga fingrar mellan kolven och oket, kolven kan komma ut med viss kraft. Om du arbetar med ett främre ok på en bil i serie 3, ta bort dammskyddet.***

**6** Studera kolvens och loppets kontaktytor. Om det finns repor, rost, gropar eller blanka punkter ska hela oket bytas.

**7** Om dessa delar är i bra skick, demontera kolvens packning från oket med ett verktyg av plast eller trä **(se bild).** Metallverktyg riskerar att skada loppet.

**8** Ta ut okets styrstift eller styrbultar och ta bort gummidamaskerna.

**9** Tvätta samtliga delar i metylalkohol eller bromsrengöringsmedel.

**10** Använd den renoveringssats som är avsedd för din bil och sätt ihop oket enligt följande.

**11** Doppa den nya gummitätningen i ren bromsolja och montera den i det nedre spåret i loppet - se till att den inte vrids.

**12** På samtliga ok utom de främre i serie 3, täck loppets väggar och kolven med ren bromsolja och tryck in kolven. Tvinga inte in den i loppet men se till att den sitter rakt och lägg på ett fast (men inte för hårt) tryck så att den glider in i loppet. Montera ny gummidamask och låsring.

**13** På främre ok i serie 3, täck kolven med ren bromsolja och sträck den nya damasken över kolvens nederdel. Håll kolven över loppet och stick in damaskens gummifläns i loppets övre spår. Starta längst ifrån dig och arbeta runt till enhetens framsida till dess att flänsen är helt på plats. Tryck in kolven i loppet till dess att den tar i botten och montera damaskens överdel i spåret i kolven.

**14** Smörj glidytorna på styrstiften/bultarna med silikonbaserat fett (medföljer vanligen i renoveringssatsen) och stick in dem i oket. Montera damaskerna.

## Montering

**15** Montering sker med omvänd arbetsordning (se avsnitt 3).

***Varning: När fästbultarna skruvas ur, kontrollera dem och byt vid behov på serie 3. Byt vid minsta tvivel på skicket.***

**16** Om ledningen lossats från oket ska bromssystemet avluftas (se avsnitt 16).

## 5 Bromsskivor - inspektion, demontering och montering

**Observera:** *Denna beskrivning är tillbämpbar på både främre och bakre bromsskivor. Bromsskivorna ska alltid bytas axelvis även om bara den ena är skadad.*

4.7 Ta ut kolvtätningen från okets lopp med ett verktyg av trä eller plast (metallverktyg kan skada loppet)

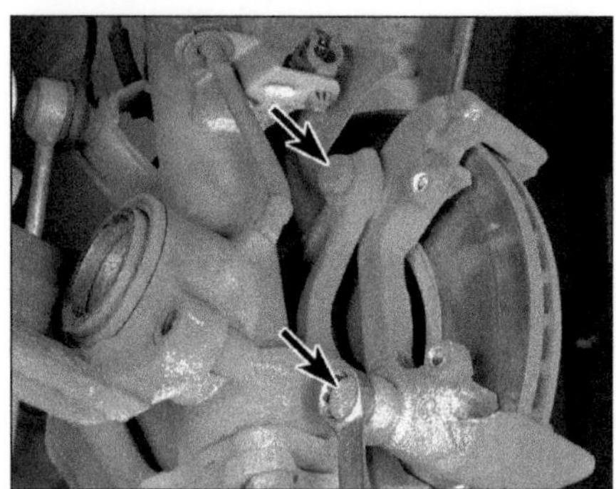

5.2 Skruva ur okhållarens bultar (vid pilarna) och ta bort hållaren

5.3 Bromsklossarna på denna bil har försummats vilket har lett till att stödplattan skurit djupa spår i skivan – slitage av detta slag innebär att skivan måste bytas

5.4a Kontrollera skivans kast genom att montera en mätklocka som visat och snurra på skivan

## Inspektion

**1** Lossa hjulbultarna och ställ upp bilen på pallbockar. Ta bort hjulet och skruva i tre av hjulbultarna så att skivan hålls på plats. Om du arbetar med en bakre skiva, släpp upp handbromsen.

**2** Demontera oket enligt beskrivning i avsnitt 4. Det är inte nödvändigt att lossa bromsslangen. När oket demonterats, häng upp det i en vajer där det inte är i vägen. Demontera okfästet **(se bild)**.

**3** Kontrollera att skivans yta inte är repad, sprucken eller eljest skadad. Lätta repor och grunda spår är normala efter en tids användning och inverkar vanligtvis inte negativt på bromseffekten, men djupare märken kräver att skivan demonteras och byts eller om möjligt ges en ny yta av en specialist. En sprucken skiva måste bytas. Kom ihåg att inspektera bägge sidorna **(se bild)**. Om allvarliga vibrationer uppstår vid inbromsning kan skivorna vara skeva (ha för stort kast). Om fordonet har låsningsfria bromsar ska inte vibrationer från skeva skivor förväxlas med normal funktion av låsningsfrihet i systemet. Det är fullt normalt att vibrationer känns i bromspedalen när systemet kopplar in.

**4** Kontrollera kastet i skivan genom att placera en mätklockesond på en punkt cirka 13 mm från skivans ytterkant **(se bild)**. Nollställ mätklockan och snurra på skivan. Avläsningen ska inte överstiga angivet värde. Om så är fallet (och kastet inte beror på slitna hjullager) ska skivan bytas eller om möjligt ges en ny yta av en specialist. **Observera:** *Det är att rekommendera att skivorna ges nya ytor oavsett vad mätklockan anger i och med att detta ger skivorna släta och plana ytor, eliminerar vibrationer eller andra obehag orsakade av tvivelaktiga bromsskivor. Om du väljer att inte ge skivorna nya ytor ska du åtminstone ta bort glaseringar med smärgelduk eller sandpapper med en roterande rörelse* **(se bild)**.

**5** Det är ytterst viktigt att skivorna inte fräses ned till en tjocklek som understiger angivet minimum. Kasseringstjockleken finns instämplad i skivnavet. Skivans tjocklek mäts med mikrometer **(se bild)**.

5.4b Använd en roterande rörelse och slipa bort glasering från skivytan med smärgelduk eller sandpapper

5.5 Skivans tjocklek kontrolleras med mikrometer

## Demontering

**6** Skruva ur skruven **(se bild)** och lyft av skivan från navet **(se bild)**. Om skivan sitter fast i navet, spruta riklig mängd inträngande olja på området mellan skivan och navet **(se bild)** och låt den arbeta i några minuter så att den löser upp rosten mellan delarna. Om en bakre skiva fortfarande sitter fast, stick in en tunn flat skruvmejsel genom navflänsen och

5.6a Skruva ur skivans fästskruv . . .

5.6b . . . och dra av skivan från navet

5.6c Om skivan sitter fast på navet, spruta in lite inträngande olja i området mellan skivan och navet och låt oljan arbeta några minuter med att söra på skivan och navet

**5.6d Om en bakre skiva sitter envist på navet, stick in en tunn flat skruvmejsel genom navflänsen, snurra på justeringen för handbromsbackarna och dra ihop dem (skivan demonterad för tydlighetens skull)**

vrid på handbromsjusteringen så att bromsbackarna dras ihop **(se bild)**.

*Om en framskiva sitter envist är det på vissa skivor möjligt att skruva in två eller tre bultar i befintliga hål och dra åt dem. Växla mellan bultarna och dra åt dem ett par varv i taget till dess att skivan lossnar.*

## *Montering*

**7** Försäkra dig om att bromsskivan är helt ren innan den monteras. Om inträngande olja användes vid demonteringen, se då till att ALLA spår av den tagits bort. Placera skivan på navet och skruva in skruven ordentligt.

**8** Montera okhållaren (om demonterad), bromsklossarna och oket (se avsnitten 3 och 4). Dra åt samtliga bultförband till angivna moment.

**9** Montera hjulet och ställ ned bilen på marken. Tryck ned bromspedalen ett par gånger så att klossarna kommer i kontakt med skivan.

**10** Justera handbromsens backar om så behövs (se avsnitt 11).

**11** Kontrollera noga att bromsarna fungerar korrekt innan normalt bruk av bilen återupptas.

## 6 **Bromsbackar** - byte

***Varning: Bromsbackar måste alltid bytas samtidigt på båda hjulen - byt ALDRIG backarna på bara ena hjulet. Damm i bromssystem kan innehålla asbest som är hälsovådligt. Blås inte ut det med tryckluft, andas inte in dammet. En godkänd andningsmask ska användas vid arbete med bromsarna. Använd inte under några som helst omständigheter petroleumbaserade lösningsmedel vid rengöring av bromsdelar. Använd endast bromsrengöringsvätska.***

**6.2a Skruva ur trummans fästskruv**

***Varning: När bromsbackarna byts ska även nya fjädrar och automatiska justertermoclips monteras. I och med den kontinuerliga uppvärmning och avsvalning som dessa fjädrar utsätts för kan de tappa spänsten med tiden, vilket leder till att backarna ligger kvar och nöter på trumman så att de slits ut mycket fortare. Vid montering av nya bromsbackar, använd endast originalutrustning eller högkvalitativa delar av välkänt fabrikat.***

**Observera 1:** *Alla fyra bromsbackarna måste bytas samtidigt men undvik att blanda ihop delar genom att bara arbeta med en broms i taget. Vissa komponenter är olika för höger och vänster sida, blanda inte ihop dem.*

**Observera 2:** *Om hjulcylindern läcker eller har andra defekter ska den bytas sedan backarna demonterats. Detta görs genom att hydraulanslutningen lossas och cylindern skruvas loss från skölden. Försök att renovera en läckande cylinder är troligtvis inte framgångsrika även om reservdelar finns att få.*

**1** Klossa framhjulen och ställ bakvagnen på pallbockar. Ta bort bakhjulen och släpp handbromsen.

**2** Skruva ur trummans skruv **(se bild)** och ta ut trumman. Om trumman sitter fast i navet, spruta riklig mängd inträngande olja på området mellan skivan och navet **(se bild)**. Om trumman fortfarande sitter fast har backarna troligen slitit upp kanter i trumman och backarna måste då dras tillbaka. Stick in en tunn plan skruvmejsel genom navflänsen **(se bild)** och backa justerhjulet till dess att trumman kan tas ut.

**3** Se efter om trumman har sprickor, märken, djupa repor eller hårda punkter som visas som små missfärgade områden. Om de hårda punkterna inte kan avlägsnas med smärgelduk eller om något av de övriga tillstånden föreligger måste trumman tas till en specialist för svarvning. **Observera:** *Yrkesmekaniker rekommenderar att trummorna svarvas om varje gång bromsarna renoveras. Omsvarvning eliminerar risken för orundhet. Om trummorna är så slitna att de inte kan svarvas om utan att maximaldiametern överskrids (den finns ingjuten i trumman)* **(se bild)** *krävs nya bromstrummor. Om du väljer att inte svarva om trummorna bör du åtminstone ta bort glaseringar med smärgelduk eller sandpapper med en roterande rörelse.*

**6.2b Om trumman sitter fast på navet, spruta inträngande olja runt navet/trumman och låt den arbeta i några minuter med att lösa upp rosten**

**6.2c Om bromsbacken slipat upp ett spår i trumman och den inte lossnar, stick in en tunn flat skruvmejsel genom ett av hjulbultshålen i flänsen och lossa automatjusteringen (för tydlighetens skull har trumman redan demonterats i detta foto och skruvmejseln är instucken under flänsen i stället för genom hjulbultshålet)**

**6.3 Maximal innerdiameter för bromstrumman finnas angivet med en ingjutning**

6.4a Haka av den nedre returfjädern från den främre backen . . .

6.4b . . . och sedan från den bakre och ta bort den

6.5a Haka av den övre returfjädern från den främre backen . . .

6.5b . . . och sedan från den bakre och ta bort den

6.6a Haka av den främre backens hållfjäder . . .

6.6b . . . och den bakre

6.7 Ta bort den främre bromsbacken, självjusteringsarmen och fjädern som en enhet och ta sedan loss arm och fjäder så att de kan flyttas över på den nya backen

6.8 Demontera självjusteringen

**4** Haka av och ta bort den nedre returfjädern **(se bilder).**

**5** Haka av och ta bort den övre returfjädern **(se bilder).**

**6** Ta ut främre och bakre backarnas hållfjädrar **(se bilder).**

**7** Ta därefter bort den främre bromsbacken **(se bild).**

**8** Ta bort justeringen **(se bild).** Rengör justeraren och se till att ratten på den rör sig fritt på gängen. Det är att rekommendera att termoclipset (fjäderclipset bredvid justerratten) byts när nya backar monteras. Vrid justerratten så att justeringen är som kortast innan monteringen.

**9** Lossa handbromsvajern från handbromsspaken och ta bort bakre bromsbacken **(se bild).**

**10** Montering sker med omvänd arbetsordning, lägg dock märke till följande.

**11** Lägg på en klick högtemperaturfett på bromsskölden **(se bild).** Se noga till att inget fett kommer på friktionsytorna på bromsbackarna eller trummorna.

6.9 Lossa handbromsvajern från expandern genom att dra i pluggen i vajeränden och haka av vajern från fästet på den övre änden av armen (diagonalavbitare används här eftersom de ger ett bra grepp om vajern, men var försiktig så att inte vajern skadas)

6.11 Innan nya bromsbackar monteras, lägg på lite högtemperatur bromsfett på de friktionsytorna där backens innerkant glider på bromsskölden – när du monterar självjusteringen, se till att bägge ändarna greppar in i sina respektive urtag i bromsbacken

6.13a Montera självjusteringsarmen först - se till att den greppar in i urtaget i justeringsmekanismens framkant . . .

6.13b . . . och haka på den nedre änden av fjädern på armen som visat, sträck fjädern och haka i överdelen i hålet i handbromsbacken

6.14 När du väl satt ihop allting ska det se ut så här

**12** Kontrollera att justeringen är i rätt ingrepp med respektive urtag i bromsexpandern.

**13** Vid montering av automatjusteringen ska expandern först monteras på backen **(se bild)**, haka sedan på nedre fjäderänden på expandern och övre änden i hålet i främre bromsbacken **(se bild)**.

**14** När du är färdig ska bromsmekanismen se ut så här **(se bild)**. Fortsätt nu med den andra bromsen.

**15** När bägge bromsarna är klara ska trummorna monteras.

**16** Om hjulcylindern byttes (se Observera 2) ska hydrauliken avluftas enligt beskrivning i avsnitt 16.

**17** Tryck ned bromspedalen upprepade gånger för att aktivera självjusteringen. Ett klickande ljud hörs från bromstrummorna medan justerarna hämtar hem spelet.

**18** Kontrollera handbromsens justering (se avsnitt 11).

**19** Montera hjulen och skruva i hjulbultarna. Ställ ned bilen på marken och dra hjulbultarna till angivet moment (se Kapitel 1). Kontrollera bromsarnas funktion innan bilen körs i trafik.

## 7 Huvudcylinder - demontering och montering

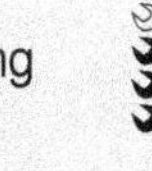

***Varning: Bromsolja är giftig. Den är även ett utmärkt färgborttagningsmedel. Se varningen i början av avsnitt 16.***

**Observera**: *Även om reservdelar till huvudcylindern finns att få för de flesta modeller rekommenderar vi montering av en ny eller färdigrenoverad huvudcylinder. Det tar dig längre tid att renovera än att byta cylindern och du kan inte avgöra om den är i ett skick som kan renoveras innan den tagits isär. Du kan mycket väl komma underfund med att det interna skicket är så dåligt att huvudcylindern måste kasseras.*

### Demontering

**1** Huvudcylindern är ansluten till vakuumservon och båda är monterade på torpedplåten på vänster sida i motorrummet **(se bild)**.

**2** Ta ut så mycket olja du kan med en spruta.

**3** Placera trasor under röranslutningarna och ha plastlock eller plastpåsar redo för att täcka de öppna ledningarna så snart det lossats.

***Varning: Bromsolja skadar lackeringen. Täck alla delar och se till att inte spilla olja.***

**4** Lossa anslutningsmuttern i vardera bromsrörsänden där rören går in i huvudcylindern. Undvik att runddra muttrarna genom att använda en delad ringnyckel (bromsnyckel).

**5** Dra undan bromsrören något från cylindern och plugga omedelbart ändarna så att förorening och ytterligare spill förhindras.

**6** Dra ut eventuella kontakter från cylindern och skruva ur de muttrar som fäster den vid bromsservon. Dra av huvudcylindern från pinnbultarna och lyft ut den från motorrummet. Se till att inte spilla olja vid detta moment. Kassera den gamla o-ringen **(se bild)** mellan huvudcylindern och servon.

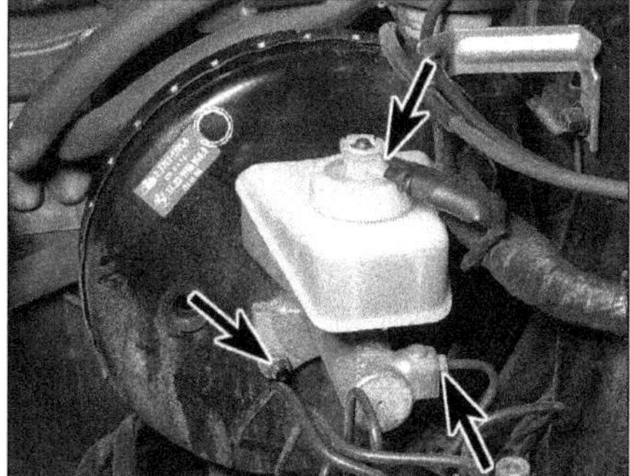
7.1 Vid demontering av huvudcylindern ska kontakten (övre pilen) dras ut, lossa bromsrörets anslutning (nedre högra pilen, andra anslutningen ej synlig på denna bild) och skruva ur huvudcylinderns fästmutter (nedre vänstra pilen, andra muttern ej synlig i denna bild) - serie 5 visas, serie 3 liknande

***Varning: O-ringen ska alltid bytas. En defekt o-ring kan orsaka vakuumläcka vilken kan minska bromsprestanda och orsaka en ojämn tomgång.***

### Avluftning

**7** Innan en ny eller renoverad huvudcylinder monteras ska den avluftas på arbetsbänken. I och med att tryck måste läggas på kolven samtidigt som flödet från bromslednings-utloppen styrs är det att rekommendera att cylindern sätts upp i ett skruvstycke. Använd ett med mjuka käftar och dra inte fast för hårt eftersom detta kan spräcka cylindern.

**8** Skruva in gängade pluggar i bromsrörsutloppen. Dra åt dem såpass att luft inte läcker förbi, men inte så hårt att de blir svåra att lossa.

**9** Fyll behållaren med bromsolja av rekommenderad typ (se *"Smörjmedel och vätskor"* i kapitel 1).

**10** Skruva ur en plugg och tryck in kolven i loppet så att luften trycks ut ur huvudcylindern. Du kan använda en stor krysskruvmejsel till att trycka in kolven.

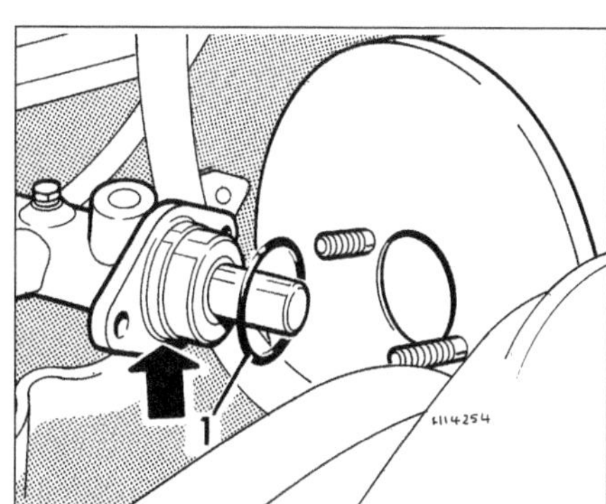

7.6 Byt alltid o-ring (1), spåret vid pilen– mellan huvudcylindern och bromsservon

11 Hindra luft från att tränga in genom att skruva i och dra åt pluggen innan trycket på kolven släpps.

12 Upprepa till dess att bromsolja utan luftbubblor trycks ut ur hålen. Upprepa sedan med det andra utloppet och pluggen. Se till att hålla huvudcylinderns behållare fylld med bromsolja så att luft inte tränger in i systemet.

13 Högt tryck krävs inte vid bänkavluftningen så ovan nämnda plugg behöver inte skruvas i varje gång kolven släpps om så önskas. Du kan istället täppa igen hålet med fingertoppen så att luft inte sugs in i huvudcylindern. Vänta ett flertal sekunder så att bromsolja hinner dras från behållaren till loppet och ta bort fingret när kolven trycks in igen så att olja sprutar ut. Se till att sätta tillbaka fingret över hålet varje gång innan kolven släpps. När avluftningen är färdig i detta utlopp ska dock pluggen skruvas in och dras tät innan proceduren upprepas med nästa utlopp.

### Montering

14 Montera huvudcylindern (med ny o-ring) på servons pinnbultar, fingerdra muttrarna i detta skede.

15 Skruva på bromsledningsanslutningarna på huvudcylindern. I och med att den är lite lös kan den flyttas såpass att inskruvandet underlättas. Skruva inte åt gängan för hårt när anslutningarna dras åt.

16 Dra åt anslutningarna ordentligt och fästmuttrarna till angivet moment.

17 Fyll huvudcylinderns behållare med olja och avlufta den (om det inte redan gjorts) och bromssystemet enligt beskrivning i avsnitt 16.

18 Avluftning med huvudcylindern monterad i bilen kräver att en medhjälpare pumpar ett flertal gånger på bromspedalen och trycker den i golvet. Lossa anslutningsmuttern så att olja och luft släpps ut och dra åt muttern innan bromsen släpps upp. Upprepa på båda anslutningarna till dess att luftbubblor inte längre förekommer i oljan. Testa bromsarna ordentligt innan bilen tas ut i trafiken.

**8.10 Skruva ur de fyra fästmuttrarna (vid pilarna) och dra ut servon från motorrummet (vänsterstyrd modell visad)**

## 8 Bromsarnas vakuumservo – kontroll, demontering och montering

### Funktionskontroll

1 Tryck ned bromspedalen ett flertal gånger med avstängd motor till dess att slaget är konstant.

2 Håll pedalen nedtryckt och starta motorn. Om pedalen sjunker något är funktionen normal.

### Kontroll av lufttäthet

3 Starta motorn och stäng av den efter en eller två minuter. Tryck långsamt ned bromspedalen ett flertal gånger. Om den går ned djupare första gången men gradvis får kortare slag efter andra eller tredje trampet är servon lufttät.

4 Tryck ned bromspedalen med motorn igång och stoppa motorn med nedtryckt pedal. Om det inte sker någon förändring av pedalrörelsen efter det att den hållits nere i 30 sekunder är servon lufttät.

### Demontering och montering

5 Isärtagning av vakuumservopumpen kräver specialverktyg och kan inte utföras av hemmamekaniker. Om problem uppstår rekommenderas montering av en ny enhet.

6 Demontera huvudcylindern enligt beskrivning i avsnitt 7.

7 Koppla loss vakuumslangen från bromsservon.

8 Arbeta i passagerarutrymmet och demontera nedre vänstra klädselpanelen ovanför bromspedalen (vänsterstyrd bil) eller handskfacket och klädseln (högerstyrd bil).

9 Demontera clipset och gaffelstiftet så att tryckstången kan lossas från tväraxelarmen (högerstyrd bil) eller bromspedalen (vänsterstyrd bil) **(se bild).** På vänsterstyrda bilar, haka även av bromspedalens returfjäder.

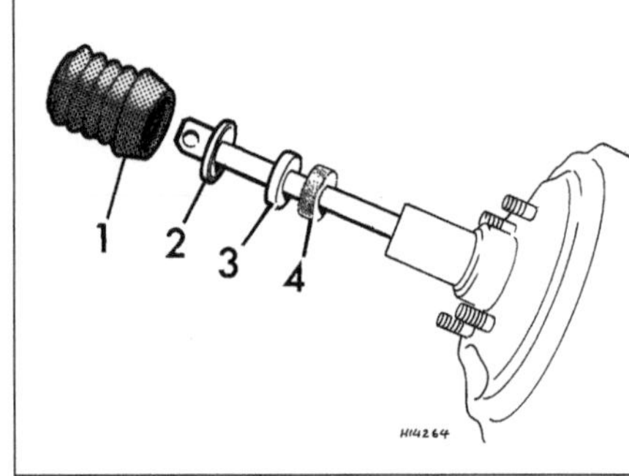


**8.11 Sprängskiss över typisk servotryckstång**

*1 Damask 2 Hållare 3 Dämpare 4 Luftfilter*

**8.9 Lossa bromspedalens returfjäder och dra ut clipset och gaffelstiftet (vid pilar) så att tryckstången kan lossas från bromspedalen (vänsterstyrd bil)**

10 Skruva ur de fyra muttrarna **(se bild)** och lyft ut servoenheten från motorrummet.

11 Inspektera det lilla skumfiltret **(se bild)** inne i tryckstångens damask. Om detta filter är igensatt kan det inverka på servons prestanda. Tvätta filtret i en mild tvållösning, om detta inte hjälper, byt filter.

12 Montering sker med omvänd arbetsordning. Dra åt bromsservons muttrar till angivet moment. Innan du drar damasken på plats över servons tryckstång, kontrollera att urtagen i filtret är 180° från urtagen i dämparen.

13 På serie 3, justera grundinställningen på tryckstångens gängade gaffel till rätt mått **(se bild).** När grundinställningen är korrekt, dra åt låsmuttern och justera bromspedalens slag och bromsljuskontakten (se avsnitt 13). **Observera:** *På högerstyrda bilar är bromspedalen på bilens högra sida ansluten till vänster sidas bromsservo med en tväraxel. Justeringen utförs på tryckstången på vänster*

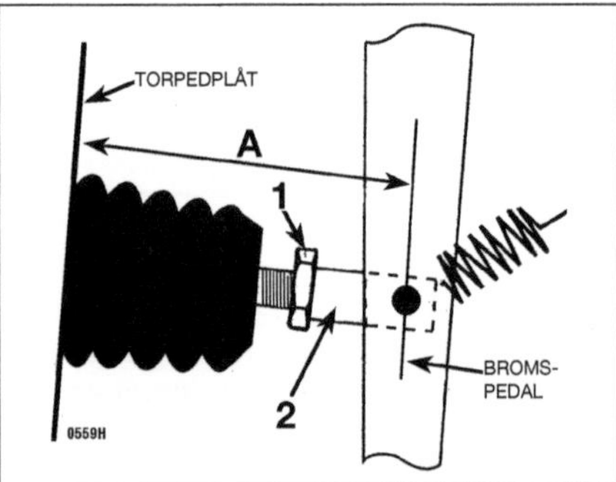


**8.13 På serie 3, justera mått A (avståndet mellan bromspedalarmens mitt och torpedplåten) genom att lossa låsmuttern (1) vid tryckstångens gaffel (2) och skruva den gängade delen av tryckstången till dess att mått A är enligt specifikationerna. När grundinställningen är korrekt, dra åt låsmuttern och justera bromspedalens höjd och bromsljuskontakten**

*sida men avståndet är för pedalen på höger sida.*

**14** På serie 5, justera bromspedalens höjd och bromsljuskontakten (se avsnitt 13).

**15** Montera huvudcylindern (se avsnitt 7) och koppla in vakuumslangen.

**16** Testa bromsarna noga innan bilen tas i trafik

## 9 Bromsarnas hydraulservo – beskrivning, demontering och montering

***Varning: Bromsolja är giftig. Den är även ett utmärkt färgborttagningsmedel. Se varningen i början av avsnitt 16.***

### *Beskrivning*

**1** På serie 5 E28 ("gamla karossen") är ett hydrauliskt bromsservosystem monterat. Servoenheten som är placerad mellan bromspedalen (vänsterstyrd bil) eller tväraxelarmen (högerstyrd bil) och huvudcylindern arbetar med hydraultryck från styrservons pump. När motorn går avger servopumpen hydraultryck till en flödesregulator/ackumulator. Denna behåller och reglerar trycket till bromsservon. När du trycker på bromspedalen hjälper servotrycket till att aktivera huvudcylindern vilket minskar den krävda pedalkraften.

**2** Den hydrauliska bromsservon kan inte renoveras. Om den är defekt måste en ny monteras. Test av systemet kräver specialverktyg så även felsökning ligger utom räckhåll för hemmamekaniker. Om fel uppstår ska bilen tas till en BMW-verkstad eller annan kvalificerad specialist.

### *Demontering och montering*

**3** Släpp ut hydraultrycket genom att med avstängd motor trampa ned bromspedalen minst 20 gånger.

**4** Demontera huvudcylindern (se avsnitt 7).

**5** Rengör runt anslutningarna för retur- och matarledningen och lossa anslutningarna. Plugga omedelbart ledningarna så att smuts inte kan tränga in och så att större spill undviks.

***Varning: En enda smutspartikel kan skada servon, så var ytterst noga med att förhindra att smuts tränger in i systemet medan ledningarna är lossade.***

**6** Arbeta i passagerarutrymmet och demontera nedre vänstra klädselpanelen ovanför bromspedalen (vänsterstyrd bil) eller handskfacket och klädseln (högerstyrd bil). På vänsterstyrda bilar ska även pedalens returfjäder hakas av.

**7** Peta ut clipset och lossa tryckstången från bromspedalen **(se bild 8.9)** eller tväraxeln.

**8** Skruva ur de fyra muttrarna och lyft ut bromsservon **(se bild 8.10).**

**9** Montering sker med omvänd arbetsordning. Dra åt hydraulanslutningarna till angivet moment. **Observera**: *Försök INTE dra åt dessa anslutningar utan en momentnyckel. Om de dras för löst kan de läcka vilket inverkar menligt på funktionen. Om de dras för hårt skadas gängorna vilket också leder till läckor. Du behöver ett tillbehör i form av en "tuppfot" (bromsnyckel) till momentnyckeln för att kunna dra dessa anslutningar korrekt.*

**10** När du är klar ska bromsarna avluftas (avsnitt 16) och pedalslaget samt bromsljuskontakten justeras (se avsnitt 13).

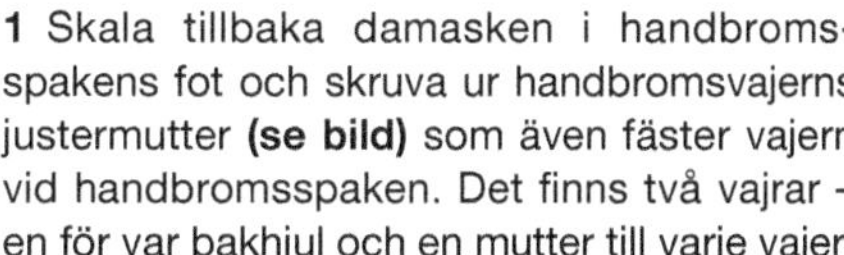

## 10 Handbromsvajer/vajrar – byte

**1** Skala tillbaka damasken i handbromsspakens fot och skruva ur handbromsvajerns justermutter **(se bild)** som även fäster vajern vid handbromsspaken. Det finns två vajrar – en för var bakhjul och en mutter till varje vajer.

På vissa modeller kan det bli nödvändigt att demontera hela mittkonsolen för åtkomlighet.

**2** Ställ upp bilen på pallbockar.

**3** Demontera bakbroms, trumma (se avsnitt 6) eller skiva (se avsnitt 5).

**4** Med bakre trumbromsar, haka av handbromsvajern från expandern på bromsbacken (se avsnitt 6). Med bakre skivbromsar, demontera handbromsbackarna och expandern (se avsnitt 12) och haka av vajern från expandern **(se bilder).**

**5** Med bakre trumbromsar, dra ut vajern och vajerstyrningen från bromssköldens baksida och lossa styrningen från vajerclipsen på baksidan av bärarmen (det är lättare att dra ut den gamla vajern och montera en ny om styrningen är rak). Med bakre bromsskivor behöver vajerstyrningen inte lossas från bromsskölden men det är klokt att lossa styrningen från bärarmen så att den blir rakare.

**6** Dra ut vajern från styrningens hjulände **(se bild).**

**7** Smörj den nya vajern med universalfett och trä in den i styrningen till dess att främre änden kommer ut vid expandern.

**8** Stick in styrningen genom bromsskölden och haka fast vajeränden i expandern. Se till att inte vecka vajern vid anslutning.

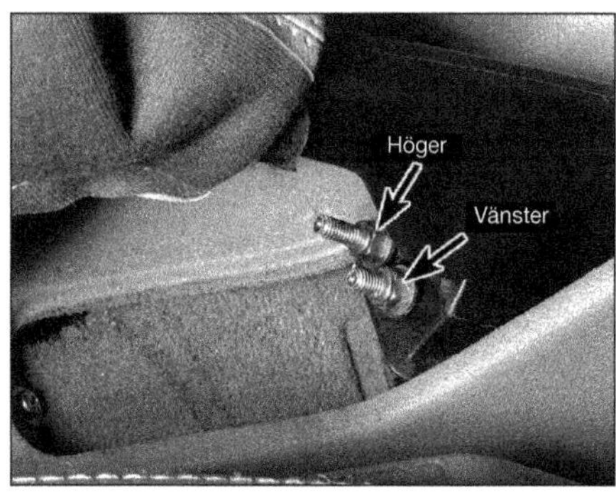


**10.1 Skala tillbaka damasken på handbromsspaken och lossa justermuttern på relevant handbromsvajer (vid pilarna)**

**10.4a Lossa handbromsvajern från expandern på modeller med bakre skivbromsar genom att dra ut den yttre nocken och lossa den från den inre nocken, . . .**

**10.4b . . . ta ut det stift som fäster vajern vid den inre nocken och lyft ut den inre nocken**

**10.6 Dra ut vajern ur styrningen, innan den nya vajern monteras, se till att smörja den med universalfett**

**9** Sätt tillbaka vajerstyrningen i clipsen på bärarmen.

**10** Med bakre trumbromsar, montera backar och trumma (se avsnitt 6). Med bakre skivbromsar, montera handbromsens backar och expander (se avsnitt 12) samt bromsskivan (se avsnitt 5).

**11** Ställ ned bilen och skruva på handbromsvajerns justermutter på handbromsspaken. Justera handbromsvajern (se avsnitt 11) och sätt tillbaka damasken i läge.

## 11 Handbroms - justering

### Versioner med bakre trumbromsar

**Observera**: *Justering av handbromsvajern/ -vajrarna på bilar med bakre trumbromsar krävs endast i de fall vajerbyte utförts eller om vajrarna av någon orsak lossats från bromsarna. Om handbromsen inte håller fast bilen indikerar detta vanligen slitna bromsbackar eller defekt självjusteringsmekanism.*

**1** Ställ upp bakvagnen på pallbockar.

**2** Lossa helt på handbromsen och tryck hårt ett flertal gånger på fotbromsen.

**3** Dra åt handbromsen med fem klick.

**4** Dra åt eller lossa justermuttrarna lika mycket till dess att bromsbackarna precis börjar ta mot bromstrummorna. Det ska kännas samma motstånd i båda hjulen när de snurras.

**5** Lossa handbromsen och kontrollera att hjulen snurrar fritt. Om inte, gör om justeringen.

### Versioner med bakre skivbromsar

**Observera**: *Handbromsen på bilar med skivbromsar bak är inte självjusterande och kräver därmed regelbunden justering för att kompensera slitaget. Handbromsen ska även justeras varje gång vajer, skiva eller handbromskomponenter byts eller demonteras, oavsett orsak.*

**6** Dra sakta åt handbromsen och räkna klicken. Om den kan dras mer än åtta klick ska handbromsvajern justeras enligt följande.

**7** Skala tillbaka handbromsspakens damask och lossa justermuttern **(se bild 10.1)**. På vissa modeller måste mittkonsolen demonteras för åtkomlighet.

**8** Lossa en hjulbult på vardera bakhjulet och ställ upp bakvagnen på pallbockar.

**9** Skruva ur den lossade bulten i varje hjul och snurra på hjulet till dess att du med hjälp av en ficklampa kan se handbromsjusteringens ratt genom bulthålet.

**10** Vrid justeringen - medsols för isärtvingande av backarna, motsols för att föra ihop dem - till dess att bromsbackarna precis är i kontakt med trumman **(se bild 5.6d)**. Släpp backarna så att hjulet snurrar fritt (tre till fyra tänder på justeringen).

**Observera**: *Om justerratten är svårvriden, demontera hjul och bromsskiva, smörj justerratten och försök igen.*

**11** Med monterad bromsskiva ska handbromsen dras åt tre gången så att vajrarna sträcks och sätter sig, dra sedan spaken långsamt till det femte klicket. Dra åt vajerns justermuttrar lika mycket till dess att bromsbackarna precis berör trumman. Bekräfta att båda hjulen snurrar med samma motstånd.

**12** Släpp upp handbromsen och bekräfta att båda hjulen snurrar fritt.

**13** Dra åt hjulbultarna till angivet moment (se kapitel 1).

## 12 Handbroms - kontroll, demontering och montering

***Varning: Handbromsens belägg på versioner med bakre skivbromsar kan vara tillverkade av asbesthaltigt material. Se varningen i början av avsnitt 6. Vid arbete med dessa delar, orsaka inte damm genom att slipa på beläggen.***

**1** Handbromsen ska kontrolleras regelbundet. Parkera bilen på en kulle, dra åt handbromsen, lägg växellådan i friläge och kontrollera att handbromsen är stark nog för att hålla bilen stilla (se till att sitta kvar i bilen under denna kontroll). Vartannat år (eller när fel misstänks) ska mekanismen dock inspekteras.

**2** Ställ upp bilen på pallbockar och lyft av bakhjulen.

**3** På versioner med bakre trumbromsar, se kapitel 1. Kontroll av bromsbackarnas tjocklek ingår i rutinunderhållet.

**4** På versioner med bakre skivbromsar ska skivorna demonteras enligt anvisningarna i avsnitt 5. Häng upp oken i grov ståltråd, lossa inte bromsledningarna från oken.

**5** När bromsskivan demonterats är handbromsens delar synliga och kan inspekteras vad gäller slitage och skador. Beläggen bör räcka hela bilens livstid men de kan slitas ut om handbromsen är feljusterad eller regelbundet används till att bromsa bilen. Det finns ingen specificerad minimitjocklek för beläggen men en tumregel är att om beläggen understiger 1,5 mm ska backarna bytas. Kontrollera även fjädrarna och justeringen och se efter om trumman har djupa repor eller andra skador.

### Demontering och montering

**Observera:** *Följande arbetsbeskrivning avser endast bilar med bakre skivbromsar. Handbromsen på bilar med bakre trumbromsar är en integrerad del av de bakre bromsarna (se avsnitt 6).*

**6** Lossa bakre hjulbultarna, ställ upp bakvagnen på pallbockar och lyft av bakhjulen. Demontera bromsskivorna (se avsnitt 5). Arbeta på en sida i taget så att den andra sidan kan användas som referens vid monteringen och att hopblandning av delar undviks.

**7** Haka av bromsbackarnas retur- och hållfjädrar **(se bilder)**.

**8** Ta ut bromsbackarna **(se bild)**.

**9** Montering sker med omvänd arbetsordning. När du är klar ska expandern sitta ordentligt mellan backarna enligt bilden **(se bild)**.

**10** När bromsskivan monterats ska handbromsbackarna justeras. Skruva tillfälligt in två av hjulbultarna och vrid justeraren **(se bild 5.6d)** så att backarna säras och skivan låser och backa sedan justeringen så att backarna inte släpar mot (se avsnitt 11). Dra åt hjulbultarna med angivet moment (se kapitel 1 "Specifikationer").

**12.7a Haka av backens nedre returfjäder (diagonalavbitare används här eftersom de ger ett bra grepp om fjädern, men var försiktig så att inte fjädern skadas)**

**12.7b Haka av den övre returfjädern**

12.7c Haka av hållfjädern

12.8 Ta bort bromsbackarna

12.9 När du är färdig ska expandern sitta korrekt mellan backarna som visat (navet demonterat för tydlighetens skull)

## 13 Bromspedal - justering

**Observera:** *Du ska alltid justera bromspedalens höjd när huvudcylindern eller bromsservon demonterats eller bytts. Justera även bromsljuskontakten (se avsnitt 14).*

1 Mät avståndet mellan nederkanten av bromspedalens fotplatta (kanten längst från torpedplåten) och torpedplåten **(se bild)**, jämför sedan måttet med specifikationerna. Om det inte är korrekt, lossa låsmuttern på tryckstången och vrid tryckstången medan gaffeln fixeras till dess att avståndet är det rätta. **Observera:** *På högerstyrda bilar utförs justeringen på tväraxelns vänstra sida sedan handskfacket demonterats men avståndet mäts fortfarande vid pedalen.*

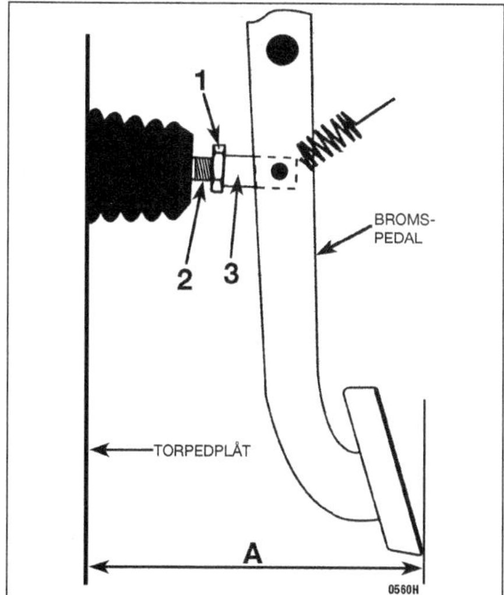


13.1 Justera bromspedalens höjd genom att lossa låsmuttern (1) vid tryckstångens gaffel (2) och skruva den gängade delen av tryckstången till dess att mått A (avståndet mellan bromspedalens nederkant och torpedplåten är enligt specifikationerna (vänsterstyrd bil visad, högerstyrd bil likartad)

## 14 Bromsljuskontakt - kontroll och justering

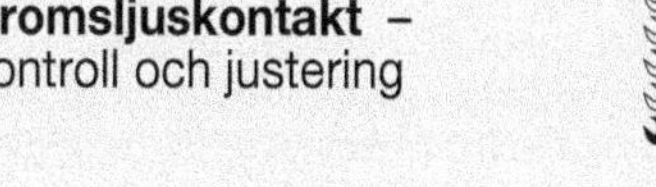

**Observera:** *Bromsljuskontakten ska kontrolleras och vid behov justeras när huvudcylindern eller bromsservon demonterats eller bytts.*

1 Bromsljuskontakten är monterad på ett fäste i bromspedalställets överkant. Den tänder bromsljusen när bromspedalen trycks ned.

2 När bromspedalen är i viloläge, mät avståndet mellan kontaktens anliggningspunkt på pedalen och kontakthuset **(se bild)** och jämför med mått A i detta kapitels specifikationer.

3 Om uppmätt avstånd ligger utanför angivet, dra ur ledningarna från kontakten. Lossa låsmuttern och skruva in eller ut till dess att måttet är korrekt och dra åt låsmuttern. Anslut ledningarna och kontrollera funktionen.

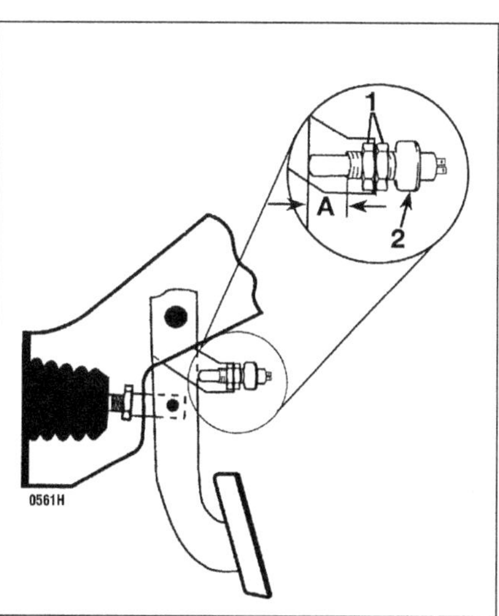


14.2 Justera höjden på bromsljuskontakten genom att lossa låsmuttrarna (1) och skruva kontakten (2) in eller ut till dess att måttet A är korrekt

## 15 Bromsledningar - inspektion och byte

***Varning: Bromsolja är giftig. Den är även ett utmärkt färgborttagningsmedel. Se varningen i början av avsnitt 16.***

### Inspektion

1 Kontrollera bromsledningarna med de mellanrum som anges i kapitel 1. Ställ upp bilen på pallbockar och inspektera de flexibla bromsslangarna. Leta efter sprickor, skavningar på ytterhöljet, läckor, blåsor och andra skador. Dessa slangar är en viktig och ömtålig del av bromssystemet så letandet ska ske med största noggrannhet. Metallrören ska kontrolleras vad gäller gropar och korrosion. Om en slang eller ett rör uppvisar någon av ovanstående skador ska delen i fråga omedelbart bytas.

***En ficklampa och en spegel är till god hjälp vid inspektion av bromsledningar och slangar***

### Bromsslang, byte

2 Ta bort all smuts från slangändarna. Ha ett lämpligt spillkärl redo när slangen lossas.

3 Lossa slangen i karossänden genom att fixera den sexkantiga slangändesanslutningen med en nyckel samtidigt som muttern på metallröret skruvas ur **(se bild).** Om mutter sitter fast, dränk den med inträngande olja. När slangen lossats från röret, lossa fjäderclipset från fästet och lossa slangen.

4 Lossa slangen från oket genom att skruva ur den. Plugga öppningen i oket om inte en ny slang omedelbart monteras, så att smuts inte tränger in.

5 Montering sker med omvänd arbetsordning. Kontrollera att fästena är i gott skick och att låsmuttrar dras åt ordentligt. Byt fjäderclipsen om det inte sitter åt hårt.

6 Kontrollera noga att inte delar i styrning och fjädring kommer i kontakt med bromsslangarna. Låt en medhjälpare vrida ratten mellan fulla utslag under inspektionen.

7 Avlufta bromssystemet enligt beskrivning i avsnitt 16.

### Bromsrör, byte

8 Vid byte av bromsrör, använd endast originaldelar från en BMW-försäljare.

9 Genuina BMW bromsrör säljs raka. Du behöver en rörkrökare för att böja dem till korrekt form.

10 Börja med att demontera det rör som ska bytas. Lägg det på en ren arbetsbänk och mät det noga. Skaffa ett rör i samma längd och böj det till samma form som det gamla röret.

***Varning: Röret får inte krympas eller skadas. Ingen krök får ha en mindre radie än 14 mm. Se till att skyddshöljet på det nya röret är oskadat vid krökarna.***

11 När ett nytt rör monteras, se till att det stöttas ordentligt av fästena, att dragningen är identisk och att det finns tillräckligt med avstånd till rörliga eller heta delar.

12 Efter monteringen, kontrollera nivån och fyll på bromsolja vid behov. Avlufta bromssystemet enligt beskrivning i avsnitt 16 och testa bromsarna ordentligt innan bilen tas i bruk. Försäkra dig om att inga läckor förekommer.

## 16 Bromshydraulik – avluftning

***Varning: Använd skyddsglasögon vid avluftning av bromsarna. Om du får bromsolja i ögonen ska de omedelbart spolas med vatten. Sök läkarvård! De flesta typer av bromsolja är lättantändliga och kan därför antändas om de spills på varma motordelar. I detta avseende ska bromsolja behandlas som bensin. Vid påfyllning eller byte ska alltid rekommenderad typ från en nyligen öppnad behållare användas. Återanvänd ALDRIG bromsolja som tappats ur systemet och fyll INTE på med olja från en behållare som stått öppen under en längre tid eftersom detta är potentiellt livsfarligt.***

***Bromsolja är ett effektivt färgborttagningsmedel och angriper många plastsorter. Om bromsolja spills ska den omedelbart sköljas bort med stora mängder vatten.***

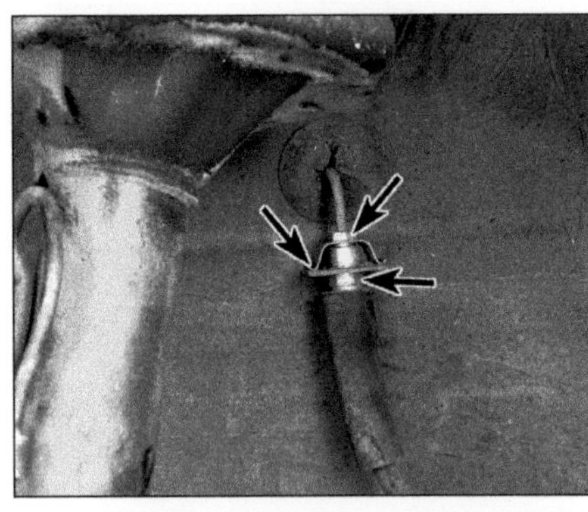

**15.3 En typisk anslutning mellan bromsrör och bromsslang. Lossa den genom att använda en nyckel till att hålla fast sexkantsfästet på slangänden (nedre högra pilen) och skruva upp den gängade delen av anslutningen med en delad ringnyckel (bromsnyckel) (övre högra pilen) och lossa fjäderclipset (vänster pil)**

**Observera:** *Avluftning av hydrauliken krävs för att avlägsna varje spår av luft som kan ha trängt in i systemet vid demontering och montering av komponenter.*

1 Det är troligen nödvändigt att avlufta systemet vid alla fyra hjulen om luft kommit in i systemet genom för låg oljenivå eller om bromsledningarna lossats vid huvudcylindern.

2 Om en bromsledning kopplats ur vid endast ett hjul behöver endast det oket eller den hjulcylindern avluftas.

3 Om en bromsledning kopplas ur vid en anslutning mellan huvudcylindern och en broms måste den del av systemet som betjänas av den lossade ledningen avluftas.

4 När hela systemet avluftas, börja med höger bak och fortsätt med vänster bak, höger fram och vänster fram.

5 Släpp ut kvarvarande vakuum från bromsservon genom att trampa ned bromspedalen 30 gånger med avslagen motor. Där ABS förekommer släpper detta även ut trycket i bromssystemet.

6 Skruva av locket från huvudcylinderns behållare och fyll den med olja. Sätt tillbaka locket.

**Observera:** *Kontrollera ofta att oljenivån i behållaren inte sjunker så lågt att luft kommer in i huvudcylindern och fyll på vid behov.*

7 För avluftning av systemet krävs en medhjälpare, ett genomskinligt plastkärl och ett stycke genomskinlig plastslang som passar avluftningsnippeln. Alternativt kan en "enmanssats" för avluftning användas. Dessa satser består vanligen av ett rör eller en flaska med en integrerad envägsventil. I och med detta kan pedalen pumpas som normalt men luft sugs inte tillbaka in i systemet när pedalen

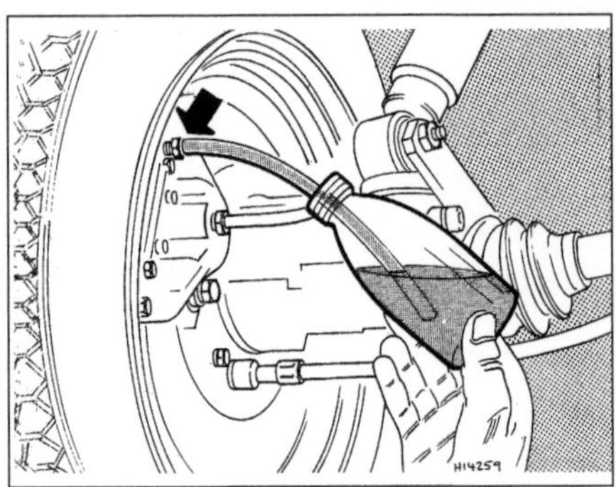

**16.9 Placera ena änden av slangen över avluftningsnippeln och doppa den andra änden i oljan i kärlet**

släpps upp. Om en sådan sats används, följ de instruktioner som medföljer satsen. Oavsett metod krävs ny bromsolja av specificerad typ och en nyckel till avluftningsnippeln

8 Börja med höger bakhjul, lossa avluftningsnippeln något och dra den till dess att den är tät men ändå kan lossas snabbt och enkelt.

9 Placera ena slangänden över nippeln och sänk ned den andra i bromsoljan i kärlet **(se bild).**

10 Låt medhjälparen trampa ned bromspedalen ett antal gånger och sedan hålla den nedtryckt.

**Observera:** *Om bilen har låsningsfria bromsar ska bromsen trampas ned minst 12 gånger.*

11 Medan bromspedalen hålls nedtryckt, öppna nippeln så att oljan kan flöda ut från oket/cylindern. Medhjälparen ska mjukt trampa pedalen i botten mot golvet och hålla pedalen där. Se efter om luftbubblor kommer ur den nedsänkta slangänden. När flödet saktar in efter ett par sekunder ska nippeln skruvas åt. Låt medhjälparen släppa upp pedalen.

12 Upprepa paragraferna 10 och 11 till dess att inga luftbubblor syns. Dra åt nippeln och flytta till vänster bakhjul, höger framhjul och vänster framhjul och upprepa arbetet. Gör täta kontroller av nivån i huvudcylinderns behållare.

***Varning: Återanvänd ALDRIG begagnad bromsolja. Den tar upp fukt från luften vilket kan leda till att bromsoljan börjar koka och detta gör att bromsarna inte fungerar.***

13 Efter avslutat arbete, fyll på oljan i huvudcylinderns behållare.

14 Kontrollera bromsarnas funktion. Pedalen ska ha en fast känsla vid nedtryckandet och inte kännas "svampig". Upprepa hela proceduren vid behov. *Kör inte bilen om du känner tveksamhet angående bromsarnas funktion.*

# Kapitel 10 Fjädring och styrning

## Innehåll



## Svårighetsgrader

| | | | | |
|---|---|---|---|---|
| **Enkelt,** passar novisen med lite erfarenhet  | **Ganska enkelt,** passar nybörjaren med viss erfarenhet  | **Ganska svårt,** passar kompetent hemmamekaniker  | **Svårt,** passar hemmamekaniker med erfarenhet | **Mycket svårt,** för professionell mekaniker  |

## Specifikationer

### Allmänt

Servostyrningsolja . . . . . . . . . . Se kapitel 1

### Däck

Däckstorlekar
- Serie 3, E30
  - 316 . . . . . . . . . . 175/70x14
  - 316i . . . . . . . . . . 175/70x14, 195/65x14
  - 318i . . . . . . . . . . 175/70x14
  - 320i . . . . . . . . . . 195/65x14
  - 325i . . . . . . . . . . 195/65x14, 200/60x356, 205/55x15
- Serie 5, E28 ("gamla karossen")
  - 518 . . . . . . . . . . 175x14
  - 518i . . . . . . . . . . 175x14
  - 525i . . . . . . . . . . 175x14, 195/70x14
  - 528i . . . . . . . . . . 195/70x14
  - 535i och M535i . . . . . . . . . . 220/55x390
- Serie 5, E34 ("nya karossen")
  - 518i . . . . . . . . . . 195/65x15
  - 520i . . . . . . . . . . 195/65x15, 225/60x15
  - 525i . . . . . . . . . . 195/65x15, 205/65x15, 225/65x15
  - 530i . . . . . . . . . . 205/65x15, 225/60x15
  - 535i . . . . . . . . . . 225/60x15, 240/45x415

Däcktryck . . . . . . . . . . Se kapitel 1, specifikationer

## Åtdragningsmoment

| Framvagnsfjädringen | Nm |
|---|---|
| Fjäderbensdämparens mutter | |
| Stång med utvändig sexkant | 65 |
| Stång med invändig sexkant | 44 |
| Fjäderbenets gängade krage | 130 |
| Fjäderbenets övre fästmuttrar | 22 |
| Främre bärarm (serie 3) | |
| Mutter mellan bärarmen och styrknogens kulled | 64 |
| Mutter mellan bärarmen och monteringsramens kulled | 83 |
| Bultarna till bärarmens bussningsfäste | 41 |
| Undre bärarm (serie 5) | |
| Muttern till bärarmens fäste vid kulledens pinnbult | 85 |
| Bärarmens pivåbult | 77 |
| Tryckarm (serie 5) | |
| Muttern till tryckarmens fäste vid kulledens pinnbult | 85 |
| Tryckarmens genomgående bult | 130 |
| Framnavsmutter (hjullager) | 290 |
| Bultarna mellan styrarmen och fjäderbenet (serie 5) | 65 |
| Krängningshämmare (serie 3) | |
| Bult mellan krängningshämmare och länk | 41 |
| Krängningshämmarens fästen till monteringsramen | 22 |
| Länk till fäste | 22 |
| Länkfäste till bärarm | 41 |
| Krängningshämmare (serie 5) | |
| Krängningshämmarens fästen | 22 |
| Krängningshämmarlänken till fjäderbenshusets låsmutter | |
| Gulkromad | 20 |
| Vitkromad | 33 |
| Gul | 58 |

## Åtdragningsmoment

| Bakfjädring | Nm |
|---|---|
| Bakre stötdämpare (serie 3) | |
| Stötdämpare till övre fäste | 12 till 15 |
| Stötdämpare till bärarm | 71 till 85 |
| Bakre stötdämpare (serie 5) | |
| Nedre bult | 125 till 142 |
| Övre mutter | 22 till 24 |
| Övre fjäderfäste till stötdämparens låsmutter | 22 till 24 |
| Bärarmar (serie 3) | |
| Bärarm till nedre fäste | 71 till 85 |
| Bärarm till krängningshämmare | 22 till 23 |
| Bärarmar (serie 5) | |
| Bärarm till bakaxelhållare (gummibussningens genomgående bult och mutter) | 66 |
| Bärarmens länk till bakaxelhållaren (1983 och senare) | 126 |
| Bakhjulslagrets flänsaxelmutter (serie 5) | |
| M22 | 175 till 210 |
| M27 | 235 till 260 |
| **Styrning** | |
| Rattmuttern | 79 |
| Rattstångens klämbult i universalknuten | 22 |
| Styrväxelns fästbultar i monteringsramen (serie 3) | 41 |
| Styrsnäckans fästbultar till framfjädringens monteringsram (serie 5) | 42 |
| Styrstagets mutter till styrarmen | 37 |
| Styrstagsändens klammerbult | 14 |
| Pitman-armen till styrsnäckan (serie 5) | 140 |
| Styrlänkarnas kulleder (all) | 37 |

## 1 Allmän information

***Varning: När något förband i styrningen eller fjädringen lossas måste bultarna och muttrarna inspekteras och vid behov kasseras så att nya monteras som har samma katalog-nummer eller är av original kvalitet och utförande. Åtdragningsmomenten MÅSTE hållas för korrekt montering och för att delarna sedanska sitta kvar. Försök ALDRIG att värma, räta ut eller svetsa kompo-nenter i styrning eller fjädring. Böjda eller skadade delar MÅSTE bytas.***

Framvagnsfjädringen **(se bilder)** är av typen MacPherson fjäderben. Fjäderbenen är monterade i överdelen i förstärka delar av hjulhusets översida och nedtill i styrstagen/bärarmarna. En krängningshämmare är monterad på bärarmarna via länkar och på monteringsramen för fjädringen (serie 3) eller bottenplattan (serie 5).

Den oberoende bakhjulsfjädringen på modellerna i serie 3 **(se bild)** har spiralfjädrar och teleskopiska stötdämpare. Det övre stötdämparfästet är i karossen och det nedre på bärarmen. En krängningshämmare är monterad på bärarmarna via länkar och fäst i bottenplattan med klamrar.

Den oberoende bakhjulsfjädringen på modellerna i serie 5 **(se bild)** använder en typ av fjäderben i stället för separata fjädrar och stötdämpare. Övre änden är monterad i karossen och nedre på bärarmen. Förutom denna skillnad liknar bakfjädringen i serie 5 den i serie 3 i och med att den har två bärarmar förbundna med en krängningshämmare.

Styrsystemet består av ratten, en rattstång, en universalknutsaxel, styrväxeln, servostyrningens pump (om befintlig) och styrlänkaget, som ansluter styrväxeln till styrarmarna. I serie 3 används en kuggstång som är direkt monterad på styrarmarna via styrstagen och styrstagsändarna. I serie 5 används en styrsnäcka som ar ansluten till styrarmarna via en Pitman-arm, ett centralt styrstag, de yttre styrstagen och styrstagsändarna.

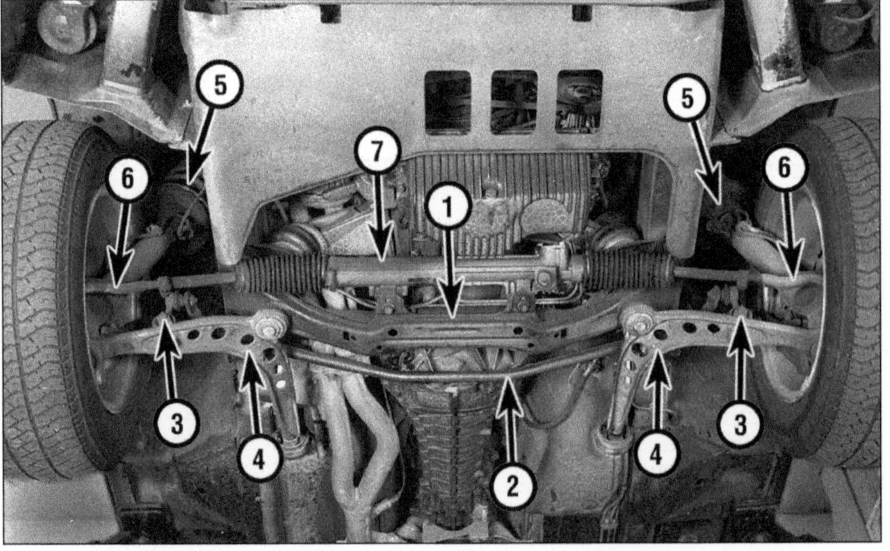


**1.1a Framvagnens fjädrings- och styrningskomponenter (serie 3 visad)**

*1 Monteringsram*
*2 Krängningshämmare*
*3 Krängningshämmarlänk*
*4 Bärarm*
*5 Fjäderben*
*6 Styrstagsände*
*7 Styrväxel*

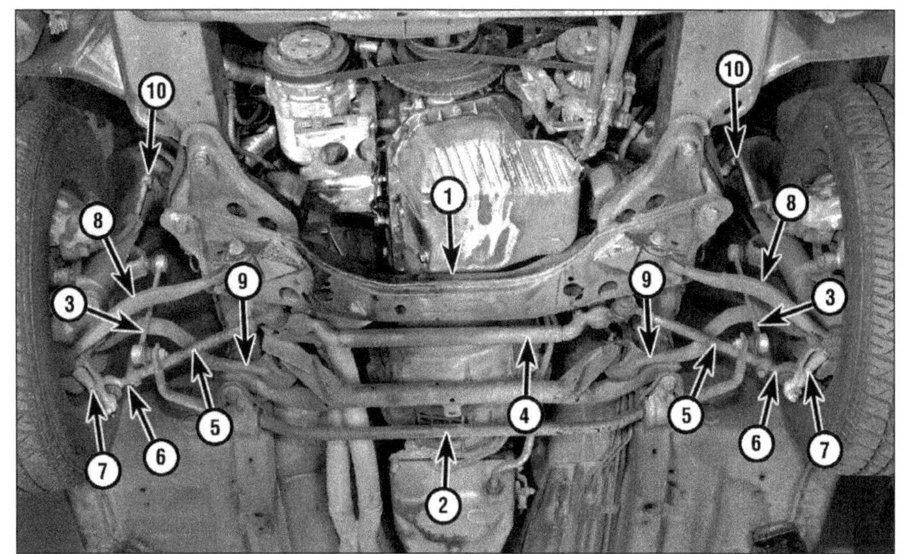


**1.1b Framvagnens fjädrings- och styrningskomponenter (serie 5, vänsterstyrd, visad)**

1 *Monteringsram*
2 *Krängningshämmare*
3 *Krängningshämmarlänk*
4 *Centralt styrstag*
5 *Yttre styrstag*
6 *Styrstagsände*
7 *Styrarm*
8 *Bärarm*
9 *Tryckarm*
10 *Fjäderben*

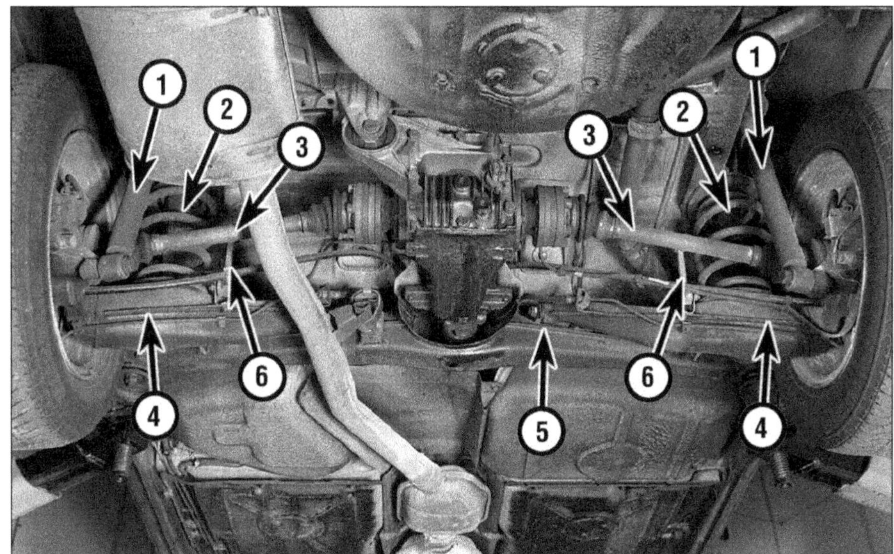


**1.2 Bakvagnens fjädringskomponenter (serie 3 visad)**

1 *Stötdämpare*
2 *Spiralfjäder*
3 *Drivaxel*
4 *Bärarm*
5 *Bakaxelhållare*
6 *Krängningshämmarlänk*

**1.3 Bakvagnens fjädringskomponenter (serie 5, vänsterstyrd, visad)**

1 *Fjäderben*
2 *Drivaxel*
3 *Krängningshämmarlänk*
4 *Krängningshämmare*
5 *Bärarm*
6 *Bakaxelhållare*

**2.2a På serie 3, skruva ur muttern (övre pilen) som fäster krängningshämmaren vid länkens övre ände (vänster sida visad, höger liknande). Om en ny bärarm monteras, skruva ur den nedre muttern (nedre pilen) och lossa länk och fäste från armen**

## 2 Främre krängningshämmare - demontering och montering

### Demontering

**1** Ställ upp framvagnen på pallbockar.

**2** Om du tar bort eller ska byta krängningshämmaren eller lossa den för att byta fjäderben på en bil i serie 3, lossa den från länkarna **(se bilder)**. Om du byter fjäderben på en bil i serie 5, lossa krängningshämmarlänken från fjäderbenshuset.

**3** På serie 3, lossa vänstra bärarmens gummibussning från bottenplattan (se avsnitt 3).

**4** Skruva ur bultarna från det krängningshämmarfäste som ansluter krängningshämmaren till monteringsramen **(se bild)**.

**5** Ta bort krängningshämmaren från bilen. Vid behov, lossa den från fjäderbensfästet.

### Montering

**6** Montering sker med omvänd arbetsordning. Se till att dra samtliga förband till angivet moment.

**3.4 Skruva ur de två bultar (vid pilarna) som fäster bussningsfästet vid bottenplattan**

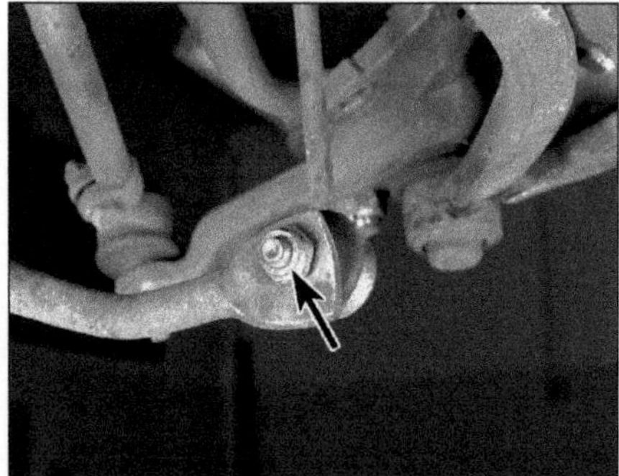

**2.2b På serie 5, skruva ur muttern (vid pilen) som fäster krängningshämmaren vid länken (vänster sida visad, höger liknande)**

## 3 Bärarm (serie 3) - inspektion, demontering, montering och byte av bussning

### Inspektion

**1** Ställ upp framvagnen på pallbockar.

**2** Grip tag i övre och nedre delen av varje kulled med en stor rörtång och kläm ihop för att känna spelet. Alternativt, stick in en hävarm eller en stor skruvmejsel mellan bärarmen och monteringsramen eller fjäderbenshuset. Om det finns spel, byt bärarm (kullederna kan inte bytas separat).

**3** Kontrollera gummibussningen. Om den är sprucken, torr, sliten eller på annat sätt skadad, byt den (se nedan).

### Bussningsbyte

**Observera:** *Gummibussningar ska alltid bytas parvis. Se till att båda bussningarna har samma märkning (indikerande att de är tillverkade av samma firma).*

**4** Skruva ur de två bultarna **(se bild)** som håller bussningsfästet vid bottenplattan.

**3.12 Skruva ur den självlåsande muttern från den kulledspinnbult som sticker ut genom överkanten av monteringsramen (visas ej i denna bild men finns rakt ovanför kulleden) och dra loss kulleden från monteringsramen. Försök att inte skada damasken**

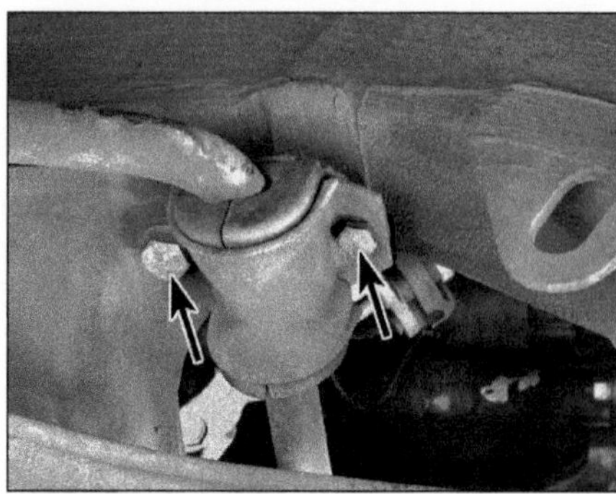

**2.4 Skruva ur bultarna (vid pilarna) från krängningshämmarfästena för att lossa krängningshämmaren från monteringsramen (serie 3 visad, serie 5 liknande)**

**5** Använd en avdragare och lossa fästet och bussningen från bärarmens ände. Om avdragaren glider på bärarmsänden, ta upp ett hål i bärarmen så att avdragarbulten får en hållpunkt.

**6** Notera den gamla bussningens riktning. Den nya ska monteras på exakt samma sätt. Pressa ut den gamla bussningen ur fästet, eller låt en verkstad pressa ut den.

**7** Täck bärarmsänden med BMW:s specialsmörjmedel (Katalognummer 81 22 9 407 284) och pressa på den nya bussningen och fästet på armen hela vägen in - eller låt en verkstad utföra detta moment.

***Varning: Försök inte använda något annat smörjmedel. 30 minuter efter det att detta medel applicerats förlorar det sina smörjande egenskaper och bussningen sitter därmed låst i korrekt läge. Försäkra dig om att den nya bussningen är vänd exakt som den gamla.***

**8** Skruva in fästets bultar och dra dem till angivet moment.

**9** Ställ ned bilen och låt den stå i minst 30 minuter (så att smörjmedlet hinner torka).

### Bärarmens demontering och montering

**Observera:** *Om endera kulleden är sliten eller skadad måste hela bärarmen bytas. Om du monterar en ny bärarm måste även en ny bussning monteras. Den gamla kan inte demonteras och återanvändas.*

**10** Lossa men skruva inte ur hjulbultarna och ställ upp framvagnen på pallbockar. Lyft av hjulen.

**11** Skruva ur de två bultar som fäster gummibussningsfästet vid bottenplattan **(se bild 3.4)**.

**12** Skruva ur den mutter som fäster bärarmens kulled vid monteringsramen och ta undan kulledens pinnbult från monteringsramen. **Observera:** *Det kan bli tvunget att använda en kulledsavdragare för att lossa kulleden från monteringsramen* **(se bild)**, *men se till att inte skada damasken. Om den*

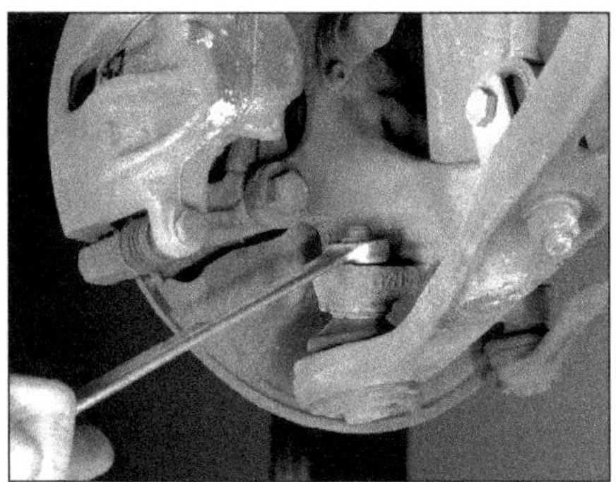

**3.13a Skruva ur den självlåsande muttern från den kulledspinnbult som ansluter yttre bärarmsänden till styrknogen. Om du inte har en kulledsavdragare . . .**

*skadas (och du sätter tillbaka bärarmen), montera en ny damask.*

**13** Skruva ur den mutter som fäster den yttre bärarmskulleden vid styrknogen **(se bild)** och lossa kulledens pinnbult från styrknogen **(se bild).** Helst ska du använda en kulledsavdragare för detta arbete. Om du ska montera en ny del är hammare OK, men det är inte att rekommendera om delarna ska återanvändas.

**14** Demontera bärarmen.

**15** Om du ska byta bärarm måste du byta

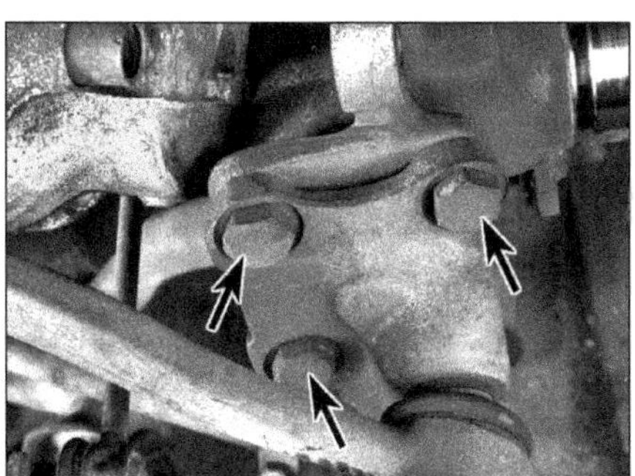

**4.5 Om du demonterar bärarmen, skruva ur de tre bultarna (vid pilarna) från styrarmen och lossa fjäderbenet från armen**

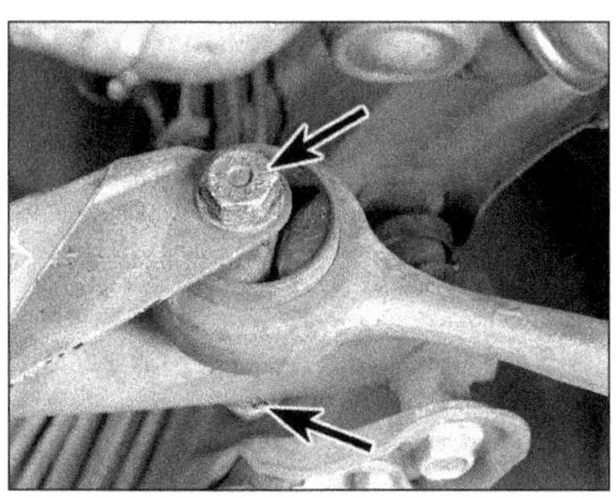

**4.6b Om du demonterar tryckarmen skruva ur den bult och mutter (vid pilen) som fäster armens bakre ände**

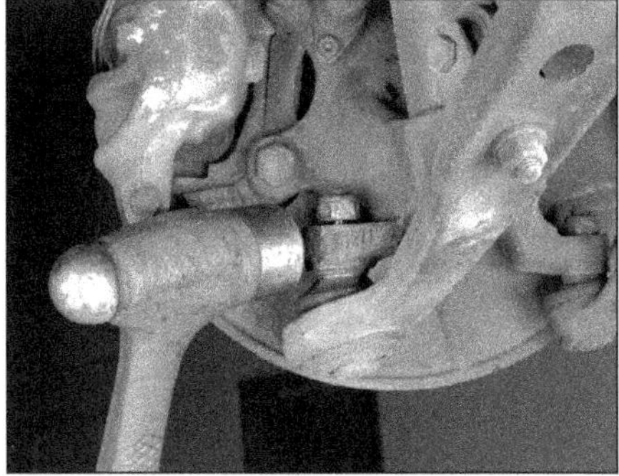

**3.13b . . . knacka på styrknogen med en hammare så att kulledspinnbulten släpper från fjäderbenshuset och ta bort bärarmen**

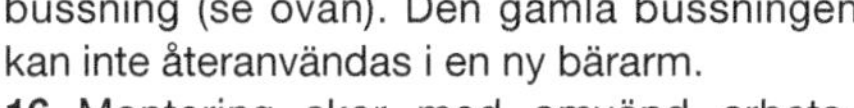

bussning (se ovan). Den gamla bussningen kan inte återanvändas i en ny bärarm.

**16** Montering sker med omvänd arbetsordning. Se till att använda nya självlåsande muttrar på kulledspinnbultarna och dra dem och bussningsfästets bultar till angivet moment.

**17** Efter avslutat arbete ska framvagnsinställningen kontrolleras av en kompetent verkstad.

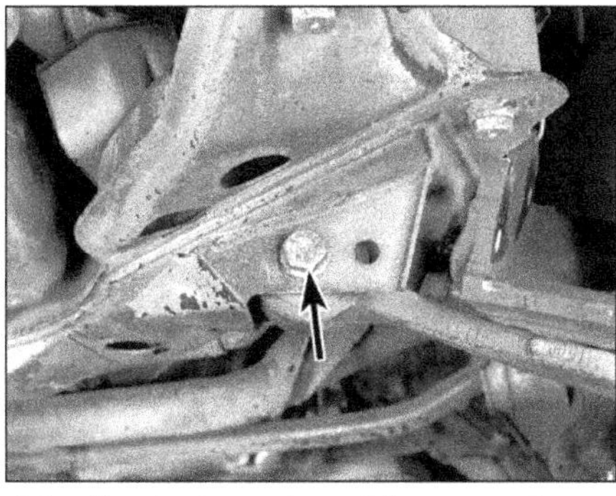

**4.6a Om du demonterar bärarmen, skruva ur den självlåsande muttern och den genomgående bulten (vid pilen) som fäster inre änden av armen vid bilen**

**4.7a Skruva ur den självlåsande muttern (bärarmsmutter vänster pil, tryckarmsmutter, höger pil) från kulleden och stötta styrarmen samt pressa eller knacka ut kulleden ur styrarmen**

## 4 Bär- och tryckarmar (serie 5) - inspektion, demontering montering och byte av bussning

### Inspektion

**1** Inspektera tryckarmens gummibussning **(se bild 4.6b).** Om bussningen är sprucken, sliten eller på annat sätt skadad ska den bytas. Bärarmsbussningen kan inte inspekteras förrän bärarmen demonterats.

**2** Ställ bilen på pallbockar.

**3** Kontrollera slitaget i bär- och tryckarmens kulleder genom att gripa tag i över- och nederdelen av vardera kulleden med en rörtång och försök klämma ihop dem. Alternativt, stick in en hävarm eller en stor skruvmejsel mellan dem och bänd. Om det finns spel, byt bär- eller tryckarm (kullederna kan inte bytas separat).

### Demontering

**Observera:** *Om endera kulleden är sliten eller skadad måste hela bär- eller tryckarmen bytas. Om du monterar en ny arm måste även en ny bussning monteras. Den gamla kan inte demonteras och återanvändas.*

**4** Lossa men skruva inte ur hjulbultarna och ställ upp bilen på pallbockar. Lyft av hjulen.

**5** Om du demonterar bärarmen, skruva ur de tre bultarna från styrarmen **(se bild)** och lossa fjäderbenet från armen.

**6** Skruva ur muttern och den genomgående bulten som fäster bär- eller tryckarmens bakre fäste **(se bilder).**

**7** Skruva loss muttern från kulleden **(se bild).** Stötta styrarmen och lossa kulleden **(se bilder).** Helst ska du använda en kulledsavdragare för detta arbete. Om du ska montera en ny del är hammare OK, men det är inte att rekommendera om delarna ska återanvändas.

**4.7b Du kan lossa tryckarmens kulled från styrarmen med en avdragare . . .**

4.7c ... men du kan eventuellt bli tvungen att använda en hammare för att knacka ut bärarmens kulledspinnbult från styrarmen eftersom det inte finns utrymme för en avdragare. En speciell kulledsavdragare är ett bättre alternativ

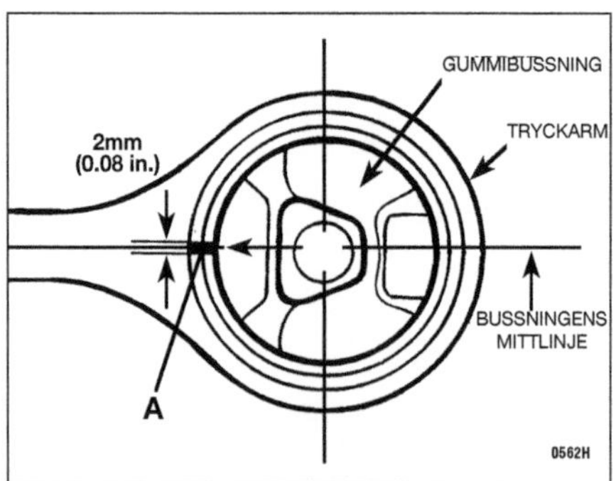


4.8 Korrekt riktning för bussningen på en tryckarm i serie 5. Pilen på bussningen är i linje med märket på armen och bussningscentum är koncentriskt gentemot hålet

### Inspektion och byte av bussning

8 Om bussningen är skadad, ta armen till en BMW-verkstad eller annan verkstad och låt den pressa ut den gamla och pressa in den nya. Bussningar ska alltid bytas parvis (en ny bussning i vardera armen och båda bussningarna ska ha samma tillverkarmärkning) Om du monterar en ny tryckarmsbussning, se till att den är rättvänd **(se bild).**

### Montering

9 Montering sker med omvänd arbetsordning. Se till att använda nya självlåsande muttrar på kulledspinnbulten och den genomgående bulten. Glöm inte bort brickorna i vardera änden av den genomgående bulten. Om du byter bärarm, se till att använda gänglåsmedel på styrarmens fästbultar. Dra inte åt bultarna till fullt moment i detta skede. **Observera**: *Tryckarmarna är märkta "L" för vänster sida och "R" för höger sida. Kontrollera markeringen innan en ny arm monteras.*

10 Stötta bärarmen med en garagedomkraft och höj den så att normal körhöjd intags och dra den genomgående bulten till angivet moment. Montera hjulen och dra även hjulbultarna till angivet moment, se kapitel 1.

11 Efter avslutat arbete ska framvagnsinställningen kontrolleras av en kompetent verkstad.

## 5 Främre fjäderben - demontering och montering

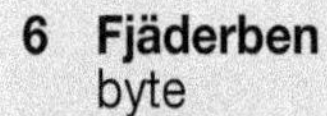

### Demontering

**Observera:** *Även om inte fjäderbenen alltid slits ut samtidigt ska de bytas parvis så att inte väghållningen påverkas.*

1 Lossa men skruva inte ur framhjulsbultarna.

2 Ställ framvagnen på pallbockar.

3 Lyft av framhjulet.

4 Lossa alla broms- och elledningar från fjäderbenshuset.

5 Dra i förekommande fall ut kontakten till det låsningsfria bromssystemet.

6 Om du demonterar vänster fjäderben, dra ut kontakten till slitagevarnaren för bromsklossarna.

7 Skruva i förekommande fall ur hjulgivarbulten och demontera bromsskivan (se kapitel 9).

8 Demontera bromsens stänkskydd **(se bild).**

9 På serie 3, lossa krängningshämmaren från sin länk (se avsnitt 2). På serie 5, lossa krängningshämmarens länk från fjäderbenshuset (se avsnitt 2).

10 På serie 3, lossa bärarmens kulled från styrknogen (se avsnitt 3) och styrstaget från styrarmen (se avsnitt 17).

11 På serie 5, skruva ur de bultar som fäster styrarmen vid fjäderbenshuset **(se bild 4.5).**

12 Dra ut nedre änden av fjäderbenshuset så långt att det går fritt från bärarmsänden (serie 3) eller styrarmen (serie 5).

13 Stötta fjäderbenets vikt och skruva ur de tre muttrarna på översidan, de finns inne i motorrummet **(se bild)** och lyft ut fjäderbenet.

14 Demontera fjäderbenet. Om en ny stötdämpare ska monteras, se avsnitt 6.

### Montering

15 Montering sker med omvänd arbetsordning. På serie 3, se till att använda nya självlåsande muttrar på bärarmens kulled, styrstagsändens kulled och fjäderbenets övre fäste. På serie 5 se till att fliken i styrarmen greppar ini urtaget i fjäderbenshuset **(se bild).** BMW rekommenderar gänglåsmedel på styrarmens fästbultar. På samtliga modeller, dra åt förbanden till angivet moment.

16 Efter avslutat arbete, låt en kvalificerad verkstad kontrollera och vid behov justera framvagnsinställningen.

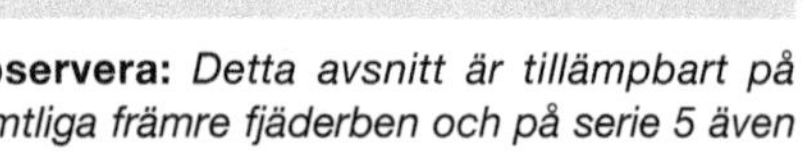

## 6 Fjäderben - byte

**Observera:** *Detta avsnitt är tillämpbart på samtliga främre fjäderben och på serie 5 även de bakre fjäderbenen.*

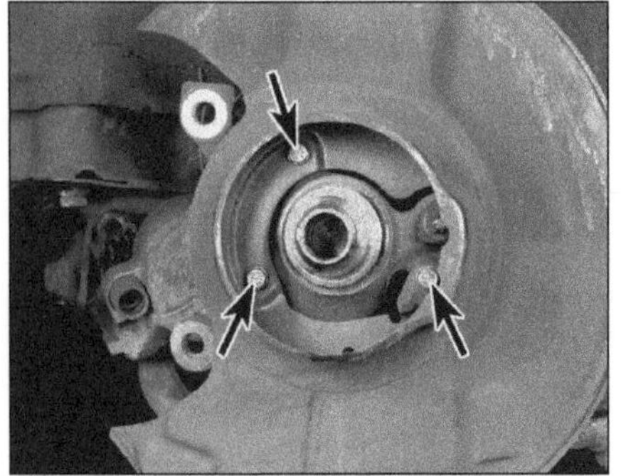

5.8 Skruva ur de tre (vid pilarna) bultarna för att lossa bromsens stänkskydd

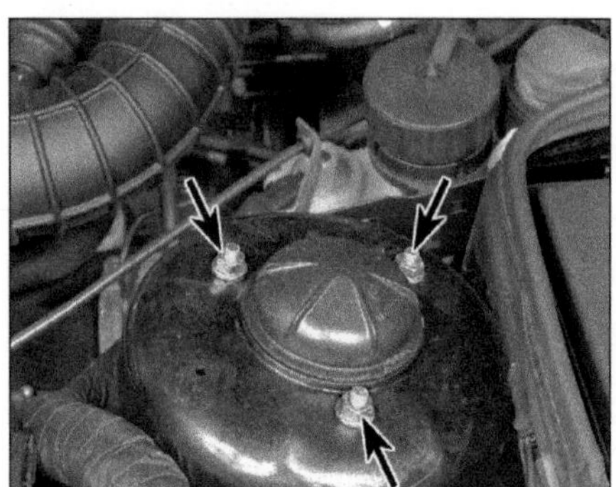

5.13 Stötta fjäderbenets vikt och skruva ur de tre fästmuttrarna (vid pilarna) på fjäderbenets topp (serie 5 visad, serie 3 liknande)

5.15 På serie 5, se till att fliken på styrarmen greppar in i urtaget på fjäderbenshuset (vid pilarna)

1 Om fjäderbenen, stötdämpare eller spiralfjädrar visar tecken på slitage (oljeläckor, förlust av dämpning, defekta spiralfjädrar) undersök samtliga alternativ innan arbetet påbörjas. Fjäderben eller stötdämpare kompletta med fjädrar kan finnas att få som utbytesdelar vilket spar mycket tid och arbete. Oavsett vad du väljer, kontrollera pris och tillgång till reservdelar innan bilen tas isär.

***Varning: Isärtagning av fjäderben kan ha sina risker, största uppmärksamhet måste ägnas åt arbetet om inte allvarliga personskador ska uppstå. Använd endast en högkvalitativ spiralfjäderkompressor och följ noggrant tillverkarens instruktioner som medföljer verktyget. När fjädern lossats från fjäderbenet, ställ den åt sidan på en säker, isolerad plats.***

2 Demontera fjäderbenet (se avsnitt 5 eller 11). Sätt upp fjäderbenet i ett skruvstycke, skydda med trasor eller klossar och dra inte åt skruvstycket för hårt.

3 Följ verktygstillverkarens instruktioner och montera fjäderkompressorn (dessa kan köpas i de flesta biltillbehörsbutiker och det kan även vara möjligt att hyra en) på fjädern och tryck ihop den såpass att allt fjädertryck släpper från sätet **(se bild)**. Verifiera genom att vicka på fjädern.

4 Peta loss skyddshuven från dämparkolvstångens självlåsande mutter, skruva ur muttern **(se bild)** med en blocknyckel medan kolvstången fixeras med en annan block- eller insexnyckel.

5 Skruva ur muttern, demontera fjäderbenslagret, stoppet och den stora brickan. Kontrollera lagret, om det inte löper lätt, byt det. Kontrollera skicket på gummistoppet, om det förekommer separationer, byt det.

6 Lyft av fjädersätet och gummiringen på fjäderns topp. Kontrollera skicket på gummiringen och byt vid behov.

**6.9 Skruva loss den gängande kragen och dra ut den gamla stötdämparen ur huset - på samtliga fjäderben utom de som har gasdämpare, häll ut den gamla oljan från fjäderbenshuset (fjädern ska vara demonterad!)**

**6.3 Följ verktygstillverkarens instruktioner och montera fjäderkompressorn på fjädern och tryck ihop den såpass att allt tryck försvinner från fjädersätet**

7 Lyft försiktigt undan den hoptryckta fjädern och placera den på en säker plats, förslagsvis i ett stålskåp.

***Varning: För aldrig huvudet nära fjäderns ände!***

8 Dra av skyddsröret och gummistoppet från kolvstången, om endera är skadad, byt.

9 Om du arbetar med ett främre fjäderben, skruva loss den gängade kragen **(se bild)** och dra ut den gamla stötdämparen ur huset. Häll ur den gamla oljan i huset.

10 På alla fjäderben utom gasladdade enheter, fyll fjäderbenshuset med 20 till 25 cc (serie 3), 42 till 47 cc (518i och 520i serie 5) eller 20 till 25 cc (alla andra serie 5) motorolja (oljan hjälper till att kyla stötdämparen genom att överföra värme till fjäderbenshuset). **Observera:** *Vilken motorolja som helst duger.*

11 Resterande montering sker med omvänd arbetsordning. Dra åt den gängade kragen till angivet moment. Se till att rikta upp spiralfjäderns ände med skuldran på gummiringen och fjädersätet **(se bild)**. Dra kolvstångsmuttern till angivet moment.

12 Montera fjäderbenet (se avsnitt 5 eller 11).

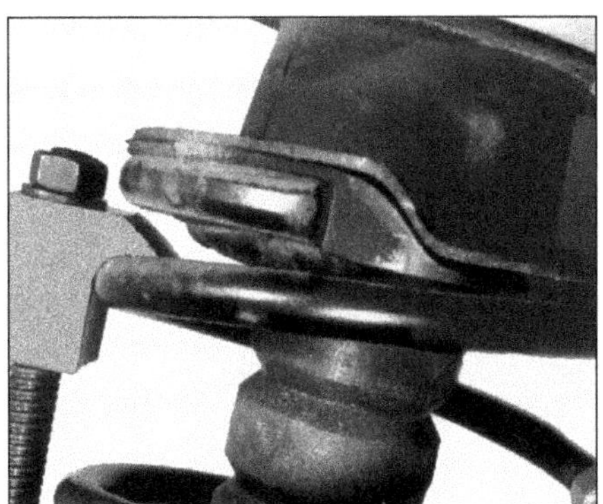

**6.11 Se till att spiralfjäderns ände är i linje med skuldran på gummiringen och fjädersätet**

**6.4 Peta bort skyddshuven från kolvstångsmuttern och skruva ur den stora muttern (vid pilen) - förhindra att kolvstången vrids genom att anlägga mothåll med en insexnyckel i axeländen**

## 7 Kulleder - kontroll och byte

### Kontroll

**Observera**: *På serie 3 finns det två kulleder på varje bärarm, en mellan mitten av armen och monteringsramen, den andra mellan ytteränden av armen och styrknogen. På serie 5 finns kullederna på ytteränderna av bär- och tryckarmarna.*

1 Ställ bilen på pallbockar.

2 Inspektera gummidamasken mellan kulleden och monteringsramen eller styrknogen vad gäller sprickor, revor eller fettläckor. Om något av dessa förekommer byt bär- eller tryckarm - kullederna kan inte bytas separat.

3 Placera en stor hävarm under kulleden och försök trycka upp den. Placera sedan hävarmen mellan bärarmen och monteringsramen eller mellan armen och styrknogen och bänd. Om du kan se eller känna rörelse under endera kontrollen indikerar detta att en kulled är sliten.

4 Låt en medhjälpare greppa tag i hjulets över- och nederkant och skaka på hjulets överkant i en in- och utåtgående rörelse. Känn på kulledsmuttern. Om glapp märks har du orsak att misstänka en sliten kulledspinnbult eller ett förstorat hål i monteringsramen eller styrknogen. Om det senare är fallet måste en ny monteringsram eller styrarm (serie 5) eller styrknoge (serie 3), som är integrerad med fjäderbenshuset, bytas förutom kulleden.

### Byte

**Observera**: *Ingen av dessa kulleder kan bytas separat. Om en av dem är sliten måste en komplett arm monteras.*

8.2 Knacka ut dammskyddet från navcentrum med hammare och mejsel

8.3 Knacka ut navmutterns låsfläns med en mejsel

8.8a Om navet sitter fast, knacka loss det med en hammare

## 8 Framnav och hjullager - demontering och montering

**Observera:** *Demontering av framnavet gör det odugligt för vidare användning. En ny enhet krävs vid montering.*

### Demontering

**1** Lossa hjulbultarna, ställ upp framvagnen på pallbockar. Lyft av hjulen.

**2** Lossa dammskyddet från navet med hammare och mejsel **(se bild).**

**3** Bänd upp navmutterns låsflikar **(se bild).**

**4** Montera hjulet, ställ ned bilen och lossa, men skruva inte ur, navmuttern.

***Varning: Navmuttern ska alltid lossas och dras med bilen på marken. Den kraft som krävs för att lossa muttern (som är MYCKET hårt åtdragen) kan välta bilen från en lyft eller en pallbock.***

**5** Ställ tillbaka framvagnen på pallbockarna och ta bort hjulet igen.

**6** Demontera oket och fästet (se kapitel 9). Bromsslangen behöver inte lossas, häng upp oket ur vägen med en snörstump eller liknande.

**7** Demontera bromsskivan (se kapitel 9).

**8** Skruva ur navmuttern och dra ut nav och lager från axeltappen. Eventuellt måste de knackas loss **(se bild).** Om den inre lagerbanan stannar kvar på axeltappen (mycket troligt), demontera dammskyddet (gummidamasken) bakom lagret och dra av lagerbanan med en avdragare **(se bild).**

### Montering

**9** Montera ett nytt dammskydd.

**10** Tryck på det nya lagret och navet på axeltappen. Om kraft krävs, pressa eller driv ENDAST mot den inre lagerbanan **(se bild).**

**11** Montera en ny navmutter med fingerdragning.

**12** Montera bromsskivan, skruva in den försänkta fästskruven och montera oket (se kapitel 9).

**13** Montera hjulet och ställ ned bilen på marken.

**14** Dra navmuttern till angivet moment. Se till att göra det med bilen på marken, inte på pallbockar.

**15** Ställ upp framvagnen på pallbockar och lyft av hjulet.

**16** Knacka ned mutterns fläns i spåret i spindeln.

**17** Använd lämplig tätningsmassa på den nya fetthuven och driv fast den på plats med en gummiklubba.

**18** Montera hjulet, ställ ned bilen och dra åt hjulbultarna till angivet moment, se kapitel 1.

## 9 Bakre stötdämpare (serie 3) - demontering och montering

### Demontering

**Observera:** *Även om inte stötdämpare alltid slits ut samtidigt ska de bytas parvis så att inte väghållningen påverkas*
.

**1** Lägg klossar vid framhjulen.

**2** Ställ bakvagnen på pallbockar. Stötta bärarmen med en garagedomkraft. Placera en träkloss på lyfthuvudet som skydd.

**3** Skruva ur stötdämparens nedre fästbult **(se bild).**

**4** På vissa modeller, om du arbetar från bagageutrymmet, kan du demontera klädseln och komma åt de övre fästmuttrarna. På

8.8b Om den inre lagerbanan sitter kvar på axeltappen, dra av den med en avdragare

8.10 Använd en stor hylsa eller passande rörstump och driv mot den inre lagerbanan

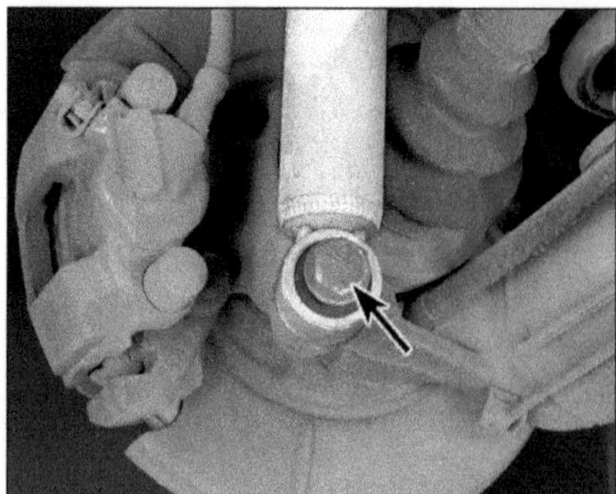
9.3 Skruva ur stötdämparens nedre bult (vid pilen)

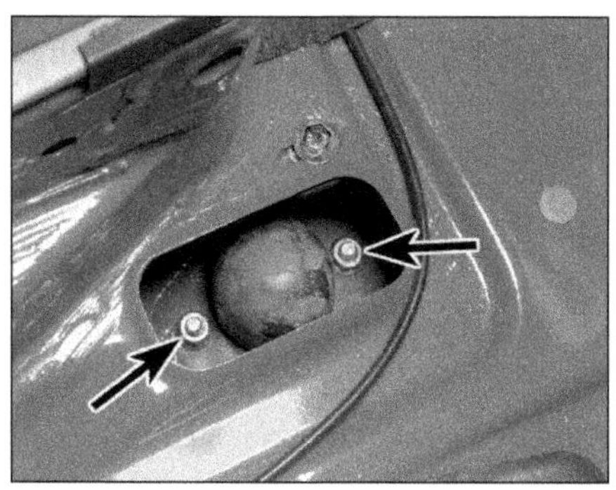

**9.4 Stötdämparnas övre fästmuttrar (vid pilarna) - sen cabriolet-version visat. På tidigare modeller är de övre muttrarna åtkomliga från bagageutrymmet. Vissa senare modeller har dem bakom baksätets ryggstöd uppe under bagagehyllan**

senare modeller måste baksätets ryggstöd tas bort för att ge tillträde till muttrarna. På Touring (kombimodellen) ska sidoryggstödet och rullarna till de bakre säkerhetsbältena demonteras och skruva upp mittlocket på hjulhuset. På cabriolet-modeller ska taket lyftas ur brunnen bakom passagerarutrymmet. Ta ut den lilla gummiluckan. När du skruvar ur fästmuttrarna **(se bild)**, låt en medhjälpare stötta underifrån så att inte stötdämparna ramlar ut.

**5** Leta efter olja som läckt förbi packboxen i stötdämparens överdel. Kontrollera gummibussningarna i stötdämparen. Om de är defekta ska de bytas. Testa stötdämparen genom att greppa ett ordentligt tag i stötdämparkroppen med ena handen och tryck in och dra ut kolvstången med den andra handen. Slagen ska vara jämna och fasta. Om kolvstången löper för lätt eller ojämnt måste stötdämparen bytas.

### Montering

**6** Montering sker med omvänd arbetsordning men dra inte åt fästbultar och muttrar i detta skede.

**7** Gunga bakvagnen ett par gånger så att bussningarna sätter sig och dra sedan bultar och muttrar till angivet värde.

## 10 Bakre spiralfjädrar (serie 3) - demontering och montering

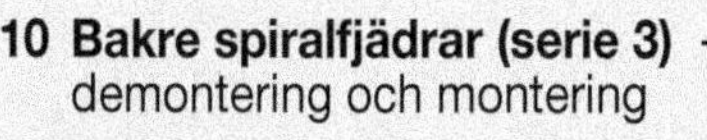

**Observera:** *Även om inte spiralfjädrarna alltid slits ut samtidigt ska de bytas parvis så att inte väghållningen påverkas.*

### Demontering

**1** Lossa bakhjulsbultarna, klossa framhjulen och ställ upp bakvagnen på pallbockar. Se till att pallbockarna inte stör bakfjädringen när den höjs och sänks vid detta arbete. Lyft av hjulen.

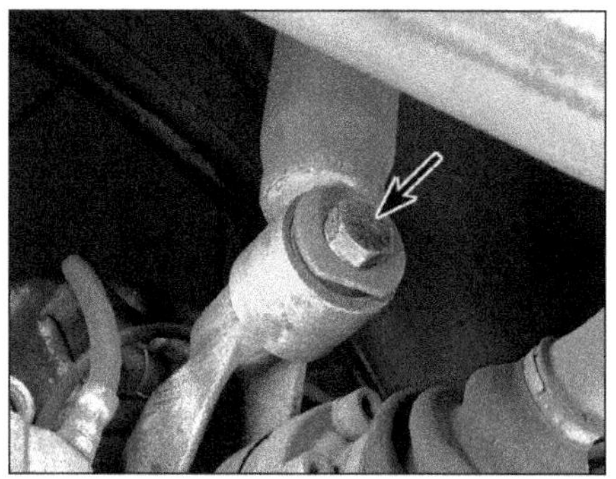

**11.2 Skruva ur stötdämparens nedre bult (vid pilen)**

**2** Lossa fästena till bakre delen av avgasröret och sänk det tillfälligt (se kapitel 4). Sänk det endast såpass att fjädringen kan sänkas och fjädrarna plockas ut. Häng upp avgassystemet i en vajer.

**3** Stötta differentialhuset med en garagedomkraft och skruva ur differentialens bakre fästbult. Tryck ned differentialhuset och kila det i läge med en träkloss. Detta reducerar drivvinkeln vilket förhindrar skador på drivknutarna när bärarmarna sänks för urtagningen av fjädrarna.

**4** Placera en garagedomkraft under bärarmen.

**5** Om bilen har en bakre krängningshämmare ska denna lossas från sina länkar, eller lossa länkarna från bärarmarna (se avsnitt 12).

**6** Dra en kätting genom spiralfjädern och bulta ihop den så att fjädern inte hoppar ut när bärarmen sänks. Se till att lämna tillräckligt med spel i kättingen så att fjädern kan sträcka sig helt.

**7** Skruva ur stötdämparens nedre bult (se avsnitt 9), sänk bärarmen och ta ut spiralfjädern.

### Montering

**8** Montering sker med omvänd arbetsordning. Se till att fjädern sätter sig ordentligt när bärarmen höjs.

## 11 Bakre fjäderben (serie 5) - demontering och montering

### Demontering

**Observera:** *Även om inte stötdämpare alltid slits ut samtidigt ska de bytas parvis så att inte väghållningen påverkas.*

**1** Lossa hjulbultarna och lägg klossar vid framhjulen. Ställ bilen på pallbockar. Lyft av hjulen.

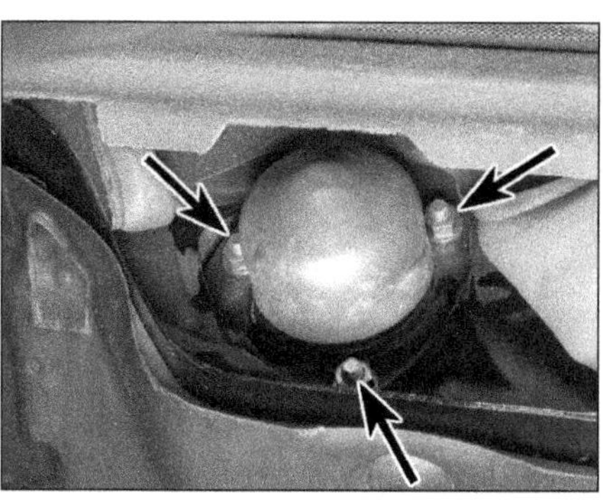

**11.3 Stötdämparens övre muttrar (vid pilarna) på senare serie 5 (E34)**

**2** Skruva ur stötdämparens nedre fästbult **(se bild).**

**3** På tidigare modeller, vik tillbaka klädseln i bagageutrymmet så mycket att de övre fästmuttrarna blir åtkomliga. Åtkomst av de övre fästmuttrarna på senare modeller bereds genom att baksätets sits lyfts ut (se kapitel 11). Skruva sedan ur de två bultar som fäster ryggstödet och lyft ut detta. Stötta bärarmen med en domkraft och skruva ur de övre fästmuttrarna **(se bild).** Sänk domkraften och ta ut stötdämparen och packningen. För särande av stötdämpare och fjäder, se avsnitt 6.

### Montering

**4** Montering sker med omvänd arbetsordning. Glöm inte att montera packningen mellan karossen och stötdämparens överdel. Dra de övre fästmuttrarna till angivet moment. Dra inte åt den nedre bulten förrän bilen står på marken.

**5** Ställ ned bilen, låt den inta normal höjd och dra sedan den nedre stötdämparbulten till angivet moment.

## 12 Bakre krängningshämmare - demontering och montering

### Demontering

**Observera:** *Den bakre krängningshämmaren är i princip monterad på samma sätt på alla modeller. Följ den generella beskrivningen för demontering och montering, men tänk på eventuella skillnader.*

**1** Lägg klossar vid framhjulen och ställ bakvagnen på pallbockar.

**2** Skruva ut krängningshämmarens bultar eller muttrar **(se bild).**

**3** Lossa krängningshämmaren från länkarna i var ände **(se bilder)** och ta ut den.

**4** Inspektera och byt vid behov defekta bultar, brickor, bussningar eller länkar.

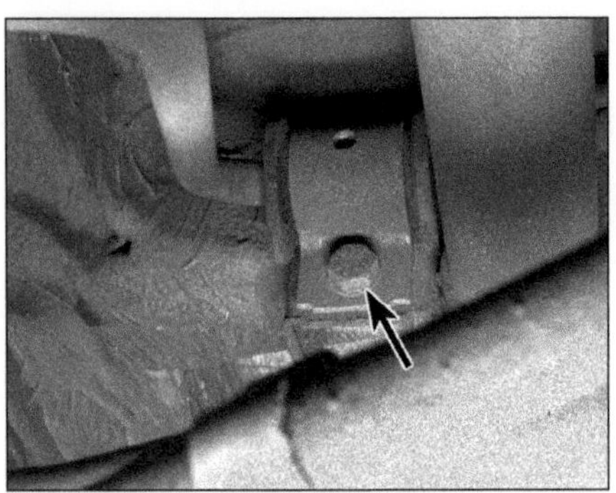

12.2 Bakre krängningshämmarfästets bult (vid pilen) (serie 3)

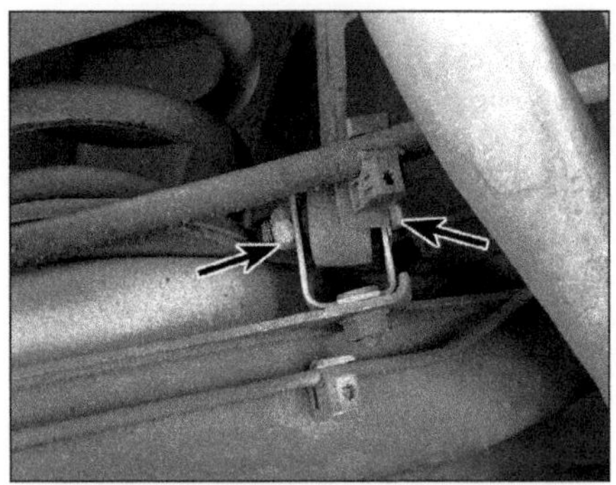

12.3a Mutter och bult (vid pilen) ansluter vardera krängningshämmarlänken till de bakre bärarmarna (serie 3)

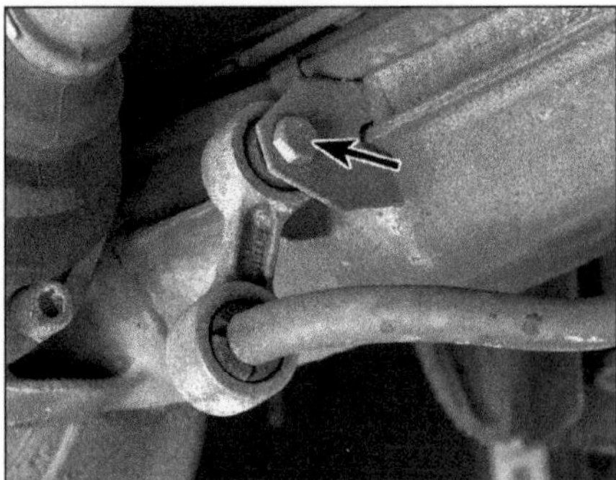

12.3b Bult (vid pilen) ansluter krängningshämmarlänken till bakre bärarmen (serie 5)

### Montering

5 Montering sker med omvänd arbetsordning. Dra åt samtliga förband ordentligt.

## 13 Bakre bärarmar (serie 3) - demontering och montering

### Demontering

1 Lossa hjulbultarna och klossa framhjulen. Ställ bakvagnen på pallbockar. Lyft av hjulen.

2 Demontera drivaxeln (se kapitel 8), eller lossa den från differentialflänsen.

3 Lossa bromsslangen från bromsröret vid bärarmsfästet **(se bild).**

**Observera**: *För information om lossande av bromsslangar, se kapitel 9. Plugga rör och slang så att smuts inte tränger in och olja inte spills.*

4 Haka av handbromsvajern (se kapitel 9).

5 Lossa stötdämparens nederdel från bärarmen (se avsnitt 9) och sänk ned bärarmen.

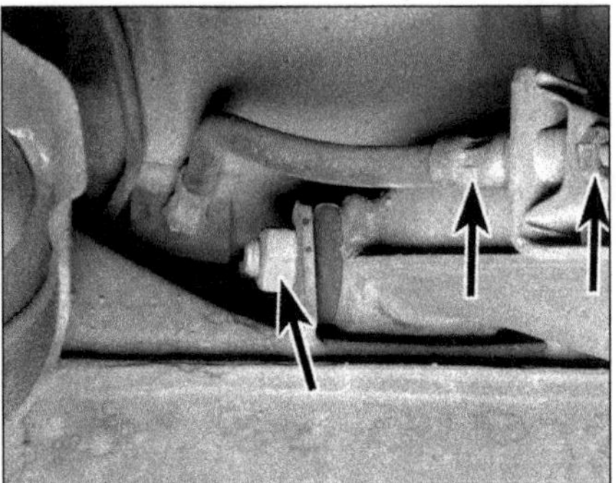

13.3 Lossa bakre bromsslangen (mittre pilen) från bromsrörets anslutning (höger pil) vid detta bärarmsfäste, plugga omedelbart slang och rör. Höger pil pekar på muttern till den inre pivåbulten

6 Skruva ur bärarmens pivåbultar **(se bild)** och lyft undan bärarmen.

7 Inspektera pivåbussningarna. Om de är spruckna, uttorkade eller slitna, ta bärarmen till en verkstad där nya kan monteras. Bussningarna har en skuldra på ena sidan. Se till att skuldran pekar mot bilens utsida.

### Montering

8 Montering sker med omvänd arbetsordning. Stötta bärarmen med en garagedomkraft och höj den till normal körställning och dra åt bultförbanden till angivet moment. Kom ihåg att avlufta bromsarna enligt beskrivning i kapitel 9.

## 14 Bakre bärarmar (serie 5) - demontering och montering

### Demontering

1 Lossa hjulbultarna och lägg klossar vid framhjulen. Ställ bakvagnen på pallbockar. Lyft av hjulen.

2 Demontera drivaxeln (se kapitel 8).

3 Lossa bromsslangen från bromsröret vid bärarmsfästet **(se bild).**

**Observera**: *För information om lossande av bromsslangar, se kapitel 9. Plugga rör och slang så att smuts inte tränger in och olja inte spills.*

4 Haka av handbromsvajern från expandern och lossa vajern från bärarmen (se kapitel 9).

5 Skruva, i förekommande fall, loss hjulgivaren från bärarmen och lossa kabelhärvan till den. Lägg givaren åt sidan så att den inte skadas när bärarmen demonteras.

6 Om du demonterar höger bärarm, dra i förekommande fall ut bromsklossens slitagevarnarkontakt.

7 Lossa krängningshämmaren från bärarmen (se avsnitt 12).

8 På 1983 års modell och senare, skruva ur en av bakaxelhållarens bultar **(se bild).**

9 Skruva ur stötdämparens nedre fästbult (se avsnitt 11).

10 Skruva ur bärarmens två pivåbultar och muttrar och lyft ut bärarmen.

11 Inspektera pivåbussningarna. Om de är spruckna, uttorkade eller slitna, ta bärarmen till en verkstad där nya kan monteras. Bussningarnas innerhylsor är längre på ena sidan. Se till att den längre sidan pekar mot bilens mitt.

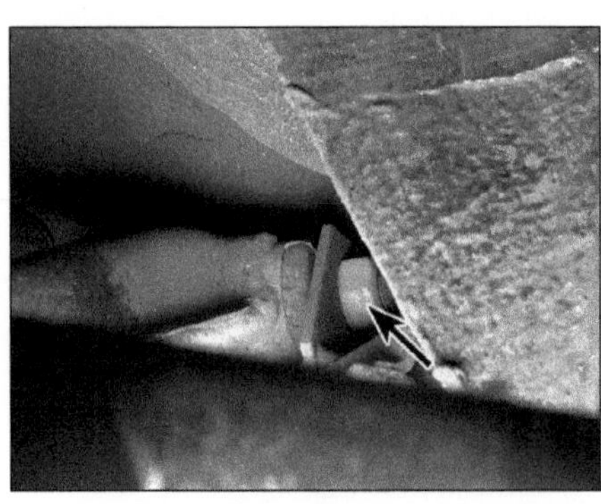

13.6 Mutter (vid pilen) till den yttre pivåbulten

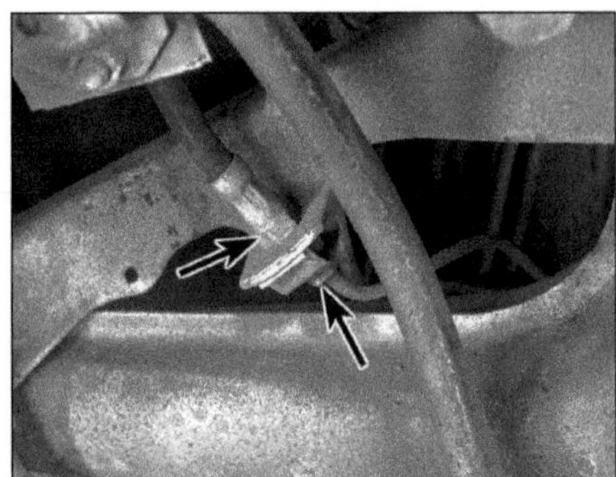

14.3 Lossa bromsslangen (vänster pil) från anslutningen på bromsröret (höger pil) vid detta fäste

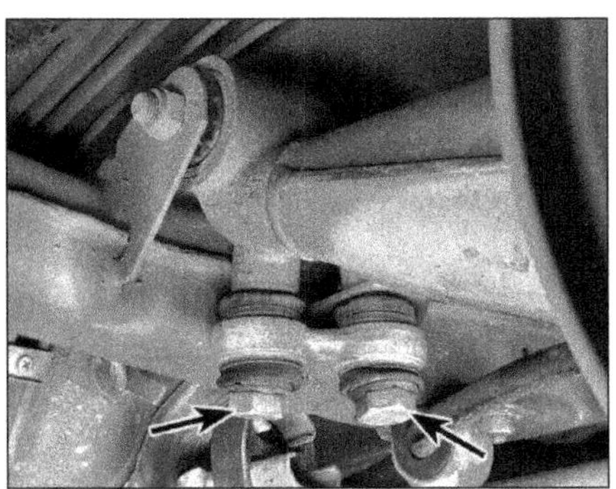

14.8 Från och med 1983 års modeller, skruva ur en av dessa bultar som håller bärarmen vid axelhållaren (spelar ingen roll vilken, den ena ansluter länken till bärarmen, den andra ansluter länken till axelhållaren)

### Montering

12 Montering sker med omvänd arbetsordning. Montera den inre pivåbulten först. Slutdra inte muttrarna till pivåbultarna eller stötdämparen i detta skede.

13 Avlufta bromsarna enligt beskrivning i kapitel 9.

14 Stötta bärarmen med en garagedomkraft, höj den till normal körställning och dra åt bultar och muttrar till angivet moment.

## 15 Bakhjulslager - byte

### Serie 3

1 Lossa drivaxelmuttern och bakhjulsbultarna, lägg klossar vid framhjulen och ställ bakvagnen på pallbockar. Lyft av hjulet. **Observera:** *Beroende på typ av bakhjul kan det vara nödvändigt att först lyfta av hjulet och sedan ta bort huven och därefter montera hjulet och lossa drivaxelmuttern.*

2 Demontera drivaxeln (se kapitel 8).

3 På modeller med trumbromsar bak, demontera trumman. På modeller med skivbromsar bak, demontera ok och fäste, lossa inte bromsslangen, häng upp oket ur vägen. Demontera bromsskivan (se kapitel 9). Arbeta från baksidan och driv ut navet ur lagret med en hylsa eller rörstump.

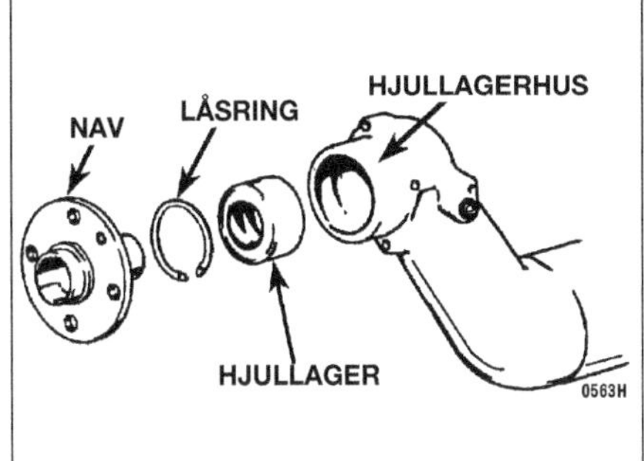


15.4 En sprängskiss över bakhjulslagringen på serie 3

***Om den inre lagerbanan sitter fast i navet (vilket den troligen gör), använd en avdragare för att lossa den från navet.***

4 Ta ut den stora låsring **(se bild)** som håller hjullagret i sitt hus och driv ut lagret med en hylsa eller rörstump.

5 Montering sker i omvänd ordning men tänk på följande:

a) *Var mycket noga med hur du placerar hylsan eller rörstumpen när du driver in det nya lagret. Den ska ligga tätt mot den yttre lagerbanan. Om du driver mot den inre lagerbanan förstörs lagret.*

b) *Montera hjulet och ställ ned bilen på marken innan drivaxelmuttern dras till angivet moment (se kapitel 8).*

15.7 Peta ut den låsplatta som säkrar drivflänsmuttern - när du väl fått lös en kant, dra ut den med en spetstång

### Serie 5

6 Klossa framhjulen och ställ bakvagnen på pallbockar. Lossa ytterknuten från drivflänsen (se kapitel 8). Häng upp drivaxeländen i en vajer så att den inre knuten inte skadas.

7 Peta sedan ut den låsbricka som säkrar drivflänsmuttern **(se bild).** När du lirkat ut en kant av låsbrickan, dra ut den med en spetstång.

8 Ställ ned bilen och lossa drivflänsmuttern, men skruva inte ut den helt. Du behöver en stor förlängare **(se bild).**

***Varning: Försök inte lossa denna mutter med bilen ställd på pallbockar. Den kraft som krävs för att lossa muttern kan välta bilen från pallbockarna.***

9 Lossa hjulbultarna, ställ tillbaka bilen på pallbockarna och lyft av hjulet.

10 Demontera bromsok och skiva (se kapitel 9). Häng upp oket ur vägen med en vajer.

11 Skruva ur drivflänsmuttern. Dra därefter ut drivflänsen med en lämplig avdragare **(se bild).**

12 Använd en kopparhammare och driv ut axeltappen ur lagret **(se bild).** Om den inre

15.8 Ställ ned bilen och lossa drivflänsmuttern

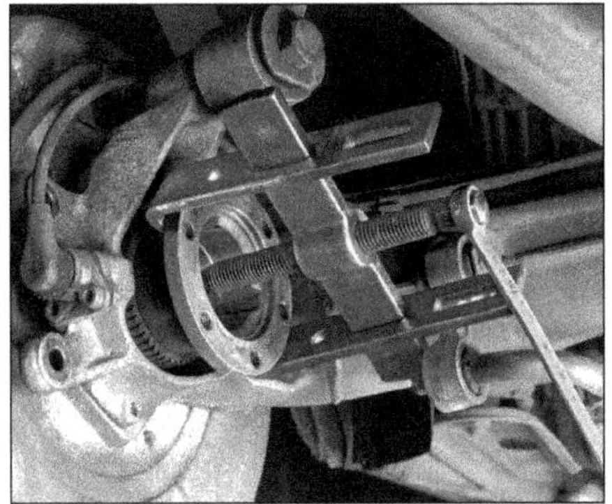

15.11 Demontera drivflänsen med en avdragare

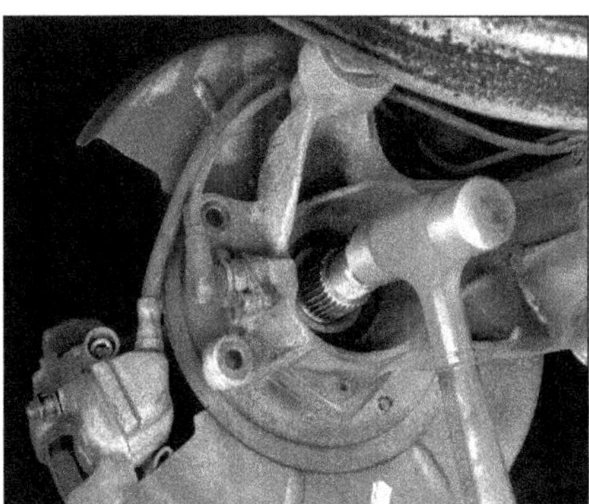

15.12 Använd en kopparhammare till att driva ut axeltappen ur lagret

15.13a Ta ut den stora låsring som håller lagret i huset . . .

15.13b . . . och driv ut lagret ur huset med en stor hylsa eller lämplig rörstump

15.14a Montera ett nytt lager med en stor hylsa eller lämplig rörstump som har samma ytterdiameter som lagrets yttre bana - lägg inte kraft på den inre lagerbanan - och se till att lagret går in hela vägen i sätet

lagerbanan kommer ut med axeltappen (i de flesta fall) dra av den med en avdragare. Om en avdragare inte klarar det, ta axeltappen till en verkstad som kan pressa av den.

**13** Ta ut den stora låsring som håller lagret i huset **(se bild)** och driv ut lagret med en stor hylsa eller rörstump **(se bild).**

**14** Montering sker i omvänd ordning men tänk på följande:

a) *Montera det nya lagret med en stor hylsa eller lämplig rörstump vars ytterdiameter är samma som den yttre lagerbanans **(se bild).** Lägg inte kraft på den inre lagerbanan. Kontrollera att lagret ligger tätt mot botten av sätet. Montera låsringen och kontrollera att den helt går in i spåret.*

b) *BMW-verkstäder använder specialverktyg (katalognummer 23 1 1300, 33 4 080 och 33 4 020) för att dra in axeltappen i lagret eftersom den släta ytan mellan splinesen och flänsen är presspassad, och knackar ut den inre lagerbanan vid monteringen av axeltappen. Du kan dock montera axeltappen utan dessa verktyg om du använder den gamla inre lagerbanan och en rörstump som är 13 mm lång och har en innerdiameter på 38 mm **(se bild).** Stick först in axeltappen genom det nya lagret till dess att den gängade delen sticker ut från den inre lagerbanan. Skruva på muttern och dra den till dess att den splinesförsedda delen av axeltappen bottnar mot muttern. Anlägg mothåll på axeltappens fläns med ett bräckjärn eller en stor skruvmejsel medan muttern dras åt **(se bild).** Skruva ur muttern, montera rörstumpen centrerad på den inre lagerbanan och skruva på muttern igen **(se bild).** Dra muttern till dess att den bottnar mot splinesen. Skruva av muttern, ta bort den gamla inre lagerbanan, trä på röret, trä på den gamla inre lagerbanan och skruva på muttern igen och dra den i botten. Skruva loss muttern, ta bort den gamla lagerbanan och rörstumpen. Montera drivflänsen, skruva sedan på muttern ordentligt men dra den inte till angivet moment förrän bilen står på marken.*

c) *Montera hjulet, ställ ned bilen och dra åt axelmuttern till angivet moment.*

**15** Resterande montering sker med omvänd arbetsordning.

## 16 Styrning - allmän information

På serie 3 är ratten och rattstången anslutna till en kuggstångsstyrväxel (i tillämpliga fall servoassisterad) via en kort universalknutsaxel. När ratten vrids vrider rattstången och knuten en pinjongaxel på kuggstångens översida. Pinjongdrevets kuggar är i ingrepp med kuggstången så att den rör sig åt vänster eller höger i huset när pinjongen vrids. Denna rörelse överförs via styrstagen och styrstagsändarna till styrarmarna som är integrerade i fjäderbenshusen.

På serie 5 är den övre delen av styrsystemet identisk med serie 3. Men i stället för en kuggstång har dessa modeller en servoassisterad styrsnäcka som styr fram-hjulen via ett länksystem bestående av en Pitman-arm, en mellanarm, ett centralt styrstag, ett par inre styrstag samt två styr-stagsändar.

I de fall servostyrning är monterad driver

15.14b Du kan tillverka din egen distans från ett rör med längden 13 mm och en innerdiameter om 38 mm (vänster), du behöver även använda den gamla inre lagerbanan

15.14c Lås axelstumpens fläns med ett bräckjärn medan muttern dras åt

15.14d När du sätter tillbaka distansen, se till att den är centrerad på lagrets innerbana innan muttern dras åt

**17.2 Lossa muttern på styrstagskulledens pinnbult, använd helst en kulledsavdragare. I annat fall knacka lätt på styrarmen med en hammare så att pinnbulten lossnar. Skruva ur muttern och dra av kulleden från styrarmen**

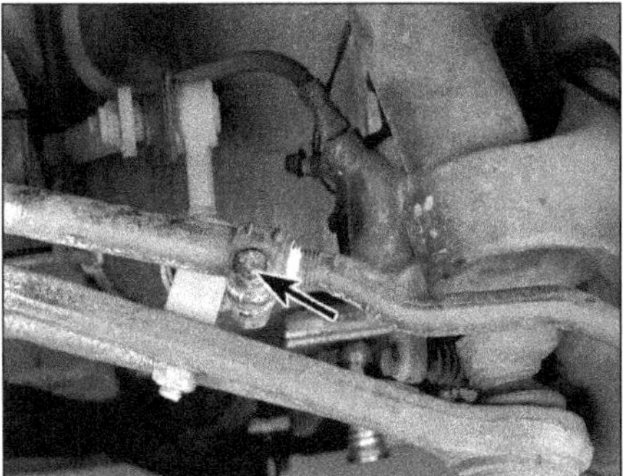

**17.3 Lossa klammerbulten (vid pilen) som låser styrstagsänden vid det inre styrstaget. Måla lägesmarkering på gängan så att änden kan skruvas tillbaka till samma läge och skruva loss änden från det inre styrstaget**

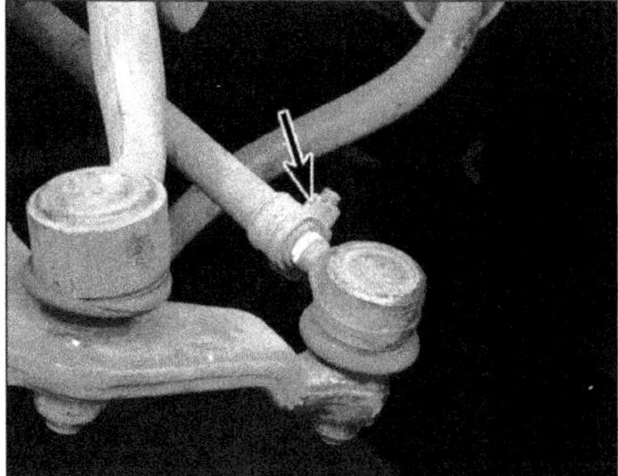

**17.6 Mät styrstagets längd och anteckna måttet eller måla lägesmarkering på gängan så att styrstagsänden kan sättas tillbaka i samma läge, och lossa klammerbulten (vid pilen)**

hydraultrycket (från en motordriven pump) hydraulolja till kuggstången eller styrsnäckan - detta förstärker styrningens gensvar och minskar den kraft som krävs från ratten.

Förutom att upprätthålla korrekt oljenivå i systemet och kontrollera drivremmens spänning (se kapitel 1) kräver styrsystemet inget underhåll. Men på bilar med långa körsträckor uppvisar styrstagsändarnas kulleder, universalknutarna i vardera axeländen och gummikopplingen mellan rattstången och universalknutsaxeln överdrivet glapp vilket gör att styrningen känns något slapp. Vid denna punkt ska delarna bytas eftersom de inte kan renoveras.

Innan du beslutar dig för att styrningen kräver tillsyn ska du först kontrollera däcken (se avsnitt 25) och lufttrycket (se kapitel 1). Inspektera även lagren i de övre fjäderbensfästena (se avsnitt 5), främre hjullagren (se avsnitt 8) och andra delar i fjädringen som också kan bidra till oprecis styrningskänlsa.

## 17 Styrstagsändar - demontering och montering

**1** Lossa men skruva inte ur hjulbultarna, ställ framvagnen på pallbockar och lyft av hjulet.

### *Serie 3*

**2** Lossa muttern på styrstagskulledens pinnbult och lossa pinnbulten från styrarmen med en kulledsavdragare. Om detta verktyg saknas, försök att knacka lätt på styrarmen med en hammare **(se bild).** Skruva ur muttern och lossa kulledens pinnbult från styrarmen.

**3** Lossa den klammerbult som låser styrstagsänden vid det inre styrstaget. Mät upp längden på styrstagsänden eller måla lägesmarkering så att den kan sättas tillbaka i samma läge **(se bild).** Skruva loss styrstagsänden från det inre styrstaget.

**4** Montering sker med omvänd arbetsordning. Se till att lägesmarkeringarna är uppriktade om du använt sådana. Om du mätte styrstagsänden, kontrollera att den monteras med exakt samma mått.

**5** Låt en kvalificerad verkstad kontrollera och vid behov justera framvagnsinställningen.

### *Serie 5*

**6** Mät upp styrstagsändens längd och anteckna måttet eller måla lägesmarkeringar på gängan så att styrstagsänden kan sättas tillbaka i samma läge **(se bild).** Lossa klammerbulten.

**7** Lossa styrstagsänden från styrarmen med en kulledsavdragare **(se bild).**

**8** Skruva loss styrstagsänden.

**9** Montering sker med omvänd arbetsordning. Se till att lägesmarkeringarna är uppriktade om du använt sådana. Om du mätte styrstagsänden, kontrollera att den monteras med exakt samma mått.

**10** Låt en kvalificerad verkstad kontrollera och vid behov justera framvagnsinställningen.

## 18 Styrväxeldamasker (serie 3) - byte

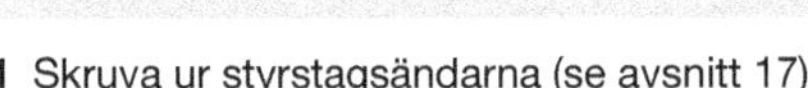

**1** Skruva ur styrstagsändarna (se avsnitt 17).

**2** Skär av damaskklamrarna i bägge ändar av de gamla damaskerna och dra av dem.

**3** När damaskerna tagits bort ska packboxarna i styrväxelns ändar inspekteras. Om de läcker, byt styrväxel (se avsnitt 19).

**4** Dra på de nya damaskerna och montera nya damaskklamrar.

**5** Montera styrstagsändarna (se avsnitt 17)

**17.7 Dra av styrstagsänden från styrarmen med en avdragare**

## 19 Kuggstångsstyrning (serie 3) - demontering och montering

### *Demontering*

**1** Lossa men skruva inte ur hjulbultarna, ställ bilen på pallbockar. Lyft av framhjulen.

**2** Märk den nedre knuten på styraxeln och pinjongaxeln så att de kan monteras korrekt. Skruva ur den mutter och bult som fäster nedre änden av universalknutsaxeln vid kuggstångsstyrningens pinjongaxel. Lossa muttern och bulten i den övre änden av universalknutsaxeln. Dra upp universalknutsaxeln en smula så att den lossna från pinjongaxeln och ta ut den. Kontrollera skicket på knutarna och gummikopplingen. Om någon är sliten ska universalknutsaxeln bytas.

**3** På modeller med servostyrning, pumpa ur oljan från servostyrningens behållare.

**4** På modeller med servostyrning, skruva ur banjobultarna och koppla ur servostyrningens matnings- och returledningar från styrväxeln. Ställ ett kärl under så att utspilld olja samlas upp. Plugga ledningarna så att onödigt spill

19.6 Kuggstångsstyrningens fästbultar (vid pilarna) - serie 3 - (självlåsande muttrar visas inte på denna bild)

och smuts i slangarna undviks. Kassera tätningsbrickorna (nya ska alltid användas vid ihopsättningen).

**5** Lossa styrstagsändarna från styrarmarna (se avsnitt 17).

**6** Skruva ur muttrar och bultar från styrväxelns fästen **(se bild).** Kassera de gamla muttrarna.

**7** Dra ut styrväxeln från bilens undersida, se till att inte skada styrväxeldamaskerna.

### *Montering*

**8** Montering sker med omvänd arbetsordning. Se till att lägesmarkeringarna på nedre universalknuten och pinjongaxeln är uppriktade innan du drar åt klammerbultarna till övre och nedre knutarna. Använd nya självlåsande muttrar på kuggstångens fästbultar och nya tätningsbrickor i hydraulanslutningarna. Dra fästbultar, styrstagsändsmuttrar och universalknutsaxelns klammerbultar till angivet moment.

**9** Ställ ned bilen på marken.

20.4 För demontering av det yttre styrstaget, skruva ur denna mutter (vid pilen) från änden av det centrala styrstaget och använd en kulledsavdragare för att lossa kulledspinnbulten från styrstaget (om du byter inre styrstagsände, markera gängan med färg innan klammerns bult och mutter lossas)

**10** På modeller med servostyrning, fyll behållaren med rekommenderad olja (se kapitel 1) och avlufta servostyrningen (se avsnitt 23).

**11** Låt en kvalificerad verkstad kontrollera och vid behov justera framvagnsinställningen.

## 20 Styrlänkar (serie 5) - inspektion, demontering och montering

### *Inspektion*

**1** Ställ bilen på pallbockar.

**2** Greppa tag i vardera framhjulet i över- och nederkanten och sedan fram- och baktill och kontrollera om det finns glapp i styrningen genom att gunga på hjulet. Det ska förekomma litet eller inget spel i någon av länkagets kulleder. Inspektera Pitman-armen, mellanarmen, centrala styrstaget, inre styrstagen, styrstagsändarna och styrarmarna. De får inte ha synbara skador. Försök tvinga isär länkdelarna i motsatta riktningar från varandra. Det får inte finnas spel i någon. Om någon av delarna är böjd eller skadad eller om någon kulled är glapp ska berörd del bytas.

### *Demontering*

**3** Innan styrningen tas isär, skaffa en lämplig kulledsavdragare. En tvåkäftad avdragare eller en kil fungerar också (även om kilar tenderar att slita sönder kulledsdamaskerna). Ibland kan du även knacka loss en kulledspinnbult genom att slå på båda sidor om ögat samtidigt med två hammare, men utrymmet att göra detta är begränsat och kulledspinnbulten sitter ibland kvar på grund av smuts eller rost. Det finns även en risk att skador uppstår på den slagna delen.

**4** Demontera de yttre styrstagen genom att lossa styrstagsändarna från styrarmarna (se avsnitt 17). Skruva ur den mutter som håller kulleden på inre änden av vardera yttre styrstaget till det centrala styrstaget **(se bild).** Använd en kulledsavdragare och lossa de yttre styrstagen från det centrala. Om du byter kulleden i endera änden av de yttre styrstagen ska du måla eller rista lägesmarkeringar som en guide för justeringen vid hopsättningen **(se bild 17.3).**

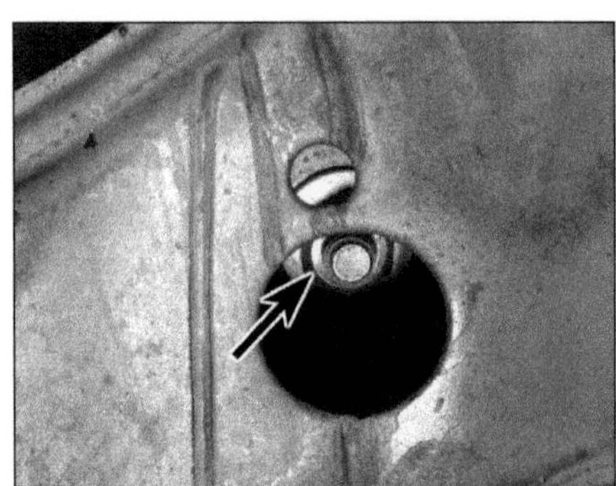

20.7 Skruva ur denna mutter (vid pilen) för att demontera mellanarmen från tvärbalken

**5** Demontera det centrala styrstaget genom att skruva ur de muttrar som håller staget vid Pitman-armen och mellanarmen och använd kulledsavdragaren till att lossa kullederna från armarna.

**6** För att kunna demontera Pitman-armen måste styrsnäckan demonteras först (se avsnitt 21). Leta efter lägesmarkeringar mellan sektoraxeln och armen. Om dessa saknas, rista ett märke över den nedre ytan på bägge delarna. Skruva loss Pitman-armens nypbult och mutter och dra loss armen med en avdragare.

**7** Skruva loss mellanarmen genom att först demontera den lilla lucka som är fastbultad på översidan av monteringsramens tvärbalk. Håll mot på bultskallen och skruva ur den mutter som är nedsänkt i undersidan av monteringsramens tvärbalk **(se bild).** Kontrollera skicket på mellanarmens gummibussning. Om den är sliten eller skadad ska den bytas.

**8** Kontrollera om kullederna är glappa eller styva och leta efter spruckna eller åldrade damasker. Byt alla slitna eller skadade kulleder. De yttre styrstagens inre och yttre ändrar kan bytas separat men om endera kulleden på det centrala styrstaget är defekt måste hela staget bytas.

### *Montering*

**9** Montering sker med omvänd arbetsordning, notera dock följande punkter:

a) *Rikta upp lägesmärkena på Pitman-armen och styrsnäckans sektoraxel vid ihopsättningen.*

b) *Om du monterar nya inre eller yttre styrstagsändar på de yttre styrstagen, placera dem så att de följer gjorda lägesmarkeringar och se till att de är lika långa på bägge sidorna.*

c) *Placera stagsändarnas kulledsbultar på de yttre styrstagen så att deras inbördes vinkel är 90°.*

d) *Kontrollera att vänster och höger stag är lika långa när de monteras.*

e) *Dra samtliga bultförband till angivet moment.*

f) *När länksystemet är ihopsatt, låt kontrollera och vid behov justera framvagnsinställningen.*

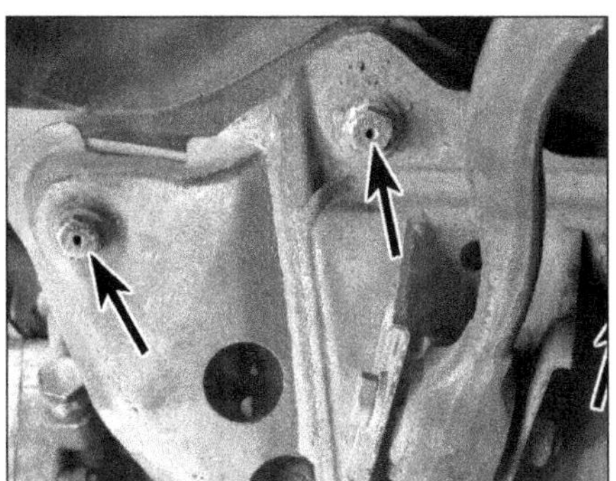
21.7 Bultar (vid pilarna) på monteringsramens tvärbalk

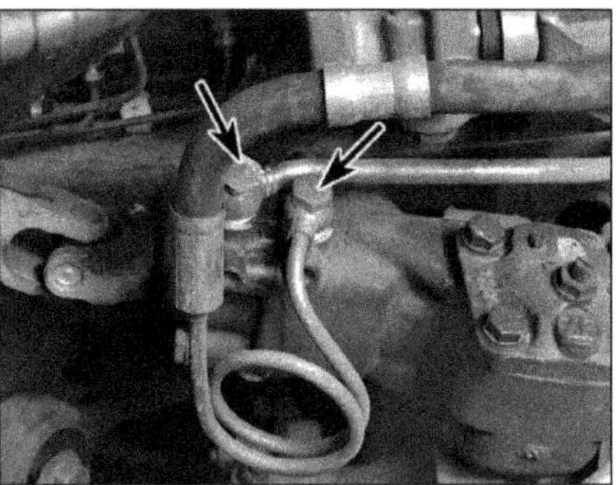
21.9 Lossa servostyrningens matarledning (höger pil) och returledningen (vänster pil). Lägg märke till att banjobulten på returledningen är större (vänsterstyrd modell visad)

21.10a Denna bult (vid pilen) fäster styrsnäckan vid monteringsramens tvärbalk. Muttern, som inte syns på denna bild, är åtkomlig via ett hål i tvärbalken (motorn demonterad för tydlighetens skull, vänsterstyrd modell visad)

## 21 Styrsnäcka (serie 5) - demontering och montering

### Demontering

**Observera:** *Om du finner att styrsnäckan är defekt är det inte att rekommendera att du själv försöker renovera den. I och med att specialverktyg krävs är det bäst att låta en BMW-verkstad utföra renoveringen (eller montera en ny). Demontering och montering beskrivs här.*

**1** På serie 5 E28 ("gamla karossen"), släpp ut hydraultrycket genom att trampa ned bromspedalen cirka 20 gånger.

**2** Töm servostyrningens behållare med en handpump (se kapitel 1).

**3** Ställ upp framvagnen på pallbockar.

**4** Stötta främre delen av motorn med en garagedomkraft. Placera en träkloss mellan sumpen och domkraften.

**5** Skruva ur pivåbultarna från innerändarna av de främre bärarmarna (se avsnitt 4).

**6** Skruva ur muttrarna från vänster och höger motorfäste (se kapitel 2).

**7** Skruva ur fästbultarna (två på var sida på tidigare modeller, tre på var sida på senare versioner) från monteringsramens tvärbalk **(se bild)** och ta bort monteringsramen.

**8** Skruva ur de muttrar och bultar som fäster universalknutsaxeln vid styrsnäckans snäckhjulsaxel. Dra universalknutsaxeln uppåt och bort från snäckhjulsaxeln. Kontrollera skicket på universalknutsaxeln, om den är styv eller sliten ska den bytas.

**9** Skruva ur banjobultarna och lossa hydraulmatningen och returledningen från snäckan **(se bild).** Plugga ledningarna så att onödigt spill och smutsintrång undviks. Kassera tätningsbrickorna - nya ska alltid användas vid hopsättningen.

**10** Skruva ur styrsnäckans fästbultar **(se bilder)** och demontera snäckan.

**11** Om det är nödvändigt att lossa Pitmanarmen från snäckans sektoraxel (vid underhåll på snäckan eller för överflyttning till en ny/renoverad enhet) ska lägesmarkering göras så att korrekt hopsättning kan ske. Skruva ur Pitman-armens mutter och bricka. Dra av armen, med avdragare om så behövs.

### Montering

**12** Montera Pitman-armen genom att använda lägesmarkeringen och dra muttern till angivet moment.

**13** Efter monteringen får Pitman-armen inte ha ett mätbart axialspel inom 100° från neutralläget. Om spel förekommer, kontrollera följande:

*a) Sektoraxel och lager (slitage)*
*b) Tryckbricka och justerbultsskalle (slitage)*
*c) Kulledsmutter och snäckhjulsaxeln (slitage)*

**14** Montera styrsnäckan. Rikta upp märkena på pinjongaxeln med märkena på universalknutsaxeln och dra styrsnäckans bultar till angivet moment.

**15** Resterande montering sker med omvänd arbetsordning. Se till att använda nya självlåsande muttrar på universalknutsaxeln, det centrala styrstaget, snäckan och tvärbalken. Dessutom, använd nya tätningsbrickor i hydraulikanslutningarna.

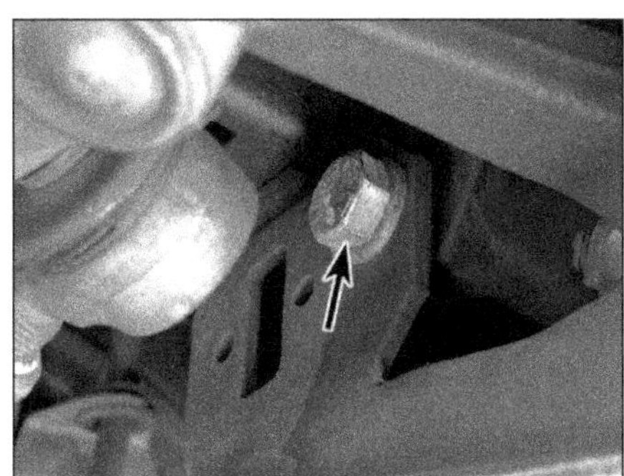
21.10b Denna bult (vid pilen) fäster styrsnäckan vid karossen (mutter, ej visad i denna bild, finns på styrsnäckans framsida)

**16** Se kapitel 1 och fyll på servostyrningens behållare med rekommenderad olja och avlufta systemet enligt beskrivning i avsnitt 23. Kontrollera att ledningar och anslutningar inte läcker.

## 22 Servostyrningens pump - demontering och montering

### Demontering

**1** Ställ bilen på pallbockar. Demontera hasplåten under motorn.

**2** På serie 5 E28 ("gamla karossen"), släpp ut hydraultrycket genom att trampa ned bromspedalen cirka 20 gånger.

**3** Lossa returslangen och dränera behållaren till ett rent kärl. Lossa matarslangen från pumpen.

**4** Om du måste ta bort remskivan från pumpen, tryck ned drivremmen till servopumpen för hand så att spänningen ökar och skruva ur remskivans bultar eller muttrar.

**5** Lossa servopumpens drivremsspännarbult och ta av drivremmen (se kapitel 1).

**6** Skruva ur fästbultarna **(se bilder)** och lossa servopumpen.

22.6a Typisk justeringsbult (vid pilen) för servostyrpumpen på serie 3 . . .

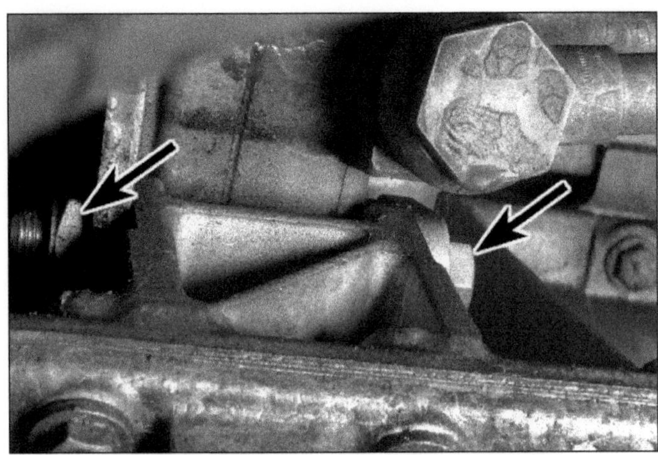

22.6b . . . och fästmutter samt bult (vid pilarna)

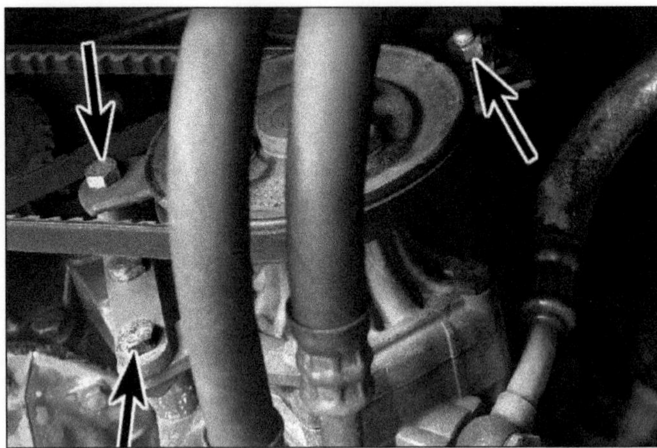

22.6c Typiska monteringsbultar (vid pilarna) på servostyrpumpen i serie 5

### Montering

7 Montering sker med omvänd arbetsordning. Dra åt muttrar och bultar ordentligt. Justera drivremmens spänning (se kapitel 1).

8 Fyll på oljenivån (se kapitel 1) och avlufta systemet (se avsnitt 23).

## 23 Servostyrning - avluftning

1 Avlufta servostyrningen genom att först kontrollera oljenivån i den, fyll på vid behov (se kapitel 1).

2 Ställ upp framvagnen på pallbockar.

3 Vrid ratten mellan fulla utslag ett flertal gånger. Kontrollera oljenivån och fyll på vid behov.

4 Starta motorn och låt den gå med under 1 000 rpm. Vrid ratten mellan fulla utslag (tre eller fyra gånger) och kontrollera åter oljenivån. **Observera**: *På serie 5 E28 ("gamla karossen"), pumpa fem eller sex slag med bromspedalen innan du vrider på ratten. När oljenivån är konstant, fortsätt att ge fulla rattutslag till dess att inga fler luftbubblor syns i behållaren.*

24.3 Sedan rattmuttern skruvats ur, märk förhållandet mellan ratten och styraxeln (vid pilarna) så att den kan monteras korrekt

5 Ställ ned bilen på marken. Kör motorn igen och ge fulla rattutslag åt vardera hållet ett flertal gånger. Kontrollera oljenivån och ställ hjulen rakt fram.

## 24 Ratt - demontering och montering

***Varning: Om bilen har krockkudde ska detta moment inte utföras, låt en BMW-verkstad eller annan kvalificerad specialist göra detta eftersom det finns risk för personskador om krockkudden oavsiktligt utlöses.***

***Varning: Om radion i din bil är stöldskyddad, se till att ha aktiveringskoden tillgänglig innan batteriet kopplas ur.***

**Observera:** *Om fel språk visas på instrumentpanelen när strömmen kopplas in igen, se sidan 0•7 där proceduren för språkinställning beskrivs.*

### Demontering

1 Lossa batteriets jordledning

2 Använd en liten skruvmejsel och peta ut BMW-emblemet i rattcentrum.

3 Skruva ur rattmuttern och märk upp förhållandet mellan rattnav och axel **(se bild).**

4 På alla serie 3 och från och med 1986, serie 5, vrid tändningsnyckeln till det första läget så att tändningslåset är olåst.

5 Ta bort ratten från rattstångsaxeln. Om den sitter fast, använd en rattavdragare - slå inte på axeln.

### Montering

6 Montering sker med omvänd arbetsordning. Se till att lägesmarkeringen efterlevs och dra åt rattmuttern till angivet moment.

## 25 Fälgar och däck - allmän information

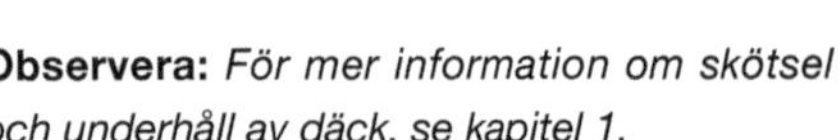

**Observera:** *För mer information om skötsel och underhåll av däck, se kapitel 1.*

1 Samtliga bilar om tas upp i denna handbok har som originalutrustning stålradialdäck. Bruk av andra däcktyper eller storlekar kan påverka bilens uppträdande. Blanda inte däcktyper eller storlekar i och med att detta kan ha betydande inverkan på väghållning och bromsar. Vi rekommenderar att däcken byts axelvis. Om bara ett monteras, se till att det nya är i samma storlek och har samma struktur och mönster som det andra däcket.

2 I och med att däckens lufttryck har en stor inverkan på väghållning och slitage ska trycket i samtliga däck kontrolleras minst en gång i månaden och inför varje längre färd (se kapitel 1).

3 Fälgar måste bytas om de är skeva, har djupare bucklor, läcker luft eller på annat sätt är skadade.

4 Hjulbalans är en viktig del av bilens generella uppträdande, bromsförmåga och prestanda. Obalanserade hjul kan försämra väghållning och köregenskaper förutom däckens livslängd. När ett nytt däck monteras ska hjulet alltid balanseras.

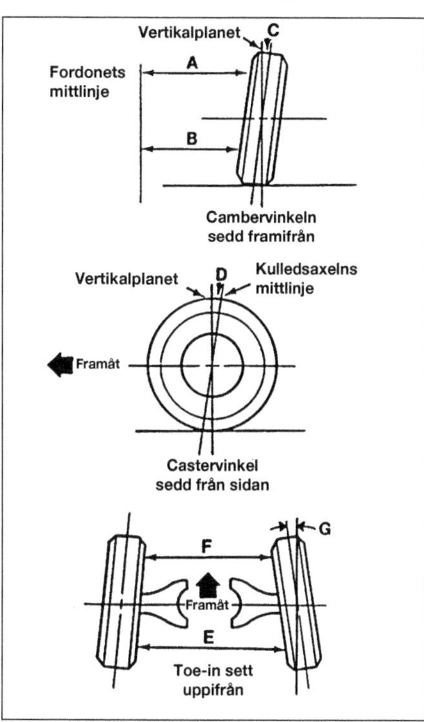


**26.1 Hjulinställningar**

*1 A minus B = C (grader cambervinkel)*
*2 E minus F = Toe-in (uttryckt i mm)*
*3 G = Toe-in (uttryckt i grader)*

## 26 Hjulinställning - allmän information

Hjulinställning avser de justeringar som görs på hjulen så att de är i korrekt vinkel till fjädringen och vägbanan. Felinställda hjul påverkar inte bara köregenskaperna, de ökar även däckslitaget. De framvagnsvinklar som normalt mäts är camber, caster och toe-in **(se bild)**. Framhjulens toe-in är justerbar på samtliga modeller, caster är inte justerbar. Camber kan justeras genom att de övre fjäderbensfästena ersätts med en excentrisk version. Toe-in är justerbart på bakhjulen men endast genom att bärarmarnas yttre bussningar byts mot särskilda excentriska bussningar.

Att ställa in hjulinställningarna korrekt är en mycket svår procedur där komplicerad och dyr utrustning krävs för att göra arbetet på ett korrekt sätt. I och med detta bör du låta en yrkesmekaniker med korrekt utrustning utföra dessa uppgifter. Vi använder dock detta utrymme till att ge dig en grundläggande idé om vad som ingår i hjulinställning, så att du får lättare att förstå processen.

*Toe-in* är hjulens "skränkning". Syftet med en toe-specifikation är att se till att hjulen rullar parallellt. I en bil med noll toe-in är avståndet mellan framkanterna av hjulen detsamma som mellan bakkanterna. Den faktiska mängden toe-in är normalt mycket liten. I framvagnen styrs toe-in av styrstagsändarnas lägen på styrstagen. I bakvagnen kan toe-in bara justeras genom att speciella excentriska bussningar monteras i de yttre bärarmsfästena. Felaktigt toe-in orsakar felslitage på däcken genom att de skrubbas mot vägbanan.

*Camber* är hjulens lutning från vertikalplanet, sett från ena änden av bilen. När hjulets översida lutar utåt är cambervinkeln positiv (+). När hjulets översida lutar inåt är cambervinkeln negativ (-). Mängden lutning anges i grader från vertikalplanet och måttet kallas cambervinkel. Denna vinkel påverkar den mängd däckmönster som är i kontakt med vägbanan och kompenserar för förändringar i fjädringens geometri vid kurvtagning eller färd på guppiga vägar.

*Caster* är den främre styraxelns lutning från vertikalplanet. En bakåtlutning i toppen är positiv caster och en framåtlutning är negativ. Caster kan inte justeras på de bilar som tas upp i denna handbok.

**Anteckningar**

# Kapitel 11 Kaross och detaljer

## Innehåll



## Svårighetsgrader

**Enkelt,** passar novisen med lite erfarenhet 
**Ganska enkelt,** passar nybörjaren med viss erfarenhet 
**Ganska svårt,** passar kompetent hemmamekaniker 
**Svårt,** passar hemmamekaniker med erfarenhet 
**Mycket svårt,** för professionell mekaniker 

### 1 Allmän information

Dessa modeller är svetsade stålkonstruktioner. Bottenplattan och karossen är ihopsvetsade och har separata främre och bakre monteringsramar. Vissa delar är särskilt sårbara för olyckshändelser och dessa kan skruvas loss och repareras eller bytas. Bland dessa delar är stötfångare, motorhuv, dörrar, baklucka och allt glas.

Endast allmänt karossunderhåll och beskrivningar av reparationer som hemmamekaniker kan utföra tas upp i detta kapitel.

### 2 Kaross och underrede - underhåll

Karosseriets allmänna skick är en av de faktorer som väsentligt påverkar bilens värde. Underhållet är enkelt men måste vara regelbundet. Underlåtenheter, speciellt efter smärre skador kan snabbt leda till värre skador och dyra reparationer. Det är även viktigt att hålla ett öga på de delar som inte är direkt synliga, exempelvis underredet, hjulhusen och de nedre delarna av motorrummet.

Det grundläggande underhållet av karossen är tvättning - helst med stora mängder vatten från en slang. Detta tar bort smuts som fastnat på bilen. Det är väsentligt att spola av dessa på ett sätt som förhindrar att lacken skadas. Hjulhus och underrede kräver tvätt på samma sätt, så att ansamlad lera tas bort. Denna binder fukt och tenderar att uppmuntra rostangrepp. Paradoxalt nog är den bästa tidpunkten för tvätt av underrede och hjulhus när det regnar eftersom leran då är blöt och mjuk. Vid körning i mycket våt väderlek spolas vanligen underredet av automatiskt vilket ger ett tillfälle för inspektion.

Periodvis, med undantag för bilar med vaxade underreden, är det en god idé att rengöra hela undersidan med ångtvätt, inklusive motorrummet, så att en grundlig inspektion kan utföras för att se efter vilka mindre reparationer som behövs. Ångtvätt finns på många bensinstationer och verkstäder och behövs för att ta bort ansamlingar av oljeblandad smuts som ibland kan bli tjock i vissa utrymmen. Om ångtvätt inte finns tillgänglig finns det några utmärkta avfettningsmedel som kan strykas på med borste så att smutsen sedan kan spolas bort. Lägg märke till att dessa metoder INTE ska användas på bilar med vaxade underreden, eftersom de tar bort vaxet. Bilar med vaxade underreden ska inspekteras årligen, helst på senhösten. Underredet tvättas då av så att skador i vaxbestrykningen kan hittas och åtgärdas. Det bästa är att lägga på ett helt, nytt lager vax före varje vinter. Det är även värt att överväga att spruta in vaxbaserat skydd i dörrpaneler, trösklar, balkar och liknande som ett extra rostskydd där tillverkaren inte redan åtgärdat den saken.

Efter det att lacken tvättats, torka av den med sämskskinn så att den får en fin yta. Ett lager med genomskinligt skyddsvax ger förbättrat skydd mot kemiska föroreningar i luften. Om lacken mattats eller oxiderats kan ett kombinerat tvätt- och polermedel återställa glansen. Detta kräver lite ansträngning men sådan mattning orsakas vanligen av slarv med regelbundenheten i tvättning. Metalliclacker kräver extra försiktighet och speciella slipmedelsfria rengörings/polermedel krävs för att inte skada ytan. Kontrollera alltid att dräneringshål och rör i dörrar och ventilation är helt öppna så att vatten kan rinna ut. Kromade ytor ska behandlas som lackerade. Glasytor ska hållas fria från smutshinnor med hjälp av glastvättmedel. Vax eller andra medel för polering av lack eller krom ska inte användas på glas.

## 3 Interiör - underhåll

Klädseln kan hållas ren genom att den torkas av med en lätt fuktad trasa. Fläckar (som är mer framträdande på ljus klädsel) kan tas bort med lite flytande tvättmedel och en mjuk nagelborste som rensar i fibrerna. Glöm inte att hålla innertaket rent på samma sätt. Efter rengöring ger ett lager med gummi- och vinylskydd av hög kvalitet en god hjälp att förhindra oxidering och sprickor. Detta skydd kan även med fördel användas på tätningslister, vakuumslangar och gummislangar som ofta havererar på grund av kemiska angrepp, samt på däcken.

## 4 Klädsel och mattor - underhåll

Mattorna ska borstas eller dammsugas med jämna mellanrum så att de hålls rena. Om de är svårt nedsmutsade ska de tas ut ur bilen för skrubbning. Se i så fall till att de är helt torra innan de sätts tillbaka i bilen. Säten och dekorpaneler kan hållas rena med avtorkning med fuktig trasa och speciella rengöringsmedel. Om de smutsas ned (vilket ofta kan vara mer synligt i ljusa inredningar) kan lite flytande tvättmedel och en mjuk nagelborste användas till att skrubba ut smutsen ur materialet. Glöm inte takets insida, håll det rent på samma sätt som klädseln. När flytande rengöringsmedel används inne i en bil ska de tvättade ytorna inte överfuktas. För mycket fukt kan komma in i sömmar och stoppning och där framkalla fläckar, störande dofter och till och med röta.

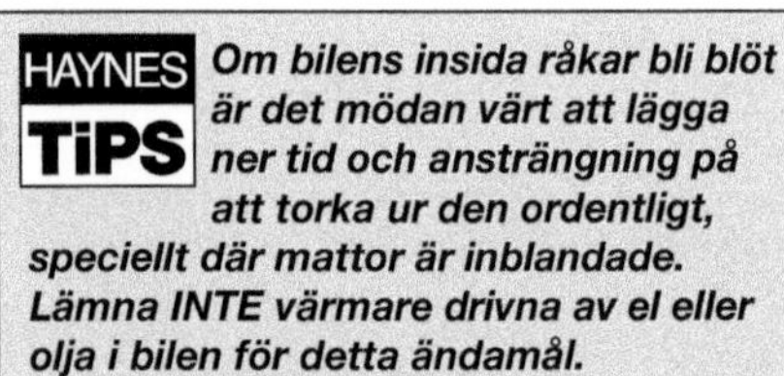


***Om bilens insida råkar bli blöt är det mödan värt att lägga ner tid och ansträngning på att torka ur den ordentligt, speciellt där mattor är inblandade. Lämna INTE värmare drivna av el eller olja i bilen för detta ändamål.***

## 5 Karossreparationer - mindre skador

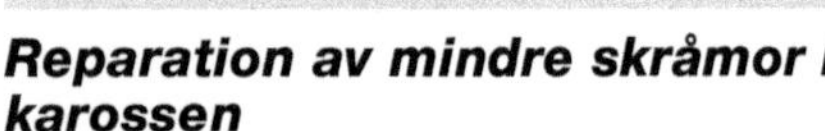

### *Reparation av mindre skråmor i karossen*

Om en skråma är mycket ytlig och inte trängt ned till karossmetallen är reparationen mycket enkel att utföra. Gnugga det skadade området helt lätt med lackrenoveringsmedel eller en mycket finkornig slippasta så att lös lack tas bort från skråman och det omgivande området befrias från vax. Skölj med rent vatten.

Läck på bättringslack på skråman med en fin pensel. Lägg på i många tunna lager till dess att ytan i skråman är i jämnhöjd med den omgivande lacken. Låt den nya lacken härda i minst två veckor och blanda sedan in den med omgivningen genom att gnugga hela området kring skråman med lackrenoveringsmedel eller en mycket finkornig slippasta. Avsluta med en vaxpolering.

I de fall en skråma gått ned till karossmetallen och denna börjat rosta krävs en annan teknik. Ta bort lös rost från botten av skråman med ett vasst föremål och lägg sedan på rostskyddsfärg så att framtida rostbildning förhindras. Fyll sedan upp skråman med spackelmassa och en spackel av gummi eller nylon. Vid behov kan spacklet tunnas ut med thinner så att det blir mycket tunt vilket är idealiskt för smala skråmor. Innan spacklet härdar, linda ett stycke mjuk bomullstrasa runt en fingertopp. Doppa fingret i thinner och stryk snabbt över spackelytan i skråman. Detta ser till att ytan på spackelmassan har små hål. Lacka sedan över skråman enligt tidigare anvisningar.

### *Reparation av bucklor i karossen*

När en djup buckla uppstått i bilens kaross blir den första uppgiften att räta ut bucklan såpass att den i det närmaste återtar ursprungsformen. Det finns ingen orsak att försöka att helt återställa formen i och med att metallen i det skadade området sträckt sig vid skadans uppkomst. Detta betyder att metallen aldrig helt kan återta sin gamla form. Det är bättre att försöka ta bucklans nivå upp till ca 3 mm under den omgivande karossens nivå. I de fall bucklan är mycket grund är det inte värt besväret att räta ut den. Om undersidan av bucklan är åtkomlig kan den knackas ut med en träklubba eller plasthammare. Vid knackningen ska mothåll användas på plåtens utsida så att inte större delar knackas ut.

Skulle bucklan finnas i en del av karossen som har dubbel plåt eller något annat som gör den oåtkomlig från insidan krävs en annan teknik. Borra ett flertal hål genom metallen i bucklan - speciellt i de djupare delarna. Skruva sedan in långa plåtskruvar precis så långt att de får ett fast grepp i metallen. Dra sedan ut bucklan genom att dra i skruvskallarna med en tång. (Övers anm: Jag föredrar att svetsa fast ringar i naken plåt och använda draghammare.)

Nästa steg är att ta bort lacken från det skadade området och ca 3 cm av den omgivande friska plåten. Detta görs enklast med stålborste eller slipskiva monterad på borrmaskin, men kan även göras för hand med slippapper. Fullborda preparerandet före spacklingen genom att repa den nakna plåten med en skuvmejsel eller filspets, eller genom att borra små hål i det område som ska spacklas, så att den fäster bättre.

Fullborda arbetet enligt anvisningarna för spackling och omlackering.

### *Reparation av rosthål och revor i karossen*

Ta bort lacken från det drabbade området och ca 30 mm av den omgivande friska plåten med en sliptrissa eller stålborste monterad i en borrmaskin. Om detta inte finns tillgängligt kan ett antal ark slippapper göra jobbet lika effektivt. När lacken är borttagen kan du mer exakt uppskatta rostskadans omfattning och därmed avgöra om hela panelen (där möjligt) ska bytas ut eller om rostskadan ska repareras. Nya plåtdelar är inte så dyra som de flesta tror och det är ofta snabbare och ger bättre resultat med plåtbyte än försök till reparation av större rostskador.

Ta bort all dekor från det drabbade området, utom den som styr den ursprungliga formen av det drabbade området, exempelvis lyktsarger. Ta sedan bort lös eller rostig metall med plåtsax eller bågfil. Knacka kanterna något inåt så att du får en grop för spacklingsmassan.

Borsta av det drabbade området med en stålborste så att rostdamm tas bort från ytan av den kvarvarande metallen. Måla det drabbade området med rostskyddsfärg, om möjligt även på baksidan.

Innan spacklingen kan ske måste hålet täckas på något sätt. Detta kan göras med nät av plast eller aluminium eller med aluminiumtejp.

Nät av plast eller aluminium eller glasfiberväv är i regel det bästa materialet för ett stort hål. Skär ut en bit som är ungefär lika stor som det hål som ska fyllas och placera det i hålet så att kanterna finns under nivån för den omgivande plåten. Ett antal klickar spackelmassa runt hålet fäster materialet på plats.

Aluminiumtejp kan användas till små eller mycket smala hål. Dra av en bit från rullen och klipp den till ungefärlig storlek och dra bort täckpappret (om sådant finns) och fäst tejpen över hålet. Flera remsor kan läggas bredvid varandra om bredden på en inte räcker till. Knacka ned tejpkanterna med ett skuvmejselhandtag eller liknande så att tejpen fäster ordentligt på metallen.

### Karosserireparationer - spackling och lackering

Innan du följer anvisningarna i detta avsnitt, läs de föregående om reparationer.

Många typer av spackelmassa förekommer. Generellt sett är de som består av grundmassa och härdare bäst vid denna typ av reparationer. Vissa av dem kan användas direkt från förpackningen. En bred och följsam spackelspade av nylon eller gummi är ett ovärderligt verktyg för att skapa en väl formad spackling med en fin yta.

Blanda lite massa och härdare på en skiva av exempelvis kartong eller masonit. Mät härdaren noga - följ tillverkarens instruktioner. I annat fall härdar spacklingen för snabbt eller för långsamt. Bred på massan på det förberedda området med spackelspaden, dra spackelspaden över massan så att rätt form och en jämn yta uppstår. Så snart en någorlunda korrekt form finns ska du inte arbeta mer med massan. Om du håller på för länge blir massan kladdig och grynig och börjar fastna på spackelspaden. Fortsätt lägga på tunna lager med ca 20 minuters mellanrum till dess att massan är något högre än den omgivande plåten.

När massan härdat kan överskottet tas bort med hyvel eller fil och sedan slipas ned med gradvis finkornigare slippapper. Börja med nr 40 och avsluta med nr 400 torr-och-våtpapper. Linda alltid papperet runt en slipkloss - i annat fall blir inte den slipade ytan plan. Vid slutpoleringen med torr-och-våtpappret ska detta nu och då sköljas med vatten. Detta skapar en mycket slät yta på massan i slutskedet.

Vid detta läge ska bucklan vara omgiven av en ring med ren plåt som i sin tur omges av en lätt ruggad kant av frisk lackering. Skölj av reparationsområdet med rent vatten till dess att allt slipdamm försvunnit.

Spruta ett tunt lager grundfärg på hela reparationsområdet. Detta avslöjar mindre ytfel i spacklingen. Laga dessa med ny massa eller filler och slipa av ytan igen. Massa kan tunnas ut med thinner så att den blir mer lämpad för riktigt små gropar. Upprepa denna sprutning och reparation till dess att du är nöjd med spackelytan och den ruggade lacken. Rengör reparationsytan med rent vatten och låt den torka helt.

***Om spackel används kan det blandas ut med thinner till en mycket tunn pasta som är idealisk för fyllning av små hål.***

Reparationsytan är nu klar för lackering. Färgsprutning måste utföras någonstans där det är varmt, torrt, drag- och dammfritt. Detta kan skapas inomhus om du har tillgång till ett större arbetsområde, men om du är tvungen att arbeta utomhus måste du vara noga med valet av dag. Om du arbetar inomhus ska du spola av golvet med vatten eftersom detta binder damm som annars skulle vara i luften. Om reparationsytan är begränsad till en panel ska de omgivande maskeras av. Detta minskar effekten av en mindre missanpassning mellan färgerna. Dekorer och detaljer (kromlister, handtag med mera) ska även de maskas av. Använd riktig maskeringstejp och ett flertal lager tidningspapper till detta.

Innan du börjar spruta ska burken skakas mycket ordentligt, och spruta sedan på en provbit, exempelvis konservburk, till dess att du kan tekniken. Täck sedan arbetsytan med ett tjockt lager grundfärg, uppbyggt av flera tunna skikt. Polera sedan grundfärgens ytan med nr 400 våt-och-torrpapper till dess att den är slät. Medan detta utförs ska ytan hållas våt. Låt torka innan mer färg läggs på.

Spruta på ytan och bygg upp tjocklek med flera tunna lager färg. Börja spruta i mitten och arbeta utåt med enstaka sidledes rörelser till dess att hela reparationsytan och ca 50 mm av den omgivande lackeringen täckts. Ta bort maskeringen 10 - 15 minuter efter sista färglagret sprutats på.

Låt den nya lacken härda i minst två veckor innan en lackrenoverare eller mycket fin slippasta används till att blanda in den nya lackens kanter i den gamla. Avsluta med vax.

### Plastdelar

Med den ökade användningen av plast i karossdelar (till exempel stötfångare, spoilers, kjolar och i vissa fall större paneler) blir reparationer av allvarligare slag på sådana delar ofta en fråga om att överlämna dessa till specialister eller byte av delen i fråga. Gör-det-själv-reparationer av sådana skador är inte rimliga beroende på kostnaden för den specialutrustning och de speciella material som krävs. Grundprincipen för dessa reparationer är att en skåra tas upp längs med skadan med en roterande rasp i en borrmaskin. Den skadade delen svetsas sedan ihop med en varmluftspistol och en plaststav i skåran. Plastöverskott tas bort och ytan slipas ned. Det är viktigt att rätt typ av plastlod används i och med att plasttypen i karossdelar kan variera, exempelvis PCB, ABS eller PPP.

Skador av mindre allvarlig natur (skrapningar, små sprickor och liknande) kan lagas av hemmamekaniker med en tvåkomponents epoxymassa. Den blandas i lika delar och används på liknande sätt som spackelmassa på plåt. Epoxyn härdar i regel inom 30 minuter och kan sedan slipas och målas.

Om ägaren byter en komplett del själv eller reparerat med epoxymassa dyker problemet med målning upp. Svårigheten är att hitta en färg som är kompatibel med den plast som används. Tidigare kunde inte någon universalfärg användas i och med det breda utbudet av plaster i karossdelar. Generellt sett fastnar inte standardfärger på plast och gummi. Numera finns det dock satser för plastlackering att köpa. Dessa består i princip av förprimer, grundfärg och färglager. Kompletta instruktioner finns i satserna men grundmetoden är att först lägga på förprimern på aktuell del och låta den torka i 30 minuter innan grundfärgen läggs på. Denna ska torka ca en timme innan det speciella färglagret läggs på. Resultatet blir en korrekt färgad del där lacken kan flexa med materialet. Det senare är en egenskap som standardfärger vanligtvis saknar.

## 6 Karossreparationer - större skador

**1** Större skador måste repareras av en specialist på karosskador eller helst av en BMW-verkstad. Det krävs specialutrustning för att göra jobbet korrekt.

**2** Om skadorna är mycket omfattande måste hela karossen mätas upp och kontrolleras. I annat fall kan bilens köregenskaper försämras och andra delar kan slitas ut mycket fortare.

**3** I och med det faktum att alla större komponenter (huv, skärmar etc.) är separata enheter ska allvarligt skadade delar bytas mot nya, inte repareras.

***Vissa karossdelar kan man ibland hitta på bilskrotar och är ofta en betydande besparing jämfört med kostnaden för nya delar.***

## 7 Gångjärn och lås - underhåll

Var sjätte månad ska lås och gångjärn på dörrar, motorhuv och bak/bagagelucka smörjas med några droppar låsolja. Dörrarnas och bakluckans låsbleck ska smörjas med ett tunt lager fett för att min ska slitage och medge fri rörelse.

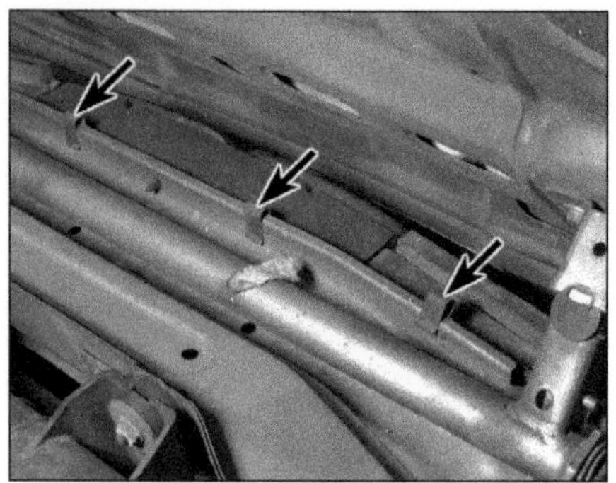
9.1 Öppna motorhuven och demontera grillens clips (vid pilarna)

9.2a Mittgrillen hålls på plats av två skruvar (vid pilarna)

9.2b Placeringen för sidogrillens skruvar (vid pilarna)

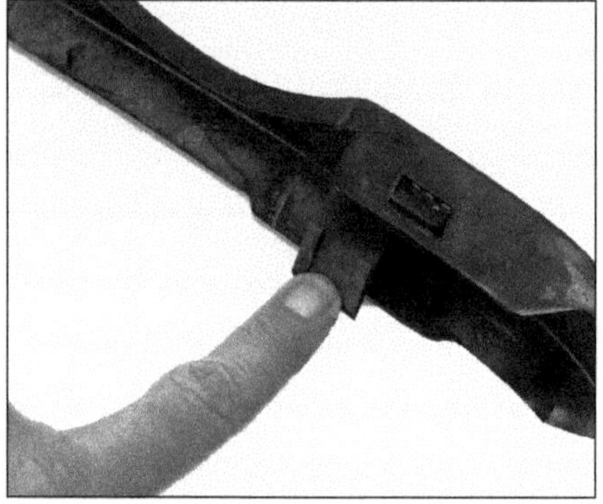
9.10 Lossa mittgrillens kant genom att sträcka under vardera strålkastaren och trycka ned spärren

9.14 Skruva ut skruvarna och dra sidogrillen rakt ut

## 8 Fasta rutor - byte

Byte av vindruta och fasta rutor kräver ett speciellt lim och specialverktyg. Dessa arbeten ska utföras av en BMW-verkstad eller vindrutespecialist.

## 9 Kylargrill - demontering och montering

### Serie 3

**1** Lossa clipsen längs med grillens överkant **(se bild).**
**2** Skruva ut skruvarna och lyft ut mitt- och sidobitarna **(se bilder).**
**3** Montering sker med omvänd arbetsordning.

### Serie 5

#### E28 ("gamla karossen")

**6** Skruva ut skruvarna och lyft ut mitt- och sidobitarna.
**7** Montering sker med omvänd arbetsordning.

#### E34 ("nya karossen")

**Mittgrillen**

**8** Skruva ur skruvarna och lossa strålkastarhöljena i motorrummet så att åtkomst bereds.
**9** Skruva ur skruven och lyft ut plasthöljet bakom grillen så att clipsen blir åtkomliga.
**10** Från motorrummet, sträck under strålkastarhusen och lossa de clips som fäster grillens lister och tryck grillen framåt **(se bild).**
**11** Pressa ned clipsen med en skruvmejsel, lossa grillen och dra den rakt utåt.
**12** Montera mittgrillen genom att placera den i läge och trycka in den i clipsen.

**Sidogrill**

**13** Demontera mittgrillen.
**14** Skruva ur skruvarna och lyft ut grillen **(se bild).**
**15** Montering sker med omvänd arbetsordning.

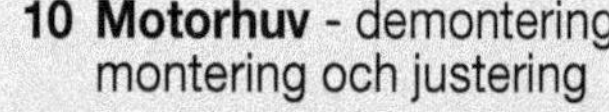

## 10 Motorhuv - demontering, montering och justering

**Observera:** *Motorhuven är tung och något besvärlig att demontera och montera - åtminstone två personer behövs för detta arbete.*

### Demontering och montering

**Serie 3**

**1** Öppna motorhuven, rita uppriktningsmärken runt gångjärnsplattorna så att monteringen blir korrekt **(se bild).**
**2** Lossa jordkabeln och vindrutespolarslangen från huven.
**3** Lossa huvgångjärnets clips och dra ut gångjärnssprinten **(se bilder).** Se till att stötta motorhuven medan detta utförs.
**4** Låt en medhjälpare hålla i huven på ena sidan och håll själv den andra.
**5** Skruva ur motorhuvens gångjärnsbultar på din sida av huven och håll sedan din sida

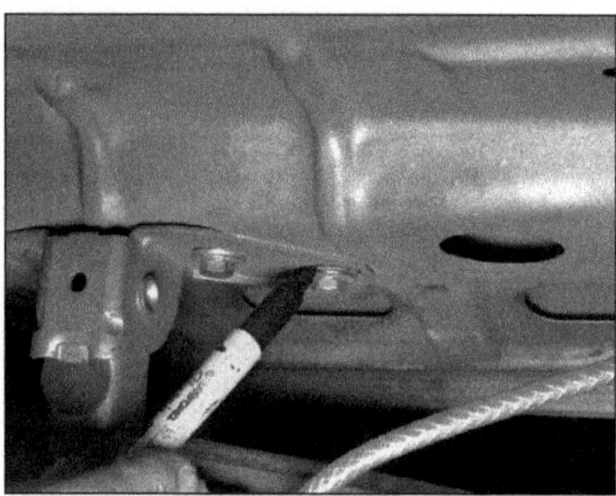
10.1 Markera gångjärnsplattans läge runt bultarna med en filtpenna, rita runt hela plattan innan motorhuven justeras

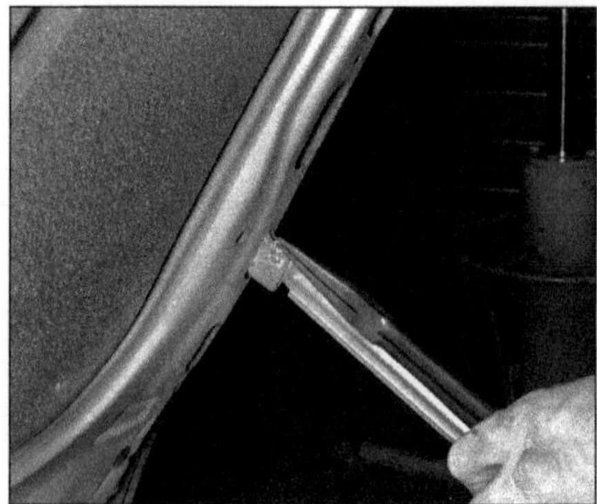
10.3a Använd en spetstång till att dra ut gångjärnssprintens clips . . .

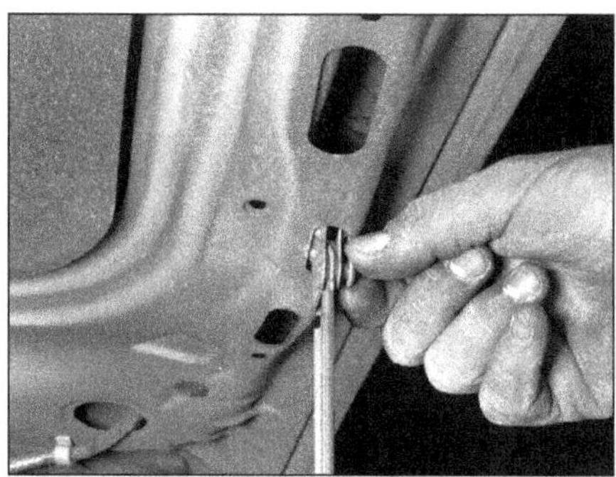
10.3b . . . och dra ut sprinten medan motorhuven stöttas

10.8a Peta ut clipsstiftet med en liten skruvmejsel och . . .

10.8b . . . dra ut hållaren

medan medhjälparen skruvar ut gångjärnsbultarna på andra sidan.

**6** Lyft undan motorhuven, placera den på en säker plats där den inte välter, placera trasor som lackskydd där den står på marken och lutar mot väggen.

**7** Montering sker med omvänd arbetsordning.

## Serie 5

**8** Öppna motorhuven. På vissa senare modeller kan det vara nödvändigt att bända ut plastclipset och demontera isoleringskudden för att komma åt huvlampans kontakt och vindrutespolarslangarna **(se bilder)**. När detta gjorts, koppla ur ledningar och slangar.

**9** Lossa clipsen och dra ut huvstödets stift **(se bild)**.

**10** Ta ut gångjärnssprintarna **(se bild)**.

**11** Låt en medhjälpare hålla i huven på ena sidan och håll själv den andra.

**12** Skruva ur motorhuvens genomgående gångjärnsbult på din sida av huven och håll sedan din sida medan medhjälparen skruvar ut gångjärnsbulten på andra sidan. **(se bild)**.

**13** Lyft undan motorhuven, placera den på en säker plats där den inte välter, placera trasor som lackskydd där den står på marken och lutar mot väggen.

**14** Montering sker med omvänd arbetsordning.

## *Justering*

**15** Motorhuven kan justeras så att den är i jämnhöjd med stänkskärmarna sedan gångjärnsbultarna lossats. På vissa versioner i serie 5 måste sidogrillarna demontera för åtkomst av gångjärnsbultarna.

**16** Flytta på huven i behövlig riktning till dess att den är i rätt läge relativt skärmarna. Dra åt bultarna ordentligt.

**17** Huvens höjd i bakkanten justeras genom att lossa bultarna och höja eller sänka låsblecket **(se bild)**. Dra åt bultarna ordentligt efter justeringen.

**18** Huven kan justeras i sidled genom att styrrullens muttrar lossas och flyta styrningen till dess att den glider in ordentlig i låsblecket **(se bild)**.

**19** Efter justeringen ska stoppkuddarna skruvas in eller ut för att stötta huven i det nya läget **(se bild)**.

**20** Huvmekanismen ska smörjas med fett med jämna mellanrum så att den inte fastnar eller kärvar.

10.9 Dra ut clipset med en spetstång

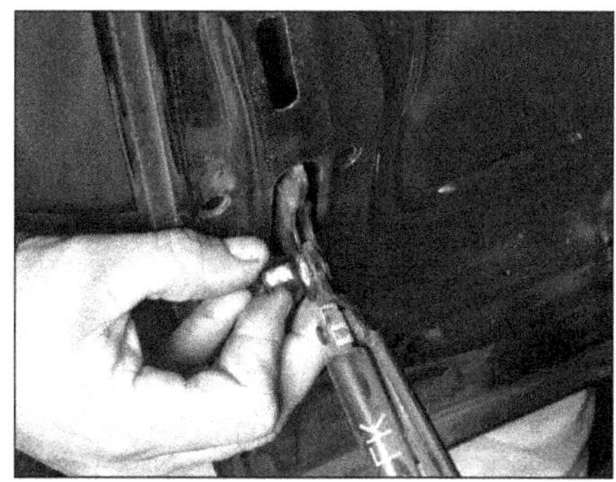
10.10 Stötta motorhuven och dra ut sprinten

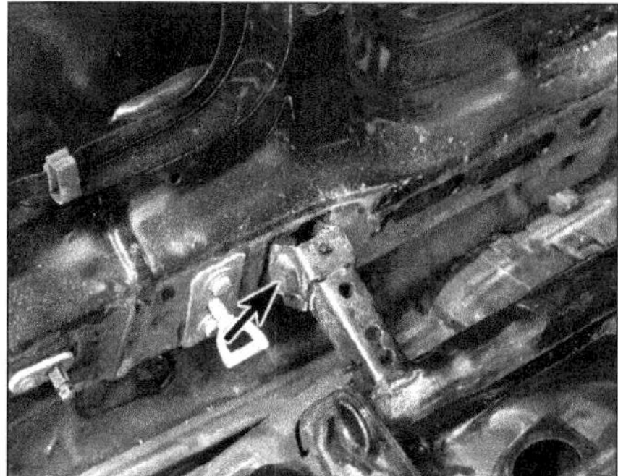
10.12 Skruva ur de genomgående gångjärnsbultarna (vid pilarna)

10.17 Lossa bultarna (vid pilarna) och höj eller sänk låsblecket för att justera motorhuvens höjd

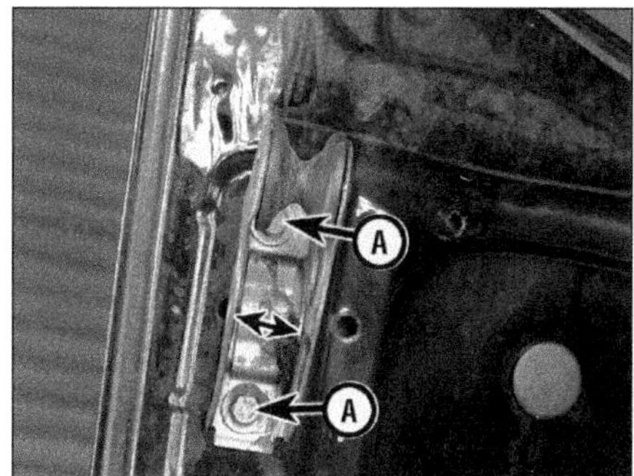

10.18 Lossa bultarna (A) och justera rullstyrningen i sidled till dess att den greppar ordentligt i låsblecket

10.19 Skruva stoppklackarna in eller ut när justeringen är färdig

**12.3 På modeller med manuella fönsterhissar, peta loss vevens dekor så att fästskruven blir åtkomlig**

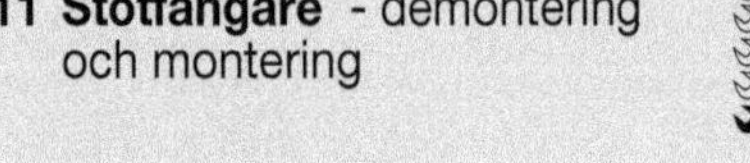

## 11 Stötfångare - demontering och montering

### *Demontering*

**1** Lossa i förekommande fall stötfångarhöljet och vid behov främre spoilern.

**2** Lossa ledningar och andra delar som kan vara i vägen för demontering av stötfångaren.

**3** Stötta stötfångaren med en garagedomkraft/pallbock eller låt en medhjälpare hålla i den medan bultarna skruvas ur.

**4** Skruva ur bultarna och ta loss stötfångaren.

### *Montering*

**5** Montering sker med omvänd arbetsordning. Dra åt bultarna ordentligt och sätt tillbaka stötfångarhöljet och andra demonterade delar.

## 12 Dörrklädsel - demontering och montering

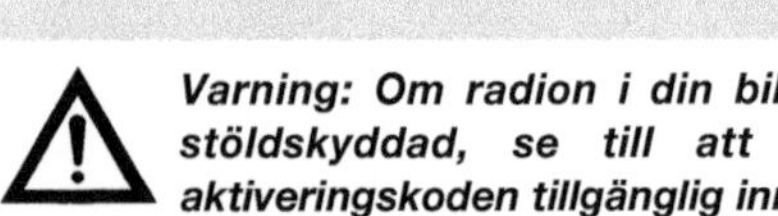

***Varning: Om radion i din bil är stöldskyddad, se till att ha aktiveringskoden tillgänglig innan batteriet kopplas ur, se sidan 0•7 innan ledningen lossas.***

**Observera**: *Om fel språk visas på instrumentpanelen när strömmen kopplas in igen, se sidan 0•7 där proceduren för språkinställning beskrivs.*

### *Demontering*

**1** Lossa batteriets jordledning

**2** Skruva ur samtliga skruvar till klädselpanelen och armstödet/innerhandtaget.

**3** På modeller med manuella fönsterhissar, demontera fönsterveven **(se bild).** På modeller med elektriska fönsterhissar, bänd ut strömbrytaren och koppla ur den.

**4** Lossa panelens clips. Arbeta runt ytterkanten till dess att den lossnar.

**5** När samtliga clips lossats, ta bort panelen, dra ut de elektriska kontakterna och ta ut panelen från bilen.

**13.4 Ta ut låsringen (vid pilen) från sprintens koniska ände**

**6** Skala försiktigt undan vattentätningen av plast för att komma åt innerdörren.

### *Montering*

**7** Innan dörrklädseln monteras, se till att byta de clips i panelen som lossnat eller gått sönder vid demonteringen.

**8** Anslut eventuella kontakter och placera klädseln på dörren. Tryck på plats till dess att clipsen låser och montera armstöd/innerhandtag. Sätt i förekommande fall tillbaka fönsterveven.

## 13 Dörr - demontering, montering och justering

### *Demontering*

**1** Demontera dörrklädseln (se avsnitt 12). Dra ut elektriska kontakter och tryck dem genom dörrhålet så att de inte är i vägen vid dörrens demontering.

**2** Placera en garagedomkraft eller pallbock under dörren eller låt en medhjälpare hålla i den när gångjärnsbultarna skruvas ur. **Observera**: *Om domkraft eller pallbock används, placera en trasa mellan den och dörren så att lacken skyddas.*

**3** Lägesmärk runt gångjärnen.

**4** Koppla ur dörrspärren genom att ta ut låsringen i änden på stiftet och dra ut stiftet **(se bild).** Ett rullstift finns på vissa versioner, detta drivs ut med en dorn.

**13.7 Låsbleckets läge kan justeras sedan skruvarna (vid pilarna) lossats**

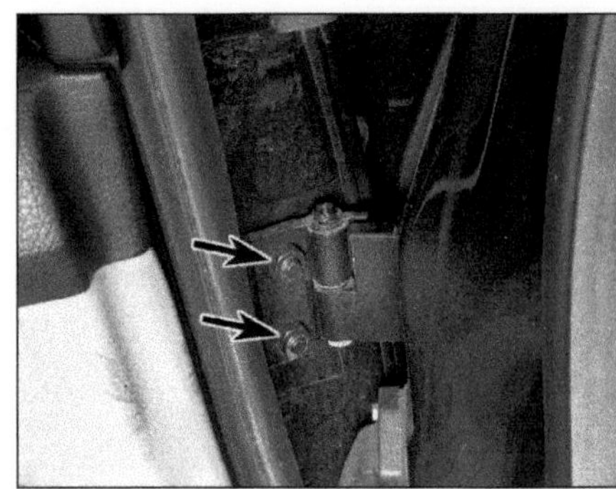

**13.5 Skruva ur muttrarna (vid pilarna) och haka av dörren från gångjärnen**

**5** Skruva ur dörrens gångjärnsmuttrar och lyft försiktigt av dörren **(se bild).**

### *Montering och justering*

**6** Montering sker med omvänd arbetsordning.

**7** Sedan dörren monterats ska passformen kontrolleras och vid behov justeras enligt följande:

*a) Justering i höjdled och framåt-bakåt görs genom att gångsjärnsmuttrarna till karossen lossas så att dörren kan flyttas efter behov.*

*b) Dörrens låsbleck kan justeras i höjd- och sidled så att det greppar korrekt med låset. Detta utförs genom att lossa fästbultarna och flytta blecket efter behov* ***(se bild).***

## 14 Bak/bagagelucka - demontering, montering och justering

### *Bagagelucka*

**1** Öppna bagageluckan och täck över kanterna av bagageutrymmet med kuddar eller trasor för att skydda lacken när luckan lyfts bort.

**2** Lossa de vajrar och kontakter, anslutna till luckan, som är i vägen för demonteringen.

**3** Gör uppriktningsmärken kring gångjärnsbultarna **(se bild).**

**14.3 Märk runt bagageluckans gångjärnsbultarna för att underlätta montering - skruva ur eller lossa bultarna vid demontering och justering**

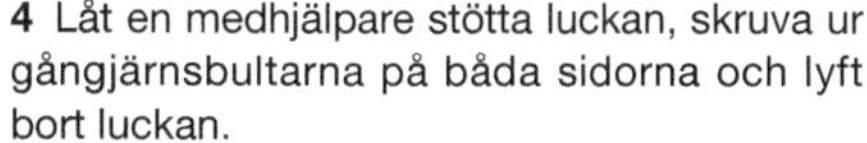

**14.7a Lossa låsets bultar (vid pilarna) och flytta på låset för att justera luckans stängda läge**

**4** Låt en medhjälpare stötta luckan, skruva ur gångjärnsbultarna på båda sidorna och lyft bort luckan.

**5** Montering sker med omvänd arbetsordning. Rikta in gångjärnsbultarna efter de gjorda märkena.

**6** Efter monteringen, stäng luckan och kontrollera att den är korrekt monterad. Justering i längs- och sidled görs genom att gångjärnsbultarna lossas och flyttas i sina hål.

**7** Luckan kan justeras i höjdled genom att lås och/eller låsbleck lossas och flyttas **(se bilder).**

***Varning: Om radion i din bil är stöldskyddad, se till att ha aktiveringskoden tillgänglig innan batteriet kopplas ur, se sidan 0•7 innan ledningen lossas.***

**Observera**: *Om fel språk visas på instrumentpanelen när strömmen kopplas in igen, se sidan 0•7 där proceduren för språkinställning beskrivs.*

## *Baklucka*

**8** Lossa batteriets jordledning

**9** Öppna bakluckan och täck bakre delen av taket med en filt eller liknande för att skydda lacken när bakluckan tas bort. På serie 5 kan fönstret demonteras separat genom att ledningarna kopplas ur och skruvarna skruvas ur - låt en medhjälpare hålla i rutan medan skruvarna skruvas ur **(se bild).**

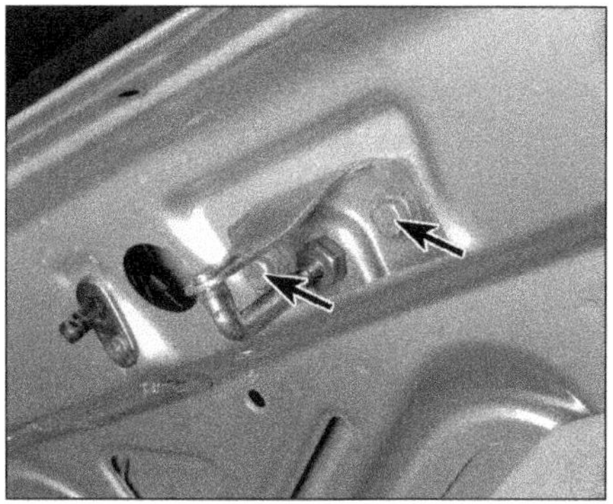

**14.7b Justera luckans låsbleck sedan bultarna (vid pilarna) lossats**

**10** Demontera klädseln från luckans insida. På serie 5 lossa även kanthöljena så att stöttornas fästen blir åtkomliga.

**11** Koppla loss kabelhärvan och spolarslangen. På vissa modeller måste du dra ut kabelhärvan ur bakre stolpen och sedan dra ur kontakten **(se bild).**

**12** Låt en medhjälpare hålla upp bakluckan och lossa stöttorna på båda sidorna genom att skruva ur fästskruvarna. Där så är tillämpligt, dra ut stiftet eller clipset och lossa stöttan från kulan **(se bilder).**

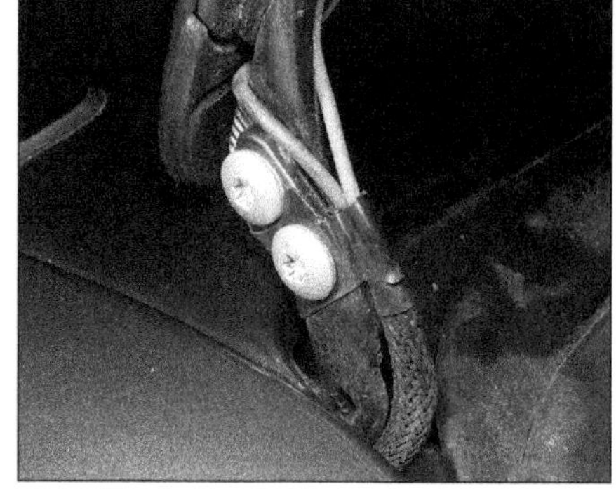

**14.9 Bakluckefönstrets fästskruvar (serie 5)**

**13** Märk gångjärnens läge på bakluckan.

**14** Skruva ur bultarna och dra loss luckan från gångjärnen. På serie 5 krävs en insexnyckel **(se bild).**

**15** Montering sker med omvänd arbetsordning, se till att rikta upp i enlighet med gjorda märken. Kontrollera att luckan stänger mitt mellan stolparna och att låset greppar korrekt.

**14.11 Lossa ledningen från bakre stolpen (serie 5)**

**14.12a Ta ut bakluckestöttans fjäderclips (serie 3)**

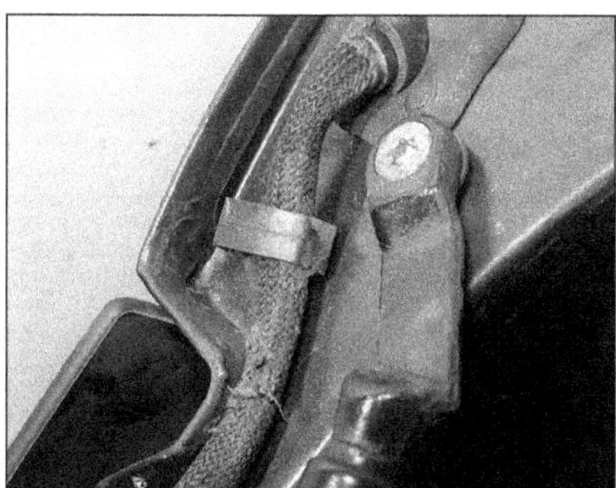

**14.12b Stöttans fäste i bakluckan (serie 5)**

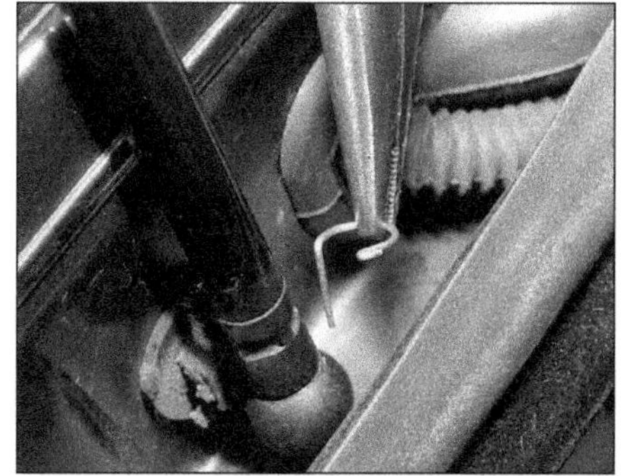

**14.12c Ta ut stiftet för att lossa nederdelen av bakluckans stötta (serie 5)**

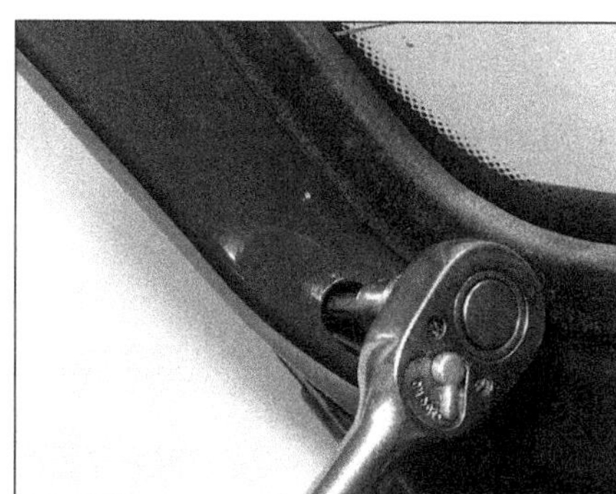

**14.14 Skruva ur gångjärnsbultarna (serie 5)**

## 15 Klinka, låscylinder och handtag - demontering, montering och justering

1 Demontera dekorpaneler och på dörren plastskyddet (se avsnitt 12).

### Klinka

2 Lossa manöverstängerna från klinkan **(se bild).**
3 Skruva ur klinkans fästskruvar.
4 Lossa och lyft ut klinkan.
5 Montering sker med omvänd arbetsordning.

### Låscylinder

6 Lossa länkaget.
7 Dra loss fästclipset med en skruvmejsel och dra ut låscylindern.
8 Montering sker med omvänd arbetsordning.

### Innerhandtag

9 Lossa manöverstången från handtaget.
10 Skruva ur handtagets skruvar och lyft undan handtaget från dörren.
11 Montering sker med omvänd arbetsordning.

### Ytterhandtag

12 Lyft upp handtaget, skruva ur de två skruvarna och lossa handtaget från dörren.
13 Montering sker med omvänd arbetsordning.

## 16 Dörrarnas rutor - demontering och montering

***Varning: Om radion i din bil är stöldskyddad, se till att ha aktiveringskoden tillgänglig innan batteriet kopplas ur, se sidan 0•7 innan ledningen lossas.***

**Observera**: *Om fel språk visas på instrumentpanelen när strömmen kopplas in igen, se sidan 0•7 där proceduren för språkinställning beskrivs.*

1 Lossa batteriets jordledning
2 Demontera dörrklädseln och vattentätningen (se avsnitt 12).
3 Peta loss inre och yttre tätningslisterna från dörren.

### Framdörr

4 Hissa upp fönstret så att fästbultarna kan kommas åt genom hålet. Om fönsterhissarna är elektriska, koppla tillfälligtvis in batteriet.
5 Stötta rutan och skruva ur de bultar som fäster rutan vid hissen.
6 Lyft upp rutan och dra ut den ur spåret och ta bort den från dörren.
7 Montering sker med omvänd arbetsordning.

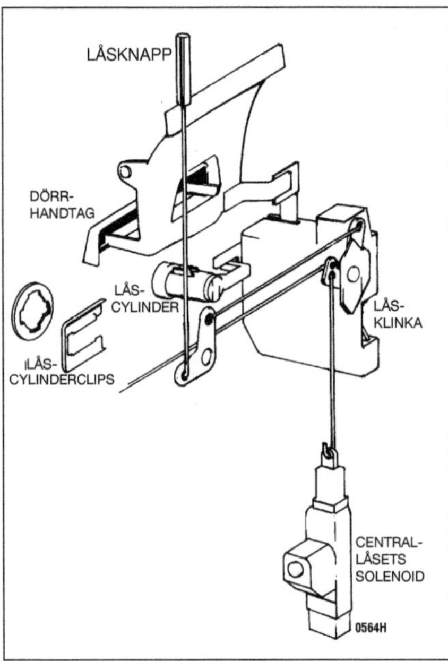


**15.2 Typiska dörrlåsdetaljer**

### Bakdörr

8 Följ beskrivningen i paragraferna 1 till 5.

**Serie 3**

9 Lossa rutan från den främre styrrullen och peta ut gummistyrningarna.
10 Skruva loss handtaget och låt det hänga ur vägen.
11 Skruva ur bakre fönsterramens bultar, tryck in ramen i dörren och ta ut rutan.
12 Montering sker med omvänd arbetsordning.

**Serie 5**

13 Lossa bakrutestyrningens bult.
14 Lossa rutan från den främre styrrullen, lossa rutan från styrskenorna och dra den bakåt. Ta ut rutan genom att lyfta upp den.
15 Den fasta rutan kan demonteras genom att styrskenornas bultar skruvas ur och skenen dras ned på baksidan så att rutan lossas.
16 Montering sker med omvänd arbetsordning. Bakrutan kan justeras genom att justerbultarna lossas och rutan höjs till mindre än 25 mm från dörröppningens överkant. Justera rutans läge och dra åt bultarna.

## 17 Fönsterhiss - demontering och montering

### Demontering

1 Demontera dörrens ruta (se avsnitt 16).
2 Skruva ur bultarna eller muttrarna och lyft ut fönsterhissen ur dörren (dra ut den genom åtkomsthålet). På modeller med elektriska hissar, dra ut kontakten.

### Montering

3 Montering sker med omvänd arbetsordning.

## 18 Utvändig backspegel - demontering och montering

### Demontering

1 Om endast spegelglaset ska bytas, stick in en liten skruvmejsel genom hålet i nederkanten på ytterspegeln och peta försiktigt plasthållaren på glasets baksida medsols (för underdelen av skruvmejseln åt höger). Detta lossar glaset som sedan kan dras ut. Om en elektrisk spegel är monterad måste ledningarna kopplas ur innan glaset helt tas bort.
2 Ta bort hela spegeln genom att bända loss täckpanelen (och/eller diskanthögtalaren om monterad).
3 Dra ut kontakten.
4 Skruva ut skruvarna och lyft undan spegeln.

### Montering

5 Montering sker med omvänd arbetsordning.

## 19 Rattstångshölje - demontering och montering

***Varning: Om radion i din bil är stöldskyddad, se till att ha aktiveringskoden tillgänglig innan batteriet kopplas ur, se sidan 0•7 innan ledningen lossas.***

**Observera**: *Om fel språk visas på instrumentpanelen när strömmen kopplas in igen, se sidan 0•7 där proceduren för språkinställning beskrivs.*

### Demontering

1 Lossa batteriets jordledning
2 Demontera ratten (se kapitel 10).
3 Skruva ur övre höljets skruvar **(se bild).**

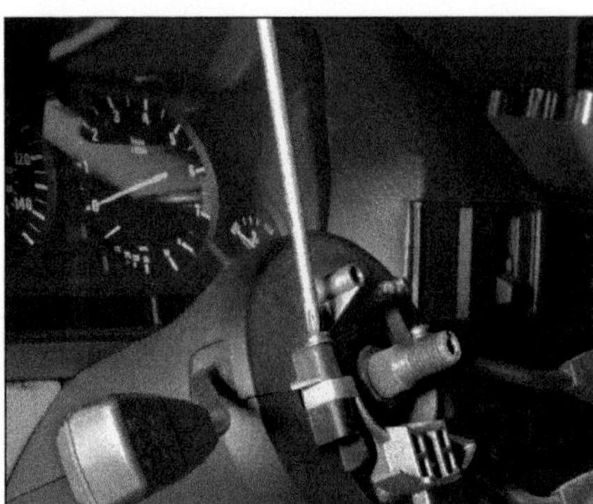

**19.3 Skruva ur övre rattstångshöljet med en kryssmejsel**

19.4 De nedre skruvarna sitter under rattjusteringshandtaget (om monterat)

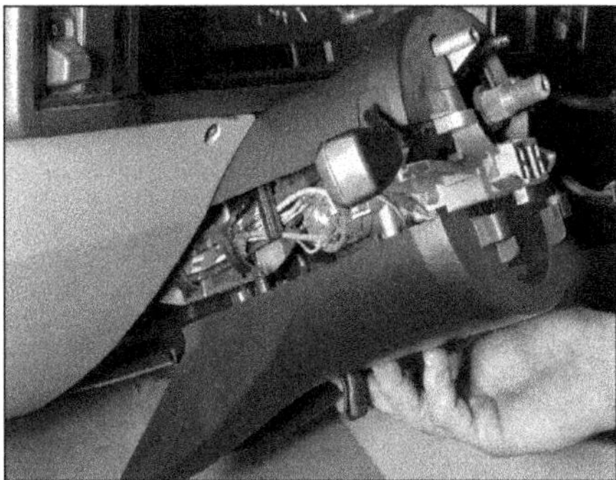
19.5a Dra i justeringshandtaget och sänk ned höljet från rattstången

19.5b Vrid upp det övre höljet från rattstången

4 Skruva ur de två skruvarna på rattstångens undersida **(se bild)**.
5 Lossa det nedre höljet och lyft bort det övre från rattstången **(se bilder)**.

### Montering

6 Montering sker med omvänd arbetsordning.

## 20 Säten - demontering och montering

### Framsäte

1 Skruva ur de fyra bultarna som håller sätesskenan till golvet och lyft ur sätet **(se bild)**. På vissa modeller är det nödvändigt att koppla loss sätesvärmarens ledningar och ibland även lossa säkerhetsbältet från sätet.
2 Montering sker med omvänd arbetsordning. Dra åt bultarna ordentligt.

### Baksätets sits

3 Om tillämpligt, skruva först ur de två bultarna. Greppa tag i sitsens framkant (sedan/cabriolet) eller bakkant (kombi) och dra hårt uppåt **(se bild)**.
4 Montering sker i omvänd arbetsordning.

## 21 Kontroll av säkerhetsbälte

1 Kontrollera att inte säkerhetsbälten, spännen, låsplattor och styrningar visar tecken på skador eller slitage.
2 I förekommande fall, kontrollera att säkerhetsbältesvarningens lampa tänds när nyckeln vrid till kör eller start.
3 Säkerhetsbältena är konstruerade för att låsa vid häftiga stopp eller kollisioner men ändå tillåta rörelsefrihet under normal körning. Kontrollera att rullarna dra in bältet under körning och att bältena löper in hela vägen när de tas av.
4 Om någon av ovanstående kontroller indikerar problem med säkerhetsbälten ska delar bytas efter behov.

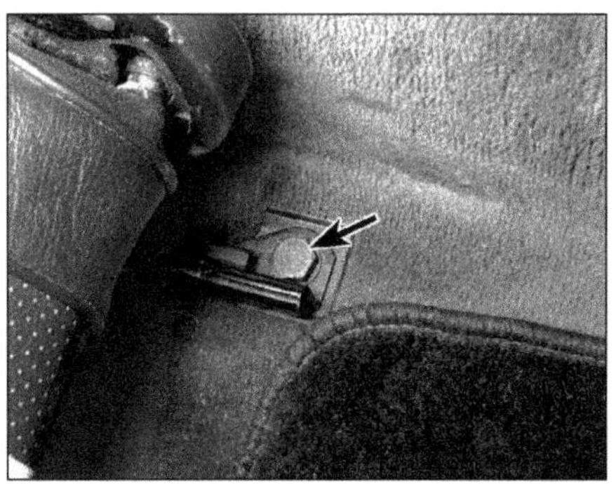
20.1 Framsätena är fastbultade (vid pilen)

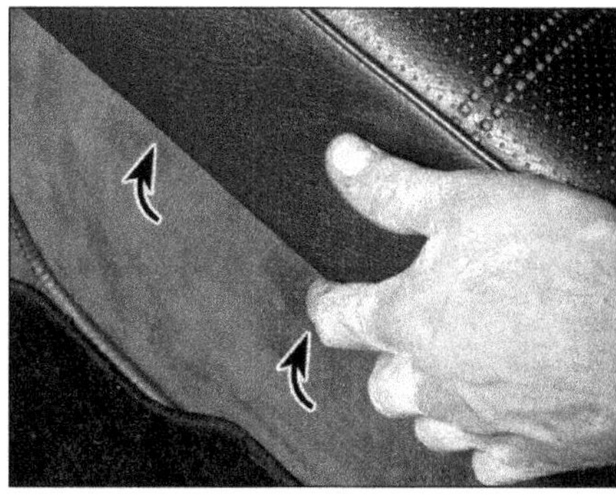
20.3 Greppa tag i framkanten och ryck rakt upp (sedan och cabriolet)

5 Säkerhetsbälten som utsatts för en kollision ska ovillkorligen bytas.

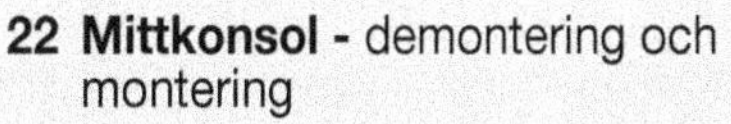

## 22 Mittkonsol - demontering och montering

***Varning: Om radion i din bil är stöldskyddad, se till att ha aktiveringskoden tillgänglig innan batteriet kopplas ur.***

**Observera:** *Om fel språk visas på instrumentpanelen när strömmen kopplas in igen, se sidan 0•7 där proceduren för språkinställning beskrivs.*

### Serie 3

#### Demontering

1 Koppla loss batteriets jordledning. Batteriet sitter antingen i motorrummet, under baksätet (dra upp sätesdynan för att komma åt det), eller i bagageutrymmet.
2 Dra försiktigt upp damasken runt handbromsspaken och dra loss den från spaken **(se bild)**.
3 Lyft ut konsolens bakre askkopp för att komma åt den stora plastmuttern under den. Skruva loss muttern, lyft sedan bort konsolens bakre sektion - haka loss de två främre styrtapparna och koppla loss askkoppsbelysningens glödlampa när konsolen lyfts. Notera hur glödlampan sitter för att underlätta monteringen **(se bilder)**.

22.2 Handbromsspakens damask tas bort

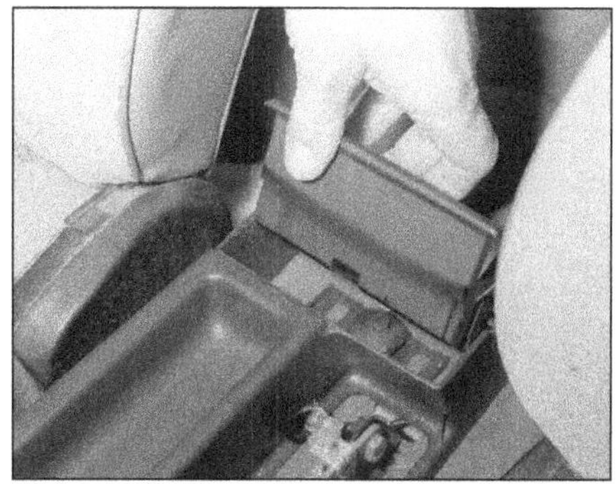
22.3a Lyft ut den bakre askkoppen

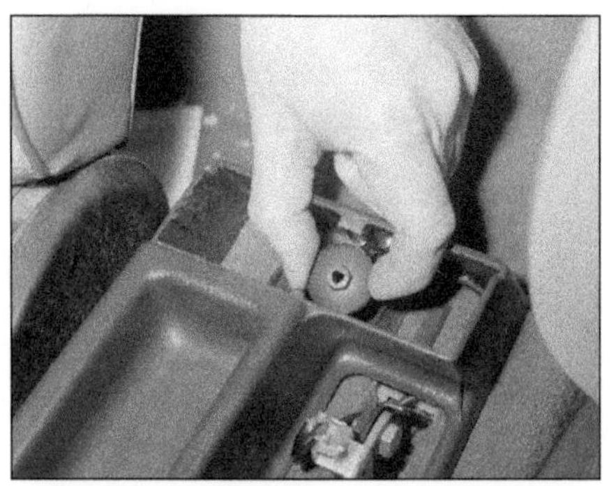

22.3b Skruva loss den stora plastmuttern

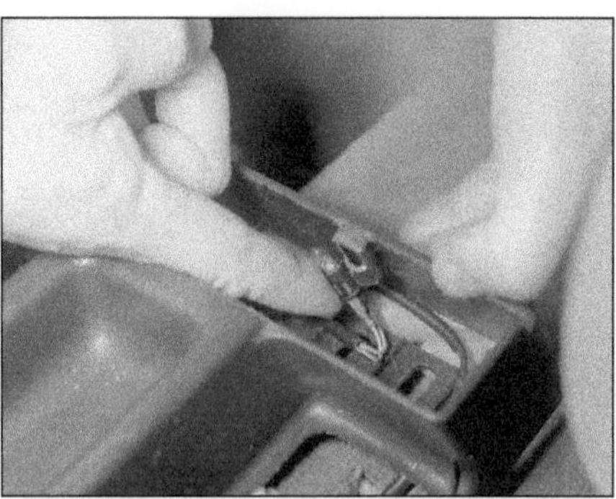

22.3c Notera hur askkoppens glödlampa sitter monterad . . .

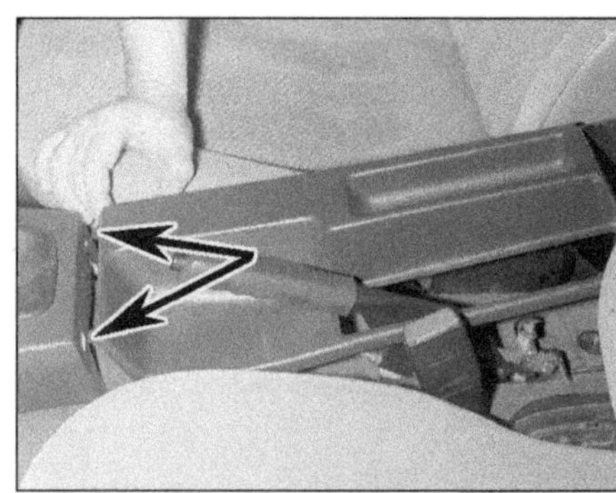

22.3d . . . ta sedan bort konsolens bakre del över handbromsspaken - observera de två främre styrtapparna (vid pilarna)

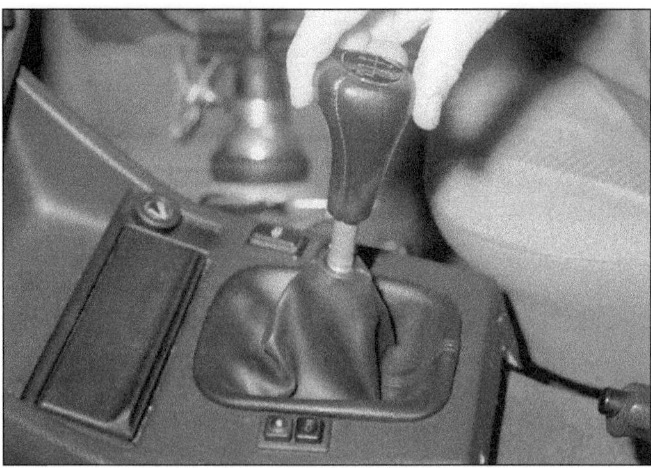

22.4a Dra av växelspakens knopp . . .

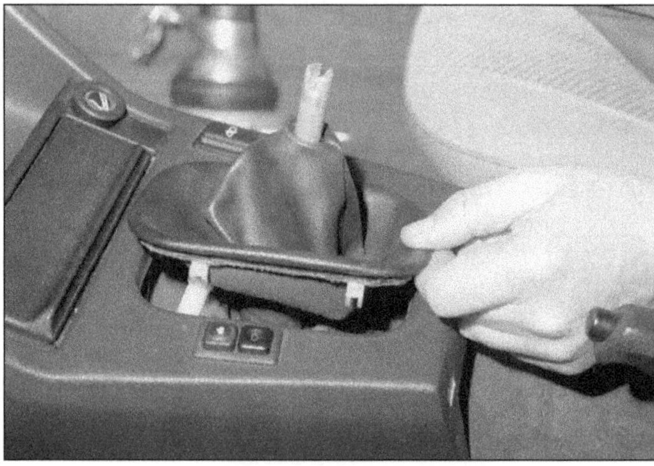

22.4b . . . lossa sedan och ta bort damasken

**4** På modeller med manuell växellåda, dra loss växelspakens knopp rakt uppåt. Sträck in handen från den främre sektionens bakre ände och lossa växelspaksdamasken. Dra loss damasken upp över spaken **(se bild)**.

**5** På modeller med automatväxellåda, skruva loss insexskruven framtill på växelspakens handtag och dra loss handtaget uppåt från växelspaken.

**6** Skruva loss och ta bort plastmuttern bakom växelspaken, och skruven under värmereglagepanelen på vänster sida **(se bilder)**.

**7** Sänk ner eller ta bort klädselpanelen under instrumentbrädan på förarsidan genom att vrida plastfästena 90° **(se bilder)**. Om panelen tas bort helt, koppla loss kontaktdonen från strålkastarjusteraren (om tillämpligt).

**8** I förarsidans fotbrunn, lossa framkanten av mittkonsolen genom att vrida plastfästet 90° **(se bild)**.

**9** Lyft upp konsolens främre sektion baktill,

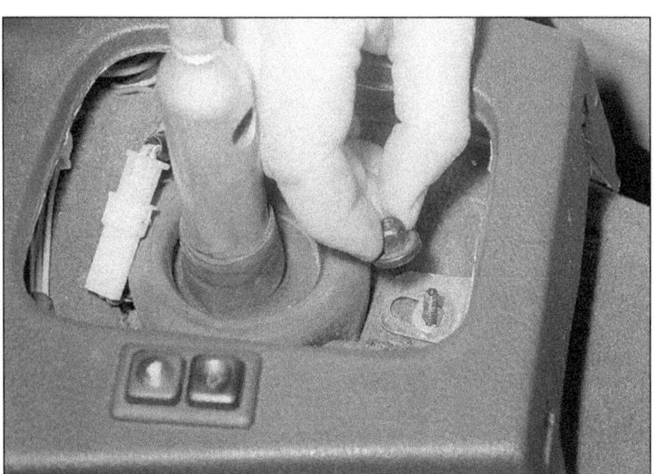

22.6a Skruva loss och ta bort plastmuttern från stiftet i golvet bakom växelspaken . . .

22.6b . . . och skruven på vänster sida under värmereglagepanelen

22.7a Vrid plastfästena 90° . . .

22.7b . . . och sänk ned panelen

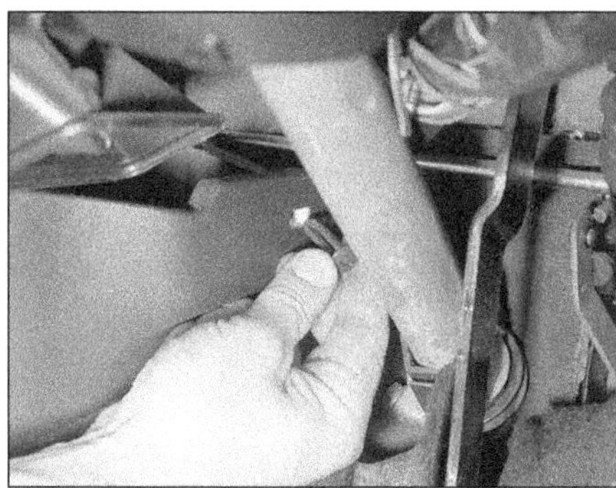
22.8 Lossa plastfästet framtill på mittkonsolen

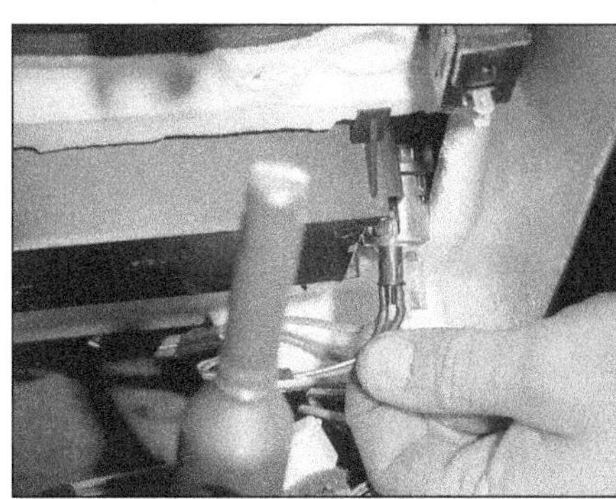
22.10a Ta bort cigarrettändarbelysningens glödlampa . . .

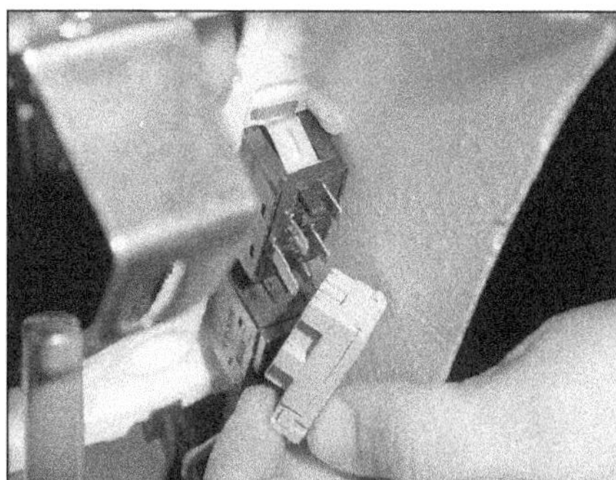
22.10b . . . och koppla loss kontaktdonen

för att haka loss fästkonsolen från stiftet i golvet bakom växelspaken.

**10** Koppla loss kontaktdonen från fönsterhissarnas brytare och cigarrettändaren, efter tillämplighet, och ta oss cigarrettändarbelysningens glödlampa **(se bilder)**. Notera hur och var alla kontaktdon och glödlampan sitter, för att underlätta monteringen.

**11** Lyft ut konsolens främre sektion bakåt, över växelspaken, och ta ut den ur bilen **(se bild)**.

## Montering

**12** Montera i omvänd ordning mot demonteringen, men observera följande punkter:

*a) När konsolens delar monteras tillbaka, se till att inget kablage kommer i kläm.*

*b) När den bakre delen monteras tillbaka, haka i styrtapparna i urtagen i den främre delen.*

*c) Återanslut batteriets jordledning, kontrollera sedan att alla brytare och tillbehör fungerar som de ska.*

## *Serie 5*

### Demontering

**13** Koppla loss batteriets jordledning. Batteriet sitter antingen i motorrummet, under baksätet (lyft upp sätesdynan), eller i bagageutrymmet.

**14** Lyft ut det bakre förvaringsfacket eller det bakre passagerarutrymmets ventilhus (vad som är tillämpligt), från konsolens bakre del. Ta bort de två skruvarna baktill som fäster konsolens bakre del till golvet **(se bilder)**.

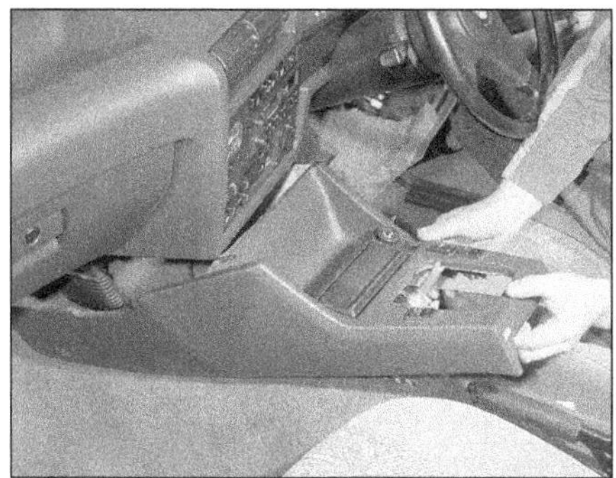
22.11 Mittonsolens främre sektion demonteras

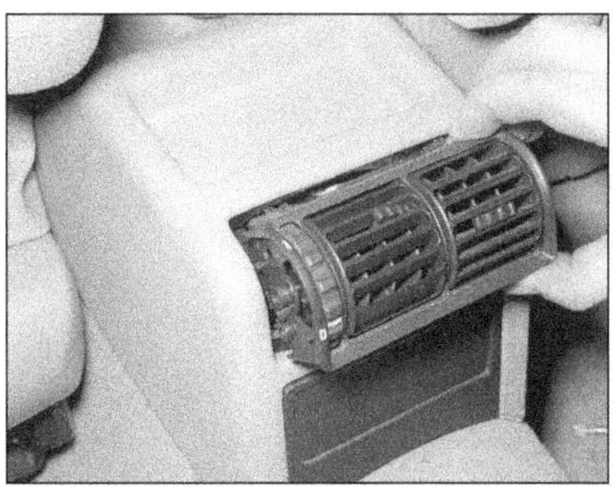
22.14a Det bakre ventilationshuset demonteras från mittkonsolen

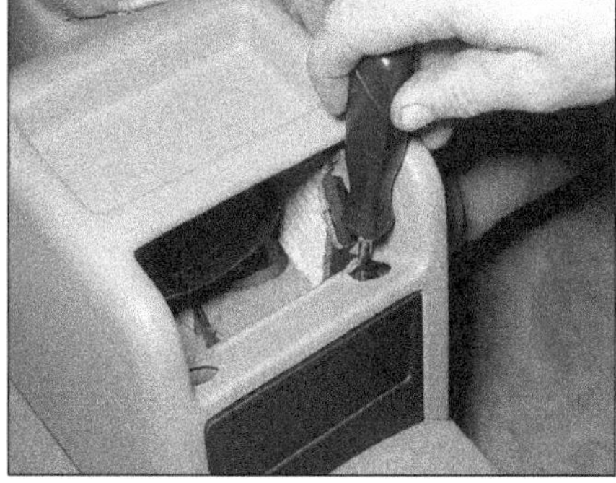
22.14b Skruva loss de två bakre skruvarna från konsolens bakre del

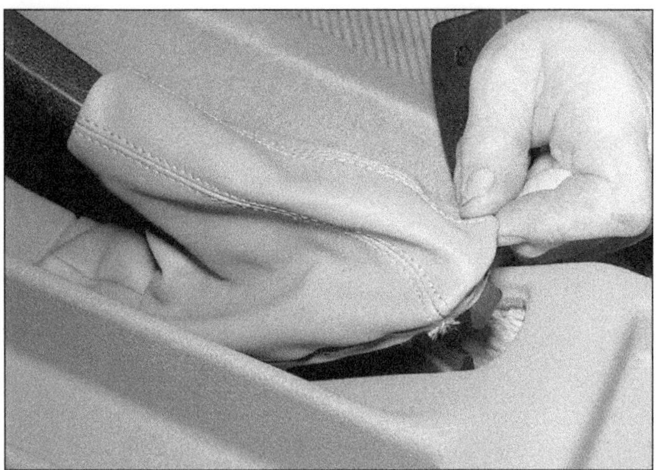

22.15a Dra upp handbromsspakens damask från mittkonsolen

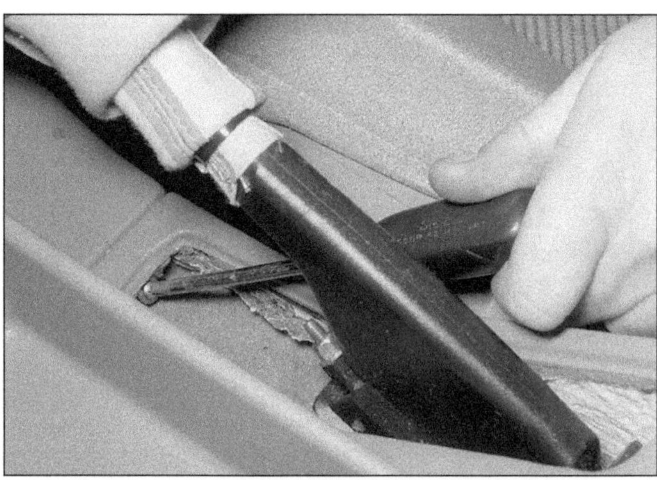

22.15b Skruva loss den bakre delens fästskruv framför handbromsspaken

22.16a Ta loss täcklocket . . .

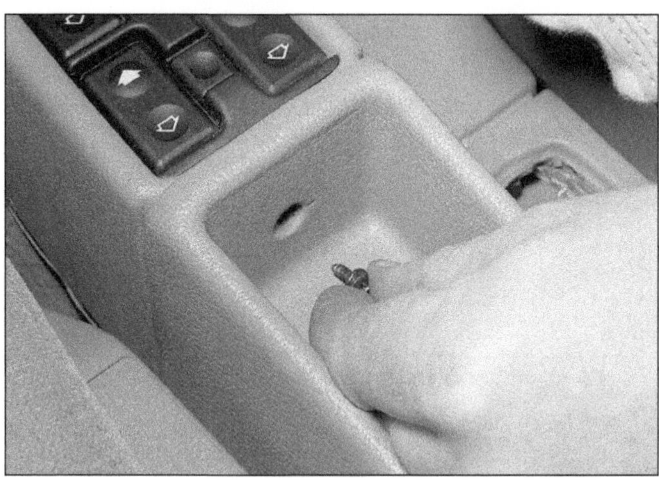

22.16b . . . och skruva loss skruven i förvaringsfacket

**15** Dra försiktigt upp damasken runt handbromsspaken och vänd den ut och in. Skruva loss skruven framför handbromsspaken **(se bilder)**.

**16** Framtill i förvaringsfacket intill handbromsspaken, ta loss det lilla täcklocket och skruva loss skruven **(se bilder)**.

**17** Lyft upp konsolens bakre del och dra försiktigt loss den över handbromsspaken **(se bild)**. Mata handbromsspakens damask genom konsolen och ta bort konsolen från bilen.

**18** På modeller med manuell växellåda, dra loss växelspaksknoppen från spaken rakt uppåt. Lossa damasken från klämmorna och dra den upp över spaken **(se bilder)**.

**19** På modeller med automatväxellåda, skruva loss insexskruven framtill på växelspaksknoppen och dra loss knoppen från spaken.

**20** Klädselpanelen runt växelspaken kan nu lossas och lyftas loss från spaken. Detta verkar dock bara vara nödvändigt på modeller med automatväxellåda.

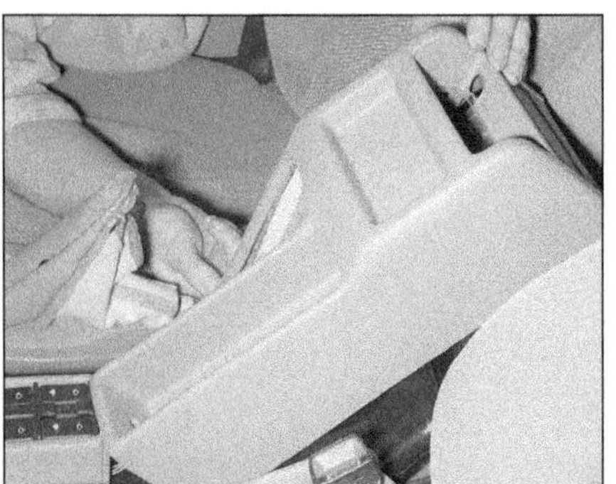

22.17 Lyft upp konsolens bakre del och ta bort den över handbromsspaken

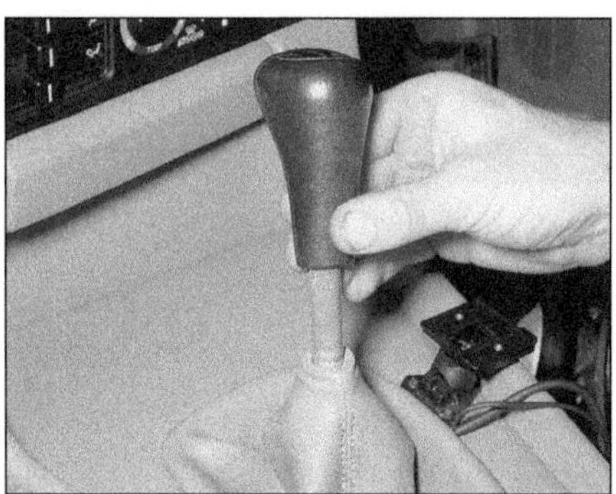

22.18a Dra av växelspakens knopp

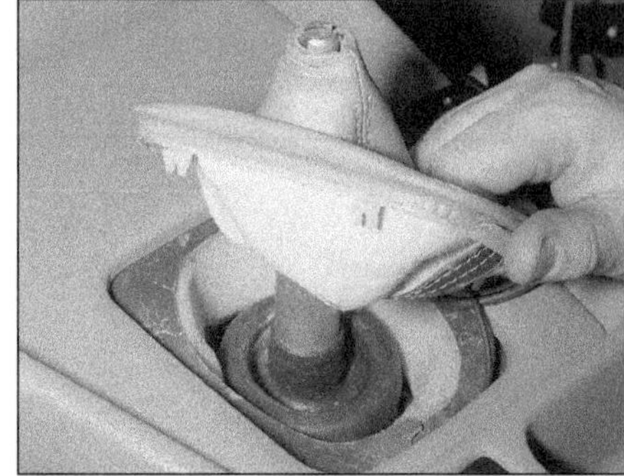

22.18b Lossa och lyft upp växelspakens damask

22.21a Tryck ut fönsterhissarnas reglagepanel . . .

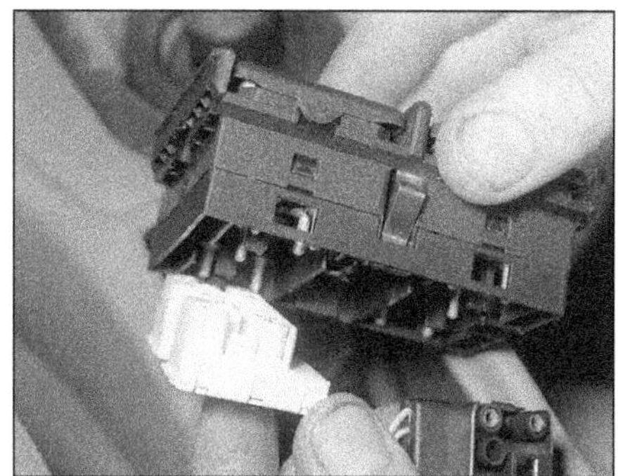
22.21b . . . och koppla loss multikontakten/-kontakterna

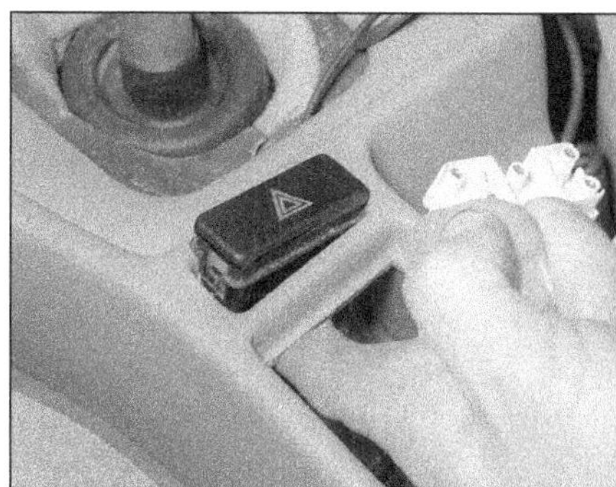
22.22a Tryck ut varningsblinkerns brytare . . .

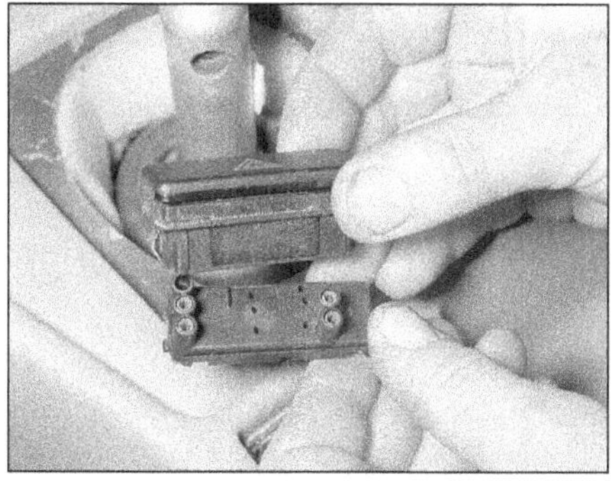
22.22b . . . och koppla loss kontaktdonet

22.23 Ta ut askkoppen

22.24a Skruva loss skruven . . .

**21** Sträck in handen från konsolens bakdel, tryck fönsterreglagepanelen uppåt och ut ur konsolen. Tryck in hållflikarna på båda sidor och lossa multikontakten (-erna) **(se bilder)**. Ta loss reglagepanelen från bilen.

**22** Tryck också ut varningsblinkersbrytaren, koppla loss kontaktdonet och ta bort brytaren **(se bilder)**.

**23** Öppna askkoppen, tryck sedan fästfliken på undersidan uppåt och ta bort askkoppen från konsolen **(se bild)**.

**24** I båda främre fotbrunnarna, skruva loss skruven och ta bort den mattbeklädda sidopanelen från mittkonsolen **(se bilder)**.

**25** När dessa paneler tagits bort exponeras en krysspårskruv som håller den främre konsolen till fästbygeln i golvet. Ta bort skruven och ta vara på brickan, på båda sidor **(se bild)**.

**26** Öppna handskfacket och skruva loss skruven i det övre högra hörnet i öppningen, som håller överdelen av konsolen till instrumentbrädespanelen **(se bild)**.

**27** Återgå därefter till förarsidan, bänd loss det lilla täcklocket just under instrument-panelen och skruva loss skruven **(se bild)**. På vissa modeller måste man också ta loss ytterligare en skruv som håller konsolen till den nedre instrumentbrädespanelen på förarsidan.

**28** Använd en liten flatbladig skruvmejsel, bänd försiktigt loss täckkåporna på var sida om värme-/ventilationsreglagepanelen för att

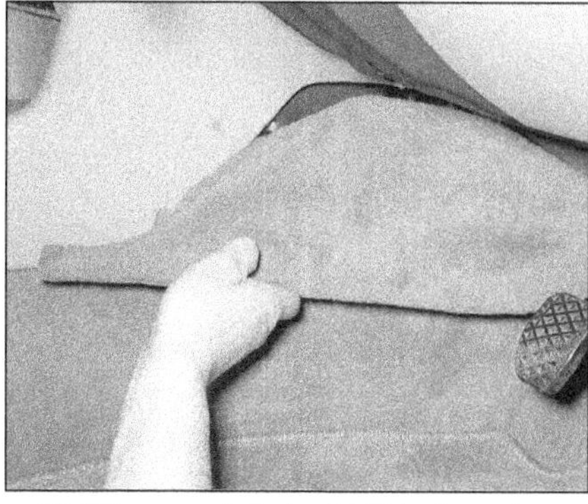
22.24b . . . och ta bort klädselpanelen

22.25 Skruva loss skruven som håller konsolen till fästbygeln

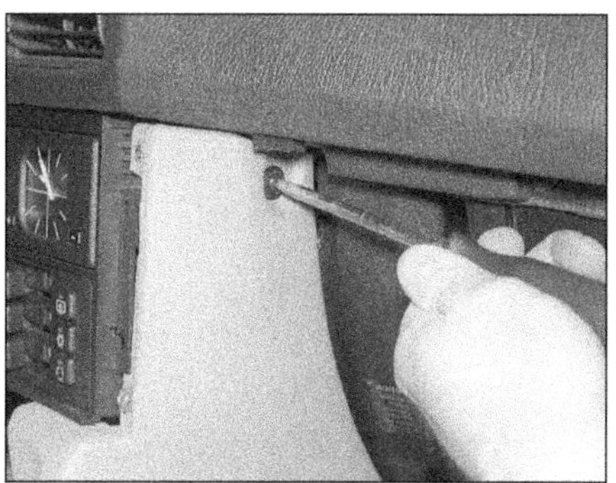
22.26 Skruva loss konsolens fästskruv i handskfackets öppning

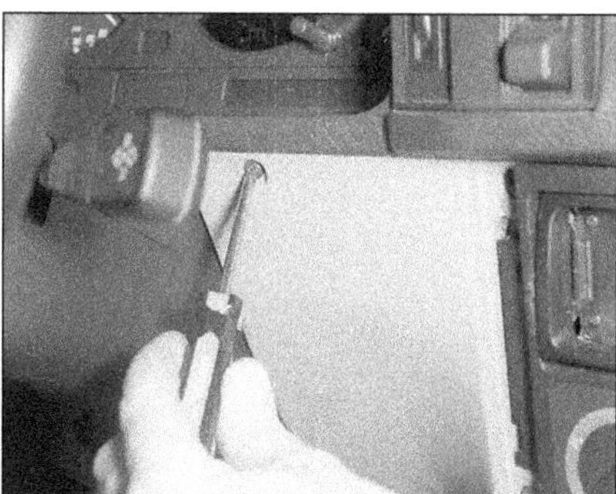
22.27 Ta loss täcklocket och skruva loss skruven under instrumentpanelen

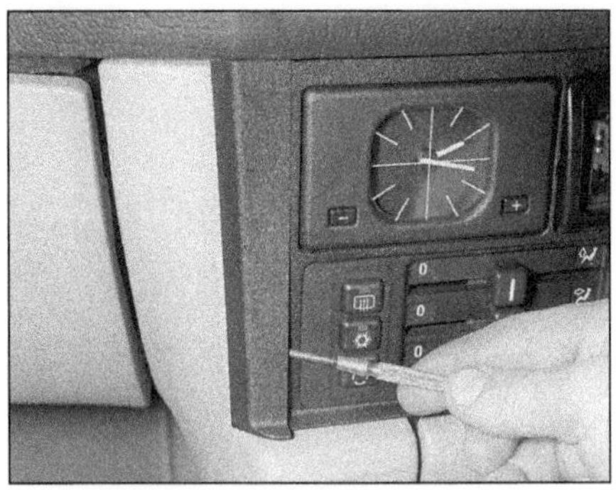
22.28 Bänd loss täckkåporna på var sida om värmereglagepanelen

22.29 Värmereglagepanelens fästskruvar lossas

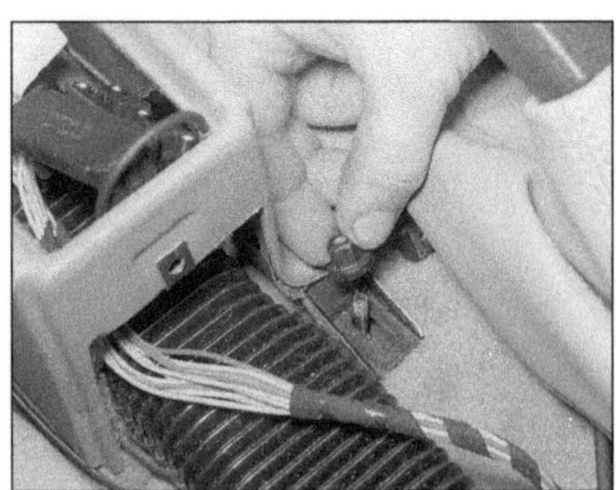
22.30 Plastmuttern tas bort från den bakre konsolen

komma åt skruvarna under dem **(se bild)**. Var försiktig så att du inte repar den omgivande instrumentbrädan när detta görs.

**29** När de två skruvarna lossas kommer reglagepanelen att falla ner, så håll i den när den sista skruven tas bort **(se bild)**. När den främre konsolen har lossats från skruvarna, kan dessa sättas tillbaka temporärt så att reglagepanelen hålls på plats.

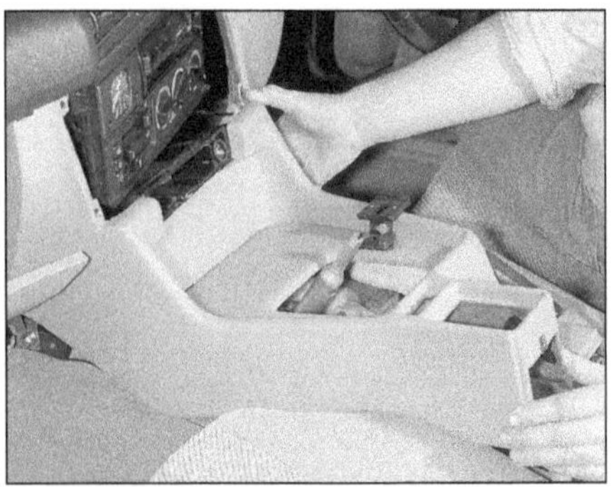
22.31 Dra den främre konsolen bakåt för att lossa de främre klämmorna från instrumentbrädan

**30** Skruva loss och ta bort plastmuttern framför handbromsspaken **(se bild)**, och lyft upp konsolens fästbygel upp över pinnbulten.

**31** Det ska nu gå att ta ut den främre konsolen genom att dra den bakåt från instrumentbrädan **(se bild)**. Konsolen är fäst vid instrumentbrädans paneler på båda sidor med två plastklämmor som glider isär. Du kan behöva en medhjälpare som håller instrumentpanelen på plats medan konsolen dras bakåt så att klämmorna lossnar.

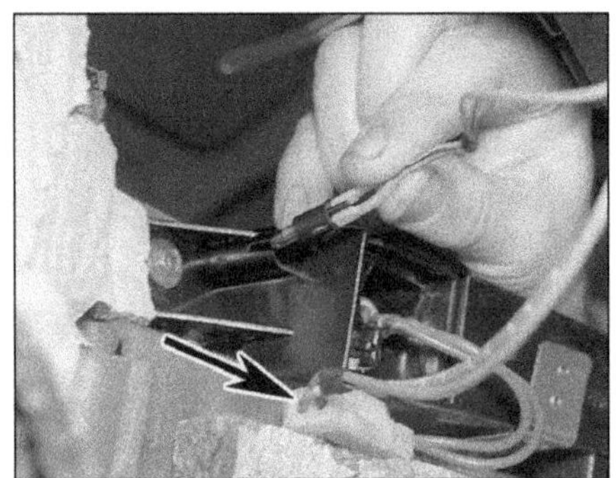
22.32 Dra ut belysningens glödlampshållare - notera cigarrettändarens kontaktdon (vid pilen)

**32** När konsolen har tagits bort, dra ut glödlampshållaren till värmereglagepanelens belysning och notera hur den sitter. Koppla också loss kontaktdonet från cigarrettändarens baksida **(se bild)**.

**33** Ta nu loss den främre konsolen från sin plats och ta ut den ur bilen.

## Montering

**34** Montering sker i omvänd ordning, men tänk på följande:

*a) Kom ihåg att ansluta cigarrettändarens kontaktdon och sätta tillbaka värmereglagepanelens glödlampshållare*

*b) När den främre konsolen förs tillbaka på sin plats i bilen, var noga med att rikta in de två plastklämmorna på sidorna, så att de glider in på plats ordentligt.*

*c) När konsolens delar monteras, se till att inget kablage hamnar i kläm.*

*d) Anslut batteriets jordledning, kontrollera sedan att alla brytare och reglage fungerar som de ska.*

# Kapitel 12 Karossens elsystem

## Innehåll



## Svårighetsgrader

| **Enkelt,** passar novisen med lite erfarenhet  | **Ganska enkelt,** passar nybörjaren med viss erfarenhet  | **Ganska svårt,** passar kompetent hemmamekaniker  | **Svårt,** passar hemmamekaniker med erfarenhet  | **Mycket svårt,** för professionell mekaniker  |
|---|---|---|---|---|

### 1 Allmän information

Bilens elsystem är av typen 12 volt negativ jord. Kraften till belysning och elektriska tillbehör kommer från ett batteri av typen blyackumulator som i sin tur laddas av alternatorn.

Detta kapitel tar upp reparationer och underhåll av icke motorrelaterade elektriska system. Information om motorrelaterade elsystem (batteri, generator, fördelare och startmotor), se kapitel 5.

***Varning: Förhindra kortslutningar, brand och personskador genom att alltid lossa batteriets jordledning innan elektriska delar kontrolleras, repareras eller byts.***

***Varning: Om radion i din bil är stöldskyddad, se till att ha aktiveringskoden tillgänglig innan batteriet kopplas ur, se sidan 0•7 innan ledningen lossas.***

**Observera**: *Om fel språk visas på instrumentpanelen när strömmen kopplas in igen, se sidan 0•7 där proceduren för språkinställning beskrivs.*

### 2 Felsökning av elsystem - allmän information

En typisk elektrisk krets består av en elektrisk komponent och varje brytare, relä, motor, säkring eller kretsbrytare etc. som relaterar till den komponenten plus de ledningar och kontakter som kopplar komponenten till både batteriet och chassit. Som en hjälp att lösa elektriska problem finns kopplingsscheman inkluderade i slutet av denna bok.

Innan du ger dig i kast med en problematisk krets, studera först tillämpliga kopplingsscheman för att få en bild av vad kretsen består av. Problemställen till exempel, kan ofta isoleras genom att man tar reda på om andra komponenter relaterade till kretsen är dragna genom samma säkring och jord.

Elektriska problem har vanligen enkla orsaker som glappa eller korroderade kontakter, brända säkringar eller dåliga reläer. Första steget är att inspektera samtliga säkringar, ledningar och kontakter i problemkretsen.

De grundläggande verktyg som behövs är en kretsprovare, en digital voltmätare, en kontinuitetstestare och en skarvkabel med inbyggd kretsbrytare för att koppla förbi olika komponenter. Innan du börjar leta efter eller definiera ett problem med testutrustning ska du läsa kopplingsschemat för att bestämma var nödvändiga anslutningar ska göras.

#### Spänningskontroller

Kontrollera spänningen först om en krets inte fungerar korrekt. Anslut ena ledningen i kretsprovaren till batteriets minuspol eller känd god jord.

Anslut den andra ledningen till den krets som ska testas, helst närmast batteriet eller säkringen. Om provarens glödlampa tänds finns spänning vilket betyder att den del av kretsen som finns mellan anslutningspunkten och batteriet är problemfri. Fortsätt att testa resten av kretsen på samma sätt.

När du kommer fram till en plats där spänning saknas finns problemet mellan den punkten och den senaste punkt där spänning fanns. I de flesta fall har problemet sitt upphov i en glapp kontakt. **Observera:** *Tänk på att vissa kretsar endast är belagda med spänning när tändningsnyckeln är i ett visst läge.*

Elektrisk feldiagnostik är enkelt om du kommer ihåg att alla elektriska kretsar i grunden består av elektricitet som flödar från batteriet genom ledningar, brytare, reläer och säkringar till varje komponent (glödlampa, motor etc.) och sedan till jord varifrån strömmen går tillbaka till batteriet. Varje elektriskt problem är ett avbrott i elektricitetsflödet till och från batteriet.

#### Att hitta en kortslutning

Ett sätt att spåra en kortslutning är att ta ut säkringen och koppla in en testlampa eller voltmätare i dess ställe. Det ska inte finnas spänning i kretsen. Flytta kontakterna från sida till sida och titta på testlampan. Om den tänds finns det en kortslutning till jord någonstans i närheten, troligen där isoleringen skavts av. Samma test kan utföras på varje komponent i en krets, inklusive en brytare.

#### Jordkontroll

Utför en jordkontroll för att kontrollera om en komponent är korrekt jordad (skickar tillbaka strömmen via karossen). Koppla ur batteriet och anslut ena ledningen på en självförsörjande testlampa (ofta kallad kontinuitetsprovare) till en känd god jord. Anslut den andra ledningen till den ledning eller anslutning som ska provas. Glödlampan ska tändas för att indikera god jordanslutning. Om den inte tänds, ta isär anslutningen och rengör samtliga relevanta delar ordentligt. När anslutningen görs om, använd tandade brickor om möjligt och dra åt bultförband ordentligt.

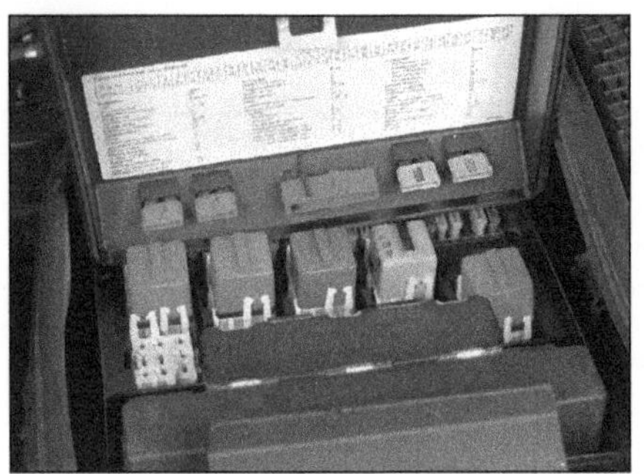

3.1 Säkringsdosan är placerad i motorrummet under ett lock – den innehåller även ett antal reläer

***Varning: Om radion i din bil är stöldskyddad, se till att ha aktiveringskoden tillgänglig innan batteriet kopplas ur, se sidan 0•7 innan ledningen lossas.***

**Observera**: *Om fel språk visas på instrumentpanelen när strömmen kopplas in igen, se sidan 0•7 där proceduren för språkinställning beskrivs.*

### Kontinuitetskontroll

En kontinuitetskontroll avgör om det finns avbrott i kretsen – d.v.s. om den leder elektriciteten korrekt. Kretsen ska vara strömlös och en kontinuitetsprovare kan användas för att kontrollera kretsen. Anslut ledningarna i var ände av kretsen och om testlampan tänds leder kretsen strömmen korrekt. Om lampan inte tänds finns det ett brott i kretsen. Samma metod kan användas för att testa en brytare genom kontinuitetsprovaren ansluts på in och utsidorna om brytaren. När brytaren slås på ska lampan tändas.

### Att hitta ett kretsbrott

Vid letande efter kretsbrott är dessa ofta svåra att upptäcka med blotta ögat i och med att oxidering och felriktade stift döljs inne i kontakterna. Sporadiskt uppträdande problem orsakas ofta av oxiderade eller glappa kontakter. Genom att röra på kontakten kan kretsen ibland slutas, om än bara för tillfället. Ta isär kontakten och spruta på vattenavvisande spray. På enklare kontakter kan det vara möjligt att försiktigt böja stiften inuti så att metallkontakten förbättras – se dock till att inte skada kontakten.

## 3 Säkringar – allmän information

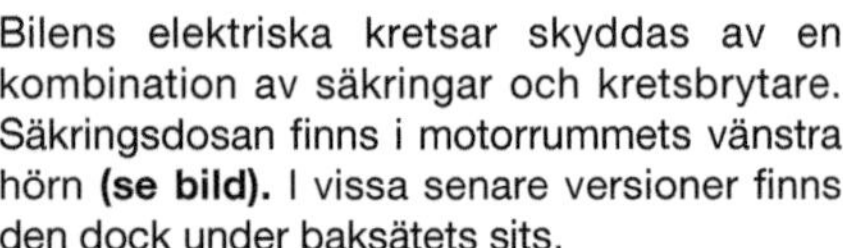

Bilens elektriska kretsar skyddas av en kombination av säkringar och kretsbrytare. Säkringsdosan finns i motorrummets vänstra hörn **(se bild)**. I vissa senare versioner finns den dock under baksätets sits.

Varje säkring skyddar en specifik krets, på vissa modeller identifieras kretsen på säkringspanelen. Se sidan 12•8 för typexemel på säkringar.

4.2 Reläer i motorrummet

Små säkringar används i säkringsdosorna. Dessa kompakta säkringar med flata stift medger att de kan bytas med enbart fingrarna. Om en elektrisk komponent havererar, kontrollera säkringen först. En bränd säkring är lätt att känna igen genom den genomskinliga kroppen. Leta efter tecken på skador. Om en kontinuitetstest behövs är stiften exponerade i säkringskroppen.

Se till att ersätta brända säkringar med nya av korrekt klassning. Säkringar av olika klassning är fysiskt utbytbara men endast rätt klassning ska användas. Att ersätta en säkring med en annan som har högre eller lägre klass är inte att rekommendera. Varje elektrisk krets behöver ett specifikt skydd. Amperetalet på varje säkring finns ingjutet på säkringskroppen.

Om den nya säkringen omedelbart bränns, försök inte sätta i en ny förrän problemets orsak är spårad och åtgärdad. I de flesta fall rör det sig om en kortslutning orsakad av en bruten eller skadad ledning.

## 4 Reläer – allmän information

Många elektriska tillbehör i bilen använder reläer för att överföra den elektriska signalen till komponenten. Om reläet är defekt fungerar inte komponenten som den ska. Reläer är elektriskt manövrerade strömställare som ofta används i kretsar som drar mycket ström eller där mer komplexa omkopplingar krävs.

De olika reläerna är grupperade tillsammans för bekvämlighetens skull på flera platser under instrumentbrädan och i motorrummet **(se bild här intill och bild 3.1)**.

Om ett defekt relä misstänks kan det tas ut och testas av en BMW-verkstad eller en bilelektriker. Renoveringar kan inte utföras. I likhet med säkringar måste reläer ersättas med samma typ. Vissa reläer ser likadana ut men har mycket olika funktioner.

5.1 Blinkers/varningsblinkersenheten sitter på rattstången på de flesta modeller. Lossa den genom att klämma på låsflikarna

## 5 Blinkers/varningsblinkers – kontroll och byte

***Varning: Vissa senare modeller är försedda med krockkudde eller extra krockskydd. För att undvika skador på dessa system rekommenderar tillverkaren att, på krockkuddeförsedda modeller ska följande arbete endast utföras av en BMW-verkstad eller specialist i och med de speciella verktyg och tekniker som krävs. Risk för personskador finns om krockkudden utlöses oavsiktligt.***

**1** Enheten för blinkers/varningsblinkers är en liten låda placerad i kabelhärvan på eller nära rattstången. Åtkomst sker genom att rattstångshöljena demonteras **(se bild)**.

**2** När blinkersenheten fungerar korrekt hörs ett regelbundet klickljud när blinkers/varningsblinkers tänds. Om blinkers inte fungerar på endera sidan och klicket inte hörs indikerar detta en trasig glödlampa.

**3** Om båda sidorna inte blinkar kan detta bero på en bränd säkring, defekt blinkersrelä, defekt brytare eller lös kontakt/bruten krets. Om en kontroll visar att säkringen bränts, kontrollera kabelaget och leta efter en kortslutning innan en ny säkring monteras.

**4** Se till att den nya enheten är identisk med originalet, jämför dem innan den nya monteras.

**5** Montering sker med omvänd arbetsordning.

## 6 Rattstångsreglage – demontering och montering

***Varning: Vissa senare modeller är försedda med krockkudde eller extra krockskydd. För undvikande av skador på dessa system rekommenderar tillverkaren att, på krockkuddeförsedda modeller ska följande arbete endast utföras av en BMW-verkstad eller specialist i och med de speciella verktyg och tekniker som krävs. Risk för personskador finns om krockkudden utlöses oavsiktligt.***

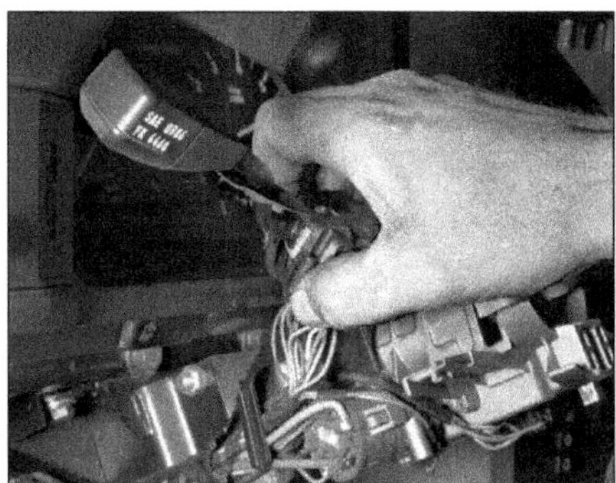

6.2 Lossa brytaren från fästet genom att klämma på låsflikarna

***Varning:** Om radion i din bil är stöldskyddad, se till att ha aktiveringskoden tillgänglig innan batteriet kopplas ur, se sidan 0•7 innan ledningen lossas.*

**Observera**: *Om fel språk visas på instrumentpanelen när strömmen kopplas in igen, se sidan 0•7 där proceduren för språkinställning beskrivs.*

**1** Lossa batteriets jordledning, demontera ratten (se kapitel 10) och rattstångshöljena (se kapitel 11).

## Brytare för blinkers/strålkastare

**2** Skruva vid behov ur skruvarna, tryck ned spärrflikarna och dra ut brytaren ur rattstången **(se bild).**

**3** Spåra ledningarna ned utmed rattstången fram till kontakten och dra ut den **(se bild).**

**4** Montering sker med omvänd arbetsordning.

## Brytare för torkare/spolare

**5** Skruva vid behov ur skruvarna.

**6** Tryck ned clipset och dra ut brytaren från rattstången **(se bild).** Spåra ledningarna utmed rattstången till kontakten och dra ut den.

**7** Montering sker med omvänd arbetsordning.

## Brytare för farthållare

**8** Demontera brytaren för torkare/spolare.

**9** Skruva vid behov ur skruven, tryck ned spärrflikarna och dra ut brytaren ur rattstången **(se bild).**

**10** Dra ur kontakten i kabelhärvan vid rattstångens fot.

**11** Montering sker med omvänd arbetsordning.

# 7 Tändningslås - demontering och montering

***Varning:** Vissa senare modeller är försedda med krockkudde eller extra krockskydd. För undvikande av skador på dessa system rekommenderar tillverkaren att, på krockkuddeförsedda modeller ska följande arbete endast utföras av en BMW-verkstad eller specialist i och med de speciella verktyg och tekniker som krävs. Risk för personskador finns om krockkudden utlöses oavsiktligt.*

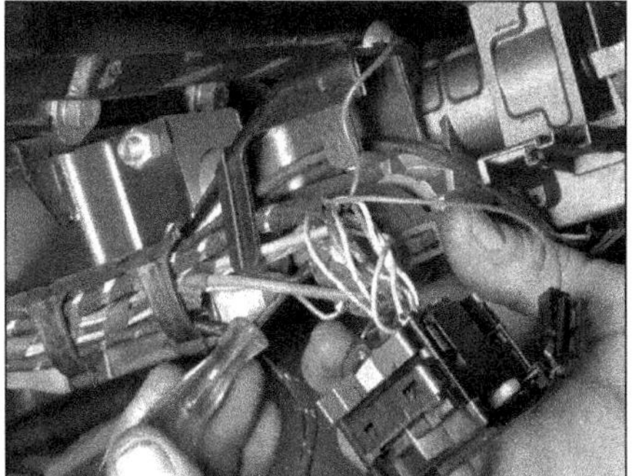

6.3 Följ ledningen nedför rattstången till kontakten

***Varning:** Om radion i din bil är stöldskyddad, se till att ha aktiveringskoden tillgänglig innan batteriet kopplas ur, se sidan 0•7 innan ledningen lossas.*

**Observera**: *Om fel språk visas på instrumentpanelen när strömmen kopplas in igen, se sidan 0•7 där proceduren för språkinställning beskrivs.*

## Demontering

**1** Lossa batteriets jordledning

**2** Demontera ratten (se kapitel 10).

**3** Demontera rattstångshöljena (se kapitel 11).

**4** Vid behov, demontera blinkers/strålkastarspaken (se avsnitt 6).

**5** Lossa clipsen genom att sticka in en liten skruvmejsel i öppningarna på sidorna samtidigt som brytaren dras ut **(se bild).**

**6** Dra ur kontakten i kabelhärvan vid rattstångens fot och ta undan brytaren.

## Montering

**7** Montering sker med omvänd arbetsordning.

# 8 Radio - demontering och montering

***Varning:** Om radion i din bil är stöldskyddad, se till att ha aktiveringskoden tillgänglig innan batteriet kopplas ur, se sidan 0•7 innan ledningen lossas.*

**Observera**: *Om fel språk visas på instrumentpanelen när strömmen kopplas in igen, se sidan 0•7 där proceduren för språkinställning beskrivs.*

## Demontering

**1** Lossa batteriets jordledning.

**2** Radion på den flesta modeller hålls på plats av interna clips som vanligen finns på sidorna eller i hörnen av radions frontpanel. Demontering kräver ett specialverktyg som sticks in i hål för att lossa clipsen så att radion kan dras ut. Dessa verktyg kan tillverkas av grov ståltråd eller köpas från en bilradiospecialist. På stöldskyddade apparater skruvas clipsen in och ut från insidan vilket kräver en annan typ av verktyg. Stick in verktyget i hålen till dess att clipsen lossas och dra ur radion från instrumentbrädan. Lossa kontakterna på baksidan och ta ut radion ur bilen.

**3** På vissa modeller hålls radion på plats av skruvar under frontpanelen. Rattarna måste dras av innan frontpanelen kan lyftas bort.

## Montering

**4** Montering sker med omvänd arbetsordning.

6.6 Kläm ihop låsflikarna till torkar-/spolarbrytaren och dra ut den ur fästet

6.9 Demontering av farthållarens kontakt

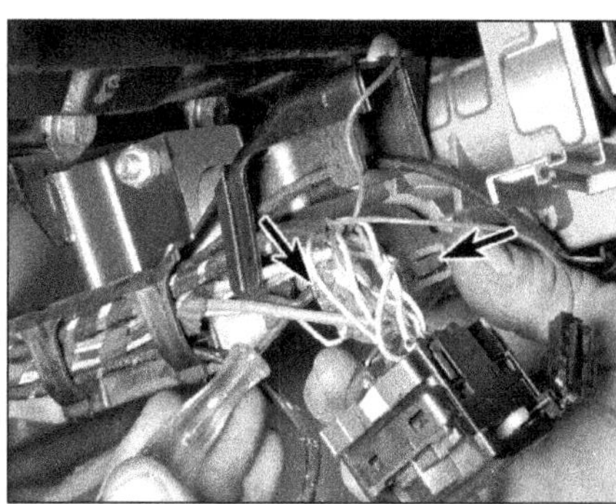

7.5 Stick in en skruvmejsel i öppningarna (vid pilarna) på var sida om brytaren så att clipsen lossas och dra ut den

## 9 Radioantenn - demontering och montering

***Varning: Om radion i din bil är stöldskyddad, se till att ha aktiveringskoden tillgänglig innan batteriet kopplas ur, se sidan 0•7 innan ledningen lossas.***

**Observera**: *Om fel språk visas på instrumentpanelen när strömmen kopplas in igen, se sidan 0•7 där proceduren för språkinställning beskrivs.*

### Demontering

**1** Lossa batteriets jordledning

**2** Använd en låsringstång och skruva ur antennens fästmutter.

**3** Öppna bak/bagageluckan och demontera vänster klädselpanel. På vissa modeller måste domkraften och baklysets kåpa plockas bort först.

**4** Dra ur antennens ström och radiokontakter (efter vad som finns), skruva ur bultarna och lyft undan antenn och motor.

### Montering

**5** Montering sker med omvänd arbetsordning.

## 10 Instrumentpanel - demontering och montering

***Varning: Instrumentpanelen och ingående komponenter kan lätt skadas av statisk elektricitet. Se till att du själv är jordad och att du avgett eventuell statisk laddning (genom att beröra ett föremål som exempelvis en vattenledning av metall) innan du berör panelen eller ingående komponenter.***

***Varning: Om radion i din bil är stöldskyddad, se till att ha aktiveringskoden tillgänglig innan batteriet kopplas ur, se sidan 0•7 innan ledningen lossas.***

**Observera**: *Om fel språk visas på instrumentpanelen när strömmen kopplas in igen, se sidan 0•7 där proceduren för språkinställning beskrivs.*

### Demontering

**1** Lossa batteriets jordledning

**2** Demontera rattstångshöljena enligt beskrivningen i kapitel 11. Efter behov, ta loss den nedre klädselpanelen genom att vrida fästena 90°, ta sedan loss panelen under instrumentpanelen genom att skruva loss muttrarna bakifrån.

**3** Skruva ur skruvarna som fäster instrumentpanelen vid instrumentbrädan **(se bild)**. Anteckna placeringen för de nedre skruvarna och se till att de skruvas tillbaka i samma hål.

**10.3 Skruva ur instrumentpanelens skruvar med en kryssmejsel**

För serie 3 gäller att längden på de två inre nedre skruvarna inte får överstiga 9,5 mm.

**4** Vicka tillbaka panelens överdel, sträck in handen bakom den och dra ut kontakterna genom att trycka ned armarna och lyft ut panelen ur instrumentbrädans öppning **(se bild).**

**5** För åtkomst av komponenterna, lossa spärrarna eller skruva ur skruvarna och sära de två halvorna **(se bild).**

### Montering

**6** Montering sker med omvänd arbetsordning.

## 11 Serviceindikatorkort - allmän information

Samtliga modeller med serviceindikatorlampor har ett serviceindikatorkretskort (SI-kort) i instrumentpanelen. Kortet tänder lamporna vid bestämda miltal. Lamporna kan endast släckas med ett specialverktyg som sticks in i service-kontakten (se kapitel 1). Kortet är en själv-försörjande dator som inkluderar chip och batterier.

Kortets batterier är uppladdningsbara nicad-enheter som ger ström till datorn vid spänningsfall som start eller totalt bortfall (som vid dött eller urkopplat batteri) **(se bild).** Detta ger ström så att datorn kan övervaka miltalet och tända lamporna vid rätta tillfällen.

Batterierna har en livslängd på cirka 6 år, därefter måste de bytas. I och med att de

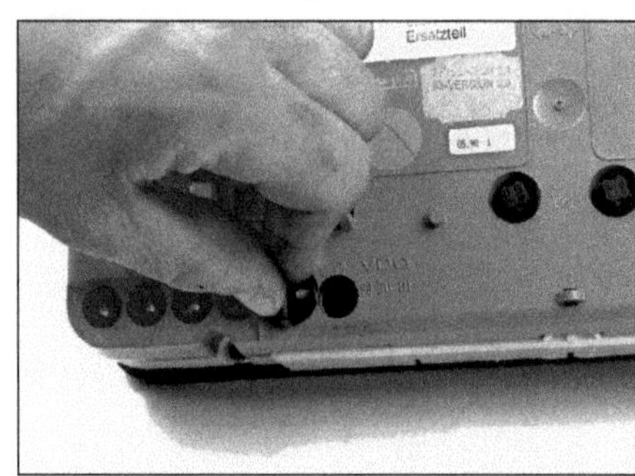

**10.5 Vrid på plastknopparna för att lossa instrumentpanelens baksida (vissa modeller har skruvar)**

**10.4 Tryck på armarna för att lossa instrumentpanelens kontakter**

laddas av motorns laddningssystem kan de även laddas ur om strömmen till dem bryts av någon orsak (bränd säkring, defekt ledning eller längre tids stillestånd). Extrema temperaturer kan också förkorta batteriernas livslängd och värme är den större fienden. Extrem hetta kan orsaka att batterierna splittras vilket medför att syra droppar in i instrumentpanelen.

Flera instrument som styrs av SI-kortet kan påverkas av svaga eller urladdade batterier. Symptom på svaga eller urladdade batterier på SI-kortet kan inkludera inkonsekventa avläsningar av varvtal och temperatur, bakgrundsljud i radion och oförmåga att släcka servicelamporna med specialverktyget.

Även om BMW bara saluför kompletta SI-kort finns batterier att få som tillbehör från andra källor. Även om det är möjligt för hemmamekaniker att byta batterierna så är de lödda på kortet. Om du inte är van vid lödningsarbeten och har rätt utrustning ska detta arbete överlåtas åt en erfaren elektroniktekniker. Stora besparingar kan göras genom att demontera instrumentpanelen (se avsnitt 10) och ta den till en elektronikspecialist.

***Varning: Instrumentpanelen och dess komponenter kan lätt skadas av statisk elektricitet. Se till att du själv är jordad och att du avgett eventuell statisk laddning (genom att beröra ett föremål som t.ex en vattenledning av metall) innan du berör panelen eller ingående komponenter***

**11.2 Dessa batterier (vid pilarna) ger SI-kortet ström**

**12.8 Demontera den yttre kåpan på strålkastaren (serie 3)**

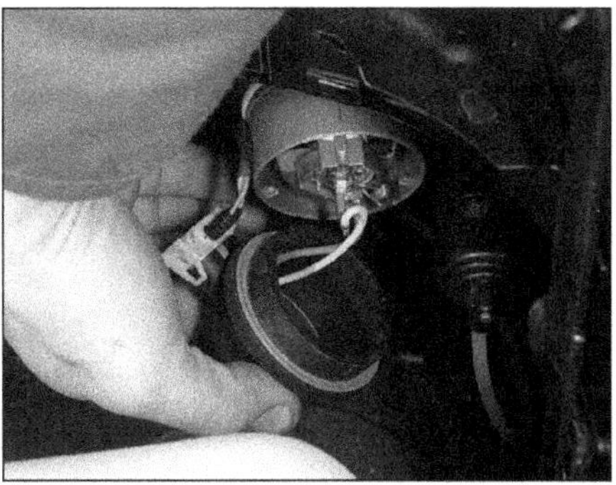

**12.9 Vrid loss den inre strålkastarkåpan**

**12.10 Dra ut kontakten på glödlampans baksida**

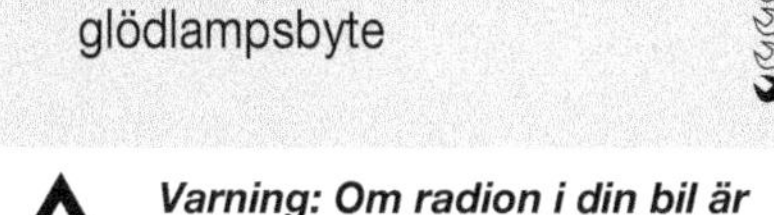

## 12 Strålkastare - glödlampsbyte

***Varning: Om radion i din bil är stöldskyddad, se till att ha aktiveringskoden tillgänglig innan batteriet kopplas ur, se sidan 0•7 innan ledningen lossas.***

**Observera:** *Om fel språk visas på instrumentpanelen när strömmen kopplas in igen, se sidan 0•7 där proceduren för språkinställning beskrivs.*

**1** Lossa batteriets jordledning.

### Sealed-beam-typ

**2** Demontera grillen (se kapitel 11).

**3** Skruva ur strålkastarens fästskruvar utan att rubba justeringsskruvarna.

**4** Ta bort hållaren och dra ut strålkastaren så mycket att kontakten kan dras ut.

**5** Ta ut strålkastaren.

**6** Montera strålkastaren genom att ansluta kontakten, placera strålkastaren i läge och montera hållare och skruvar. Dra åt skruvarna ordentligt.

**7** Montera grillen. Anslut batteriets jordledning.

### Halogenglödlampa

***Varning: Halogenglödlampor har övertryck och kan splittras om glasytan repas eller glödlampan tappas. Använd ögonskydd och hantera glödlamporna varsamt med grepp enbart i foten. Berör inte glasdelen med fingrarna eftersom olja på din hud kan orsaka att lampan överhettar och bränns ut i förtid.***

***Om du av misstag berör glödlampans glas, rengör glaset med träsprit.***

**8** Demontera ytterkåpan från baksidan av strålkastaren **(se bild).**

**9** Vrid loss innerkåpan från baksidan av strålkastaren **(se bild).**

**10** Dra ut kontakten från baksidan av strålkastarglödlampan **(se bild).**

**11** Lossa clipsen och dra ut lampan **(se bild).**

**12** Montera den nya glödlampan med omvänd arbetsordning. Se till att clipsen greppar korrekt.

**13** Anslut batteriets jordledning.

## 13 Strålkastare - justering

**Observera:** *Strålkastarna måste vara korrekt injusterade. Om de är feljusterade kan de blända mötande förare och orsaka allvarliga olyckor, eller allvarligt minska din förmåga att se vägen. Inställningen ska kontrolleras en gång per år (sker vid besiktningen) och varje gång en ny strålkastare monteras eller arbete utförs på främre delen av karossen. Vi understryker att följande beskrivning resulterar i en tillfällig inställning till dess att strålkastarna kan justeras ordentligt av en verkstad med korrekt utrustning.*

**1** Vardera strålkastaren har två justerskruvar, en för höjdled och en för sidled **(se bild).** Det kan vara nödvändigt att demontera grillen (se kapitel 11) för att komma åt dessa skruvar.

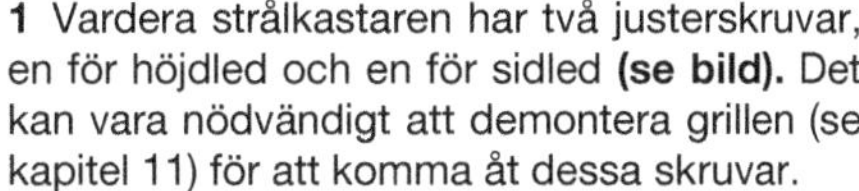

**2** Det finns flera sätt att justera strålkastarna. Det enklaste kräver en slät vägg (eller garagedörr) 7,5 meter framför bilen och ett slätt golv/plan mark.

**3** Placera maskeringstejp på väggen som märker ut bilens och bägge strålkastarnas centrumlinjer.

**Observera:** *Det kan vara enklare att placera tejpen på väggen med bilen nära och sedan backa bilen till rätt avstånd med märkena på plats.*

**4** Tejpa upp en horisontell linje som markerar strålkastarnas centrumlinje.

**5** Backa bilen så att den är 7,5 meter från väggen (håll framvagnen i rät vinkel mot väggen). Justering ska göras med bilen i plan, halv tank och ingen ovanligt tung last.

**6** Slå på halvljuset. De ljusa punkterna på väggen ska vara 50 mm under horisontallinjen och 50 mm till höger om strålkastarnas vertikallinjer. Justera genom att vrida på justeringsskruven så att ljusstrålen höjs eller sänks. Justering i sidled görs på samma sätt.

**7** Med helljuset påslaget ska de ljusa punkterna på väggen finnas exakt på vertikallinjerna och strax under horisontallinjen.

**12.11 Demontera strålkastarglödlampan (berör inte glaset med fingrarna)**

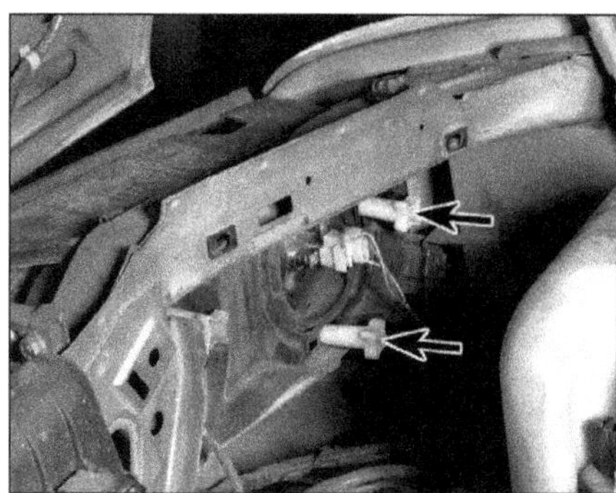

**13.1 Justeringsskruvarna är åtkomliga från strålkastarens baksida på serie 3**

**Observera:** *Det kanske inte är möjligt att justera både hel- och halvljus exakt. Om en kompromiss måste göras, kom ihåg att halvljuset är det som används mest och det som har störst betydelse för trafiksäkerheten.*

**8** Låt en kvalificerad verkstad justera strålkastarna ordentligt vid första tillfälle.

## 14 Strålkastarhus - demontering och montering

***Varning: Om radion är stöldskyddad, se till att ha aktiveringskoden tillgänglig innan batteriet kopplas ur, se sidan 0•7.***

14.4 Skruva ur skruvarna (vid pilarna) och lossa strålkastarhuset

**Observera**: *Om fel språk visas på instrumentpanelen när strömmen kopplas in igen, se sidan 0•7 för språkinställning.*

### Demontering

1 Lossa batteriets jordledning

2 Demontera sidogrillen (se kapitel 11) och bakre kåpor vid behov.

3 Lossa strålkastaren (sealed beam-typ) eller ta ut glödlampan.

4 Skruva ur skruvarna och lossa huset **(se bild).**

### Montering

5 Montering sker i omvänd arbetsordning.

## 15 Glödlampor, byte

1 Linserna på många lampor är fastskruvade vilket gör det lätt att komma åt glödlamporna.

2 På vissa lampor hålls linserna med clips. Linserna kan lossas med en liten skruvmejsel.

3 Flera glödlampor är monterade i självjordande socklar och tas ut genom att de trycks in och vrids motsols **(se bild).** Glödlamporna kan sedan plockas ut **(se bilder).**

4 Baklysena på serie 3 är åtkomliga sedan huset demonterats så att glödlamporna kan tas ur **(se bilder).**

5 Åtkomst av lamporna i instrumentbrädan kräver att instrumentpanelen demonteras **(se bild).**

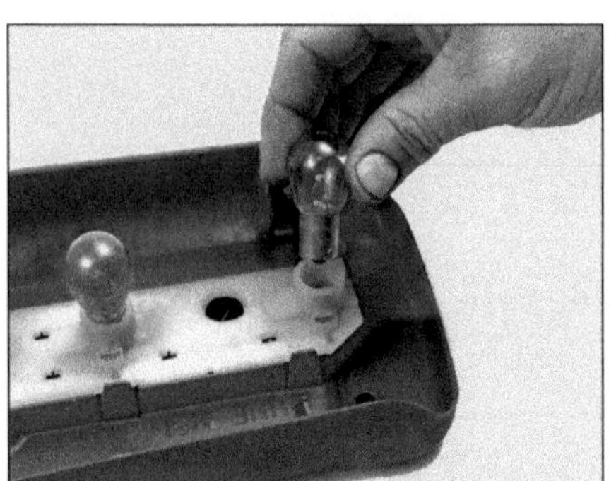

15.4b ... och ta ur glödlampan

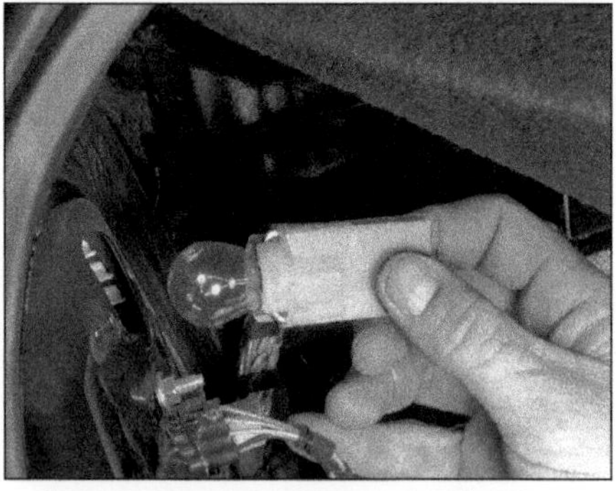

15.3a Baklysets glödlampor på senare serie 5 modeller har självjordande socklar som enkelt dras ut ur huset

## 16 Vind-/bakrutetorkarmotor - demontering och montering

***Varning: Om radion i din bil är stöldskyddad, se till att ha aktiveringskoden tillgänglig innan batteriet kopplas ur, se sidan 0•7 innan ledningen lossas.***

**Observera**: *Om fel språk visas på instrumentpanelen när strömmen kopplas in igen, se sidan 0•7 för språkinställning.*

1 Lossa batteriets jordledning.

### Vindrutetorkarmotor

2 Demontera kåporna och skruva ur muttrarna, lossa torkararmarna **(se bilder).**

3 Peta ut clipsen och lossa grillen så att mekanismen blir åtkomlig.

4 Skruva ur skruvarna eller muttrarna och lossa torkarkåpan på torpedplåten i motorrummet.

5 Dra ut kontakten och ta isär länkarna till torkaren.

6 Markera torkaraxelns läge relativt länkaget, lossa länken från motoraxeln med en skruvmejsel.

7 Skruva ur de tre bultarna och lyft ut torkarmotorn.

8 Montering sker med omvänd arbetsordning. Vid monteringen, koppla vid behov in motorn och kör den till parkeringsläget.

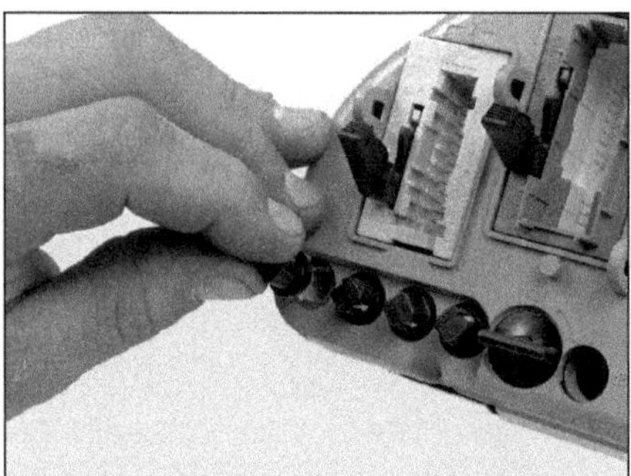

15.5 Sedan instrumentpanelen demonterats (se avsnitt 10), vrid sockeln motsols för att lossa glödlampan

15.3b På modeller med högt monterat centralt bromsljus kommer man åt sockeln via bagageutrymmet - dra ut sockeln . . .

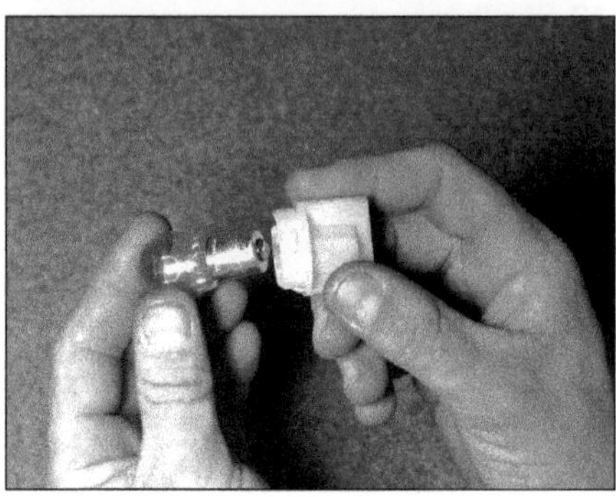

15.3c . . . och dra ut lampan ur sockeln

15.4a På serie 3 är hela baklyset självjordande via monteringsskruven - lossa plastskruven och dra huset bakåt . . .

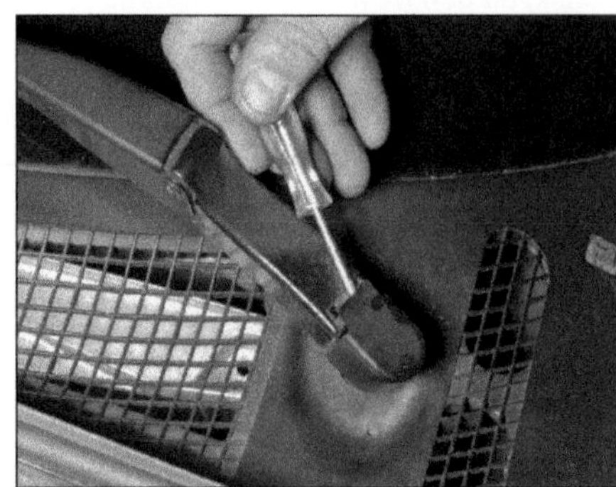

16.2a Lossa kåpan över vtorkararmens mutter med en liten skruvmejsel

16.2b När muttern skruvats ur, plocka upp brickan med en magnet

16.9 Mutterns skruvas ur från bakluckans torkararm (serie 3)

16.11a Demontera bakluckans torkarmotor (serie 3)

### Bakluckans torkarmotor

**9** På serie 3, demontera kåpan, skruva ur muttern och lossa torkararmen **(se bild)**. På serie 5, öppna bakfönstret.

**10** Efter tillämplighet ska klädsel demonteras och slangar och ledningar dras ur.

**11** Skruva ur muttrarna och lyft ut motorn **(se bilder)**. På serie 5 kan torkararmens pivåmekanism vid behov demonteras från bakrutan sedan klädseln demonterats **(se bild)**.

**12** Montering sker med omvänd arbetsordning. Vid monteringen, koppla vid behov in motorn och kör den till parkeringsläget.

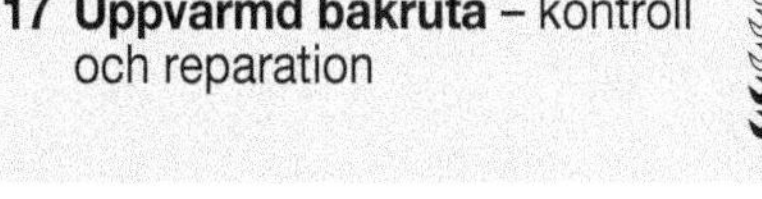

## 17 Uppvärmd bakruta - kontroll och reparation

**1** Uppvärmningen av bakrutan sker med ett antal horisontella element på glaset.

**2** Små brott i elementen kan repareras utan att bakrutan tas ut.

### Kontroll

**3** Slå på tändningen och bakruteelementet.

**4** Placera en voltmätares positiva kontakt på värmeelementet närmast ingående ström.

**5** Linda aluminiumfolie runt den negativa kontakten på voltmätaren på den positiva sidan av det misstänkta elementet och för den långsamt mot den negativa sidan. Studera voltmätarens nål - när den flyttar sig från noll har du hittat brottet.

### Reparation

**6** Reparera brottet med en reparationssats speciellt för detta ändamål som exempelvis BMW:s sats nummer 81 22 9 (eller likvärdig). I denna sats ingår plastisk ledande epoxy. Följande paragrafer ger generella instruktioner för denna typ av arbete. Om tillverkarns instruktioner avviker, följ då dessa i stället.

**7** Innan ett brott repareras, slå av kretsen och låt den svalna några minuter.

**8** Rugga lätt upp elementområdet med fin stålull och rengör noga.

**9** Maskera av reparationsområdet med tejp, lämna en springa för applicering av epoxyn.

**10** Blanda epoxyn noga enligt instruktionerna på paketet.

16.11b Bakluckans torkarmotor (serie 5)

**11** Lägg på epoxyn i springan i maskeringstejpen, överlappa oskadat område med ca 20 mm per ände.

**12** Låt epoxyn härda under 24 timmar innan tejpen tas bort och elementet används.

## 18 Extra krockskydd - allmän information

Senare modeller är utrustade med ett extra krockskydd inkluderande en krockkudde. Systemet är konstruerat för att skydda föraren från allvarliga skador i händelse av frontalkrock. Det består av en krockkuddsmodul i rattnavet, två krocksensorer i de främre innerskärmarna och en krocksäkerhetskontakt i passagerarutrymmet.

18.3 Krockskyddets sensor (vid pilen) finns i motorrummet - kontrollera regelbundet att ledningen är hel

16.11c Torkararmens pivåmekanism på bakrutan (serie 5)

Krockkuddsmodulen innehåller ett hus med själva kudden och uppblåsningsenheten. Uppblåsningen är monterad på husets baksida över ett hål genom vilket gas strömmar ut, vilket blåser upp kudden mycket snabbt när en elektrisk signal sänds från systemet. Signalen bärs av en ledning som är speciellt dragen i flera varv så att signalen går fram oavsett rattens position.

Systemet har tre sensorer, två krocksensorer i de främre innerskärmarna **(se bild)** och en krocksäkerhetskontakt inne i passagerarutrymmet. Krocksensorerna är tryckkänsliga kontakter som sluter en krets vid en krock med tillräcklig kraft. Signalen från krocksensorn går till krocksäkerhetskontakten som fullbordar kretsen och utlöser krockkudden.

Modulen med krocksäkerhetskontakten övervakar systemets funktion. Den utför en systemkontroll varje gång bilen startas vilket tänder lampan AIRBAG och den slockna sedan om systemet fungerar korrekt. Om systemfel föreligger förblir lampan tänd. Om lampan AIRBAG förblir tänd, eller tänds under körning ska bilen omedelbart tas till en BMW-verkstad.

## 19 Farthållare - beskrivning och kontroll

Farthållaren upprätthåller fordonshastigheten med hjälp av en vakuumaktiverad servomotor placerad i motorrummet, där den är kopplad

till trottellänkaget med en vajer. Systemet består av servomotorn, kopplingskontakten, bromskontakten, styrkontakter, ett relä och tillhörande vakuumslangar.

I och med att systemet är komplext ska reparationer överlåtas till en BMW-verkstad. Men en hemmamekaniker kan utföra enkla kontroller av ledningar och vakuumslangar och åtgärda mindre fel som enkelt kan repareras. Dessa inkluderar:

a) *Inspektera farthållarens kontakter vad gäller brutna ledningar och glappa kontakter*
b) *Kontrollera farthållarens säkring.*
c) *Farthållaren styrs av vakuum så det är viktigt att alla vakuumkontakter, slangar och anslutningar är täta. Kontrollera skicket på slangarna i motorrummet vad gäller lösa anslutningar, sprickor eller tydliga läckor.*

## 20 Centrallås - beskrivning och kontroll

Dörrarnas centrallås manövrerar låsen i vardera dörren. Systemet består av strömbrytare, aktiverar och tillhörande ledningar.

Diagnosen inskränker sig till enkla kontroller av kontakter och aktiverare, letande efter mindre fel som enkelt kan repareras. Dessa inkluderar:

a) *Kontroll av systemets säkring och/eller kretsbrytare (efter tillämplighet).*
b) *Kontrollera om strömbrytarnas ledningar är skadade eller har lösa kontakter. Kontrollera kontinuiteten i strömbrytarna.*
c) *Demontera dörrklädseln och kontrollera om aktiverarnas ledningar är lösa eller skadade. Inspektera aktiverarnas stänger, se till att de inte är krokiga eller skadade. Aktiverarna kan kontrolleras genom att batterispänning tillfälligt läggs på. Ett tydligt klick anger att solenoiden fungerar korrekt.*

## 21 Elektriska fönsterhissar - beskrivning och kontroll

De elektriska fönsterhissarna driver elmotorer i dörrarna som höjer och sänker rutorna. Systemet består av strömbrytare, motorer, fönstermekanismer och sammanhörande ledningar. Demontering av motorer och hissar beskrivs i kapitel 11.

Diagnos inskränker sig vanligen till enkla kontroller av ledningar, kontakter och motorer, letande efter fel som enkelt kan åtgärdas. Dessa inkluderar:

a) *Kontrollera om strömbrytarna har lösa kontakter eller brustna ledningar.*
b) *Kontrollera fönsterhissarnas säkring och/eller kretsbrytare (efter tillämplighet).*
c) *Demontera dörrklädseln och kontrollera om motorernas ledningar är lösa eller skadade. Kontrollera om hissmekanismen har skador som kan leda till kärvhet.*

## 22 Kopplingsscheman - allmän information

Eftersom det inte är möjligt att inkludera samtliga kopplingsscheman för varje modellår som täcks av denna handbok är de följande de som är typiska och som vanligen behövs.

Innan en krets kontrolleras, kontrollera att säkringar och kretsbrytare är i gott skick. Se till att batteriet är fulladdat och kontrollera kontakternas skick (se kapitel 1). Se till att alla kontakter är rena och inte har brutna eller saknade stift.

**Färgkoder**

| | | | | | | |
|---|---|---|---|---|---|---|
| BK Svart | GE Gul | GY Grå | R Röd | SW Svart | VI Violett | WS Vit |
| BL Blå | GN Grön | OR Orange | RS Rosa | TN Brun | W Vit | Y Gul |
| BR Brun | GR Grön eller grå | PK Skär | RT Röd | V Violett | | |

## Säkringar (typexempel)

| Säkring | Ampere | Skyddad krets |
|---|---|---|
| 1 | 7,5 | Vänster helljusstrålkastare (relä K3) |
| 2 | 7,5 | Höger helljusstrålkastare (relä K3) |
| 3 | 15 | Extra fläkt, 91°C (relä K1) |
| 4 | 15 | Blinkers |
| 5 | 30 | Spolare/torkare, strålkastarspolare och intensivrengöringssystem (relä K10) |
| 6 | 7,5 | Bromsljus (15A om extra bromsljus finns), automatisk farthållare, kartläsarlampor |
| 7 | 15 | Signalhorn (relä K2) |
| 8 | 30 | Uppvärmd bakruta |
| 9 | 15 | Motorns elektriska system (förgasarmotor), växelspakens lägesindikator på automatväxellåda |
| 10 | 7,5 | Instrument, dator, backljus, serviceindikator |
| 11 | 15 | Bränslepump, bränslematningspump |
| 12 | 7,5 | Radio, kontrollvarningssystem och instrument |
| 13 | 7,5 | Vänster halvljusstrålkastare (relä K4) |
| 14 | 7,5 | Höger halvljusstrålkastare (relä K4) |
| 15 | 7,5 | Bakre dimljus (relä K4, slås av när helljusstrålkastare väljs: relä K9) |
| 16 | 15 | Sätesvärme (relä K5) |
| 17 | 30 | Taklucka (relä K5), elfönsterhissar |
| 18 | 30 | Extra fläkt, 99°C (relä K6) |
| 19 | 7,5 | Spegelreglage, spegelvärme (relä K7) |
| 20 | 30 | Värmefläkt, luftkonditionering (relä K7) |
| 21 | 7,5 | Kupé-, handskfacks- och bagageutrymmesbelysning, ficklampa, klocka, radiominne, dator |
| 22 | 7,5 | Vänster sido-, bak- och parkeringsljus |
| 23 | 7,5 | Höger sido-, bak- och parkeringsljus, registreringsskyltsbelysning, instrumentbelysning |
| 24 | 15 | Varningsblinkers |
| 25 | 30 | Används ej |
| 26 | 30 | Används ej |
| 27 | 30 | Centrallåssystem, dörrlåsvärme, dator, signalhorn, ljudanläggning |
| 28 | 30 | Cigarrettändare, motordriven radioantenn, oberoende bränslebrännande värmeenhet |
| 29 | 7,5 | Vänster dimljus (relä K8) |
| 30 | 7,5 | Höger dimljus (relä K8) |

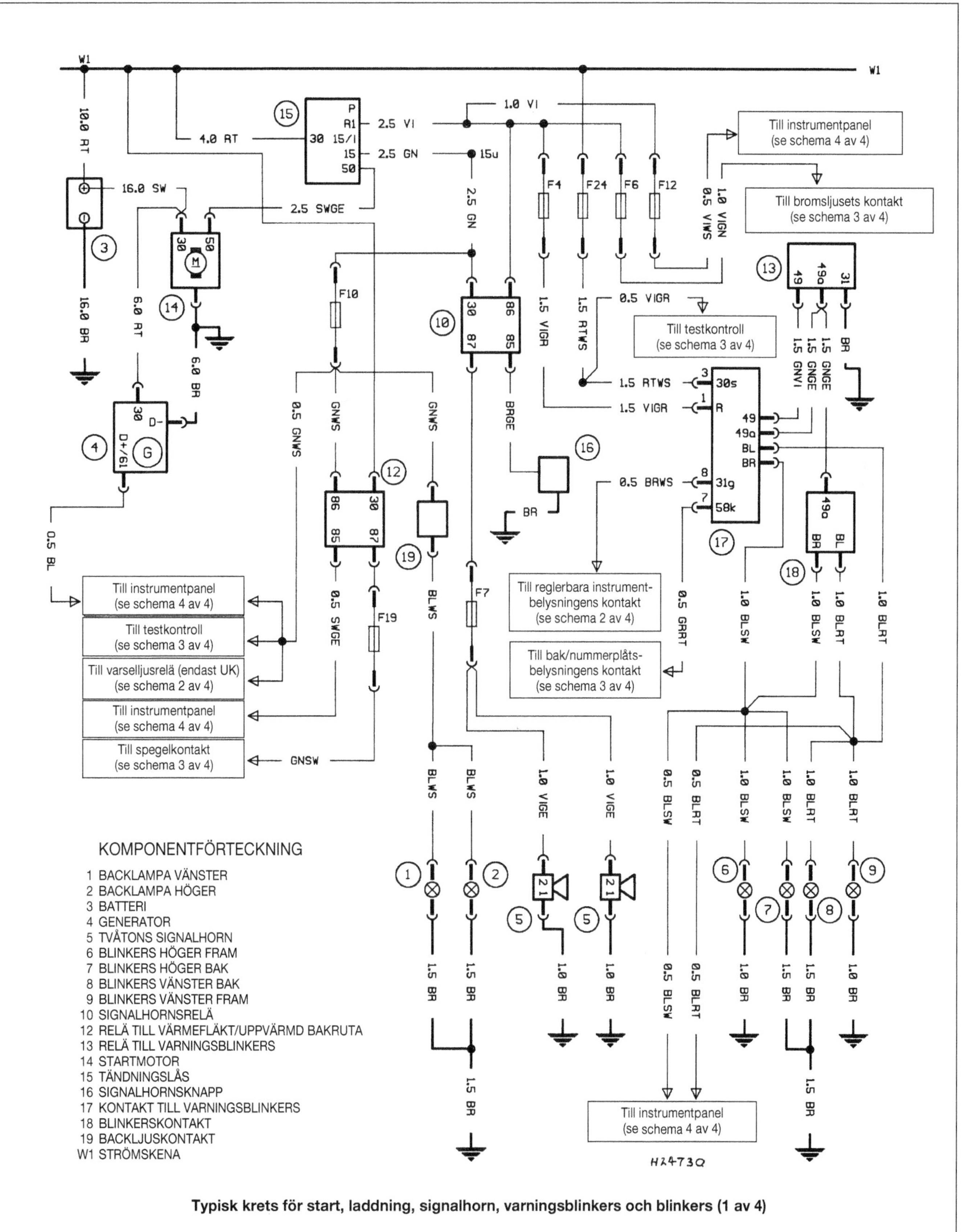


**Typisk krets för start, laddning, signalhorn, varningsblinkers och blinkers (1 av 4)**

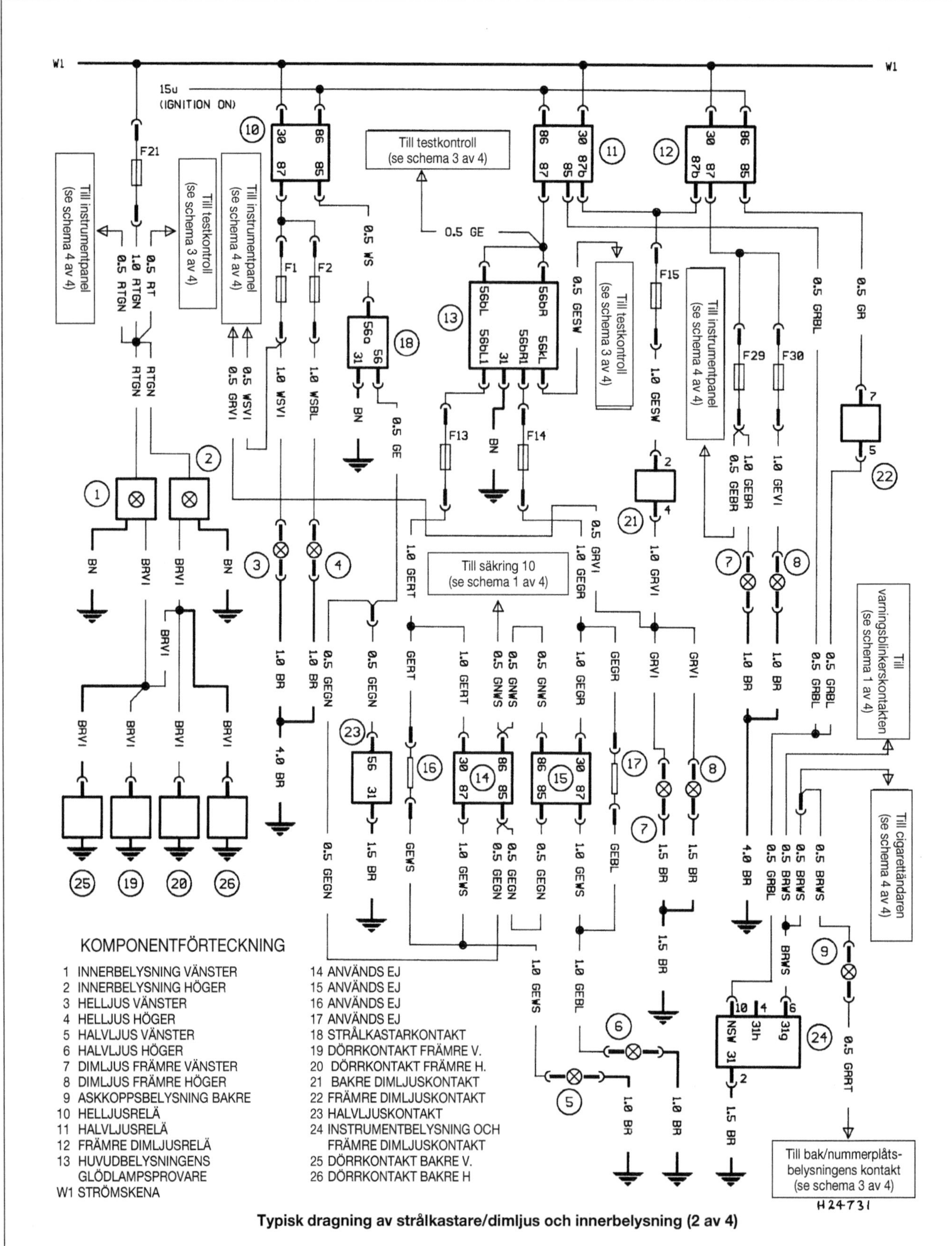


**Typisk dragning av strålkastare/dimljus och innerbelysning (2 av 4)**

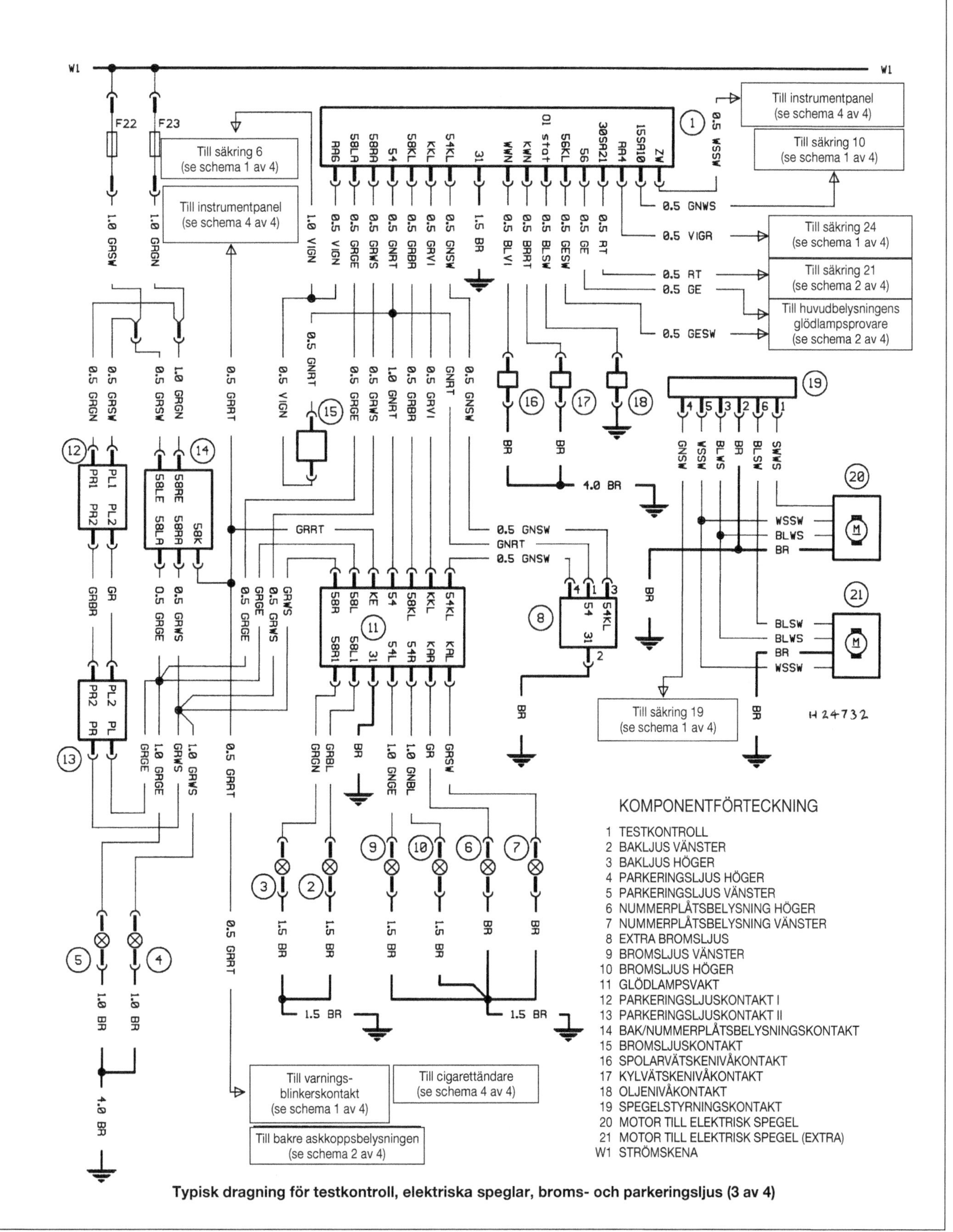


**Typisk dragning för testkontroll, elektriska speglar, broms- och parkeringsljus (3 av 4)**

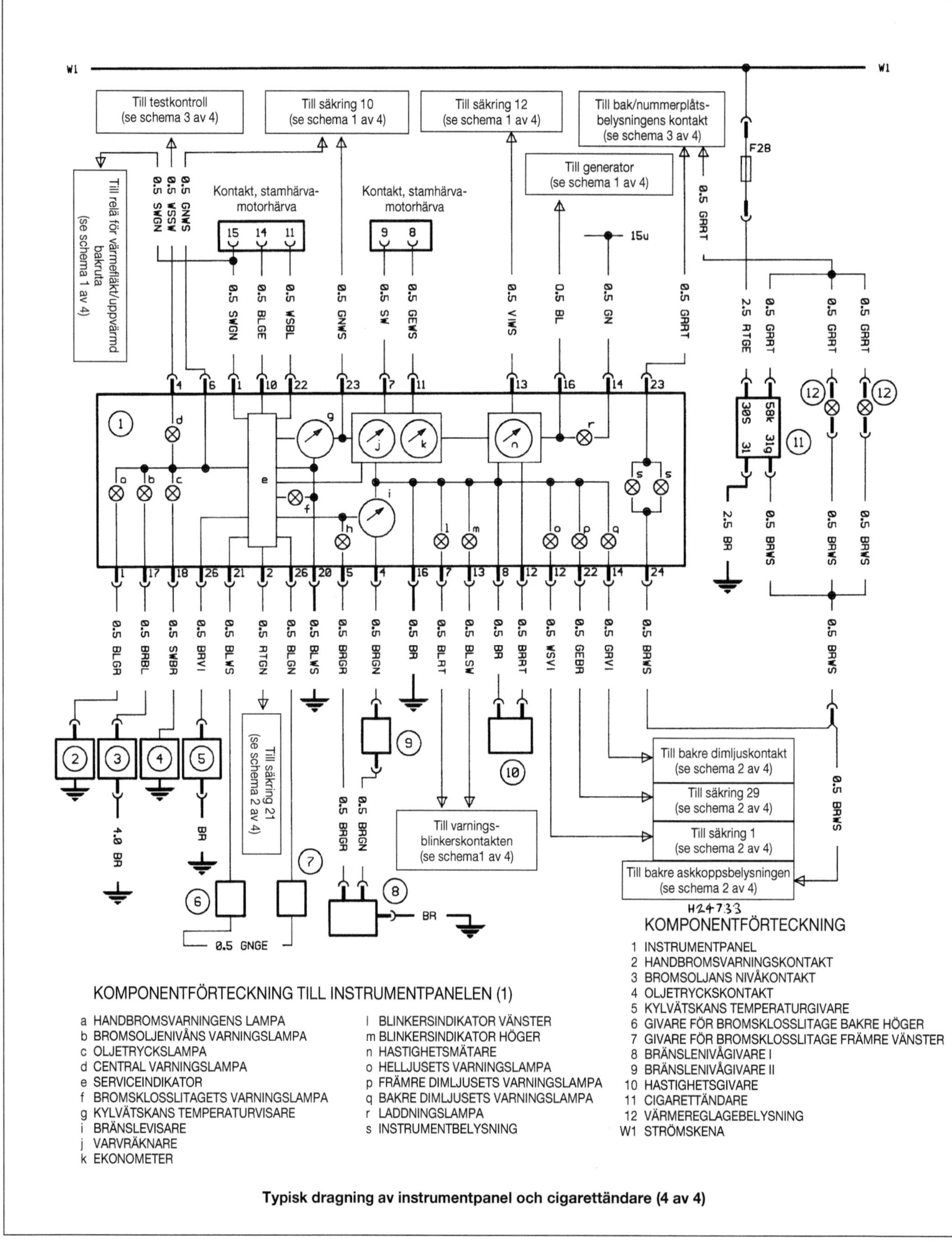


**Typisk dragning av instrumentpanel och cigarettändare (4 av 4)**

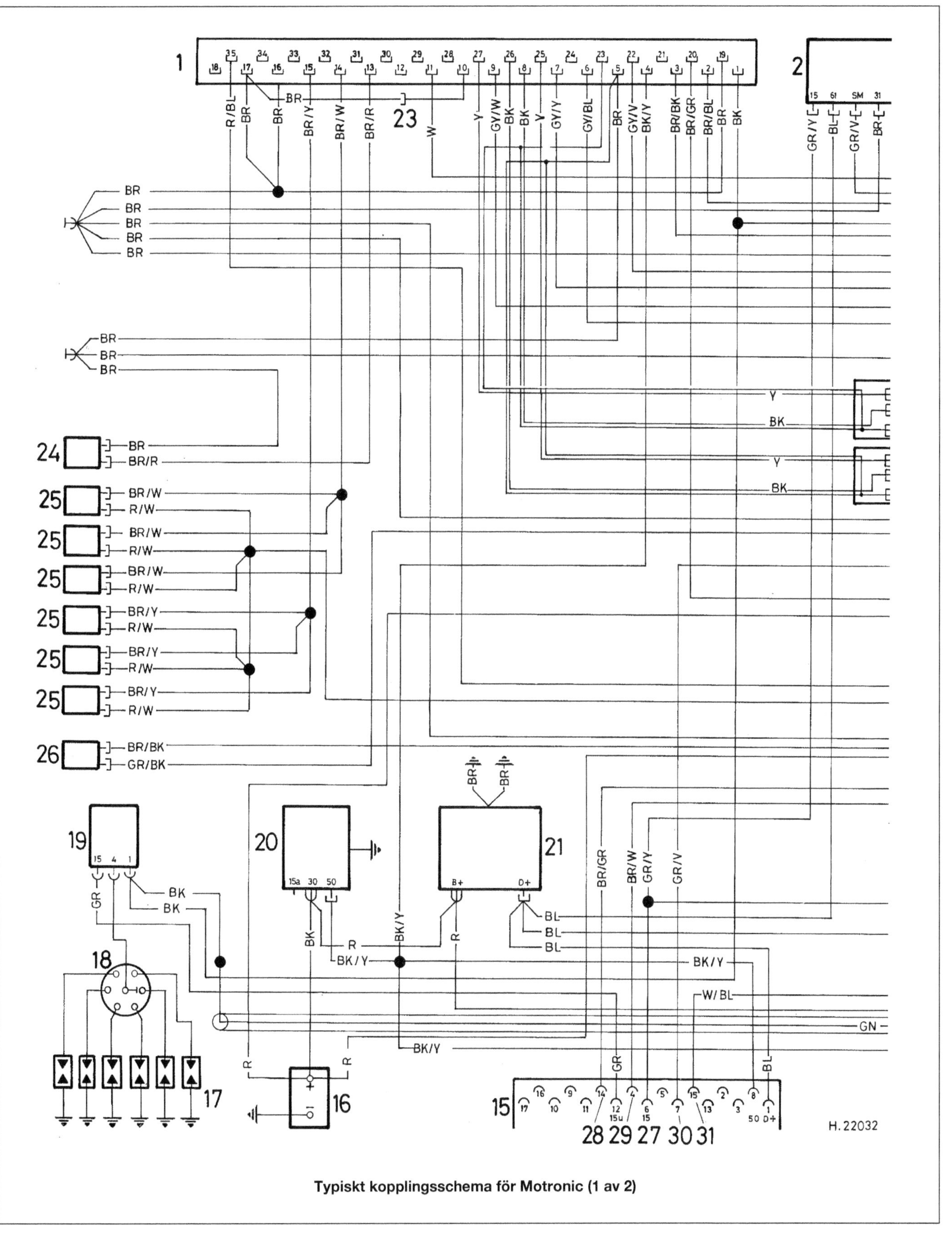

Typiskt kopplingsschema för Motronic (1 av 2)

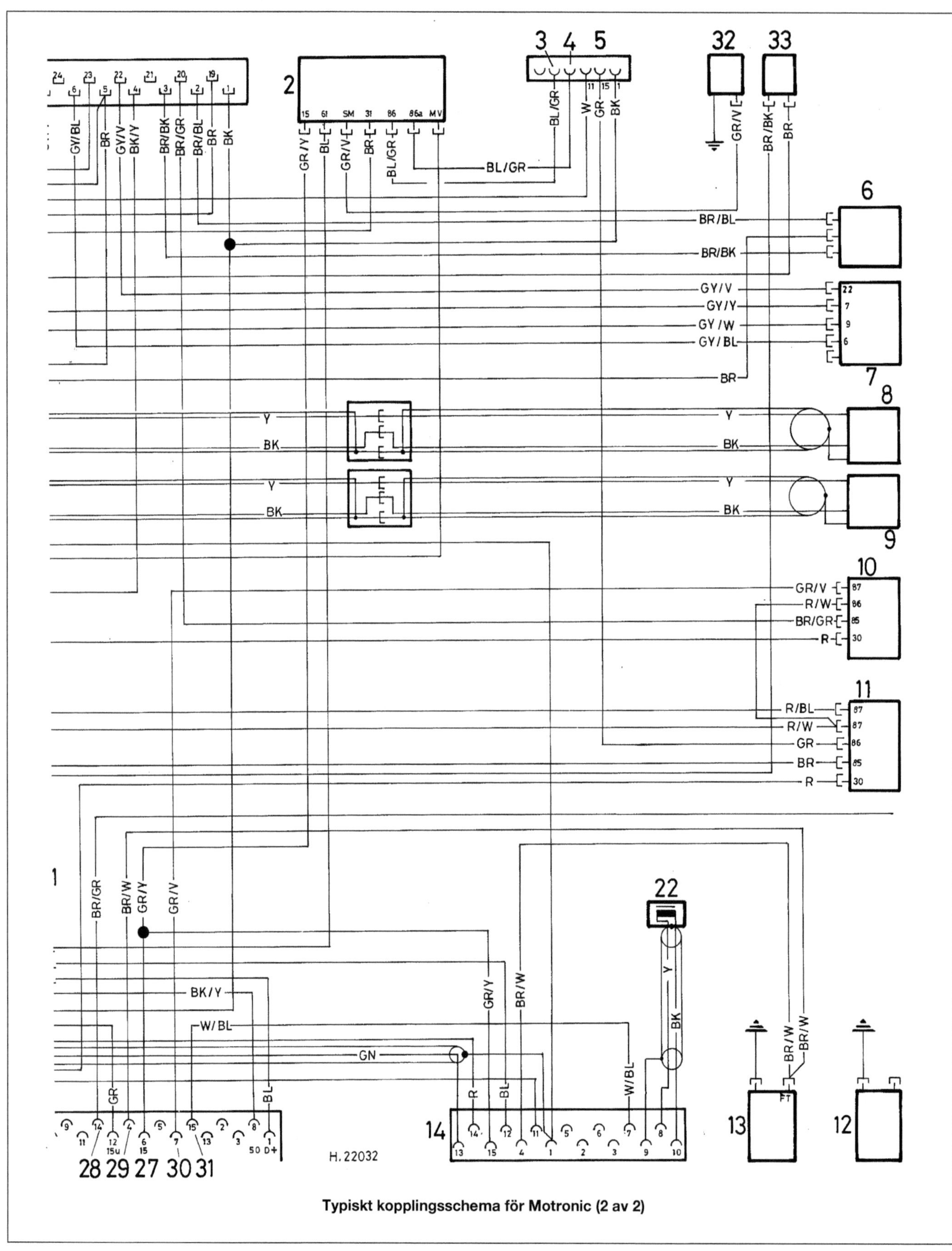


Typiskt kopplingsschema för Motronic (2 av 2)

## Komponentförteckning till kopplingsschema för Motronic

| Nr | Beskrivning | Nr | Beskrivning |
|---|---|---|---|
| 1 | Elektronisk styrenhet | 18 | Fördelare |
| 2 | Hastighetsstyrningsrelä | 19 | Tändspole |
| 3 | Temperaturkontakt | 20 | Startmotor |
| 4 | Luftkonditionering | 21 | Generator |
| 5 | Kabelhärvekontakt | 22 | Lägesgivare |
| 6 | Trottelkontakt | 23 | Urk. kontakt för automatväxellåda |
| 7 | Luftflödesmätare | 24 | Kylvätsketemperaturgivare |
| 8 | Hastighetsgivare | 25 | Injektor |
| 9 | Referensgivare | 26 | Solenoid |
| 10 | Relä 1 | 27 | Strömfördelare |
| 11 | Relä 2 | 28 | Oljetryck |
| 12 | Oljetryckskontakt | 29 | Temperaturmätare |
| 13 | Temperaturgivare | 30 | Elektrisk bränslepump |
| 14 | Diagnoskontakt | 31 | Serviceindikator |
| 15 | Motorkontakt | 32 | Drivmotor |
| 16 | Batteri | 33 | Termobrytare |
| 17 | Tändstift | | |

## Komponentförteckning till kopplingsschema för farthållare

| Nr | Beskrivning |
|---|---|
| 1 | Kontakt – mittsektion till instrumentpanel (26 stift) |
| 2 | Rattstångens brytare |
| 3 | Instrumentpanel |
| 4 | Kontakt – områdesindikator |
| 5 | Områdesindikator D |
| 6 | Områdesindikator N |
| 7 | Områdesindikator R |
| 8 | Kontakt – hastighetsmätarens utgång |
| 9 | Kontakt – instrumentpanel (2 stift) |
| 10 | Kontakt – rattstångens brytare |
| 11 | Kontakt – specialutrustning |
| 12 | Rattstångens brytare |
| 13 | Kontakt – bakdel till mittsektion (29 stift) |
| 14 | Bromsljuskontakt |
| 15 | Kontakt – drivmotor |
| 16 | Kontakt – kopplingskontakt till brygga |
| 17 | Bromsljus vänster |
| 18 | Bromsljus höger |
| 19 | Elektronisk styrning – farthållare |
| 20 | Drivmotor – farthållare |
| 21 | Brygga (endast för automatväxellåda) |
| 22 | Kopplingskontakt |

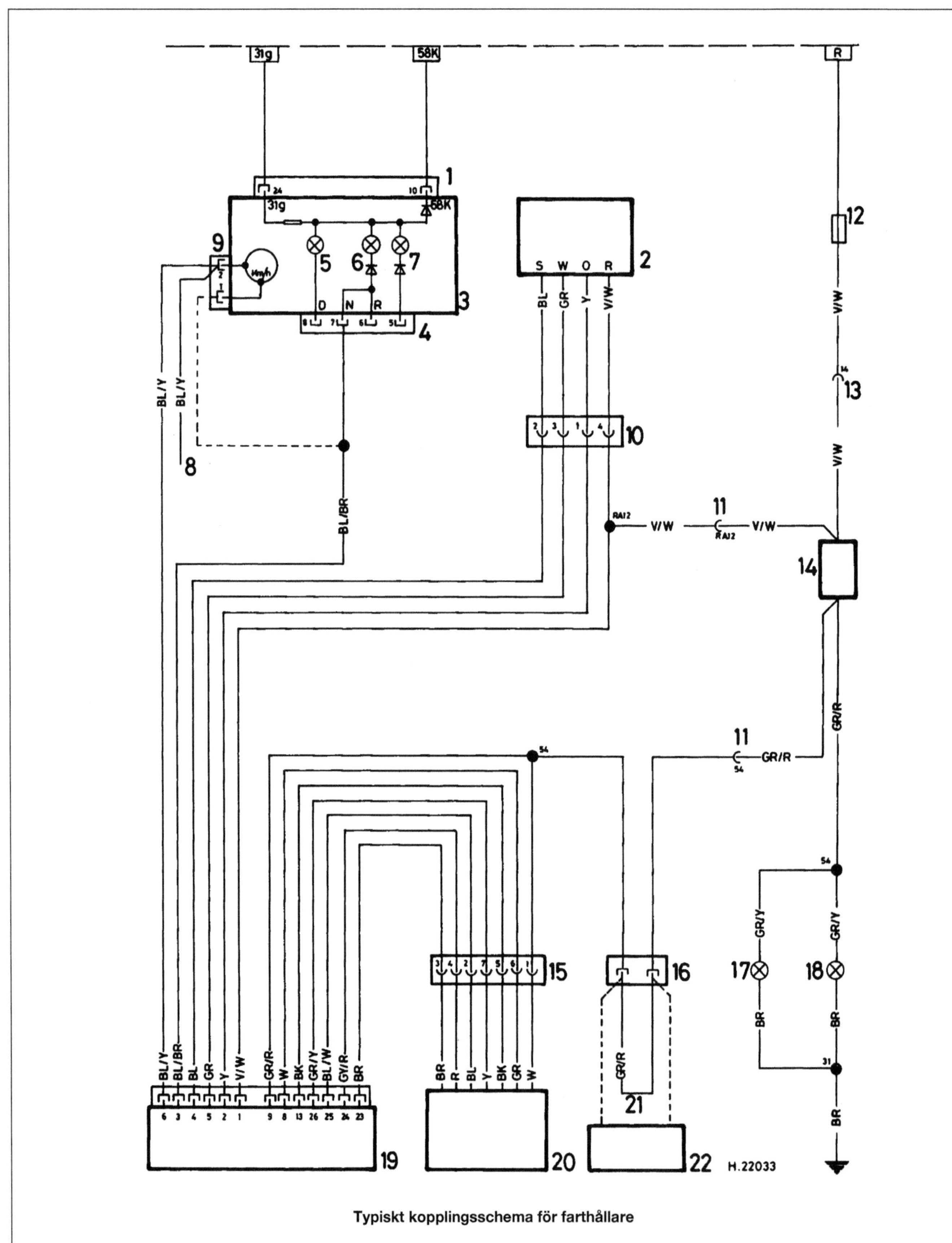


Typiskt kopplingsschema för farthållare

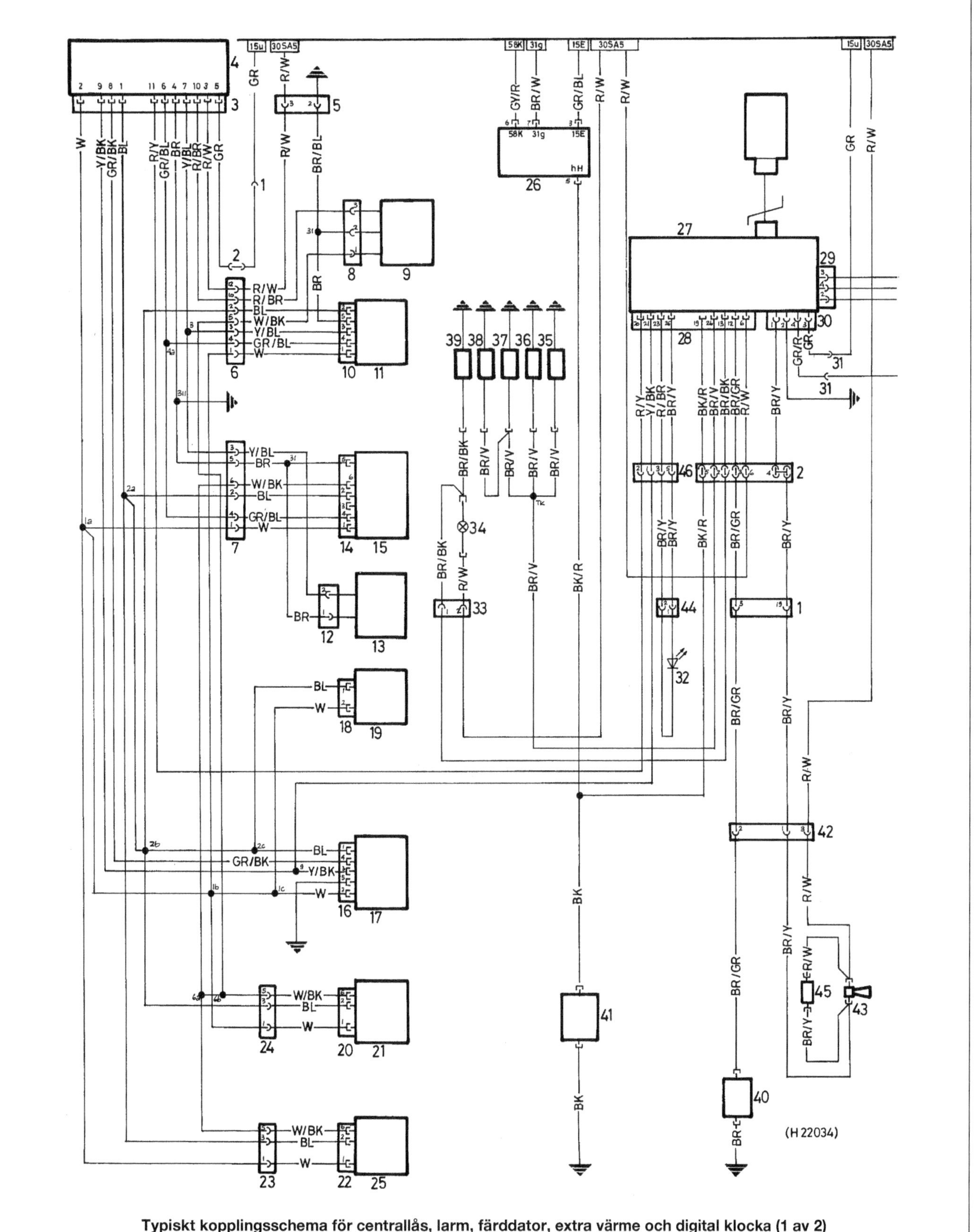

Typiskt kopplingsschema för centrallås, larm, färddator, extra värme och digital klocka (1 av 2)

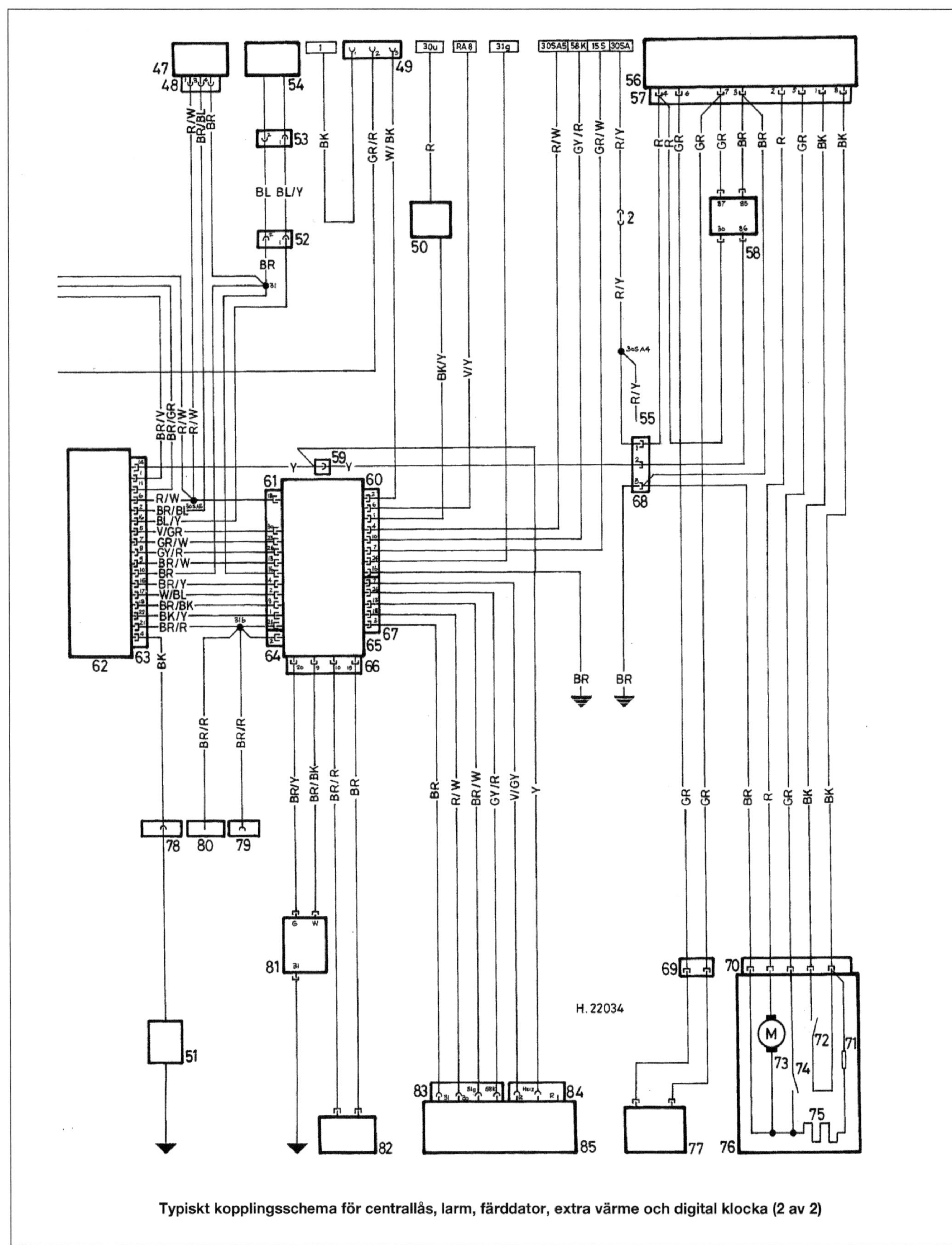

**Typiskt kopplingsschema för centrallås, larm, färddator, extra värme och digital klocka (2 av 2)**

**Komponentförteckning till kopplingsschema för centrallås, larm, färddator, extra värme och digital klocka**

| Nr | Beskrivning |
|---|---|
| 1 | Kontakt - bak- till mittsektion |
| 2 | Kontakt - specialutrustning |
| 3 | Kontakt - centrallåsets styrenhet |
| 4 | Centrallåsets styrenhet (A-stolpens ändplatta) |
| 5 | Kontakt - förardörrens ledning till bakre sektionen |
| 6 | Kontakt - centrallåsets ledning till förardörren (13 stift) |
| 7 | Kontakt - centrallåsets ledning till passagerardörren |
| 8 | Kontakt - förardörrens centrallåsledning till brytare |
| 9 | Centrallåsets brytare/upplåsningsstopp (förarsidan, på låset) |
| 10 | Kontakt - centrallåsmotorn till förardörren (6 stift) |
| 11 | Centrallåsmotor - förardörr |
| 12 | Kontakt - passagerardörrens ledning till mikrobrytare |
| 13 | Mikrobrytare (passagerardörr, på låset) |
| 14 | Centrallåsmotor - passagerardörr |
| 15 | Centrallåsmotor - passagerardörr |
| 16 | Kontakt - Centrallåsmotor till bagagelucka (6 stift) |
| 17 | Centrallåsmotor - bagagelucka |
| 18 | Kontakt - centrallåsmotor till tanklocksluckan (6 stift) |
| 19 | Centrallåsmotor - tanklocksluckan |
| 20 | Kontakt - centrallåsmotor till vänster bakdörr (6 stift) |
| 21 | Centrallåsmotor - vänster bakdörr |
| 22 | Kontakt - centrallåsmotor till höger bakdörr (6 stift) |
| 23 | Kontakt - centrallåsledning till höger bakdörr (7 stift) |
| 24 | Kontakt - centrallåsledning till vänster bakdörr (7 stift) |
| 25 | Centrallåsmotor - höger bakdörr |
| 26 | Bakrutevärmarens kontakt |
| 27 | Stöldlarmets styrenhet (till vänster om rattstången) |
| 28 | Kontakt till stöldlarmets styrenhet I (26 stift) |
| 29 | Kontakt - relälådan (4 stift) |
| 30 | Kontakt till stöldlarmets styrenhet II (4 stift) |
| 31 | Kontakt 150 (i stamkabelhärvan) |
| 32 | Lysdiod till stöldlarm |
| 33 | Kontakt till bagageutrymmets belysning |
| 34 | Bagageutrymmets belysning |
| 35 | Dörrkontakt främre vänster |
| 36 | Dörrkontakt främre höger |
| 37 | Dörrkontakt bakre vänster |
| 38 | Dörrkontakt bakre höger |
| 39 | Bagageluckans kontakt |
| 40 | Motorhuvens kontakt |
| 41 | Bakrutans värmeelement |
| 42 | Kontakt - mittsektion till ledning för färddator/stöldlarm |
| 43 | Signalhorn |
| 44 | Kontakt - lysdiod |
| 45 | Diod |
| 46 | Kontakt - stöldlarmets ledning till centrallåsets anslutning |
| 47 | Ljudsignal (till vänster om rattstången) |
| 48 | Kontakt - ljudsignal |
| 49 | Kontakt - mittsektion till LE-Jetronics kabelhärva |
| 50 | Tändningslås |
| 51 | Fjärrstyrningskontakt för färddator |
| 52 | Kontakt - färddator till utsidans temperaturgivarledning |
| 53 | Kontakt - utsidans temperaturgivarledning till temperaturgivaren |
| 54 | Utsidans temperaturgivare (nedre främre panelen) |
| 55 | Kontakt - extra värmarens ledning till automatisk antenn |
| 56 | Elektronisk styrenhet för kupévärmare (kupévärmare under höger säte) |
| 57 | Kontakt - elektronisk styrenhet |
| 58 | Relä för kupévärmare (på värmaren) |
| 59 | Kontakt - färddatorns ledning till extra värmare |
| 60 | Kontakt - mittsektion till instrumentpanel |
| 61 | Kontakt - instrumentpanel |
| 62 | Färddatorns elektroniska styrenhet (till höger om instrumentpanelen) |
| 63 | Kontakt - färddatorn |
| 64 | Kontakt - instrumentpanel II |
| 65 | Instrumentpanel |
| 66 | Kontakt - bakre sektionen till instrumentpanel |
| 67 | Kontakt - digitala klockans ledning till instrumentpanel |
| 68 | Kontakt - extra ledning till värmarledning |
| 69 | Kontakt - värmarledning till bränselpumpsledning |
| 70 | Kontakt - värmare |
| 71 | Barlastmotstånd i värmare |
| 72 | Termobrytare (kupévärmare) |
| 73 | Värmarmotor |
| 74 | Överhettningskontakt (kupévärmare) |
| 75 | Kontakt - värme till kupévärmare |
| 76 | Värmare |
| 77 | Bränslepump |
| 78 | Kontakt - färddator till fjärrkontroll |
| 79 | Kontakt - hastighetsberoende volymkontroll |
| 80 | Kontakt - ledning till farthållare |
| 81 | Bränslenivågivare |
| 82 | Hastighetsgivare |
| 83 | Kontakt - digitala klockans ledning till klockan (4 stift) |
| 84 | Kontakt - digitala klockans ledning till klockan (2 stift) |
| 85 | Digital klocka |

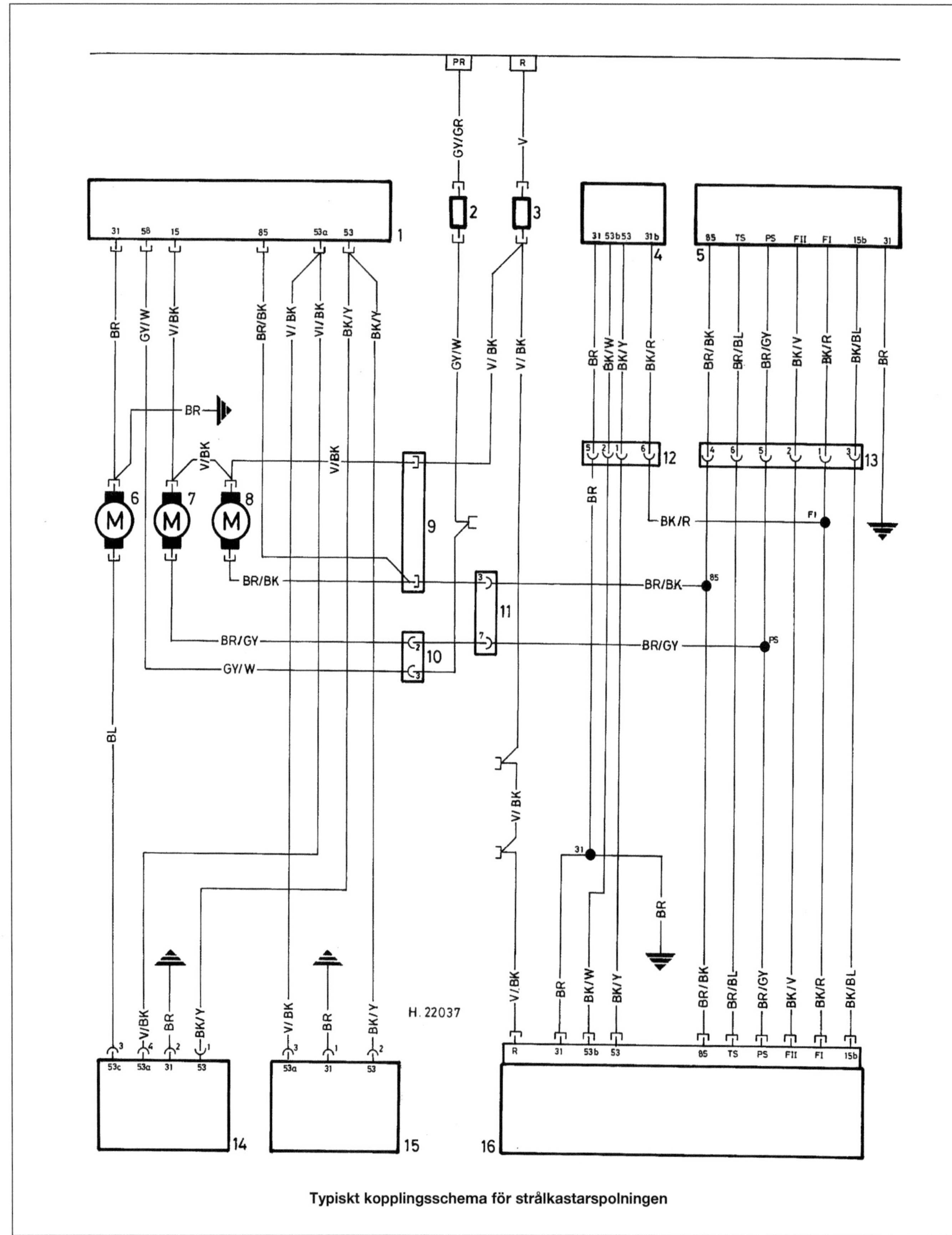

**Typiskt kopplingsschema för strålkastarspolningen**

## Komponentförteckning till kopplingsschema för strålkastarspolningen

| Nr | Beskrivning |
|---|---|
| 1 | Styrenhet för strålkastarspolare (på vätskebehållaren) |
| 2 | Säkring – baklyset och parkeringsljuset |
| 3 | Säkring – signalhorn, styrning av torkare/spolning och strålkastarspolare |
| 4 | Motor – vindrutetorkare |
| 5 | Brytare för vindrutetorkare |
| 6 | Pump – strålkastartorkare |
| 7 | Pump – intensivrengöringsvätska |
| 8 | Pump – vindrutespolare |
| 9 | Kontakt – strålkastarspolarens ledning till främre sektion I (spolvätskepumpen) |
| 10 | Kontakt – strålkastarspolarens ledning till främre sektion II (kontakt till strålkastarspolare) |
| 11 | Kontakt – mittsektion till framdelen (7 stift) |
| 12 | Kontakt – vindrutetorkarmotor |
| 13 | Kontakt – mittsektion till vindrutetorkarens brytare |
| 14 | Motor – vindrutetorkare |
| 15 | Motor – vänster strålkastartorkare |
| 16 | Intervallstyrning för vindrutetorkare |

## Komponentförteckning till kopplingsschema för elektriska fönsterhissar

| Nr | Beskrivning |
|---|---|
| 1 | Kontakt – bakre sektionen till förardörren (6 stift) |
| 2 | Kontakt – bak- till mittsektionen (27 stift) |
| 3 | Kontakt – fönsterhisstyrningen och centrallåsledningen till förardörren (13 stift) |
| 4 | Kontakt – fönsterhisstyrningen och centrallåsledningen till specialutrustningens kontakt |
| 5 | Brytare för vänster bakfönster |
| 6 | Brytare för vänster bakfönster |
| 7 | Brytare för höger bakfönster |
| 8 | Kontakt – vänstra bakdörrens ledning till vänstra bakdörrens fönsterhiss |
| 9 | Kontakt – högra dörrens ledning till högra bakdörrens fönsterhiss |
| 10 | Fönsterhissmotor vänster bak |
| 11 | Fönsterhissmotor höger bak |
| 12 | Kontakt – hisstyrning och centrallåsledningen till vänster bakdörr |
| 13 | Kontakt – hisstyrning och centrallåsledningen till höger bakdörr (7 stift) |
| 14 | Säkerhetsströmbrytare |
| 15 | Barnsäkerhetskontakt |
| 16 | Fönsterhissmotor vänster fram |
| 17 | Fönsterhissmotor höger fram |
| 18 | Kontakt – förardörrens ledning till fönsterhissmotor vänster fram |
| 19 | Kontakt – passagerardörrens ledning till fönsterhissmotor på passagerardörr |
| 20 | Relä |
| 21 | Kontakt – fönsterhisstyrning och centrallåsledning till passagerardörr (13 stift) |
| 22 | Brytare för vänster framfönster |
| 23 | Brytare för höger bakfönster |
| 24 | Brytare för höger framfönster |

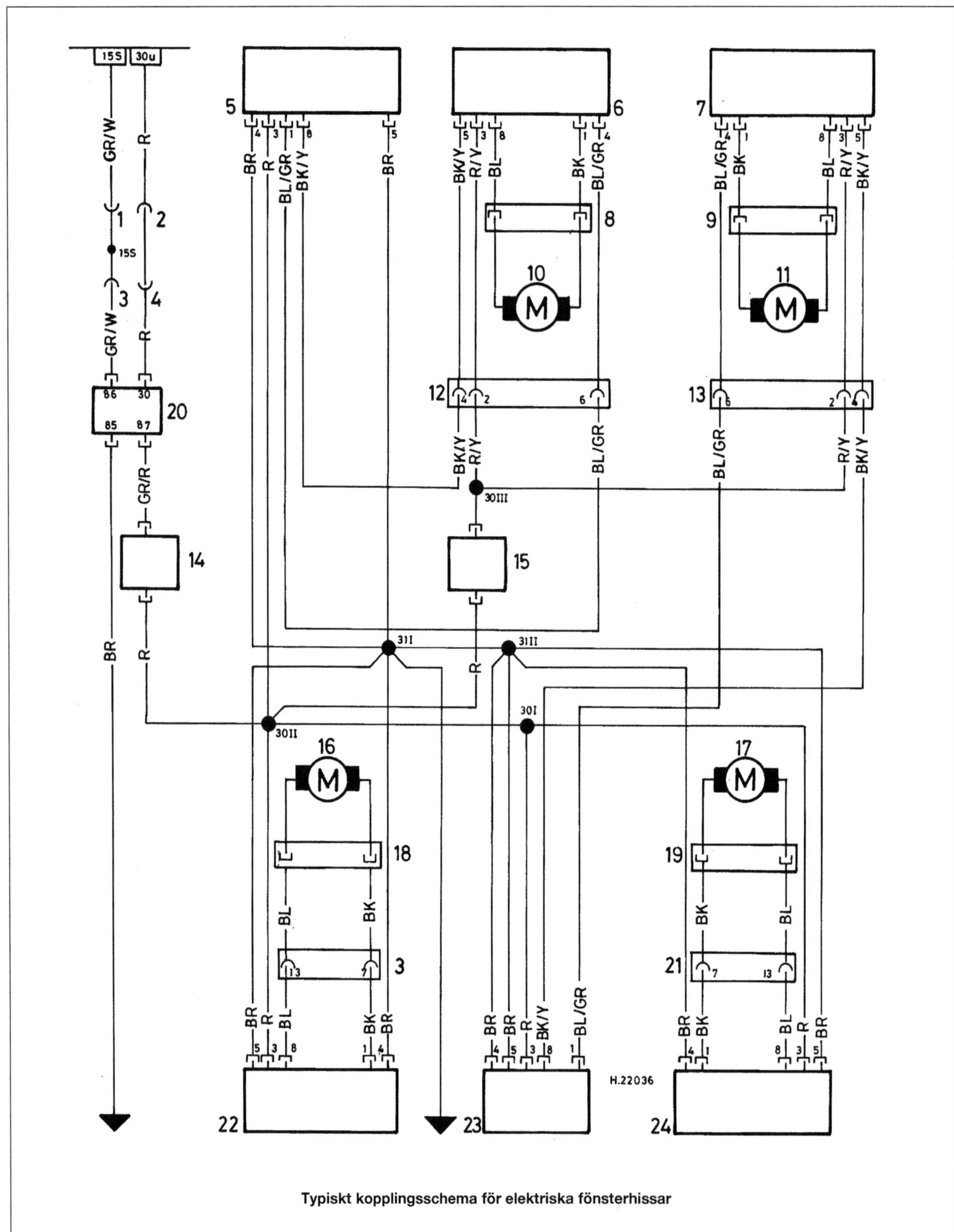


Typiskt kopplingsschema för elektriska fönsterhissar

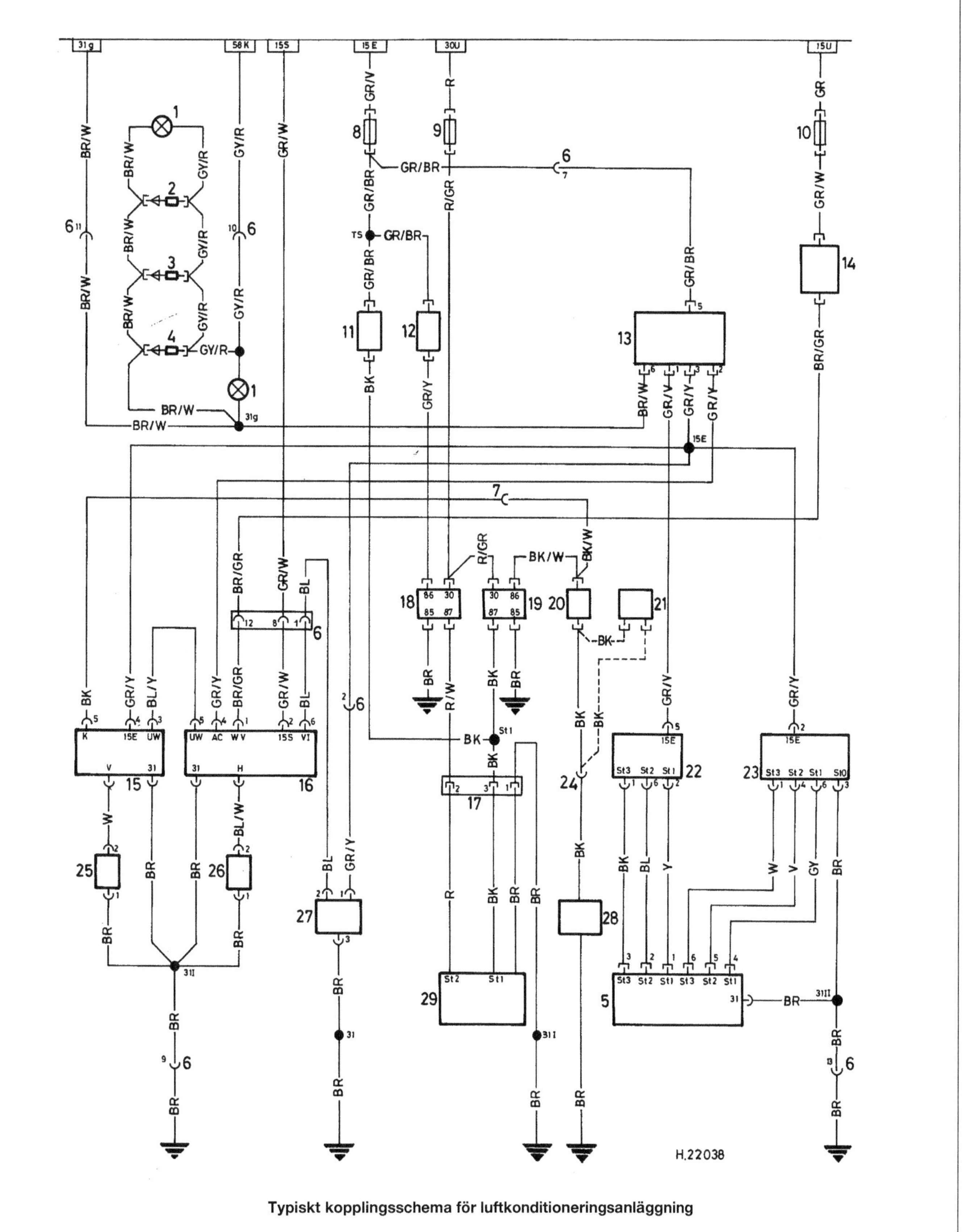


Typiskt kopplingsschema för luftkonditioneringsanläggning

### Komponentförteckning till kopplingsschema för luftkonditionering

| Nr | Beskrivning |
|---|---|
| 1 | Reglagebelysning |
| 2 | Lysdiod III |
| 3 | Lysdiod II |
| 4 | Lysdiod I |
| 5 | Brytare - fläkt till värmare/förångare |
| 6 | Kontakt - värmarstyrningens kabelhärva till stamkabelhärva (13 stift) |
| 7 | Kontakt - främre kabelhärva till värmarreglage |
| 8 | Säkring - värmefläkt |
| 9 | Säkring - extra fläkt steg II |
| 10 | Säkring - indikatorlampor, backlampa, varvräknare och speglar (kraftfördelare) |
| 11 | Termokontakt 91°C - steg I |
| 12 | Termokontakt 99°C - steg II |
| 13 | Brytare - luftkonditionering |
| 14 | Vattenventil |
| 15 | Förångarens temperaturreglering |
| 16 | Luftkonditioneringens reglagepanel (värmereglage) |
| 17 | Kontakt - extra fläktmotor (på fläktmotorn) |
| 18 | Relä - extra fläkt steg II (på kraftfördelaren) |
| 19 | Relä - extra fläkt steg I (på kraftfördelaren) |
| 20 | Brytare - högtryckspressostat (torkare) |
| 21 | Brytare - temperatur 110°C (endast för 524td) |
| 22 | Motor - värmefläkt |
| 23 | Motor - förångarfläkt |
| 24 | Kontakt - högtryckspressostat till elektromagnetisk koppling |
| 25 | Förångarens temperaturgivare (i förångaren) |
| 26 | Värmarens temperaturgivare (i värmaren) |
| 27 | Givare för innertemperatur (nedre klädselpanelen till vänster) |
| 28 | Kompressorns elektromagnetiska koppling |
| 29 | Motor - extra fläkt |

### Komponentförteckning till kopplingsschema för elvärmda säten

| Nr | Beskrivning |
|---|---|
| 1 | Värme - passagerarsätet |
| 2 | Sätesvärmarens anslutning - passagerarsidan |
| 3 | Sätesvärmarens strömbrytare - passagerarsidan |
| 4 | Kontakt - sätesvärmarens ledning (förarsidan) till kontakten för specialutrustning (58K) |
| 5 | Kontakt - sätesvärmarens ledning (förarsidan) till passagerarsidan |
| 6 | Kontakt - sätesvärmarens ledning (förarsidan) till kontakten för specialutrustning (15E och 30SA4) |
| 7 | Sätesvärmarrelä |
| 8 | Sätesvärmarkontakt - förarsidan |
| 9 | Uppvärmning - förarsidan |
| 10 | Sätesvärmarens anslutning - förarsidan |

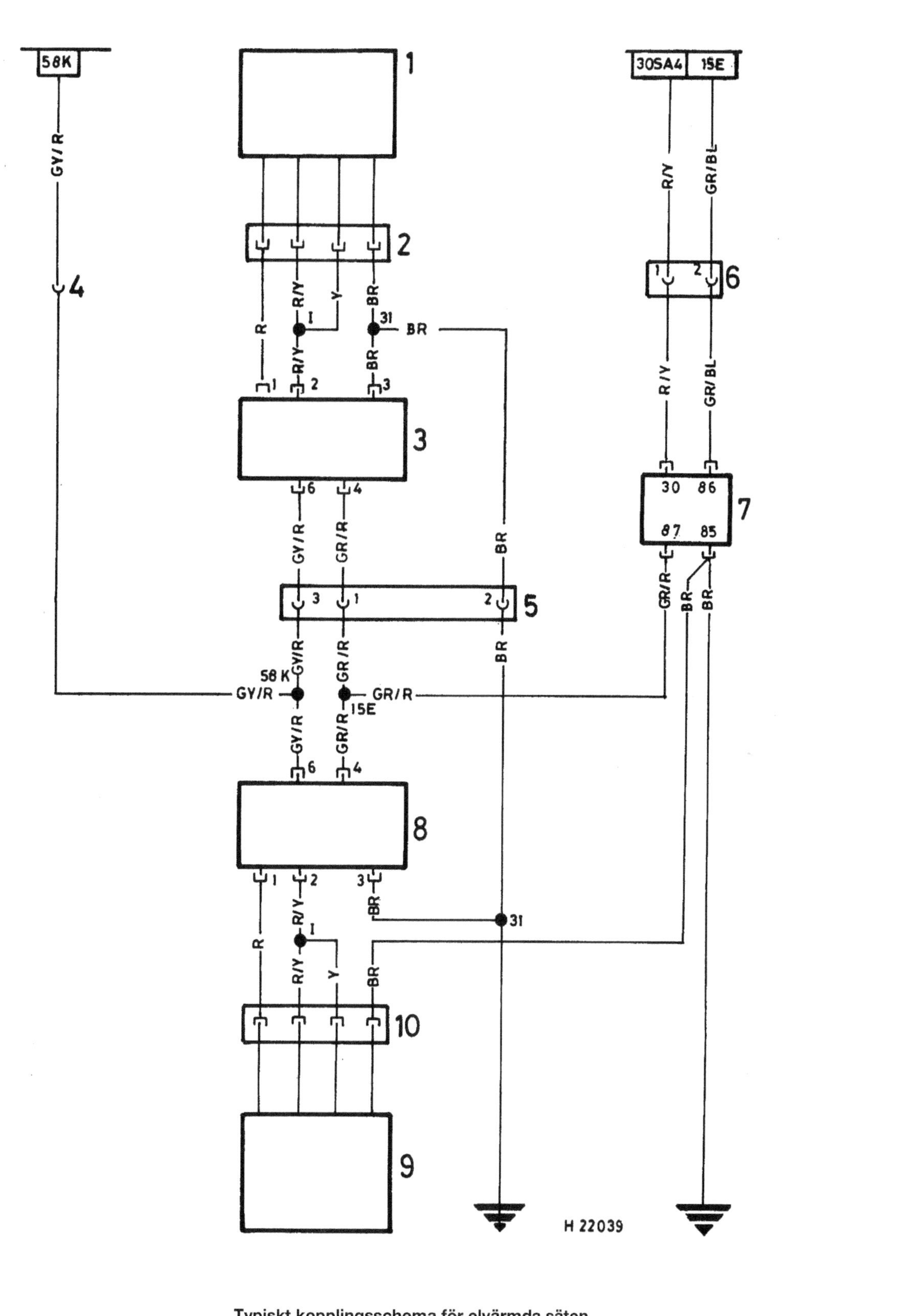


Typiskt kopplingsschema för elvärmda säten

**Komponentförteckning till kopplingsschema för eljusterade säten med minne**

| Nr | Beskrivning |
|---|---|
| 1 | Uttag för specialutrustningskontakt |
| 2 | Uttag för ledningen från passagerarsätet |
| 3 | Uttag för ledning för sätesjustering med minne |
| 4 | Ledningsanslutning för sätesjustering med minne |
| 5 | Brytare för sätesjustering |
| 6 | Ryggstöd |
| 7 | Justering framåt/bakåt |
| 8 | Nackstöd |
| 9 | Höjd framtill |
| 10 | Höjd baktill |
| 11 | Uttag för styrning av sätets ryggstöd och justering framåt/bakåt |
| 12 | Uttag för styrning av nackstödet |
| 13 | Uttag för styrning av säteshöjden |
| 14 | Elektronisk styrenhet |
| 15 | Uttag för ledning för sätesjustering med minne |
| 16 | Uttag för ledning för säte med minne |
| 17 | Uttag för styrning av sätet |
| 18 | Uttag för minnesbrytare |
| 19 | Uttag för justeringspotentiometer framåt/bakåt |
| 20 | Uttag för främre höjdpotentiometer |
| 21 | Uttag för bakre höjdpotentiometer |
| 22 | Uttag för nackstödsmotor |
| 23 | Uttag för ryggstödspotentiometer |
| 24 | Uttag för ryggstödsmotor |
| 25 | Minnesbrytare |
| 26 | Motor – ryggstödsstyrningen |
| 27 | Motor – ryggstödsstyrningen |
| 28 | Motor – bakre höjdstyrning |
| 29 | Motor – främre höjdstyrning |
| 30 | Motor – justering framåt/bakåt |

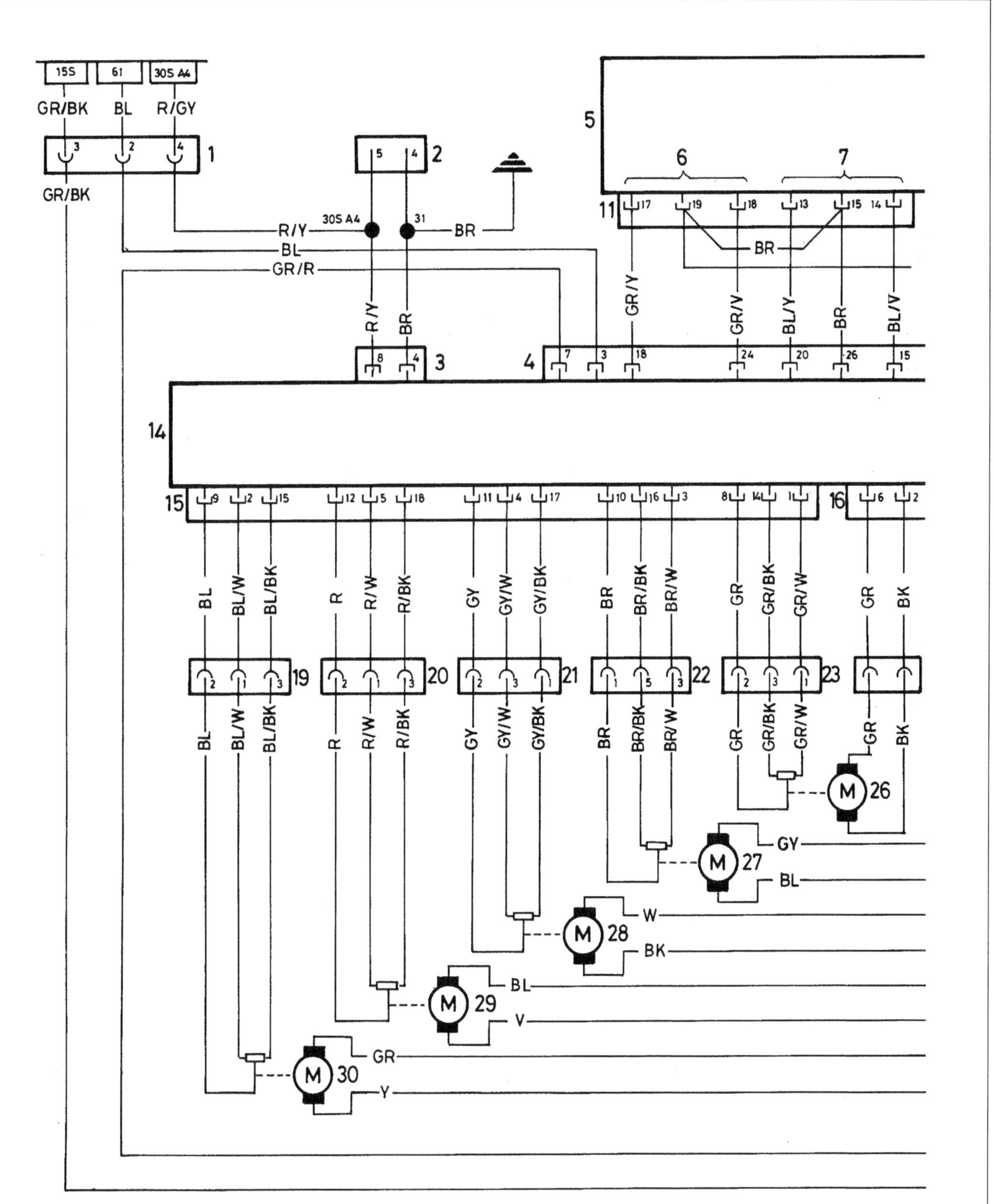


**Typiskt kopplingsschema för eljusterade säten med minne (1 av 2)**

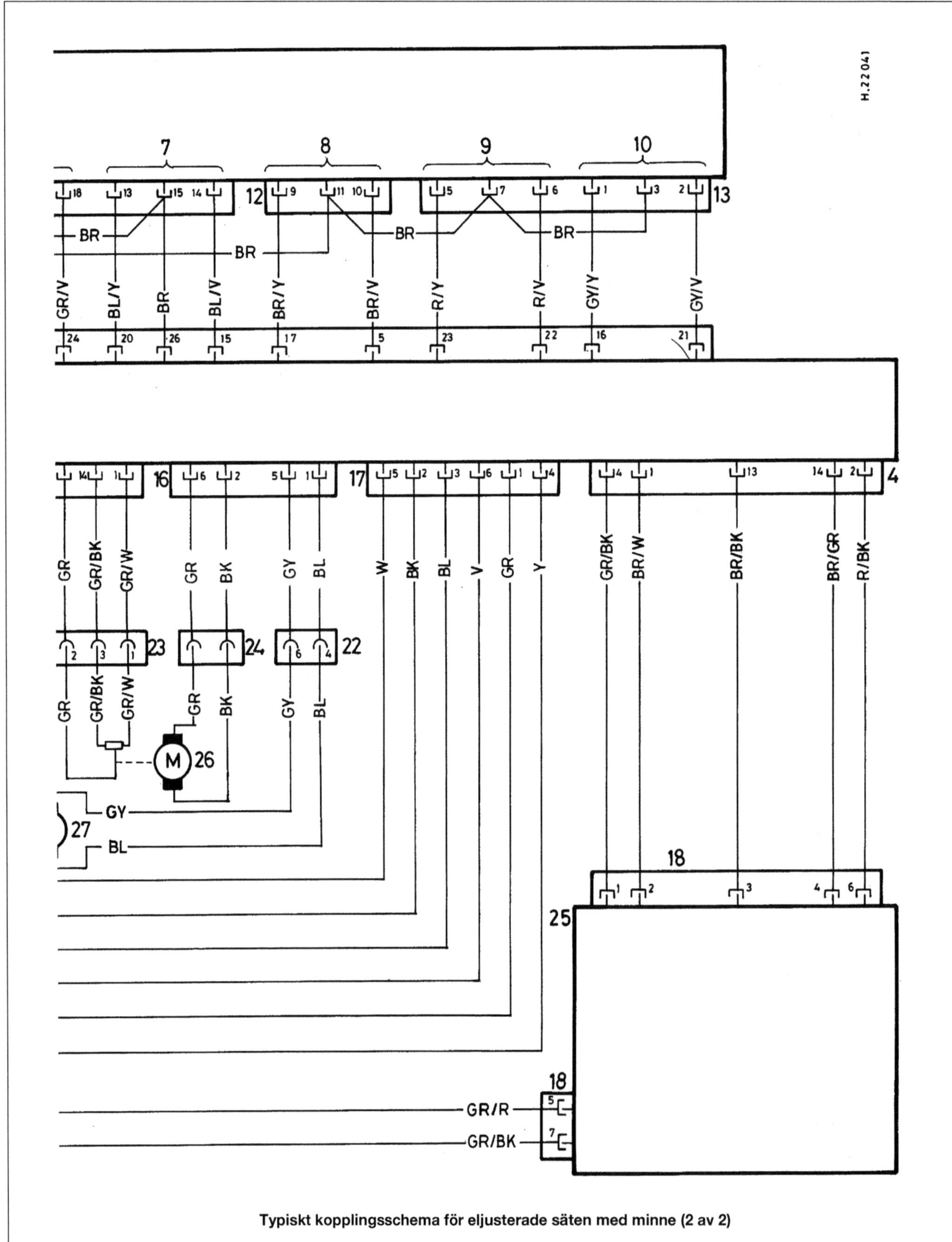


Typiskt kopplingsschema för eljusterade säten med minne (2 av 2)

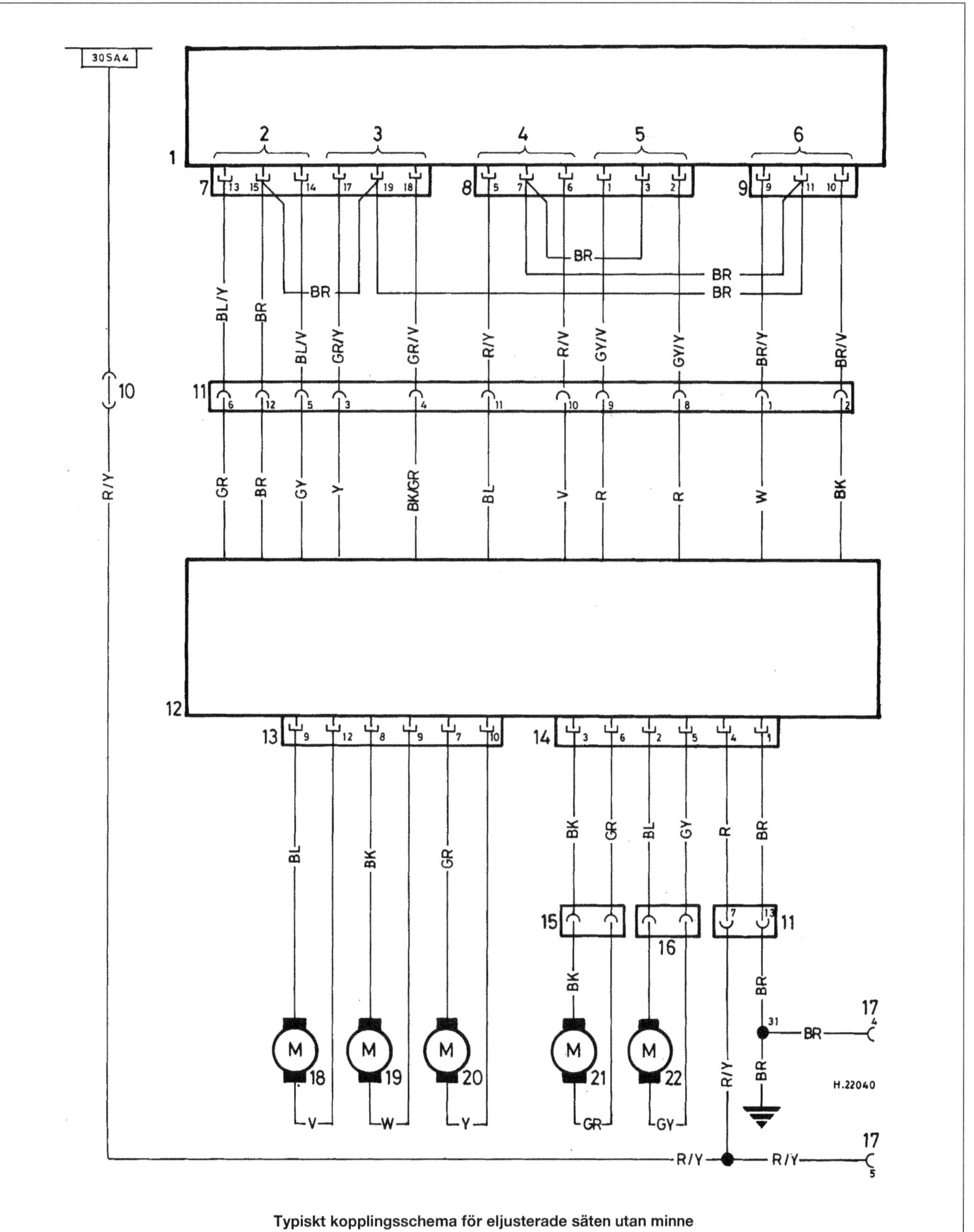


Typiskt kopplingsschema för eljusterade säten utan minne

**Komponentförteckning till kopplingsschema för eljusterade säten utan minne**

| Nr | Beskrivning |
|---|---|
| 1 | Uttag för kontakt för specialutrustning |
| 2 | Ryggstöd |
| 3 | Sätet framåt/bakåt |
| 4 | Nackstöd |
| 5 | Säteshöjd fram |
| 6 | Säteshöjd bak |
| 7 | Kontakt – brytare för ryggstöd/säte |
| 8 | Kontakt – brytare för nackstödsstyrning |
| 9 | Kontakt – brytare för säteshöjd fram/bakkant |
| 10 | Brytare för eljusterade säten |
| 11 | Kontakt – eljusterat sätes ledning till den elektroniska styrenheten |
| 12 | Elektronisk styrenhet för eljusterade säten (under sätena) |
| 13 | Kontakt – eljusterat sätes drivning till elektronisk styrenhet |
| 14 | Kontakt – ryggstödets och nackstödets ledning till elektronisk styrenhet |
| 15 | Kontakt – ryggstödets och nackstödets ledning till ryggstödets motor |
| 16 | Kontakt – ryggstödets och nackstödets ledning till nackstödets motor |
| 17 | Kontakt – eljusterat sätes ledning på förarsidan till ledning på passagerarsidan |
| 18 | Motor – säteshöjd, framkant |
| 19 | Motor – säteshöjd, bakkant |
| 20 | Motor – sätet framåt/bakåt |
| 21 | Motor – ryggstöd |
| 22 | Motor – nackstöd |

**Komponentförteckning till kopplingsschema för radio**

| Nr | Beskrivning |
|---|---|
| 1 | Höger dörrhögtalare |
| 2 | Främre högtalare, höger |
| 3 | Bakre högtalare, höger |
| 4 | Specialutrustningskontakt RA12 |
| 5 | Anslutning för elektriska fönsterhissar |
| 6 | Förstärkare |
| 7 | Främre högtalare, vänster |
| 8 | Vänster dörrhögtalare |
| 9 | Anslutning för spänningsmatning |
| 10 | Anslutning för elantenn |
| 11 | Radio |
| 12 | Högtalarbalansens reglage |
| 13 | Bakre högtalare, vänster |

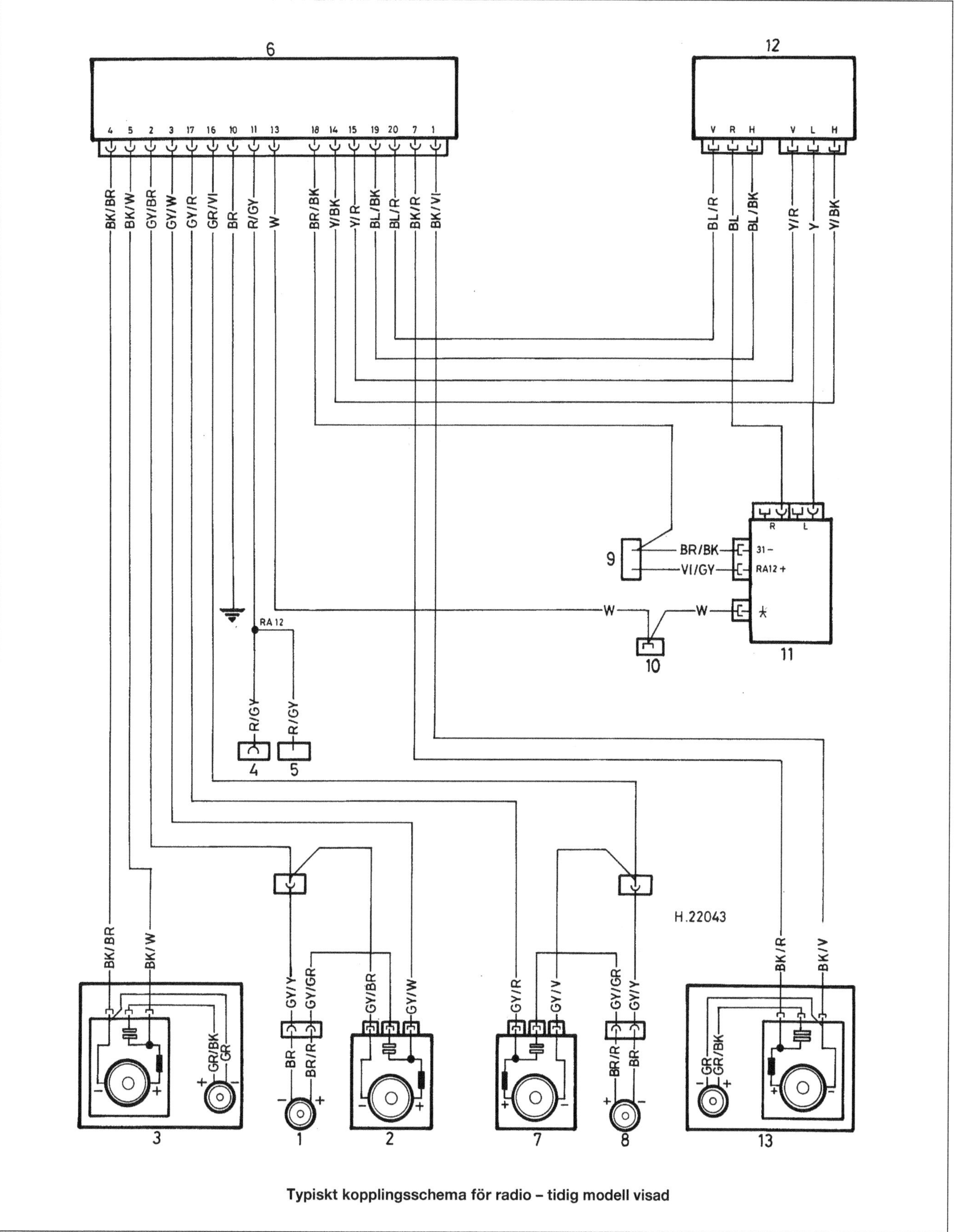


**Typiskt kopplingsschema för radio – tidig modell visad**

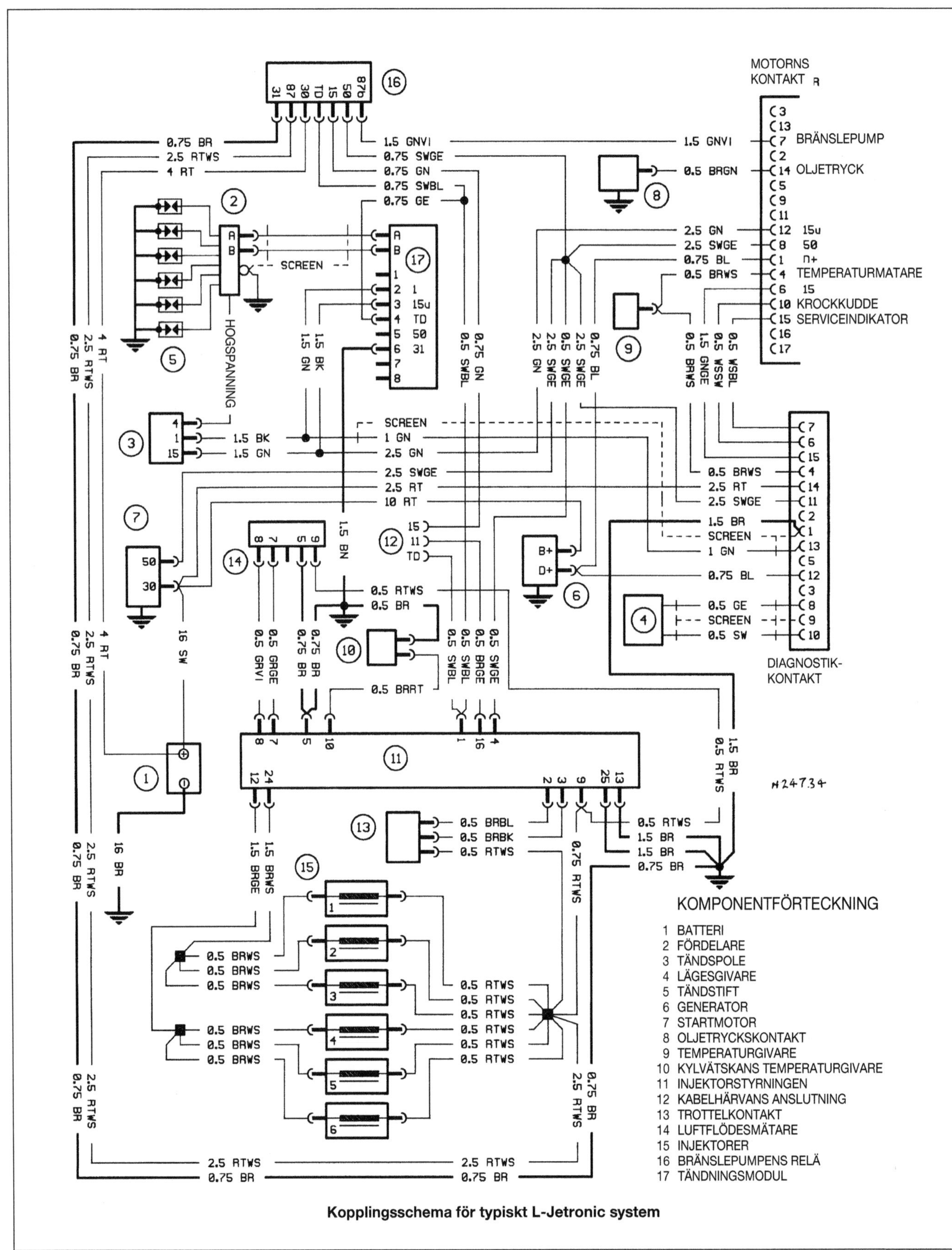


**Kopplingsschema för typiskt L-Jetronic system**

## *Inledning*

En uppsättning bra verktyg är ett grundläggande krav för var och en som överväger att underhålla och reparera ett motorfordon. För de ägare som saknar sådana kan inköpet av dessa bli en märkbar utgift, som dock uppvägs till en viss del av de besparingar som görs i och med det egna arbetet. Om de anskaffade verktygen uppfyller grundläggande säkerhets- och kvalitetskrav kommer de att hålla i många år och visa sig vara en värdefull investering.

För att hjälpa bilägaren att avgöra vilka verktyg som behövs för att utföra de arbeten som beskrivs i denna handbok har vi sammanställt tre listor med följande rubriker: *Underhåll och mindre reparationer, Reparation och renovering* samt *Specialverktyg*. Nybörjaren bör starta med det första sortimentet och begränsa sig till enklare arbeten på fordonet. Allt eftersom erfarenhet och självförtroende växer kan man sedan prova svårare uppgifter och köpa fler verktyg när och om det behövs. På detta sätt kan den grundläggande verktygssatsen med tiden utvidgas till en reparations- och renoveringssats utan några större enskilda kontantutlägg. Den erfarne hemmamekanikern har redan en verktygssats som räcker till de flesta reparationer och renoveringar och kommer att välja verktyg från specialkategorin när han känner att utgiften är berättigad för den användning verktyget kan ha.

## *Underhåll och mindre reparationer*

Verktygen i den här listan ska betraktas som ett minimum av vad som behövs för rutinmässigt underhåll, service och mindre reparationsarbeten. Vi rekommenderar att man köper blocknycklar (ring i ena änden och öppen i den andra), även om de är dyrare än de med öppen ände, eftersom man får båda sorternas fördelar.

☐ *Blocknycklar - 8, 9, 10, 11, 12, 13, 14, 15, 17 och 19 mm*
☐ *Skiftnyckel - 35 mm gap (ca.)*
☐ *Tändstiftsnyckel (med gummifoder)*
☐ *Verktyg för justering av tändstiftens elektrodavstånd*
☐ *Sats med bladmått*
☐ *Nyckel för avluftning av bromsar*
☐ *Skruvmejslar:*
*Spårmejsel - 100 mm lång x 6 mm diameter*
*Stjärnmejsel - 100 mm lång x 6 mm diameter*
☐ *Kombinationstång*
☐ *Bågfil (liten)*
☐ *Däckpump*
☐ *Däcktrycksmätare*
☐ *Oljekanna*
☐ *Verktyg för demontering av oljefilter*
☐ *Fin slipduk*
☐ *Stålborste (liten)*
☐ *Tratt (medelstor)*

## *Reparation och renovering*

Dessa verktyg är ovärderliga för alla som utför större reparationer på ett motorfordon och tillkommer till de som angivits för *Underhåll och mindre reparationer*. I denna lista ingår en grundläggande sats hylsor. Även om dessa är dyra, är de oumbärliga i och med sin mångsidighet - speciellt om satsen innehåller olika typer av drivenheter. Vi rekommenderar 1/2-tums fattning på hylsorna eftersom de flesta momentnycklar har denna fattning.

Verktygen i denna lista kan ibland behöva kompletteras med verktyg från listan för *Specialverktyg*.

☐ *Hylsor, dimensioner enligt föregående lista*
☐ *Spärrskaft med vändbar riktning (för användning med hylsor)* ***(se bild)***
☐ *Förlängare, 250 mm (för användning med hylsor)*
☐ *Universalknut (för användning med hylsor)*
☐ *Momentnyckel (för användning med hylsor)*
☐ *Självlåsande tänger*
☐ *Kulhammare*
☐ *Mjuk klubba (plast/aluminium eller gummi)*
☐ *Skruvmejslar:*
*Spårmejsel - en lång och kraftig, en kort (knubbig) och en smal (elektrikertyp)*
*Stjärnmejsel - en lång och kraftig och en kort (knubbig)*
☐ *Tänger:*
*Spetsnostång/plattång*
*Sidavbitare (elektrikertyp)*
*Låsringstång (inre och yttre)*
☐ *Huggmejsel - 25 mm*
☐ *Ritspets*
☐ *Skrapa*
☐ *Körnare*
☐ *Purr*
☐ *Bågfil*
☐ *Bromsslangklämma*
☐ *Avluftningssats för bromsar/koppling*
☐ *Urval av borrar*
☐ *Stållinjal*
☐ *Insexnycklar (inkl Torxtyp/med splines)* ***(se bild)***

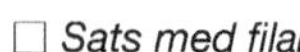

☐ *Sats med filar*
☐ *Stor stålborste*
☐ *Pallbockar*
☐ *Domkraft (garagedomkraft eller stabil pelarmodell)*
☐ *Arbetslampa med förlängningssladd*

## *Specialverktyg*

Verktygen i denna lista är de som inte används regelbundet, är dyra i inköp eller som måste användas enligt tillverkarens anvisningar. Det är bara om du relativt ofta kommer att utföra tämligen svåra jobb som många av dessa verktyg är lönsamma att köpa. Du kan också överväga att gå samman med någon vän (eller gå med i en motorklubb) och göra ett gemensamt inköp, hyra eller låna verktyg om så är möjligt.

Följande lista upptar endast verktyg och instrument som är allmänt tillgängliga och inte sådana som framställs av biltillverkaren speciellt för auktoriserade verkstäder. Ibland nämns dock sådana verktyg i texten. I allmänhet anges en alternativ metod att utföra arbetet utan specialverktyg. Ibland finns emellertid inget alternativ till tillverkarens specialverktyg. När så är fallet och relevant verktyg inte kan köpas, hyras eller lånas har du inget annat val än att lämna bilen till en auktoriserad verkstad.

☐ *Ventilfjäderkompressor* ***(se bild)***
☐ *Ventilslipningsverktyg*
☐ *Kolvringskompressor* ***(se bild)***
☐ *Verktyg för demontering/montering av kolvringar* ***(se bild)***
☐ *Honingsverktyg* ***(se bild)***
☐ *Kulledsavdragare*
☐ *Spiralfjäderkompressor (där tillämplig)*
☐ *Nav/lageravdragare, två/tre ben* ***(se bild)***
☐ *Slagskruvmejsel*
☐ *Mikrometer och/eller skjutmått* ***(se bilder)***
☐ *Indikatorklocka* ***(se bild)***
☐ *Stroboskoplampa*
☐ *Kamvinkelmätare/varvräknare*
☐ *Multimeter*

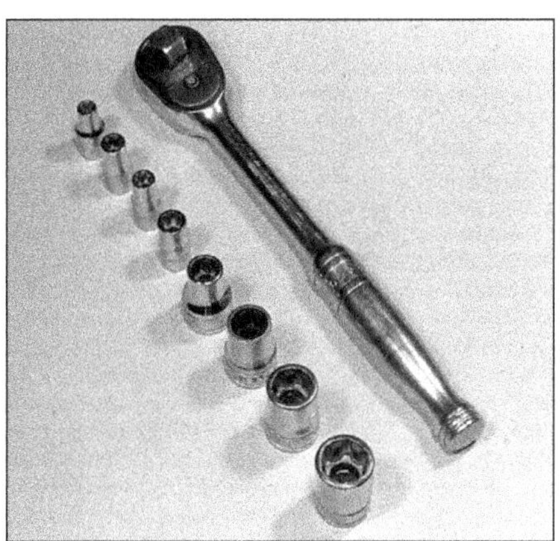

**Hylsor och spärrskaft**

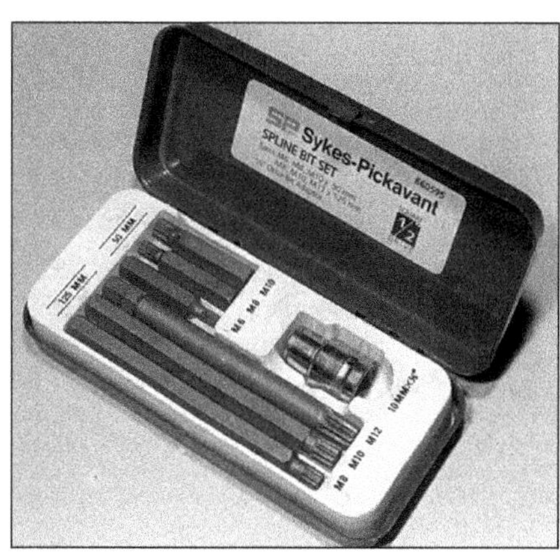


**Bits med splines**

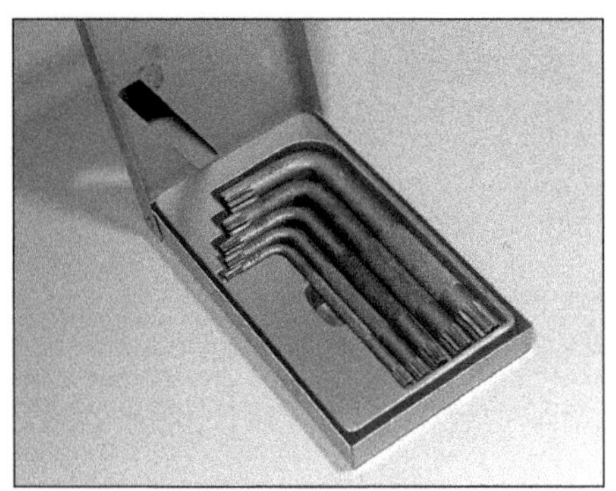
Nycklar med splines

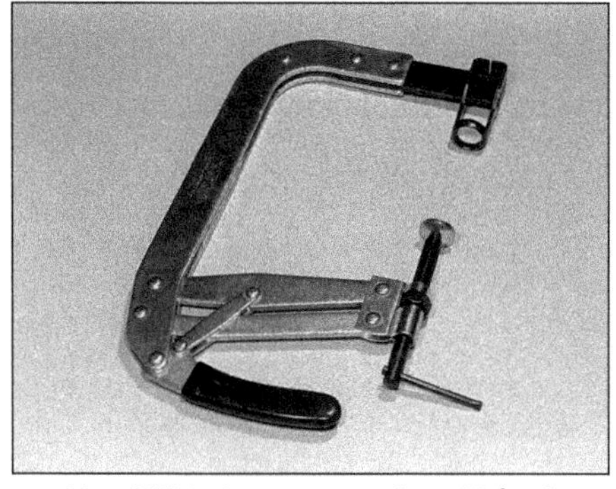
Ventilfjäderkompressor (ventilbåge)

Kolvringskompressor

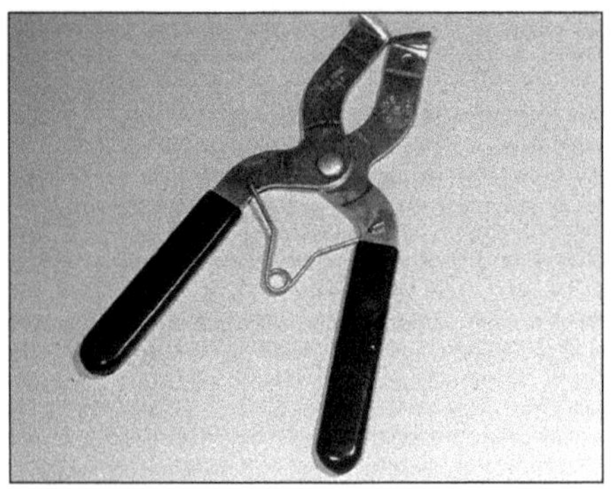
Verktyg för demontering och montering av kolvringar

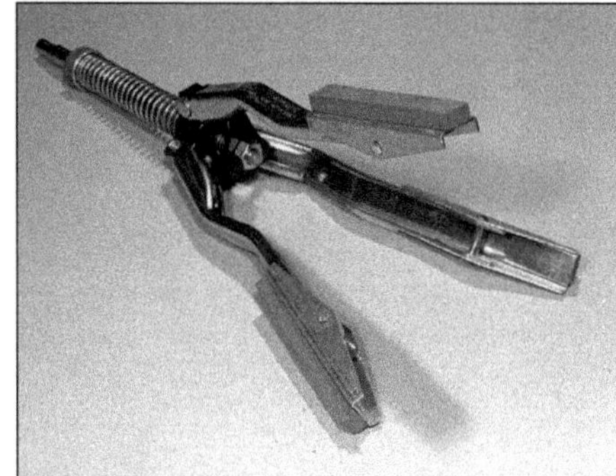
Honingsverktyg

Trebent avdragare för nav och lager

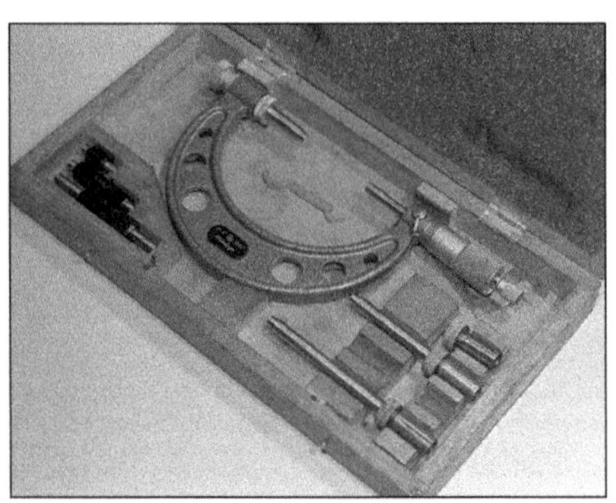
Mikrometerset

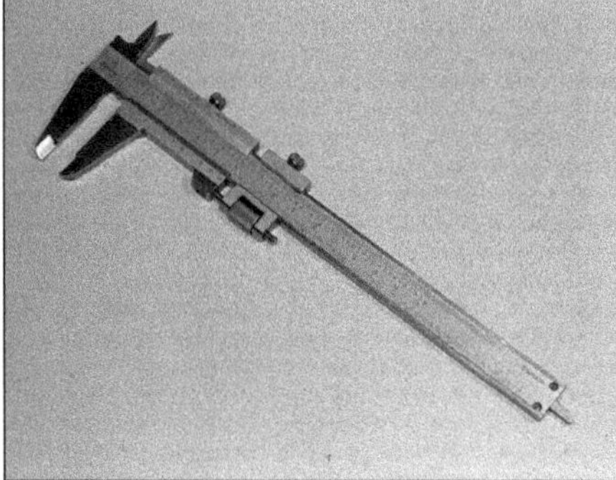
Skjutmått

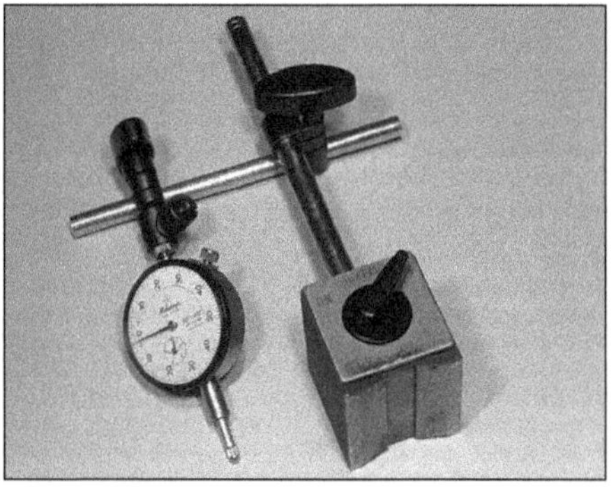
Indikatorklocka med magnetstativ

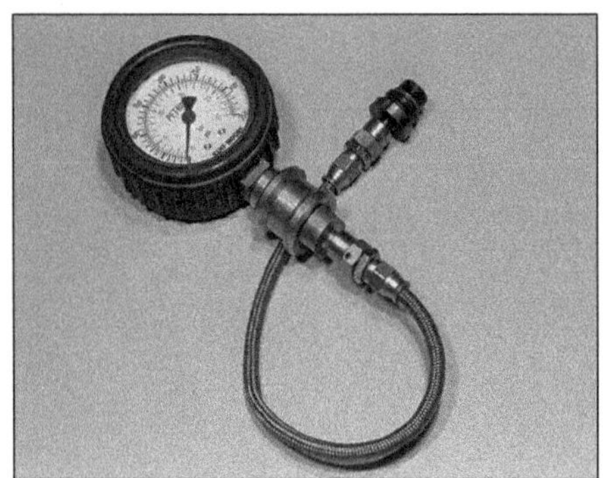
Kompressionsmätare

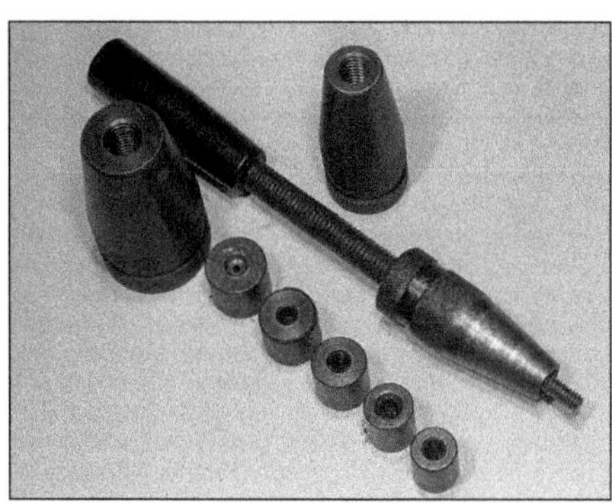
Centreringsverktyg för koppling

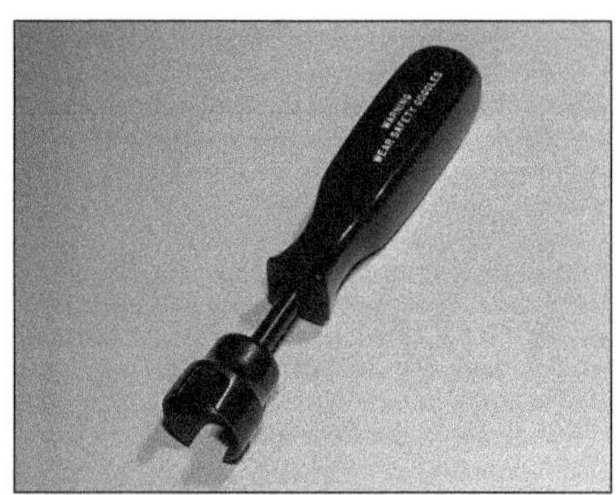
Demonteringsverktyg för bromsbackarnas fjäderskålar

- ☐ *Kompressionsmätare **(se bild)***
- ☐ *Handmanövrerad vakuumpump och mätare*
- ☐ *Centreringsverktyg för koppling **(se bild)***
- ☐ *Verktyg för demontering av bromsbackarnas fjäderskålar **(se bild)***
- ☐ *Sats för montering/demontering av bussningar och lager **(se bild)***
- ☐ *Bultutdragare **(se bild)***
- ☐ *Gängverktygssats **(se bild)***
- ☐ *Lyftblock*
- ☐ *Garagedomkraft*

## Inköp av verktyg

När det gäller inköp av verktyg är det i regel bättre att vända sig till en specialist som har ett större sortiment än t ex tillbehörsbutiker och bensinmackar. Tillbehörsbutiker och andra försöljningsställen kan dock erbjuda utmärkta verktyg till låga priser, så det kan löna sig att söka.

Det finns gott om bra verktyg till låga priser, men se till att verktygen uppfyller grundläggande krav på funktion och säkerhet. Fråga gärna någon kunnig person om råd före inköpet.

## Vård och underhåll av verktyg

Efter inköp av ett antal verktyg är det nödvändigt att hålla verktygen rena och i fullgott skick. Efter användning, rengör alltid verktygen innan de läggs undan. Låt dem inte ligga framme sedan de använts. En enkel upphängningsanordning på väggen för t ex skruvmejslar och tänger är en bra idé. Nycklar och hylsor bör förvaras i metalllådor. Mätinstrument av skilda slag ska förvaras på platser där de inte kan komma till skada eller börja rosta.

Lägg ner lite omsorg på de verktyg som används. Hammarhuvuden får märken och skruvmejslar slits i spetsen med tiden. Lite polering med slippapper eller en fil återställer snabbt sådana verktyg till gott skick igen.

## Arbetsutrymmen

När man diskuterar verktyg får man inte glömma själva arbetsplatsen. Om mer än rutinunderhåll ska utföras bör man skaffa en lämplig arbetsplats.

Vi är medvetna om att många ägare/mekaniker av omständigheterna tvingas att lyfta ur motor eller liknande utan tillgång till garage eller verkstad. Men när detta är gjort ska fortsättningen av arbetet göras inomhus.

Närhelst möjligt ska isärtagning ske på en ren, plan arbetsbänk eller ett bord med passande arbetshöjd.

En arbetsbänk behöver ett skruvstycke. En käftöppning om 100 mm räcker väl till för de flesta arbeten. Som tidigare sagts, ett rent och torrt förvaringsutrymme krävs för verktyg liksom för smörjmedel, rengöringsmedel, bättringslack (som också måste förvaras frostfritt) och liknande.

Ett annat verktyg som kan behövas och som har en mycket bred användning är en elektrisk borrmaskin med en chuckstorlek om minst 8 mm. Denna, tillsammans med en sats spiralborrar, är i praktiken oumbärlig för montering av tillbehör.

Sist, men inte minst, ha alltid ett förråd med gamla tidningar och rena luddfria trasor tillgängliga och håll arbetsplatsen så ren som möjligt.

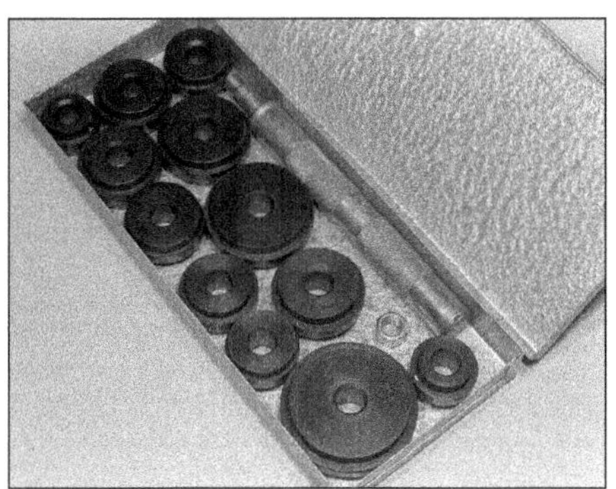

**Sats för demontering och montering av lager och bussningar**

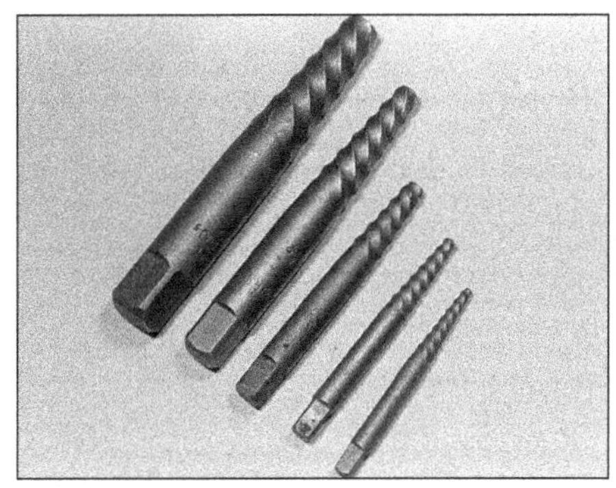

**Bultutdragare**

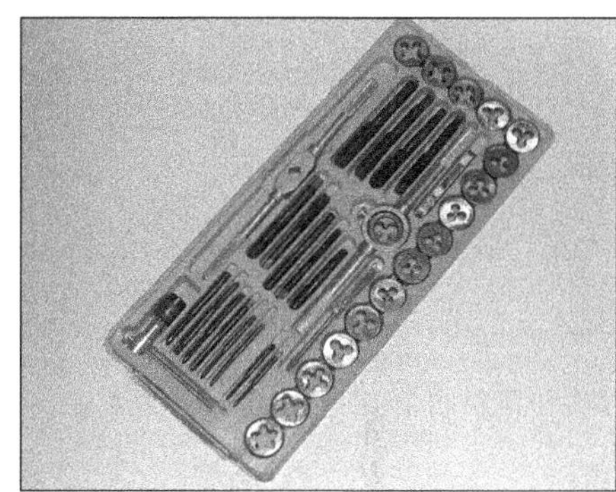

**Gängverktygssats**

När service-, reparationsarbeten eller renovering av detaljer utförs, är det viktigt att observera följande instruktioner. Detta för att reparationen ska utföras så effektivt och fackmannamässigt som möjligt.

## Tätningsytor och packningar

När två komponenter ska separeras vid anliggningsytan, pressa aldrig in skruvmejslar eller liknande mellan ytorna för att skilja dem åt. Detta kan orsaka skada som kan leda till oljeläckage, kylvätskeläckage etc efter ihopsättningen. Ta isär komponenterna genom att knacka längs fogen med en mjuk hammare. Observera att detta dock inte är lämpligt när komponenterna är sammanfogade med styrhylsor.

När en packning används mellan två ytor, se till att den byts vid ihopsättning. Montera den torrt om inte annat anges. Se till att ytorna är rena och torra och att gammal packning är helt borttagen. Vid rengöring av en tätningsyta, använd ett verktyg som inte skadar ytan och ta bort grader och ojämnheter med bryne eller en fin fil.

Se till att gängade hål rengörs med borste och håll dem fria från tätningsmedel då sådant används, om inte annat anges.

Se till att alla öppningar, kanaler och rör är fria och blås igenom dem, helst med tryckluft.

## Oljetätningar

Oljetätningar kan demonteras genom att man bänder ut dem med en bred skruvmejsel eller liknande. Alternativt kan man skruva in ett antal självgängande skruvar i tätningen och använda dessa som hållare för tänger eller liknande avdragningsverktyg.

När en oljetätning demonteras, antingen för sig eller som en del av en enhet, bör den bytas.

Den mycket fina tätningsläppen skadas lätt och kan inte täta om ytan den vidrör inte är helt ren och fri från grader, spår och gropar. Om tätningsytan inte kan återställas bör komponenten bytas.

Skydda tätningsläppen från ytor och kanter som kan skada den under montering. Använd tejp eller en konisk hylsa, om möjligt. Smörj tätningsläppen med olja före montering och för dubbla tätningsläppar, fyll utrymmet mellan läpparna med fett.

Om inte annat anges måste tätningarna monteras med tätningsläppen mot smörjmedlet som ska tätas.

Använd ett rörformad dorn eller ett trästycke av lämplig storlek för att montera tätningen. Om hållaren är försedd med skuldra, driv tätningen mot den. Om hållaren saknar skuldra bör tätningen monteras så att den går jäms med hållarens yta.

## Skruvgängor och infästningar

Muttrar, bultar och skruvar som kärvar är ett vanligt problem när en komponent har börjat rosta. Detta kan ofta lösas om man dränker in delen som ska lossas i krypsmörjmedel eller rostlösningsvätska en stund innan man försöker lossa den. Man kan också använda en slagskruvmejsel. Om ingen av dessa metoder hjälper kan man värma försiktigt eller använda en bågfil eller en mutterspräckare.

Pinnbultar demonteras i allmänhet genom att man drar ihop två muttrar på den gängade delen, varefter man använder en nyckel på den nedre muttern för att skruva loss pinnbulten. Pinnbultar eller skruvar som har brutits av under fästytan kan ibland demonteras med en lämplig skruvutdragare. Se alltid till att alla gängade bottenhål är helt fria från olja, fett, vatten och andra vätskor innan skruven eller pinnbulten skruvas i. I annat fall kan huset spricka på grund av den hydrauleffekt som uppstår när skruven skruvas i.

När man drar åt en kronmutter för att montera en saxpinne måste man dra åt till angivet moment (när det finns angivet) varefter man drar åt tills nästa urtag för saxpinnen passar för hålet. Lossa aldrig muttern för att passa in saxpinnen om inte detta anges i instruktionen.

Vid kontroll av åtdragningsmoment för en mutter eller skruv bör man lossa den omkring ett kvarts varv varefter man drar åt den med föreskrivet åtdragningsmoment. Denna metod gäller inte när man vinkeldragit skruven.

För vissa skruvförband, i synnerhet topplockets skruvar och muttrar, specificeras inga åtdragningsmoment för de senare stegen av en åtdragning, istället används vinkeldragning. Vanligtvis dras skruvarna/muttrarna åt med ett tämligen lågt åtdragningsmoment i rätt åtdragningsföljd, därefter vinkeldras de i de efterföljande stegen.

## Låsmuttrar, låsbleck och brickor

Alla fästelement som roterar mot en komponent eller ett hus under åtdragningen skall alltid ha en bricka mellan sig och komponenten.

Fjäder- och låsbrickor bör alltid bytas när de används på kritiska komponenter såsom lageröverfall. Låsbleck som viks över mutter eller bult ska alltid bytas.

Självlåsande muttrar kan återanvändas vid mindre viktiga detaljer, under förutsättning att ett motstånd känns då låsdelen går över skruvgängan. Självlåsande muttrar tenderar dock att förlora sin effekt efter långvarig användning och de bör då bytas rutinmässigt.

Saxpinnar måste alltid bytas och rätt storlek i förhållande till hålet användas.

När man upptäcker gänglåsningsmedel på gängorna på en enhet som skall användas igen bör man göra ren den med en stålborste och lösningsmedel. Applicera nytt gänglåsningsmedel vid montering.

## Specialverktyg

Vissa arbeten i denna handbok förutsätter användning av specialverktyg, som en press, två- eller trebent avdragare, fjäderkompressor etc. När så är möjligt beskrivs och visas lämpliga lättåtkomliga alternativ till tillverkarens specialverktyg. I vissa fall är inga alternativ möjliga, och det har varit nödvändigt att använda tillverkarens verktyg. Detta har gjorts med tanke på säkerhet såväl som på resultatet av reparationen. Om du inte är mycket skicklig och har stora kunskaper om det moment som beskrivs, försök aldrig använda annat än specialverktyg när sådant anges i anvisningarna. Det föreligger inte bara risk för kroppsskada, utan kostbara skador kan också uppstå på komponenterna.

## Hänsyn till omgivningen och miljön

När du gör dig av med använd motorolja, bromsvätska, frostskyddsvätska o s v, vidta nödvändiga åtgärder för att skydda miljön. Häll t ex inte någon av ovan nämnda vätskor i det vanliga avloppssystemet, eller helt enkelt på marken. På de flesta ställen finns miljöstationer som tar emot miljöfarligt avfall, t ex på bensinmackar. Om du inte kan göra dig av med avfallet på lämpligt sätt, kontakta berörd myndighet i din kommun.

Det stiftas ständigt nya, strängare lagar gällande utsläpp av miljöfarliga ämnen från motorfordon. De mest nytillverkade bilarna har justersäkringar monterade över de mest avgörande justeringspunkterna för bränslesystemet. Dessa är monterade främst för att undvika att okvalificerade personer justerar bränsle/luftblandningen och därmed riskerar en ökning av giftiga utsläpp. Om sådana justersäkringar påträffas under reparationsarbete, ska de, där så är möjligt, sättas tillbaka eller förnyas enligt tillverkarens anvisningar eller aktuell lagstiftning.

Det här avsnittet är till för att hjälpa dig att klara bilbesiktningen. Det är naturligtvis inte möjligt att undersöka ditt fordon lika grundligt som en professionell besiktare, men genom att göra följande kontroller kan du identifiera problemområden och ha en möjlighet att korrigera eventuella fel innan du lämnar bilen till besiktning. Om bilen underhålls och servas regelbundet borde besiktningen inte innebära några större problem.

I besiktningsprogrammet ingår kontroll av nio huvudsystem – stommen, hjulsystemet, drivsystemet, bromssystemet, styrsystemet, karosseriet, kommunikationssystemet, instrumentering och slutligen övriga anordningar (släpvagnskoppling etc).

Kontrollerna som här beskrivs har baserats på Svensk Bilprovnings krav aktuella vid tiden för tryckning. Kraven ändras dock kontinuerligt och särskilt miljöbestämmelserna blir allt strängare.

**Kontrollerna har delats in under följande fem rubriker:**

**1** *Kontroller som utförs från förarsätet*

**2** *Kontroller som utförs med bilen på marken*

**3** *Kontroller som utförs med bilen upphissad och med fria hjul*

**4** *Kontroller på bilens avgassystem*

**5** *Körtest*

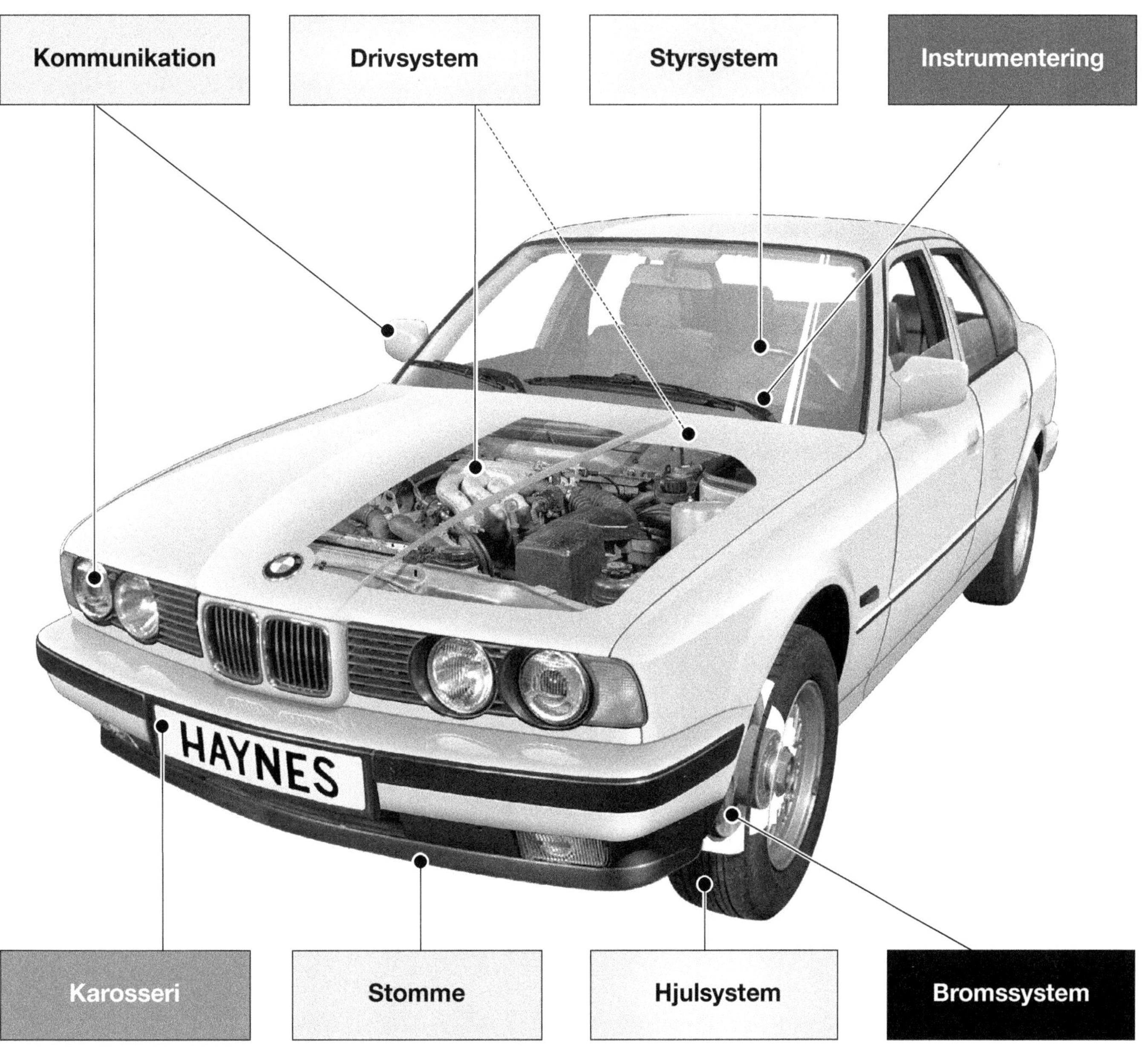

# Besiktningsprogrammet

Vanliga personbilar kontrollbesiktigas första gången efter tre år, andra gången två år senare och därefter varje år. Åldern på bilen räknas från det att den tas i bruk, oberoende av årsmodell, och den måste genomgå besiktning inom fem månader.

Tiden på året då fordonet kallas till besiktning bestäms av sista siffran i registreringsnumret, enligt tabellen nedan.

| Slutsiffra | Besiktningsperiod |
|---|---|
| 1 | *november t.o.m. mars* |
| 2 | *december t.o.m. april* |
| 3 | *januari t.o.m. maj* |
| 4 | *februari t.o.m. juni* |
| 5 | *mars t.o.m. juli* |
| 6 | *juni t.o.m. oktober* |
| 7 | *juli t.o.m. november* |
| 8 | *augusti t.o.m. december* |
| 9 | *september t.o.m. januari* |
| 0 | *oktober t.o.m. februari* |

Om fordonet har ändrats, byggts om eller om särskild utrustning har monterats eller demonterats, måste du som fordonsägare göra en registreringsbesiktning inom en månad. I vissa fall räcker det med en begränsad registreringsbesiktning, t.ex. för draganordning, taklucka, taxiutrustning etc.

### *Efter besiktningen*

Nedan visas de system och komponenter som kontrolleras och bedöms av besiktaren på Svensk Bilprovning. Efter besiktningen erhåller du ett protokoll där eventuella anmärkningar noterats.

Har du fått en 2x i protokollet (man kan ha max 3 st 2x) behöver du inte ombesiktiga bilen, men är skyldig att själv åtgärda felet snarast möjligt. Om du inte åtgärdar felen utan återkommer till Svensk Bilprovning året därpå med samma fel, blir dessa automatiskt 2:or som då måste ombesiktigas. Har du en eller flera 2x som ej är åtgärdade och du blir intagen i en flygande besiktning av polisen blir dessa automatiskt 2:or som måste ombesiktigas. I detta läge får du även böta.

Om du har fått en tvåa i protokollet är fordonet alltså inte godkänt. Felet ska åtgärdas och bilen ombesiktigas inom en månad.

En trea innebär att fordonet har så stora brister att det anses mycket trafikfarligt. Körförbud inträder omedelbart.

## Kommunikation

- **Vindrutetorkare**
- **Vindrutespolare**
- **Backspegel**
- **Strålkastarinställning**
- **Strålkastare**
- **Signalhorn**
- **Sidoblinkers**
- **Parkeringsljus fram bak**
- **Blinkers**
- **Bromsljus**
- **Reflex**
- **Nummerplåts-belysning**
- **Övrigt**

***Vanliga anmärkningar:***
*Felaktig ljusbild*
*Skadad strålkastare*
*Ej fungerande parkeringsljus*
*Ej fungerande bromsljus*

## Drivsystem

- **Avgasrening, EGR-system**
- **Avgasrening**
- **Bränslesystem**
- **Avgassystem**
- **Avgaser (CO, HC)**
- **Kraftöverföring**
- **Drivknut**
- **Elförsörjning**
- **Batteri**
- **Övrigt**

**Vanliga anmärkningar:**
*Höga halter av CO*
*Höga halter av HC*
*Läckage i avgassystemet*
*Ej fungerande EGR-ventil*
*Skadade drivknutsdamasker*

## Styrsystem

- **Styrled**
- **Styrväxel**
- **Hjälpstyrarm**
- **Övrigt**

***Vanliga anmärkningar:***
*Glapp i styrleder*
*Skadade styrväxeldamasker*

## Instrumentering

- **Hastighetsmätare**
- **Taxameter**
- **Varningslampor**
- **Övrigt**

## Karosseri

- **Dörr**
- **Skärm**
- **Vindruta**
- **Säkerhetsbälten**
- **Lastutrymme**
- **Övrigt**

***Vanliga anmärkningar:***
*Skadad vindruta*
*Vassa kanter*

## Stomme

- **Sidobalk**
- **Tvärbalk**
- **Golv**
- **Hjulhus**
- **Övrigt**

***Vanliga anmärkningar:***
*Rostskador i sidobalkar, golv och hjulhus*

## Hjulsystem

- **Däck**
- **Stötdämpare**
- **Hjullager**
- **Spindelleder**
- **Länkarm fram bak**
- **Fjäder**
- **Fjädersäte**
- **Övrigt**

***Vanliga anmärkningar:***
*Glapp i spindelleder*
*Utslitna däck*
*Dåliga stötdämpare*
*Rostskadade fjädersäten*
*Brustna fjädrar*
*Rostskadade länkarms-infästningar*

## Bromssystem

- **Fotbroms fram bak rörelseres.**
- **Bromsrör**
- **Bromsslang**
- **Handbroms**
- **Övrigt**

***Vanliga anmärkningar:***
*Otillräcklig bromsverkan på handbromsen*
*Ojämn bromsverkan på fotbromsen*
*Anliggande bromsar på fotbromsen*
*Rostskadade bromsrör*
*Skadade bromsslangar*

## 1 Kontroller som utförs från förarsätet

### Handbroms

☐ Kontrollera att handbromsen fungerar ordentligt utan för stort spel i spaken. För stort spel tyder på att bromsen eller bromsvajern är felaktigt justerad.

☐ Kontrollera att handbromsen inte kan läggas ur genom att spaken förs åt sidan. Kontrollera även att handbromsspaken är ordentligt monterad.

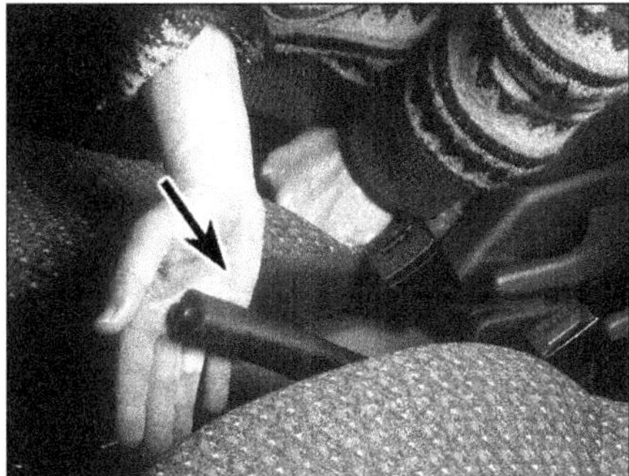

### Fotbroms

☐ Tryck ner bromspedalen och kontrollera att den inte sjunker ner mot golvet, vilket tyder på fel på huvudcylindern. Släpp pedalen, vänta ett par sekunder och tryck sedan ner den igen. Om pedalen tar långt ner är det nödvändigt att justera eller reparera bromsarna. Om pedalen känns "svampig" finns det luft i bromssystemet som då måste luftas.

☐ Kontrollera att bromspedalen sitter fast ordentligt och att den är i bra skick. Kontrollera även om det finns tecken på oljeläckage på bromspedalen, golvet eller mattan eftersom det kan betyda att packningen i huvudcylindern är trasig.

☐ Om bilen har bromsservo kontrolleras denna genom att man upprepade gånger trycker ner bromspedalen och sedan startar motorn med pedalen nertryckt. När motorn startar skall pedalen sjunka något. Om inte kan vakuumslangen eller själva servoenheten vara trasig.

### Ratt och rattstång

☐ Känn efter att ratten sitter fast. Undersök om det finns några sprickor i ratten eller om några delar på den sitter löst.

☐ Rör på ratten uppåt, neråt och i sidled. Fortsätt att röra på ratten samtidigt som du vrider lite på den från vänster till höger.

☐ Kontrollera att ratten sitter fast ordentligt på rattstången vilket annars kan tyda på slitage eller att fästmuttern sitter löst. Om ratten går att röra onaturligt kan det tyda på att rattstångens bärlager eller kopplingar är slitna.

### Rutor och backspeglar

☐ Vindrutan måste vara fri från sprickor och andra skador som kan vara irriterande eller hindra sikten i förarens synfält. Sikten får inte heller hindras av t.ex. ett färgat eller reflekterande skikt. Samma regler gäller även för de främre sidorutorna.

☐ Backspeglarna måste sitta fast ordentligt och vara hela och ställbara.

### Säkerhetsbälten och säten

**Observera:** *Kom ihåg att alla säkerhetsbälten måste kontrolleras - både fram och bak.*

☐ Kontrollera att säkerhetsbältena inte är slitna, fransiga eller trasiga i väven och att alla låsmekanismer och rullmekanismer fungerar obehindrat. Se även till att alla infästningar till säkerhetsbältena sitter säkert.

☐ Framsätena måste vara ordentligt fastsatta och om de är fällbara måste de vara låsbara i uppfällt läge.

### Dörrar

☐ Framdörrarna måste gå att öppna och stänga från både ut- och insidan och de måste gå ordentligt i lås när de är stängda. Gångjärnen ska sitta säkert och inte glappa eller kärva onormalt.

## 2 Kontroller som utförs med bilen på marken

### Registreringsskyltar

☐ Registreringsskyltarna måste vara väl synliga och lätta att läsa av, d v s om bilen är mycket smutsig kan det ge en anmärkning.

### Elektrisk utrustning

☐ Slå på tändningen och kontrollera att signalhornet fungerar och att det avger en jämn ton.

☐ Kontrollera vindrutetorkarna och vindrutespolningen. Svephastigheten får inte vara extremt låg, svepytan får inte vara för liten och torkarnas viloläge ska inte vara inom förarens synfält. Byt ut gamla och skadade torkarblad.

☐ Kontrollera att strålkastarna fungerar och att de är rätt inställda. Reflektorerna får inte vara skadade, lampglasen måste vara hela och lamporna måste vara ordentligt fastsatta. Kontrollera även att bromsljusen fungerar och att det inte krävs högt pedaltryck för att tända dem. (Om du inte har någon medhjälpare kan du kontrollera bromsljusen genom att backa upp bilen mot en garageport, vägg eller liknande reflekterande yta.)

☐ Kontrollera att blinkers och varningsblinkers fungerar och att de blinkar i normal hastighet. Parkeringsljus och bromsljus får inte påverkas av blinkers. Om de påverkas beror detta oftast på jordfel. Se också till att alla övriga lampor på bilen är hela och fungerar som de ska och att t.ex. extraljus inte är placerade så att de skymmer föreskriven belysning.

☐ Se även till att batteri, elledningar, reläer och liknande sitter fast ordentligt och att det inte föreligger någon risk för kortslutning

### Fotbroms

☐ Undersök huvudbromscylindern, bromsrören och servoenheten. Leta efter läckage, rost och andra skador.

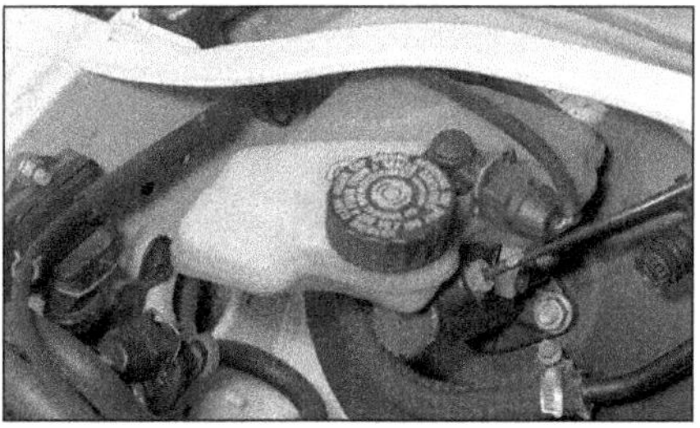

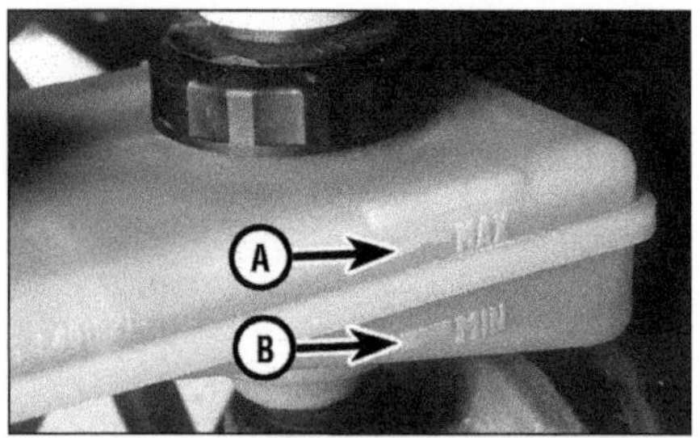


☐ Bromsvätskebehållaren måste sitta fast ordentligt och vätskenivån skall vara mellan max- (A) och min- (B) markeringarna.

☐ Undersök båda främre bromsslangarna efter sprickor och förslitningar. Vrid på ratten till fullt rattutslag och se till att bromsslangarna inte tar i någon del av styrningen eller upphängningen. Tryck sedan ner bromspedalen och se till att det inte finns några läckor eller blåsor på slangarna under tryck.

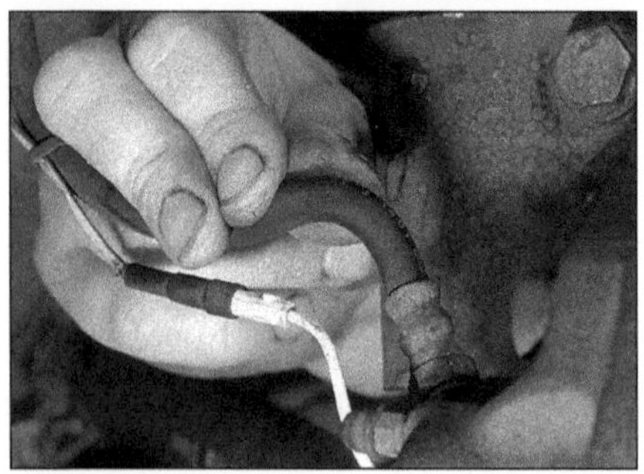

## Styrning

☐ Be någon vrida på ratten så att hjulen vrids något. Kontrollera att det inte är för stort spel mellan rattutslaget och styrväxeln vilket kan tyda på att rattstångslederna, kopplingen mellan rattstången och styrväxeln eller själva styrväxeln är sliten eller glappar.

☐ Vrid sedan ratten kraftfullt åt båda hållen så att hjulen vrids något. Undersök då alla damasker, styrleder, länksystem, rörkopplingar och anslutningar/fästen. Byt ut alla delar som verkar utslitna eller skadade. På bilar med servostyrning skall servopumpen, drivremmen och slangarna kontrolleras.

## Stötdämpare

☐ Tryck ned hörnen på bilen i tur och ordning och släpp upp. Bilen skall gunga upp och sedan gå tillbaka till ursprungsläget. Om bilen fortsätter att gunga är stötdämparna dåliga. Stötdämpare som kärvar påtagligt gör också att bilen inte klarar besiktningen. (Observera att stötdämpare kan saknas på vissa fjädersystem.)

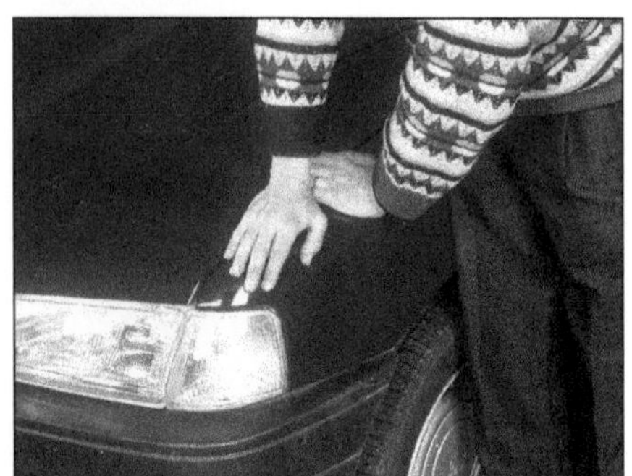

☐ Kontrollera också att bilen står rakt och ungefär i rätt höjd.

## Avgassystem

☐ Starta motorn medan någon håller en trasa över avgasröret och kontrollera sedan att avgassystemet inte läcker. Reparera eller byt ut de delar som läcker.

## Kaross

☐ Skador eller korrosion/rost som utgörs av vassa eller i övrigt farliga kanter med risk för personskada medför vanligtvis att bilen måste repareras och ombesiktas. Det får inte heller finnas delar som sitter påtagligt löst.

☐ Det är inte tillåtet att ha utskjutande detaljer och anordningar med olämplig utformning eller placering (prydnadsföremål, antennfästen, viltfångare och liknande).

☐ Kontrollera att huvlås och säkerhetsspärr fungerar och att gångjärnen inte sitter löst eller på något vis är skadade.

☐ Se också till att stänkskydden täcker däckens slitbana i sidled.

## 3 Kontroller som utförs med bilen upphissad och med fria hjul

***Lyft upp både fram- och bakvagnen och ställ bilen på pallbockar. Placera pallbockarna så att de inte tar i fjäderupphängningen. Se till att hjulen inte tar i marken och att de går att vrida till fullt rattutslag. Om du har begränsad utrustning går det naturligtvis bra att lyfta upp en ände i taget.***

## Styrsystem

☐ Be någon vrida på ratten till fullt rattutslag. Kontrollera att alla delar i styrningen går mjukt och att ingen del av styrsystemet tar i någonstans.

☐ Undersök kuggstångsdamaskerna så att de inte är skadade eller att metallklämmorna glappar. Om bilen är utrustad med servostyrning ska slangar, rör och kopplingar kontrolleras så att de inte är skadade eller

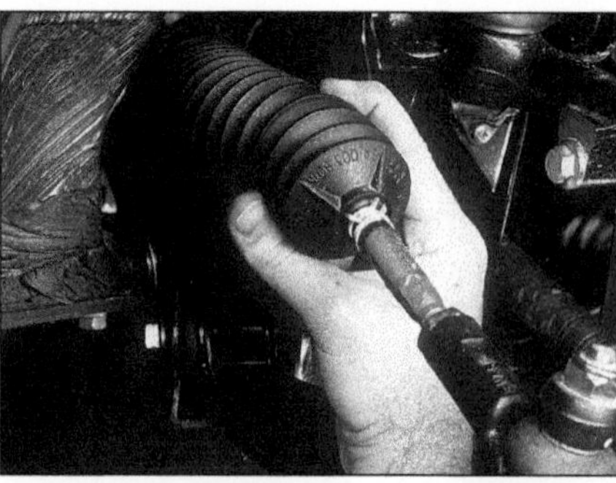

läcker. Kontrollera också att styrningen inte är onormalt trög eller kärvar. Undersök länkarmar, krängningshämmare, styrstag och styrleder och leta efter glapp och rost.

☐ Se även till att ingen saxpinne eller liknande låsmekanism saknas och att det inte finns gravrost i närheten av någon av styrmekanismens fästpunkter.

## Upphängning och hjullager

☐ Börja vid höger framhjul. Ta tag på sidorna av hjulet och skaka det kraftigt. Se till att det inte glappar vid hjullager, spindelleder eller vid upphängningens infästningar och leder.

☐ Ta nu tag upptill och nedtill på hjulet och upprepa ovanstående. Snurra på hjulet och undersök hjullagret angående missljud och glapp.

☐ Om du misstänker att det är för stort spel vid en komponents led kan man kontrollera detta genom att använda en stor skruvmejsel eller liknande och bända mellan infästningen och komponentens fäste. Detta visar om det är bussningen, fästskruven eller själva infästningen som är sliten (bulthålen kan ofta bli uttänjda).

☐ Kontrollera alla fyra hjulen.

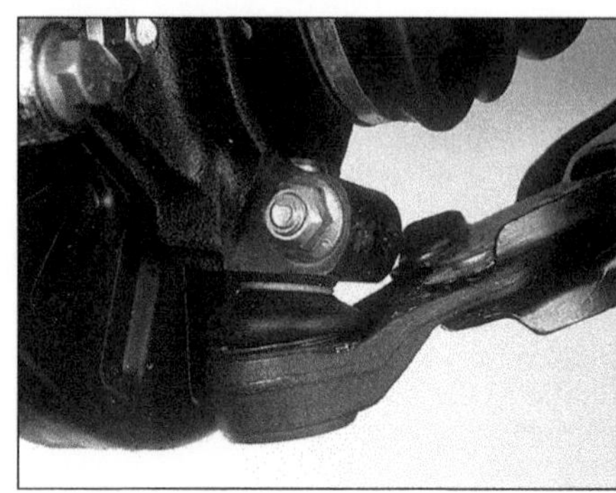

### Fjädrar och stötdämpare

☐ Undersök fjäderbenen (där så är tillämpligt) angående större läckor, korrosion eller skador i godset. Kontrollera också att fästena sitter säkert.

☐ Om bilen har spiralfjädrar, kontrollera att dessa sitter korrekt i fjädersätena och att de inte är utmattade, rostiga, spruckna eller av.

☐ Om bilen har bladfjädrar, kontrollera att alla bladen är hela, att axeln är ordentligt fastsatt mot fjädrarna och att fjäderöglorna, bussningarna och upphängningarna inte är slitna.

☐ Liknande kontroll utförs på bilar som har annan typ av upphängning såsom torsionfjädrar, hydraulisk fjädring etc. Se till att alla infästningar och anslutningar är säkra och inte utslitna, rostiga eller skadade och att den hydrauliska fjädringen inte läcker olja eller på annat sätt är skadad.

☐ Kontrollera att stötdämparna inte läcker och att de är hela och oskadade i övrigt samt se till att bussningar och fästen inte är utslitna.

### Drivning

☐ Snurra på varje hjul i tur och ordning. Kontrollera att driv-/kardanknutar inte är lösa, glappa, spruckna eller skadade. Kontrollera också att skyddsbälgarna är intakta och att driv-/kardanaxlar är ordentligt fastsatta, raka och oskadade. Se även till att inga andra detaljer i kraftöverföringen är glappa, lösa, skadade eller slitna.

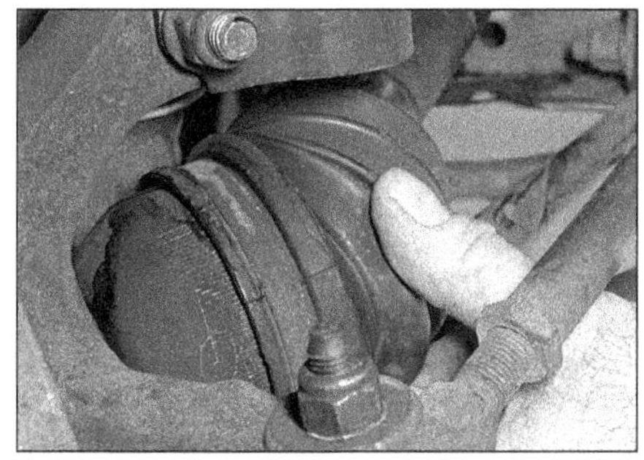

### Bromssystem

☐ Om det är möjligt utan isärtagning, kontrollera hur bromsklossar och bromsskivor ser ut. Se till att friktionsmaterialet på bromsbeläggen (A) inte är slitet under 2 mm och att broms-skivorna (B) inte är spruckna, gropiga, repiga eller utslitna.

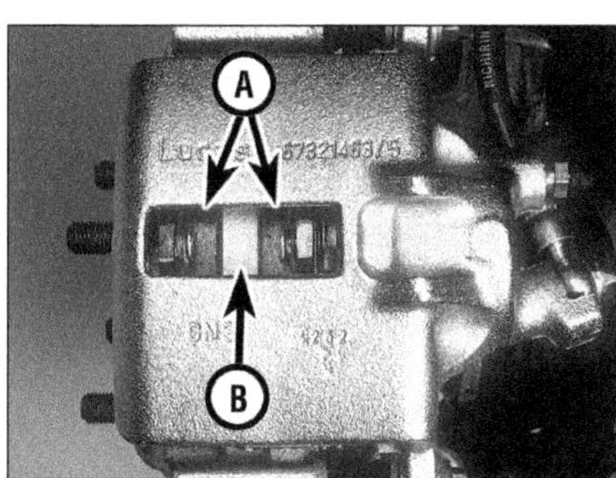


☐ Undersök alla bromsrör under bilen och bromsslangarna bak. Leta efter rost, skavning och övriga skador på ledningarna och efter tecken på blåsor under tryck, skavning, sprickor och förslitning på slangarna. (Det kan vara enklare att upptäcka eventuella sprickor på en slang om den böjs något.)

☐ Leta efter tecken på läckage vid bromsoken och på bromssköldarna. Reparera eller byt ut delar som läcker.

☐ Snurra sakta på varje hjul medan någon trycker ned och släpper upp bromspedalen. Se till att bromsen fungerar och inte ligger an när pedalen inte är nedtryckt.

☐ Undersök handbromsmekanismen och kontrollera att vajern inte har fransat sig, är av eller väldigt rostig eller att länksystemet är utslitet eller glappar. Se till att handbromsen fungerar på båda hjulen och inte ligger an när den läggs ur.

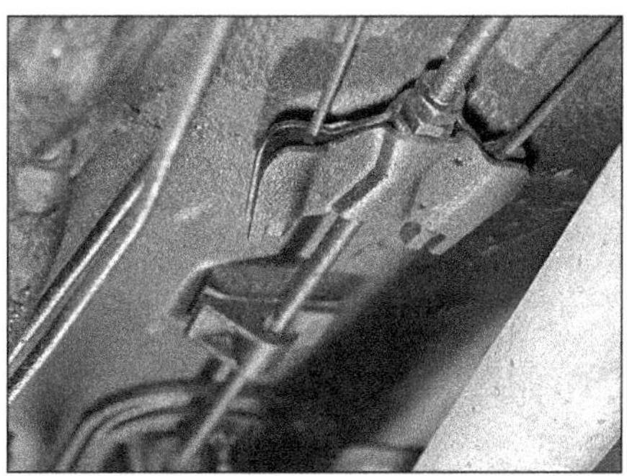

☐ Det är inte möjligt att prova bromsverkan utan specialutrustning, men man kan göra ett körtest och prova att bilen inte drar åt något håll vid en kraftig inbromsning.

### Bränsle- och avgassystem

☐ Undersök bränsletanken (inklusive tanklock och påfyllningshals), fastsättning, bränsleledningar, slangar och anslutningar. Alla delar måste sitta fast ordentligt och får inte läcka.

☐ Granska avgassystemet i hela dess längd beträffande skadade, avbrutna eller saknade upphängningar. Kontrollera systemets skick beträffande rost och se till att rörklämmorna är säkert monterade. Svarta sotavlagringar på avgassystemet tyder på ett annalkande läckage.

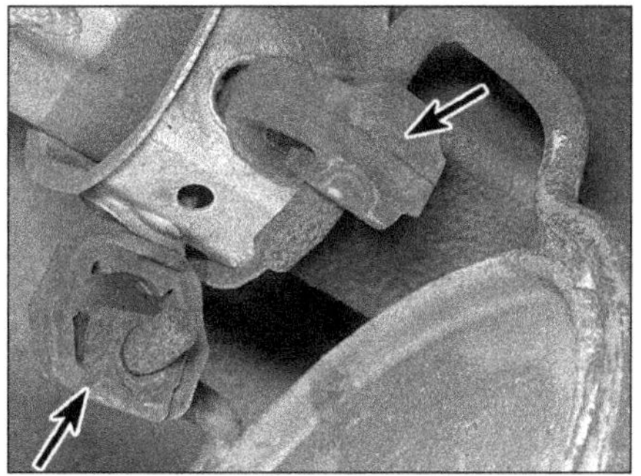

### Hjul och däck

☐ Undersök i tur och ordning däcksidorna och slitbanorna på alla däcken. Kontrollera att det inte finns några skärskador, revor eller bulor och att korden inte syns p g a utslitning eller skador. Kontrollera att däcket är korrekt monterat på fälgen och att hjulet inte är deformerat eller skadat.

☐ Se till att det är rätt storlek på däcken för bilen, att det är samma storlek och däcktyp på samma axel och att det är rätt lufttryck i däcken. Se också till att inte ha dubbade och odubbade däck blandat. (Dubbade däck får användas under vinterhalvåret, från 1 oktober till första måndagen efter påsk.)

☐ Kontrollera mönsterdjupet på däcken – minsta tillåtna mönsterdjup är 1,6 mm. Onormalt däckslitage kan tyda på felaktig framhjulsinställning.

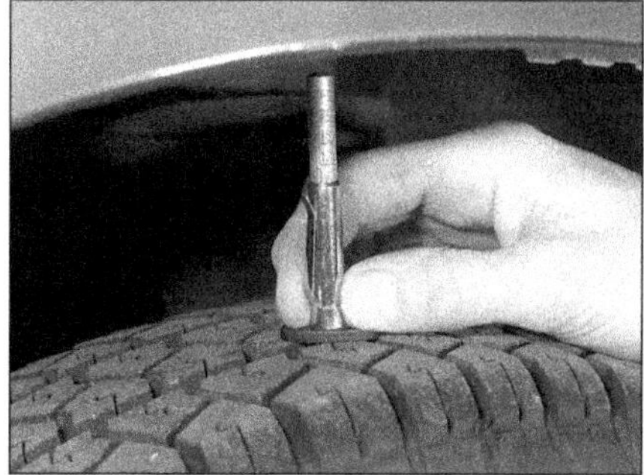

### Korrosion

☐ Undersök alla bilens bärande delar efter rost. (Bärande delar innefattar underrede, tröskellådor, tvärbalkar, stolpar och all upphängning, styrsystemet, bromssystemet samt bältesinfästningarna.) Rost som avsevärt har reducerat tjockleken på en bärande yta medför troligtvis en tvåa i besiktningsprotokollet. Sådana skador kan ofta vara svåra att reparera själv.

☐ Var extra noga med att kontrollera att inte rost har gjort det möjligt för avgaser att tränga in i kupén. Om så är fallet kommer fordonet ovillkorligen inte att klara besiktningen och dessutom utgör det en stor trafik- och hälsofara för dig och dina passagerare.

## 4 Kontroller som utförs på bilens avgassystem

### Bensindrivna modeller

☐ Starta motorn och låt den bli varm. Se till att tändningen är rätt inställd, att luftfiltret är rent och att motorn går bra i övrigt.

☐ Varva först upp motorn till ca 2500 varv/min och håll den där i ca 20 sekunder. Låt den sedan gå ner till tomgång och iaktta avgasutsläppen från avgasröret. Om tomgången är onaturligt hög eller om tät blå eller klart synlig svart rök kommer ut med avgaserna i mer än 5 sekunder så kommer bilen antagligen inte att klara besiktningen. I regel tyder blå rök på att motorn är sliten och förbränner olja medan svart rök tyder på att motorn inte förbränner bränslet ordentligt (smutsigt luftfilter eller annat förgasar- eller bränslesystemfel).

□ Vad som då behövs är ett instrument som kan mäta koloxid (CO) och kolväten (HC). Om du inte har möjlighet att låna eller hyra ett dylikt instrument kan du få hjälp med det på en verkstad för en mindre kostnad.

### CO- och HC-utsläpp

□ För närvarande är högsta tillåtna gränsvärde för CO- och HC-utsläpp för bilar av årsmodell 1989 och senare (d v s bilar med katalysator enligt lag) 0,5% CO och 100 ppm HC.

På tidigare årsmodeller testas endast CO-halten och följande gränsvärden gäller:

| | |
|---|---|
| årsmodell 1985-88 | 3,5% CO |
| årsmodell 1971-84 | 4,5% CO |
| årsmodell -1970 | 5,5% CO. |

Bilar av årsmodell 1987-88 med frivilligt monterad katalysator bedöms enligt 1989 års komponentkrav men 1985 års utsläppskrav.

□ Om CO-halten inte kan reduceras tillräckligt för att klara besiktningen (och bränsle- och tändningssystemet är i bra skick i övrigt) ligger problemet antagligen hos förgasaren/bränsleinsprutningsystemet eller katalysatorn (om monterad).

□ Höga halter av HC kan orsakas av att motorn förbränner olja men troligare är att motorn inte förbränner bränslet ordentligt.

### *Dieseldrivna modeller*

□ Det enda testet för avgasutsläpp på dieseldrivna bilar är att man mäter röktätheten. Testet innebär att man varvar motorn kraftigt upprepade gånger.

**Observera:** *Det är oerhört viktigt att motorn är rätt inställd innan provet genomförs.*

□ Mycket rök kan orsakas av ett smutsigt luftfilter. Om luftfiltret inte är smutsigt men bilen ändå avger mycket rök kan det vara nödvändigt att söka experthjälp för att hitta orsaken.

## 5 Körtest

□ Slutligen, provkör bilen. Var extra uppmärksam på eventuella missljud, vibrationer och liknande.

□ Om bilen har automatväxellåda, kontrollera att den endast går att starta i lägena P och N. Om bilen går att starta i andra växellägen måste växelväljarmekanismen justeras.

□ Kontrollera också att hastighetsmätaren fungerar och inte är missvisande.

□ Se till att ingen extrautrustning i kupén, t ex biltelefon och liknande, är placerad så att den vid en eventuell kollision innebär ökad risk för personskada.

□ Gör en hastig inbromsning och kontrollera att bilen inte drar åt något håll. Om kraftiga vibrationer känns vid inbromsning kan det tyda på att bromsskivorna är skeva och bör bytas eller fräsas om. (Inte att förväxlas med de låsningsfria bromsarnas karakteristiska vibrationer.)

□ Om vibrationer känns vid acceleration, hastighetsminskning, vid vissa hastigheter eller hela tiden, kan det tyda på att drivknutar eller drivaxlar är slitna eller defekta, att hjulen eller däcken är felaktiga eller skadade, att hjulen är obalanserade eller att styrleder, upphängningens leder, bussningar eller andra komponenter är slitna.

### Motor

- ☐ Motorn går inte runt vid startförsök
- ☐ Motorn går runt men startar inte
- ☐ Motorn svår att kallstarta
- ☐ Motorn svår att varmstarta
- ☐ Startmotorn avger missljud eller är grov vid ingrepp
- ☐ Motorn startar men stannar omedelbart
- ☐ Oljepöl under motorn
- ☐ Ojämn tomgång
- ☐ Misständning vid tomgång
- ☐ Misständning vid alla varvtal
- ☐ Misständning vid acceleration
- ☐ Motorn rusar när gaspedalen hålls stilla
- ☐ Kraftlöshet
- ☐ Motorn stannar plötsligt
- ☐ Motorn baktänder
- ☐ Spikning eller knackning vid gaspådrag eller uppförsbackar
- ☐ Oljetryckslampan tänd med motorn igång
- ☐ Motorn glödtänder

### Motorns elsystem

- ☐ Batteriet håller inte laddning
- ☐ Laddningslampan slocknar inte
- ☐ Laddningslampan tänds inte när tändningsnyckeln vrids

### Bränslesystem

- ☐ Hög bränsleförbrukning
- ☐ Bränsleläckage och/eller bränsledoft

### Kylsystem

- ☐ Överhettning
- ☐ Överkylning
- ☐ Utvändigt kylvätskeläckage
- ☐ Invändigt kylvätskeläckage
- ☐ Kylvätskeförlust
- ☐ Dålig cirkulation av kylvätska

### Koppling

- ☐ Pedalen går i golvet - inget eller mycket litet motstånd
- ☐ Olja kring huvudcylinderns dammskydd och på pedalen
- ☐ Olja på slavcylindern
- ☐ Pedalen känns "svampig"
- ☐ Går inte att lägga i växlar
- ☐ Kopplingen slirar (varvtalet ökar men inte hastigheten)
- ☐ Hugg (vibrationer) när kopplingen trycks ned
- ☐ Missljud från kopplingen
- ☐ Kopplingspedalen stannar i botten
- ☐ Högt pedaltryck krävs

### Manuell växellåda

- ☐ Vibration
- ☐ Missljud i friläge med motorn igång
- ☐ Missljud med en speciell växel ilagd
- ☐ Missljud i alla växlar
- ☐ Växlar hoppar ur
- ☐ Oljeläckage

### Automatväxellåda

- ☐ Oljeläckage
- ☐ Automatväxellådsoljan brun eller luktar bränd
- ☐ Ingen kickdown när gasen trycks i botten
- ☐ Allmänna växlingsproblem
- ☐ Motorn startar i andra lägen än P eller N
- ☐ Växellådan slirar, växlar ryckigt, har missljud eller saknar drivkraft framåt eller bakåt

### Bromsar

- ☐ Bilen drar åt ena sidan vid inbromsning
- ☐ Missljud (gnissel) vid inbromsning
- ☐ Bromsvibration (pedalen pulserar)
- ☐ Lång pedalväg
- ☐ Högt pedaltryck krävs för att stoppa bilen
- ☐ Bromsarna släpper inte
- ☐ Huggande eller ojämn bromsverkan
- ☐ Bromspedalen känns "svampig"
- ☐ Bromspedalen går i golvet med litet motstånd
- ☐ Handbromsen håller inte bilen stilla

### Fjädring och styrning

- ☐ Bilen drar åt ena sidan
- ☐ Kraftigt däckslitage
- ☐ Hjulen "dundrar"
- ☐ Ryck, skakningar eller vibrationer
- ☐ Styrningen går tungt
- ☐ Dålig självcentrering
- ☐ Missljud från framvagnen
- ☐ Instabilitet eller dålig styrförmåga
- ☐ Ojämn styrning under inbromsning
- ☐ Djupa nigningar och/eller krängningar vid kurvtagning eller inbromsning
- ☐ Fjädringen slår i botten
- ☐ Ojämnt däckslitage
- ☐ Däcken mer slitna på utsidorna
- ☐ Däcken mer slitna på insidorna
- ☐ Däckmönstret slitet på ett ställe
- ☐ Glapp styrning
- ☐ Skaller eller klickande missljud i styrväxeln

Detta avsnitt ger en enkel referensguide till de mer vanligt förekommande problem som kan uppstå vid körning av bilen. Dessa problem och deras möjliga orsaker grupperas under rubriker som anger olika komponenter eller system som till exempel Motor, Kylsystem etc. De hänvisar även till kapitel och/eller avsnitt som tar upp problemet.

Kom ihåg att framgångsrik felsökning inte är en mystisk konst som bara utövas av professionella mekaniker. Den är helt enkelt en kombination av de rätta kunskaperna och en intelligent, systematisk väg att angripa problemet. Arbeta alltid med uteslutningsmetoden och börja med den enklaste lösningen och arbeta dig fram mot den mest komplicerade – förbise aldrig det självklara. Vem som helst kan köra slut på bensinen eller glömma lyset på över natten så förutsätt inte att du är immun mot sådana misstag.

Slutligen, bygg alltid upp en bild över varför ett problem uppstått och vidta åtgärder så att det inte inträffar igen. Om elsystemet havererar på grund av en dålig kontakt, kontrollera resterande kontakter bara för att se till att inte dessa också ställer till med problem. Om en viss säkring tenderar att brännas, ta reda på varför – sätt inte bara i en ny säkring varje morgon. Kom ihåg att haveri för en liten komponent ofta kan indikera möjliga felfunktioner i en viktigare komponent eller system.

# Motor

### *Motorn går inte runt vid startförsök*

☐ Batteripolernas anslutningar lösa eller korroderade (kapitel 1).
☐ Batteriet urladdat eller defekt (kapitel 1).
☐ Automatväxellådan inte helt ilagd i läge P (kapitel 7B) eller (på modeller med kopplingskontakt) kopplingen inte helt nedtryckt (kapitel 8).
☐ Bruten, lös eller urkopplad ledning i startkretsen (kapitlen 5 och 12).
☐ Startmotorns pinjong har fastnat på kuggkransen (kapitel 5).
☐ Startsolenoid defekt (kapitel 5).
☐ Startmotor defekt (kapitel 5).
☐ Defekt tändningslås (kapitel 12).
☐ Startmotorns pinjong eller kuggkrans sliten eller defekt (kapitel 5).
☐ Internt motorproblem (kapitel 2B).

### *Motorn går runt men startar inte*

☐ Tom tank.
☐ Urladdat batteri (motorn snurrar långsamt) (kapitel 5).
☐ Batteripolernas anslutningar lösa eller korroderade (kapitel 1).
☐ Läckande injektor(er), defekt bränslepump, tryckregulator etc. (kapitel 4).
☐ Bränslet kommer inte fram till injektorerna eller förgasaren (kapitel 4).
☐ Del i tändsystemet fuktig eller skadad (kapitel 5).
☐ Injektor fastnat i öppet läge (kapitel 4).
☐ Tändstift slitna, defekta eller har fel elektrodavstånd (kapitel 1).
☐ Bruten, lös eller urkopplad ledning i startkretsen (kapitel 5).
☐ Lösa bultar till fördelaren orsakar att tändläget vandrar (kapitlen 1 och 5).
☐ Brutna, lösa eller urkopplade ledningar vid tändspolen eller defekt tändspole (kapitel 5).

### *Motorn svår att kallstarta*

☐ Urladdat batteri (kapitel 1).
☐ Felfunktion i bränslesystemet (kapitel 4).
☐ Injektor(er) läcker eller förgasarens automatchoke defekt (kapitel 4).
☐ Kolspår i fördelarens rotor (kapitel 5).

### *Motorn svår att varmstarta*

☐ Igensatt luftfilter (kapitel 1).
☐ Bränslet når inte fram till injektorer eller förgasare (kapitel 4).
☐ Korroderade batterianslutningar, speciellt minuspolen (jord) (kapitel 1).

### *Startmotorn avger missljud eller är grov vid ingrepp*

☐ Kuggar i pinjong eller startkrans slitna eller avbrutna (kapitel 5).
☐ Startmotorns bultar lösa eller saknas (kapitel 5).

### *Motorn startar men stannar omedelbart*

☐ Lösa eller felaktiga anslutningar vid fördelare, tändspole eller generator (kapitel 5).
☐ Otillräckligt med bränsle till injektorer eller förgasare (kapitlen 1 och 4).
☐ Skadad hastighetsgivare för bränsleinsprutningen (kapitel 5).
☐ Defekta reläer i bränsleinsprutningen (kapitel 5).

### *Oljepöl under motorn*

☐ Sumppackning och/eller dräneringspluggens packning otät (kapitel 2).
☐ Oljetrycksgivaren läcker (kapitel 2).
☐ Ventilkåpspackningen läcker (kapitel 2).
☐ Motorpackbox läcker (kapitel 2).

### *Ojämn tomgång*

☐ Vakuumläcka (kapitel 4).
☐ Igensatt luftfilter (kapitel 1).
☐ Bränslepumpen levererar inte tillräckligt med bränsle till injektorer eller förgasare (kapitel 4).
☐ Läckande topplockspackning (kapitel 2).
☐ Sliten kamdrivning (kapitel 2).
☐ Slitna kamaxellober (kapitel 2).
☐ Defekt kolkanister, om monterad (kapitel 6).

### Misständning vid tomgång

- ☐ Tändstiften slitna eller har fel elektrodavstånd (kapitel 1).
- ☐ Defekt tändkabel (kapitel 1).
- ☐ Vakuumläcka (kapitel 1).
- ☐ Fel tändlägesinställning (kapitel 5).
- ☐ Ojämn eller låg kompression (kapitel 2).
- ☐ Defekt kolkanister, om monterad (kapitel 6).

### Misständning vid alla varvtal

- ☐ Bränslefilter igensatt och/el. föroreningar i bränslesystemet (kapitel 1).
- ☐ Låg utmatning från injektorerna eller delvis igensatta förgasarmunstycken (kapitel 4).
- ☐ Tändstiften defekta eller har fel elektrodavstånd (kapitel 1).
- ☐ Fel tändlägesinställning (kapitel 5).
- ☐ Sprucket fördelarlock, urkopplad tändkabel eller skador i fördelaren (kapitel 1).
- ☐ Defekt tändkabel (kapitel 1).
- ☐ Defekt avgasrening (kapitel 6).
- ☐ Låg eller ojämn kompression (kapitel 2).
- ☐ Svagt eller defekt tändsystem (kapitel 5).
- ☐ Vakuumläcka i bränsleinsprutningen, insugsröret eller vakuumslang (kapitel 4).

### Misständning vid acceleration

- ☐ Smutsiga tändstift (kapitel 1).
- ☐ Felfunktion i bränsleinsprutning eller förgasare (kapitel 4).
- ☐ Igensatt bränslefilter (kapitlen 1 och 4).
- ☐ Fel tändlägesinställning (kapitel 5).
- ☐ Luftläckage i insugsröret (kapitel 4).

### Motorn rusar när gaspedalen hålls stilla

- ☐ Läckage i insugsluften (kapitel 4).
- ☐ Defekt bränslepump (kapitel 4).
- ☐ Lösa kontakter till injektorerna (kapitlen 4 och 6).
- ☐ Defekt elektronisk styrenhet (kapitel 5).

### Kraftlöshet

- ☐ Fel tändlägesinställning (kapitel 5).
- ☐ För stort spel i fördelaraxeln (kapitel 5).
- ☐ Slitage i rotor, fördelare eller tändkablar (kapitlen 1 och 5).
- ☐ Tändstift defekta eller har fel elektrodavstånd (kapitel 1).
- ☐ Felfunktion i bränsleinsprutning eller förgasare (kapitel 4).
- ☐ Defekt tändspole (kapitel 5).
- ☐ Bromsarna hänger sig (kapitel 1).
- ☐ Automatväxellådans oljenivå fel (kapitel 1).
- ☐ Kopplingen slirar (kapitel 8).
- ☐ Bränslefilter igensatt och/el. föroreningar i bränslesystemet (kapitel 1).
- ☐ Felfunktion i avgasreningen (kapitel 6).
- ☐ Låg eller ojämn kompression (kapitel 2).

### Motorn stannar plötsligt

- ☐ Fel tomgångsvarv (kapitel 1).
- ☐ Bränslefilter igensatt och/eller vatten och föroreningar i bränslesystemet (kapitel 1).
- ☐ Fukt eller skador i fördelaren (kapitel 5).
- ☐ Defekt avgasrening (kapitel 6).
- ☐ Tändstift defekta eller har fel elektrodavstånd (kapitel 1).
- ☐ Defekt tändkabel (kapitel 1).
- ☐ Vakuumläcka i bränsleinsprutningen, insugsröret eller vakuumslang (kapitel 4).

### Motorn baktänder

- ☐ Defekt avgasrening (kapitel 6).
- ☐ Fel tändlägesinställning (kapitel 5).
- ☐ Defekt sekundärt tändsystem (sprucket tändstift, defekt tändkabel/fördelarlock/rotor) (kapitlen 1 och 5).
- ☐ Felfunktion i bränsleinsprutning eller förgasare (kapitel 4).
- ☐ Vakuumläcka i injektor(er), insugsrör eller vakuumslang (kapitel 4).
- ☐ Fel ventilspel (kapitel 1), eller ventil(er) fastnar eller är skadade (kapitel 2).

### Spikning eller knackning vid gaspådrag eller uppförsbackar

- ☐ Fel oktantal.
- ☐ Fel tändlägesinställning (kapitel 5).
- ☐ Bränsleinsprutning eller förgasare behöver justering (kapitel 4).
- ☐ Tändstift eller tändkabel skadade eller av fel typ (kapitel 1).
- ☐ Slitage eller skador i fördelare (kapitel 5).
- ☐ Defekt avgassystem (kapitel 6).
- ☐ Vakuumläcka (kapitel 4).

### Oljetryckslampan tänd med motorn igång

⚠ ***Varning: Stoppa omedelbart motorn om oljetryckslampan tänds och ta reda på varför. Att köra motorn med för lågt oljetryck kan orsaka allvarliga och dyrbara skador.***

- ☐ Låg oljenivå (kapitel 1).
- ☐ För låg tomgång (kapitel 1).
- ☐ Kortsluten ledning (kapitel 12).
- ☐ Defekt oljetrycksgivare (kapitel 2).
- ☐ Slitage på lager och/eller oljepump (kapitel 2).

### Motorn glödtänder

- ☐ För hög tomgång (kapitel 1).
- ☐ För varm arbetstemperatur på motorn (kapitel 3).
- ☐ Fel oktantal.
- ☐ Tändstift defekta eller har fel värmetal (kapitel 1).

# Motorns elsystem

### Batteriet håller inte laddning

- ☐ Generatorns drivrem defekt eller feljusterad (kapitel 1).
- ☐ Låg elektrolytnivå (kapitel 1).
- ☐ Lösa eller korroderade batterianslutningar (kapitel 1).
- ☐ Generatorn laddar inte korrekt (kapitel 5).
- ☐ Lös, bruten eller defekt ledning i laddningskretsen (kapitel 5).
- ☐ Kortslutning i bilen (kapitlen 5 och 12).
- ☐ Defekt batteri (kapitlen 1 och 5).
- ☐ Glödlampan till laddningslampan trasig - på vissa tidiga modeller (kapitel 5)

### Laddningslampan slocknar inte

- ☐ Defekt generator eller laddningskrets (kapitel 5).
- ☐ Generatorns drivrem defekt eller feljusterad (kapitel 1).
- ☐ Generatorns spänningsregulator fungerar inte (kapitel 5).

### Laddningslampan tänds inte när nyckeln vrids

- ☐ Defekt glödlampa (kapitel 12).
- ☐ Defekt i kretskortet, ledningen eller glödlampshållaren (kapitel 12).

# Bränslesystem

### Hög bränsleförbrukning

- ☐ Igensatt luftfilter (kapitel 1).
- ☐ Fel tändlägesinställning (kapitel 5).
- ☐ Avgassystemet fungerar inte korrekt (kapitel 6).
- ☐ Slitage eller skador på delar i bränsleinsprutning eller förgasarmunstycken (kapitel 4).
- ☐ Lågt däcktryck eller fel däckstorlek (kapitel 1).
- ☐ Slösaktig körstil eller svåra förhållanden.

### Bränsleläckage och/eller bränsledoft

**Varning: Kör inte bilen om en bränsleläcka misstänks. Läckande bränsle i motorrummet kan antändas.**

- ☐ Läcka i bränsleledning (kapitel 4).
- ☐ Tanken överfull.
- ☐ För stort slitage på delar i bränsleinsprutning eller förgasare eller läckande packning i bränslesystemet (kapitel 4).

# Kylsystem

### Överhettning

- ☐ För lite kylvätska (kapitel 1).
- ☐ Vattenpumpens drivrem defekt eller feljusterad (kapitel 1).
- ☐ Kylaren igensatt eller grillen blockerad (kapitel 3).
- ☐ Defekt termostat (kapitel 3).
- ☐ Kylarlocket håller inte trycket inne (kapitel 3).
- ☐ Fel tändlägesinställning (kapitel 5).

### Överkylning

- ☐ Defekt termostat (kapitel 3).

### Utvändigt kylvätskeläckage

- ☐ Slitna/skadade slangar, lösa slangklämmor (kapitlen 1 och 3).
- ☐ Defekt vattenpumpspackning (kapitlen 1 och 3).
- ☐ Läckage från kylare, värmeelement eller expansionskärl (kapitel 3).
- ☐ Dräneringsplugg i kylare eller motor otät, läckande frostplugg (kapitlen 2 och 3).

### Invändigt kylvätskeläckage

- ☐ Defekt topplockspackning (kapitel 2).
- ☐ Spricka i cylinder eller topplock (kapitel 2).

### Kylvätskeförlust

- ☐ För mycket kylvätska i systemet (kapitel 1).
- ☐ Kylvätskan kokar bort på grund av överhettning (se ovan).
- ☐ Inre eller yttre läckage (se ovan).
- ☐ Defekt kylarlock (kapitel 3).

### Dålig cirkulation av kylvätska

- ☐ Defekt vattenpump (kapitel 3).
- ☐ Blockering i kylsystemet (kapitlen 1 och 3).
- ☐ Vattenpumpens drivrem defekt eller feljusterad (kapitel 1).
- ☐ Termostaten har hängt sig (kapitel 3).

# Koppling

### Pedalen går i golvet - inget eller mycket litet motstånd

- ☐ Huvud eller slavcylinder defekt (kapitel 8).
- ☐ Spricka eller läcka i hydraulledning (kapitel 8).
- ☐ Läckande anslutning (kapitel 8).
- ☐ Ingen olja i behållaren (kapitel 1).
- ☐ Om det finns olja i huvudcylinderns dammskydd har den bakre tätningen gått sönder (kapitel 8).
- ☐ Defekt urtrampningslager eller gaffel (kapitel 8).

### Olja kring huvudcylinderns dammskydd och på pedalen

- ☐ Defekt bakre tätning i huvudcylinder (kapitel 8).

### Olja på slavcylindern

- ☐ Slavcylinderns kolvtätning defekt (kapitel 8).

### Pedalen känns "svampig"

- ☐ Luft i systemet (kapitel 8).

### Går inte att lägga i växlar

- ☐ Defekt växellåda (kapitel 7).
- ☐ Defekt lamell (kapitel 8).
- ☐ Urtrampningens gaffel och lager felmonterade (kapitel 8).
- ☐ Defekt tryckplatta (kapitel 8).
- ☐ Tryckplattans svänghjulsbultar lösa (kapitel 8).

### Kopplingen slirar (varvtalet ökar men inte hastigheten)

- ☐ Sliten lamell (kapitel 8).
- ☐ Lamellen dränkt i olja från läckande vevaxelpackbox (kapitel 8).
- ☐ Skevhet i tryckplattan eller svänghjulet (kapitel 8).
- ☐ Svag membranfjäder (kapitel 8).
- ☐ Lamellen överhettad.

### Hugg (vibrationer) när kopplingen trycks ned

- ☐ Olja på lamellbelägget, brända eller glaserade ytor (kapitel 8).
- ☐ Slitna eller lösa fästen till motorn eller växellådan (kapitlen 2 och 7A).
- ☐ Slitna splines i lamellnavet (kapitel 8).
- ☐ Skevhet i tryckplattan eller svänghjulet (kapitel 8).

### Missljud från kopplingen

- ☐ Gaffeln felmonterad (kapitel 8).
- ☐ Defekt urtrampningslager (kapitel 8).

### Kopplingspedalen stannar i botten

- ☐ Gaffeln kärvar i huset (kapitel 8).
- ☐ Defekt urtrampningslager eller gaffel (kapitel 8).

### Högt pedaltryck krävs

- ☐ Gaffeln kärvar i huset (kapitel 8).
- ☐ Defekt tryckplatta (kapitel 8).
- ☐ Huvud- eller slavcylinder av fel storlek monterad (kapitel 8).

# Manuell växellåda

### Vibration

- ☐ Skadad kardanaxel (kapitel 8).
- ☐ Orunda hjul (kapitel 1).
- ☐ Obalanserade hjul (kapitlen 1 och 10).
- ☐ Sliten kardanknut (kapitel 8).

### Missljud i friläge med motorn igång

- ☐ Slitet urtrampningslager (kapitel 8).
- ☐ Slitet lager till ingående växellådsaxel (kapitel 7A).

### Missljud med en speciell växel ilagd

- ☐ Skadade eller slitna drev.
- ☐ Skadade eller slitna synkringar.

### Missljud i alla växlar

- ☐ För lite olja (kapitel 1).
- ☐ Skadade eller slitna lager.
- ☐ Slitage eller skada på ingående och/eller utgående växellådsaxel.

### Växlar hoppar ur

- ☐ Slitet eller feljusterat länkage (kapitel 7A).
- ☐ Växellådans motorbultar lösa (kapitel 7A).
- ☐ Växlingslänkaget kärvar (kapitel 7A).
- ☐ Sliten väljargaffel (kapitel 7A).

### Oljeläckage

- ☐ För mycket olja i växellådan (kapitlen 1 och 7A).
- ☐ Lös eller defekt lagerhållare på ingående axeln (kapitel 7A).
- ☐ O-ring och/eller packbox på ingående axel skadad (kapitel 7A).

# Automatväxellåda

**Observera:** *I och med automatväxellådans komplexitet är det svårt för hemmamekaniker att ställa korrekt diagnos och utföra arbeten på denna. Andra problem än de som anges nedan ska tas till en BMW-verkstad eller en specialist på automatväxellådor.*

### Oljeläckage

- ☐ Automatväxellådsolja är mörkröd till färgen. Oljeläckor ska inte förväxlas med motorolja som lätt kan blåsas av fartvinden från motorn till växellådan.
- ☐ För att spåra en läcka måste först all smuts avlägsnas från växellådshuset med avfettningsmedel och/eller ångtvätt. Kör sedan bilen långsamt så att fartvinden inte blåser olja för långt från läckan. Ställ upp bilen på pallbockar och leta noga. Vanliga platser för läckor är:
  - *a) Växellådans sump (kapitlen 1 och 7B)*
  - *b) Påfyllningsröret (kapitel 7B)*
  - *c) Växellådsoljans kylledningar (kapitel 7B)*
  - *d) Hastighetsgivaren (kapitel 7B)*

### Växellådsoljan brun eller luktar bränt

- ☐ Bränd växellådsolja ska bytas, kan indikera fel i växellådan (kapitlen 1 och 7B).

### Ingen kickdown när gasen trycks i botten

- ☐ Kickdown-vajern feljusterad (kapitel 7B).

### Allmänna växlingsproblem

- ☐ Kapitel 7B tar upp kontroll och justering av automatväxellådans väljarlänkage, Vanliga problem som kan hänföras till feljusterat väljarlänkage är:
  - *a) Motorn startar i andra lägen än P eller N.*
  - *b) Indikatorn på växelväljaren pekar på en annan växel än den som används.*
  - *c) Bilen rör sig i P-läget.*
- ☐ Se kapitel 7B för beskrivningen av justering av väljarlänkaget.

### Motorn startar i andra lägen än P eller N

- ☐ Defekt startspärr (kapitel 7B).

### Växellådan slirar, växlar ryckigt, har missljud eller saknar drivkraft framåt eller bakåt

- ☐ Det finns många troliga orsaker till ovanstående problem men hemmamekanikern ska bara tänka på en sak- oljenivån. Innan bilen tas till en specialist på automatväxellådor, kontrollera skick och nivå på oljan enligt beskrivning i kapitel 1. Korrigera nivån efter behov eller byt olja om så krävs. Om problemet kvarstår måste en specialist tillkallas.

# Bromsar

**Observera:** *Innan du förutsätter ett problem med bromsarna, kontrollera att:*
*a) Däcken är i bra skick och har korrekt lufttryck (kapitel 1).*
*b) Hjulinställningen är korrekt (kapitel 10).*
*c) Bilen inte är ojämnt lastad.*

### Bilen drar åt ena sidan vid inbromsning

- ☐ Fel lufttryck i däck (kapitel 1).
- ☐ Felinställda hjul (kapitel 10)
- ☐ Blandning av däckstyper på samma axel.
- ☐ Blockerade bromsledningar (kapitel 9).
- ☐ Defekt bromsok (kapitel 9).
- ☐ Lösa fjädringsdelar (kapitel 10).
- ☐ Lösa bromsok (kapitel 9).

### Missljud (gnissel) vid inbromsning

- ☐ Främre och/eller bakre bromsklossar utslitna. Ljudet kommer från slitagevarnarens givare som slipar mot skivan. Byt omedelbart bromsklossar (kapitel 9).

### Bromsvibration (pedalen pulserar)

**Observera:** *Om bilen har låsningsfria bromsar är det normalt att pedalen pulserar när systemet arbetar.*

- ☐ För stort kast i bromsskivan (kapitel 9).
- ☐ Parallelliteten inte enligt specifikationerna (kapitel 9).
- ☐ Ojämnt bromklosslitage - orsakat av att oket inte glider vilket beror på otillräckligt spel eller smuts (kapitel 9).
- ☐ Defekt bromsskiva (kapitel 9).

### Lång pedalväg

- ☐ Partiellt systemhaveri för bromsarna (kapitel 9).
- ☐ Otillräckligt med olja i huvudcylindern (kapitlen 1 och 9).
- ☐ Luftbubblor i systemet (kapitlen 1 och 9).

### Högt pedaltryck krävs för att stoppa bilen

- ☐ Defekt bromsservo (kapitel 9).
- ☐ Partiellt systemhaveri (kapitel 9).
- ☐ Utslitna klossar eller backar (kapitel 9).
- ☐ Okets kolv trög eller fastnat (kapitel 9).
- ☐ Bromsklossar förorenade av olja eller fett (kapitel 9).
- ☐ Nya klossar monterade som inte satt sig mot skivan. Det tar lite tid innan materialet sätter sig.

### Bromsarna släpper inte

- ☐ Huvudcylinderns kolv återvänder inte på rätt sätt (kapitel 9).
- ☐ Blockerad bromsledning (kapitlen 1 och 9).
- ☐ Feljusterad handbroms (kapitel 9).
- ☐ Bakre trumbromsens självjusteringsmekanism defekt (i förekommande fall) (kapitel 9).

### Huggande eller ojämn bromsverkan

- ☐ Defekt bromsservo (kapitel 9).
- ☐ Kärvande bromspedal (kapitel 9).

### Bromspedalen känns "svampig"

- ☐ Luft i bromsledningarna (kapitel 9).
- ☐ Huvudcylinderns bultar lösa (kapitel 9).
- ☐ Defekt huvudcylinder (kapitel 9).

### Bromspedalen går i golvet med litet motstånd

- ☐ Lite eller ingen olja i huvudcylinderns behållare, orsakat av läckande kolvar, skadade eller urkopplade bromsledningar (kapitel 9).

### Handbromsen håller inte bilen stilla

- ☐ Feljusterad handbroms (kapitel 9).
- ☐ Handbromsens backar utslitna eller förorenade (kapitel 9).

# Fjädring och styrning

**Observera:** *Innan du förutsätter ett problem, kontrollera följande:*

*a) Däckens skick och lufttryck (inklusive orunda eller obalanserade hjul och bucklor i fälgar).*

*b) Styrningsknutarna mellan rattstången och styrväxeln (spel eller slitage).*

*c) Främre och bakre fjädring samt kuggstångsstyrningen (lösa eller skadade delar).*

*d) Hjullagren (kast eller kärvhet vid snurrande).*

### Bilen drar åt ena sidan

☐ Ojämna däck eller olika typ av däck på samma axel (kapitel 10).
☐ Brustna eller utmattade fjädrar (kapitel 10).
☐ Felinställda hjul (kapitel 10).
☐ Problem med främre bromsarna (kapitel 9).

### Kraftigt däckslitage

☐ Felinställda hjul (kapitel 10).
☐ Brustna eller utmattade fjädrar (kapitel 10).
☐ Obalanserade hjul (kapitel 10).
☐ Slitna stötdämpare (kapitel 10).
☐ Överlastad bil eller slösaktig körstil.
☐ Däcken skiftas inte regelbundet.

### Hjulen "dundrar"

☐ Blåsa eller bula på däcket (kapitel 10).
☐ Defekt stötdämpare (kapitel 10).
☐ Lösa hjulbultar.

### Ryck, skakningar eller vibrationer

☐ Obalanserade eller orunda hjul (kapitel 10).
☐ Lösa, slitna eller feljusterade hjullager (kapitel 1).
☐ Slitna styrstagsändar (kapitel 10).
☐ Slitna kulleder (kapitel 10).
☐ Stort hjulkast (kapitel 10).
☐ Blåsa eller bula på däcket (kapitel 10).
☐ Lösa hjulbultar.

### Styrningen går tungt

☐ Brist på smörjning vid kulleder, styrstagsändar och styrväxel (kapitel 1).
☐ Felinställd framvagn (kapitel 10).
☐ Lågt däckstryck (kapitel 1).
☐ Låg oljenivå i servostyrningen eller slirande drivrem till servopumpen (kapitel 10).

### Dålig självcentrering

☐ Brist på smörjning av kulleder och styrstagsändar (kapitel 1).
☐ Kärvning i kulleder (kapitel 10).
☐ Kärvning i rattstången (kapitel 10).
☐ Brist på styrväxelsmörjning (kapitel 10).
☐ Feljusterad framvagn (kapitel 10).

### Missljud från framvagnen

☐ Brist på smörjning av kulleder och styrstagsändar (kapitel 1).
☐ Skadat stötdämparfäste (kapitel 10).
☐ Slitna bärarmsbussningar eller styrstagsändar (kapitel 10).
☐ Lös krängningshämmare (kapitel 10).
☐ Lösa hjulbultar.
☐ Lösa fjädringsbultar (kapitel 10).

### Instabilitet eller dålig styrförmåga

☐ Ojämna däck eller olika typ av däck på samma axel (kapitel 10).
☐ Brist på smörjning av kulleder och styrstagsändar (kapitel 1).
☐ Slitna stötdämpare (kapitel 10).
☐ Lös krängningshämmare (kapitel 10).
☐ Brustna eller utmattade fjädrar (kapitel 10).
☐ Felinställda hjul (kapitel 10).

### Ojämn styrning under inbromsning

☐ Slitna hjullager (kapitel 1).
☐ Brustna eller utmattade fjädrar (kapitel 10).
☐ Läckande hjulcylinder (modell med bakre trumbromsar) eller bromsok (kapitel 9).
☐ Skeva skivor (kapitel 9).

### Djupa ningningar och/eller krängningar vid kurvtagning eller inbromsning

☐ Lös krängningshämmare (kapitel 10).
☐ Slitna stötdämpare eller fästen (kapitel 10).
☐ Brustna eller utmattade fjädrar (kapitel 10).
☐ Överlastad bil.

### Fjädringen slår i botten

☐ Överlastad bil.
☐ Slitna stötdämpare (kapitel 10).
☐ Brustna/utmattade fjädrar eller fel fjädrar monterade (kapitel 10).

### Ojämnt däckslitage

☐ Fel hjulinställning (kapitel 10).
☐ Slitna stötdämpare (kapitel 10).
☐ Slitna hjullager (kapitel 10).
☐ För stort hjulkast (kapitel 10).
☐ Slitna kulleder (kapitel 10).

### Däcken mer slitna på utsidorna

☐ Fel däckstryck (kapitel 1).
☐ För hård kurvtagning.
☐ Fel hjulinställning (för mycket toe-in) (kapitel 10).
☐ Skadad fjädring (kapitel 10).

### Däcken mer slitna på insidorna

☐ Fel däcktryck (kapitel 1).
☐ Fel hjulinställning (för mycket toe-ut) (kapitel 10).
☐ Lösa eller skadade delar i fjädringen (kapitel 10).

### Däckmönstret slitet på ett ställe

☐ Obalanserat hjul.
☐ Skadad eller bucklig fälg, inspektera och byt vid behov.
☐ Defekt däck (kapitel 1).

### Glapp i styrning

☐ Slitna hjullager (kapitel 10).
☐ Styrstagsände sliten eller lös (kapitel 10).
☐ Styrväxelns fäste glappar (kapitel 10).

### Skaller eller klickande missljud i styrväxeln

☐ Otillräckligt eller alternativt fel smörjmedel i kuggstångsstyrningen (kapitel 10).
☐ Styrväxelns fäste glappar (kapitel 10).

Ett antal kemikalier och smörjmedel speciellt för bilar finns att tillgå. De inkluderar ett brett utbud av produkter från rengörings och avfettningsmedel till smörjmedel och skyddsspray för gummi, plast och vinyl.

## Rengöringsmedel

***Förgasar- och chokerengöring*** är ett starkt lösningsmedel för sot och liknade avlagringar. De flesta förgasarrengöringsmedel lämnar en torr smörjande film som inte hårdnar. I och med detta är rengöringsmedlet inte att rekommendera för användning på elektriska delar.

***Bromsrengöring*** används för att ta bort fett och bromsolja från bromsar där rena ytor är absolut nödvändiga. Medlet lämnar inga rester och eliminerar ofta bromsgnissel orsakat av föroreningar.

***Elektriska rengöringsmedel*** avlägsnar oxideringar och korrosion samt kolavlagringar från elektriska kontakter vilket återställer fullt spänningsflöde. Det kan även användas till att rengöra tändstift, förgasarmunstycken, spänningsregulatorer och andra delar där en oljefri yta är önskvärd.

***Fuktutdrivare*** tar bort vatten och fukt från elektriska komponenter som generator, spänningsregulator, elektriska kontakter och säkringsdosor. De är icke ledande och icke korroderande.

***Avfettningsmedel*** är grova lösningsmedel som används till att avlägsna fett från motorns utsida och karossdelar. De kan sprutas eller borstas på och sköljs vanligen bort med vatten.

## Smörjmedel

***Motorolja*** är det smörjmedel som tagits fram för användning i motorer. Den består normalt av en stor samling tillsatser för att förhindra korrosion och minska skumbildning och slitage. Motorolja finns i olika viskositeter från 5 till 60. Rekommenderad viskositet beror på årstid, temperatur och motorbelastning. Tunnare olja används i kalla klimat och med lätta belastningar. Tyngre olja används i varmare klimat och där motorn belastas hårt. Multigrade-oljor är framtagna för att fungera som både tyngre och lättare oljor och finns i ett antal kombinationer från 5W-20 till 20W-50.

***Växellådsolja*** är konstruerad för användning i differentialer, manuella växellådor och andra användningar där högtemperatursmörjning krävs.

***Chassi och hjullagerfett*** är ett tjockt fett som används där ökad belastning och friktion förekommer, exempelvis i hjullager, kulleder, styrstagsändar och universalknutar.

***Högtemperaturs hjullagerfett*** är framtaget för att motstå de extrema temperaturer som hjullager utsätts för på bilar med skivbromsar. Det innehåller vanligen molybdendisulfid som är ett torrt smörjmedel.

***Vitt fett*** är ett tjockt fett för metall-mot-metall tillämpningar där vatten utgör ett problem. Vitt fett håller sig smidigt i både hög och låg temperatur och sköljs inte bort eller späds inte ut av vatten.

***Monteringssmörjmedel*** är ett speciellt smörjmedel för extremt tryck som vanligen innehåller molybdendisulfid som används för att smörja hårt belastade delar (som ram- och storändslager samt kamlober) inför den första starten av en ny eller nyrenoverad motor. Monteringssmörjmedlet smörjer delarna utan att klämmas ut eller sköljas bort till dess att motorns oljecirkulation börjar fungera.

***Silikonsmörjning*** används till att skydda gummi, plast, vinyl och nylondelar.

***Grafitsmörjning*** används där olja inte kan användas beroende på föroreningsproblem, exempelvis i lås. Den torra grafiten smörjer metalldelar utan att förorenas av vatten, olja eller syror. Den är elektriskt ledande och sätter inte igen elektriska kontakter i lås som exempelvis tändningslåset.

***Inträngande oljor*** lossar och smörjer frusna, rostiga och korroderade förband och förhindrar framtida rost och frysning.

***Kylflänsfett*** är ett speciellt icke elektriskt ledande fett som används vid montering av elektroniska tändningsmoduler där det är viktigt att värmen leds bort från modulen.

## Tätningsmedel

***RTV-massa*** är en av de vanligaste packningsmassorna och är tillverkad av silikon. RTV är lufthärdande och tätar, binder, vattentätar, fyller ojämnheter, förbli flexibel, krymper inte och är relativt enkel att avlägsna. RTV används som extra tätning i nästan alla packningar för låg och medelhög temperatur.

***Anaerobisk packningsmassa*** liknar RTV såtillvida att den kan användas för att täta packningar eller vara en fristående packning. Den förblir flexibel, motstår syror och fyller ut ojämnheter. Skillnaden mellan en anaerobisk massa och RTV ligger i härdningen. RTV härdar när den utsätts för luft medan en anaerobisk massa endast härdar i frånvaro av luft. Detta innebär att en anaerobisk massa endast härdar efter det att delarna monterats ihop vilket binder dem till varandra.

***Gäng- och rörtätning*** används för att täta hydrauliska och pneumatiska anslutningar och vakuumledningar. Den är vanligen tillverkad av teflonsammansättning och finns som spray, färg eller tejp.

## Kemikalier

***Antikärvmedel*** förhindrar ihopskärning, skavning, kallsvetsning, rost och korrosion i bultförband. Högtemperaturs antikärvmedel, vanligen tillverkade med koppar och grafit som smörjmedel används på bultar i avgassystem och grenrör.

***Anaerobiskt gänglås*** används för att hålla ihop bultförband så att de inte vibrerar loss eller gängar ur sig själva och de härdar endast efter installation i frånvaro av luft. Medelstarkt gänglås används för smärre förband som kommer att skruvas upp igen. Extra starkt gänglås används på större detaljer som inte skruvas ur regelbundet.

***Oljetillsatser*** finns från förbättrare av viskositetsindex till kemiska behandlingar som gör anspråk på att minska friktionen i motorn. Det är värt att lägga märke till att de flesta oljetillverkare avråder från användning av tillsatser till deras oljor.

***Bränsletillsatser*** utför flera uppgifter beroende på kemisk sammansättning. De innehåller vanligen lösningsmedel för att lösa upp avlagringar i förgasare, injektorer och insugsdelar. De hjälper även till att lösa upp sotavlagringar i förbränningskammare. Vissa tillsatser innehåller smörjning för övre cylindern avsedda för ventiler och kolvringar och andra tillsatser tar bort kondensvatten från bränsletanken.

## Diverse

***Bromsolja*** är en speciellt formulerad hydraulolja som tål den värme och det tryck som förekommer i bromssystem. Den är giftig och lättantändlig. Försiktighet måste iakttagas så att denna vätska inte kommer i kontakt med målade ytor eller plaster. En öppnad behållare ska alltid förseglas igen så att vatten och smuts inte kan förorena oljan. Bromsolja tar upp fukt från luften om den lämnas i ett öppet kärl.

***Listklister*** används för att fästa tätningslister runt dörrar, fönster och bagageluckor. Används ibland även till att fästa vissa dekordetaljer.

***Underredsmassa*** är en petroleumbaserad tjärliknande massa framtagen för att skydda metallytor på bilens undersida från korrosion. Den fungerar även som ljuddämpande massa genom att isolera bottenplattan.

***Vax och polermedel*** används för att skydda målade och kromade ytor från vädrets makter. Olika typer av lack kräver olika typer av vax och polermedel. Vissa poleringsmedel innehåller en kemisk eller slipande rengöring för att avlägsna toppskiktet av oxiderad (matt) lack på äldre bilar. På senare år har många vaxfria polermedel lanserats, innehållande olika typer av kemikalier som polymerer och silikon. Dessa vaxfria medel är vanligen enklare att använda och håller längre än konventionella vaxer och poleringsmedel.

## Inköp av reservdelar

Reservdelar finns att köpa från många håll, exempelvis BMW-handlare, andra bilhandlare/verkstäder och tillbehörsaffärer samt motorspecialister. Vårt råd rörande inköp av reservdelar är följande.

*Officiella BMW-återförsäljare* - Detta är den bästa källan till delar som är specifika för just din bil och som inte finns allmänt tillgängliga (exempelvis kompletta topplock, interna växellådsdelar, märken, klädsel etc.). Det är även den enda källa du ska använda om bilen fortfarande står under garanti. För att kunna vara säker på att få rätt del behövs både chassi- och motor/växellådsnummer. Ta dessutom om möjligt med den gamla delen för att vara helt säker på att få rätt komponent som passar på just din modell. Många delar finns att få som utbytes fabriksdelar - inlämnade gamla delar ska alltid i sådana fall vara rengjorda. Det är självfallet klokt att gå direkt till specialister på din bil för denna typ av delar eftersom de har de bästa resurserna.

*Andra verkstäder och tillbehörsbutiker* - Dessa är ofta bra ställen att köpa material och komponenter som behövs för rutinunderhållet, exempelvis oljefilter, tändstift, drivremmar, oljor, fett, bättringslack eller spackelmassa. De säljer även generella tillbehör, har vanligtvis bekväma öppettider, håller lägre priser och finns ofta nära till hands.

*Motorspecialister* - Bra specialister lagerför alla vanliga slitdelar som avgassystem, bromsklossar, packboxar, hydraulikdelar, kopplingsdelar, lagerskålar, kolvar, ventiler med mera. Motorspecialister tillhandahåller ofta nya eller renoverade delar på utbytesbasis - vilket kan spara betydande summor.

## Fordonets identifikationsnummer

Modifieringar, som ligger helt utanför de stora modellbytena, pågår kontinuerligt hos bilfabrikanterna. Dessa publiseras dock aldrig. Reservdelskataloger är sammanställda på numerisk basis vilket gör att korrekt id-nummer eller kodbeteckning krävs för att identifiera rätt del till rätt bil.

Vid beställning av reservdelar, ge alltid så mycket information som möjligt. Ange fordonets modell och tillverkningsår, chassinummer, motornummer efter vad som är lämpligt.

*Chassinumret* finns på en märkplåt på höger hjulhus bredvid fjäderbenets övre fäste och på förardörren **(se bild).** På vissa modeller finns det också angivet på en plåt fastnitad på instrumentbrädan, precis innanför vindrutan.

*Motornumret* är instansat på en fräst yta på motorblockets vänstra sida nära foten av mätstickeröret.

*Karossnumret* finns angivet på svetsfogen mellan vänster framskärm och innerpanelen.

**Chassinumret finns angivet på förardörren**

# A

**ABS (Anti-lock brake system)** Låsningsfria bromsar. Ett system, vanligen elektroniskt styrt, som känner av påbörjande låsning av hjul vid inbromsning och lättar på hydraultrycket på hjul som ska till att låsa.

**Air bag (krockkudde)** En uppblåsbar kudde dold i ratten (på förarsidan) eller instrumentbrädan eller handskfacket (på passagerarsidan) Vid kollision blåses kuddarna upp vilket hindrar att förare och framsätespassagerare kastas in i ratt eller vindruta.

**Ampere (A)** En måttenhet för elektrisk ström. 1 A är den ström som produceras av 1 volt gående genom ett motstånd om 1 ohm.

**Anaerobisk tätning** En massa som används som gänglås. Anaerobisk innebär att den inte kräver syre för att fungera.

**Antikärvningsmedel** En pasta som minskar risk för kärvning i infästningar som utsätts för höga temperaturer, som t.ex. skruvar och muttrar till avgasrenrör. Kallas även gängskydd.

*Antikärvningsmedel*

**Asbest** Ett naturligt fibröst material med stor värmetolerans som vanligen används i bromsbelägg. Asbest är en hälsorisk och damm som alstras i bromsar ska aldrig inandas eller sväljas.

**Avgasgrenrör** En del med flera passager genom vilka avgaserna lämnar förbränningskamrarna och går in i avgasröret.

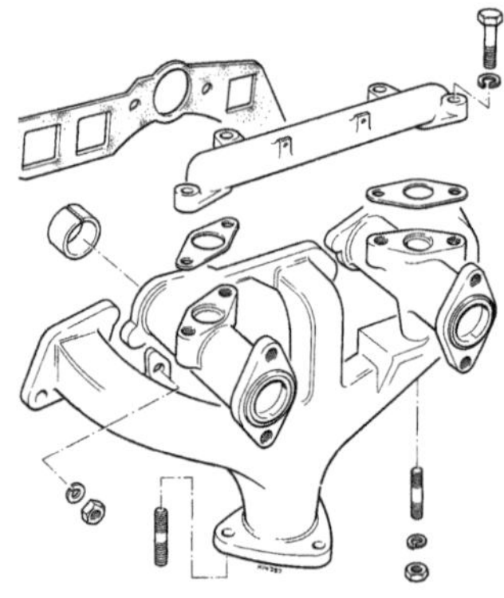

*Avgasgrenrör*

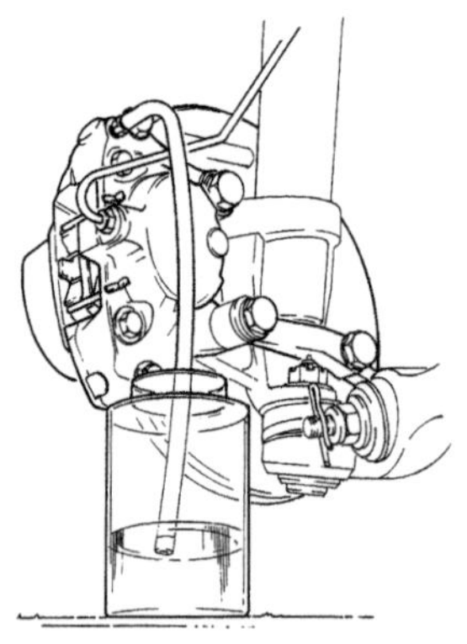

*Avluftning av bromsarna*

**Avluftning av bromsar** Avlägsnande av luft från hydrauliskt bromssystem.

**Avluftningsnippel** En ventil på ett bromsok, hydraulcylinder eller annan hydraulisk del som öppnas för att tappa ur luften i systemet.

**Axel** En stång som ett hjul roterar på, eller som roterar inuti ett hjul. Även en massiv balk som håller samman två hjul i bilens ena ände. En axel som även överför kraft till hjul kallas drivaxel.

**Axialspel** Rörelse i längdled mellan två delar. För vevaxeln är det den distans den kan röra sig framåt och bakåt i motorblocket.

# B

**Belastningskänslig fördelningsventil** En styrventil i bromshydrauliken som fördelar bromseffekten, med hänsyn till bakaxelbelastningen.

**Bladmått** Ett tunt blad av härdat stål, slipat till exakt tjocklek, som används till att mäta spel mellan delar.

*Bladmått*

**Bromsback** Halvmåneformad hållare med fastsatt bromsbelägg som tvingar ut beläggen i kontakt med den roterande bromstrumman under inbromsning.

**Bromsbelägg** Det friktionsmaterial som kommer i kontakt med bromsskiva eller bromstrumma för att minska bilens hastighet. Beläggen är limmade eller nitade på bromsklossar eller bromsbackar.

**Bromsklossar** Utbytbara friktionsklossar som nyper i bromsskivan när pedalen trycks ned. Bromsklossar består av bromsbelägg som limmats eller nitats på en styv bottenplatta.

**Bromsok** Den icke roterande delen av en skivbromsanordning. Det grenslar skivan och håller bromsklossarna. Oket innehåller även de hydrauliska delar som tvingar klossarna att nypa skivan när pedalen trycks ned.

**Bromsskiva** Den del i en skivbromsanordning som roterar med hjulet.

**Bromstrumma** Den del i en trumbromsanordning som roterar med hjulet.

# C

**Caster** I samband med hjulinställning, lutningen framåt eller bakåt av styrningens axialled. Caster är positiv när styrningens axialled lutar bakåt i överkanten.

**CV-knut** En typ av universalknut som upphäver vibrationer orsakade av att drivkraft förmedlas genom en vinkel.

# D

**Diagnostikkod** Kodsiffror som kan tas fram genom att gå till diagnosläget i motorstyrningens centralenhet. Koden kan användas till att bestämma i vilken del av systemet en felfunktion kan förekomma.

**Draghammare** Ett speciellt verktyg som skruvas in i eller på annat sätt fästes vid en del som ska dras ut, exempelvis en axel. Ett tungt glidande handtag dras utmed verktygsaxeln mot ett stopp i änden vilket rycker avsedd del fri.

**Drivaxel** En roterande axel på endera sidan differentialen som ger kraft från slutväxeln till drivhjulen. Även varje axel som används att överföra rörelse.

**Drivrem(mar)** Rem(mar) som används till att driva tillbehörsutrustning som generator, vattenpump, servostyrning, luftkonditioneringskompressor mm, från vevaxelns remskiva.

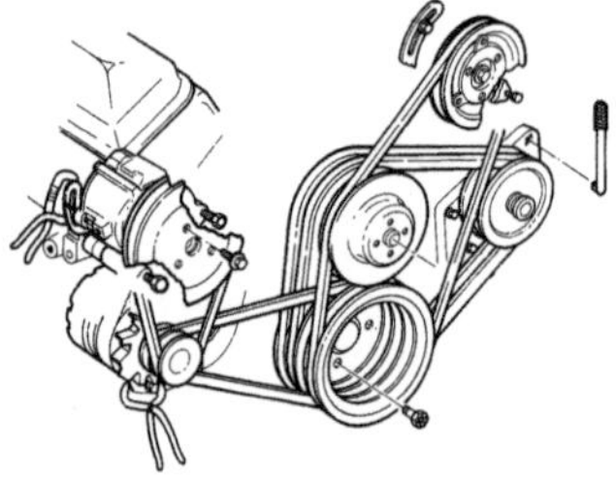

*Drivremmar till extrautrustning*

**Dubbla överliggande kamaxlar (DOHC)** En motor försedd med två överliggande kamaxlar, vanligen en för insugsventilerna och en för avgasventilerna.

# E

**EGR-ventil** Avgasåtercirkulationsventil. En ventil som för in avgaser i insugsluften.

**Elektrodavstånd** Den distans en gnista har att överbrygga från centrumelektroden till sidoelektroden i ett tändstift.

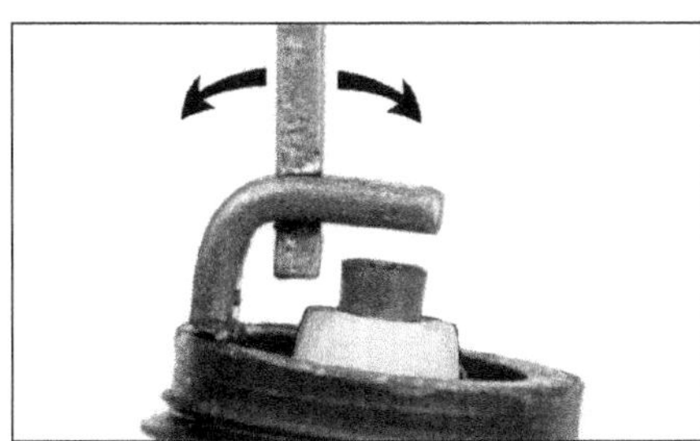

*Justering av elektrodavståndet*

**Elektronisk bränsleinsprutning (EFI)** Ett datorstyrt system som fördelar bränsle till förbränningskamrarna via insprutare i varje insugsport i motorn.

**Elektronisk styrenhet** En dator som exempelvis styr tändning, bränsleinsprutning eller låsningsfria bromsar.

# F

**Finjustering** En process där noggranna justeringar och byten av delar optimerar en motors prestanda.

**Fjäderben** Se MacPherson-ben.

**Fläktkoppling** En viskös drivkoppling som medger variabel kylarfläkthastighet i förhållande till motorhastigheten.

**Frostplugg** En skiv- eller koppformad metallbricka som monterats i ett hål i en gjutning där kärnan avlägsnats.

**Frostskydd** Ett ämne, vanligen etylenglykol, som blandas med vatten och fylls i bilens kylsystem för att förhindra att kylvätskan fryser vintertid. Frostskyddet innehåller även kemikalier som förhindrar korrosion och rost och andra avlagringar som skulle kunna blockera kylare och kylkanaler och därmed minska effektiviteten.

**Fördelningsventil** En hydraulisk styrventil som begränsar trycket till bakbromsarna vid panikbromsning så att hjulen inte låser sig.

**Förgasare** En enhet som blandar bränsle med luft till korrekta proportioner för önskad effekt från en gnistantänd förbränningsmotor.

# G

**Generator** En del i det elektriska systemet som förvandlar mekanisk energi från drivremmen till elektrisk energi som laddar batteriet, som i sin tur driver startsystem, tändning och elektrisk utrustning.

**Glidlager** Den krökta ytan på en axel eller i ett lopp, eller den del monterad i endera, som medger rörelse mellan dem med ett minimum av slitage och friktion.

**Gängskydd** Ett täckmedel som minskar risken för gängskärning i bultförband som utsätts för stor hetta, exempelvis grenrörets bultar och muttrar. Kallas även antikärvningsmedel.

# H

**Handbroms** Ett bromssystem som är oberoende av huvudbromsarnas hydraulikkrets. Kan användas till att stoppa bilen om huvudbromsarna slås ut, eller till att hålla bilen stilla utan att bromspedalen trycks ned. Den består vanligen av en spak som aktiverar främre eller bakre bromsar mekaniskt via vajrar och länkar. Kallas även parkeringsbroms.

**Harmonibalanserare** En enhet avsedd att minska fjädring eller vridande vibrationer i vevaxeln. Kan vara integrerad i vevaxelns remskiva. Även kallad vibrationsdämpare.

**Hjälpstart** Start av motorn på en bil med urladdat eller svagt batteri genom koppling av startkablar mellan det svaga batteriet och ett laddat hjälpbatteri.

**Honare** Ett slipverktyg för korrigering av smärre ojämnheter eller diameterskillnader i ett cylinderlopp.

**Hydraulisk ventiltryckare** En mekanism som använder hydrauliskt tryck från motorns smörjsystem till att upprätthålla noll ventilspel (konstant kontakt med både kamlob och ventilskaft). Justeras automatiskt för variation i ventilskaftslängder. Minskar även ventilljudet.

# I

**Insexnyckel** En sexkantig nyckel som passar i ett försänkt sexkantigt hål.

**Insugsrör** Rör eller kåpa med kanaler genom vilka bränsle/luftblandningen leds till insugsportarna.

# K

**Kamaxel** En roterande axel på vilken en serie lober trycker ned ventilerna. En kamaxel kan drivas med drev, kedja eller tandrem med kugghjul.

**Kamkedja** En kedja som driver kamaxeln.

**Kamrem** En tandrem som driver kamaxeln. Allvarliga motorskador kan uppstå om kamremmen brister vid körning.

**Kanister** En behållare i avdunstningsbegränsningen, innehåller aktivt kol för att fånga upp bensinångor från bränslesystemet.

*Kanister*

**Kardanaxel** Ett långt rör med universalknutar i bägge ändar som överför kraft från växellådan till differentialen på bilar med motorn fram och drivande bakhjul.

**Kast** Hur mycket ett hjul eller drev slår i sidled vid rotering. Det spel en axel roterar med. Orundhet i en roterande del.

**Katalysator** En ljuddämparliknande enhet i avgassystemet som omvandlar vissa föroreningar till mindre hälsovådliga substanser.

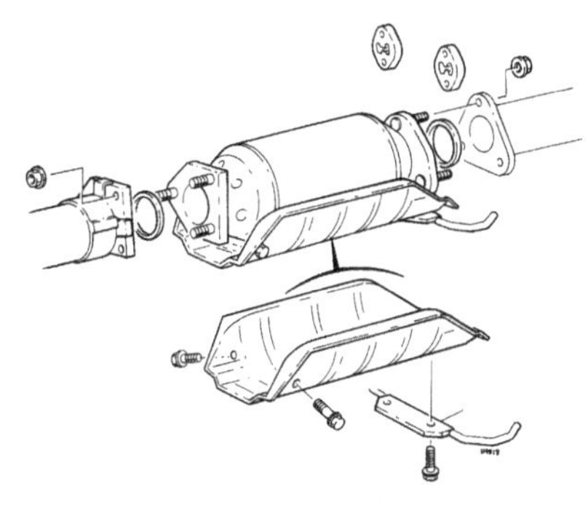

*Katalysator*

**Kompression** Minskning i volym och ökning av tryck och värme hos en gas, orsakas av att den kläms in i ett mindre utrymme.

**Kompressionsförhållande** Skillnaden i cylinderns volymer mellan kolvens ändlägen.

**Kopplingsschema** En ritning över komponenter och ledningar i ett fordons elsystem som använder standardiserade symboler.

**Krockkudde (Airbag)** En uppblåsbar kudde dold i ratten (på förarsidan) eller instrumentbrädan eller handskfacket (på passagerarsidan) Vid kollision blåses kuddarna upp vilket hindrar att förare och framsätespassagerare kastas in i ratt eller vindruta.

**Krokodilklämma** Ett långkäftat fjäderbelastat clips med ingreppande tänder som används till tillfälliga elektriska kopplingar.

**Kronmutter** En mutter som vagt liknar kreneleringen på en slottsmur. Används tillsammans med saxsprint för att låsa bultförband extra väl.

**Krysskruv** Se Phillips-skruv

*Kronmutter*

**Kugghjul** Ett hjul med tänder eller utskott på omkretsen, formade för att greppa in i en kedja eller rem.

**Kuggstångsstyrning** Ett styrsystem där en pinjong i rattstångens ände går i ingrepp med en kuggstång. När ratten vrids, vrids även pinjongen vilket flyttar kuggstången till höger eller vänster. Denna rörelse överförs via styrstagen till hjulets styrleder.

**Kullager** Ett friktionsmotverkande lager som består av härdade inner- och ytterbanor och har härdade stålkulor mellan banorna.

**Kylare** En värmeväxlare som använder flytande kylmedium, kylt av fartvinden/fläkten till att minska temperaturen på kylvätskan i en förbränningsmotors kylsystem.

**Kylmedia** Varje substans som används till värmeöverföring i en anläggning för luftkonditionering. R-12 har länge varit det huvudsakliga kylmediet men tillverkare har nyligen börjat använda R-134a, en CFC-fri substans som anses vara mindre skadlig för ozonet i den övre atmosfären.

# L

**Lager** Den böjda ytan på en axel eller i ett lopp, eller den del som monterad i någon av dessa tillåter rörelse mellan dem med minimal slitage och friktion.

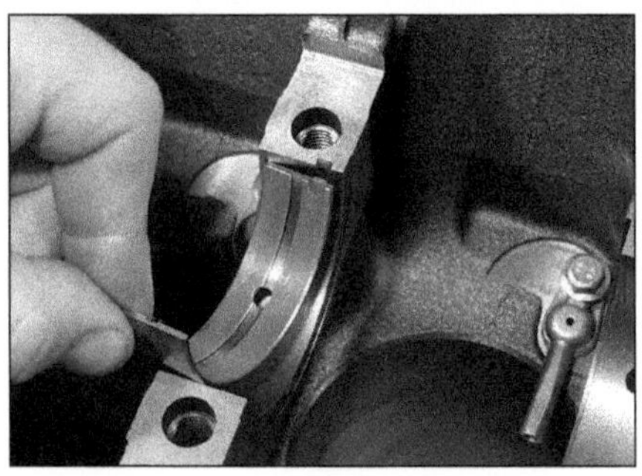

*Lager*

**Lambdasond** En enhet i motorns grenrör som känner av syrehalten i avgaserna och omvandlar denna information till elektricitet som bär information till styrelektroniken. Även kalla syresensor.

**Luftfilter** Filtret i luftrenaren, vanligen tillverkat av veckat papper. Kräver byte med regelbundna intervaller.

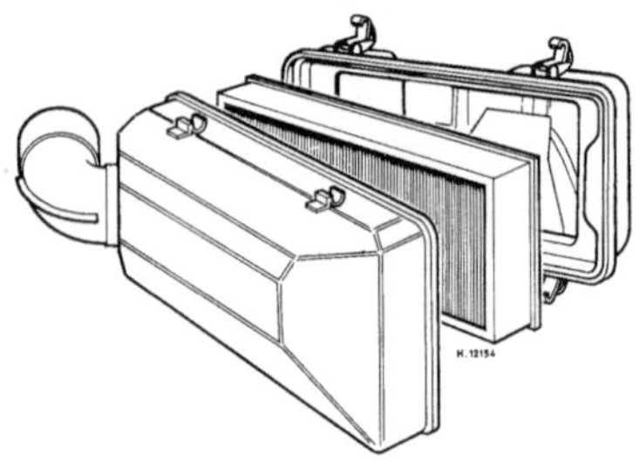

*Luftfilter*

**Luftrenare** En kåpa av plast eller metall, innehållande ett filter som tar undan damm och smuts från luft som sugs in i motorn.

**Låsbricka** En typ av bricka konstruerad för att förhindra att en ansluten mutter lossnar.

**Låsmutter** En mutter som låser en justermutter, eller annan gängad del, på plats. Exempelvis används låsmutter till att hålla justermuttern på vipparmen i läge.

**Låsring** Ett ringformat clips som förhindrar längsgående rörelser av cylindriska delar och axlar. En invändig låsring monteras i en skåra i ett hölje, en yttre låsring monteras i en utvändig skåra på en cylindrisk del som exempelvis en axel eller tapp.

# M

**MacPherson-ben** Ett system för framhjulsfjädring uppfunnet av Earle MacPherson vid Ford i England. I sin ursprungliga version skapas den nedre bärarmen av en enkel lateral länk till krängningshämmaren. Ett fjäderben - en integrerad spiralfjäder och stötdämpare - finns monterad mellan karossen och styrknogen. Många moderna MacPherson-ben använder en vanlig nedre A-arm och inte krängningshämmaren som nedre fäste.

**Markör** En remsa med en andra färg i en ledningsisolering för att skilja ledningar åt.

**Motor med överliggande kamaxel (OHC)** En motor där kamaxeln finns i topplocket.

**Motorstyrning** Ett datorstyrt system som integrerat styr bränsle och tändning.

**Multimätare** Ett elektriskt testinstrument som mäter spänning, strömstyrka och motstånd.

**Mätare** En instrumentpanelvisare som används till att ange motortillstånd. En mätare med en rörlig pekare på en tavla eller skala är analog. En mätare som visar siffror är digital.

# N

**NOx** Kväveoxider. En vanlig giftig förorening utsläppt av förbränningsmotorer vid högre temperaturer.

# O

**O-ring** En typ av tätningsring gjord av ett speciellt gummiliknande material. O-ringen fungerar så att den trycks ihop i en skåra och därmed utgör tätningen.

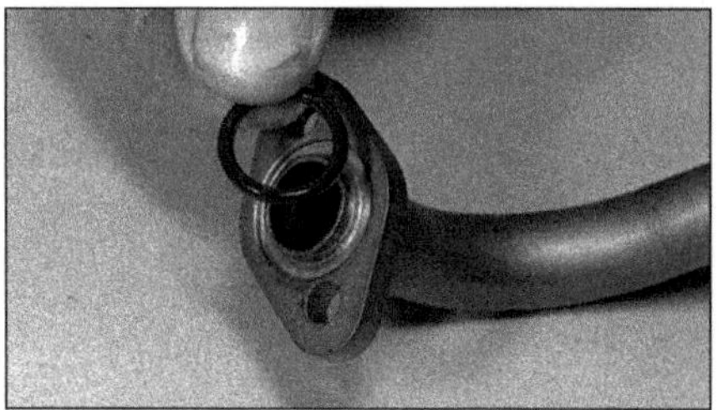

*O-ring*

**Ohm** Enhet för elektriskt motstånd. 1 volt genom ett motstånd av 1 ohm ger en strömstyrka om 1 ampere.

**Ohmmätare** Ett instrument för uppmätning av elektriskt motstånd.

# P

**Packning** Mjukt material - vanligen kork, papp, asbest eller mjuk metall - som monteras mellan två metallytor för att erhålla god tätning. Exempelvis tätar topplockspackningen fogen mellan motorblocket och topplocket.

*Packning*

**Phillips-skruv** En typ av skruv med ett korsspår, istället för ett rakt, för motsvarande skruvmejsel. Vanligen kallad krysskruv.

**Plastigage** En tunn plasttråd, tillgänglig i olika storlekar, som används till att mäta toleranser. Exempelvis så läggs en remsa Plastigage tvärs över en lagertapp. Delarna sätts ihop och tas isär. Bredden på den klämda remsan anger spelrummet mellan lager och tapp.

*Plastigage*

# R

**Rotor** I en fördelare, den roterande enhet inuti fördelardosan som kopplar samman centrumelektroden med de yttre kontakterna vartefter den roterar, så att högspänningen från tändspolens sekundärlindning leds till rätt tändstift. Även den del av generatorn som roterar inuti statorn. Även de roterande delarna av ett turboaggregat, inkluderande kompressorhjulet, axeln och turbinhjulet.

# S

**Sealed-beam strålkastare** En äldre typ av strålkastare som integrerar reflektor, lins och glödtrådar till en hermetiskt försluten enhet. När glödtråden går av eller linsen spricker byts hela enheten.

**Shims** Tunn distansbricka, vanligen använd till att justera inbördes lägen mellan två delar. Exempelvis sticks shims in i eller under ventiltryckarhylsor för att justera ventilspelet. Spelet justeras genom byte till shims av annan tjocklek.

**Skivbroms** En bromskonstruktion med en roterande skiva som kläms mellan bromsklossar. Den friktion som uppstår omvandlar bilens rörelseenergi till värme.

**Skjutmått** Ett precisionsmätinstrument som mäter inre och yttre dimensioner. Inte riktigt lika exakt som en mikrometer men lättare att använda.

**Smältsäkring** Ett kretsskydd som består av en ledare omgiven av värmetålig isolering. Ledaren är tunnare än den ledning den skyddar och är därmed den svagaste länken i kretsen. Till skillnad från en bränd säkring måste vanligen en smältsäkring skäras bort från ledningen vid byte.

**Spel** Den sträcka en del färdas innan något inträffar. "Luften" i ett länksystem eller ett montage mellan första ansatsen av kraft och verklig rörelse. Exempel, den sträcka bromspedalen färdas innan kolvarna i huvudcylindern rör på sig. Även utrymmet mellan två delar, exempelvis kolv och cylinderlopp.

**Spiralfjäder** En spiral av elastiskt stål som förekommer i olika storlekar på många platser i en bil, bland annat i fjädringen och ventilerna i topplocket.

**Startspärr** På bilar med automatväxellåda förhindrar denna kontakt att motorn startas annat än om växelväljaren är i N eller P.

**Storändslager** Lagret i den ände av vevstaken som är kopplad till vevaxeln.

**Svetsning** Olika processer som används för att sammanfoga metallföremål genom att hetta upp dem till smältning och sammanföra dem.

**Svänghjul** Ett tungt roterande hjul vars energi tas upp och sparas via moment. På bilar finns svänghjulet monterat på vevaxeln för att utjämna kraftpulserna från arbetstakterna.

**Syresensor** En enhet i motorns grenrör som känner av syrehalten i avgaserna och omvandlar denna information till elektricitet som bär information till styrelektroniken. Även kalla Lambdasond.

**Säkring** En elektrisk enhet som skyddar en krets mot överbelastning. En typisk säkring innehåller en mjuk metallbit kalibrerad att smälta vid en förbestämd strömstyrka, angiven i ampere, och därmed bryta kretsen.

# T

**Termostat** En värmestyrd ventil som reglerar kylvätskans flöde mellan blocket och kylaren vilket håller motorn vid optimal arbetstemperatur. En termostat används även i vissa luftrenare där temperaturen är reglerad.

**Toe-in** Den distans som framhjulens framkanter är närmare varandra än bak-kanterna. På bakhjulsdrivna bilar specificeras vanligen ett litet toe-in för att hålla framhjulen parallella på vägen, genom att motverka de krafter som annars tenderar att vilja dra isär framhjulen.

**Toe-ut** Den distans som framhjulens bakkanter är närmare varandra än framkanterna. På bilar med framhjulsdrift specificeras vanligen ett litet toe-ut.

**Toppventilsmotor (OHV)** En motortyp där ventilerna finns i topplocket medan kamaxeln finns i motorblocket.

**Torpedplåten** Den isolerade avbalkningen mellan motorn och passagerarutrymmet.

**Trumbroms** En bromsanordning där en trumformad metallcylinder monteras inuti ett hjul. När bromspedalen trycks ned pressas böjda bromsbackar försedda med bromsbelägg mot trummans insida så att bilen saktar in eller stannar.

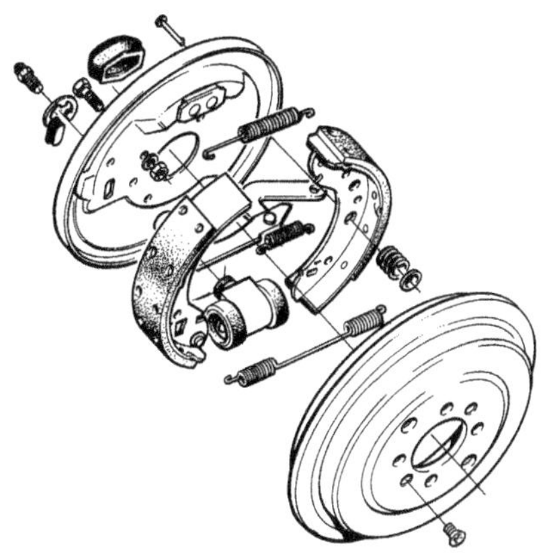

*Trumbroms, montage*

**Turboaggregat** En roterande enhet, driven av avgastrycket, som komprimerar insugsluften. Används vanligen till att öka motoreffekten från en given cylindervolym, men kan även primäranvändas till att minska avgasutsläpp.

**Tändföljd** Turordning i vilken cylindrarnas arbetstakter sker, börjar med nr 1.

**Tändläge** Det ögonblick då tändstiftet ger gnista. Anges vanligen som antalet vevaxelgrader för kolvens övre dödpunkt.

**Tätningsmassa** Vätska eller pasta som används att täta fogar. Används ibland tillsammans med en packning.

# U

**Universalknut** En koppling med dubbla pivåer som överför kraft från en drivande till en driven axel genom en vinkel. En universalknut består av två Y-formade ok och en korsformig del kallad spindeln.

**Urtrampningslager** Det lager i kopplingen som flyttas inåt till frigöringsarmen när kopplingspedalen trycks ned för frikoppling.

# V

**Ventil** En enhet som startar, stoppar eller styr ett flöde av vätska, gas, vakuum eller löst material via en rörlig del som öppnas, stängs eller delvis maskerar en eller flera portar eller kanaler. En ventil är även den rörliga delen av en sådan anordning.

**Ventilspel** Spelet mellan ventilskaftets övre ände och ventiltryckaren. Spelet mäts med stängd ventil.

**Ventiltryckare** En cylindrisk del som överför rörelsen från kammen till ventilskaftet, antingen direkt eller via stötstång och vipparm. Även kallad kamsläpa eller kamföljare.

**Vevaxel** Den roterande axel som går längs med vevhuset och är försedd med utstickande vevtappar på vilka vevstakarna är monterade.

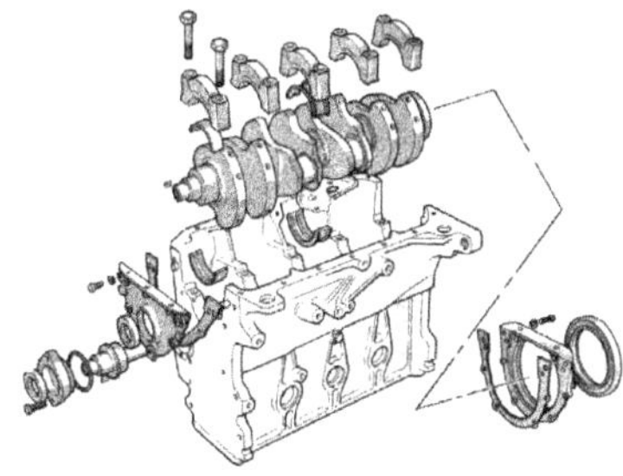

*Vevaxel, montage*

**Vevhus** Den nedre delen av ett motorblock där vevaxeln roterar.

**Vibrationsdämpare** En enhet som är avsedd att minska fjädring eller vridande vibrationer i vevaxeln. Enheten kan vara integrerad i vevaxelns remskiva. Kallas även harmonibalanserare.

**Vipparm** En arm som gungar på en axel eller tapp. I en toppventilsmotor överför vipparmen stötstångens uppåtgående rörelse till en nedåtgående rörelse som öppnar ventilen.

**Viskositet** Tjockleken av en vätska eller dess flödesmotstånd.

**Volt** Enhet för elektrisk spänning i en krets 1 volt genom ett motstånd av 1 ohm ger en strömstyrka om 1 ampere.

**Observera**: *Hänvisningar i detta register anger kapitel • sidnummer*

# S



# T



# U



# V



# Ö